Stadt der toten Frauen

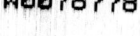

Rita Bake und
Brita Reimers

Stadt
der toten
Frauen

ॐ

*Frauenportraits und Lebensbilder
vom Friedhof Hamburg Ohlsdorf*

Dölling und Galitz Verlag

Die Deutsche Bibliothek – CIP-Einheitsaufnahme

Bake, Rita:
Stadt der toten Frauen : Frauenportraits und Lebensbilder vom
Friedhof Hamburg Ohlsdorf / Rita Bake und Brita Reimers. –
1. Aufl. – Hamburg : Dölling und Galitz, 1997
  ISBN 3-930802-56-2

Impressum

© 1997 Dölling und Galitz Verlag GmbH
Ehrenbergstraße 62, 22676 Hamburg, Tel. 040 / 389 35 15
Herstellung: Regine von Guttenberg
Umschlag: Sabine Niemann
Umschlagbild: Grabstätte Familie Zimmer,
Friedhof Hamburg Ohlsdorf, Grab Nr. R25, 57-70
Bildhauer: Girolamo Masini 1873, aufgestellt 1913
Foto: Sabine Niemann
Druck: WB-Druck, Rieden am Forggensee

1. Auflage 1997
ISBN 3-930802-56-2

Inhalt

Vorwort

„Aber in Ohlsdorf – da schwatzen die Toten, die unsterblichen Toten, vom unsterblichen Leben!" heißt es bei Wolfgang Borchert. Und eben dieser Umstand ist es, der uns veranlaßte, uns mit den Toten auf dem Ohlsdorfer Friedhof zu beschäftigen. Ihr Leben und Wirken ist Teil unseres Denkens, Fühlens und Handelns und wird auch das Künftige mitbestimmen, denn Menschsein bedeutet, in einer Kontinuität zu stehen, in der die Gegenwart der Vergangenheit entstammt und die Zukunft sich aus dem Vergangenen entwickelt. So sehr Vergessen unabdingbar ist, um nicht vor der Fülle vor allem der düsteren Geschehnisse und Erfahrungen zu erliegen und handlungsunfähg zu werden, so sehr ist auch das Erinnern notwendig. Daß dieses Erinnern immer subjektiv gefärbt ist, abhängig von der eigenen Konstitution, aber auch von äußeren Faktoren, dem jeweiligen wirtschaftlichen, sozialen und politischen Umfeld sowie klimatischen und geographischen Gegebenheiten, ändert nichts an seiner Wahrhaftigkeit, im Gegenteil.

„In Ohlsdorf, da sehen wir uns wieder", ist in Hamburg ein geflügeltes Wort. Und wirklich: Hier finden wir sie, die Frauen, die Hamburgs Geschichte mitgeprägt haben, aber zumeist in Vergessenheit geraten sind. Kaum eine Gedenktafel erzählt von ihren Taten, kaum einen Platz oder eine Straße ziert ihr Name, kaum eine Publikation beschäftigt sich mit ihrem Schaffen. Das steht ganz im Gegensatz zum Umgang mit bedeutenden männlichen Persönlichkeiten, deren Verdienste gewürdigt werden und deren Andenken damit bewahrt wird. Hamburg aber ist eine Stadt, die auch von Frauen geformt wurde, die durch ihr Leben und Wirken bewiesen haben: Hammonia ist weiblich. Die Mißachtung dieser Tatsache, die Hamburgs Frauen nicht anders trifft als ihre Geschlechtsgenossinnen allerorten, bedeutet zum einen die Fortschreibung der Diskriminierung von Frauen, darüber hinaus aber führt sie auch zu falschen Interpretationen gesellschafts- und kulturpolitischer Entwicklungen. Um die Lebenssituation von Frauen heute zu verstehen und im emanzipatorischen Sinne zu verändern, sind die Lebensgeschichten von Frauen aus der Vergangenheit von immenser Bedeutung. Der Ohlsdorfer Friedhof ist eine ideale Begegnungsstätte und ein gutes Lehrbeispiel, um Geschichte zu vermitteln.

Natürlich konnten wir nicht alle Frauen, die auf dem Ohlsdorfer Friedhof liegen, berücksichtigen, zumal wir aufgrund der Art der Katalogisierung nur diejenigen Frauen auf dem Friedhof ausmachen konnten, deren Sterbedatum und Name bekannt ist. Das aber ist aufgrund der mangelhaften Quellenlage der Hamburger Frauengeschichte nicht immer der Fall. Darüber hinaus waren uns auch Grenzen durch den Buchumfang gesetzt. So sind uns noch diverse Frauen bekannt, die auf Ohlsdorf liegen und deren Portraits wir gerne geschrieben hätten.

Wir ließen uns zunächst einmal von den beiden Quellen leiten, auf die auch die Besucherin und der Besucher des Ohlsdorfer Friedhofes einen Zugriff haben: den Althamburgischen Gedächtnisfriedhof und die 1991 vom Friedhofsamt herausgegebene Liste bekannter Persönlichkeiten. Weggelassen haben wir allerdings diejenigen Frauen, die nach unseren Recherchen weniger aufgrund eigener Leistungen als aufgrund ihres berühmten Namens genannt sind wie Johannes Brahms' Schwester Elise. Zudem haben wir diejenigen Frauen aufgenommen, die in früheren Ohlsdorfführern erwähnt sind. Schließlich haben wir, um das Spektrum zu erweitern, Frauen aufgenommen, deren Profession in den erwähnten Quellen nicht vorkam, wie die Komponistin Ilse Fromm-Michaels, und solche, die aus frauenspezifischer Sicht einen besonders aufschlußreichen Lebensweg hatten wie die bildenden Künstlerinnen Elena Luksch-Makowsky und Dorothea Maetzel-Johannsen. Aufgenommen haben wir auch diejenigen, die beispielhaft für eine bestimmte Personengruppe stehen wie z.B. für Migrantinnen, Widerstandskämpferinnen gegen den Nationalsozialismus und von den Nazis deportierte Jüdinnen. Und aufgenommen haben wir auch diejenigen Frauen, deren Grabstellen auf dem Friedhof Ohlsdorf bereits aufgegeben wurden, weil sich niemand mehr fand, der die Kosten für die Verlängerung der Grabstelle bezahlte. Dies sollte für uns kein Kriterium sein, diese Frauen der Welt des Vergessens zu überlassen. Es soll aber nicht verschwiegen werden, daß wir aufgrund der Vielzahl der Frauen eher assoziativ vorgegangen sind und das Projekt durchaus als erweiterungsbedürftig und -würdig betrachten.

Als besonders hilfreich bei der Suche nach tragfähigem Material erwies sich die Befragung von Familienmitgliedern und die Arbeit in Archiven: Autobiographische Texte, Briefe, Tagebücher, Manuskripte, Zeichnungen und Bilder zeigten sich als Quellen erster Ordnung für die Rekonstruktion der Lebens- und Wirkungsgeschichte der Frauen. Aber auch hier zeichneten sich Grenzen ab, denn ob sich ein Nachlaß in einem Archiv oder in Privatbesitz finden läßt – ungeordnet und unausgewertet sind sie oft –, hängt stark von der Bewertung und dem Interesse der Familien am Wirken der Verstorbenen ab. So kann es passieren, daß bedeutende Nachlässe in Kellern oder auf Böden vergessen oder gar vernichtet werden wie der Julie de Boors, der ungesichtet ist, während andere Nachlässe, wie häufig bei alteingesessenen Hamburger Familien, dazu dienen, ihren Namen lebendig zu halten. Solche Fragen der Tradierung entscheiden häufig mehr über den Bekanntheitsgrad und die „Bedeutung" einer Person, als deren eigene Handlungen und Leistungen zu Lebzeiten. Unsere Portraits der Frauen tragen also die Spuren der jeweiligen Überlieferungslage, und das betrifft sowohl die besondere Akzentsetzung auf einzelne Bereiche ihres Lebens wie auch die Ausführlichkeit der Darstellung. Bei manchen Frauen kamen wir trotz gründlicher Recherche über die für Lexika typischen Oberflächeninformationen nicht hinaus. Wir haben sie trotzdem in unseren Band aufgenommen, um das Totschweigen von Frauen nicht fortzuführen.

Wir stellen in diesem Buch Frauen vor, die in Hamburgs Vergangenheit politisch engagiert waren, sich für Frauenrechte einsetzten, im humanitären Sinne pädagogisch tätig waren, ihre wissenschaftliche oder künstlerische Begabung entfalteten, in der NS-Zeit im Widerstand kämpften, als Zuwanderinnen zwei Kulturkreise zu verknüpfen und damit anderen die Bewältigung von Kulturkonflikten vorzuleben versuchten – durch Energie und Einsatz ihrer persönlichen Fähigkeiten zu ihrer Zeit Ungewöhnliches leisteten.

Neben der Darstellung des beruflichen und öffentlichen Werdeganges haben wir versucht, den privaten Lebensweg der Frauen nachzuzeichnen, denn Frauen empfinden das ihnen selbstverständlich aufgebürdete Privatleben als einen wesentlichen Teil ihrer Existenz, während Männer es häufig als zweitrangig betrachten. Dieser Versuch gelang uns eher bei den Künstlerinnen, u.a. wohl auch, weil sich in diesem Bereich Leben und Schaffen stark bedingen und die Grenzen fließend sind. Über die private Situation der politisch und sozial engagierten Frauen sowie der Wissenschaftlerinnen war oft nur wenig herauszufinden. Das liegt bei Politikerinnen u.a. auch daran, daß das Privatleben ausgeklammert werden muß, um in diesem von Männern beherrschten Metier bestehen zu können, denn leicht kann die politische Glaubwürdigkeit erschüttert werden, wenn die Presse die Frau und Mutter in den Vordergrund stellt. Wissenschaftlerinnen, Lehrerinnen und im sozialen Bereich tätige Frauen waren oft „mit ihrer Arbeit verheiratet", lebten für sie und durch sie.

Da die Rolle der dargestellten Frauen nur vor dem zeitgeschichtlichen Hintergrund adäquat erfaßt und beurteilt werden kann, haben wir die Portraits in thematischen Gruppen zusammengefaßt und mit Einführungen versehen, die über politische und soziale Zusammenhänge, Ausbildungsmöglichkeiten, Bewegungen u.ä. Informationen geben.

Manchmal weichen unsere Forschungsergebnisse von den Daten und Fakten anderer Publikationen, auch von Ohlsdorfführern, ab. Unsere Recherchearbeit hat an diesen Stellen zu anderen Ergebnissen geführt. Hier ist besonders die Unterstützung von Kay Lichtenberg zu nennen, der sich seit Jahren mit dem Ohlsdorfer Friedhof beschäftigt. Ihn lernten wir kennen, als wir eine lange Personenliste an die Friedhofsverwaltung schickten, um zu erfahren, ob diese Frauen auf dem Ohlsdorfer Friedhof lägen. Kay Lichtenberg, der in den Sterberegistern „zu Hause" ist, nahm sich dieser Liste an, und eine fruchtbare Zusammenarbeit begann. Aufgrund seiner detaillierten Sachkenntnis und Genauigkeit konnte er uns viele Hinweise auf Grablage, Lebens- und Sterbedaten geben und uns auf weitere Frauen und Fakten aufmerksam machen. Ihm sei an dieser Stelle sehr herzlich gedankt.

Unser Dank gilt darüber hinaus denen, die uns über ihre Verwandten bereitwillig Auskunft gaben und Material zur Verfügung gestellt haben:
Prof. Dr. Lars Clausen (Rosemarie Clausen), Rudolf Hoppstock-Huth (Magda Hoppstock-Huth), Dr. Renata Klée-Gobert (Ebba Tesdorpf), Monika Maetzel (Dorothea Maetzel-Johannsen), Dr. Helmut Matthaei (Frieda Matthaei-Mitscherlich), Werner Matthies (Clara Klabunde), Elfriede Mestern (Julie de Boor), Christiane Meyer-Rogge (Lola Rogge), Prof. Jost Michaels (Ilse Fromm-Michaels), Rolf Tempel (Emmy Ruben), Emma Vogler (Anne-Marie Vogler), Gerd Hagedorn (Charlotte Walner-von Deuten), Christoffer Zacharias-Langhans (Marie Lippert, Marie Zacharias);
die Gespräche geführt und uns Informationen und Literaturhinweise gegeben haben:
Manfred Bede (Friedhof Ohlsdorf), Sabine Blum (Öffentlichkeitsreferentin Ohlsdorfer Friedhof), Helga Diercks-Norden (Landesfrauenrat Hamburg), Dr. Gisela Jaacks (Museum für Hamburgische Geschichte), Dr. Horst Günther (Berlin, Paris), Kay Karius (Ohnsorgtheater), Birgit Kiupel (Hamburg), Dr. Franklin Kopitzsch (Arbeitsstelle für Hamburgische Geschichte an der Universität Hamburg),

Claus Mewes (Kunsthaus, Hamburg), Prof. Dr. Peter Petersen (Arbeitsgruppe Exilmusik am Musikwissenschaftlichen Institut der Universität Hamburg), Prof. Dr. Schliemann (Erna Mohr), Hannes Schlünz (Hamburg Gesellschaft), Helmut Schoenfeld (Umweltbehörde Hamburg), Volker Schulz (Hebbel-Museum, Wesselburen), Irmgard Schindler (Wolfgang-Borchert-Archiv in der Staats- und Universitätsbibliothek, Hamburg), Dr. Georg Syamken (Hamburger Kunsthalle), Corinna Sylvester (Berlin);

die uns bei der Materialbeschaffung geholfen haben:
Dr. Maike Bruhns (Hamburg), Frau Benner, Frau Giesing, Frau Steinhage (Theatersammlung), Gudrun Nagel (Hamburg), Annett Büttner (Staatsarchiv, Hamburg), Dirk Justus und Peter Silze (Eduard-Bargher-Haus), Marion Sommer (Handschriftensammlung der Staats- und Universitätsbibliothek), Jan Sternberg (Landeszentrale für politische Bildung, Hamburg).

Mit der Zitierweise erheben wir keinen wissenschaftlichen Anspruch. Es handelt sich dabei lediglich um Hinweise auf benutzte und weiterführende Literatur. Offensichtliche orthografische Fehler in den Zitaten wurden korrigiert, wenn sie das Verständnis störten.

Der Ohlsdorfer Friedhof

Durch das starke Bevölkerungswachstum der Stadt Hamburg in der zweiten Hälfte des 19. Jahrhunderts reichten die Begräbnisplätze der Kirchengemeinden vor den Toren der Stadt nicht mehr aus. Deshalb beschlossen Hamburger Senat und Bürgerschaft die Anlage eines neuen, unter staatlicher Verwaltung stehenden Zentralfriedhofes weit außerhalb der Stadt und entschieden sich für ein 126 Hektar großes, etwa 8,5 km vom Dammtor entferntes Gelände in der Ohlsdorfer Feldmark. Heute hat sich die Stadt Hamburg so weit ausgedehnt, daß der Ohlsdorfer Friedhof Teil der Stadt geworden ist.

Am 1. Juli 1877 wurde der Ohlsdorfer Friedhof eröffnet. Seitdem haben über 1,4 Millionen Beisetzungen stattgefunden. Er ist heute mit über 320.000 Grabstellen auf 403 ha der größte Friedhof der Welt.

Erklärungen zu den in diesem Buch vorkommenden Grabanlagen auf dem Ohlsdorfer Friedhof:

Der *Althamburgische Gedächtnisfriedhof* befindet sich am Haupteingang des Ohlsdorfer Friedhofes und ist „die Ruhestätte bedeutender geschichtlicher Persönlichkeiten. Schlichte Steinplatten mit eingemeißelten Namen und Lebensdaten erinnern hier an die Hamburgerinnen und Hamburger, deren Gebeine nach Aufhebung der alten Friedhöfe nach Ohlsdorf überführt wurden. Dies geschah in größerem Umfang 1934/35 bei der Umwandlung der Dammtorfriedhöfe zum Ausstellungspark „Planten un Blomen".[1]

„Im *Freilichtmuseum des Heckengartens* stehen die künstlerisch und kulturhistorisch bemerkenswertesten Grabzeichen der alten Friedhöfe vor den Toren der Stadt. Sie wurden hier zur Erinnerung an die hochstehende Grabmalkultur im alten Hamburg aufgestellt."[1] (Siehe Portrait Charlotte Paulsen.)

Die Anlage Gräber der Opfer von Krieg- und Gewaltherrschaft ist ein „mehrfach unterteilter Bereich von mehr als 15.000 m² Fläche [und] liegt im Osten am Rand des Friedhofes. Vor 1943 – in diesem Jahr wurde das Krematorium im KZ Neuengamme in Betrieb genommen – wurden in diesem Gebiet die umgebrachten KZ-Häftlinge begraben. 16.3.1945 Beisetzung ‚reichsdeutscher KZ-Häftlinge‘, 25.5.46 Beisetzung von 1303 KZ-Opfern, 1486 zwangsverschleppten Zivilisten, 925 Aschen“ [2]

Der *Niederländische Friedhof* ist Teil der Grabanlage „Gräber der Opfer von Krieg- und Gewaltherrschaft“. „Abgetrennt durch Bewuchs und Mauern liegt der Ehrenfriedhof der Niederländer mit einem kleinen Schutzhaus mit den Namen der Ermordeten auf drei Tafeln, darüber das Staatswappen.“ [2]

Die *Ehrenanlage für jüdische Verfolgte des Nationalsozialismus* liegt im östlichen Friedhofsbereich. „Ehrenanlage aus zwei Reihen von Gräbern und einem quadratischen Gedenkstein mit der Inschrift: ‚Hier ruhen jüdische Mitbürger, die durch Krieg und Gewaltherrschaft ums Leben kamen.‘ Die Opfer der NS-Diktatur konnten in den Jahren 1941–43 nicht auf dem jüdischen Friedhof bestattet werden.“ [2]

Der *Ehrenhain der Widerstandskämpfer 1933–1945* wurde auf Beschluß des Hamburger Senats im September 1946 eingerichtet. Er besteht aus zwei Reihen von Kissensteinen, die jeweils mit einem Winkel gestaltet sind.

1961 wurde auf dem Ohlsdorfer Friedhof auf Veranlassung der Hamburger *Geschwister-Scholl-Stiftung* eine Ehrenanlage für ehemalige Widerstandskämpferinnen und -kämpfer und deren Ehepartner und -partnerinnen errichtet. „Die hier beigesetzten Hamburgerinnen und Hamburger haben ein Ruherecht auf Friedhofsdauer. … Die Benennung des Ehrenfriedhofes nach den Geschwistern Scholl unterstreicht den überparteilichen Charakter dieser Anlage.“ [3]

Der *Jüdische Friedhof* befindet sich vom Ohlsdorfer Friedhof, durch einen Zaun getrennt, an der Straße Ihlandkoppel. „Er wurde 1883 eröffnet und ermöglichte den Angehörigen der Deutsch-Israelitischen und der Portugiesisch-Jüdischen Gemeinde die Bestattung der Toten nach ihren Religionsgesetzen.

Von 1933 bis zum Kriegsbeginn wurde der Beerdigungsbetrieb, wenigstens nach außen hin, nicht beeinträchtigt. Nach dem Beginn der Deportationen Hamburger Jüdinnen und Juden in die Gettos und Vernichtungslager im Oktober 1941 fanden kaum noch, ab Ende Mai 1943 bis zum Ende des 2. Weltkrieges keine Beerdigungen mehr statt. Die Nationalsozialisten hatten eine Zwangsschließung des Friedhofes veranlaßt.“ [3]

Ein Frauenleben im 17. Jahrhundert –
außerhalb gesellschaftlicher Normen

Eine Hochzeit zwischen einer Adligen und einem Bürgerlichen und umgekehrt war auch im 17. Jahrhundert ein kleiner Skandal. Hatten aber nun einmal Amors Pfeile die Herzen zweier standesgemäß nicht zueinander passender Menschen getroffen und miteinander verflochten, sah manches Liebespaar nur in einer heimlichen Eheverbindung einen Ausweg. Gegen eine Ehe zwischen einer Adligen und einem Bürgerlichen sprach auch die Tatsache, daß die Adlige dem Bürgerlichen untertan wurde.

Daß die Wahl der Prinzessin auf einen Prediger fiel, war eine zusätzliche Erschwernis. Eine Pfarrersfrau hatte in ganz besonderem Maße Leitfigur für die Gemeindemitglieder zu sein. Um dem zu entsprechen und als Vorbild glaubwürdig zu sein, war die soziale Herkunft der Pfarrersfrau aus der hanseständischen Gesellschaft fast immer bürgerlich. Sehr oft kamen die zukünftigen Pfarrersfrauen aus Juristenfamilien. Der Adel hingegen „zog sich [aus dem Berufstand der Geistlichkeit] vollständig zurück".[1]

Durch ihre bürgerliche Herkunft brachte die Pfarrersfrau Fähigkeiten mit in die Ehe, die für den Pfarrhaushalt und für die Ausübung der Leitfunktion von außerordentlicher Wichtigkeit waren. Die Arbeit der Pfarrersfrau lag sowohl im häuslichen als auch im öffentlichen Bereich. Sie hatte die Pflichten einer Hausmutter und die einer, wie wir heute sagen würden, Sozialarbeiterin zu übernehmen, indem sie sich um Kranke und Arme kümmerte. Viele Pfarrersfrauen übten auch gleichzeitig den Beruf der Hebamme aus. Die adlige Frau dagegen hatte eine ganz andere Erziehung genossen. Ihre Schwerpunkte lagen in der Fähigkeit zu repräsentieren sowie im kulturellen Bereich.   R.B.

Juliane Louise
Prinzessin von Ostfriesland

Heimliche Ehe mit einem Pastor

Grab Nr. Bi 56, 577 am Teich
geb. 16.11.1657 in Aurich
gest. in der Nacht zum 30.10.1715 in Hamburg

Die älteste Tochter des Fürsten Enno Ludwig zu Ostfriesland, Stedesdorf und Wittmund lebte in einer vor der Öffentlichkeit geheimgehaltenen Ehe mit dem neun Jahre jüngeren Hamburger Pastor Joachim Morgenweck.

Die Prinzessin von Ostfriesland war zwei Jahre alt, als ihr Vater am 4. April 1660 bei einem Sturz vom Pferd tödlich verunglückte. In seinem Testament hatte er seine Frau, die Generalstaaten und Herzog Rudolph August von Braunschweig-Lüneburg zu Vormündern seiner Kinder bestellt. Die Regierungsnachfolge übernahm Enno Ludwigs Bruder Georg Christian. Er war es auch, der seiner Schwägerin befahl, mit ihren zwei Töchtern das Schloß in Aurich zu verlassen und sich auf die einsam gelegene Burg Berum zurückzuziehen.

Als Julianes Mutter 1677 starb, blieben die Waisen noch ein Jahr lang auf Burg Berum und zogen dann zu ihrem Onkel und Vormund Herzog Rudolph August nach Wolfenbüttel. Die wirtschaftliche Situation der Prinzessinnen war desolat, so bekam z.B. Juliane von Georg Christian die ihr rechtmäßig zustehende Apanage nicht in voller Höhe ausgezahlt. Jahrzehntelange Erbstreitigkeiten, die sich selbst über den Tod des Onkels hinaus erstreckten, waren die Folge. Sie sollen auch ein Grund dafür gewesen sein, daß Julianes Hochzeit mit dem Sohn des Herzogs Heinrich von Sachsen-Weißenfels scheiterte.

1686 zogen die beiden Prinzessinnen auf das Plöner Schloß von Herzog Johann Adolf von Holstein. Durch einen rechtlichen Vergleich gelang es, Julianes finanzielle Zukunft zu sichern.

Als Julianes Schwester 1695 in Schlesien den Herzog Christian Ulrich von Württemberg-Oels zu Behrenstadt heiratete, entschloß sich die nun 38jährige Juliane, nach Ottensen, in die Nähe Hamburgs zu ziehen, wo sie bereits einige Jahre zuvor ein Landhaus als Sommersitz gekauft hatte. Dort lebte sie sehr zurückgezogen mit ihrem Hoffräulein Elisabeth von Broberlein und ihrem Patenkind Juliane Luise Jensen, einer holsteinischen Pastorentochter.

Und dort begann auch die Liebesgeschichte zwischen Juliane und dem an der kleinen Kirche des Waisenhauses beschäftigten Pastor Morgenweck. Er wurde Julianes Beichtvater, nachdem 1699 ihr alter Beichtvater gestorben war. Juliane und Pastor Morgenweck verliebten sich ineinander und heirateten heimlich. Niemand erfuhr etwas davon, bis Pastor Morgenwecks Vorgesetztem die enge Verbindung der beiden auffiel und er seinen Untergebenen zur Rede stellte. Unter dem Siegel der Verschwiegenheit gestand Pastor Morgenweck die Heirat.

Fast fünfzehn Jahre lebte das Paar in heimlicher Ehe. Dann starb Juliane, vermutlich an der Pest. Zwei Wochen zuvor war bereits ihr Hoffräulein an dieser Krankheit gestorben. Auf ihrem Sterbelager hatte Juliane der Maria-Magdalenen-Kirche 3.000 Mark vermacht und bestimmt, daß die Zinserträge zur Aufrechterhaltung ihrer Grabstätte verwendet werden sollten, die sie schon Jahre zuvor für die gleiche Summe im Grabgewölbe unter dem Kirchenaltar für sich und ihr Hoffräulein gekauft hatte. Außerdem hatte Juliane ihrem Mann die lebenslange Nutzung ihres Hauses in Ottensen vermacht. Nach ihrem Tod hätte nun alles nach Julianes Willen geschehen können. Da sie aber schon zu schwach gewesen war, um ihr Testament zu unterschreiben, fochten erbberechtigte Familienangehörige wie z.B. ihre Nichte und der Hof in Aurich es an. Auch äußerten sie Zweifel an Julianes heimlicher Ehe. Fünfzehn Monate dauerten die Erbstreitigkeiten, was die Zahlung der 3.000 Mark verzögerte und dazu führte, daß die Kirche sich weigerte, das Grabgewölbe freizugeben. Solange stand der vergoldete Kupfersarg der Prinzessin in der Diele ihres Hauses am Jungfernstieg, welches sie 1704 zusätzlich zu ihrem Haus in Ottensen erworben hatte. Ende März 1717 konnte endlich die Beisetzung erfolgen.

Neun Monate nach Julianes Tod heiratete Pastor Morgenweck Julianes Haushälterin Juliane Luise Jensen.

Da Prinzessin Juliane bestimmt hatte, daß die Gruft nicht geöffnet werden dürfe „solange der Wind wehet und der Hahn krähet", verfügte der letzte Pastor der Maria-Magdalenen-Kirche, Barthold Nicolaus Krohn, in der Grabkammer neben der Julianes beigesetzt zu werden und beide Gewölbe mit einem Gitter zu umschließen. Damit wollte er noch nach seinem Tod das Versprechen der Kirche auf Unversehrtheit der Grabkammer gewährleisten.

Aber schon 1807 wurde die Kirche abgerissen, der Sarg der Prinzessin und mit ihm der des Pastors Krohn auf den Maria-Magdalenen-Friedhof vor dem Dammtor überführt. 120 Jahre später wurden die sterblichen Reste der drei Toten mit den Grabmalen nach Ohlsdorf umgebettet.   R.B.

Salon- und Briefkultur als Domäne der Frau

Der literarische Salon ist ein Phänomen der europäischen Kulturgeschichte, das sich in verschiedenen Epochen und nahezu allen Ländern Europas in unterschiedlicher Ausprägung zeigt. Die zweckfreie, zwanglose Geselligkeitsform des Salons, die einen Freiraum des Denkens und der Begegnung jenseits strenger gesellschaftlicher Schranken bot, war zugleich ein weibliches Emanzipationspotential, da den Kristallisationspunkt dieser Gesellschaften stets eine Frau bildete. Sie stiftete eine kultivierte Atmosphäre, ihr Geist und Witz wirkten als Magnet für geistig interessierte Menschen verschiedener Gesellschaftsschichten und Lebenskreise, die sich an einem jour fixe zur Konversation über philosophische, künstlerische und teilweise auch politische Themen bei ihr einfanden. Sie provozierte amüsante Gespräche, glich Gegensätze aus und sorgte so für seelisches Behagen und geistige Beweglichkeit. Das Ausmaß des Einflusses, den diese originellen und hochkultivierten Frauen anspornend, vermittelnd und ausgleichend ausübten, ist heute kaum noch nachvollziehbar.

Die deutsche Salonkultur entwickelte sich aus der französischen des 17. und 18. Jahrhunderts, wo adlige Damen fern der Etikette des Hofes Begegnungsstätten für Adlige, Künstler und Intellektuelle schufen. Die berühmtesten Salons in Deutschland waren die der Herzogin Anna Amalia von Sachsen-Weimar (1739–1807) und die romantischen jüdischen Salons von Henriette Herz (1764–1847), Rahel Varnhagen (1771–1833) und Dorothea Schlegel (1764–1839) in Berlin, die eine eigenwillige Variante der Salonkultur darstellten. In Hamburg kann man wohl nur bei Charlotte Sophie Gräfin von Bentinck (1715–1800), die seit 1767 als ranghöchste Adlige in der Stadt lebte, von einer Salonière sprechen. Die liberale Handelsbourgeoisie und die Intellektuellen pflegten den „Theetisch" als Ausformung einer spezifisch bürgerlichen Kultur der Geselligkeit und grenzten sich damit vom Adel ab. In diesen Zirkeln spielte auch der Ehemann der Gastgeberin zumeist eine wichtige Rolle.

Als Fortsetzung der Salonkultur mit anderen Mitteln wurde in der Zeit der Klassik und Romantik die weibliche Briefkultur angesehen, sie wurde bewußt gepflegt. Gelungene Briefe zu schreiben galt als eigene schöpferische Leistung und als Mittel, an der eigenen Vervollkommnung zu arbeiten. Für Frauen bot er oft die einzige Möglichkeit, sich zu artikulieren, und somit ist der Brief für das 18. Jahrhundert eine Quelle ersten Ranges. Briefe geben Aufschluß sowohl über das Leben und Wirken des einzelnen Menschen als auch über das geistige und kulturelle Leben der ganzen Epoche. In seiner Vorrede zu „Winkelmann und sein Jahrhundert" hob Goethe die Bedeutung des Briefes hervor: „Briefe gehören unter die wichtigsten Denkmäler, die der einzelne Mensch hinterlassen kann. ... Was uns freut und schmerzt, drückt oder beschäftigt, löst sich von dem Herzen los, und als dauernde Spuren eines Daseins, eines Zustandes sind solche Blätter für die Nachwelt immer wichtiger, je mehr dem Schreibenden nur der Augenblick vorschwebte, je weniger ihm eine Folgezeit in den Sinn kam."[1]

Um so bedauerlicher ist es, daß die Geschichte des Briefes auch die Geschichte der Vernichtungen weiblicher Briefe ist. Die Briefe Elise Lensings (siehe Portrait) sind ein signifikantes Beispiel dafür. Während Hebbels Briefe an Elise Lensing in seiner Werkausgabe zu finden sind, wurden ihre Briefe erst 1928 – und zudem unvollständig – veröffentlicht. Auch von den nachweislich einmal sehr zahlreichen Briefen Hannchen Sievekings (siehe Portrait) an Caspar Voght sind nur noch acht erhalten, während seine Briefe an sie einen ganzen Band füllen.

B.R.

Sophie Reimarus (Christine Sophie Louise Reimarus geb. Hennings)

Mittelpunkt des „Theetisches"
im Hause Reimarus

Grab Nr. S 25, 1–10
geb. 14.4.1742 in Pinneberg
gest. 30.9.1817 in Hamburg

„Hier kommt und geht, wer will, und denkt auch, was er will, und sagt es ziemlich dreist, und niemand kümmert sich darum."[1] Die hier spricht und Toleranz und aufgeklärten Geist verrät, ist Sophie Reimarus, „die Doktorin" – Tochter des Pinneberger Staatsrats Martin Hennings, der ihr eine ausgezeichnete Ausbildung angedeihen ließ, Schwester des bedeutenden Aufklärers August Hennings, zweite Ehefrau des nicht weniger angesehenen Arztes und Gelehrten Johann Albert Heinrich Reimarus, Schwägerin der klugen und gebildeten Elise Reimarus, die mit Lessing und Mendelssohn im Briefwechsel stand und selbst schrieb und übersetzte, Stiefmutter Hannchen Sievekings (siehe Portrait), die ein großes Haus und nach dem Tod des Ehemannes auch das Handelshaus führte.

Und wovon spricht sie? Von ihrem „Theetisch", der einer der zentralen Orte der Hamburger Aufklärung und Anziehungspunkt für zahlreiche fremde Besucher der Stadt war. Hier herrschte Offenheit, Herzlichkeit und ein ganz auf geistige Genüsse gerichteter Sinn. Mehr als einen Tee hatten die Besucherinnen und Besucher kaum zu erwarten. Der Archäologe, Altphilologe und Schriftsteller Karl August Böttiger nannte die Familie Reimarus den „Licht- und Mittelpunkt des geistigen Hamburg", und weiter: „Nichts ist in der That fröhlicher und genußreicher als eine Theetischconversation im Kreise dieser Familie, zu der ich während meines Aufenthalts in Hamburg so oft eilte, als ich mich anderswo wegschleichen konnte. Während Vater Reimarus im Kaftan und mit Pfeife bald mit einsitzt, bald in dem benachbarten Zimmer Arzneien zubereitet, aber auch von daher durch die geöffnete Thür den Faden des Gesprächs festhält und oft seine Bejahung oder Vernei-

nung mit vorgestrecktem Kopfe hereinruft, sitzt die Mutter Reimarus am dampfenden Theeständer, ihr zur Seite die ehrwürdige Elise und zwei unverheiratete Töchter des Doctors."[2] Piter Poel, Schriftsteller und Herausgeber des „Altonaischen Merkur", beschreibt den Zirkel folgendermaßen: „... wenige Tage in der Woche vergingen, wo nicht ihr in so manchen gedruckten Briefen und Reisebeschreibungen gepriesener Theetisch der Sammelplatz fremder und einheimischer Gelehrter und wißbegieriger junger Leute wurde. Der Mann [J.A.H. Reimarus], welcher um diese Tageszeit kaum andere Besuche als bei gefährlichen [gefährlich erkrankten] Patienten machte, arbeitete dann in seinem anstoßenden kleinen Bibliothekzimmer, dessen Thüren offen standen, so daß er an der Unterhaltung teilnehmen konnte. Der Ort dieser anspruchslosen, aus wechselnden Gästen zusammengesetzten Vereinigung ist in Deutschland berühmter geworden, als manche Akademie, und ich zweifle, ob bei gleicher Lebendigkeit im Austausch der Gedanken über die verschiedenartigsten Gegenstände und dem vorherrschenden Witz und der Wohlredenheit der französischen Gelehrten in den gepriesenen Abendgesellschaften der Frau Géoffrin in Paris der Geist der Anwesenden

19

eine befriedigendere Nahrung gefunden und in eine so heitere Stimmung versetzt worden ist, als hier unter dem Vorsitze einer vielfältig gebildeten und gewiß nicht minder geistreichen Wirtin. Diese verstand es meisterhaft, die verborgenen Schätze eines jeden zu Tage zu fördern, dem Gespräche eine so mannigfache Wendung zu geben, daß es keinem an Gelegenheit fehlte, seinen Beitrag dazu zu liefern, dem Schüchternen Selbstvertrauen einzuflößen und ihm über Verlegenheiten wegzuhelfen."[3] Als der Pädagoge, Jugendschriftsteller und Buchhändler Joachim Heinrich Campe 1791 die Hamburger Freunde von Braunschweig aus besucht hatte, schrieb er an Sophie Reimarus: „Wir saßen einmal wieder an Ihrem traulichen Teetisch; Sie, Elise und meine Frau auf dem Sofa, rechts die guten Sievekings, links die kleine Welt von Christinchen, Hermann und Lotte, in der Mitte, Ihnen gegenüber der liebe Doktor und ich, beide die Friedens- und die Freiheitspfeife rauchend. Was da nicht alles aus dem Herzen heraus und in das Herz hinein geredet wurde! Was wir da nicht alles verhandelten, erörterten und an seine rechte Stelle setzten! Sie alle taten ihre sechsjährige Sparbüchse von neuen Gedanken, Bemerkungen, Empfindungen auf, wir legten unsre paar erübrigten Pfennige hinzu – es war ein Seelenpicknick! Wie das uns behagte, denen schon so lange so was nicht geboten war!"[1] Und Lessing, als Bibliothekar nach Wolfenbüttel verschlagen, schrieb an die Freundin Elise Reimarus nach einem Besuch in Hamburg Anfang November 1780: „Wer in dieser Gesellschaft hätte bleiben können! – Wer aus dieser Gesellschaft nur einen einzigen hier hätte!" An diesen Kreis dachte vermutlich auch August Hennings, als er die Hamburger gegenüber den diplomatischen Zirkeln Berlins lobte: „Man ging[e] ins Schauspiel, um zu sehen, nicht um gesehen zu werden. Eine vollständige Gleichheit machte die Geselligkeit allen gemütlich. Der Zufluß der Fremden verbreitete den Austausch der Kenntnisse."[1]

Ähnlich wie ihre Schwägerin Elise war Sophie eine außerordentlich geistvolle und gebildete Frau. Piter Poel schreibt über sie:

„Ihr Geist mit allen seinen Kenntnissen war ein ganz weiblicher geblieben, er hatte sich nur angeeignet, was brauchbar im Leben zum Nutzen oder zur Verschönerung war und sich in kursierende Münze umsetzen ließ. Sie verschlang alles Neue, philosophische und historische Werke wie Gedichte und Romane, und faßte im Fluge die vorzüglichsten Schönheiten, merkwürdige Züge und hervorstechende Gedanken auf, die sich in ihrem Kopfe mit Leichtigkeit ordneten und einen reichen Stoff zu mündlicher und schriftlicher Unterhaltung hergeben, doch immer natürlich herbeigeführt und mit ihren eigenen Ansichten verschmolzen."[3] Wilhelm von Humboldt rühmt 1796 in seinem Reisetagebuch ihren „in hohem Grade gebildeten Verstand, und eine sehr angenehme und heitere Laune im Umgang" und notiert weiter: „Sie soll ein außerordentliches Talent zu der leichten Gattung des Stils haben, und über die Vortrefflichkeit ihrer Briefe herrscht nur Eine Stimme."[4] Ein Blick in ihre unveröffentlichten Briefe an den Bruder im Hamburger Staatsarchiv bestätigt das.[5] Es sind gescheite und schlicht formulierte Dokumente ihrer Gedanken zu Politik, Philosophie und Literatur. In ihren Berichten von den Teegesellschaften zeichnet sie mit wenigen Sätzen plastische Portraits der Besucher, beispielsweise von Catharine Stolberg, den Dichtern und Schriftstellern Klopstock, Gleim, Jens Immanuel Baggesen, Jakob Mauvillon, dem Freund Mirabeaus, Lavater, dem Pädagogen Johann Bernhard Basedow, den Philosophen Karl Leonhard Reinhold und Friedrich Heinrich Jacobi sowie dem Kaufmann Caspar Voght. Immer sind ihre Ansichten und Urteile geprägt von Vernunft und Maß. Schwärmerei und romantischen Tendenzen steht sie voller Skepsis gegenüber, hier können ihre Urteile auch einmal hart und scharf ausfallen. So mokierte sie sich beispielsweise in drastischer Form über Caspar Voghts Eitelkeit, als er sich mit dem Etatsratstitel, dem Eintrittsbillett in den Adel, schmückte. Und in einem Brief an den Kaufmann Sulpiz Boisserée fragte sie: „Aber auf welche Universität wollen Sie dann ziehen? Jena hat seit einiger Zeit seine berühmtesten Männer verlohren und unter den bösen Phenomenen der Schellingschen Philosophie gehört auch wohl diese Gährung. Wenn nun diese ledigen Lehrstühle mit den Schlegeln und Tieck besetzt, und von Jacob Böhme beschützt werden, wird es vollens junge Köpfe verdrehen. Seit Kurzem sind uns 3 Junge Herren vorgekommen, die halbtot, wenigstens zu allem nützlichen verdorben waren."[4] Und auch die anfängliche Revolutionsbegeisterung – ausführlich hatte Sophie ihrem Bruder von der Revolutionsfeier bei Sievekings berichtet und sich später begeistert über den Mainzer Jakobinerklub geäußert – schlug bald um. Mitte Dezember 1792 schrieb sie in einem Brief an den Bruder: „Nein, die Franzosen sind keine Nation, mit der man sich brüderlich verbinden kann! … Gute Freiheit, warum bist du nicht in andere Hände gefallen!"[6] Und in einem Gedicht pries sie wie viele von der Revolution enttäuschte Zeitgenossen den Rückzug ins Private, Überschaubare, Geordnete:

Ein grausenvolles Zeitungslesen
Zerstört oft unser ganzes Wesen,
Kein Aufblick froher Zuversicht:
Die schöne Hofnung bessrer Zeiten,
Der Traum von nahen Seligkeiten
Sinkt wie ein umgeworfnes Licht.
Den schönen Traum von ErdenGlück.
Was gute Menschen kaum begannen
Sinckt schrecklich hin durch VolksTyrannen,
Wer wagt der Hofnung LebensBlick.
Das Morgenroth in Nacht zurück.

Hinweg denn mit dem großen Traume
Die Freiheit haußt im engen Raume
Wohnt in der Brust der Redlichkeit
Sie wohnt in unserm kleinen Zimmer
Und unser Theetisch sey ihr immer
Zum bleibenden Altar geweiht.[7]

Sophie Hennings hatte im Alter von 28 Jahren, am 8.6.1770, den Arzt, Naturforscher und Philosophen Johann Albert Heinrich Reimarus geheiratet. Sie hatte ihn kennengelernt, als sie von Pinneberg nach Hamburg gereist war, um sich der von ihm in Hamburg eingeführten Pockenimpfung zu unterziehen. Zu Hannchen, der Tochter aus

der ersten Ehe ihres Mannes, gesellten sich 1771 die Tochter Christine, die später den französischen Gesandten in Hamburg, Karl Reinhard, heiratete, und 1774 der Sohn Hermann, der Kaufmann wurde. Die Familie lebte in der Fuhlentwiete, in einem Haus mit Garten und einem Kastanienbaum, in dem man die Vögel singen hörte. Der Tagesablauf im Hause Reimarus, den Piter Poel beschreibt, bestätigt noch einmal die geistige Beweglichkeit und Bildung Sophie Reimarus': „Der Theetisch vereinigte die Gatten früh morgens, dann im Laufe des Vormittags, wenn der Mann sich ein halbes Stündchen von seinen Patienten abmüßigen konnte, und nach dem Abendessen, selbst wenn sie erst spät aus der Abendgesellschaft nach Hause gekommen waren. Dann hatte sie immer Journale in Bereitschaft mit den angemerkten Stellen, die ihn der Mühe überhoben, das Ganze durchzulesen, oder sie trug mündlich ihm vor, was ihn auf andre Weise erfreuen konnte."[3]

Wie sehr sich ihre Wesensart von der ihrer Stieftochter Hannchen unterschied, die die Seele eines anderen namhaften gesellschaftlichen Treffpunkts im Hamburg jener Zeit war, zeigt die folgende Begebenheit: Als das Sievekingsche Handelshaus 1811 Konkurs gemacht hatte, bat Hannchen ihren Vater, ins Elternhaus zurückkehren zu dürfen: „Ich will mein Kinderleben wieder anfangen, will Papa mich bei sich aufnehmen?" Sophie Reimarus' Antwort: „Gutes Kind, Du hast nie aufgehört, es zu führen; denn rein und kindlich ist dein Leben immer gewesen."[1] Diese kindliche Liebe sollte Sophie Reimarus in besonderem Maße zuteil werden, als sie bettlägerig wurde und Hannchen sie aufopfernd bis zu ihrem Tode pflegte. Sophie Reimarus starb drei Jahre nach dem Tode ihres Mannes, am 30. September 1817. Als Leichenrede wollte sie nur das Wort: „Sie traute der Menschheit, und wer kannte wohl auch bessere Menschen als ich."[1]

Eine umfassende Charakteristik von Sophie Reimarus gab der dänische Diplomat und Schriftsteller Johann Georg Rist und setzte ihr damit in seinen Lebenserinnerungen ein wahrhaftes Denkmal: „Kräftiger, irdischer möchte ich sagen, weder der Liebe noch dem Hasse fremd, geistreich in einem Grade, wie eine deutsche Frau nur sein darf, voll der lebhaftesten Teilnahme an allem, wofür ihr Mann lebte und manchem weltlichen Interesse außerdem, aber treu und fromm und begeistert für alles Große und Treffliche, auch eine Feindin jeglicher Gewalt und Willkür, ratend und helfend, und aus langgesammelter, reicher Erfahrung spendend, – saß die schwer gestaltete, unbehilfliche Gattin dem dürren Greise gegenüber, der ab und zu gehend, mit bescheidener Pfeife, bald im Kabinette Arzenei bereitete, bald aus der wohlgeordneten Büchersammlung ein belehrendes Werk über einen fraglichen Gegenstand holte, bald seiner treuen Vorleserin zuhörte, die mit beispielloser Schnelligkeit und Begehrlichkeit jede neue literarische Erscheinung durchlief, um für ihn die besten Stellen auszusondern. Wie freundlich grüßte sie von ihrem schwarzen Sofa den eintretenden Besucher; wie heiter und geistreich wußte sie das Gelesene oder Gehörte mitzuteilen, wie fein und scharf ihm, was er wußte und hatte, abzufragen, wie dringend das Verdienst oder das Unglück zu empfehlen!

Mit mäßigen Mitteln und löblicher Sparsamkeit wußte sie ein Haus zu machen, wie seitdem keines wieder in Hamburg seine Türen aufgetan hat, in dem sich von nah und fern, alles, was sich zu Gelehrten und Freunden der Wissenschaft rechnete, wie von rechtswegen versammelte und einheimisch fühlte. Der Freitag-Abend war ihr eigentlicher Tag, wo ich nicht gern fehlte und ungern vermißt wurde. Da war Scherz und Ernst, Vorzeit und Gegenwart freundlich verschmolzen. Diese treffliche Frau hat mir insonderheit viele Güte und Teilnahme erwiesen. Wenige Jahre nach ihres Gatten Tod bin ich ihr dankbar und gerührt zu Grabe gefolgt. In ihrer viele Jahre durchgeführten Korrespondenz mit ihrer Tochter Stinchen Reinhard und in manchem kleinen poetischen Erguß sind den Ihrigen Denkmale ihres seltenen Geistes und Gemüts geblieben. "[8]

B.R.

Hannchen Sieveking (Johanna Margaretha Sieveking geb. Reimarus)

Mittelpunkt des gesellschaftlichen Treffpunktes auf dem Sievekingschen Landsitz in Neumühlen

Grab Nr. S 26, 1–10
und Althamburgischer Gedächtnisfriedhof:
Grabplatte „Herausragende Frauen"
geb. 20.11.1760 in Hamburg
gest. 12.6.1832 in Hamburg

Was könnte eine Frau, die ein großes Haus führte, besser beschreiben als die Stimmen ihrer Zeitgenossen? Der Archäologe, Altphilologe und Schriftsteller Karl August Böttiger schwärmte über Hannchen Sieveking: „Durch körperliche und geistige Reize die Königin unter ihren Gespielinnen und durch ihre unerkünstelte Bescheidenheit selbst von denen geliebt, die sie verdunkelte …"[1] Ähnlich enthusiastisch äußerte sich Jacobi 1803 in einem Brief an Jean Paul: „Ich kann Dir nichts von diesem Weibe sagen, weil Worte nur allgemeines ausdrücken und in dieser Johanna alles Persönlichkeit ist. Ein sinnvolleres, verständigeres, tätigeres und stilleres, treueres, festeres und holdseligeres Wesen ist mir in meinem Leben noch nicht vorgekommen."[1] Und Piter Poel, der Mitbesitzer und -bewohner des Neumühlener Landsitzes: „… sie war schmächtigen Körpers, doch von gefälliger Größe; den übrigens gut geformten Gesichtszügen fehlte es zwar an Regelmäßigkeit, aber Güte, Weiblichkeit und Hingebung, die aus den Augen strahlten und harmonisch sich in der Haltung und allen Bewegungen ihres Körpers ausdrückten, verbreiteten eine unbeschreibliche Anmut über ihr ganzes Wesen."[2]

Im folgenden stilisiert er sie gar zur „personifizierten Charitas mit aller Grazie und Lebendigkeit des jugendlichen Alters. Hat je die Natur das Wort ‚hilfreich' in leserlichen Zügen einem Wesen aufgeprägt, so ist es dieses gewesen. Mitten unter den Sorgen eines Hausstandes, der sich bald durch den Zufluß von Fremden während der Revolution in einem Umfange erweiterte, wie man ihn nicht leicht bei Privatpersonen findet, und doch mit verhältnismäßig geringer Dienerschaft bestritten werden mußte, sah man sie doch stets mit dem Wohl und Weh anderer beschäftigt; wer, von Unglück befallen, sich ihr nahte, fand, wie fern er ihr auch sein mochte, immer liebevolle Aufnahme. Sie wußte stets Mittel zu finden, ihm Erleichterung zu verschaffen, und das ohne alles Aufsehen, ohne Anstrengung, ohne eigentliches Pflichtgefühl, sondern aus Bedürfnis, aus dem Instinkt des Wohltuns, aus reiner Liebe."[2] „Sie war die einzige", so der schwedische Diplomat Gustav von Brinkmann 1801, „die mich in meiner schweren Krankheit auch nicht durch eine Frage belästigte, während alle Freunde mich durch den Ungestüm ihrer wohlmeinenden Besorgnisse in Verzweiflung brachten."[1] Der norwegische Naturphilosoph Henrik Steffens, der den Herbst 1807 bei Sievekings zubrachte, huldigte seiner Gastgeberin: „Nie habe ich eine Frau gekannt, die mich so ganz beherrschte, deren stets milde Gegenwart dennoch eine unwiderstehliche Gewalt über mich ausübte."[1] Der dänische Diplomat und Schriftsteller Johann Georg Rist charakterisierte, die junge und alte Frau gleichermaßen erfassend: „Die ehrwürdige, milde, ganz in Wohlthun lebende, nur sich selbst vergessende, alles übrige klug und mit männlichem Ernst bedenkende Mutter Sieveking! Sie war damals an der Spitze eines großen Hauses, einer blühenden Familie, wenngleich jünger und rüstiger, doch nicht anders als sie nun ist ein Engel von Sanftmut, Selbstverleugnung, hilfreicher Thätigkeit, Bescheidenheit und unschuldiger, durch keine krausen Verhältnisse zu störender Einfalt." Nach ihrem Tode trauert er: „Es ist eine Öde geblieben, wo so herrliches Leben, so rege Teilnahme, so unerschütterlicher Rechts- und Wahrheitssinn war, und solche Treue, so reiche Erfahrung, so unerschöpfliche Liebe."[3] Caspar Voght, der wohl engste Freund, schrieb in seinen Lebenserinnerungen: „Der Geist des edlen Vaters ruhte auf ihr, war in ihr. Hohe Herzensgüte lag in ihren Zügen; der Ton ihrer Stimme drang ins Herz des Leidenden, den ihre Blicke an sich zu ziehen schienen. Ihr Leben war Liebe, ihre Liebe war Tat. Mit dieser Liebe

hing sie an mir und meiner Geliebten",[1] und ein Jahr vor seinem Tode, 1838, als er seinen Abschiedsbrief verfaßte, bekannte er seinem Patenkind, Hannchens Sohn Karl: „Sie hat mich am besten verstanden und am dauerndsten und am reinsten geliebt."[1] Auch wenn der Ton Wilhelm von Humboldts im Ganzen zurückhaltender ist, spricht auch aus ihm Verehrung und Anerkennung: „Frau Sieveking hat ein anziehendes und vielversprechendes Äußere, und man findet in ihr das überaus seltene Talent, einer sehr großen Haushaltung im genauesten Verstande treu und aufmerksam vorzustehen, und sich doch darum ganz und garnicht der Gesellschaft zu entziehen. Dabei ist sie durchaus anspruchslos und bescheiden. Es ist schlechterdings unmöglich, angenehmer, als in ihrem Hause zu sein, in dem sich aller Überfluß des Reichtums mit der ganzen natürlichen Einfachheit des Mittelstandes verbindet."[1]

Und auch Hannchen Sievekings eigene Worte bestätigen dieses übereinstimmende Bild der Zeitgenossen, als sie am Ende ihres Lebens sich und ihr Wirken in einem Brief an ihre Kinder darstellt: „Ich fühle, daß ich alt werde und erschrecke nicht, denn ich bin mir keines Unrechts bewußt; nichts, was an meiner Ruhe nagt. Ich vertraue auf Gott und danke ihm für so viel Gutes, was mir geworden ist und mein Alter freundlich macht. Das Schicksal und die Unvollkommenheiten des Lebens lehrten mich, kleine Plackereien zu ertragen. So werde ich denn das Leben voll Dank und Liebe verlassen. Gott segne Euch in Euren Kindern und gebe und erhalte Euch Freunde wie ich sie hatte und noch habe; dann veraltet und verkümmert das Herz nicht. Die nicht mehr sind, leben in uns fort, denn nichts vergeht ohne Spur, und die göttliche fühlen wir."[4]

Wer war diese hervorragende Frau, der so viele bedeutende Männer ein Denkmal setzten?

Hannchen, wie sie allgemein genannt wurde, war eine geborene Reimarus, Tochter aus einer der ersten Familien der Stadt. Ihr Vater war der Arzt und Gelehrte Johann Albert Heinrich Reimarus (siehe Portrait Sophie Reimarus), die Mutter Anna Maria Thorbecke. Hannchen heiratete einen der kenntnisreichsten, welterfahrensten und erfolgreichsten Hamburger Kaufleute der zweiten Hälfte des 18. Jahrhunderts, Georg Heinrich Sieveking. Die Familien Reimarus und Sieveking bildeten um sich herum zwei bedeutende gesellschaftliche Kreise der Stadt.

Doch zunächst zu Hannchens Jugend. Nach dem sehr frühen Tod der Mutter am 17. Januar 1762 nahm sich Elise Reimarus, die Schwester von Johann Albert Heinrich Reimarus, der Nichte an. Als der Vater Sophie Hennings, die Schwester des Aufklärers August Hennings, heiratete, entfaltete sich im Hause eine reichhaltige Gastlichkeit. Hier traf sich alles, was von geistiger und literarischer Bedeutung in der Stadt war oder dorthin kam. So verkehrten hier auch die Kaufleute Caspar Voght und Georg Heinrich Sieveking, die seit dem Tod von Voghts Vater im Jahre 1781 dessen Firma gemeinsam führten. Am 2. Oktober 1782, nach zweimonatiger Verlobungszeit, wurde die Hochzeit gefeiert.

Das Paar wohnte zunächst in Harvestehude, denn wenn möglich, zog man damals aus der Enge der Stadt ins Freie. In Harvestehu-

de wurden die ersten beiden Kinder Johannes (1785) und Karl (1787) geboren. Bald jedoch mußte die kleine Familie das nur gemietete Haus verlassen, sie zog an den Neuenwall 149, wo auch das Kontor untergebracht war. Ein Garten vor dem Dammtor ermöglichte jetzt, der Stadt zu entfliehen. Hier wurde am 14. Juli 1790, dem ersten Jahrestag der Erstürmung der Bastille, die berühmte Revolutionsfeier abgehalten, die Hamburg den Ruf einer liberalen Oase einbrachte.

Im Jahre 1793 erwarb man gemeinsam mit zwei Freunden, dem Kaufmann Conrad Johann Matthiessen und dem Schriftsteller und Herausgeber des „Altonaischen Merkur" Piter Poel, ein Landhaus in Neumühlen, ein schlichtes Anwesen, auf dem Hang gelegen, mit einem herrlichen Blick über die Elbe. Für die Ausgestaltung von Haus und Garten holte man sich den aus Frankreich stammenden Baumeister und Gartenarchitekten Joseph Ramée. Während Matthiessen nach drei Jahren, bei seiner Vermählung, aus der Gemeinschaft ausschied, lebten die Familien Sieveking und Poel in Eintracht miteinander weiter, die Frauen führten in wöchentlichem Wechsel den Haushalt: „Friederike und ich leben sehr innig zusammen; wir haben herausgefunden, daß wir in dieser kleinen Republik die Gewalt haben, und da wir nur das Gute wollen, behält das Gute die Oberhand",[1] schrieb Hannchen 1794 an Voght. Der Landsitz in Neumühlen entwickelte sich zu einem geselligen Mittelpunkt der Stadt, und das war in erster Linie Hannchen Sieveking zu verdanken. Sie war sicherlich keine intellektuelle Frau wie ihre Stiefmutter Sophie Reimarus, und wohl zu recht hatte Elise Reimarus über die Nichte geurteilt: „Sie ist neunzehnjährig, nicht sehr für die Philosophie, recht liebenswürdig und beliebt: Wenn sie doch nur einen guten Mann kriegte."[4] Hannchens Talente lagen ganz offensichtlich mehr im Bereich der Herzensbildung als der Bildung, dort aber, wie die vielen Stimmen von Zeitzeugen belegen, in ganz ungewöhnlichem Maße.

Bei den Geselligkeiten auf dem Landsitz in Neumühlen ging es viel lebhafter und mannigfaltiger als am „Theetisch" im Hause Reimarus zu. Es war im Handelshaus, dem Sieveking zu Weltruf verholfen hatte – Voght war 1793 ausgeschieden, weil seiner geistigen Unabhängigkeit jedes Geschäft zuwider war –, üblich geworden, alle Fremden, die in Geschäften kamen, für den nächsten Sonntag nach Neumühlen einzuladen. Dazu gesellten sich Freunde aus der Stadt und durchreisende Schriftsteller und Gelehrte, später auch unzählige Emigranten. Oft wurde am Sonntag der Tisch für 80 und mehr Personen gedeckt. Karl August Böttiger berichtet, wie zwanglos und herzlich es dabei zuging: „Die Tafel ist gut und fein und reichlich, aber nicht übermäßig besetzt. ... Jeder nimmt sich oder läßt sich geben, von welcher Schüssel er will ... Jeder fordert sich Wein, welchen er will ... Jeder steht vom Tische auf, geht zu einem Andern, zu Mehreren, zu Allen, wie es ihm einfällt, und so lange es ihm gefällt. ... Er geht dann in den Garten, ... besieht Kupferstiche, Gemälde, durchblättert Bücher ... Kurz, jeder ist frei für sich und hat keine andre Verbindlichkeit, als andre ebenso frei zu lassen, wie er selbst ist."[1] Hier in Neumühlen wurden Klopstocks Geburtstage begangen, Hochzeiten und Taufen von Mitgliedern aus dem weiteren Familienkreis gefeiert. Im Sommer weilten häufig Logiergäste in dem geräumigen Haus.

Auch wenn immer wieder von dem unausgeglichenen und aufbrausenden Temperament Sievekings zu lesen ist, unter dem Hannchen zu leiden hatte, so daß Josef Nyary am 17.3.1977 im „Hamburger Abendblatt" meinte, urteilen zu können, „für die Braut wurde es keine leichte Ehe", soll hier festgehalten werden, daß Hannchen selbst es offenbar anders sah. In einem Brief an ihren Mann schrieb sie: „Ich kann's Dir nicht oft genug wiederholen, daß es mich unendlich freut, daß ich wirklich das Vermögen habe, Dich glücklich zu machen, daß ich das wirklich kann. Gewollt habe ich's gewiß immer, aber ich habe oft daran gezweifelt, weil ich an mir selbst zweifelte.

Glaubst Du's nicht auch, daß wir auch auf die Länge glücklich sein werden, daß wir uns nur noch immer fester aneinander ketten werden? Wenn ich das so nachdenke, so deucht es mich zuviel verlangt, zuviel vorgestellt, und dann fange ich an, für die Zukunft zu zittern. Was haben wir für so viele Menschen voraus, die so ein hartes Schicksal haben? und die vielleicht besser sind als wir? Ich schäme mich oft meiner Undankbarkeit, aber das Herz ist mir doch so schwer, daß ich nicht imstande bin, die Grillen los zu werden. Just eben zu der Zeit, wenn ich am lebhaftesten fühle, am deutlichsten einsehe, wie ohne alles Verdienst mein Schicksal so gütig ist, dann sehe ich's auch am deutlichsten, daß noch vieles über uns verhängt ist, und daß unser Leben nicht immer so schlichtweg fortdauern kann."[1]

Hannchen sollte mit ihren Ängsten recht behalten. Am 25. Januar 1799, drei Tage vor seinem 48. Geburtstag, starb Georg Heinrich Sieveking nach einem schweren Brustkrampf. Nach 16jähriger Ehe stand Hannchen Sieveking mit 38 Jahren und fünf Kindern, von denen das älteste 13 Jahre, das jüngste noch kein Jahr alt war, alleine da.

Sie führte das Handelshaus zunächst zusammen mit den Teilhabern Bertheau und Schlüter weiter und erhielt auch der Familie und den Freunden den Landsitz in Neumühlen. Bedingt durch die Kontinentalsperre wurden die wirtschaftlichen Schwierigkeiten jedoch so groß, daß das Handelshaus 1811 Konkurs anmelden mußte. „Über Sievekings trauert die ganze Stadt",[4] schrieb Henriette Harder, die Tochter des Senators Johann G. Graepel, an ihre Stiefschwester. 1810 hatte Hannchen bereits ein Schicksalsschlag getroffen, als die einzige Tochter, Sophie, achtzehnjährig an einer Lungenentzündung starb. Zu ähnlicher Selbstverleugnung wie ihre Mutter geneigt, war die Kränkelnde in einer stürmischen Nacht auf Notrufe von der Elbe zu Nachbarn gelaufen, um Hilfe zu holen.

Voller Bewunderung berichtete Piter Poel, mit welcher Haltung und Souveränität Hannchen Sieveking den Unglücksfällen begegnete: „Trotz vollkommenster Weiblichkeit besitzt sie einen männlichen Geist, der ungetrübt durch Vorurteil und Illusionen, die Verhältnisse klar durchschaut; und männlich, wie ihr Verstand, ist auch ihr Mut, wenn große Unglücksfälle ihr schwere Opfer auferlegen. Ich habe sie in dem Augenblicke gesehen, in welchem ihr angekündigt wurde, daß ihr Handlungshaus seine Zahlungen einstellen müsse. ... da erklärte die Sieveking sogleich mit der größten Fassung, daß sie alles unbedingt in die Hände der ratenden Freunde lege, die ihr ganzes Vertrauen, wie das des Publikums besäßen; nur bat sie, soweit es auf eine rechtliche Weise geschehen könne, Rücksicht auf die nicht vermögenden Freunde zu nehmen, die ihre Gelder dem Hause anvertraut hätten. Für sie selbst war ihr Entschluß augenblicklich gefaßt; sie gab Haus und Garten mit allen Kostbarkeiten auf und kehrte zurück in die väterliche Wohnung, um wieder, wie sie sagte, in die Verhältnisse einzutreten, in denen sie sich als 20jähriges Mädchen so glücklich gefühlt; ihre Knaben würden sich schon wie so viele andere ohne Vermögen, vielleicht sogar zu ihrem Besten, durchschlagen; für die Tochter hatte sie nicht mehr zu sorgen, die war bereits im Frühjahr vorher gestorben."[2]

Hannchens Vater starb im Jahre 1814, die Mutter, die lange bettlägerig gewesen und von Hannchen aufopfernd gepflegt worden war, am 30. September 1817. Nach dem Tod der Eltern verdiente Hannchen ihren Unterhalt, indem sie einige Zimmer vermietete, zumeist an junge Kaufleute aus bekannten Familien. An einem Abend in der Woche lud sie zum Teetisch ein, zu dem sich auch die alten Freunde einstellten. Und auch Caspar Voght mietete sich manchmal im Winter bei ihr ein. Er, der u.a. wegen seiner unmöglichen Liebe zu der Freundin Hannchens, Magdalena Pauli, auf jahrelange Reisen gegangen war und mit dem Hannchen einen vielseitigen und regen Briefwechsel geführt und den postillon d'amour für ihn gemacht hatte, war endgültig auf seinen Landsitz nach Flottbek zurückgekehrt. Hier, wo inzwischen auch Piter Poel mit seiner Familie lebte und Magdalena Pauli sich oft aufhielt, war Hannchen häufig zu Gast.

Als sie am 12. Juni 1832 nach halbjährigem Krankenlager starb, ließ man auf ihren Grabstein auf dem Nikolaifriedhof vor dem Dammtor die Inschrift meißeln: „Die Liebe stirbt nicht!"

Die Gastlichkeit des Hauses Sieveking ist ein schönes Beispiel dafür, daß Handel und Geld Kunst und Wissenschaften nicht vertreiben müssen, sondern im Gegenteil gerade ermöglichen können. Hamburg, so urteilte der Dichter Jens Immanuel Baggesen, sei nicht der Tempel der Musen, sondern lediglich ihre Herberge, und die Grazien wohnten nicht, sie logierten nur daselbst. Hamburg sei eine bloße Handelsstadt, sie könne zwar große Seelen hervorbringen, sie aber niemals bilden. Indes: „derselbe Geist, der die Liebhaber der Musen von dieser Stadt verscheucht, bringt sie auf eine gewisse Weise auch wieder zu ihr zurück. Der Handel hat, in Absicht auf Wissenschaften, eine gewisse Schwerkraft, die ebensosehr an sich zieht als von sich stößt. Hamburg ist, zufolge dieses Gesetzes der Bewegung, ein Platz, auf dem sich Europas Gelehrte begegnen; und sozusagen das allgemeine Wirtshaus der Musen geworden. Von dieser Seite angesehen, ist es vielleicht, nächst Rom und Paris, die interessanteste Stadt in Europa."[1] B.R.

Caroline Perthes (Maria Caroline Elisabeth Perthes geb. Claudius)

Tochter des Dichters Matthias Claudius und Ehefrau des Buchhändlers und Verlegers Friedrich Perthes

Althamburgischer Gedächtnisfriedhof: Grabplatte „Herausragende Frauen"
geb. 7.2.1774 in Wandsbeck
gest. 28. 8. 1821 in Hamburg

In den Schilderungen von Clemens Theodor Perthes aus dem Leben seines bedeutenden Vaters, des Buchhändlers und Verlegers Friedrich Perthes, nimmt die Mutter, Caroline Perthes, einen großen Raum ein. Er führt sie bei ihrer ersten Begegnung mit dem Vater ein: „Caroline Perthes, die älteste Tochter des

Wandsbecker Boten [Matthias Claudius], war 1774 geboren, also 22 Jahre alt, als Perthes zuerst das Haus der Eltern betrat. Ihre ganze Erscheinung, so angenehm die regelmäßig edlen Züge, die schlanke Gestalt und die feine Farbe auch waren, hatte nichts Ueberraschendes und Blendendes; aber aus dem lichtbraunen Auge blickte ein Reichthum der Phantasie und eine Tiefe des Gefühls, eine Kraft und Ruhe des Charakters und eine helle Klarheit des Verstandes hervor, welche mit stiller, unwiderstehlicher Macht die Gemüther anzog. Ihr ganzes Leben hindurch flößte sie jedem, der ihr näher trat, hingebendes Vertrauen ein; zu ihr kamen die Fröhlichen und waren sicher, freudige Theilnahme zu finden, und für viele, viele Menschen ist sie in äußeren und inneren Leiden eine Quelle des Trostes, der Ergebung und eines neuen Muthes geworden. In den einfachen Verhältnissen des elterlichen Hauses war sie aufgewachsen und jedes Zusammentreffen mit der Unruhe der äußeren Welt erschien ihr als eine Gefahr für ihren kindlich unbefangenen Umgang mit Gott. Getheilt zwischen häuslichen Arbeiten, Musik und Bemühen um geistige Ausbildung, ging ihre Zeit dahin. Eine volle, reine Stimme und ein sicheres musikalisches Urtheil blieb ihr auch im höheren Alter. Der neueren Sprachen war sie kundig und in der lateinischen so weit vorgeschritten, daß sie später ihren Söhnen wesentliche Hilfe leisten konnte.

So lange Caroline im elterlichen Hause gewesen war, hatte sie nur wenige Eindrücke in sich aufgenommen, welche einen Ursprung außerhalb desselben gehabt hätten. Mit kindlicher Verehrung hing sie an der Fürstin Gallitzin, welche mehreremale sich bei Claudius aufgehalten und das Mädchen so liebgewonnen hatte, daß sie bis zu ihrem Tode demselben eine mütterliche Freundin blieb. Gleich nahe stand Caroline der Gräfin Julie Reventlow. Mehrere Monate war sie im Sommer 1795 in Emkendorf zum Besuche gewesen und der Familie so nahe getreten, daß diese sie nach Italien mitzunehmen dringend wünschte, aber des Vaters Einwilligung nicht erlangen konnte."[1]

Des Vaters Einwilligung war zunächst auch zu einer Heirat Carolines mit Friedrich Perthes nicht zu erlangen. Perthes war, als er im Frühjahr 1797 um Carolines Hand anhielt, erst 25 Jahre alt und hatte nach einer Buchhändlerlehre in Leipzig und der Mitarbeit in der Hoffmannschen Buchhandlung (siehe Portrait Elisabeth Campe) in Hamburg 1796 zusammen mit zwei Gesellschaftern eine Sortimentsbuchhandlung gegründet. Hier hatte er den Philosophen Friedrich Heinrich Jacobi kennengelernt, der ihn in den Zirkel von z.T. „frommen Schwärmern" einführte, der einen Gegenpol zu den aufklärerischen Kreisen um die Familie Reimarus (siehe Portrait Sophie Reimarus) bildete. Die Fürstin Gallitzin, die Familien Reventlow, Stolberg und Claudius gehörten zu diesem Kreis. Perthes stand Claudius äußerlich und innerlich sehr fern: „... seine natürliche Offenheit ließ darüber keinen Zweifel, daß in seinem Innern die Kräfte noch ungeordnet und unsicher durcheinander gährten", schrieb der Sohn Clemens über den Vater und fuhr fort: „Ueberdies war Claudius von einer Art von Eifersucht nicht frei. Ihm wurde es schwer, die Tochter aus der eigenen Obhut zu entlassen, und nicht ohne Schmerz fühlte er, daß die

Tochter einen jungen unerfahrenen Mann mehr liebe als den Vater."[1]

Am 2. August 1797 wurde dann doch die Hochzeit gefeiert. Am Tage zuvor schrieb Caroline dem Bräutigam: „Wir wollen Gott nach alter Weise um seinen Segen bitten, und er wird uns nach alter Weise segnen. Ach, lieber Perthes, tue es doch mit mir; ich bin so lebendig überzeugt, daß an Gottes Segen alles gelegen ist, wenn wir mit und durch einander glücklich werden wollen und unser Glück bestehen soll. Alles andere verläßt uns gewiß wieder früher oder später und kann nicht Stich halten. Du lieber Herzens-Perthes! mach die Arme weit auf und halte mich fest, bis Du mein Auge zudrückst; ich bin Dein mit Leib und Seele und vertraue Gott, daß ich mich wohl dabei befinden werde." (Brief vom 1. August 1797)[2]

Die ersten Ehejahre ließen den Gegensatz zwischen Caroline, die in Wandsbeck ein nach innen gekehrtes Leben in stillem Gottvertrauen geführt hatte, und Perthes, der im Kampf mit Zweifeln und Leidenschaften an allen geistigen und politischen Auseinandersetzungen der Zeit Anteil nahm und aktiv eingriff, scharf hervortreten. Caroline mußte sich irritiert fühlen, als sie mit Perthes zog und sich neuen, ihr ganz unbekannten Eindrücken ausgesetzt sah. Sie hatte eine Scheu vor Berührungen mit der Welt, war leicht verwundbar und beunruhigt durch äußere Verhältnisse. Perthes wandte ein, daß ein Leben allein in Gott, unberührt von Schmerz und Unruhe, ein kaltes Leben sei, bestärkte sie aber zugleich in ihrer Art. Im Sommer 1799 schrieb er: „Glaube mir, glaube mir, Du mein guter Engel, ich fühle es, daß Du viel hast, und laß Dich nicht stören. O unser Vater hatte sehr Recht, Euch Kinder von der Richtung aufs Wirken und Handeln und auf das Kunstwesen zurückzuhalten. Selbst wenn er zu weit hierin gegangen wäre, selbst wenn er Euch ungeschickt gemacht hätte zum Handeln und Schaffen im Leben, ja selbst wenn ihr der Welt eine Thorheit werden solltet, so habt ihr dennoch in Euch den Geist der Liebe, und der Geist der Liebe ist lebendig."[1] Perthes Briefe waren voll glühender

Leidenschaft und Anerkennung des ihm noch fehlenden inneren Lebens.

Caroline ihrerseits erhielt bald Gelegenheit, sich auch im äußeren Leben zu bewähren. 1798 waren die Gesellschafter ihres Mannes aus der Handlung ausgeschieden, weil ihnen der Gewinn zu gering erschien. Mit viel Fleiß und Geschick brachte Perthes die Handlung trotz der wirtschaftlich schwierigen Zeiten mit dem neuen Partner Johann Heinrich Besser zu Blüte und Ansehen. Sie galt bald als eine der bedeutendsten im Norden Deutschlands. Im Herbst 1805 kaufte man das Axensche Haus am Jungfernstieg, wo Familie, Geschäft, Lager, Gehilfen und die befreundete Familie von Axen untergebracht wurden.

Der durch den Einfluß ihres Mannes vielfach wechselnde Verkehr mit den verschiedenartigsten Menschen und die wachsende Familie – am 28. Mai 1798 war die Tochter Agnes geboren, gefolgt von dem Sohn Matthias am 16. Januar 1800, der Tochter Louise am 10. Januar 1802 und der Tochter Mathilde am 25. Februar 1804 – stellten an Caroline große Ansprüche. Sie lernte, „sich freien Geistes im Leben zu bewegen und mitten im Wechsel äußerer Umstände innere Stille und Gleichmäßigkeit zu bewahren".[1]

Das Jahr 1813 brachte für Caroline schmerzlichste Begegnungen mit der Außenwelt. Hamburg war seit 1806 von den Franzosen besetzt, im Dezember 1810 war es Frankreich einverleibt worden. Mit der Niederlage der Franzosen in Rußland schien der Zeitpunkt der Befreiung gekommen zu sein. Freudig wurde der russische Oberst Tettenborn begrüßt, als er am 18. März 1813 mit seinen Kosaken in Hamburg einzog. Da man aber die Rückkehr der vertriebenen Franzosen fürchtete, gründete man eine Bürgergarde. An deren Spitze trat Perthes als Stabsmajor, als die Franzosen sich tatsächlich wieder in der Stadt festsetzten und auf eine Belagerung einrichteten. Während er Tag und Nacht kämpfte und die Bürger motivierte, versuchte Caroline zu Hause die Not zu lindern: „Ich hatte keinen Mann mehr im Hause, alle waren auf den Wachen. Immer aber gingen Leute aus und ein, die essen und trinken wollten; denn keiner unserer Bekannten hatte in der Stadt noch eine Haushaltung. Unsere große Stube hatte ich mit Strohsäcken belegt, auf denen bei Tag und Nacht Bürger lagen, die sich ausruhen wollten."[1] Erst als die Lage fast hoffnungslos war, ging Caroline am 28. Mai mit ihren Kindern nach Wandsbeck. Doch auch von hier mußten sie fliehen, nachdem Tettenborn die Stadt verlassen hatte und die Franzosen kurz vor Wandsbeck standen. Perthes beschwor die Familie, nach Nütschau, dem Gut seines Freundes Moltke, zu gehen, und floh selbst in die Nacht hinein.

Die schwangere Caroline packte noch in derselben Nacht und machte sich am Morgen mit ihren sieben Kindern und der Amme auf den Weg. Die Schwester Auguste begleitete sie. Als Perthes in Nütschau zu ihnen stieß, erreichte sie die Nachricht, daß das Haus am Jungfernstieg durchsucht worden sei. Nütschau war zu nahe, man mußte weiter fliehen, fand auf dem bei Eckernförde gelegenen Gut Altenhof bei dem Grafen Reventlow freundliche Aufnahme. Der Graf stellte der Familie Perthes sein einsam an der Ostsee gelegenes Gartenhaus in Aschau zur Verfügung.

Die Perthes hatten zwar alles verloren, was sie besaßen, die Handlung war versiegelt, das Vermögen beschlagnahmt, die Wohnung von einem französischen General bewohnt, aber für eine kurze Zeit waren sie glücklich, wieder zusammen zu sein. Dann mußte Perthes weiter. Die dänische Regierung hatte erklärt, ihn nicht schützen zu können, wenn die Franzosen seine Auslieferung fordern sollten. Zudem mußte er sich um den Unterhalt der Familie kümmern. Am 9. Juli 1813 nahm er Abschied und reiste nach Mecklenburg, wo er sich erneut in das Kriegsgewirr mischte. Caroline blieb unter den eingeschränktesten Verhältnissen mit den Kindern zurück.

Das Gartenhaus brachte in dem feuchten Sommer ihr und den Kindern Erkältungen und Krankheiten. Dazu kam die ständige Sorge um Perthes, von dem nur unregelmäßig Nachricht kam, und die Angst, die bevorstehende Entbindung nicht zu überleben und die Kinder unversorgt zurückzulassen. Die Bedrängnis wurde ein wenig gemildert durch die Schwester, die Caroline hilfreich zur Seite stand, die Familien der Grafen Reventlow und Stolberg und durch die Freude an den Kindern: „Ich habe es in der Wahrheit erfahren, daß Gott uns nichts Größeres geben kann in Freud und Leid als ein liebhabendes und geliebtes Kind. Nichts kann uns das Herz so erquicken, aufrichten und beschämen. Das habe ich hundertmal erfahren, und ich glaube kaum, daß ich Herr geblieben wäre, wenn Gott mir nicht meinen Engels-Bernhard und in ihm das lebendige Bild der kindlichen Liebe und des kindlichen Vertrauens gegeben hätte. Wenn ich versunken war in Angst und Sorge um Perthes und in den Jammer, meine acht Kinder ohne Vaterrath und Vaterliebe ihren Weg durch das Leben anfangen zu sehen, so war ich oftmals in Gefahr zu verzagen. Wenn ich dann aber meinen lieben Bernhard in meine Arme schloß und ihm in sein helles Kinderauge sah und gewahr ward, wie er sich um nichts bekümmerte und für nichts fürchtete, sondern nur freundlich war und mich lieb hatte, so fand auch ich meinen Haltpunkt wieder und bat Gott, mich werden zu lassen, wie mein liebes Kind."[1] Doch solchen Augenblicken folgten immer wieder Stunden tiefster Angst und Not, die Caroline mit großer Kraft und Souveränität bewältigte. Nachdem sie einmal Perthes ihre und ihrer Kinder Lage ausführlich geschildert hatte, fügte sie hinzu: „Ich mußte Dir Alles sagen, damit Du die Wahrheit weißt und thun kannst, was recht ist; aber ich sage Dir es nicht, um Dich zur Rückkehr zu bewegen. Gott den Herrn, der mir mehr ist als Du, nehme ich zum Zeugen, daß ich nicht will, was Du nicht darfst."[1]

Im September 1813 zog Caroline mit den Kindern nach Kiel, wo Graf Moltke der Familie einige Zimmer überließ, die er selbst bei längeren Aufenthalten in Kiel bewohnte. Hier in der Stadt hatte Caroline für die Entbindung ärztlichen Beistand, Freunde und Verwandte. Am 16. Dezember wurde der Sohn Andreas geboren. Am 1. Weihnachtsfeiertag kam Perthes, der in großer Sorge um seine Familie war, weil sich das Kriegsgeschehen inzwischen auf Schleswig-Holstein ausgedehnt hatte. Caroline schrieb später dazu: „Den ersten Weihnachtstag des Abends im Halbdunkel kam Perthes unerwartet. Matthias sah ihn zuerst. Er hatte in Lübeck meine Niederkunft erfahren. Ich konnte ihm alle Kinder gesund übergeben und noch einen lieben, gesunden Jungen oben im Kauf. Was das war, weiß auch niemand, als der es erfahren hat." (Brief vom 29. April 1815) [2]

Wenige Tage später erhielt Perthes vom Generalstab des Kronprinzen von Schweden den Auftrag, zusammen mit zwei anderen Männern die Verwaltung und Verwendung der Gelder zu übernehmen, die der Kronprinz für die aus Hamburg Vertriebenen bewilligt hatte. Am 1. Januar 1814 reiste er ins Hauptquartier nach Pinneberg. Caroline war wieder allein. Alleine mußte sie auch die Krankheit und den Tod des geliebten Sohnes Bernhard durchstehen. Er starb am 19. Januar 1814. Als Perthes, den Carolines Nachricht nicht erreicht hatte, am 21. Januar unerwartet und mit banger Sorge ins Zimmer trat mit den Worten: „Sind alle wohl?", erfuhr er die bittere Wahrheit. Wenige Stunden danach erhielt er vom schwedischen Kronprinzen die Aufforderung, nach Pinneberg zu gehen. Caroline redete ihm zu: „Wenn Du in dieser Zeit und in solchen Verhältnissen gerufen wirst, so mußt Du folgen." [1] Perthes aber fühlte sich außerstande, er reiste erst am 27. Januar ab. Von ihr, die ursprünglich so ganz in ihrer Innerlichkeit gelebt hatte, stellte Perthes fest: „Carolines Heldenmuth war größer als meine Kraft." [1]

Obwohl die Gefahr keineswegs vorüber war, machte sich Caroline aus der Überzeugung heraus, „nicht länger auseinander sein" zu können (Brief vom 11. November 1816), [2] am 20. April mit den Kindern auf den Weg nach Blankenese, von wo die Familie nach einjähriger Abwesenheit am 31. Mai 1814 nach Hamburg zurückkehrte. „Diese sechs Wochen in Blankenese", schrieb Caroline an ihre Schwester Anna Jacobi, „sind der Konfekt meines Lebens gewesen. Gern gebe ich

Euch einen lebendigen Brocken davon, liebe Anna, lieber Max! Die Hoffnung auf die Befreiung unserer Stadt wurde mit jedem Tage größer, und mit einem Male wehten die weißen Fahnen am Michaelisturm und in Harburg. Nun war auch Deich und Damm gebrochen, und von allen Seiten strömten die Vertriebenen wieder der Stadt zu. Wir wohnten dicht an der Elbe, konnten also, die von Bremen und aus dem Hannöverschen zurückkamen, ankommen sehen. Ganze Herden von armen Ausgehungerten, mit Kindern und Lumpen Bepackten zogen unser Fenster vorbei, und wunderbar groß und rührend war die Liebe zu Haus und Herd sichtbar, obgleich die meisten nur Jammer und Elend zu erwarten hatten. Sowie sie an Land stiegen, brachen sie Zweige von den Bäumen, und Alt und Jung bis auf die kleinsten Kinder herunter, die nur einen halten konnten, bekamen einen Busch in die Hand und dankten Gott unter Freuden- und Trauergeschrei und Tränen für die Erlösung des großen und allgemeinen Übels, wohl wissend, daß ein jeder seinen Privatpack mit hereintrüge. Endlos sind die Erfahrungen, die diese armen, unglücklichen Menschen gemacht haben während der Flucht. Einmal wurde uns ein ganzer Wagen voll kleiner und großer Kinder geschickt, deren Eltern im Krankenhaus in Bremen gestorben waren. Ich machte schnell warme Suppe für sie, aber einige waren so bewegt von dem Jammer, der gewesen war und kommen würde, daß sie nicht einmal essen wollten. Doch ich wollte Euch ja nur Freude erzählen, und da habe ich die Fülle im Ganzen und auch für uns." (Brief vom 11. November 1816) [2]

In Hamburg wurde Carolines Leben vornehmlich durch die Ereignisse im eigenen Hause bestimmt. Ihre Gesundheit war jedoch seit dem Schreckensjahr 1813 schwer angegriffen. Bis zum Frühjahr 1821 steigerte sich ihr Herz- und Nervenleiden in so hohem Maße, daß sie am 28. August an einem Nervenschlag, wie es in der Literatur heißt, starb.

Geblieben sind uns ihre Briefe – an den Vater in Wandsbeck, dem sie anschaulich von den Ereignissen in Hamburg während der

Franzosenzeit berichtete, an Perthes, vor allem aus dem Jahr 1813, dem schlimmen Jahr der Trennung, an die beiden ältesten Töchter Agnes und Louise, die sich nach Gotha verheiratet hatten, und den Sohn Matthias, der in Tübingen Theologie studierte, sowie an andere Verwandte und Freundinnen. Weil sie alles offen, mit ruhiger Kraft und Besonnenheit in ihren Briefen mitteilte, was ihr Herz bewegte, im kleinen wie im großen, machte sie ein Zusammenleben der Entfernten möglich, wie es im persönlichen Umgang kaum näher sein kann. Es gelang ihr nicht nur, den innigsten Kontakt zu ihrem Mann aufrechtzuerhalten, sondern auch den Töchtern in den ersten Jahren ihrer Ehe mit ihren menschlichen Erfahrungen zur Seite zu stehen, ihnen über Heimweh und erste Enttäuschungen hinwegzuhelfen und ihnen bei Erfahrungen wie Geburt und Todesnähe zur Seite zu stehen. Dem Sohn Matthias, der nach begonnenem Studium der Theologie zur Philosophie neigte, versuchte sie, Orientierungshilfen zu geben, und nahm liebevollen Anteil an seinem Studentenleben. Das Geheimnis ihrer eigenen Briefe wird offenbar, wenn sie die ihrer Tochter Louise kritisiert: „Warum mußt Du alles Sagen und Fragen in Dir behalten? Sage und frage tüchtig darauf los, Kleines und Großes, wie's kömmt und was Dir einfällt. Das Große erhält das Leben und die Kleinigkeiten die Lebendigkeit im Zusammenleben, wenn man getrennt ist. Du weißt, daß Agnes Kraut und Rüben durcheinander auf das Papier hinschüttet und mir dadurch schon viel Freude verursacht hat. Der Mensch besteht aus zwei Stücken hier in dieser Welt, also gehören die Kleinigkeiten (nur nicht Kleinlichkeiten) Ernst und Spaß auch mit zu uns. Also kannst Du Dich, Dein Tun und Treiben so geben, wie es ist, und ich suche mir alsdann eine Summe, ein Ganzes da heraus und finde es gewiß." (Brief vom 3. Mai 1820)[2] Caroline Perthes Briefe, von denen nur eine kleine Auswahl veröffentlicht ist, sind ein Fundus menschlicher Erfahrung, der zugleich Auskunft gibt über Leben und Denken in einer vergangenen Epoche.   B.R.

Musen und Mütter – die geliebte Frau oder
die Frau im Dienste des männlichen Werks

Die Musen, die neun Töchter der Mnemosyne, der Göttin der Erinnerung, gelten von alters her als Inspirationsquelle für den Dichter. Nur durch ihre Gunst kann der Mensch schöpferisch wirken:

> „Ließen mich dann zum Stabe den Zweig eines blühenden Lorbeers
>
> Schneiden, ein Wunder zu schaun, auch hauchten göttliche Stimme
>
> Sie mir ein, zu künden von Künftigem und von Gewesenem,
>
> Hießen mich preisen die Sippe der ewigen, seligen Götter,
>
> Und sie selber immer zuerst und zuletzt zu besingen",[1]

heißt es bei Hesiod.

In der Neuzeit wurden die Musen vom Himmel geholt, die geliebte Frau zur Inspirationsquelle des Künstlers. Ein berühmtes Beispiel ist Susette Gontard, nach der die Susettestraße in Hamburg-Ottensen benannt ist. Hölderlin lernte sie als Hauslehrer ihrer Kinder in Frankfurt kennen. Auf Verlangen ihres Ehemannes, Jacob Friedrich Gontard, mußte Hölderlin das Haus verlassen, die Liebenden wurden getrennt. Susette Gontard ist die Diotima in Hölderlins „Hyperion". „Hier unsern Hyperion, Liebe!" schrieb er an die Geliebte. „Ein wenig Freude wird diese Frucht unserer seelenvollen Tage Dir doch geben. … Liebste! alles, was von ihr und uns, vom Leben unseres Lebens hie und da gesagt ist, nimm es wie einen Dank, der öfters um so wahrer ist, je ungeschickter er sich ausdrückt. Hätte ich mich zu Deinen Füßen nach und nach zum Künstler bilden können, in Ruhe und Freiheit, ja ich glaube, ich wär es schnell geworden, wonach in allem Leide mein Herz sich in Träumen und am hellen Tage, und oft mit schweigender Verzweiflung sehnt."[2] Welche drastischen ausbeuterischen Formen das Verhältnis von Muse und Künstler annehmen kann, zeigen die folgenden Worte von Oskar Kokoschka an seine Muse Alma Mahler: „Du bist die Frau und ich der Künstler … Ich muß Dich bald zur Frau haben, sonst geht meine große Begabung elend zugrunde. Du mußt mich in der Nacht wie ein Zaubertrank neu beleben … Am Tage brauche ich Dich nicht von Deinen Kreisen wegzunehmen. Da sammelst Du! Ich begreife es vollkommen, daß es so gut und richtig ist. Und ich kann den ganzen Tag arbeiten und ausgeben, was ich in der Nacht eingesogen habe … Ich habe es heute an der Arbeit am roten Bild gesehen, wie stark Du mich machst und was ich sein werde, wenn die Kraft stetig wirkt."[3]

Zu dem, was Renate Köbler in Anlehnung an Ivan Illich „Schattenarbeit" nennt,[4] die Arbeit der Frau, die das Werk des Künstlers fördert, gehört nicht nur die Liebes- und Beziehungstätigkeit der Frau als Muse, sondern auch die sehr praktische finanzielle Unterstützung, wie sie Elise Lensing leistete.   B.R.

Betty Heine (Peira Heine geb. van Geldern)

Mutter des Dichters Heinrich Heine

Grab Nr. ZX 12, Jüdischer Friedhof Ohlsdorf
geb. 27.11.1771 in Düsseldorf
gest. 3.9.1859 in Hamburg

Die Mutter ist verschiedentlich Gegenstand im Werk Heinrich Heines. In den Gedichten „An meine Mutter B. Heine, geborene v. Geldern", „Nachtgedanken", „Caput XX und XXIV" in „Deutschand. Ein Wintermärchen", in den „Memoiren" und an verschiedenen anderen Stellen kommt sie vor. Doch alle Äußerungen, auch wo sie sich autobiographisch geben, sind stilisiert und fiktionalisiert und können daher nicht mit der Realität gleichgesetzt werden. Heine, der zeitlebens bezüglich seines Geburtsdatums und Vornamens Verwirrung stiftete, spielte auch in den „Memoiren". In der 60 Seiten langen Schrift, die sich im wesentlichen auf seine Kindheit und Jugend beschränkt, stellt Heine die Eltern sehr eindeutig als zwei Pole der eigenen psychologischen Charaktermischung dar: die Mutter als die Vernünftige, den Vater als den Emotionalen. Der Mutter weist er die Hauptrolle in seiner Entwicklung zu, dem Vater bekennt er seine Liebe. Da das Portrait der Mutter bei allen Einschränkungen einen Eindruck von Betty Heine und ihrer Bedeutung für ihren Sohn vermittelt, soll es abschließend zitiert werden. Zunächst jedoch der eigene Versuch, ihr Bild entstehen zu lassen:

Peira van Geldern, die ihren Vornamen später in Betty umwandelte, stammte aus einer prominenten jüdischen Familie von Hoffaktoren und Ärzten in Düsseldorf. Sie besaß die damals für Frauen höherer Schichten übliche Bildung, beherrschte das Lateinische, Französische und Englische soweit, daß sie die Literatur in der jeweiligen Originalsprache lesen konnte, und spielte Flöte. Rousseau und Goethe waren die Lieblingsautoren der dem aufklärerischen Gedankengut verpflichteten jungen Frau. Das in ihrer Zeit weit verbreitete empfindsame Schwärmertum lehnte sie dagegen ab. In einem Brief an die Freundin Helene Jacob Israel heißt es: „Am wenigsten möchte ich mich aber nun von Ihnen bei diesen Namen rufen hören, denn sicher glaube ich, daß Sie über diesen Punkt gleich mit mir denken werden, denn so leicht ich auch eine kleine Schwärmerei verzeihe, so sehr hasse ich dennoch die sogenannte modische Empfindsamkeit, deren Existenz ich mehr für Empfindelei als Wirkung eines guten Herzens ansehe." (Brief vom 1. Januar 1796)[1] Auch war sie nicht bereit, sich Konventionen zu fügen, wenn sie gegen ihre Überzeugung standen: „Nur der Schwache muß sich auf das große, dennoch aber schwankende Rohr Etikette stützen. Obgleich ich mit einem alltäglichen Gesicht und Figur auch einen alltäglichen Geist verbinde, so fühle ich dennoch die Kraft, mich über die Chimären: Vorurtheil, Konvenienz und Etikette, hinaus zu schwingen, und nur den Wohl[an]stand als die einzige Grenzlinie zu betrachten, um mich alsdann freiwillig unter den Schutz der Religion und Tugend zu begeben", schreibt sie an die Freundin (Brief vom 24. Februar 1796).[1]

Auch politisch bezog sie eine eigene Position. Ihre Kinder warnte sie aufgrund der zerrütteten Verhältnisse im damaligen Deutschland vor der Misere der Kleinstaaterei:

„Versprecht mir, nie in einem kleinen Staat eure Heimat zu suchen, wählt große Städte in großen Staaten, aber behaltet ein deutsches Herz für euer deutsches Volk!"[1] Eine aufgeweckte, gebildete und freidenkerische junge Frau also, deren intellektuellen Rang Heine in seiner einseitig vernunftorientierten Darstellung der Mutter aber wahrscheinlich etwas überhöht hat. Der späte Briefwechsel mit dem Sohn, von dem aufgrund einer Vernichtungsaktion Heines leider nur noch wenige Briefe der Mutter erhalten sind, zeugt zwar von einer starken emotionalen Bindung zwischen Mutter und Sohn, nicht aber von einer intellektuellen Teilnahme Betty Heines an seinem Denken und Schaffen. Sie durfte, während er in Paris war, allenfalls kleine Besorgungen bei seinem Verleger Campe in Hamburg erledigen.

Ihre Unabhängigkeit und Selbständigkeit aber hatte die junge Frau unter Beweis gestellt, als im Sommer 1796 der zweiunddreißigjährige Samson Heine in Düsseldorf auftauchte. Betty verliebte sich in den schönen, sanften jüdischen Kaufmann, der mit Luxusgütern handelte. Er befreite sie aus einer tiefen seelischen Krise, in der sie seit dem rasch aufeinanderfolgenden Tod von Vater und Bruder steckte: „Heftige Gemüthsbeunruhigungen verursachen mir auch immer körperliche Leiden, und dies ist die Schuld, daß ich Ihnen noch nicht nach dem Tod meines zweiten Vaters, meines Bruders geschrieben habe, denn die ängstliche Unruhe, und das immerwährende Nachtwachen hatte meine sonst unerschütterliche Gesundheit so zerrüttet, daß wenn mich nicht das strenge und scharfe Verbot der Ärzte, die liebevolle Sorgfalt meiner Geschwister, und die dringende Bitte meiner Freunde, vom Krankenbett entfernt hätte, so wäre ich sicher auch eine Beute des Todes worden. Denn durch dem daß [ich] nur mit dem geliebten Kranken beschäftigt war, dessen Krankheit ich sich immer verschlimmern sahe, ohne dem reißenden Übel Schranken setzen, und den theuren Bruder retten zu können, wurde der Tod das Lieblingsbild meiner Phantasie und der einzige Ruhepunkt für meinen müden Geist",[1]

schrieb Betty Heine am 27. Mai 1796 an die Freundin. Drei Monate später ist ihr einziger Kummer: „... mein Heine reist morgen weg."[1] Als die jüdische Gemeinde dem von auswärts kommenden Samson Heine die Heirats- und Niederlassungserlaubnis verweigerte, setzte Betty Heine Himmel und Hölle in Bewegung und erreichte schließlich ihr Ziel: Die Hochzeit fand am 1. Februar 1797 in Düsseldorf statt. Betty Heine ließ sich fortan in der jüdischen Gemeinde kaum noch sehen. Sie erzog ihre Kinder nicht orthodox, sondern aufklärerisch-liberal und schickte sie aufs Lyzeum bzw. Gymnasium, wo sie die einzigen Juden Düsseldorfs auf einer höheren Schule waren.

Überhaupt scheint Betty Heine sich vorgenommen gehabt zu haben, ihren Kindern den Weg zur Assimilierung und Nobilitierung zu ebnen, was bei dreien von ihnen auch nach ihren Vorstellungen gelang. Die einzige Tochter, Charlotte (geb. 1800), heiratete den angesehenen Hamburger Kaufmann Moritz Embden, zwei ihrer Kinder, Maria und Ludwig, stiegen in den Adel auf. Gustav (geb. 1805) wurde Herausgeber einer regierungsfreundlichen Zeitung in Wien, wofür er zum Ritter und 1870 zum Freiherrn von Heine-Geldern ernannt wurde. Maximilian (geb. 1806) wurde Militärarzt im russischen Dienst, heiratete eine russische Adlige und wurde in den persönlichen Adel erhoben. Nur der älteste Sohn, Heinrich (geb. 1797), widersetzte sich ihren Plänen. Statt eine Laufbahn als Höfling Napoleons, Bankier oder Jurist einzuschlagen, wählte er den Weg, den sie am meisten als brotlose Kunst fürchtete, den des Poeten. Da hatte es auch nichts genützt, daß die ökonomisch denkende Betty Heine jegliche Begegnung ihres Sohnes mit der Welt der Poesie zu unterbinden gesucht hatte. Die Differenzen bezüglich der beruflichen Laufbahn führten jedoch zu keiner Trübung des Verhältnisses zwischen Mutter und Sohn, denn: „Über meine wirkliche Denkart hat sie sich nie eine Herrschaft angemaßt und war für mich immer die Schonung und Liebe selbst",[2] heißt es in den „Memoiren".

Welchen Einfluß die emotionale Bindung an die Mutter hatte, darüber bestehen in der

Forschung Meinungsverschiedenheiten. Ob das Verhältnis im Bereich einer starken, eher positiven Mutter-Sohn-Beziehung anzusiedeln ist oder sich auf die fatale Einstellung des Sohnes zu Frauen auswirkte, der die Frauen in der Kunst stilisierte und sublimierte, im Leben aber nur Prostituierte und Grisetten begehren konnte, ist ohne eine differenzierte Beschäftigung mit dem Leben und Werk Heinrich Heines nicht zu beurteilen.

Während Betty Heine sich hauptsächlich um die Erziehung der Kinder kümmerte, baute Samson Heine sein Geschäft auf, was sich zunächst ganz erfolgreich anließ, wie die zunehmend komfortablen Wohnverhältnisse der Familie zeigen. Bettys Verdienst am Wohlstand lag darin, daß sie ihren verschwenderischen Mann in seinen Herren- und Militärallüren bremste. Doch dann kam der Niedergang.

Der Handel mit Luxusgütern war ein Geschäft, das gegen Wirtschaftskrisen empfindlich war, zudem hatte der lebenslustige Samson Heine keinen rechten Kaufmannssinn. Im Frühjahr 1819 mußte er Bankrott anmelden – der Anfang vom Ende für ihn. Betty Heine folgte ihrem Mann im März 1820 über Hamburg nach Oldesloe, 1821 oder 22 nach Lüneburg und schließlich 1828 nach Hamburg, wo Samson Heine am 2. Dezember 1828 starb. Der Bankier Salomon Heine, der die Familie seines Bruders schon seit dem Bankrott finanziell unterstützt hatte, setzte seiner Schwägerin eine Rente von 1.000 Mark jährlich aus.

Betty Heine starb am 3. September 1859, dreieinhalb Jahre nach ihrem Sohn Heinrich Heine, der das Portrait seiner Mutter mit ihren Plänen für seine Zukunft beginnt:

„Durch den Rektor und meine Mutter wurde der Zwist beigelegt. Letztere war überhaupt nicht damit zufrieden, daß ich Verse machen lernte, und seien es auch nur französische. Sie hatte nämlich damals die größte Angst, daß ich ein Dichter werden möchte; das wäre das Schlimmste, sagte sie immer, was mir passieren könne.

Die Begriffe, die man damals mit dem Namen Dichter verknüpfte, waren nämlich nicht sehr ehrenhaft, und ein Poet war ein zerlumpter, armer Teufel, der für ein paar Taler ein Gelegenheitsgedicht verfertigt und am Ende im Hospital stirbt.

Meine Mutter aber hatte große, hochfliegende Dinge mit mir im Sinn, und alle Erziehungspläne zielten darauf hin. Sie spielte die Hauptrolle in meiner Entwicklungsgeschichte, sie machte die Programme aller meiner Studien, und schon vor meiner Geburt begannen ihre Erziehungspläne. Ich folgte gehorsam ihren ausgesprochenen Wünschen, jedoch gestehe ich, daß sie schuld war an der Unfruchtbarkeit meiner meisten Versuche und Bestrebungen in bürgerlichen Stellen, da dieselben niemals meinem Naturell entsprachen, Letzteres, weit mehr als die Weltbegebenheiten, bestimmte meine Zukunft.

In uns selbst liegen die Sterne unseres Glücks.

Zuerst war es die Pracht des Kaiserreichs, die meine Mutter blendete, und da die Tochter eines Eisenfabrikanten unserer Gegend, die mit meiner Mutter sehr befreundet war, eine Herzogin geworden und ihr gemeldet hatte, daß ihr Mann sehr viel Schlachten gewonnen und bald auch zum König avancieren würde – ach, da träumte meine Mutter für mich die goldensten Epauletten oder die brodiertesten Ehrenchargen am Hofe des Kaisers, dessen Dienst sie mich ganz zu widmen beabsichtigte.

Deshalb mußte ich jetzt vorzugsweise diejenigen Studien betreiben, die einer solchen Laufbahn förderlich, und obgleich im Lyzeum schon hinlänglich für mathematische Wissenschaften gesorgt war und ich bei dem liebenswürdigen Professor Brewer vollauf mit Geometrie, Statik, Hydrostatik, Hydraulik und so weiter gefüttert ward und in Logarithmen und Algebra schwamm, so mußte ich doch noch Privatunterricht in dergleichen Disziplinen nehmen, die mich instand setzen sollten, ein großer Stratege oder nötigenfalls der Administrator von eroberten Provinzen zu werden.

Mit dem Fall des Kaiserreichs mußte auch meine Mutter der prachtvollen Laufbahn, die sie für mich erträumt, entsagen; die dahin zielenden Studien nahmen ein Ende, und sonderbar! sie ließen auch keine Spur in meinem Geiste zurück, so sehr waren sie demselben fremd. Es war nur eine mechanische Errungenschaft, die ich von mir warf als unnützen Plunder.

Meine Mutter begann jetzt in anderer Richtung eine glänzende Zukunft für mich zu träumen.

Das Rothschildsche Haus, mit dessen Chef mein Vater vertraut war, hatte zu jener Zeit seinen fabelhaften Flor bereits begonnen; auch andere Fürsten der Bank und der Industrie hatten in unserer Nähe sich erhoben, und meine Mutter behauptete, es habe jetzt die Stunde geschlagen, wo ein bedeutender Kopf im merkantilischen Fache das Ungeheuerlichste erreichen und sich zum höchsten Gipfel der weltlichen Macht emporschwingen könne. Sie beschloß daher jetzt, daß ich eine Geldmacht werden sollte, und jetzt mußte ich fremde Sprachen, besonders Englisch, Geographie, Buchhalten, kurz, alle auf den Land- und Seehandel und Gewerbskunde bezüglichen Wissenschaften studieren.

Um etwas vom Wechselgeschäft und von Kolonialwaren kennenzulernen, mußte ich später das Comptoir eines Bankiers meines Vaters und die Gewölbe eines großen Spezereihändlers besuchen; erstere Besuche dauerten höchstens drei Wochen, letztere vier Wochen, doch ich lernte bei dieser Gelegenheit, wie man einen Wechsel ausstellt und wie Muskatnüsse aussehen.

Ein berühmter Kaufmann, bei welchem ich ein apprenti millionaire werden wollte, meinte, ich hätte kein Talent zum Erwerb, und lachend gestand ich ihm, daß er wohl recht haben möchte.

Da bald darauf eine große Handelskrisis entstand und wie viele unserer Freunde auch mein Vater sein Vermögen verlor, da platzte die merkantilische Seifenblase noch schneller und kläglicher als die imperiale, und meine Mutter mußte nun wohl eine andere Laufbahn für mich träumen.

Sie meinte jetzt, ich müsse durchaus Jurisprudenz studieren.

Sie hatte nämlich bemerkt, wie längst in England, aber auch in Frankreich und im konstitutionellen Deutschland der Juristenstand allmächtig sei und besonders die Advokaten durch die Gewohnheit des öffentlichen Vortrags die schwatzenden Hauptrollen spielen und dadurch zu den höchsten Staatsämtern gelangen. Meine Mutter hatte ganz richtig beobachtet. …

Ich brachte jenes gottverfluchte Studium zu Ende, aber ich konnte mich nimmer entschließen, von solcher Errungenschaft Gebrauch zu machen, und vielleicht auch weil ich fühlte, daß andere mich in der Advokasserie und Rabulisterei leicht überflügeln würden, hing ich meinen juristischen Doktorhut an den Nagel.

Meine Mutter machte eine noch ernstere Miene als gewöhnlich. Aber ich war ein sehr erwachsener Mensch geworden, der in dem Alter stand, wo er der mütterlichen Obhut entbehren muß.

Die gute Frau war ebenfalls älter geworden, und indem sie nach so manchem Fiasko die Oberleitung meines Lebens aufgab, bereute sie, wie wir oben gesehen, daß sie mich nicht dem geistlichen Stande gewidmet.

Sie ist jetzt eine Matrone von siebenundachtzig Jahren, und ihr Geist hat durch das Alter nicht gelitten. …

Ihr Glauben war ein strenger Deismus, der ihrer vorwaltenden Vernunftrichtung ganz angemessen. Sie war eine Schülerin Rousseaus, hatte dessen ‚Emile‘ gelesen, säugte selbst ihre Kinder, und Erziehungswesen war ihr Steckenpferd. Sie selbst hatte eine gelehrte Erziehung genossen und war die Studiengefährtin eines Bruders gewesen, der ein ausgezeichneter Arzt ward, aber früh starb. Schon als ganz junges Mädchen mußte sie ihrem Vater die lateinischen Dissertationen und sonstige gelehrte Schriften vorlesen, wobei sie oft den Alten durch ihre Fragen in Erstaunen setzte.

Ihre Vernunft und ihre Empfindung war die Gesundheit selbst, und nicht von ihr erbte ich den Sinn für das Phantastische und die Romantik. Sie hatte, wie ich schon erwähnt, eine Angst vor Poesie, entriß mir jeden Roman, den sie in meinen Händen fand, erlaubte mir keinen Besuch des Schauspiels, versagte mir alle Teilnahme an Volksspielen, überwachte meinen Umgang, schalt die Mägde, welche in meiner Gegenwart Gespenstergeschichten erzählten, kurz, sie tat alles Mögliche, um Aberglauben und Poesie von mir zu entfernen.

Sie war sparsam, aber nur in bezug auf ihre eigene Person; für das Vergnügen anderer konnte sie verschwenderisch sein, und da sie das Geld nicht liebte, sondern nur schätzte, schenkte sie mit leichter Hand und setzte mich oft durch ihre Wohltätigkeit und Freigebigkeit in Erstaunen.

Welche Aufopferung bewies sie dem Sohne, dem sie in schwieriger Zeit nicht bloß das Programm seiner Studien, sondern auch die Mittel dazu lieferte! Als ich die Universität bezog, waren die Geschäfte meines Vaters in sehr traurigem Zustand, und meine Mutter verkaufte ihren Schmuck, Halsband und Ohrringe von großem Werte, um mir das Auskommen für die vier ersten Universitätsjahre zu sichern.

…

Soviel wirst du gemerkt haben, teurer Leser, daß die Inokulation der Liebe, welche meine Mutter in meiner Kindheit versuchte, keinen günstigen Erfolg hatte. Es stand geschrieben, daß ich von dem großen Übel, den Pocken des Herzens, stärker als andere Sterbliche heimgesucht werden sollte, und mein Herz trägt die schlechtvernarbten Spuren in so reichlicher Fülle, daß es aussieht wie die Gipsmaske des Mirabeau oder wie die Fassade des Palais Mazarin nach den glorreichen Juliustagen oder gar wie die Reputation der größten tragischen Künstlerin."[2]   B.R.

Pauline Runge (Pauline Susanna Runge geb. Bassenge)

Ehefrau des Malers Philipp Otto Runge

Grabstein Philipp Otto Runge auf dem Althamburgischen Gedächtnisfriedhof. Nach Angaben des Friedhofamtes ist hier auch Pauline Runge beigesetzt, allerdings ohne namentliche Erwähnung auf dem Gedenkstein.
geb. 18.9.1785 in Dresden
gest. 26.4.1881 in Hamburg

„Sieh, ich bin verliebt, sehr verliebt; mich dünkt, ich habe alles das gefunden, zusammen, was mich sonst wohl einzeln entzückt hat", schreibt der 25jährige Philipp Otto Runge an seinen Bruder Daniel in Hamburg, als er im Sommer 1801 die noch nicht 16jährige Pauline Bassenge in Dresden kennenlernt. (Brief vom 12. September 1801)[1]

Ist das Zitat die nur allzu bekannte Äußerung eines Frischverliebten, die nicht ganz ernst zu nehmen ist? Wohl nicht. Die Begegnung mit Pauline Bassenge, dem neunten Kind des aus belgischer Hugenottenfamilie stammenden Dresdner Handschuhfabrikanten Charles Frédéric Bassenge und dessen Cousine Marie Frédérique Bassenge, hatte für Runges menschliche und künstlerische Entwicklung eine kaum zu überschätzende Bedeutung. Auch wenn Runge den Bruder im nächsten Satz des Briefes beruhigt: „… wenn ich auch völlig im Ernst bin, so will ich doch eben nicht gleich heiraten …",[1] so bezieht er im dann folgenden die Begegnung mit Pauline doch sogleich auf die Zukunft und seine ganze Existenz. Er verlangt vom Bruder, sich mit ihm über Richtung und Bestimmung seines Lebens ein für allemal zu einigen, und wünscht insbesondere zu erfahren, ob Daniels Gedanken über seinen weiteren Lebensweg gegen die in ihm erwachte Liebe stünden. (Der ihm eng verbundene Bruder, in dessen Handelsgeschäft Philipp Otto Runge eine Zeitlang gearbeitet hatte, hatte ihm eine künstlerische Ausbildung ermöglicht und ihm angeboten, bei ihm zu leben, um sich ohne finanzielle Sorgen der Malerei widmen zu können.) Die Liebe Paulines erscheint Runge als Bürgschaft seines Schaffens: Am 6. Oktober 1801 schreibt er an den Bruder: „Ihr werdet mich gewiß nicht abhalten, eine Liebe zu suchen, die mir teurer wäre wie alles, wodurch ich verführt werden konnte, und mich dadurch vor jeder Versuchung bewahrte. Ich weiß es, daß ein Künstler ohne die Liebe nichts ist, daß er ohne sie nichts leisten kann; auf welchem Wege nun soll ich diese Liebe suchen, wenn nicht auf diesem hier, wo sie mir so rein und ohne unübersehliche Schwierigkeiten entgegenkommt?"[1] Und am 20. März 1802: „Ich kam wieder auf die Kunst und alles, was ich den Tag erlebt hatte; es drängte sich unwiderstehlich die Ahnung mir auf: Wenn du nun P. nicht erlangst, was wird dann aus der Kunst bei dir?"[1]

Nach diesen Äußerungen scheint es kein Zufall zu sein, wenn in der Zeit der ersten Liebe, des sehnsuchtsvollen Hoffens, in der das romantische Gedankengut zutiefst erfahrene Wirklichkeit des eigenen Lebens wird, im Herbst 1801, die zweite Fassung des Bildes entsteht, das das Wesen der Kunst Runges richtungsweisend bestimmt, wie Jörg Traeger in seiner Runge-Monographie[2] überzeugend darstellt. In der zweiten Fassung des „Triumph des Amor" entwickelt Runge in der Darstellung des Themas Liebe, wobei er sich bezeichnenderweise von dem allgemein gehaltenen Liebesbegriff der ersten Fassung zugunsten der Geschlechterliebe abwendet, die allegorische Grundlage seiner Malerei. Runge selbst zählte das Bild zu seinen „eigentlich ersten Arbeiten"[1].

Doch was so hoffnungsvoll begann, erfährt zunächst ein jähes Ende, nicht durch den Einspruch des Bruders Daniel, sondern durch Paulines Vater. Als Runge im Juli 1802 um Paulines Hand anhält, lehnt der alte Bassenge mit dem Hinweis auf die Jugend seiner Tochter ab – Pauline ist erst 16 Jahre alt –, verwehrt Runge gar, sein Haus weiterhin zu betreten.

Diese Absage führt Runge in eine schwere psychische und physische Krise. An den Bruder schreibt er: „… ich muß Dir Nachricht von mir geben und kann es nicht, ich bin

lahm, sehr lahm. O lieber Daniel, könnt ich weinen!" (Brief vom 11. Juli 1802)[3]

Das Malen scheint jetzt nur noch den einen Sinn zu haben, Pauline darzustellen: „… und sehe in allem nichts anderes, als wie ich nur ihr Bild in allem recht ausdrücken möchte …" (Brief vom 16. Oktober 1802 an Daniel)[1] Es entsteht „Die Lehrstunde der Nachtigall"; Psyche trägt Paulines Züge.

Am 21. November dann der Jubelruf: „Mein allerbester D., jetzt gehe ich ordentlich mit Freuden und Begierde daran, Dir recht viel zu schreiben, so wie mir der ganze Himmel jetzt voll Geigen hängt und mir alles wie meine P. anlacht. O lieber D., müßte ich es Dir doch nicht erst schreiben! aber ich muß es wohl, denn sonst wirst Du aus den Übergängen von der dumpfen Traurigkeit meines vorigen zu den himmelhohen Sprüngen dieses meines geliebten Schreibens durchaus nicht klug … So ist denn nun alles wieder rosenrot in mir und mein Bild soll und muß nun gut werden. Bei all dem muß ich zu mir heimlich sagen: womit hast du alle die Seligkeit verdient? Ich bin's nicht wert, und wie kann man so etwas verdienen? Ich schäme mich vor Gott, wie ich habe so verzagt sein können, und will mich meines Glückes nicht überheben, sondern hübsch fleißig sein."[1]

Der Grund für diese Freude ist die Botschaft aus dem Hause Bassenge, alle, Pauline eingeschlossen, seien für ihn, er dürfe nach ihrer Konfirmation, zu Ostern 1803, erneut um sie werben. Am 3. April 1804 wird in Dresden die Hochzeit gefeiert, am 13. Mai trifft das junge Paar in Hamburg ein.

Die Freunde Philipp Otto Runges, die Familien von Friedrich Perthes (siehe Portrait Caroline Perthes), Johann Michael Speckter, Gründer der ersten lithographischen Anstalt Norddeutschlands, und Friedrich August Hülsenbeck, Geschäftspartner Daniel Runges, die alle durch ihre künstlerischen Ambitionen verbunden sind, werden auch Paulines Freunde. Besonders mit Frau Hülsenbeck versteht Pauline sich gut.

Am 30. April 1805 wird der erste Sohn, Otto Sigismund, geboren. Ihm folgen 1807 die Geschwister Maria Dorothea und 1809 Gustav Ludwig Bernhard. Doch das Familienglück nimmt ein jähes Ende. Am 2. Dezember 1810 stirbt Philipp Otto Runge im Alter von nur 33 Jahren an der Schwindsucht. Sein dritter Sohn wird einen Tag später, am 3.12.1810, geboren. Er erhält die Namen des Vaters.

Liest man die vollkommen unbedarften Briefe Paulines an ihre Mutter, fragt man sich, worin die Liebe Runges gründete, die so weitreichende Wirkungen auf seine Kunst hatte.[4]

Der Brief an den Jugendfreund Karl Friedrich Enoch Richter in Leipzig aus der Zeit tiefster Hoffnungslosigkeit macht deutlich, daß Runges Liebesauffassung zutiefst dem Gedankengut der Frühromantiker verpflichtet ist und aus eben diesem Grunde ihn so sehr beeinflussen konnte. So wie beispielsweise Friedrich Schlegel in seiner „Lucinde" eigentlich nicht die Geliebte Lucinde als Individuum, sondern die Liebe liebt, so scheint es auch hier zu sein. Die Liebe soll den Schmerz über den fehlenden inneren Zusammenhang heilen, die Sehnsucht nach Verschmelzung mit dem Weltganzen erfüllen: „Liebster Enoch, daß ich jemals in der Welt zur Ruhe kommen werde, habe ich schon lange nicht mehr geglaubt, denn die

Dinge, die sich in mir durchkreuzen, häufen sich beständig aufs neue; doch das alles könnte ich ertragen, wenn P. mein geworden wäre. Das wird sie aber schwerlich, und ich könnte wohl sagen, gewiß nicht, wenn ich mich nicht heimlich davor fürchtete, das zu sagen. Lieber E., ich wünschte von Herzen, daß das Leben erst zu Ende wäre, es ist mir eine Marter, und noch dazu eine, die ich willig trage, denn ich kann wieder nicht wünschen, daß es jetzt zu Ende sei. ... Es ist kein Zusammenhang in mir, dies ist die größte Pein, und wenn ich glaube, alles in einen Zusammenhang gebracht zu haben, so werden immer neue Absonderungen entstehen, die mich nicht ruhig werden lassen. Ich muß Dir das nennen, so einzeln, wie es in mir da ist. Ehe ich P. kannte, war es immer mein Trost, daß ich einst ein Wesen finden würde, das von ganzer Seele an mir hinge. Damals konnte ich noch mit Sehnsucht in eine unbestimmte Zukunft hoffen; jetzt ist nun das Bild bestimmt da, eben das, das ich vorher gekannt habe, ehe ich sie gesehen. Dieses wird von mir getrennt; ich weiß nicht, ob sie mich liebt oder nicht; die innere brennende Sehnsucht ist der Quell, woraus alle meine Kraft, alles, was ich hervorbringe, entsteht; ohne diese Sehnsucht bin ich nichts als ein unbesaitetes Instrument; die Erinnerung an sie immer frisch und lebendig zu erhalten, ist das erste Notwendige, denn dadurch kann ich sie nur verdienen. Verdienen? das kann ich wohl nicht, denn wer verdient so etwas? und doch kommt mir diese Gabe nicht frei von Gott. Mein ganzes Leben kann ich ihr nur beweisen, daß ich sie liebe – und dieses Leben geht über dem Beweis dahin, und ich verzehre mich unter der Glut. Sie kann mich hassen, und ich muß sie doch ewig lieben, denn dies ist die Form, worin meine Sehnsucht gebannt ist; ohne ihr Bild bin ich nichts als eine hohle Nuß ..." (Brief vom 21. Juli 1802)[1] Die Sehnsucht nach der Erfahrung des Zusammenhangs mittels der Liebe zu einer Frau spricht auch aus einem Brief, den Runge während der Brautzeit an Pauline richtet: „Liebe Pauline, vergessen Sie nicht, daß ich alle meine Glückseligkeit in

Ihre Hände lege und daß ich Ihnen alles geben will, was ich habe, daß ich mit Ihnen und durch Sie Gottes Wesen, wie es in der Welt wirkt, möchte begreifen lernen; …" (Brief, undatiert)[3] Im Brief vom April 1803 steigert sich die Sehnsucht gar zur Todesphantasie: „So wie ein Kind im Paradiese lebt und sich selbst unbekannt selig ist; es kommt aber, wie es anfängt zu lernen, die Sünde in ihm: das ist die Erbsünde, die nun einmal in der Welt ist, denn durch die Wissenschaft sind Körper und Seele getrennt worden. Wie man sich aber in der Schule zersplittert in tausend wissenswürdige Dinge, so geschieht wieder die Verbindung in uns durch die Liebe: das ist die alte Sehnsucht zur Kindheit, zu uns selbst, zum Paradies, zu Gott – diese ist, meine ich, die Sehnsucht, das Ich und Du zu verbinden, daß es einst wieder werde, wie es gewesen ist in Gott. Wir müssen, wenn wir uns lieben, uns du nennen und tun es auch bei uns selbst; daß wir es äußerlich nicht tun, ist bloß, weil es sich nicht schickt und um alle Gerechtigkeit zu erfüllen. So ist unsre Liebe zueinander die Liebe zu uns selbst, und je näher wir uns werden kennenlernen, je dünner die Wand zwischen uns sein wird durch die Liebe, je mehr werden wir uns zur völligen Vereinigung sehnen, d.i. zum Tode."[1] Von dem von Goethe in den „Wahlverwandtschaften" formulierten Sinn der Ehe, nämlich das Rätsel des Lebens gemeinsam zu lösen, ist Runge weit entfernt. Der dänische Diplomat und Schriftsteller Johann Georg Rist erkennt diese Zusammenhänge, wenn er in seinen Lebenserinnerungen schreibt: Runge hatte sich aus Dresden „eine kleine, liebe, schlichte Frau geholt, die gerade als eine ganz gewöhnliche, aber reine Natur und von allem idealen Streben entfernt, sich recht zu einer Künstlersfrau zu schicken schien. Sie hatte ihm ein paar allerliebste Kinder mit pausbäckigen Engelsköpfchen gebracht, und die Wirtschaft im vierten Stock, wo diese Familie lebte, ohne sich um eine andere als ihre eigene Welt zu kümmern, hatte in ihrer Einfalt und ihrem ganzen Zuschnitt etwas recht Poetisches, gerade weil gar keine Affektation darin war, vielmehr das hausbackene und spießbürgerliche Element sich auf das Ungezwungenste mit dem künstlerischen darin vermählte."[5] Diesen Eindruck vermitteln auch die verschiedenen Portraits, die Runge von seiner Frau malte.

Man muß für Pauline dennoch keine feministische Lanze brechen. Sie scheint glücklich gewesen zu sein, mit ihren Kindern und in dem Gefühl, geliebt zu werden. Die einzigen Äußerungen in ihren Briefen, die über Banalitäten und Floskeln hinausgehen, sind fast erstaunte Feststellungen, daß die Liebe zu Runge immer noch frisch sei, ein wenig ernster geworden, seit die Kinder dazwischen stünden.

Nach dem Tod ihres Mannes kehrt Pauline am 23. Mai 1811 mit den drei jüngeren Kindern nach Dresden zurück, während Otto Sigismund bei Daniel bleibt. „Pauline lebt bei ihren Eltern – gesund und wohl, obschon auch in großer Einsamkeit",[1] berichtet Daniel Runge einem Freund. Im Herbst 1815 fährt Pauline nach Hamburg, um die ihr offenbar von Daniel Runge versprochene Ehe einzuklagen. Der schreckt jedoch zurück. Man kommt indessen überein, nicht die gesamte Kindererziehung den Dresdner Verwandten zuzumuten, sondern die beiden Söhne zusammen mit denen David Runges, des Bruders von Daniel und Friedrich, in Ludorf erziehen zu lassen.

Mit dem Tod ihres Vaters muß Pauline Geld verdienen. Sie arbeitet im ehemals väterlichen Geschäft und gibt Französischunterricht. Im Mai 1832 holt Otto Sigismund, der inzwischen Bildhauer geworden ist, die Mutter und die Schwester nach Hamburg, wo Pauline weiter unterrichtet. Pauline Runge stirbt im Alter von 95 Jahren. Sie wird auf dem St. Petrikirchhof begraben und 1935 zusammen mit ihrem Mann auf den Althamburgischen Gedächtnisfriedhof überführt.

B.R.

Elise Lensing (Maria Dorothea Elisabeth Lensing)

langjährige Lebensgefährtin
von Friedrich Hebbel

Grab Nr. J 10, 241
geb. 14.10.1804 in Lenzen an der Elbe
gest. 18.11.1854 in Hamburg

„Elise ist nicht mehr; am 18ten November 1854 gegen Morgen ist sie verschieden. Lange vorher schon war für sie nichts mehr zu hoffen, und also nur der Tod noch zu wünschen; so erschütterte mich die Schmerzens-Kunde denn im Moment des Eintreffens nicht so sehr, als sie in mir nachzitterte und nachzittern wird! Welch ein verworrenes Leben; wie tief mit dem meinigen verflochten, und doch gegen den Willen der Natur und ohne den rechten inneren Bezug! Dennoch werde ich niemand lieber, als ihr, in den reineren Regionen begegnen, wenn sie sich mir dereinst erschließen."[1]

Diese Worte, die Friedrich Hebbel angesichts des Todes seiner langjährigen Geliebten und Lebensgefährtin Elise Lensing am 31.12.1854 in sein Tagebuch notiert, lassen die Tragik einer Beziehung erahnen, die zumindest Elise Lensings Leben vollkommen bestimmte, seit sie Ende März 1835, 31jährig, den 22jährigen Friedrich Hebbel kennengelernt hatte.

Hebbel war von der in Hamburg lebenden Schriftstellerin Amalie Schoppe, die u.a. die „Neuen Pariser Modeblätter" herausgab und der er einige seiner Arbeiten geschickt hatte, aus der Enge seiner Heimatstadt Wesselburen in Norderdithmarschen nach Hamburg geholt und vor dem Steintor draußen auf dem Stadtdeich bei Elise Lensing, ihrer Mutter und dem Stiefvater Ziese untergebracht worden.

Elise war die Tochter des Chirurgen Johann Friedrich Arnold Lensing und seiner Ehefrau Karoline Maria. Die unglücklichen Verhältnisse ihrer Kindheit und Jugend kennen wir aus den Tagebüchern Hebbels: „Der wahnsinnige Vater, den sie prügeln sehen mußte, und als sie ihm einmal etwas zu essen brachte, selbst geprügelt wurde. Dann die Verheiratung der Mutter mit einem Schiffer, sobald der Vater für unheilbar erklärt worden war, und schlechte Behandlung des Stiefvaters." (Tagebuch, 18.9. 1839)[1] „... ich halt überhaupt es nicht mit prügeln – es tödtet die Liebe u das Ehrgefühl", wird Elise später schreiben. (Brief vom 6.2.1853)[2] Sie fühlt sich auch nicht glücklich, als ein Hauptmann, dem ihr schüchternes Wesen gefällt, sich entschließt, sie ausbilden zu lassen und nach Magdeburg ins Pensionat des Pädagogen J.C.A. Heyse gibt. Elise ist 19 Jahre alt, als sie als junge Lehrerin aus Magdeburg zurückkehrt. Sie wohnt wieder bei den Eltern, verdient ihr Geld mit Privatstunden, Nähkursen und als Gesellschafterin. Eine kleine ererbte Barschaft gibt ihr eine gewisse finanzielle Unabhängigkeit. Man munkelt, daß dieses Geld Elises Abfindung als Mätresse eines Kopenhagener Kaufmanns sei. Man tratscht überhaupt über Elises Lebenswandel – Wahres und Falsches. Als Hebbel auftaucht, entwickelt sich sehr schnell ein Liebesverhältnis zwischen den beiden. Nach sechs Wochen zieht Hebbel in ein Nachbarhaus, vermutlich, um den Klatsch zur Ruhe zu bringen. Über diese erste Zeit mit Elise notiert er in seinem Tagebuch: „Am gestrigen Tage habe ich Elisens Haus wieder verlassen. Ich habe wohl Ursache, den sechs Wochen, die ich bei ihr verlebt habe, ein kleines Denkmal zu setzen, denn so wie mir die Güte gleich beim Eintritt entgegenkam, habe ich die Liebe mit fortgenommen. Das Mädchen hängt unendlich an mir; wenn meine künftige Frau die Hälfte für mich empfindet, so bin ich zufrieden." (Tagebuch, 6. Mai 1835)[1] Bereits hier wird die Differenz in bezug auf das Verhältnis deutlich. Sie hängt unendlich an ihm, er denkt an eine andere.

Der erste Aufenthalt Hebbels in Hamburg dauert nur ein Jahr. Im März 1836 verläßt er, ausgestattet mit einem schmalen Salär seiner Hamburger Gönner, die Stadt, um in Heidelberg Jura zu studieren. Als er feststellt, daß er hierzu keinerlei Berufung hat, geht er im September nach München, weil er sich dort mehr Möglichkeiten für seine schriftstellerische Tätigkeit erhofft. Elise unterstützt nicht nur ihn aus ihren schmalen Mitteln, sondern auch seine Mutter – ohne einen anderen Lohn zu fordern „als einen nicht gar zu unfreundlichen Brief".[1] „Ich weiß es wohl, Du gibst nicht, um wieder zu empfangen, Du willst durch eine Wohltat nicht fesseln, sondern befreien, …", schreibt Hebbel ihr später. (Brief vom 7.12.1838)[1]

Seinen sehnsuchtsvollen, innigen Liebesbriefen der Anfangszeit, als er einsam und unglücklich in einer fremden Umgebung ist, dem ungeduldigen Warten auf Elises Antworten – den einzigen Briefen, die er erhält, wie er selbst zugibt – folgt von München aus eine drastische Klarstellung: Freundschaft sei es, was ihn mit Elise verbinde, alles andere sei ein Irrtum gewesen. „Das zwischen uns bestehende Verhältnis ist auf einen sittlichen Felsen, auf gegenseitige Achtung, gegründet; trat ein Sinnen-Rausch dazwischen, so wollen wir das nicht bedauern, denn es war natürlich, ja, bei der Lage der Dinge, unvermeidlich, aber noch weniger wollen wirs bedauern, daß er vorüber ist. … Keinem Menschen in der Welt schreibe ich Briefe, wie Dir; Du genießest mit mir mein geheimstes Leben; ja noch unklar über manche innere Zustände, bringe ich sie mir selbst erst dann zur An- und Überschauung, wenn ich sie vor Deinen Augen abwickle – – frage Dich einmal ernsthaft, ob wohl innigere Verbindung möglich ist?" (Brief vom 19.12.1836)[1] Knapp einen Monat später, am 17. Januar 1837, dann wieder andere Töne: „Das Heiligste und Wahrste, was an Verehrung, an Liebe, in meiner Brust liegt, ist Dir zugewandt, ist Dein auf immer. Dein hab ich in der Weihnachts-, in der Neujahrs-Nacht gedacht, Dein gedenk ich stets, wenn ich mein selbst am würdigsten bin, und unter allem Wünschenswerten, was ich von der Zukunft erwarte, ist mir das Wünschenswerteste, wieder mit Dir zusammenzuleben und, was die Stunde bringt, in Gemeinschaft mit Dir zu genießen, oder zu verscheuchen."[1] Elise erträgt diese Stimmungsumschwünge mit unendlicher Geduld. Immer wieder bedankt Hebbel sich für ihre Festigkeit und Teilnahme.

Als er im März 1839 vollkommen mittellos ist, kehrt er nach Hamburg und zu Elise zurück: „Ein Wolkenheer und nur ein einziger Stern: Elise!"[1] Elise erwartet bald ein Kind von ihm. Hebbels Tagebuch aus dieser Zeit ist voller Liebe, Zärtlichkeit und Anerkennung für Elise, aber auch Selbstanklagen und Reue fehlen nicht, denn das Verhältnis ist nicht wirklich harmonisch. Wie im Finanziellen ist Elise auch im Emotionalen die Gebende und Ausgleichende. Sie ist die Bodenständige, Anpassungsfähige, Duldsame, Getreue, sich ganz in den Geliebten Einfindende, er der zwischen Selbsterhebung und Selbstzweifeln Schwankende und Ruhelose: „Ich habe Elise, ich habe die treuste, edelste Seele, das himmelschönste Gemüt, die alle meine Unarten erträgt, meinen Unmut verscheucht, sich über mich vergißt und nur das fühlt, was von mir ausgeht oder mich angeht." (Tagebuch, 19.1.1842)[1]

Am 5. November 1840 wird der gemeinsame Sohn Max geboren, geheiratet wird allerdings nicht. Hebbel hatte bereits in seinem Brief vom 19. Dezember 1836 aus München ausführlich auseinandergesetzt, daß und warum eine Ehe für ihn undenkbar sei: „Ich kann alles, nur das nicht, was ich muß. Das liegt zum Teil in meiner Natur, zum Teil in der Natur des Künstlers überhaupt. Wenn ein Genie sich verheiratet, so geschieht immer ein Wunder, so gut, als wenn ein anderer sich nicht verheiratet. Nimm es als den höchsten Beweis meiner Achtung auf, daß ich Dir diese dunkelste Seite meines Ichs entschleiere; es ist zugleich unheimlich und gefährlich, wenn ein Mensch zum Fundament seines Wesens hinuntersteigt, und er tut gar wohl, wenn er niemals daran rüttelt, denn drunten lauern die Finsternis und der Wahnsinn."[1]

Als Elises Ersparnisse aufgebraucht sind und die spärlichen Einnahmen kein Auskommen ermöglichen, reist Hebbel im November 1842 nach Kopenhagen, um seinem Leben eine Wendung zu geben. Er erbittet vom dänischen König eine Professur für Ästhetik an der Universität Kiel. Die Professur erhält er nicht, aber ein Reisestipendium für zwei Jahre. Das Ziel heißt Paris, wo Hebbel nach einem Zwischenaufenthalt in Hamburg im September 1843 eintrifft. Und hier beginnt wieder, was schon auf der ersten Reise deutlich wurde: Einsam in einem Land, das ihm fremd ist, sehnt er sich nach Elise: „Ich bedarf des Familien-Lebens, ich muß eine Brust haben, an die ich mein wüstes, müdes Haupt anlehnen darf, ich muß bei Dir sein." (Brief vom 16.9.1843)[1]

Als Elise ihm den Tod des Sohnes Max meldet, der am 2. Oktober 1843 nach einem Sturz auf den Kopf an einer Gehirnentzündung starb, und zugleich ihr erneutes Schwangersein, das sie durch Fußbäder abzubrechen versucht, ist Hebbel außer sich vor Kummer, Sorge und Liebe. Er will sofort heiraten. Sie soll wählen, ob er nach Hamburg, sie nach Paris oder beide gemeinsam nach Berlin gehen sollen. Aber schnell stellen sich Zweifel ein. Als Elise die Koffer schon gepackt hat, kommt die Anweisung: Bleibe, wo Du bist, hier verhungern wir beide! Dann wieder die Klage: Hättest Du meine Worte nicht ernst genommen und wärest einfach gekommen! Die Möglichkeit, nach Hamburg zu fahren, macht er jetzt davon abhängig, ob sein Reisestipendium dabei verloren gehe.

Hebbel führt immer wieder die finanzielle Lage an, die eine Heirat unmöglich mache. Er spricht davon, eine Gewissens-Ehe mit Elise zu führen. Eine Trennung im wahren Sinne des Wortes könne nie stattfinden. Auch das zweite Kind solle selbstverständlich auf seinen Namen getauft werden, aber heiraten … (Brief vom 12.4.1844)[1] Als Elise ihre alles erduldende Haltung aufgibt, Vorschläge macht, wie eine Heirat trotz der finanziellen Misere möglich sei, und ihr wahres Verhältnis zu Hebbel nicht länger verleugnet, indem sie sich dem dänischen König als Hebbels Verlobte vorstellt, antwortet er schroff: „Warum mußtest Du? Hundert Mal in ähnlichen Fällen warst Du nur meine Cousine." (Brief vom 16.12.1844)[1] Am Ende des Jahres 1844, dem Jahr, in dem der zweite Sohn Ernst am 14. Mai geboren wird, gibt Hebbel sich selbst wie an jedem Jahresende Rechenschaft: „Kann ich, muß ich heiraten? Kann ich, muß ich einen Schritt tun, der mich auf jeden Fall unglücklich und dich! nicht glücklich machen wird? … Elise ist das beste Weib der Erde, das edelste Herz, die reinste Seele, aber sie liebt, was sie nicht wiederlieben kann, die Liebe will besitzen, und wer nicht liebt, kann sich nicht hingeben, sondern sich höchstens opfern!" (Tagebuch, 31.12.1844)[1] An Elise schreibt er am 5. Februar 1845: „Nicht einmal das Geld zur Trauung und eine Ehe anfangen!!! Und dann in Hamburg leben unter so vielen Feinden und mir gehässigen Personen, von einer Stufe des Elends zur anderen unter Spott und Hohngelächter herabsinken, sterben … nein, ich glaube doch, das heißt die eheliche Taufe meines Sohnes zu teuer bezahlen."[1] Und am 30. März 1845 aus Rom: „Deine Gefühle für mich kann ich nicht erwidern, das hast Du immer wissen müssen und immer gewußt, und es ist doch wohl sowenig bei mir eine Sünde, wie bei Dir, daß ich über mein Herz nicht gebieten kann. Aber desungeachtet bist Du mir das Teuerste auf der Welt und wenn das entsetzliche Schicksal mich treffen sollte, Dich zu überleben, so würde mir die Brust zerspringen und das Gehirn bersten."[1] Später versteigt er sich dazu, Liebe als „die höchste Spitze des Egoismus" (Brief vom 6.12.1845)[1] zu interpretieren – ein Selbstschutz vermutlich! Als er nach Wien geht, werden die Worte noch schroffer, ja drohend: „… das mußt Du doch fühlen, daß die Verhältnisse von ehemals jetzt unmöglich sind und daß mein Leben entweder einen höheren Schwung oder – ein Ende nehmen muß. So steht die Sache, täusche Dich nicht." (Brief vom 6.12.1845)[1] Sein Leben nimmt „einen höheren Schwung": In Wien wird ihm Anerkennung zuteil, und hier verliebt er sich 1846 in die Burgschauspielerin Christine Enghaus. Elise verliert jetzt die Geduld, sie hat seine Reisen und Liebschaften lang genug ertragen. Bitter beklagt sich Hebbel in seinem Tagebuch über ihr ungewohntes Aufbegehren: „… kaum aber nannte ich ihren [Christine Enghaus] Namen, in einem Brief nach Hamburg, als Elise, die sich schon über mein bloßes Verweilen in Wien auf die rücksichtsloseste Weise geäußert hatte, mir die ärgsten Schmählichkeiten über sie schrieb, und in einem Ton gemachter Naivität, der mich noch mehr verdroß, als die Sache selbst." (Tagebuch, 29.12.1846)[1] Am 26. Mai heiratet Hebbel Christine Enghaus. Elise bleibt nur der gemeinsame Sohn Ernst. Aber auch den muß sie hergeben, Ernst stirbt wie sein Bruder im Alter von knapp drei Jahren am 12. Mai 1847. Christine Enghaus Reaktion, die auch gerade ein Kind verloren hat: "Laß sie – die Mutter – zu uns kommen." (Tagebucheintragung 4170)[1]

Elise fährt nach Wien, die Enttäuschung ist zunächst groß. Während ihr das Herz übergeht, empfängt Hebbel sie, als sei nichts gewesen, als seien zwei verstorbene Kinder und der Schmerz um sie keines Wortes wert. Elise lebt eineinhalb Jahre im Hause Christine und Friedrich Hebbels, Christine begegnet ihr schwesterlich, Elise überträgt all ihre Liebe zu Hebbel auf seine Frau und das Kind Tinchen, das am 25.12.1847 geboren wird. Im August 1849 reist sie zurück nach Hamburg, weil sie die ständige Gegenwart Christines und Hebbels wohl doch nicht ertragen kann. Mit ihr fährt der uneheliche Sohn Christines, Carl. Ihn soll sie erziehen, was sie auch mit aufopfernder Hingabe und großem Einfühlungsvermögen tut. Carl wird zu Elises ganzer Freude in ihrer Einsamkeit. Nach ihrer Abreise notiert Hebbel in seinem Tagebuch: "Ich wollte, du arme Seele, es gäbe einen Himmel, damit du für alle deine Leiden Vergeltung erhieltest, ich wollte es, obgleich es für mich dann auch eine Hölle gäbe." (Tagebucheintragung 4441)[1]

Es ist kein Zufall, daß ein Portrait Elise Lensings in erster Linie über die Person und das Leben Friedrich Hebbels entsteht. Und das ist nicht nur darin begründet, daß die Briefe, die sie bis zum Zeitpunkt der Trennung von Hebbel schrieb, nicht erhalten sind, sondern auch darin, daß Elise in bezug auf Hebbel immer die Rolle der Reagierenden, nie der Aktiven innehatte. Und eigentlich änderte sich das bis zu ihrem Lebensende nicht. Die Briefe, die Elise nach ihrer Rückkehr aus Wien an Christine und Friedrich

Hebbel schreibt, wobei der größte Teil an Christine gerichtet ist, sind heute jedem zugänglich, aber auch sie dokumentieren ein Leben allein in bezug auf Hebbel, übertragen auf dessen Ehefrau Christine und die Tochter Tinchen. Es sind Briefe voller sich überstürzender Fragen nach dem Ergehen der kleinen Familie in Wien, sorgenvoller Gedanken, wenn einmal ein Brief ausbleibt, obwohl Elise weiß, daß Christine ungerne schreibt, hartnäckiger, drängender Bitten, sie und Carl in Hamburg zu besuchen, mit unzähligen Vorschlägen, wie man alles am besten und billigsten richten könne. "… in mir wohnt doch das Gefühl", schreibt sie an Christine, "als sei in Deinem Hause meine Heimath … " (Brief vom 19.10.1849)[2] Ihre kleine Wohnung sei ihr erst lieb, seit Hebbels dort gewesen seien. (Brief vom 20.8.1850)[2] "Durch Eure Liebe, die mir das Nothwendigste was zum Leben gehört, reicht, bin ich zufrieden gestellt … " (Brief Nr. 16)[2] Und am 20.12.1853 heißt es: "Ihr seid doch, wenn ich so … sagen darf, die Axse worum sich Alles bei mir dreht!!"[2] Mit wie geringer Zuwendung Elise Lensing sich zufrieden gibt, wird deutlich, wenn man liest, daß Christine und Friedrich Hebbel eigentlich nur zum Mittagessen bei Elise erschienen und sonst den Tag alleine verbrachten. Auch die Briefe in ihrer Gesamtheit vermitteln den Eindruck, daß es wieder einmal Elise ist, die mehr liebt, als sie geliebt wird. Mit einem gewissen Unbehagen liest man, wenn sie sich am 6.2.1853 bei Christine für deren Freundschaft bedankt: "Habe Du Dank für Deine Liebe, Deine Güte die Du mir beweisest und bewahre sie mir innig bis zum Ende meines Lebens! – es ist ja so öd zu existieren ohne Liebe und ohne Freundschaft. –"[2] Ob die Skepsis bezüglich Christines wahrer Gefühle für Elise berechtigt ist, muß offen bleiben, da die Briefe Christine Hebbels nicht vorliegen. Ein Freund, der das Ehepaar Hebbel begleitete, schreibt: "Etwas Rätselhaftes, Geheimes und Peinliches, dies empfand ich wohl dunkel als den Hintergrund der Stimmung, wenn Hebbel, Christine und Elisen zusammen waren. Deutlich entsinne ich mich noch des schwesterlichen Benehmens der Gattin des Dich-

44

ters gegen Elisen, wie der geknickten, aber sich tapfer aufrechthaltenden Leidensgestalt des schmächtigen alten Mädchens und der mit eitel Seelengüte genährten Züge ihres Antlitzes."

Elise Lensing hat Hebbel trotz seines Verhaltens zeitlebens geliebt. Es wäre jedoch voreilig, Hebbel zu verurteilen. Hebbel kam ähnlich wie Elise aus drückenden und engen Verhältnissen, ohne Geld, ohne adäquate Ausbildung, ohne Anerkennung, angewiesen auf ein Gnadenbrot, zudem ausgestattet mit einem hypochondrischen Gemüt. Nach einer gelungenen Weihnachtsfeier in Rom schreibt er am 31. Dezember 1844 in sein Tagebuch, daß er sich sein ganzes Leben hindurch von jedem Kreis, worin man bescheiden das Leben genießt, wie ein Hund ausgesperrt gefühlt habe. In Elise Lensing fand er die verständnisvolle und sich aufopfernde Frau, die er aber immer nur genau so lange innig zu lieben glaubte, wie er in Angst und Sorge um sie war oder ihm der Boden unter den eigenen Füßen schwankte. Hatte er eine räumliche Distanz zu ihr, fand er Freundschaft, wie bei dem jungen Rousseau, und eine gewisse Anerkennung, so erschien ihm die Vorstellung, in die enge und beschränkte Welt Elises zurückkehren zu sollen, als unerträglich, ja tödlich. So war es in München, in Paris, in Rom und in Wien. Treffend die Charakterisierung des Verhältnisses aus seiner Sicht: „ … tief mit dem meinigen verflochten, und doch … ohne rechten inneren Bezug!"[1]

Aber auch Elise nimmt man ihr Leben, wenn man sich wie Sybille Knauss am Ende ihres biographischen Romans über Elise Lensing weigert, die Worte Hebbels, die die Literarische Gesellschaft 1913, anläßlich des 100. Todestages von Hebbel auf Elises Grabstein meißeln ließ, zu zitieren, weil sie darin eine ungerechtfertigte Affirmation sieht: „Aber die werden jetzt nicht zitiert. Nein Elise, irgendwo fängt die Verweigerung an",[3] heißt es da. Niemand hat das Recht, das, wofür Elise Lensing selbst sich nicht entschieden hat, nämlich sich Hebbel zu verweigern, für sie zu übernehmen. Darum sollen die Worte hier zitiert werden. Der Grabstein aus Sandstein trägt unter einem Ornament aus Rosen und Dornen die Inschrift:

„Elise Lensing der Freundin Friedrich Hebbels Blumenkränze entführt den Menschen der leiseste Westwind, Dornenkronen jedoch nicht der gewaltigste Sturm. Fr. Hebbel"

Auf einer Tafel am Fuße des Steins steht außer der üblichen Inschrift ein Wort des Schriftstellers Otto Ernst: „Durch Liebe lebt, was groß und herrlich ist." Welche Sublimierung eines leidvollen, schweren Lebens!

Die Hansestadt Hamburg erinnert an Elise Lensing durch die Benennung einer Straße mit ihrem Namen: Elise-Lensing-Weg in Barmbek-Nord. Eine Hebbelstraße gibt es natürlich auch – nicht weit entfernt in Hamburg-Barmbek.

Zum Schluß soll Elise Lensing selbst zu Wort kommen – mit einem der wenigen Briefe, die sie an Hebbel selbst in der Wiener Zeit richtete. Er entstand am 10. April 1853 und hat eine Vorgeschichte. Hebbel hatte Elise vor ihrer Abreise nach Wien aufgefordert, wichtige Papiere mitzubringen, unwichtige zu verbrennen. Bei seinem zweiten Besuch im Juli 1851 bei ihr in Hamburg mußte Hebbel dann feststellen, daß sie die Manuskripte seiner ersten drei Dramen „Judith", „Genoveva" und „Der Diamant" mitverbrannt hatte. Der Brief ist ein eindrucksvolles Dokument der geistigen und seelischen Eigenart einer Person, von der kein Bildnis existiert, und er gibt zugleich Auskunft darüber, wie sie ihr Verhältnis zu Hebbel beurteilt.

„Lieber Freund!

Die 212 Gulden 6 M. sind richtig in meine Hände gelangt wofür ich danke. Es freut mich Dir sagen zu können daß die Papiere: Dein Verhältniß zu Schoppe betreffend, zugebunden und versiegelt sich in Mutters Koffer gefunden hat; vor acht Tagen als ich mit Carl des Sontags zum essen dort waren sollt ich ihre Papiere untersuchen, das Erste was mir in die Hände fiel war dies; sie weiß nicht ob ich es ihr in Verwahrung gegeben, oder ob sie es nach meiner Abreise aus dem Secretair genommen, ich weiß es eben so wenig;

jedenfals haben sie nicht in Deinen großen Koffer gelegen sonst hätten sie daßselbe Schicksal gehabt; von Camp. ist leider nichts da. – Ich hab mit der guten Tine ja öfters über diesen Punkt gesprochen so sei es heut denn auch einmal mit Dir, Du stehst mir ja nicht gegenüber – also Deine Heftigkeit kann mich nicht Wehr und Wortlos oder stumm machen – Mit einem Menschen dessen Kopf klar ist – der aus Bosheit oder Nachlässigkeit sich Versehn zu schulden kommen läßt kann man hadern; ich widerhole Dir nur was Tine Dir schon oft gesagt, wie sie überhaupt so oft als Vermittlerinn auf so liebevolle Weise gewirkt – wodurch sie selbst trübe Stunden sich zuzog; Das Alles hätte nie vorkommen sollen – In ersten vollsten Schmerz reiste ich hier ab kaum wissend was ich that – Du schriebst ich sollte Deine Papiere verbrennen – ich konnte meine Gedanken nicht concentriren, mir blieb kein klarer Ueberblick, – wer unfähig ist das Rechte zu erkennen mit dem kann man auch nicht rechten; [ich war] in jener Zeit nur von einem einzigen Gedanken, einem Gefühl mächtig beherrscht: vor meinen Ohren tönte das herzzerreißende Schreien des gequälten gemarterten Kindes – vor meinen Augen sah ich die von Schmerz u Krämpfen entstellten Züge; – meine Seele war mit ihm zusammen gewachsen sie war zerrissen – sein sterbender Blick – der letzte süße Laut: ‚Mama‘ – ach man muß Mutter zweier lieber Geschöpfe gewesen sein u sie Beide verloren haben um das mit zu empfinden! – Dann war mein innigster Wunsch zu sterben hatte auch Glauben daran – und doch wollt ich Euch noch einmal sehen – ich hatte Tine ja auch weh gethan – das wollt ich wieder gut machen. – Seit vielen Monaten hat ich so gut als keinen Schlaf gehabt, gegessen nur so viel um kaum die Kräfte zum fortwährenden Nachtwachen aufrecht zu erhalten – u so kam ich nach Wien; Ganz als wäre Nichts vorgefallen empfingst Du mich – ich mußte statt mich auszusprechen, Alles verschließen – Es giebt viele Mütter die ihre Kinder verlieren – dann haben sie tröstend den Gatten zur Seite – fehlt auch der – nun wer so allgewaltig die Mutter-

liebe empfunden der wird auch eben so allgewaltig vom Schmerz beherrscht sein – Also möge die Sache abgethan sein; Deine Heftigkeit wirst Du nie ablegen wenigstens nicht gegen Personen, gegen die Du wahr bist; Du selbst schriebst einst ‚Sollt ich aufhören heftig zu werden, so müßt ich falsch werden.‘ – Nur daß Deine Heftigkeit seidt ich in Wien war u jetzt hier die 2mal gegen mich stets mit einer gehässigen Bitterkeit gemischt war, u Du Dich immer bemühtest mich herunter zu setzen.

Wozu das? und warum? ach, wo ist ein Mensch, der von sich sagen könnte er hätte Nichts zu bereuen! – Mann sollte mehr an den Tod denken, der den Einen oder Andern so nahe sein kann, dann möcht man Vieles anders und besser gemacht haben! – dann aber ist nicht eine Thräne zurückzunehmen. Ich bin mit meiner Lage zufrieden, und erkenne daß es so kommen mußte solltest Du glücklich werden und nicht untergehen; der Himmel hat für Dich doppelt gesorgt in dem er Dir die beste Seele zur Gefährtin gab und die zugleich in dem was Kunst und Bildung betrifft Dir würdig zur Seite steht. –

Euer Haus betracht ich als meine zweite Heimath, meine Zufluchtstätte – wenn ich lieber hier als dort bin, liegt der Grund theils darin, daß ich der alten Mutter ihre einzigste Freude mich zu sehen und den Carl; nicht rauben mach – sie, die so tief mein eigenes Leid stets mit empfand; andern Theils kann ich einen oft wiederkehrenden Ärger nicht aushalten, das bißchen Lebenskraft was in mir ist erhalt ich nur durch die größte Ruhe daß ich ihm nicht gewachsen die Gemüthserschütterung; habt Ihr gesehen – war ich doch in Wien stets krank – zumal ich dann nichts genießen kann wurd ich doppelt angegriffen. –

Tine ist mir eine treue Freundinn u Schwester so sei Du mir ein Gleiches – denn irr ich nicht – (meine Tagebücher u kleine Reisebeschreibung kurz jede Aushülfe meines schlechten Gedächtnisses ist mir verbrant) ich lernte Dich 1834 zu Ende des Jahres oder Anfang 1835 kennen also 19 Jahre. Und laut meines Taufscheins bin ich 1804 geboren, werde also October das verhängnisvolle Funfzigste Jahr erreichen wo es schon heißt ein Menschenalter, von da ab kann man jedes Jahr als das Letzte betrachten."[2] Es war ihr letztes. Elise Lensing starb nach einem qualvollen Lungenleiden am 18.11. 1854. Sie erhielt ein Armengrab auf dem Friedhof in St. Georg. Als der Friedhof eingeebnet wurde, kaufte ihr Christine Hebbel eine Grabstätte auf dem Ohlsdorfer Friedhof.

B.R.

Stifterin, Wohltäterin, Mäzenin –
Frauen im Dienste der Sache

Wohltätigkeit praktizierende Frauen sind uns für Hamburg schon seit dem Spätmittelalter bekannt. Da gibt es Stifterinnen aus wohlhabendem bürgerlichen Stand, die allein oder gemeinsam mit ihren Ehemännern testamentarisch Geld und/oder Häuser und Grundstücke für mildtätige Zwecke bestimmten und/oder wohltätige Stiftungen ins Leben riefen. Die Gründe für ihr soziales Engagement lassen sich allerdings oft nicht mehr rekonstruieren.

Da es in der Oberschicht zum guten Ton gehörte, sich wohltätig zu erweisen, hatte diese Beschäftigung nicht immer etwas mit einem uneigennützigen Dienst am Nächsten zu tun. Frau und Mann erwiesen sich mit ihrem sozialen Engagement auch einen Dienst am eigenen Ich. Für viele Damen der Hamburger Oberschicht bot die Wohltätigkeit ein Betätigungsfeld zur gesellschaftlich legitimierten Selbstbestätigung. Der gesellschaftliche Status quo wurde dabei nicht angetastet, das gesellschaftspolitische System nicht kritisch hinterfragt.

Die Presse feierte die wohltätigen Beschäftigungen der Hamburger Oberschicht als ein soziales Ereignis und diente als Promotor solchen Verhaltens (siehe dazu das Portrait Toni Petersen).

Sicherlich waren häufig auch ganz persönliche Motive für eine soziale Betätigung ausschlaggebend. Bei Louise Hell und Marie Anne Lippert, deren Ehen kinderlos blieben, liegt diese Vermutung nahe: Sie steckten ihr Geld verstärkt in wohltätige Einrichtungen für Kinder.

Für andere Frauen des Bürgertums waren christliche Nächstenliebe oder Patriotismus die treibenden Kräfte, sich sozial zu engagieren. Ein geeignetes Betätigungsfeld boten stets die Kriege. Amalia von Begyats und Anna Jencquel kümmerten sich in den Kriegsjahren 1870/71 um verwundete Soldaten. Besonders die patriotische Gesinnung, die nach der napoleonischen Herrschaft im Bürgertum groß geschrieben wurde und eng an Kriegsausübung gekoppelt war, war ein Motor für praktizierte Wohltätigkeit. Gerade Frauen entwickelten eine eigene Form von Patriotismus. Sie richteten Lazarette ein, gründeten zu diesem Zweck Vereine und trugen, ob gewollt oder nicht, dadurch viel zur Verherrlichung von Kriegen bei. Diese Form des Patriotismus begegnet uns wieder bei der bürgerlichen Frauenbewegung, wenn Frauen während des Ersten Weltkrieges Kriegsküchen errichteten und nicht danach fragten, inwieweit sie damit der Kriegsverherrlichung gute Dienste erwiesen (siehe dazu Portraits im Kapitel „Erbinnen der 48er Revolution – zwischen radikaler und bürgerlicher Frauenbewegung").

Andere Formen des sozialen Engagements boten die Kirchen und religiösen Gemeinschaften. Bertha Keyser und Hedwig von Tavel-Haartman wollten ihr Leben im Namen Gottes ganz der Wohltätigkeit verschreiben. Dieses Vorhaben brachte beide, als sie im sogenannten heiratsfähigen Alter waren, in einen Konflikt, den sie allerdings unterschiedlich für sich lösten. Bertha Keyser verzichtete auf eine Ehe. Hedwig von Tavel-Haartman heiratete – nach langem Zögern.

Um die Jahrhundertwende gewann die Rolle der Frau als Mäzenin von Künstlern und Künstlerinnen zunehmend an Bedeutung. Als Auftraggeberin, Käuferin und Sammlerin unterstützte sie ihre Schützlinge nicht nur finanziell, sondern trug auch zu deren gesellschaftlicher Anerkennung bei. Doch nicht immer stand das Interesse an der Kunst im Vordergrund. Neben spekulativen Zwecken, Kunst als einträgliche Kapitalanlage zu begreifen, wurden mit Kunstsammlungen auch gesellschaftliche Ziele verfolgt. Der Berliner Kunsthistoriker Max J. Friedländer charakterisierte die Situation folgendermaßen: „Der Kunstbesitz ist so ziemlich die einzige anständige und vom guten Geschmack erlaubte Art, Reichtum zu präsentieren. Den Anschein plumper Protzigkeit verjagend, verbreitet er einen Hauch von ererbter Kultur. Die Schöpfungen großer Meister geben dem Besitzer von ihrer Würde ab, zuerst nur scheinbar, schließlich aber auch wirklich."[1]

Die Grabplatte „Stifter" auf dem Althamburgischen Gedächtnisfriedhof erinnert über die hier vorgestellten hinaus an drei weitere Frauen: Elisabeth Charlotte Marie Filby geb. Möller (gest. 1894), Maria Therese Ludendorff geb. Böhl (gest. 1868) und Johanna Henriette Sleeboom geb. Krüger (gest. 1897). Über sie war bisher nichts in Erfahrung zu bringen.   R.B. und B.R.

Helene Hell (Louise Johanna Helene
Hell geb. Lutteroth gesch. von Legat)

„Wilhelm und Helene Hell Stiftung"

Grab Nr. AA 10, 75-84
geb. 19.5.1829 in Hamburg
gest. 15.11.1904 in Hamburg

Louise Johanna Helene Hell wurde am 19.
Mai 1829 als jüngste Tochter des Hamburger
Bürgermeisters Ascan Wilhelm Lutteroth
und seiner Frau Juliane Friderike Charlotte
geb. von Legat geboren und wuchs mit ihren
vier Schwestern und vier Brüdern in dem
großbürgerlichen Landhaus ihrer Eltern im
Eimsbüttler Park auf.

Einen Tag vor ihrem 21. Geburtstag heiratete Louise ihren Vetter Erhard Wilhelm Eg-
bert von Legat. Die Ehe wurde später geschieden. Im Stammbaum der Lutteroths,
der sich im Staatsarchiv Hamburg befindet,
ist Helene bis zu ihrer Generation die einzige, die geschieden wurde. Fast vier Jahre danach heiratete Helene zum zweiten Mal. Ihr
zweiter Ehemann hieß Daniel Wilhelm Hell.
Er war ein Hamburger Kaufmann und Besitzer der chemischen Fabrik „Hell & Sthamer"
in Billwerder bei Hamburg. Die zweite Ehe
blieb genau wie die erste kinderlos. Das Ehepaar Hell wohnte am Harvestehuderweg 21,
wo Helene Hell auch als Witwe weiterlebte.
Das Testament, welches sich ebenfalls im
Hamburger Staatsarchiv befindet, weist auf
ein wohlhabendes Leben der Hells hin.

Verwandte und Hausangestellte wurden
mit großzügigen finanziellen Nachlässen bedacht. Außerdem sah das Testament eine
umfangreiche Altersversorgung für Helene
vor. Dadurch sollte sie nach dem Tod ihres
Gatten – er starb am 20. September 1894 –
den gewohnten großzügigen Lebensstil weiterführen können.

Einen weiteren Schwerpunkt des Testa-
mentes bildete die Idee einer „Wilhelm und
Helene Hell Stiftung": „Der Zweck dieser
Stiftung soll die Erziehung und Ausbildung
verwaister und vermögensloser Kinder, deren Eltern eine gehobene Lebensstellung
eingenommen hatten, sein. ... Die nähere

Einrichtung der Stiftung überlassen wir unseren Testamentsvollstreckern in Gemeinschaft mit einem von ihnen für die Mitver-
waltung zu erbittenden Mitglied des Hohen
Senats oder des Hanseatischen Oberlandes-
gerichts. Wir selbst sprechen nur den
Wunsch aus, daß der Charakter der Stiftung
stets so gehalten werde, daß den Kindern
möglichst die Annehmlichkeiten eines eigenen Heims und die Wohltat einer allerbesten
Erziehung gewährt werden, und sie vor den
Folgen bewahrt bleiben mögen, welche der
Mangel jener wichtigsten Güter eines Kindes
oft für dessen ganzes Leben im Gefolge hat."
(Gemeinschaftliches Testament der Eheleute Daniel Wilhelm Hell und Frau Helene
Luise Johanna geb. Lutteroth vom 11. Februar 1892, 7). 1895 wurde die heute noch
existierende Stiftung gegründet.

Auch Helene Hells eigenes Testament,
welches am 23. November 1904 eröffnet wurde, zeigt Helenes Großzügigkeit und Für-
sorglichkeit. Mit großer Sorgfalt bedachte sie
all ihre Bediensteten, ihre Gesellschafterin,
ihren Kutscher, ihren Gärtner, ihr Dienstmädchen und ihre Köchin mit finanziellen
Nachlässen.   Steffani Schilling

Amalia von Begyats (geb. Bachmann)

*Pflegerin der Verwundeten während des
Feldzuges 1870/71 und Mitgründerin des
„Hauspflege-Vereins"*

Grab Nr. G 11, 172–173 (Grabstelle aufgegeben)
geb. 22.10.1833 in Hamburg
gest. 7.3.1918 in Hamburg

Amalia von Begyats gehörte der Hamburger
Oberschicht an. Während des Krieges 1870/
71 war sie in einem Gefangenenlazarett tätig
und erhielt später für ihre Pflegetätigkeit das
„Verdienstkreuz für Frauen und Jungfrauen"
sowie eine französische Auszeichnung für
Verwundeten- und Krankenpflege.

Nach ihrer frühen Verwitwung wandte
sich Amalia von Begyats der Armenpflege zu.
Sie engagierte sich besonders in der „Gaiser-
Stiftung für Wöchnerinnen", war Mitbegrün-

derin des „Hauspflege-Vereins", wirkte für das Asyl obdachloser Frauen und Mädchen und war in der Armenpflege der Reformierten Gemeinde tätig.

Als ein Jahr nach dem Tod von Toni Petersen (siehe Portrait) die „Toni Petersen-Stiftung" gegründet werden sollte, gehörte Amalia von Begyats zu den Unterzeichnerinnen des Aufrufs.

Bis zu ihrem 80. Geburtstag führte Amalia von Begyats, die im hohen Alter in der Angerstraße 20 wohnte, viele Ehrenämter aus. Zu ihrem 80. Geburtstag erhielt sie ein ehrenvolles Schreiben des Senats und einen Portugalöser.   R.B.

Anna Jencquel (Anna Elisabeth Jencquel)

Ordensträgerin für Verdienste während des Krieges 1870/71

Grab Nr. S 23, 63–72 (Grabstelle Percy Schramm)
geb. 31.12.1836 in Hamburg
gest. 17.12.1924 in Hamburg

Anna Jencquel entstammte dem Großbürgertum und blieb unverheiratet. Was die Auswahl von geeigneten Heiratskandidaten betraf, muß sie sowohl sehr wählerisch als auch sehr voreingenommen gewesen sein, denn Offiziere, Adlige, Schausteller und Juden (!) kamen für sie nicht in Frage. Sie konnte es sich allerdings auch leisten, wählerisch zu sein, denn es bestand für Anna Jencquel keine Notwendigkeit, eine Versorgungsehe einzugehen. Sie verfügte über ein beträchtliches väterliches Vermögen, das ihr erlaubte, keiner Erwerbsarbeit nachzugehen. Anna Jencquel hatte viel Zeit. Die verbrachte sie oft auf Reisen. Sie fuhr nach Griechenland und Ägypten, las Heine, rauchte leidenschaftlich gern russische Zigaretten, spielte regelmäßig mit einem Oberkellner, der zu ihr ins Haus kam, auf dem Eßzimmertisch Billard – und zeigte niemals Gefühlchen. Stets bewahrte sie Haltung. Ihr zugedachte Zärtlichkeiten, Freundlichkeit und Geschenke wies sie zurück, weil sie befürchtete, in solchen Momenten aus der Rolle zu

fallen. Selbst „Tante" wollte sie nicht genannt werden. Diese Bezeichnung erschien ihr zu gefühlsbetont. Statt dessen ließ sie sich „Anna" nennen und wurde so für die Großneffen und -nichten zur Großanna.

Nach dem Tod der Mutter wohnte sie lange Jahre in einer Etagenwohnung am Harvestehuder Weg, später dann mit zwei Dienstmädchen in einer Acht-Zimmerwohnung in der Alten Rabenstraße. Als sie 69 Jahre alt war, kaufte sie sich ein Haus am Leinpfad mit noch mehr Zimmern und schaffte sich einen Hund an, den sie „Struppi" nannte und den sie verhätschelte und abgöttisch liebte – also doch Gefühle.

Anna Jencquel bezog ihr ungebrochenes Selbstbewußtsein aus ihrem ausgeprägten Standesdünkel: Die Jencquels gehörten nun einmal schon seit ewigen Zeiten zur Hamburger Oberschicht. Und so gab sie stets, egal wo sie war, ihre Meinung gut hörbar kund. Das war ihren Angehörigen oft peinlich, Percy Ernst Schramm schreibt über seine „Großanna": „Aus diesem Selbstgefühl: ‚Ich, Fräulein Jencquel' leitete sie nicht nur das Recht ab, im Familienkreise ihre Urteile zu fällen, sondern sie fühlte sich berechtigt, auch Dritten gegenüber ihre Auffassungen vernehmlich zu machen. Wer sie begleitete, mußte gewärtigen, daß sie das Auftauchen einer parfümierten Dame – ihr ein besonderes Greuel – mit so lauten Bemerkungen begleitete, daß diese es hören mußte. Einladungen zu einer Reise oder zu einem Essen waren auch kein reiner Genuß, da die ‚Großanna' dann das Gefühl der alleinstehenden vermögenden Dame bekam, daß alle Männer das auszunutzen suchten – weshalb sie die Rechnungen mit der Sorgfalt eines Finanzbeamten nachprüfte."[1]

Anna Jencquel hatte ganz ihrem Charakter entsprechend weder mit der Kirche noch mit der Armenfürsorge viel im Sinn. Ihr Motor war ein patriotisches Pflichtgefühl, welches sie dazu trieb, während des Krieges 1870/71 den Verwundeten zu helfen. Diese Form des Pflichtgefühls war damals genauso wie das der Nächstenliebe gesellschaftlich opportun. Anna Jencquel half dem „Roten Kreuz" hauptsächlich beim Verpacken des Verbandsstoffes und erhielt für dieses Engagement später ein Kreuz, eine Denkmünze und zum 100. Geburtstag Kaiser Wilhelms eine Gedächtnismedaille.

Als sie mit 87 Jahren starb, bezeugte eine Mullbinde um ihr Handgelenk, daß der Arzt ihrem letzten Wunsch, ihr bei Eintritt des Todes die Pulsadern aufzuschneiden, nachgekommen war. Sie hatte große Furcht, als Scheintote begraben zu werden.   R.B.

Emily Jenisch (Emilie Auguste Jenisch)

Stifterin der Anscharhöhe

Grab Nr. AH 17, 1–8; AH 17, 1a–8a
geb. 1839
gest. 24.4.1899

Als die kranke, verwachsene und taube Tochter aus der Kaufmanns- und Senatorenfamilie Jenisch und als eine der wohltätigsten Damen der Hansestadt ist Emilie Auguste Jenisch in die Geschichte Hamburgs eingegangen.

Ihr Vater war der Kaufmann Gottlieb Jenisch, Sohn des Senators Martin Johann Jenisch, ihre Mutter Caroline, verwitwete Gräfin von Westphalen-Fürstenberg geb. Freiin

von Lützow. Die Eltern wohnten mit ihren drei Töchtern in einem großen Haus am Jungfernstieg 18, das Emilie als Älteste nach dem Tod des Vaters erbte. Hier lebte die unverheiratet Gebliebene im Winter. Im Sommer zog es sie in das elterliche „Weiße Haus" an der Elbchaussee.

1883 gründete Emilie Jenisch das Emilienstift, welches zuerst in einer Wohnung in der Eppendorfer Landstraße untergebracht war. Das Stift wollte gefährdeten und schutzbedürftigen konfirmierten 14- bis 20jährigen Mädchen Unterstützung bieten. 1886 gründete Emilie Auguste Jenisch den Stiftskomplex Sankt Anscharhöhe, in den das Emilienstift einzog und das heute ein Altersheim ist. Einige alte Gebäude der Anscharhöhe an der Tarpenbekstraße stehen noch, so z.B. das Haus Emmaus (heute Altenheim), das ehemalige Waschhaus, das Haus Bethanien und die „Kirche zum Guten Hirten".   R.B.

Toni Petersen (Antonie Petersen)

Kunstförderin

Grab Nr. AA 13, 1–12
geb. 23.3.1840 in Hamburg
gest. 20.9.1909 in Hamburg

Zwei Tage nach dem Tod Toni Petersens berichtete das „Hamburger Fremdenblatt" ausführlich über die Umstände ihres Todes und würdigte die wohltätigen Verdienste dieser der führenden Hamburger Gesellschaftsschicht angehörenden Frau: „Fräulein Toni Petersen, die Tochter des Bürgermeisters Petersen und Tante des Herrn Dr. Carl Petersen (Mitglied der Bürgerschaft), ist Montag nachmittag, als sie von einem Besuch bei ihrem Bruder, dem Direktor der Norddeutschen Bank, Rudolf Petersen, in der Parkstraße in Othmarschen zurückkehrte, in einem Wagen der Straßenbahn vom Schlage gerührt worden und verstorben. In hervorragender Weise hat sie die Wohltätigkeitsbestrebungen ihrer Vaterstadt Hamburg unterstützt. Ihre letzte Fahrt galt noch der Teilnahme an einer Wohltätigkeitssitzung."

In gleicher Weise äußerte sich am selben Tag auch die „Hamburger Woche": „Unterwegs, im Begriff sich, wie sonst so oft so unzählige Male, zu einer Vereinsversammlung zu begeben, ereilte der Unerbittliche Fräulein Toni Petersen. Im demokratischsten aller Verkehrsmittel, in der elektrischen Bahn, überfiel er die körperlich zarte und wohl durch längeres, freilich anscheinend zum Stillstand gebrachtes Leiden ihrer Widerstandsfähigkeit Beraubte. Mit einem Schlage raffte er sie dahin, die so feinfühlig mit Rat und Tat, mit Aufbietung großer körperlicher und seelischer Kraft und steter Bereitschaft zum Wohltun Jahre, Jahrzehnte lang in Hamburg gewirkt hat."

Ob Toni Petersen sich nur aus gesellschaftlicher Opportunität der Wohltätigkeit widmete oder ob es ihr ein Herzensbedürfnis war – zumal sie selbst an einem körperlichen Handicap litt, was ihr vielleicht ein größeres Verständnis für Menschen, die am Rande der Gesellschaft standen, eröffnete –, ist nicht mehr zu ermitteln. Die Presse jedenfalls würdigte anläßlich ihres Todes ihr caritatives Verhalten und lobte, daß Toni Petersen diese Tätigkeit still und bescheiden ausgeübt hatte – Attribute, die einer Frau in der damaligen Zeit auch in ihrer Ausübung auf dem caritativen Gebiet gut zu Gesicht standen: „Fräulein Toni Petersen gehört zu der Gruppe der Elise Averdieck und der Caroline Wichern, obgleich ihr Wirken scheinbar noch stiller und unscheinbarer war, und obgleich sie ohne eigenen Beruf durch ein langes Mädchendasein schritt. Sie wetteiferte nicht mit den tüchtigsten Männern, aber sie stand ihnen treu zur Seite, und die Tüchtigen und Bedeutenden bekannten sich als ihre Schuldner. Eine solche Parteinahme setzt geistige Fähigkeiten voraus, und die Instinkte für heroisches über die Grenzen des Alltäglichen hinausgehendes Wollen. Es setzt Uneigennützigkeit und Opferwilligkeit voraus und Verständnis für die großen Ziele menschlicher Kulturbestrebungen. Von der Natur äußerlich stiefmütterlich behandelt, wurde sie dennoch keine Anklägerin ihres Geschicks, sondern eine unverbesserliche,

stets hilfsbereite Optimistin. Ihr Name stand unter Aufrufen zu allen Sammlungen und Wohltätigkeitsfesten in den letzten Jahren mit an erster Stelle, und sie ließ es nicht bei der bloßen Namensunterschrift bewenden."

Toni Petersen förderte auch Kunst und Musik. Zu ihrer Bestattung kamen deshalb auch Kranzspenden vom Orchester des Vereins Hamburgischer Musikfreunde mit der Widmung: „Der edlen Förderin der Kunst".

Toni Petersen, Tochter des Ersten Bürgermeisters von Hamburg Dr. Carl Friedrich Petersen und seiner früh verstorbenen Ehefrau Kathinka geb. Hasche, litt seit ihrer Kindheit an einem schmerzhaften Hüftleiden. Dennoch – oder gerade wegen dieses Handicaps und der damit verbundenen geringeren Aussicht auf eine Heirat – war sie es, die nach dem Tod der Mutter die Hausfrauenrolle im Vaterhaus an der Elbchaussee übernahm. Als Vorsteherin eines Bürgermeisterhaushaltes hatte sie zu repräsentieren. Das Haus Petersen war kunst- und besonders musikliebend, und so lernte Toni Petersen Menschen wie Richard Wagner, Johannes Brahms und Hans von Bülow kennen. Zu Richard Wagner entwickelte sie eine besondere freundschaftliche Beziehung. Sie übernahm den

Vertrieb von Patronatsscheinen und half damit dem Bayreuther Festspielunternehmen aus seinen finanziellen Schwierigkeiten. Richard Wagner dankte ihr später durch die Übersendung seiner Photographie mit folgender Widmung: „Richard Wagner, immer in Not und Sorgen, nur bei Toni Petersen wohl geborgen." Mit Richard Wagners Frau Cosima stand Toni Petersen lange Jahre im Briefwechsel, wurde von ihr sogar „Nichte" genannt.

Neben Musikern verkehrte im Hause Petersen auch Fürst Bismarck, den Toni Petersen mit ihrer Familie manchmal in Friedrichsruh besuchte und den sie sehr verehrte. Deshalb ist sein Konterfei auch neben dem von Tonis Vater, Johannes Brahms und Hans von Bülow als Portraitmedaillon unter dem von Julie de Boor (siehe Portrait) gemalten Portrait von Toni Petersen abgebildet. Unter dem Bild steht geschrieben: Toni Petersen 1840–1909, Tochter des Bürgermeisters Dr. Carl Petersen 1809–1892. Repräsentantin seines gastfreien Hauses, in dem große Zeitgenossen gern verkehrten. Begeistert für alles Große, Gute und Schöne, unterstützte sie künstlerische und philantropische (!) Bestrebungen." Das Portrait befindet sich heute im Museum für Hamburgische Geschichte.

Ihrer Herkunft entsprechend war es selbstverständlich, daß Toni Petersen zusammen mit einem Damen-Comitee, dessen erste Vorsitzende sie war, dem neuen Rathaus zu seiner Eröffnung im Jahre 1897 ein Geschenk überreichte. Das Damen-Comitee, zu dem auch die in diesem Band portraitierten Hanna Glinzer und Marie Kortmann gehörten, stiftete der Rathausstube einen gestickten Baldachin, unter dem der Erste Bürgermeister sitzt.

Neben all ihren gesellschaftlichen Verpflichtungen sorgte Toni Petersen nicht nur für ihren Vater, sondern ersetzte später auch noch dem verwitweten Bruder die Hausfrau.

Ein Jahr nach dem Tod von Toni Petersen entschlossen sich Damen und Herren der Hamburger Gesellschaft, eine Toni Petersen-Stiftung zu gründen. Um dieses Unternehmen finanziell zu bewerkstelligen, gab es diverse Aufrufe in Hamburgs Tageszeitungen. Die Institutionalisierung der Stiftung wurde zu einem gesellschaftlichen Ereignis. Und so schrieben dann auch am 20. Juli 1910 die „Hamburger Nachrichten": „Im Auguste-Viktoria-Pflegeheim zu Oldesloe hatte sich am Montag eine Anzahl Festgäste eingefunden, um die dritte Freibettenstiftung des Hauses einzuweihen. Über jedem dieser Freibetten ist eine Metalltafel mit dem Namen des Stifters bzw. der Stifterin angebracht. Die Anbringung der Tafel ist stets mit einer Zeremonie verbunden, die diesen Akt zu einem recht feierlichen gestaltet. Dem Bericht des Oldesloer Landboten über die Einweihung der Toni-Petersen-Freibettenstiftung entnehmen wir folgendes: ‚Mit dem Choral: ‚Die Himmel rühmen des Ewigen Ehre' wurden die Freigäste empfangen, nachdem die auswärtigen Teilnehmer um 4 $\frac{1}{2}$ Uhr von der Bahn abgeholt worden waren. ... Dann fand eine eingehende Besichtigung des Heims statt, an die sich ein Kaffee im Speisesaal anschloß. Hier nahm Direktor Peters das Wort zur Festrede. Er schilderte eingehend die Geschichte des Heims vom Anfang bis heute und hob dabei die Verdienste der Frau Rompeltien, ihres Gatten und ihrer Tochter, der Frau Oberin, ins verdiente Licht. Durch die im Winter von Frau Rompeltien angeregte Sammlung zur Ehrung des verstorbenen Fräulein Toni Petersen sei es ermöglicht, außer einem Bildnisse der Verewigten, das Frau Julie de Boor malt, eine Freibettenstiftung zum Gedächtnis des Fräulein Toni Petersen im Auguste-Viktoria-Pflegeheim ins Leben zu rufen, von deren Zinsen vier arme Leute mehr als bisher je vier Wochen im Auguste-Viktoria-Pflegeheim verpflegt werden. ... Später fuhren die Herrschaften durch die Stadt zum Kurhause. Das Abendessen wurde dort durch eine Reihe von Ansprachen verschönt. Frl. Mönckeberg, Frl. Petersen, dem Schatzmeister Direktor Peters, Herrn Matthies und Gemahlin, Dr. Kück und seinem Vater Exzellenz Kück, der Familie Rompeltien, Herrn Meyn, der Badeverwaltung und dem Pflegeheim, allen wurde ein Glas geweiht. Eine in poetischer Form gehaltene Ansprache widmete Oberrealschullehrer Maßmann den Frauen. Nach der Abreise der Hamburger Gäste blieben die Zurückgebliebenen noch einige Zeit beisammen." R.B.

Minna Froböse (geb. Schierloh)

„Ernst und Minna Froböse Stiftung"

Grab Nr. AJ 19, 1–4; AJ 20, 28–30
geb. 22.2.1848 in Hamburg
gest. 8.7.1917 in Hamburg

Minna Froböse war die Tochter des Weinhändlers Claus Schierloh und seiner Ehefrau Elise Gätgens und erlernte den Beruf einer Schirmmacherin. 1875 heiratete sie den Schirmfabrikanten Ernst August Froböse. Das Ehepaar wandte sich wohltätigen Zwecken zu. Ernst August, der drei Jahre vor seiner Frau starb, hatte durch Testamentsbestimmungen große Summen der Arbeitslosenfürsorge zur Verfügung gestellt. Minna Froböse, die zuletzt am Holstenwall 20 wohnte, stellte das ihr ausgesetzte Vermögen für bedürftige Kriegerfamilien als jährliche Mietbeihilfe zur Verfügung. Daraus entstand 1917 die „E. M. Froböse-Kriegs-Invaliden-Mietehilfe", die heute noch existiert. Die Idee zu dieser Beihilfe kam Minna Froböse, als sie sich zu Beginn des Ersten Weltkrieges um Soldatenkinder gekümmert und später Kriegsverletzte im Marinelazarett besucht hatte. In ihrem Testament, welches sich im Staatsarchiv Hamburg befindet, heißt es, sie wolle durch ihre Stiftung „für die sorgen, welche zum Schutz des Vaterlandes ihr Leben und ihre Gesundheit eingesetzt und die Feinde von den Grenzen Deutschlands ferngehalten haben. Aus diesem Grunde habe ich mich entschlossen, schon jetzt, soweit es in meinen Kräften steht, für unsere Kriegsbeschädigten zu sorgen, und zwar habe ich es unternommen, aus den reichen Einkünften meines Vermögens das Leben solcher Tapferen dadurch zu erleichtern. … Ich bin überzeugt, daß mein Mann meine Gedanken und Absichten nicht nur billigen, sondern auch mit zu verwirklichen bestrebt sein würde. … Sollten im Laufe der Zeit die Kriegsbeschädigten ausgestorben sein, so sollen die Einkünfte des Stiftungsvermögens verwendet werden, um andere Krüppel beiderlei Geschlechts in ähnlicher Weise zu unterstützen." R.B.

Marie Lippert (Marie Anne Lippert geb. Zacharias)

Gutsherrin und Stifterin

Grab Nr. U 23, 21–35 / V 23, 17–25
geb. 7.9.1854
gest. 18.6.1897

Marie Lippert geb. Zacharias und ihre drei Brüder wuchsen in einer großbürgerlichen Familie auf. Ihr Elternhaus lag im Hamburger Stadtteil Harvestehude in der Fontenay (siehe dazu auch Portrait ihrer Mutter Marie Zacharias).

Marie Zacharias heiratete den 30 Jahre älteren Eduard Amandus Lippert, der zusammen mit seinen beiden Brüdern ein Wollhandelsunternehmen leitete. Als das Unternehmen nach einem Börsenkrach unverschuldet in Konkurs gegangen, ein Bruder von der Familie des Landes verwiesen worden war – die Gründe hierfür sind uns heute unbekannt – und der andere die Firma übernommen hatte, ging das kinderlose Ehepaar Eduard und Marie Lippert in den 80er Jahren des 19. Jahrhunderts nach Afrika ins Matabeleland und kehrte erst in den 90er Jahren endgültig wieder zurück nach Hamburg. Die Sehnsucht nach ihrer Verwandtschaft trieb Marie Lippert jedoch immer mal wieder für einen kurzen Besuch nach Hause zurück, obwohl es für sie ein großes Unterfangen bedeutete, solch eine weite Reise allein zu unternehmen.

In Afrika schufen sich die Lipperts eine neue finanzielle Basis, was allerdings nicht ohne Schwierigkeiten vonstatten ging. Eduard Lippert, der von König Lobengula eine Landkonzession für seinen englischen Freund erwirkt hatte, erwarb auf diesem Areal die oberirdischen Nutzungsrechte und erwirtschaftete ein Vermögen mit Gold- und Diamantenschürfungen. Der britisch-südafrikanische Kolonialpolitiker, Abgeordnete, Finanzminister, Premierminister der Kapkolonie und Vorkämpfer des britischen Imperialismus, Cecil Rhodes, der großen Reichtum durch die Ausbeutung der südafrikanischen Diamantenfelder erworben hatte, machte Eduard Lippert jedoch das Land streitig, weil er für dieselben Ländereien die unterirdischen Rechte eingehandelt hatte. Die Situation verschärfte sich, als Lippert dem betrunkenen Cecil Rhodes in einem Klub vor Zeugen Unangenehmes sagte. Rhodes wollte daraufhin Lipperts Konzession vernichten und hatte auch seine Regierung hinter sich, im Gegensatz zu Lippert, der die Hilfe der deutschen Regierung vergeblich erbat. 1892 kam es zu einer Einigung: Eduard Lippert verkaufte zu einem Millionenbetrag seine Rechte an Cecil Rhodes.

Im Privatleben hatte das Ehepaar nicht so viel Glück. Es wurde bald überschattet von Marie Lipperts Krebserkrankung. Doch die junge Frau ließ sich nicht unterkriegen. Sie liebte Afrika, war neugierig auf das fremde Land, und nichts war ihr mehr zuwider, als irgendwelche Umstände zu machen. Deshalb war es für sie auch selbstverständlich, gleich nachdem sie 1891 den ersten Krankheitsschub überstanden hatte, ihren Mann auf eine dreimonatige Reise durch das Matabeleland zu begleiten. Eduard Lippert schreibt dazu in seinem Nachwort zu den von seiner Frau für einen kleinen Freundeskreis veröffentlichten kurzen Landschaftsskizzen und Reisebriefen an die „liebe Mama": „Umstände waren ihr ihr Leben lang in den Tod zuwider, und so nahm sie, kaum vom Krankenlager erstanden, auch diese Reise zu den Wilden als etwas ganz Einfaches, Selbstverständliches, da die Reise gemacht werden mußte und sie mich doch nicht allein ziehen lassen könne."[1]

Von der Fahrt durch das Land mit einem Planwagen und einigen Bediensteten schrieb Mike, wie Marie Lippert genannt wurde, ihrer Mutter regelmäßig Briefe. Aus ihnen spricht sowohl die Beschwerlichkeit solch einer Reise als auch Zuversicht und fröhliche Neugierde auf die fremde Kultur. Vieles Ungewohnte empfand Marie Lippert eher als spaßig denn beschwerlich. So äußert sie sich über das Schlafen in einem Zelt: „... sehr komisch, man kriecht hinein, so niedrig ist es".[1] Und über das Schlafen im Wagen: „Vorige Nacht haben wir im Wagen geschlafen, der ganz zugemacht werden kann, und die Sitzlehnen klappt man herunter, so daß es wie ein Bett wird."[1]

Auf der Fahrt durch den endlosen Busch mußte die kleine Reisegruppe selbst für ihr Essen sorgen und es im Freien zubereiten. Sie fingen z.B. zwei Hühner und kochten sie: „Kochen im Freien ist auch komisch, man hat nie Zeit und man ist Abends müde, Reis spielt eine große Rolle, das geht so rasch."[1] Wenn sie am Lagerfeuer saßen und ihr Essen zubereiteten, kamen sie schnell mit den Einheimischen in Kontakt, was Marie Lippert sehr schätzte, trotz der wenigen Zeit, die dadurch für ein trautes Beisammensein des Ehepaares blieb. Marie Lippert scheint keine Scheu vor dem Fremden und den Fremden gehabt zu haben, mit denen sie sich hauptsächlich auf englisch unterhielt, weil sie Zulu nur bröckchenweise sprechen konnte. So schreibt sie über ein Zusammentreffen mit Einheimischen: „Die letzten Tage nur Kaffern gesehen, uns sehr mit ihnen amüsiert."[1] Oft saß das Ehepaar mit seinen neuen Freunden am Lagerfeuer und genoß die romantische Stimmung: „Unserer Matabele-Führer hatten ein großes Feuer gemacht, dazu der schöne Mondschein, es war wirklich gemütlich."[1]

Wenn das Ehepaar Lippert länger an einem Ort weilte, wohnte es in einfachen Lehmhütten, liebevoll dekoriert von den Einheimischen. Darüber berichtet Marie Lippert in einem Brief an ihre Mutter: „Denke dir, acht oder zehn Lehmhütten, weit voneinander entfernt, jede auf einem Hügel, Strohdächer, ganz kleine Fenster ohne Scheiben, innen mit Matten und Fellen und allerhand Zeug zurechtgemacht. Für mich hatten sich die jungen Leute wirklich angestrengt, sie dekorierten, was nur zu dekorieren war. Wir haben ein Haus für uns allein. Bettlaken, Tischtücher, Gläser gibt es nicht; man schläft auf seinen Schaffellen, trinkt aus emaillierten Kummen und hat sein Essen in einer handgroßen Zinnschüssel. Dann trinkt man Burgunder und Champagner und ißt fein eingemachtes französisches Obst und Gemüse. Frisches Fleisch, Brot und Milch sind Luxusartikel, frisches Gemüse und Kartoffeln gibt es gar nicht."[1]

Marie Lippert paßte sich ohne Murren den Gegebenheiten an, auch wenn sie dabei auf gewohnten Komfort verzichten mußte, war aber doch froh, als man ihr für eine täglich zu verrichtende Tätigkeit einen gewissen Luxus bot: „Man war darauf verfallen, ein Klosett zu bauen und das ist ein außerordentlich angenehmer Luxus! In der Wildniss ist es in Ordnung, aber in einem Camp mit einer Menge von Männern, ist es akward, to say the least of it, besonders in Tati, wo unser Haus ganz allein auf einem Hügel stand, das von allen Seiten zu übersehen war, so daß man sich bei gewissen Gelegenheiten so fühlte wie Jochen Nüssler's Eltern, wenn sie sich Geheimnisse erzählen wollten!"[1]

Marie Lippert lernte das Leben in der freien Natur gegenüber den eingeschränkten Verhältnissen in der Zivilisation schätzen. „Wundern tue ich mich auch darüber, daß schlechtes Wasser und komisches Essen und Anstrengung einem nichts tut. Es zeigt recht, wieviel natürliches Leben ganz im Freien wert ist und wie verkehrt unser zivilisiertes Leben sein muß. Wäre ich den Ratschlägen der Königinnen gefolgt und trüge keine Gürtel und kein Korsett mehr, ginge es mir vielleicht noch besser."[1] Dem Land und der Kultur wäre sie vermutlich noch mehr verbunden gewesen, wenn sie auf die einheimischen Frauen gehört und sich dem dort vorherrschenden Schönheitsideal zugewandt hätte. So wie Marie Lipperts Figur beschaffen war, entsprach sie so gar nicht den Vorstellungen der Einheimischen. „Ganz entsetzt sind sie [die Frauen] über meinen geringen Umfang. Besonders wenn ich aufstehe, erhebt sich ein allgemeines Oh und Ah, und sie zeigen alle auf meine Taille und fragen, ob ich nicht abbreche, und sagen, ich muß immer einen großen Haufen Fleisch auf dem Tische stehen haben und einen großen Topf Bier, damit ich dicker werde. Im übrigen habe ich seit Johannisburg sechs Pfund zugenommen und Eduard drei Pfund abgenommen, womit wir beide sehr zufrieden sind."[1]

An manchen ihrer Aufenthaltsorte wurde Marie Lippert aus Sicherheitsgründen nur ein eingeschränkter Bewegungsradius zugestanden: „Für mich ist es auch ein wenig langweilig, wenn die Herren den ganzen Tag weg sind, was im Camp zu zeichnen ist, das habe ich gezeichnet und allein aus der Umfriedung herausgehen darf ich nicht. Es würde einem nicht gerade etwas passieren, aber die jungen Regimenter, die in Buluwaju liegen, sind übermütig und solcher Trupp von jungen Leuten mit ihren Schildern und Speeren könnte einen belästigen."[1]

Nach dieser Reise kehrte das Ehepaar in sein festes Haus in Afrika zurück. Marie Lipperts Krankheit war jedoch nicht zum Stillstand gekommen. Sie mußte operiert werden. Aber auch das half nicht. Eduard Lippert, in großer Sorge um seine Frau, verkaufte seine Besitztümer in Afrika, und um seiner Frau den Abschied von Afrika und die Eingewöhnung in Hamburg so angenehm wie nur möglich zu machen, kaufte er 1896 ein schönes Haus in der Fontenay und das Gut Hohenbuchen in Poppenbüttel. Marie Lippert fiel der Abschied von ihrem geliebten Afrika dennoch sehr schwer. Eduard Lippert äußert sich dazu in seinem Nachwort: „Noch bis in die letzten Tage kämpften bei meiner Frau mit der Liebe zu dem hier neu geschaffenen Heim, welches das Zusammenleben mit den unsrigen doppelt wert machte, der Zug nach dem Heim draußen im fernen Afrika, nach den großen einsamen Flächen, den weiten blauen Horizonten, nach dem selbst aus der Wüste geschaffenen Heim, das sie im nächsten Jahre wieder aufsuchen wollte. Und sie war wie vorbestimmt für ein solches Leben; ob sie am Morgen mit Entzücken durch die Waldanpflanzungen oder über die Felder ritt, ob sie im Garten grub und pflanzte, ob sie am Abend der Mittelpunkt der Geselligkeit war, überall dieselbe unbesiegbare und unsiegende Heiterkeit, die der Grundzug ihres Charakters war, und die auf alle, die ihr nahe kamen, eine unwiderstehliche Anziehungskraft ausübte. Ob sie Leidenden, Unglücklichen Hilfe zu bringen suchte, ob sie tätigen Anteil nahm an Beschwerden und Kämpfen, an denen das Erwerbsleben in Ländern wie der Transvaal überreich ist, immer der selbe klare, grade auf das Ziel gerichtete Blick, dieselbe Leichtigkeit, sich in die Verhältnisse zu schicken, ohne ‚Umstände' zu machen."[1]

In Hamburg angekommen, ließ das Ehepaar Lippert auf Gut Hohenbuchen in Poppenbüttel ein Kindergenesungsheim für Kinder bis zum sechsten Lebensjahr errichten und am Poppenbüttler Marktplatz ein Erholungsheim für ca. 30 weibliche Ladenangestellte und Telefonistinnen bauen, die dort für einen sehr geringen Geldbetrag zwei bis vier Wochen Urlaub machen konnten. Zudem unterhielt das Ehepaar Lippert ein Säuglingsheim in Groß-Borstel sowie ein Waisenhaus für zwölf Kinder bis zum 14. Lebensjahr an der Poppenbüttler Hauptstraße Nr. 23.

Die Gründe für Eduard Lipperts Tatendrang nennt Marie Lipperts Schwägerin Elise geb. Wentzel in ihrem unveröffentlichten Tagebuch: „Eduard Lippert tat alles, um seiner Frau ein langes Leben vorzutäuschen, ob sie sich täuschen ließ? Wir glaubten es nicht! Eduard gründete auf Hohenbuchen ein Kinderheim. Zu seinem Erstaunen war es schwer, verwahrloste Kinder aufzutreiben. Mike war die Leiterin des Heimes. Das war wieder ein Täuschungsmanöver für Mike, die Totkranke. So lebte sie in den schönsten Verhältnissen, dem bitteren Tod entgegen. Sie wurde wieder operiert, und man sah, daß das Leiden sehr weit fortgeschritten war. 1897 im schönsten Sommer wurde sie von ihrem Leiden erlöst."[2]

Marie Lippert wurde nur 42 Jahre alt. Sie wurde auf dem Ohlsdorfer Friedhof begraben. Das Grabmal auf dem Familiengrab der Familie Lippert zeigt in Reliefs Szenen aus dem Leben Marie Anne Lipperts. Bestimmte Gesichtszüge sollen typisch für die Zacharias-Linie sein, aus der Marie stammte. Auf der linken Seite des Reliefs sieht man Marie Lippert an einer Rosenblüte riechend in einem Garten mit exotischen Pflanzen und Bergen im Hintergrund.

Hier muß sie sich schon in Afrika befunden haben. Rechts daneben sitzt sie in einer offenen Veranda an einem kleinen Tisch, stützt den Kopf in die eine Hand und hat in der anderen Hand eine Schreibfeder, ihr Blick ist in die Ferne gerichtet. Marie Lippert schreibt an ihren Reiseberichten. Die Inschriften über dem Relief lauten: „Selig sind die reines Herzens sind" – darunter: „Nur einmal weile ich auf dieser Erde. Alles Gute daher, das ich thun, jede Liebe, die ich einem meiner Mitmenschen erweisen kann, lass sie mich sogleich thun. Lass mich nicht säumen, dass ich die Zeit nicht ungenutzt verstreichen lasse! Denn niemals werde ich dieses Weges wieder ziehen."

Auf der rechten Seite sieht man Marie Lippert zwischen zwei großen Bäumen stehen, um sich herum eine große Kinderschar. Es handelt sich dabei um ihre Neffen und Nichten.

Rechts davon ist im Hintergrund ein niederdeutsches Bauernhaus zu sehen, das von Marie Lippert gestiftete Waisenhaus, rechts davor steht am Bildrand Marie Lippert hinter einem Leiterwagen, aus dem ein Baby die Arme und Beine hochstreckt. Dabei soll es sich nach Aussagen von Christoffer Zacharias-Langhans, dem Großneffen von Marie Lippert, um seinen Vater handeln, mit dem seine Großmutter zu diesem Zeitpunkt schwanger ging. Marie Lippert hat die Wagendecke hochgehoben und sieht auf eine schräg vor ihr hockende bäuerlich gekleidete Frau, die die Hände zu ihr emporhebt. Inschriften über dem Relief: „Die Liebe höret nimmer auf", unter dem Relief: „Wer wahre und vollkommene Liebe hat, sucht in keiner Sache sich selbst."

Der letzte Spruch ist auch an der Südseite des Hauses an der Poppenbüttler Hauptstraße Nr. 23 als Inschrift zu sehen, gefolgt von dem Datum „18. Juni 1897" – dem Sterbedatum Marie Anne Lipperts. Auch auf der Nordseite des ehemaligen Waisenhauses verweist die Inschrift auf dieses Datum: „Marie und Eduard Lippert 1897".

Eduard Lippert führte das gemeinsam begonnene wohltätige Werk fort. Auf Gut Hohenbuchen, welches er noch bis 1914 betrieb, züchtete er im Kupferteich Karpfen, nutzte die Gebäude an der oberen Mühle als Fischbrutanstalt für Forelleneier und produzierte ab 1900 keimfreie und fettreiche Kindermilch, die „Kontroll-Kindermilch Hohenbuchen", eine Art Vorzugsmilch, die in Deutschland eine Neuheit war. Der Hof umfaßte 40 ha landwirtschaftliche Nutzfläche und 15 ha Wasser sowie Ödland. Durch Zukauf erweiterte Eduard Lippert den Besitz auf 147 ha Nutzfläche. Kurz vor dem Ersten Weltkrieg besaß er 143 Milchkühe. Während der Inflationsjahre verlor er fast sein gesamtes Vermögen.   R.B.

Hedwig von Haartman (Hedwig Eleonore von Tavel-Haartman)

Heilsarmistin

Grab Nr. X 29, 208
geb. 29.12.1862 in Finnland
gest. 15.10.1902 in Hamburg

Hedwig von Haartman wurde 1862 als Kind einer vornehmen, begüterten Familie in Finnland geboren. Als junge Frau lehrte sie an einer Schule Sprachen. Bei einem Evangelistengottesdienst, den ein junger Adliger leitete, wurde ihr bewußt, wie wichtig die christliche Lehre für ihr Leben war, und so gründete sie bald darauf an ihrer Schule einen Bibelkreis. Während einer schweren Krankheit entschloß sie sich, im Falle einer Genesung ihre Arbeit in den Dienst Gottes zu stellen. Diesem Anspruch meinte sie als Krankenschwester am besten gerecht werden zu können. Gleich nach ihrer Gesundung fragte sie in Helsinki bei einem bekannten Arzt um eine Anstellung als Krankenschwester an und erhielt die verblüffende Antwort: „Wir können in unseren Krankensälen keine Fanatiker gebrauchen!" [1]
Um nicht untätig zu bleiben, schloß sie sich mit einigen Damen aus ihrer Gesellschaftsschicht zusammen. Sie gingen in die Elendsviertel von Helsinki, um dort mit den Armen zu sprechen und sie zu Gott zu führen. Hedwig von Haartman begab sich aber auch in die Häuser der Wohlhabenden, um mit ihnen über Gott zu sprechen.

Als die Nachricht von der Entstehung der Heilsarmee über Schweden nach Finnland gelangte, sah Hedwig von Haartman dieser hierarchisierten Form der Glaubensgemeinschaft zunächst skeptisch entgegen. Die Berichte einer Freundin von den Unternehmungen der Heilsarmee in England überzeugten sie jedoch. Hedwig von Haartman fuhr nach London, um sich an der Internationalen Offiziersschule zur Heilsarmeeoffizierin ausbilden zu lassen, und kehrte als Leutnantin nach Helsinki zurück. Ihre Arbeit in den Elendsvierteln überzeugte so sehr, daß das Internationale Hauptquartier sie zunächst zur Adjutantin, dann zur Majorin beförderte und sie schließlich zur Territorialleiterin der Heilsarmee bestimmte.

Unterstützung fand Hedwig von Haartman bei ihrer Freundin Alma Farsblom, einer jungen musikalischen Adligen. Sie wurde Hedwig von Haartmans Sekretärin. Sie half „ihrer Vorgesetzten, ihrer Vergeßlichkeit entgegenzuwirken, indem sie ihr bestimmte Einzelheiten ihrer täglichen Pflichten in Erinnerung rief. Sie machte sie auf Unschicklichkeiten aufmerksam, und Hedwig ließ sich gerne beraten und belehren. Alma war auch Hedwigs Gesangslehrerin. Der unglücklichen Majorin, jeder musikalischen Begabung bar, war es jedesmal peinlich, wenn sie in den Versammlungen den Gesang anstimmen und leiten mußte."[1]

Allmählich wurden auch die Behörden auf die Heilsarmee aufmerksam. Da Hedwig von Haartman fürchtete, daß die in Finnland regierende russische Obrigkeit die westliche Einrichtung verbieten würde, sprach sie beim Gouverneur vor und erhielt die Zusage, daß die Arbeit der Heilsarmee in Finnland – von kleinen Änderungen, die er verfügte, abgesehen – weiterbestehen dürfe.

Hedwig von Haartmann wurde in ganz Finnland bekannt. Als sie den Marschbefehl für die Schweiz bekam, fiel es ihr sehr schwer, ihre Heimat, ihre Sekretärin, Freunde, Familie und Verwandte zu verlassen. Sie kam als Brigadierin in die deutschsprachige Schweiz, wo sie große Schwierigkeiten hatte, solange sie die deutsche Sprache nicht beherrschte und manche Zuhörer in lautes Gelächter ausbrachen, wenn sie predigte.

Hier im „Exil" begegnete sie ihrem zukünftigen Ehemann, Rudolf Franz von Tavel, einem jungen gebildeten Mann, der auf einen Universitätslehrstuhl verzichtet hatte, um der Heilsarmee zu dienen und sich der Schriftstellerei zu widmen. Hedwig von Haartman zögerte lange, ihn zu heiraten. Sie fürchtete, durch eine Heirat ihre Pflichten Gott gegenüber nicht mehr erfüllen zu können. In ihrer Not unterbreitete sie ihre Ängste dem General der Heilsarmee, der sie beruhigte.

Schon einen Tag nach der Hochzeit ging das Ehepaar wieder seiner Arbeit nach. Die Hochzeitsreise nach Finnland wurde auf den Urlaub verschoben. Es sollte jedoch noch zwei Jahre dauern, bis sie die Reise antreten konnten, denn Hedwig von Tavel-Haartman erkrankte an einem Lungenleiden. Als sie glaubte, von der Krankheit genesen zu sein, machte das Ehepaar sich auf den Weg nach Finnland. Doch am Ziel angekommen, trat die Lungenblutung erneut auf. Hedwig von Tavel-Haartman erholte sich und glaubte am Ende ihres Urlaubs, genug Kräfte zu besitzen, um die Rückreise in die Schweiz antreten zu können. Doch sie hatte sich getäuscht. Sie starb in Hamburg, wo das Paar im Hotel „Zum Kronprinzen" am Jungfernstieg 16 logierte.

Auf ihrer Grabstätte steht ein hohes Postament mit einem aufgesetzten schwarzen Granitkreuz. Die Inschrift lautet: „Wie steht's mit dir?"   R.B.

Bertha Keyser

Der Engel von St. Pauli

Grab Nr. W 10, 368
geb. 24.6.1868 in Maroldsweisach bei Coburg
gest. 21.12.1964 in Hamburg

Als Kind einfacher gläubiger Eltern wurde Bertha Keyser am 24. Juli 1868 in Maroldsweisach in Bayern geboren, am Johannistag also. Und ähnlich wie Johannes der Täufer verstand sie sich als eine Person, die die Menschen auf Jesus Christus hinweisen wollte.

Bertha hatte vier Geschwister. Ihr Vater, ein Schmiedemeister, starb, als sie noch sehr jung war. Da er Geld aufgenommen hatte, um sich Maschinen zu kaufen, kam die Familie nach seinem Tod in arge finanzielle Nöte. Haus und Werkstatt mußten verkauft werden, Bertha und ihre Schwester wurden zu Verwandten nach Nürnberg geschickt, wo Bertha in der Bäckerei des Onkels kräftig zupacken mußte. Als 1885 ihre Mutter mit den anderen Kindern nach Nürnberg nachzog, fing Bertha an, in einer Spielzeugfabrik zu arbeiten, um etwas zum Lebensunterhalt der Familie beizutragen. Einige Zeit später ging sie nach Wien und im Alter von 34 Jahren (1902) nach England, wo sie als Hausangestellte tätig war. Dort lernte sie die Arbeit der Heilsarmee kennen und wußte von nun an, wozu sie berufen war. Entsprechend interpretiert sie in ihren Lebenserinnerungen auch einen verpaßten Rendezvoustermin: Gerade im Begriff, sich zu ihrem Rendezvous aufzumachen, verspürte sie beim Hinabsteigen der Treppe heftige Schmerzen im Knie. Sie war nicht mehr in der Lage weiterzugehen und konnte somit auch nicht am Treffpunkt erscheinen. Dies deutete sie als Fingerzeig Gottes. Denn um für „den Heiland zu sein – mußte ich frei sein von menschlichen Liebesbanden", schrieb sie in ihren Lebenserinnerungen.[1] Wegen des Beinleidens wurde ihr die Stelle im Haushalt gekündigt – und nun wieder ein Fingerzeig: Wie durch ein Wunder wurde nicht nur das Knie geheilt, in einer Zeitungsannonce las sie: Reisebegleiterin nach Berlin gesucht. Sie nahm die Stelle an. Durch ihre Tätigkeit als Reisebegleiterin sah Bertha viel von der Welt, so war sie z.B. in Amerika, in der Schweiz und in Frankreich.

Als die Mutter starb, gab Bertha diese Tätigkeit auf, denn nun brauchte sie nicht mehr für ihre Mutter zu sorgen, war, wie sie schreibt, „frei, ohne Rücksicht auf Geld meine ganze Kraft in den Dienst des Herrn zu stellen".[1] Sie arbeitete in verschiedenen Einrichtungen wie z.B. in einem Diakonissenhaus, später auch als Aufseherin in einem Frauengefängnis. In dem Diakonissenkrankenhaus blieb sie ein Jahr, „trat aber doch wieder aus, weil ich hier nicht fand, wonach sich mein Herz sehnte. Ich hatte mich ohne Entgelt zur Verfügung gestellt, und es war mir nicht schwer gefallen, in dieser Zeit den Kranken mit Rat und Tat zu helfen. Aber daß ich die kleinen materiellen Wünsche meiner Patienten nicht erfüllen konnte und durfte, bedrückte mich sehr. Es war mir einfach ein Bedürfnis, meine Kranken gelegentlich durch Früchte oder kleine Erfrischungen zu erfreuen",[1] schrieb sie in ihren Lebenserinnerungen. So nahm Bertha Keyser wieder eine bezahlte Stelle an, diesmal als Kammerzofe bei einer französischen Gräfin. Aber bald zog es sie wieder zu einer sozialen Tätigkeit, und so kündigte sie und ging in die Wohnviertel der Armen von Paris. Dort lebte sie in einer Kürschnerwerkstatt, half beim Fellespannen und Pelznähen, malte Bilder und verkaufte sie für fünf Francs das Stück. Als das Angebot kam, als Aufseherin in einem Frauengefängnis zu arbeiten, griff sie zu. Sie führte einige Neuerungen ein, sang mit den Mädchen, betete und hielt mit ihnen Andacht. Als einige Mädchen sich nicht den Hausgesetzen entsprechend verhielten, hatte die Gefängnisleitung eine Handhabe, Bertha Keysers Neuerungen zu verbieten: „Alle Freiheiten, die man ihnen gewährt hatte, wurden wieder abgeschafft. Mir wurde untersagt, die Gefangenen in mein Zimmer zu lassen oder mit ihnen Andacht zu halten. Das schien mir ebenso schlimm, wie lebendig begraben zu sein."[1] Bertha Keyser kündigte und wurde nun Erzieherin in einem Mädchenheim im Elsaß. Sie hatte eine ähnliche Arbeit zu verrichten wie im Frauengefängnis, denn in diesem Heim lebten die „tief Gefallenen". Aber auch hier blieb sie nicht lange: „Wir hatten eines Tages eine Unmenge Wäsche, die die Mädchen kaum bewältigen konnten. Ich sah die Erschöpfung der Mädchen und ließ deshalb die Wäsche einmal weniger spülen als sonst. Sie war trotzdem weiß und schön geworden. Ein Mädchen hatte es jedoch der Leiterin hinterbracht. Es kam zu einer scharfen Auseinandersetzung und ich verließ das Heim."[1]

Bertha Keyser ging zur Heilsarmee zurück. Als sie jedoch zur Kadettenschule nach Berlin geschickt werden sollte und all die Verordnungen las, die sie von nun an einzuhalten hatte, distanzierte sie sich von der Heilsarmee.

Sie zog nach Nürnberg und baute dort im Armenviertel eine eigene Missionsarbeit auf. Als Motor für diese aufopfernde Tätigkeit nannte sie ihren starken Glauben an Gott.

Nach dreieinhalb Jahren übergab sie ihre Arbeit der Landeskirche und ging 1913, im Alter von 45 Jahren, nach Hamburg. Der damalige Leiter der „Strandmission" hatte sie mehrmals darum gebeten. „Spät nachts kam ich im September 1913 nach Hamburg und in dem Missionsheim Richardstraße an. Nach kurzer Rast ging ich schon morgens um 5 Uhr mit in die üblen Kneipen und Keller der Niedernstraße, wo sich die Elendesten und Verkommensten einfanden. Welche Schreckensszenen erlebte ich in dieser gefährlichsten Gegend von Hamburg. Doppelposten von Schutzleuten waren im Abruzzenviertel, wie man diese Gegend nannte, aufgestellt. Ein einzelner Beamter hätte sich der Übergriffe des lichtscheuen Gesindels nicht erwehren können. Ich ließ mich aber nicht abschrecken und ging ganz allein durch die Straßen. Über den Arm hatte ich mir ein paar Würste gehängt und nahm einige Brote mit. So bewaffnet ging ich in die Spelunken und Kellerwirtschaften. Nach meinem Gefühl muß der Hungrige zuerst gesättigt werden, ehe man ihm das Wort Gottes bringen kann. Ich setzte mich daher auf irgendeine Kiste und verteilte meine Gaben. Die Hungrigen hockten sich um mich herum, und während sie aßen, erzählte ich ihnen von meiner Heimat und von meiner Mutter. So schloß ich ihre Herzen auf. Sie fingen nun an zu klagen, daß sie nur zerrissene Schuhe und Lumpen hätten und nicht wüßten, wie sie aus diesem Jammer herauskommen sollten, denn in diesem Zustand könnten sie sich wirklich nicht auf die Straße wagen. So blieben sie in den Kellern hocken und waren dem Laster und der Verzweiflung preisgegeben. Nachdem diese Armen Vertrauen zu mir gefaßt hatten, konnte ich sie darauf hinweisen, daß die Sünde der Menschen Verderben ist, und Jesus Christus auch ihr Heiland sein will. Manchem dieser Verlorenen habe ich das Rettungsseil zuwerfen dürfen und sie mit Gottes Hilfe aus leiblichem und seelischem Elend herausgeführt."[1]

Bertha Keyser arbeitete ehrenamtlich im Missionshaus in der Richardstraße. Ihre Arbeit wurde jedoch neidisch und mißgünstig beobachtet. Sie schreibt dazu: „Leider hat meine Anteilnahme für die Insassen bei einigen christlichen Geschwistern Anstoß erregt.

Aber ich konnte nicht anders. Daher faßte ich den Entschluß, ein eigenes Missionswerk zu beginnen."[1] Bertha Keyser lag es sehr am Herzen, ihre Schützlinge alle gleich zu behandeln, was in den Missionshäusern, in denen sie gearbeitet hatte, nicht die übliche Praxis gewesen war.

Die ersten Räume für ihre Mission fand sie am Alten Steinweg 25. Hier gründete sie die „Mission unter der Straßenjugend": „Zuerst wusch ich den Kindern Gesicht und Hände, denn niemand kümmerte sich um sie."[1] Außerdem betreute sie Obdachlose. Im Laufe der Jahre kamen Armenspeisungen, Straßengottesdienste, Gefängnis- und Krankenbesuche sowie die Betreuung von Prostituierten hinzu.

Finanziert wurde ihre Arbeit ausschließlich durch Spenden reicher Kaufleute, Firmen oder Privatpersonen, die sie persönlich aufsuchte.

Im letzten Kriegsjahr zog sie mit ihrer Mission in ein größeres Haus an den Neuen Steinweg. Hier gab es einen großen Saal für Versammlungen, und es konnten ca. 60 Menschen über Nacht untergebracht werden. Aber obwohl Bertha Keyser ihre Obdachlosen angewiesen hatte, beim Verlassen des Hauses barfuß die Treppe hinunterzugehen, beschwerten sich nach einiger Zeit die Hausbewohner über den starken Betrieb. Bertha Keyser wurde daraufhin verboten, Obdachlosen Übernachtungsmöglichkeiten zu bieten. Sie mußte ausziehen und fand in der Jugendherberge in der Böhmkenstraße ein neues Zuhause mit 80 Betten.

In den Jahren der Wirtschaftskrise bekamen Bertha Keysers Feldküchenspeisungen großen Zulauf. 1924 schaffte sie deshalb drei Feldküchen an. Damit fuhren sie und ihre Mitarbeiter täglich zum Großneumarkt, zur Reeperbahn und zum Rathausmarkt. 600 Portionen warmer Mittagskost wurden zeitweilig täglich verteilt. 1925 mußte Bertha Keyser auf Drängen des Hauswirtes auch die Räume in der Böhmkenstraße verlassen. Sie fand eine neue Bleibe in der Winkelstraße nahe der Musikhalle, wo die Mission nun ein ganzes Haus für sich besaß.

Wer bei ihr wohnte, mußte arbeiten, Sachspenden abholen oder Gelegenheitsarbeiten auf dem von der Mission gepachteten Holzhof ausführen.

1927 konnte Bertha Keyser endlich auch ein Frauenobdachlosenheim einrichten, und zwar in der Winkelstraße 7, in einem Haus neben dem Missionsheim. Das Heim erhielt den Namen „Fels des Heils". Für die obdachlosen Männer fand Bertha Keyser in der Stiftstraße, in der Nähe des Hauptbahnhofes, ein neues Domizil.

Als 1934 die Hamburger Behörde aus der Winkelstraße eine Bordellstraße machte, sie mit Eisentoren versah, die die Straße verschlossen, mußte Bertha Keyser ein neues Haus für ihre Mission suchen. Sechs Monate später fand sie in der Rothesoodstraße endlich eine neue Unterkunft.

Bei vielen Anwohnern und Behörden stieß Bertha Keysers Tätigkeit auf keine freundliche Zustimmung. Aber sie ließ sich nicht beirren. Sie verstand sich als Mutter der Heimatlosen. 1929 gründete sie im Alter von 61 Jahren einen „Evangelisch-Sozialen Hilfsverein e. V.". Die Beiträge der Mitglieder dienten zur Unterstützung der Mission.

Auch während des Zweiten Weltkrieges setzte Bertha Keyser ihr Werk der Nächstenliebe fort. Trotz der schwierigen Umstände konnten Armenspeisungen in Kellern und Bunkern durchgeführt werden. Als 1943 ihr dreistöckiges Heim „Fels des Heils" den Bomben zum Opfer fiel, suchte sie, nun bereits 75 Jahre alt, sofort wieder nach einem geeigneten Haus. 1945 konnte sie schließlich ein kleines Zimmer in der Langen Reihe Nr. 93 mieten. Dort wohnte sie mit Schwester Anna Bandow, die Bertha Keyser unterstützte und die zahlreichen „Essensgäste" beköstigte. Außerdem erklärten sich mehrere Großküchen bereit, für Bertha Keysers Missionswerk mitzukochen. In verschiedenen Schulen konnte die Mission Feierstunden mit anschließender Speisung abhalten. Bei Hamburger Firmen und Kaufleuten erwarb sich Bertha Keyser viele Freunde, Gönner und Spender, die sie regelmäßig mit Sach- und Geldspenden unterstützten. Eine große Hamburger Kaffeefirma zahlte die Miete ihrer kleinen Ladenwohnung im Bäckerbreitergang Nr. 7, die sie bewohnte, seit sich die Nachbarschaft aus der Langen Reihe über sie beschwert hatte.

Aber sie wurde von manchem auch argwöhnisch beäugt. Pastor Lüders schrieb in einem Nachwort zu Bertha Keysers Lebenserinnerungen: „Mag sein, daß die Sozialbehörde, das Arbeitsamt oder auch die Kriminalpolizei zürnend auf dies Sammelbecken Obdachloser sehen. Asoziale Elemente würden durch ihre Speisungen nach Hamburg gezogen oder in Hamburg gehalten, Arbeitsscheue in ihrer Faulheit bestärkt, weil sie bei ihr unentgeltliche Hilfe und Beköstigung finden. Gewiß, sie will das Gute, aber ihre Gutmütigkeit wirkt sich zuweilen als Schade aus. So wird von manchen geurteilt."[1] Aber: „Schwester Bertha ist für viele Heruntergekommene die letzte Chance zu einem neuen Lebensanfang. … Diese für manche letzte Auffangstation hat aber doch Ungezählten im Laufe der Jahre einen neuen und guten Lebensanfang gegeben. Daß die Arbeit eben nicht nur Menschlichkeit zum Motiv hat, sondern die Liebe Christi, die Menschen mit Christus verbinden und dadurch retten möchte, gibt ihr den besonderen Charakter. Welche Behörde kann sich so seelsorgerlich um die Bedürftigen kümmern?"[1]

Zu ihrer Beerdigung am 29. Dezember 1964 fanden sich über 500 Trauergäste aus den unterschiedlichsten Gesellschaftsschichten ein. Mit Hilfe der Hamburger Verkehrsbetriebe, die kostenlose Busse vom Bäckerbreitergang zum Friedhof Ohlsdorf einsetzten, war es auch vielen ihrer „Sperlinge Gottes" möglich, am langen Trauerzug teilzunehmen. Bertha Keyser blieb vielen Hamburgerinnen und Hamburgern in Erinnerung. 1983, 18 Jahre nach ihrem Tod, wurde nach ihr der „Bertha-Keyser-Weg" in St. Pauli benannt. Ein Jahr später initiierte die Patriotische Gesellschaft die Enthüllung einer Gedenktafel im Bäckerbreitergang. Seit ihrem 25. Todestag, dem 21. Dezember 1989, erinnert ein Gemälde von Hans Petersen in der Krypta des Michels an den „Engel von St. Pauli".   Kirsten Becker, Bente Müller

Emmy Ruben (geb. Geister)

Mäzenin

Grab Nr. W 8, 210–217
geb. 7.2.1875 in Hamburg
gest. 4.6.1955 in Hamburg

„Zu allererst sei Ihnen mein herzlichster Dank gesagt. – Sie haben ja soviel mit den Künstlern gelebt um richtig einen solchen Dank zu verstehen. Es ist ja nicht allein das Geld gewesen in dieser Zeit sondern auch das Gefühl damit ausgedrückt dass Sie dahinter stehn und gerade letzteres ist in den vielen leeren Stunden im Atelier ein tröstliches Bewustsein gewesen –",[1] schreibt der Maler Willem Grimm am 12.6.1937 an Emmy Ruben und bringt damit auf den Punkt, was diese Frau für die künstlerische Avantgarde in Hamburg bedeutete. In einer Zeit, in der die Hamburgische Sezession sich unter dem Druck des Nationalsozialismus auflöste (siehe Portrait Alma del Banco), die Bilder vieler Künstler als entartet galten und aus den Museen entfernt wurden, war eine Mäzenin, die sich von all dem nicht beeindrucken ließ, eine Hoffnungsträgerin für die Kunst, die Künstler und Künstlerinnen. Mit dem Ankauf von Bildern half sie nicht nur finanziell, sondern stärkte die Künstler auch in ihrem Selbstbewußtsein. Und der Nachwelt erhielt sie manches Werk, das ohne sie vermutlich verloren wäre.

Emmy Ruben wurde am 7. Februar 1875 geboren. 1897 heiratete sie Albert Ruben, einen Kaufmann jüdischer Abstammung. Neben seiner beruflichen Tätigkeit, zunächst als leitender Angestellter, dann als Teilhaber der Firma Blumenfeld, einem Kohlenimporthandel mit eigenen Schiffen, war Albert Ruben im Hamburger Kulturleben sehr aktiv. Als Mitbegründer der Literarischen Gesellschaft knüpfte er Kontakte zu Gerhart Hauptmann, Richard Dehmel und Detlev von Liliencron, hielt selbst Vorträge für die Arbeiterjugend in der Kunsthalle und unterstützte die Arbeit von Künstlern. So warb er beispielsweise bei seinen Geschäftsfreunden um finanzielle Unterstützung von Projekten und brachte den Maler Ivo Hauptmann in der Firma Blumenfeld unter, der daraufhin von seinen Freunden zum „bestmalenden Kohlenhändler" ernannt wurde. Emmy Ruben war in dieser Zeit wohl eher „die Frau an seiner Seite", versorgte den Haushalt und die zwei Kinder (Elisabeth, geb. am 17.7. 1898 und Walther, geb. am 26.12.1899, eine weitere Tochter verstarb im Alter von einem Jahr), denn nahezu alle in der Staats- und Universitätsbibliothek befindlichen Briefe von Künstlern sind zu Albert Rubens Lebzeiten an ihn gerichtet.

Nach seinem Tod im Jahre 1926 wurde Emmy Ruben selbst aktiv, wobei ihr Interesse in erster Linie der bildenden Kunst galt. 1948 schenkte sie ihre umfangreiche Sammlung von 146 Exponaten, darunter 17 Gemälde, der Hamburger Kunsthalle. Alle wichtigen Hamburger Künstlerinnen und Künstler der damaligen Zeit sind darin vertreten: Friedrich Ahlers-Hestermann, Karl Ballmer, Alma del Banco, Eduard Bargheer, Paul Bollmann, Arnold Fiedler, Fritz Flinte, Fritz Friedrichs, Willem Grimm, Richard Haizmann, Erich Hartmann, Ivo Hauptmann, Eduard Hopf, Paul Kayser, Karl Kluth, Fritz Kronenberg, Kurt Löwengard, Emil Maetzel (siehe Portrait Dorothea Maetzel-Johannsen), Wilhelm Mann, Rolf Nesch, Franz Nölken, Alexandra Povorina, Anita Rée (siehe Portrait), Hans Ruwoldt, Walter Siebelist, Herbert Spangenberg, Heinrich Stegemann, Walter Tanck, Maria Wenz, Albert Woebcke, Gretchen Wohlwill (siehe Portrait), Gustav Wolff. „Es ist mein Wunsch", schrieb sie an Carl Georg Heise, den damaligen Direktor der Hamburger Kunsthalle „dass diese Bilder, die das Ergebnis meiner langjährigen Sammlertätigkeit darstellen, in den Besitz der Kunsthalle meiner Vaterstadt übergehen, um meinen Mitbürgern einen bleibenden Eindruck von einer Epoche hamburgischer Malerei zu geben. Mit der Aufstellung dieser Bilder in der Kunsthalle möchte ich zugleich dazu beitragen, das Andenken an die Künstler, die mir freundschaftlich nahegestanden haben, in Hamburg zu erhalten." (Brief vom 24. Mai 1948)[2]

Die Briefe, die ihr Mann und sie von Künstlerinnen und Künstlern erhalten hatten, übergab sie der Staats- und Universitätsbibliothek: „Nachlaß Ruben (nach Auskunft von Dr. Voigt ca. 1945 von einer älteren Dame (Frau Ruben) der Staats- und Universitätsbibliothek geschenkt worden)", steht auf der Mappe. Sie enthält neben Briefen an Albert Ruben Briefe an Emmy Ruben von Friedrich Ahlers-Hestermann, Alma del Banco, Paul Bollman, Arnold Fiedler, Fritz Flinte, Willem Grimm, Richard Haizmann, Erich Hartmann, Ivo Hauptmann, Eduard Hopf, Martin Irwahn, Karl Kluth, Hans Leip, Kurt Löwengard, Rolf Nesch, Alexandra Povorina, Anita Rée, Hans Ruwoldt, Karl Schmidt-Rottluff, Clara Rilke-Westendorf, Gretchen Wohlwill u.a. Sie alle unterstützte Emmy Ruben durch den Kauf ihrer Bilder, durch Mithilfe bei Ausstellungsvorbereitungen, durch Einladungen und Geschenke, ja manchmal sogar durch Bezahlung des Malmaterials, selbstgebackenen Kuchen und selbstgenähte Puppenkleider für die Kinder. Erich Hartmann schreibt ihr am 26.12.1934: „Aber aber! Kommt sie so ganz heimlich u sachlich, hier an, um ihre Lithographie zu holen und ist in

Wirklichkeit ein allerliebster Weihnachtsmann. Und was für einer. Ich bin wieder ganz gerührt wie gut Sie es mit uns meinen und wie Sie uns verwöhnen…"[1] Und Alma del Banco: „Liebe Frau Ruben, nun schicke ich Ihnen mit Freuden die gewünschte Zeichnung, ob diese wohl Gnade vor den Augen Ihrer Kinder findet? – mir ist es ein Tagebuchblatt – es erzählt mir von den schönen Abendstunden bei Ihnen. – Ich glaube ich mache ganz gute Fortschritte, da ich ausgehen darf – das wird mir sicher gut tun – und Dank der liebevollen Fürsorge meiner Freunde – wozu ich Sie gerne rechnen möchte – für alles Gute tausend Dank –".[1] Die Sierichstraße 132 war bis 1933 ein beliebter Künstlertreffpunkt. In ihren späteren Wohnungen am Ahornkamp und in der Binderstraße empfing Emmy Ruben die Künstlerinnen und Künstler wohl eher in kleinem Kreis.

Emmy Ruben war eine Mäzenin im besten Sinne des Wortes, eine Förderin, die den Ankauf von Kunst weder als Statussymbol noch als Kapitalanlage betrachtete, sondern mit Kenntnis am Schaffensprozeß der Künstler und Künstlerinnen teilnahm und als Sammlerin und Stifterin die Werke für die Nachwelt bewahrte. Sie war zugleich eine Mutterfigur, die offenbar ein großes Einfühlungsvermögen in die Existenzbedingungen des Künstlers besaß und dadurch den Künstlerinnen und Künstlern weit mehr sein konnte als nur Geldgeberin. Hans Leip jedenfalls betont eben diese Fähigkeit, die Emmy Ruben neben ihrem Kunstverstand besaß und worin sie sich deutlich von den wohlbekannten „Gattinnen" abhob, die sich mit Kunst schmücken: „… alles in allem eine der liebenswürdigsten Erscheinungen in der hanseatischen Atmosphäre vor 1933, wo sich ja manche blonde, blauäugige Ehepartnerin vorwagte und zu Kalbsbraten, Mosel und nachfolgender Lesung einlud, ohne sich allerdings weitere Unkosten zu machen, bzw. den Gemahl dazu zu veranlassen. Emmy Ruben wußte um die Schwierigkeiten des schöpferischen Menschen; es war ihr nicht um die Dekoration ihrer Tafel und die Unterhaltung ihrer Gäste zu tun. Sie war aus echtem Kunst-verstand und aus echter schöner Menschlichkeit hilfsbereit und helfend. Und sie besaß Takt, was so häufig eben nicht ist in unserer Welthafen-Vaterstadt …"[3] Und die Malerin Gretchen Wohlwill schreibt ihr einmal: „Für mich war das Beglückende in den vergangenen Jahren, dass Sie ,da' waren. Sie sind sich vielleicht selbst nicht darüber klar geworden, was das für mich bedeutet hat. … Was Maetzel neulich sagte, war mir so aus der Seele gesprochen, dass nämlich, angenommen, die materielle Not sei eines Tages beseitigt und gemildert, so bliebe doch immer die geistige Vereinsamung der Künstler, u. ich möchte hinzufügen die seelische, das Bedürfnis nach Verständnis u. Anteilnahme."[1] Der zumeist distanzierte, vor allem von Dankbarkeit und Respekt gekennzeichnete Ton in den Briefen der Künstlerinnen und Künstler, der sich allein bei Karl Kluth ins sehr persönlich Freundschaftliche wendet, macht deutlich, daß Emmy Ruben ihre Position einer Mäzenin immer gewahrt, sich niemals angebiedert hat. Daß es auch Mißtöne im Umgang mit den Künstlerinnen und Künstlern gab, zeigen nicht nur die Versuche der im menschlichen Umgang wohl komplizierten Anita Rée, bestehende Mißverständnisse zu klären und auszuräumen. Auch der schon zitierte Brief von Gretchen Wohlwill ist vor eben diesem Hintergrund entstanden.

Angegriffen fühlte Emmy Ruben sich auch, als sie sich 1933, nach der Absetzung der Vorsitzenden Ida Dehmel durch die Nationalsozialisten, entschied, der GEDOK (Gemeinschaft deutscher und österreichischer Künstlerinnen) treu zu bleiben. Die Kunsthistorikerin Rosa Schapire, die selbst aus Protest aus der GEDOK ausgetreten war, schrieb ihr daraufhin: „… ich danke Ihnen für Ihren ausführlichen Brief und möchte Ihnen auch gleich sagen, dass ich Ihren Schritt für ganz richtig halte. Es ist sehr viel leichter alles zu zerstören als das Bestehende zu halten und weiter auszubauen. Darauf aber kommt es in der schwierigen Epoche, in der wir heute leben, an. Gerade bei Ihnen bin ich fest davon überzeugt, dass Sie sich von sachlichen Beweggründen leiten lassen und frei von Ehrgeiz sind. Die Gedok kann in der schwierigen Zeit doch mancher Künstlerin eine Erleichterung bringen, Sie haben das Vertrauen der Künstlerinnen, sind eingearbeitet und sicherlich die geeignetste Persönlichkeit, um deren Interessen weiter zu vertreten. Es ist ein besonders glücklicher Umstand, dass diese Tätigkeit Ihren Neigungen in diesem Masse entspricht, nur dann kann freilich auch etwas Vernünftiges geschehen." (Brief vom 23.5.33)[1]

Neben der GEDOK war Emmy Ruben Mitglied der Freunde der Kunsthalle, der Ernst-Barlach-Gesellschaft, der Internationalen Frauenliga für Frieden und Freiheit, einem radikalen Zweig der bürgerlichen Frauenbewegung (siehe Portrait Magda Hoppstock-Huth), der Musikalischen Jugend Deutschlands, des Künstler-Vereins und der Griffelkunst, des Tierschutz-Vereins, der Deutsch-Griechischen Gesellschaft und des Deutschen Lyceum-Clubs in Hamburg.

Emmy Ruben starb am 4. Juni 1955. Daß ihr Grabstein und damit ein Andenken an diese verdienstvolle Frau erhalten blieb, ist dem sich intensiv um das Geschehen auf dem Ohlsdorfer Friedhof kümmernden Kay Lichtenberg zu verdanken.   B.R.

Schauspielerinnen, Sängerinnen, Tänzerinnen – erste Auftritte von Frauen in der Öffentlichkeit

Es ist kein Zufall, daß die Gruppe der Bühnenkünstlerinnen – im 18. Jahrhundert waren sie zumeist noch Schauspielerin, Sängerin und Tänzerin zugleich – durch die verschiedenen Jahrhunderte am besten repräsentiert ist und zahlenmäßig den größten Anteil an künstlerisch tätigen Frauen stellt, denn dieser Berufsstand öffnete sich Frauen sehr früh. Bereits mit der Commedia dell'Arte am Ende der Renaissance hielt die Schauspielerin Einzug ins europäische Theater. Daß der Beruf der Schauspielerin schon sehr früh akzeptiert wurde, hängt eng mit der Außenseiterstellung des Theaters zusammen. Denn auch noch, als sich aus den Wanderbühnen, deren Mitglieder als fahrendes Volk ohnehin am Rande der Gesellschaft standen, im 18. Jahrhundert feste Bühnen entwickelten, die das Gaukelspiel und die Possenreißerei der meisten Wandertruppen durch die Aufführung ernsthafter Stücke ersetzten, blieben die Theaterleute eine randständige Gruppe, die vom Bürgertum mit äußerster Skepsis betrachtet wurde. Die eigenen Normen und Wertvorstellungen galten hier nicht. Die vom Bürgertum eingeführte Trennung von privatem und öffentlichem Bereich, die die Frau ins Haus, in den Bereich von Kindern, Kirche und Küche verbannte, konnte hier nicht stattfinden. Im Gegenteil. Da die jeweilige Aufgabenverteilung sich nicht nach dem traditionellen Rollenverständnis, sondern den individuellen Fähigkeiten der einzelnen Mitglieder richtete, herrschte in den Truppen eher eine Gleichheit zwischen den Geschlechtern. Es war, wie das Beispiel der Neuberin zeigt, sogar möglich, daß Frauen zu bedeutenden Prinzipalinnen aufstiegen oder auch organisatorisch leitende Funktionen übernahmen wie Sophie Charlotte Ackermann (siehe Portrait Anna Christina Schröder). Ab Mitte des 18. Jahrhunderts waren allerdings alle bedeutenden Prinzipale Männer. In der zweiten Hälfte des 20. Jahrhunderts taucht mit Ida Ehre (siehe Portrait) nochmals eine wichtige Prinzipalin auf.

Der Nachwuchs der Truppen war zumeist in den Stand geboren und stand von klein auf mit auf der Bühne. Erst im 19. Jahrhundert waren es zunehmend Frauen aus kleinbürgerlichen Familien, die den Sprung ans Theater wagten, um der Enge zu entfliehen und auf eigenen Füßen zu stehen. Nicht selten erging es ihnen wie Annie Kalmar (siehe Portrait), die weniger aufgrund ihres Talentes als aufgrund ihrer schönen äußeren Hülle verehrt wurde. Immer wieder wurden bedeutende Darstellerinnen aber auch als Künstlerinnen wahrgenommen und geschätzt. Für eine Überbrückung der Kluft zwischen den zwei Welten, für eine Verbürgerlichung des Schauspielerstandes, setzte sich bereits der große Theaterreformer Friedrich Ludwig Schröder (siehe Portrait Anna Christina Schröder) ein. Er stellte sowohl, was das Theaterprogramm und die -darstellung als auch was die soziale Stellung des Schauspielers und der Schauspielerin betraf, hohe Ansprüche. Mit der Einführung einer Pensionskasse sorgte er für die finanzielle Altersabsicherung der Darsteller und hob als strenger Sittenrichter die Moral seiner Truppe. Doch bei aller Distanzierung von dem unmoralischen Lebenswandel des Schauspielervolks nahm das bürgerliche Publikum es Schröder übel, wenn er hart durchgriff. Man suchte im Theater ganz offenbar das, was man sich in der eigenen Welt nicht erlaubte. Heiratete man eine Schauspielerin, so mußte sie ihre Bühnenkarriere aufgeben. Wie wenig die beiden Welten kompatibel waren, zeigt sich auch am Beispiel von Caroline Herzfeld (siehe Portrait). Es wird immer wieder betont und damit als Besonderheit herausgehoben, daß sie, die aus einer Schauspielerfamilie stammte und mit einem Schauspieler verheiratet war, von den Bürgern der Stadt als ihresgleichen anerkannt wurde.

Ein wirklicher Reputationswechsel des Schauspielerstandes oder besser des Schauspielerinnenstandes fand erst zu Beginn des 20. Jahrhunderts statt. Mit der Einführung des naturalistischen Theaters, das Themen der eigenen Lebenswelt kritisch behandelte, wurde der Schauspielerstand von der bürgerlichen Gesellschaft wirklich akzeptiert. Das führte zu einem Zuwachs an Schauspielerinnen auch aus bürgerlichen Mittel- und Oberschichten. Eine weitere Verstärkung durch weibliche Kräfte erfuhren die Bühnen durch die Ausdruckstänzerinnen (siehe Portrait Lola Rogge). Trotz aller Schwierigkeiten und Diskriminierungen, denen Schauspielerinnen ausgesetzt waren, war das Theater der Ort, an dem die Emanzipationsbestrebungen der Frau erstmals deutlich sichtbar wurden.   B.R.

Anna Christina Schröder (geb. Hart)

Tänzerin und Schauspielerin
am Ackermannschen Schauspielhaus
am Gänsemarkt von 1773 bis 1798

Althamburgischer Gedächtnisfriedhof:
Grabplatte zusammen mit ihrem Ehemann
Friedrich Ludwig Schröder
geb. 9.11.1755 in St. Petersburg
gest. 25.6.1829 in Rellingen bei Hamburg

In den ersten Januartagen des Jahres 1773 stand in Hamburg eine junge Frau in Sommerkleidung vor der Tür Sophie Charlotte Ackermanns, der Schauspielerin und Witwe Konrad Ernst Ackermanns, des eigentlichen Begründers der stehenden Bühne in Deutschland, die zusammen mit ihrem Sohn, dem berühmten Theaterreformator Friedrich Ludwig Schröder, das Ackermannsche Schauspielhaus am Gänsemarkt (später Hamburger Stadttheater, heute Hamburgische Staatsoper) leitete. So ärmlich wie ihre Kleidung war auch die Herkunft Anna Christina Schröders. Sie war als Tochter deutscher Eltern am 9. November 1755 in St. Petersburg geboren und schon als Kind in die von der Kaiserin Katharina gegründete stehende Scolary's Tanzschule gegeben worden, um für die Bühne ausgebildet zu werden. Als der Schauspielerprinzipal Wäser sie entdeckte, nahm er die Neunjährige mit nach Deutschland. Da seiner Schauspieltruppe jedoch keinerlei Erfolg beschieden war, sie in den 60er und 70er Jahren zu den unbeständigsten und kärglichsten des Landes gehörte, er aber eine hohe Meinung von dem Talent und den Aussichten seines Schützlings hatte, empfahl er Anna Christina in die Obhut der seriösen Ackermannschen Gesellschaft. „Ich weiß das gute Kind keinen besseren Händen anzuvertrauen, als den Deinigen", schrieb Frau Wäser an Sophie Charlotte Ackermann.

Hamburg war in jenen Tagen die führende Theaterstadt Deutschlands. Hier war ein Jahrhundert zuvor (1678) das erste Opernhaus errichtet worden, hier wagte Ackermann 1765 mit seiner Truppe am Gänsemarkt, dem alten Standort der Bürgeroper, ein stehendes „Comoedienhaus" zu gründen, aus dem die erste deutsche Nationalbühne hervorging, an der Lessing als Dramaturg wirkte und seine „Hamburgische Dramaturgie" verfaßte. Da es jedoch nicht gelang, die anspruchsvollen Ziele zu verwirklichen, ging das Theater bald zugrunde. Erst Friedrich Ludwig Schröder wußte mit der Übernahme der künstlerischen Leitung der Bühne im Jahre 1771 der Theaterkultur eine entscheidende Wende zu geben, sowohl durch seine Spielplangestaltung – die Aufführung der Werke der Stürmer und Dränger und die Einführung Shakespeares, der dem großen nationalen Drama den Weg bahnte – als auch durch die Anhebung des Darstellungsniveaus. Schröder drang zu einer Menschengestaltung vor, die auf dem englischen Vorbild der Natürlichkeit basierte.

Als Anna Christina Schröder in Hamburg ankam, war die Ackermannsche Truppe gerade auf Gastspielreise. So gab sie am 13. Januar 1773 zunächst nur ihr Debüt in einem Pas de deux und reiste dann der Gesellschaft nach Celle entgegen. Hier stand sie zum ersten Mal zusammen mit Friedrich Ludwig Schröder, den sie schon kurze Zeit später, am 26. Juni 1773, heiratete, auf der Bühne. Unzählige gemeinsame Auftritte sollten folgen.

Als Schröder 1798, nach Abgabe der Direktion, von seinen Nachfolgern gebeten wurde, als Schauspieler ans Theater zurückzukehren, ohne daß man auch nur ein Wort über seine Frau verlor, schrieb er brüskiert: „Daß Sie meiner Frau nicht erwähnen, habe ich gefühlt wie ich mußte. Meiner Meinung nach hätte selbst die Politik gegen das Publikum erfordert, Anfrage nach ihr zu thun, wenn Sie auch vorher gewußt hätten, daß sie solche ablehnen würde. Das konnten Sie nicht wissen; und ich kann doch nimmermehr glauben, daß sie in Ihren Augen so unbedeutend seyn sollte! Mit wem sonst sollte ich wohl in manchen Stücken spielen, die auf Ihrem Verzeichnisse stehn?"[1] Und dabei hatten beide eine große Karriere für Anna Christina Schröder ursprünglich nicht ins Auge gefaßt. Er, weil er aufgrund täglicher Erfahrung der Überzeugung war, daß sich der Beruf der Schauspielerin nur schwer mit den Pflichten einer Hausfrau in Einklang bringen lasse, sie, weil sie diesen Beruf nur auf Wunsch der Eltern ergriffen hatte. Doch es war anders gekommen.

In den ersten Jahren wirkte Anna Christina Schröder fast ausschließlich als Tänzerin. Nur hin und wieder sang sie auch in der Oper und trat in Nebenrollen im Schauspiel auf. Zunehmend wagte sie sich jedoch an größere Rollen im Schauspiel, und als dann die hochbegabte und allseits beliebte Stiefschwester ihres Mannes, die Schauspielerin Charlotte Ackermann, 1775, im Alter von nur 17 Jahren starb, mußte Anna Christina Schröder deren Rollen zum Teil übernehmen. Anna Christina Schröder bestand die Feuerprobe. Von ihrem Auftritt in der Titelrolle von Lessings „Emilia Galotti" am 5. Dezember 1777 – Schröder spielte den Odoaro – berichtet der Königliche Dänische Kanzeleisekretär Johann Friedrich Schütze: „Mad. Schröder spielte Emilie. Nach einer vorherigen bescheidnen Entschuldigungsrede wagte sie es, diese Triumphrolle der unvergeßlichen Charlotte Ackermann nachzuspielen. Wir waren Zeugen ihres sanften, empfindungsvollen Spiels. In jeder Szene sah man es dieser wackern Künstlerin (die auch als Weib ihrem

Geschlechte Ehre macht,) an, wie vorbereitet sie erschien, wie fein gefühlt sie ihre Gefühle als Emilie wiedergab. Sehr wahr sagt ein Ungenannter in Nr. 8. der Litt. und Theat. Zeit. 1778.: ‚Mad. Schröder spielte die Emilie und Rutland mit Beifall, welches in Rücksicht auf ihre große Vorgängerin sehr viel sagen will.'"[2] Über die Darstellung ihrer Ophelia im darauffolgenden Jahr schreibt er: „Mad. Schröder, als Ophelia, gelang es, sich als eine glückliche Nachbildnerin ihres großen Vorbildes zu zeigen. Ihr Spiel in den Wahnsinnsszenen erschütterte, so sehr es kann. Auch war (irren wir nicht,) sie die erste Ophelia, welche die bekannten Strophen zu singen mit Glück wagte."[2] 1779 stand sie in „Macbeth" auf der Bühne: „Schröder als Makbeth, Mad. Schrödern als Ladi Makbeth, beider wahres und trefliches Spiel mußte wirken, so wenig gleich dieser beider von dem Spiel der mehrsten übrigen unterstützt ward."[2] Der Freund und Schröder-Biograph Friedrich Ludwig Wilhelm Meyer (siehe Portrait Elisabeth Campe) faßt Anna Christina Schröders Schauspielkunst folgendermaßen zusammen: „Die Wahrheit, Unschuld und Reinheit ihres Spiels war unübertrefflich. Sie vergriff keinen Charakter, kein falscher Ausdruck entschlüpfte ihr, sie erlaubte sich keine Uebertreibung. Sie wollte nie zur Unzeit glänzen, oder eine einzelne Stelle auf Kosten des Ganzen heben. Sie wich nie von der Bahn, die ihr der Dichter vorgeschrieben. Sie verstattete sich in der ansteckendsten Fröhlichkeit keine Gebehrde, keinen Wink, die nur der hingerissene, nicht der überlegende Zuschauer gutheißen kann. Unablässiger Fleiß, glückliches Gedächtnis, vortheilhafte Bildung, und die Sicherheit der Bewegungen welche die Tanzkunst verleiht, vereinigten sich ihre Bemühungen zu begünstigen. Auch war sicherlich das große Beispiel ihres Gatten, ihrer Schwiegerinnen, und der übrigen trefflichen Künstler, neben denen sie von Zeit zu Zeit gestanden, wesentlich erforderlich, um ihre Anlagen so günstig zu entwickeln. Aber selbst erkennen und nehmen mußte sie dies Beispiel, das ihr nicht aufgedrungen ward. Denn nie erlaubte sich Schröder, den sie anfangs überraschte und endlich stolz machte, ihre Eigenthümlichkeit zu unterbrechen."[1] Anders beurtheilt der Schröder-Biograph Berthold Litzmann Anna Christina Schröders Talent und den Anteil, den Schröder an ihrer Ausbildung hatte: „Und wenn sie in der Folge aus einer schüchternen Darstellerin sanfter Agnesen [Rolle eines einfachen Bauernmädchens; so genannt nach der Agnese in Molières „Schule der Frauen"] sich zu einem der meistbeschäftigten Mitglieder der Bühne ihres Mannes in großen tragischen Rollen entwickelte, so wich sie darin nur dem unablässigen Drängen ihres Mannes, der zugleich ihr Lehrmeister ward, und der mit einer argwöhnischen Sorge, die in ihrer Reizbarkeit die Schwäche verriet, darüber wachte, daß man sie überall auch als große Künstlerin anerkenne. Die Freunde des Hauses, die selbst unter dem Zauber der edlen Frau standen und bald sie auch mit seinen Augen sahen, haben ihm denn auch den Gefallen gethan und viel Freundliches und Lobendes über die Schauspielerin Christine Schröder gesagt und geschrieben; und der große Meister freute sich dann allemal wie ein Kind, wenn ihm so ein warmes Lob der geliebten Stina zu Ohren kam. Daß es aber so und nicht anders ausging, das durfte sich die feinfühlige Frau als ein Verdienst besonderer Art anrechnen. Übrigens unterliegt es wohl keinem Zweifel, daß der Glaube an die große Madame Schröder ein frommer Mythus war, der von den Intimen des Hauses optima fide gehegt wurde, der aber bei der unbefangenen Kritik, von der feindlichen ganz zu schweigen, auf starken und berechtigten Widerspruch stieß. Schwerlich hat sich auch die bescheidene Künstlerin selbst darüber getäuscht."[3]

Allgemeine Übereinstimmung herrscht dagegen über die Person Anna Christina Schröder. Sie war sehr belesen, besaß eine vortreffliche Menschenkenntnis und großes Einfühlungsvermögen, das es ihr auch erlaubte, die Künstlernatur ihres Mannes, die durch eine ans Unmenschliche grenzende Erziehung im Elternhaus und Internat in ihrer Unausgeglichenheit und leichten Erregbarkeit noch verstärkt worden war, zu verste-

hen und zu beeinflussen. Sie sah sich ganz als liebevolle Begleiterin ihres Mannes. Schröder selbst hat den Tag seiner Eheschließung immer als den glücklichsten seines Lebens gepriesen. „Sowie sie stürbe", sagte er einmal, „würde ich mich in einen Wagen setzen und davonfahren. Von einer Reise, vorzüglich aber von der wohlthätigen Zeit, die ja alles heilt, erwarte ich in solchen Fällen viel."[4]

Als Schröder 1780 wegen interner Schwierigkeiten die Direktion des Theaters am Gänsemarkt niederlegte und nach einer triumphalen Gastspielreise ein Engagement am Hofburgtheater annahm, folgte ihm seine Frau nach Wien. Dort stand das Ehepaar zuerst in Hebbels „Agnes Bernauer" gemeinsam auf der Bühne. Die Wiener Jahre wurden für Anna Christina Schröder insofern nicht ganz leicht, als sie ihrem Alter entsprechend damals ausschließlich Liebhaberinnen spielte, von deren leichten und komischen Ausprägungen das Publikum erwartete, daß sie in Wiener Mundart gesprochen wurden, so daß Anna Christina Schröder viele Rollen nicht übernehmen konnte.

1785 kam das Paar nach Hamburg zurück, wo Schröder nach einer kurzen Zeit am Altonaer Schauspielhaus erneut die Leitung des Theaters am Gänsemarkt übernahm. Seine zweite Direktionsperiode (1786–1798) war nicht mehr von dem Rang der ersten, was z.T. daran lag, daß die literarischen Verhältnisse gesunken waren. Höhepunkt im Schauspiel dieser Jahre war 1787 die Uraufführung des „Don Carlos", in der Anna Christina Schröder neben ihrem Mann als König Philipp die Elisabeth mit großem Erfolg spielte. Danach trat sie in einer Vielzahl heute kaum noch gespielter Stücke, vornehmlich in den damals sehr beliebten Unterhaltungsdramen von Kotzebue und Iffland, auf. 1795 zog sie sich aufgrund ihres angegriffenen Gesundheitszustandes vom Theater zurück. Als Schröder jedoch durch interne Querelen in Personalnot geriet, war sie sofort bereit, einzuspringen und selbst neue Rollen einzustudieren. Bis zuletzt setzte sie sich für das Schaffen ihres Mannes ein. Als in den 20er Jahren des 19. Jahrhunderts der Plan gefaßt wurde, das alte Theatergebäude durch ein neues Haus auf dem „Kalkhof" am Dammtor zu ersetzen, versuchten die Erben Schröders zunächst, einen solchen Bau zu verhindern. Anna Christina Schröder stimmte dann aber doch zu, weil die Vereinbarungen den Fortbestand einer wichtigen Hinterlassenschaft ihres Mannes, die Pensions- und Sterbekasse für alle Bühnenschaffenden, sicherten.

Am 25. Juni 1829, 13 Jahre nach dem Tod ihres Mannes, starb Anna Christina Schröder auf einem Landsitz in Rellingen bei Pinneberg, wohin sich das Ehepaar 1797 zurückgezogen hatte.   B.R.

Caroline Herzfeld (Louise Amalie Herzfeld geb. Stegmann)

*Schauspielerin und Sängerin
am Hamburger Stadttheater
von 1792 bis 1812*

Althamburgischer Gedächtnisfriedhof:
Grabplatte „Stadttheater"
geb. 1776 in Königsberg
gest. 20.9.1812 in Hamburg

Caroline Herzfeld war die Tochter und Schülerin des Schauspielers, Sängers und Komponisten Karl David Stegmann, der von 1798 bis 1811, nach der zweiten Direktionsperiode Friedrich Ludwig Schröders (siehe Portrait Anna Christina Schröder), Mitdirektor des Hamburger Stadttheaters war. Ihre Mutter war die Schauspielerin Caroline Johanne Eleonore Linzen. Auch die jüngere Schwester, Wilhelmine, (siehe Portrait Wilhelmine Schäfer) ging zur Bühne. 1792 erhielt Caroline Herzfeld zusammen mit ihr und ihren Eltern, die bereits früher am Stadttheater gespielt hatten, ebenda ein Engagement als Schauspielerin und Sängerin. Am 10. Dezember debütierte die 16jährige in einer Opernrolle, der Lina im „Rothen Käppchen" von Dittersdorf. Im selben Jahr war auch der Freund und Schüler Friedrich Ludwig Schröders, Jacob Herzfeld, der wie Karl David Stegmann 1798 Mitdirektor wurde und

ab 1815 das Haus zusammen mit Friedrich Ludwig Schmidt leitete, ans Stadttheater gekommen. Ihn heiratete die junge Schauspielerin am 26. November 1796, nachdem er zur christlichen Religion übergetreten war. Das Paar bekam sieben Kinder, der im Jahre 1800 geborene Sohn Adolf wurde auch ein bekannter Schauspieler.

Caroline Herzfeld trat bis zu ihrem Tode im Jahre 1812 in zahlreichen Rollen in klassischen Dramen, bürgerlichen Schauspielen und in Opern auf. Die Titelrolle in der Hamburger Erstaufführung der „Maria Stuart" (16.10.1801) war einer der Höhepunkte ihrer Kunst. „Schön und vollkommen",[1] nannte der Rezensent in den „Annalen des Theaters" ihre Darstellung; ihre Johanna in der Hamburger Erstaufführung der „Jungfrau von Orleans" (15.12.1801) blieb für ihn dahinter zurück. Ein Gedicht, das ebenfalls in den „Annalen" erschien, rühmt sie dagegen:

„An Madame Herzfeld, als Jungfrau von
    Orleans.

Hohen Preises würdig ist, die im weiblichen
    Busen,
Mit dem zarteren Sinn Vollkraft des Mannes
    vereint;
Und des begeisterten Dichters Gebild mit
    gleicher Begeisterung
Von der Bühne herab zeiget dem staunenden
    Volk!

Deine Töne, sie drangen erschütternd ins
    Innere des Herzens;
Füllten mit Staunen den Geist, füllten mit
    Wehmut die Brust.
Wähnend, es spräche der Gottbeseelligten eine,
    verstummte
Rings die Menge; doch schnell mächtigen
    Klanges, erscholl
Unermeßlicher Ausbruch der gränzenlosesten
    Freude:
Schaffender Geisteskraft einzig beglückender
    Lohn.
Darum achtet die Künstlerin gleich dem
    höheren Wesen,
Das vom olympischen Sitz niederes Thun
    überschaut,
Und sich bald in freundlicher Milde des Tages
    verkündet,
Bald in Wettern der Nacht Staunen und
    Ehrfurcht gebeut!"[1]

Carl August Lebrun (siehe Portrait Caroline
Lebrun) widmete der Kollegin einen Passus
in seiner Geschichte des Stadttheaters. Neben ihren künstlerischen Fähigkeiten hob er
besonders ihre bürgerlichen Tugenden hervor, die ihr die Akzeptanz bürgerlicher Kreise und den Zugang zu ihnen ermöglichte.
„Es ist hier wohl an der Stelle, der großen
Verdienste dieser Künstlerin besonders zu
gedenken, die in der Oper wie im recitieren-
den Schauspiele als eine der ersten Stützen
des Repertoires mit unermüdlicher Thätigkeit wirkte. Von der so gerechten als wohler-
worbenen Gunst des Publikums getragen,
entfaltete Mad. Herzfeld so viele Liebens-
würdigkeit als Talent, und ihre Maria Stuart,
Jungfrau von Orleans leben noch im Ge-
dächtnisse vieler Theaterfreunde, während
die häuslichen Tugenden der Künstlerin sie
zu einer der geachtetsten Mitbürgerinnen
Hamburgs erhoben. Im Kreise ihrer Kunstgenossen war sie selbst von denen geschätzt,
die nicht ohne einigen Neid auf ihre Stellung hinblickten, und eine alles besiegende
Verehrung schien so kleinliche Gefühle ge-
waltsam unterdrücken zu können." – „Seltne
Herzensgüte, Talent, Anspruchslosigkeit,
strengste Ausübung der Gatten-, Mutter- und
Hausfrauenpflichten, und freundliches, lie-
bevolles Benehmen hatten ihr von jeher die

ausschließliche Liebe und Achtung des
Hamburger Publikums gesichert."[2]

Ähnlich würdigte auch der „Orient" Caroline Herzfeld, als sie im Alter von nur 36 Jahren bei der Geburt ihres siebenten Kindes
starb: „Frau Caroline Herzfeld geb. Stegmann, starb an den Folgen einer zu frühzeiti-
gen Entbindung am 20sten September, mor-
gens um 8 $\frac{1}{2}$ Uhr. Sie ward Mutter von sieben
sie überlebenden, noch unmündigen Kin-
dern. – Sie, als Künstlerin der Stolz unserer
Bühne, war das Glück ihres sie unendlich liebenden Gatten im vollen Sinne des Wortes.
Wer sie kannte, weiß, daß auf ihrem unbeschreiblich sanften Antlitz die ganze Seelengüte lächelte, womit sie jeden, der sie sah,
freundlich erheiterte. Sie, die Frau des Direktors, sie der Liebling des alten Schröders, der
mit so vielen um sie Thränen der Wehmut
weint, war ganz frei von aller Kabale, von jeder
Sucht zu glänzen, war so ganz Resignation,
daß sie jedes Talent, was in ihrem Fache glänz-
te, mit innigem Wohlbehagen glänzen sah. In
Rücksicht eines unbestechlichen, tugendhaf-
ten Wandels war sie nicht allein allen dramatischen Künstlerinnen, sondern auch vielen
andern Damen ein gar erbauliches Muster. –
Ruhe sanft, du Gute! Am Throne der Herrlichkeit harret rein die Palme; Du bist vollendet, wir trauern! Blicke sanft lächelnd herab,
und segne uns mit der Seelenruhe, womit
Dich hienieden Gott lohnte."[3] Bei aller Sympathie für die Kollegin beurteilte Friedrich
Ludwig Schröder ihr Talent nicht so positiv,
vermutlich ein Ausdruck der Differenz zwischen Schröders Ansprüchen und denen seines Publikums, was während seiner Direkti-
onszeit auch immer wieder zu Querelen führte: In einem Brief an Herzfelds Mitdirektor
Friedrich Ludwig Schmidt anläßlich des Todes von Caroline Herzfeld heißt es: „So großen Theil ich auch an dem Tode der braven,
als Schauspielerin freilich leicht zu ersetzen-
den Frau nehme, so kam er mir, nach der
schweren Krankheit, die sie hatte, doch nicht
unerwartet."[4] Das Theater ehrte Caroline
Herzfeld am 23. September, ihrem Beerdi-
gungstag, mit einer Gedächtnisfeier auf der
Bühne.

„Gedächtnisfeyer der verewigten Caroline Herzfeld gewidmet von Friedrich Ludwig Schmidt

(Gehalten am 23.sten September, am Begräbnistage der Entschlafenen. Die Bühne war schwarz ausgeschlagen, Madame Schröder, in tiefe Trauer gehüllt, sprach folgende Stanzen:)

Ein ernst Geschäft führt mich in dieser Stunde
Auf diesen Schauplatz, sonst dem Spiel geweiht.
Vernehmet sie, die fürchterliche Kunde:
Sie ist nicht mehr, die hier euch oft erfreut!
Ein unerbittlich Schicksal schlug die Wunde,
Versenkte euch wie uns in tiefes Leid.
Drum wählt' ich euch zu Zeugen unsrer
    Schmerzen,
Ihr trugt, wie wir, die Holde ja im Herzen.
So wollen wir dann miteinander klagen,
Und laut bekennen unseren Verlust,
Ihn gegenseitig fühlen und ertragen –
Ach! Mittheilung erleichtert ja die Brust.
Der Rede Schmuck bedarf's nicht, um zu sagen,
Wie Allen hier ihr hoher Wert bewust
In ihrem frommen kindlichen Gemüthe
Vereinte sich das Bild der Lieb' und Güte.

Drum möge die Erinn'rung jetzt erneuern
Was Sie, die Unvergeßliche, uns war.
Talent und Tugend im Vereine feiern
Ihr Angedenken hier auf immerdar.
Ihr sahet in der nun verklärten Theuren
Der Tugend Bild seit Jahren hell und klar;
Saht sie im Frühling ihres schönen Lebens,
Und waret Zeuge ihres höhern Strebens.

Damals, in jener gold'nen Zeit erfreute
Das zarte Mädchen hier euch wundersam;
Und Deutschlands Garrick, unser Schröder,
    weihte
Zu ihrem Bildner sich auf ihrer Bahn.
Thaliens Spiel, des Lebens heitrer Seite,
War Sie in jenen Zeiten zugethan.
Wir seh'n sie noch, die lieblichen Gestalten,
Vor unsern Augen schöpferisch entfalten.

Und als Sie sich zur ernsten Muse wandte –
Wen rührte nicht ihr sanfter Ton und Blick?
In Schottlands Königin – O wer erkannte
In ihr nicht jener Dulderin Geschick!
Wie Sie das Kreuz andächtiglich umspannte –
Wer ruft nicht ihre Worte sich zurück:
Wohl sprach sie wahr: ,Sie hat nichts mehr auf
    Erden!
Im bessern Leben nur kann Lohn ihr werden.'

Doch haben wir dem künstlerischen Streben
Der Theuren unsern Zoll hier dargebracht,
Sey auch der Gattin und der Mutter Leben
Ein ewig Angedenken angefacht.–

O mög' ihr Geist die Waisen stets umschweben!
Und eine höhere allgüt'ge Macht,
Dem Gatten und den früh verwais'ten Kindern,
Den Schmerz, den unaussprechlichen, bald
    lindern.

So ruhe Sie denn sanft, die Engelreine,
Die Alle wir geehrt und wahr geliebt.
In ihrer Nähe lebte Keiner, Keine,
Die Sie durch eine Miene nur betrübt.
Ihr Tod – ihr Tod nur ist das einzig Eine,
Wodurch sie Kummer an uns hat verübt.
Drum stimmt ein in unsre tiefe Klage,
Die jetzt ertönt an ihrem Sarkophage.

(Hier wandte sich die Rednerin nach dem Hintergrund, der sich erhob, und die Aussicht in ein tieferes schwarzes Zimmer gewährte. Dort erblickte man den erhöhten Sarcophag mit dem Namen der verewigten und mit Blumen umwunden. Am Fuße desselben stand der Todesengel mit umgekehrter Fackel; rechts sämmtliche Damen und links sämmtliche Herren des Theaters, schwarz gekleidet. Ein feierlicher Chor, vom Doctor Romberg componiert, ertönte.)

        Chor
Flüchtig sind des Menschen Freuden,
Traum nur ist sein Glück.
Werden, Blühen, Welken, Scheiden,
Das ist sein Geschick.

(Folgende Strophen hatte der Verfasser aus Schillers Glocke entlehnt und Madame Becker sang sie solo)
Ach! die Gattin ist's die Theure,
Ach! es ist die treue Mutter,
Die der schwarze Fürst der Schatten
Wegnahm aus dem Arm des Gatten,
Aus der zarten Kinder Schaar,
Die sie blühend ihm gebahr,
Die sie an der treuen Brust
Wachsen sah mit Mutterlust –
Ach! des Hauses zarte Bande
Sind gelöst auf immerdar,
Denn sie wohnt im Schattenlande.
Die des Hauses Mutter war.
        Chor
Doch wer fromm hier ausgesäet,
Endet froh den Lauf.
Sturm und Regenzeit vergehet,
Seine Saat keimt auf.

(Hier wand sich der Vorhang sanft herab.)
Dr. Rombergs himmlische Musik, von ihm selbst dirigiert, die alle Herzen tiefergreifende Rede unserer Schröder; das sichtbare und unkünstelte Leidwesen der Leidtragenden, und jene empfindungsvolle Poesie selbst, vollendeten einen Eindruck, der Verklärten und unseres Publikums würdig, welches mit andächtiger Stille die Worte aus dem Herzen vernahm; ja viele Da-

men und Herren in den Logen waren schwarz erschienen, alle waren auf das tieffste gerührt. Eine schöne Vorstellung von Leisewitz Julius von Tarent beschloß diese höchst anständige Gedächtnisfeier.–"[3] B.R.

Wilhelmine Schäfer (geb. Stegmann)

Schauspielerin am Hamburger Stadttheater von 1792 bis 1832

Althamburgischer Gedächtnisfriedhof:
Grabplatte „Stadttheater"
geb. 1783 in Hamburg
gest. 22.7.1861 in Hamburg

Wilhelmine Schäfer war die jüngere Schwester Caroline Herzfelds (siehe Portrait). 1783 während eines Engagements der Eltern am Hamburger Stadttheater geboren, war Wilhelmine Schäfer neun Jahre alt, als die Familie 1792 nach Hamburg zurückkehrte und Eltern und Töchter am Stadttheater auftraten. 1803 heiratete sie den Schauspieler, Sänger und Regisseur Heinrich Schäfer. 1804/5 bekamen beide ein festes Engagement am Stadttheater. „Uebelwollende", berichtet Carl August Lebrun (siehe Caroline Lebrun) in seiner Geschichte des Stadttheaters,[1] wollten ihnen die verwandtschaftlichen Verhältnisse auf Kosten ihrer Fähigkeiten vorwerfen. Auffallend jedenfalls ist, daß Wilhelmine Schäfer kaum in der Literatur erwähnt wird, ihre Tätigkeit am Theater mehrfach unterbrach und sich bereits 1832 von der Bühne zurückzog. Heinrich Schäfer dagegen wird zusammen mit der gemeinsamen Tochter Karoline von Lenz-Schäfer (geb. 1808) Mitte der 20er Jahre als Publikumsliebling genannt. B.R.

Caroline Lebrun (geb. Steiger)

Schauspielerin am Hamburger Stadttheater von 1803 bis 1851

Althamburgischer Gedächtnisfriedhof:
Grabplatte „Stadttheater"
geb. 28.4.1800 in Hamburg
gest. 23.1.1886[1] in Hamburg

Caroline Lebrun war die Tochter des Regisseurs und Schauspielers Anton Steiger, der bei seinem frühen Tod am 13. April 1809 sieben unversorgte Kinder zurückließ. Da war es ein Glück, daß es damals üblich war, daß Schauspielerkinder schon in früher Jugend auf der Bühne standen. Caroline Lebrun war bereits als Dreijährige, am 24. Juni 1803, in der Rolle der Infantin Clara Eugenia in Schillers „Don Carlos" im Hamburger Stadttheater aufgetreten und fortan dessen Mitglied geblieben. Zunächst spielte sie neben ihren Schwestern Johanna und Antonia und den Töchtern der berühmten Tragödin Sophie Schröder in Komödien, die der Regisseur Friedrich Ludwig Schmidt eigens für die Kinder geschrieben hatte. Sie wuchs dann in das Fach der ersten Liebhaberin, das sie dank ihres jugendlichen Aussehens bis in die vierziger Jahre hinein überzeugend ausfüllte. Danach wechselte sie in das Fach der Anstands- und Charakterrollen. Stets erfreute sie sich dabei der außerordentlichen Gunst des Publikums.

1822 hatte die Zweiundzwanzigjährige den Schauspieler und Theaterschriftsteller Carl August Lebrun, der 1818 ans Hamburger Stadttheater geholt worden war, geheiratet. Im Jahre 1827 übernahm er zusammen mit Friedrich Ludwig Schmidt die Direktion im Neubau am Dammtor. Doch so begabt er als Schauspieler war, so wenig war er geeignet, dem Niedergang des Stadttheaters, das sich aus ökonomischen Gründen dem zunehmend am Vergnügen orientierten Publikumsgeschmack beugte, Einhalt zu gebieten. Sein Alkoholkonsum trug vermutlich mit dazu bei, daß die Achtung von Publikum und Kollegen immer weiter sank. Eine Szene, die sich in ähnlicher Form wiederholte, gibt darüber Auskunft: Als Lebrun in der Rolle des Wallen in „Stille Wasser sind tief" zu sagen hatte: „Bis alles geordnet ist, gehe ich, und trinke ein Gläschen", ertönte eine Stimme aus dem Parkett: „Nicht doch, Sie haben schon genug."[2] Zunehmend kam es bei Vorstellungen zu turbulenten Auftritten, bei denen das Publikum die Direktion auf die Bühne rief und Rechenschaft über die Leitung des Theaters auf offener Szene verlangte. 1837 war der Zustand nicht länger tragbar, Lebrun mußte abtreten, wurde aber bereits im Jahr darauf als Schauspieler zurückgerufen, weil man auf sein Talent nicht verzichten konnte. Erst vor diesem Hintergrund wird die Beschreibung des ersten Bühnenauftritts Caroline Lebruns mit ihren beiden älteren Töchtern, Louise (1822) und Antonie (1823), im Jahre 1839 recht verständlich: „am 5ten Januar machten Dem. Louise und Antoinette Lebrün als Nina und Emmy in dem Lustspiel der Frau von Weissenthurn: ‚Welche ist die Braut?' ihren ersten theatralischen Versuch, aber an diesem Abend betrat auch deren Mutter, eine allgemein verehrte Künstlerin, die Bretter wieder, von denen ein beklagenswerther Unfall sie wochenlang entfernt gehalten. Mit lautem Jubel wurde die Gefeierte von dem zahlreich versammelten Publikum begrüsst, die von diesen unverkennbaren Zeichen der Liebe und Achtung tief ergriffen ward. Nachdem während der Vorstellung fast jede Scene der Mad. Lebrün mit lautem Applaus begrüsst worden, ward sie am Schlusse einstimmig gerufen und erschien in der Mitte ihrer beiden liebenswürdigen Töchter. Mit wehmuthsvollen Worten sprach sie ihren Dank aus und empfahl ihre Töchter der ferneren Nachsicht des Publikums. Mad. Lebrün ist noch jetzt eine schöne Frau und ein sehr beliebtes Mitglied des Stadttheaters. Möge sie der Kunst und dem Publikum noch recht lange erhalten bleiben, dies ist gewiss der aufrichtige Wunsch ihrer zahlreichen Verehrer."[3]

Während zwei der Töchter, Louise und die jüngste, Julinka, sich nach der Heirat vom Theater zurückzogen, stand Caroline Lebrun bis 1851, neun Jahre nach dem Tode

ihres Mannes, auf der Bühne. Abgesehen von einigen Gastspielreisen in jüngeren Jahren zusammen mit ihrem Mann nach Bremen, Riga, Berlin und Wien, hatte sie stets am Hamburger Stadttheater und seit 1849 noch kurze Zeit am Thalia-Theater gewirkt, das mit dem Stadttheater vereinigt worden war. Die Fusion der einst führenden Bühne Deutschlands mit dem Thalia-Theater gibt Auskunft über den Zustand des Stadttheaters in jenen Jahren. Daran konnten weder Schröders Zöglinge Friedrich Ludwig Schmidt und Heinrich Schäfer noch Caroline Lebrun, die als Kind Schröder noch erlebt hatte, etwas ändern.

Wenn auf der Grabplatte „Stadttheater" nicht Caroline Lebrun, sondern der Name Johanna Marianne Lebrun steht, so handelt es sich ganz offenbar um einen Irrtum. Johanna Steiger war die Schwester Carolines, mit der sie als Kind zusammen auf der Bühne gestanden hatte. Geburtsdatum, Ehename und Ehemann aber verweisen darauf, daß hier die sehr viel bekanntere Caroline Lebrun geehrt werden sollte.   B.R.

Julie Herrmann (Juliane Caroline Louise Herrmann verh. Lutze)

Schauspielerin am Thalia-Theater von 1843 bis 1849

Althamburgischer Gedächtnisfriedhof:
Grabplatte „Thalia"
geb. 19.2.1823 in Hamburg
gest. 25.8.1889 in Hamburg

Als am 9. November 1843 Hamburgs zweite große Bühne, das Thalia-Theater, eröffnet wurde, war die junge Schauspielerin Julie Herrmann in umfangreichem Maße an der Eröffnungsvorstellung beteiligt. Zusammen mit Carl Meixner sprach sie den von A. E. Wollheim gedichteten Prolog „Alt und Neu", ein humoristisches Zwiegespräch, das die Verbindung von alter und neuer Zeit herstellte und das von solcher Naivität war, daß die junge Schauspielerin den Publikumserfolg für sich verbuchen konnte. Begeisterten Beifall erntete sie auch in einem der sich anschließenden Theaterstücke, in der Vaudeville-Posse „Köck und Guste", die in den folgenden Jahren mehrfach wiederholt wurde.

Als älteste Tochter des Stadttheaterdirektors und Schriftstellers Bernhard Anton Herrmann am 19. Februar 1823 geboren, debütierte Julie Herrmann am 1. Februar 1840, knapp 17jährig, am Hamburger Stadttheater als Gretchen in „Vorsatz". Bei der Eröffnung des Thalia-Theaters ging sie an das neue Haus, das nur deshalb hatte gegründet werden können, weil die Witwe Handje für das Winkeltheater, das sie in ihrem Gasthof Hôtel de Rome am Valentinskamp betrieb, im Jahre 1809 eine reguläre Theaterkonzession erhalten hatte, die bei ihrem Tod auf ihren Direktor, Chéri Maurice, übergegangen war, mit der Auflage, eine neue Spielstätte auf einem freien Platz zu gründen. Im Übrigen blieben theatralische Darbietungen aller Art bis zur Einführung der Gewerbefreiheit im Jahre 1869 innerhalb des Stadtgebiets aus Konkurrenzgründen verboten. Als das neuerrichtete Haus am Pferdemarkt (heute Gerhart-Hauptmann-Platz) sich schnell zu einer beliebten Bühne entwickelte, die dem Stadt-theater empfindlich Konkurrenz machte, erweiterte der Senat seine ursprüngliche Auflage, nur Lustspiele zur Aufführung zu bringen, dahingehend, daß sie höchstens zwei Akte haben durften. Diese Verordnung wurde 1861 wieder aufgehoben.

Am Erfolg des Thalia-Theaters war Julie Herrmann, die als erste Liebhaberin und Soubrette schnell zum erklärten Publikumsliebling avancierte, sicherlich nicht unbeteiligt. Sie gab ihre Bühnenlaufbahn jedoch auf, als sie 1849 den Kaufmann H. A. Lutze heiratete. Eine bürgerliche Existenz war damals mit der einer Schauspielerin kaum zu vereinbaren. So suchte sie die Möglichkeit, durch kleine schriftstellerische Arbeiten und Kompositionen dem Theater verbunden zu bleiben. Am 22. März 1873 wurde zu Kaiser Wilhelms Geburtstag auf der Bühne des Stadttheaters ein dramatisches Festgedicht von ihr aufgeführt: „Ein Sechsundsiebenziger". Als Chéri Maurice am 29. Mai 1885, zwei Tage vor Übergabe der Bühne an seinen Sohn, seinen 80sten Geburtstag mit einem Festakt im Theater feierte, saß auch Julie Herrmann in einer der Logen „und war ebenso gerührt wie der Jubilar"[1].   B.R.

Lotte Mende (Johanna Dorothea Louise Müller)

Schauspielerin am Carl-Schultze-Theater von 1864 bis 1874

Grab Nr. AD 25, 46 (Grabstelle aufgegeben)
geb. 12.10.1834 in Hamburg
gest. 5.12.1891 in Hamburg

Am 1.3.1934 schrieb das Hamburger Fremdenblatt unter dem Titel „Die ‚unvergeßliche' Künstlerin": „Auf dem Ohlsdorfer Friedhof, zwischen den Kapellen 6 und 7, liegt das Einzelgrab AD 25 Nr. 46. Der Stein trägt die kaum noch leserliche Inschrift: ‚Hier ruht die unvergeßliche Künstlerin Lotte Mende geb. Müller, gest. Dezember 1891.' Vor längeren Jahren ist einmal dem Journalisten- und Schriftstellerverein für Hamburg Altona und Umgebung ein kleines Legat zugeflossen, damit die Grabstelle regelmäßig unterhalten werden könne. Der Verein hat das Grab, das bereits verwahrlost war, mit Efeu bepflanzen lassen und bezahlt regelmäßig die Gebühr für die Unterhaltung an die Friedhofs-Verwaltung. Daran wird sich auch in Zukunft nichts ändern, obwohl das Kapital des Legats durch die Inflation verschwunden ist. Der Verein ist aber nicht in der Lage, die Kosten für eine Erneuerung der Inschrift des einfachen Grabsteins zu übernehmen."

Schon Lotte Mendes Begräbnis macht deutlich, wie schnell die Menschen vergessen. Obwohl Lotte Mende zu Lebzeiten sehr populär gewesen war: „kein Choral, keine Musik, kein Wort des Nachrufs verabschiedeten sie. Nur fünf Personen, die ihrer Künstlerlaufbahn nahegestanden, und etwa ein halbes Dutzend Freunde und Verwandte bildeten das Gefolge von der Kapelle bis zum Grabe", schrieb das Hamburger Fremdenblatt am 11.10.1934.

Über ihre Kindheit und den Weg zur Bühne schrieb Lotte Mende in einem Brief an den Verfasser des Buches „Die größten und berühmtesten deutschen Soubretten", Adolph Kohut: „1834 den 12. October wurde ich in Hamburg von armen, bürgerlichen Eltern geboren; die Idee, dem Theater anzu-

gehören, wurde mir gewissermaßen in meinen Kinderjahren von Bekannten und Nachbarn, denen ich correct und richtig vorsang, was ich in meiner Familie, die durchweg musikalisch war, aufgeschnappt hatte, beigebracht. Meine Stimme, und die Art und Weise, wie ich vortrug, veranlaßte die Leute gewöhnlich zu der Redensart, die muß mal zum Theater'. Ungefähr 15 $\frac{1}{2}$ Jahre alt, faßte ich den Entschluß, der damals in Hamburg sehr gefeierten Soubrette Lina Höfer am Thalia-Theater einen Besuch zu machen, welcher zum Zweck hatte, ihr etwas vorzusingen und um ihr Urteil zu bitten, ob ich für die Bühne fähig sei. Das geschah hinter dem Rücken meiner Eltern, und da ich selbst nicht über ein Kleid verfügen konnte, welches ich zu einer solchen Visite würdig hielt, borgte ich mir ein solches von einem 15jährigen sehr schlanken Mädchen, und ich war sehr klein und dick – ich zwängte mich aber mit aller Gewalt hinein, nahm den Rock, der zu lang, ganz kokett ein wenig in die Höhe, fand mich selbstverständlich sehr reizend, und nun hin zu Lina Höfer. Sie war liebenswürdig und nahm mich an, ich trug ihr mein Anliegen vor, sie unterdrückte ein Lächeln und sagte zu einem Herrn, welcher grade zum Besuch bei ihr war, ‚bitte, wollen Sie das junge Mädchen zu irgend einer Piece begleiten?' Und ich sang – gewiß zum großen Jubel dieser beiden Personen: ‚In der Heimat ist's so schön ec.'. Als ich zu Ende gesungen, lachten mich beide ganz ungeniert aus, ich wurde entlassen mit der Bemerkung, daß ich erst etwas älter und größer werden müsse, und dann würde es sich mit dem Theater schon von selbst machen. Angeknüpft war also mit dem Theater, und der Gedanke blieb. Ein halbes Jahr später lasen meine Eltern nachstehende Annonce in den ‚Hamburger Nachrichten': Es werden junge Damen gesucht, welche sich dem Theater widmen wollen. Meine Eltern, aufgeklärter, wie so viele andere Bürgersleute, waren mit meinem Wunsch, mich der Bühne zu widmen, einverstanden, wohl auch mit aus dem Grunde, weil gerade damals die größte Armuth bei uns herrschte, und es für meine Eltern erwünscht war, für mich einen Erwerbszweig zu finden; also, richtig genommen, ist die Noth Veranlassung geworden, daß ich Schauspielerin wurde. Jener Herr, welcher obige Annonce hatte ergehen lassen, hieß Hertzinger, in der Theaterwelt wohl bekannt. So klein und unausgebildet ich im Ganzen auch noch war, trotz meiner 16 Jahre wurde ich doch von ihm engagirt, und am 28. October im Jahre 1850 reiste ich in Begleitung meines Stiefvaters, des genannten Hertzinger, nach dem hannöverschen Städtchen Verden ab, woselbst ein gewisser Heinrich Warneke, Director einer reisenden Gesellschaft, seinen Zauber übte; er war es, der mich durch genannten H. mit einer monatlichen Gage von 8 Thalern engagirte."[1]

In dem Rollenfach der munteren Liebhaberin spielte Lotte Mende in Elberfeld, Bonn, Aachen, Köln, Düsseldorf und Altona. 1864 wurde sie, die damals noch ihren Mädchennamen Louise Müller trug, am Carl-Schultze-Theater auf Hamburg-St. Pauli engagiert, wo Hamburger Volksstücke und Lokalpossen meist in plattdeutscher Sprache aufgeführt wurden. Das 1.300 Personen Platz gebende Theater befand sich im Hofe des Grundstückes Reeperbahn 140–142, im Garten des Lokals „Joachimsthal". 1860 hatte der 29jährige Schauspieler Carl Schultze sein Theater mit einer Parodie auf die am Hamburger Stadttheater gespielte Oper „Dinoah" eröffnet. Das Stück wurde monatelang vor ausverkauftem Haus gespielt, und das Carl-Schultze-Theater erwarb sich den Ruf, ein Theater für „Humor liebende" Hanseaten zu sein. Im Laufe der Zeit avancierte das Theater zum künstlerisch bedeutendsten Komödienhaus an der Reeperbahn. Durch Gastspielreisen wurde das Theater, welches bis 1931 existierte und an dem Lotte Mende mit kurzen Unterbrechungen – sie spielte z.B. zeitweilig am Berliner Residenz-Theater – zehn Jahre lang ein festes Engagement gehabt hatte, über die Grenzen Hamburgs bekannt.

Lotte Mendes Lieblingsrollenfach war das der jugendlichen Liebhaberin. Als ihr eines Tages Carl Schultze die Rolle der komischen Alten anbot, lehnte sie empört ab. Carl Schultze schrieb darüber 1890 an Adolph Kohut: „Louise Müller war bei mir – sagen wir, da es sich um eine Dame handelt – vor einigen Jahren als jugendliche Liebhaberin engagiert, und spielte mit besonderer Vorliebe naive Rollen, für welche sie sich besonders geeignet und berufen fühlte. Ich will keine Kritik über ihre derzeitigen Leistungen fällen und bemerke nur, daß sich schon damals die Neigung bei ihr fühlbar machte, die Rollen nach ihrer Individualität – zurecht zu legen. Eines Tages wollte ich das Stück vom alten Dr. Bärman, Stadtminschen un Buurenlüüd, geben, dazu fehlte mir eine komische Alte. Nach meiner Gewohnheit, eher meine Schauspieler heranzuziehen, als ausgewählte Engagements für bestimmte Fächer zu treffen, glaubte ich nicht fehlzugehen, wenn ich Louise Müller, in der ich eine Anlage zur komischen Alten zu spüren glaubte, in ein anderes Fahrwasser zu lenken versuchte. Ich schickte ihr die plattdeutsche komische Alte in dem oben erwähnten Stück. – Die Antwort war kurz und bündig, nein, und Louise wollte durchbrennen. – Ich redete ihr zu, den Versuch zu machen, und beruhigte sie, als ihre Thränen nicht versiegen wollten, mit dem – wenn ich es so nennen darf – Citat aus irgend einem plattdeutschen Stück: Lotte, stell' di man nich so an. Empört, daß ich sie Lotte nannte, strömten ihre Thränen noch reichlicher, schließlich siegte ich, Louise studirte ihre Rolle, und führte sie unter kolossalem Beifall durch. – Von da an blieb ihr der Name ‚Lotte' und das Fach der komischen Alten. Nach ihrer Heirath mit dem Schauspieler Louis Mende führte sie noch den Namen Lotte weiter, unter welchem sie berühmt wurde."[1]

Carl Schultze und Lotte Mende traten oft zusammen auf und galten bald als das ideale Paar des Volkstheaters. „Sie rührte zu Tränen, sie riß hin zu stürmischer Heiterkeit, beides ohne Mätzchen und Übertreibung; ihre Größe lag in ihrer Schlichtheit. Und ihr Künstlertum in dem unendlichen Fleiß, mit dem sie nichts der Improvisation überließ, sondern ihre Rollen durcharbeitete, sowie in der genialen Findigkeit, durch die ihre Wirkungen daraus aufblitzten", so das Hamburger Fremdenblatt vom 11.10.1934. Und der Theaterkenner und Volksstückeschreiber Paul Möhring schrieb in seinem Buch „Im Hamburger Rampenlicht" über sie: „Unter Verzicht auf jeden Klamauk und aller possenhaften Übertreibungen gab sie ihren Figuren Lebensechtheit, Fülle und Humor und dokumentierte sich so als große Menschengestalterin."[2] Lotte Mende hatte ein großes Repertoire, spielte Rollen von der jugendlichen Liebhaberin bis zur komischen Alten und war eine Virtuosin im holsteinischen, mecklenburgischen und hamburgischen Platt.

Mit dem Dichter und ehemaligen Chemiker Julius Strinde erlebte Lotte Mende in den 70er Jahren eine Blütezeit des Hamburger Volksstückes. Julius Strinde schrieb diverse Stücke, in denen Lotte Mende brillierte. Ihren größten Erfolg feierte sie als redselige Tante Therese Grünstein in „Hamburger Leiden", das 1873 zuerst aufgeführt und über hundertmal wiederholt wurde. Der von ihr immer wieder vorgetragene Satz: „Was is mich das mit dich, mein Kind" wurde zum geflügelten Wort. Die „Hamburger Leiden" lockten nicht nur das kleinbürgerliche Publikum ins plattdeutsche Komödienhaus nach St. Pauli, sondern es standen abends auch Equipagen des Hamburger und Altonaer Großbürgertums vor dem Theatereingang.

Lotte Mende, die 1872 ihren Schauspielkollegen, den Heldenspieler Louis Mende geheiratet hatte, verließ 1874 das Carl-Schultze-Theater, nachdem dort immer weniger Lokalpossen gespielt wurden. Sie ging von 1874 bis 1875 ans Berliner Residenz-Theater, fand hier aber nicht den richtigen Wirkungskreis. So zog sie von einem Gastspiel zum anderen – nach Dresden, München, Berlin, Wien und Prag. Und auch in Hamburg gab sie Gastrollen im Wilhelm-Theater, im Varieté-Theater (später Ernst Drucker Theater, siehe Portrait Anna Simon) und im National-Theater. Der Dichter und Kritiker Fritz Mauthner schrieb über diese Jahre: „Der eigentliche Zauber ihres Plattdeutsch fesselte allmählich auch den hochdeutschen Bildungsphilister … Und dies außerordentliche, überall auch anerkannte Talent sehen wir in einem unsteten Leben von Stadt zu Stadt, von Gunst und Ungunst der Witterung und der Jahreszeiten abhängen, sehen wir angewiesen auf ein Publikum, das bei jedem neuen Gastspiel immer wieder aufs neue erobert sein will! Ich möchte wissen, ob eine solche Künstlerin heimatlos sein würde, wenn sie als Französin auf die Welt gekommen wäre. Unsere Nachbarn besitzen in ihrem Paris einen Mittelpunkt für alle Bestrebungen der Nation, eine französische Lotte Mende wäre bald die weltberühmte Zierde der Pariser Theater geworden."

Freunde wollen dann auch eine gewisse Bitterkeit an ihr wahrgenommen haben. Hinzu kam der Tod ihres Mannes, der im Frühsommer 1881 an Krebs starb. Lotte Mende hat seinen Tod nie ganz überwunden. Später bekam sie selbst Krebs und starb im Allgemeinen Krankenhaus Eppendorf.   R.B.

Charlotte Frohn (verh. Anno)

*Schauspielerin am Hamburger Stadttheater
von 1862 bis 1865*

Althamburgischer Gedächtnisfriedhof: Grabplatte „Stadttheater"
geb. 14.9.1840[1] in Hamburg
gest. 26.3.1888 in Berlin

Charlotte Frohn wird auf dem Althamburgischen Gedächtnisfriedhof als Mitglied des Stadttheaters geehrt, obwohl sie dem Ensemble nur wenige Jahre lang, von 1862 bis 1865, angehörte. Das hat vermutlich damit zu tun, daß das Stadttheater zu ihrer Zeit längst nicht mehr auf der Höhe war, die es unter Friedrich Ludwig Schröder und seinen Nachfolgern erreicht hatte, so daß ein Talent wie Charlotte Frohn, auch wenn sie nur drei Jahre blieb, aus dem lückenhaften und ungenügenden Personal herausragen mußte.

Charlotte Frohn, Tochter eines Schauspielerehepaares am Hamburger Stadttheater, wuchs unter einfachen, aber frohen Verhältnissen auf. Aufgrund eigener Neigung erhielt sie Unterricht bei dem Schauspieler Johann Christof Gloy und trat zum erstenmal Mitte der 50er Jahre des vorigen Jahrhunderts in Altona auf die Bühne. Nach einem kurzen Engagement in Danzig als jugendliche Liebhaberin ging sie ans Friedrich Wilhelmstädtische Theater nach Berlin, wo sie zwar nur kleine Rollen, dafür aber Unterricht bei Adele Peroni-Glaßbrenner bekam. Ein dreijähriges Engagement am Hamburger Stadttheater, wo sie sich als tragisch-sentimentale Liebhaberin schnell die Gunst des Publikums erwarb, folgte. 1865 ging sie ans Hoftheater in St. Petersburg und vervollkommnete ihren Ruhm. Nach drei Jahren mußte sie die geliebte Stadt jedoch aufgrund ihrer geschwächten Gesundheit verlassen. Von 1868 bis 1870 war sie am Hoftheater in Darmstadt. Die folgenden Jahre verbrachte sie ohne festes Engagement auf Gastspielreisen nach Reval, Königsberg, Hamburg, München, Darmstadt, Augsburg, Bremen, Frankfurt, Mainz, Wiesbaden, Amsterdam, Rotterdam, Leyden, Köln, Düsseldorf, Aachen, Krefeld, Würzburg, Detmold und Graz. Nach einem sensationellen Erfolg im Wiener Carltheater als Clotilde in „Fernande von Sardou" gab sie ein längeres Gastspiel am deutschen Theater in Pest u.a. als Maria Stuart und als Gretchen. 1873 ging sie zurück nach Petersburg, wo sie 1878 ihren Kollegen Anton Anno heiratete. Nach einem gemeinsamen Aufenthalt in Dresden von 1880 bis 1884 zog das Paar nach Berlin, wo Anton Anno die Direktion des Residenz-Theaters übernahm. Seine Frau wurde nicht nur Mitglied des Ensembles, sondern auch seine Beraterin. Am 26. März 1888 verstarb sie infolge einer geringfügigen Verletzung am Finger überraschend an einer Blutvergiftung. Ihre Leiche wurde nach Hamburg in das Familiengrab überführt.   B.R.

Clara Horn (Clara Maria Amalie Horn)

Schauspielerin am Thalia-Theater
von 1875 bis 1884

Althamburgischer Gedächtnisfriedhof:
Grabplatte „Thalia"
geb. 6.11.1852 in Berlin
gest. 3.7.1884 in Hamburg

„Mein erster Schritt oder Sprung auf die Bretter geschah in der Rolle eines kleinen Grenadiers in dem Ballett ‚Der Geburtstag'. Es ‚schwebt' mir noch lebhaft vor, wie Se. Excellenz der Herr General-Intendant von Hülsen in wirklich höchsteigener Person uns achtundzwanzig kleinen ‚Ratten' wie, zu meinem größten Bedauern, der technische Ausdruck lautet, mit eiserner Strenge den Grenadiermarsch einstudirte. Man denke! Achtundzwanzig Rat– das Wort will mir nicht über die Feder, sagen wir Rangen, das klingt weicher. Wieviel Geduld braucht man nicht oft schon im Verkehr mit einer einzigen solchen Naturerscheinung, und nun gar 28! Indeß, Herr von Hülsen hat diese, wie seitdem gewiß noch manche andere Geduldprobe glücklich überstanden, – und auch ich bin mit heiler Haut davon gekommen, trotzdem mein linkes Nebenmädchen mir jedes Mal beim Präsentiren des Gewehres mit demselben einen Schlag auf die Schulter versetzte, so daß mir das Exercitium nachgerade höchst ungemütlich wurde. Zum Glück wurde sie von der angestrebten Carriere sehr bald wieder aufgegeben, so daß weiteres Unglück verhütet wurde; ich aber marschirte und hüpfte lustig weiter, bis ich eines Tages den kühnen Sprung vom Tanzboden auf den Boden des Schauspiels executirte."[1]

Mit viel Humor erzählt Clara Horn hier von den Anfängen ihrer Theaterlaufbahn. Der Besuch einer Kindervorstellung mit Tanz brachte alles ins Rollen. Seitdem wollte die Neunjährige unbedingt tanzen lernen. Die Eltern, bürgerliche Leute, Inhaber einer Mobilienhandlung in der Friedrichstraße in Berlin, gaben dem Drängen der Tochter nach und ließen sie auf der Königlichen Ballettschule ausbilden. Bereits nach einem Jahr wurde die kleine Clara ins Kinderballett aufgenommen. Doch dann lockte das Schauspiel. Clara Horn erhielt Unterricht bei der Schauspielerin Minona Frieb-Blumauer und hatte 1873 ihren ersten Auftritt im Königlichen Schauspielhaus. Da der Anfängerin hier jedoch nur kleine Rollen angeboten wurden, ging sie für ein Jahr nach Danzig, um ein wenig Routine zu bekommen. Danach verschaffte die Empfehlung ihrer Lehrerin ihr zunächst ein Gastspiel, dann ein Engagement am Thalia-Theater in Hamburg. Die folgende kleine Anekdote zeigt, wie sehr Clara Horn damals noch der Übung und Erfahrung bedurfte: Als sie sich kurz vor ihrem Gastspiel mit Fieber ins Bett legte, schickte man den Arzt Dr. Engel-Reimers zu ihr. Ein Blick genügte: „Sie haben wirklich Fieber, mein Fräulein, aber es ist nur ein unschuldiges Lampenfieber, für das freilich kein Kräutlein gewachsen ist. Sie müssen sich einfach tüchtig zusammennehmen."[1]

Clara Horn folgte seinem Rat und bestand mit ihrer kleinen Rolle vor Publikum und Kritikern. Ihren ersten echten Erfolg hatte sie als Fifi in dem Lustspiel „Die Augen der Liebe" von Wilhelmine von Hillern, der

Tochter der damals überall gespielten Charlotte Birch-Pfeiffer. Über Nacht war der Name Clara Horn bzw. Fifi, wie ihre Kolleginnen und Kollegen sie fortan nannten, in Hamburg in aller Munde. Schnell avancierte sie zum Publikumsliebling schlechthin.

Einer ihrer Verehrer, Harbert Harberts, schrieb in einem biographischen Abriß, mit dem er der flüchtigen Kunst der Schauspielerin ein Denkmal setzen wollte: „Wenn auf der Bühne der Frohsinn sein rosenrotes Scepter schwang, dann concentrirte sich zumeist unser Interesse auf eine Gestalt und sie war der Magnet, dem die Herzen zuflogen. Der Magnet hieß Clara Horn. Jedes Wort, das in so gewinnender Schalkhaftigkeit, in so köstlichem Mutwillen von ihren Lippen perlte; die reizende Natürlichkeit, mit der sie jede Bewegung, jede Geste ihres Spiels ausführte, nahm uns gefangen und sicherte Stürme des Beifalls, die sie allabendlich zu ernten pflegte. Sie war im besten und schönsten Sinne des Wortes unser Liebling.“[1] Aber nicht nur das Publikum, auch die Kritiker waren bezaubert von der jungen Schauspielerin. Ein Journal rühmte: „Man darf kühnlich behaupten, daß Clara Horn in ihrem Genre unerreicht dasteht. Ihr Lachen und Weinen ist unübertrefflich und von bezaubernder Wahrheit, ihr eigenthümlich trockener und doch so liebenswürdiger Humor übt eine magische Wirkung auf die Zuschauer aus; Alles an ihren Leistungen athmet Anmuth und Heiterkeit, nirgendwo läßt sich eine Absichtlichkeit, ein Haschen nach gewöhnlichem Theatereffect entdecken, mit einem Worte: Clara Horn ist eine echte Künstlerin, die mit Recht die reichen Ovationen verdient, welche ihr von allen Seiten dargebracht werden, ein echtes Kind der heiteren Muse Thalia, deren Schwestern die Wiege des Pathchens mit herrlichen Gaben überschütteten“[1]

Als Clara Horn sich ins ernste Fach vorwagte, scheiterte sie. Ihre Domäne war der Backfisch, der ins Weibliche übersetzte dumme Junge, der damals in zahlreichen Lustspielen und Possen vorkam, und sie war nach einigen mißglückten Versuchen klug genug, ihre Grenzen nicht mehr zu überschreiten.

Das Jahr 1882 war für Clara Horn in doppelter Hinsicht ein ganz besonderes. In diesem Jahr begegnete sie den zwei Männern, die wenig gemein, aber für sie und ihr Leben eine große Bedeutung hatten: dem Kaiser und ihrem künftigen Bräutigam.

Kaiser Wilhelm II. hatte Clara Horn schon als kleines Kind verehrt. Sein Bild, das der Bruder des Kaisers der kleinen Ballettrange geschenkt hatte, hing gerahmt in ihrem Zimmer. Zum Kaisergeburtstag beschloß die Zwölfjährige zusammen mit ihrer älteren Schwester Julie, ihn bei seiner Spazierfahrt durch den Tiergarten zu erwarten und ihm ein Blumenbouquet in die Kutsche zu werfen. Da der Kaiser an diesem Tag jedoch einen neuen Weg für seine Ausfahrt gewählt hatte, warteten die beiden Mädchen vergeblich, und es blieb ihnen nichts anderes übrig, als das Bouquet durch einen Dienstmann ins Schloß schicken zu lassen. Am nächsten Tag erschien der Kaiser persönlich im Theater, bedankte sich bei Clara und bat scherzend um ein neues Bouquet. Fortan schickte Clara Horn dem Kaiser zu jedem Geburtstag Blumen und illuminierte ihre Fenster. Nun, im Sommer 1882, sollte sie ihm bei einem Gastspiel in Bad Ems erneut begegnen. Er zeigte sich entzückt von ihrem Spiel und ließ ihr ein kostbares Armband überbringen. Als man sich am nächsten Tag auf der Promenade traf, plauderte man angeregt.

Dem zweiten bedeutenden Mann ihres Lebens begegnete sie auf der Insel Norderney. Hier traf Clara Horn, die äußerst beliebt war und in Kreisen verkehrte, die sonst über ihresgleichen die Nase rümpften, den begüterten Guts- und Mühlenbesitzer Josef Daubeck aus der Umgebung von Brünlitz in Böhmen. Die beiden verliebten sich ineinander, zu Ostern 1884 fand die offizielle Verlobung statt, im Mai, bei Saisonende, wollte Clara Horn ihren Abschied von der Bühne nehmen und im Monat darauf ihren Bräutigam heiraten. Doch es kam anders.

Am 13. Mai 1884 brach Clara Horn nach Schluß der Vorstellung zusammen. Die offizielle Diagnose: Gelenkrheumatismus.

Die ganze Stadt nahm rührenden Anteil an dem Schicksal der jungen Schauspielerin. Täglich brachten die Zeitungen Meldungen über ihr Befinden, die Menschen strömten in ihr Haus am Pferdemarkt (heute Gerhart-Hauptmann-Platz), um sich selbst nach ihrem Zustand zu erkundigen. Als sie sieben Wochen nach diesem Zusammenbruch starb, blieb die offizielle Version eines Gelenkleidens bestehen. Daß die wahre Todesursache wohl im Zusammenhang mit der Geburt eines Kindes stand, zeigt ein Eintrag in das Ohlsdorfer Grabregister, wo der Tod eines Sohnes der Schauspielerin Clara Horn am 17. Juni 1884 nach nur einer Stunde Lebenszeit vermerkt ist.

Nach einer Trauerfeier, die einer Fürstin zur Ehre gereicht hätte, wurde Clara Horn auf dem Jakobi-Friedhof beigesetzt. Josef Daubeck ließ einen großen Grabstein mit einem Bronzerelief anfertigen, das einen Engel mit umgedrehter Fackel zeigt. Er ist heute noch an der alten Stelle zu finden, obwohl der Friedhof längst aufgelassen ist – im öffentlich zugänglichen Jakobipark. In seinem Haus umgab sich Josef Daubeck mit allen verfügbaren Bildern von seiner Braut, die er in Lebensgröße hatte ausführen lassen.   B.R.

Katharina Klafsky (gesch. Liebermann verw. Greve verh. Lohse)

Opernsängerin

Grab Nr. X 5, 408–409
geb. 19.9.1855 in St. Johann/Ungarn
gest. 22.9.1896 in Hamburg

Auf dem Ohlsdorfer Friedhof liegt ein umgefallener Stein, auf dem nur „Katharina" steht – sonst nichts. Kein Geburts- und Sterbedatum, kein Nachname. So war es von Katharina Klafsky gewollt.

Sie wurde am 19. September 1855 in dem deutsch-ungarischen Dorf St. Johann als Tochter eines Flickschusters geboren. Schon als Kind fiel sie durch ihre besondere stimmliche Begabung auf und sang ab dem achten Lebensjahr im Kirchenchor. Eine Gesangsausbildung konnten ihre Eltern jedoch nicht bezahlen. Nach dem Tod ihrer Mutter im Jahre 1870 und der Wiederverheiratung ihres Vaters verließ Katharina Klafsky ihr Heimatdorf. Es war für sie zu Hause noch enger geworden. Sie zog nach Sopron (Oedenburg) und weiter nach Wien. Ihr Wunsch war es zu singen. Aber da sie weder Geld hatte noch einflußreiche Menschen kannte, blieb ihr nichts anderes übrig, als zuerst einmal als Kindermädchen zu arbeiten. Ihrem Dienstherrn fiel ihre Begabung auf. Er schickte sie 1873 zu einem Organisten, der sie nach kurzer Ausbildung an den Direktor der „Komischen Oper" in Wien empfahl, wo sie eine Anstellung als Choristin für 30 Gulden im Monat bekam. Auch in Wien fiel Katharina Klafsky auf. Der Konzertmeister vermittelte sie an Mathilde Marchesi, die später zur bedeutendsten Gesangspädagogin des 19. Jahrhunderts werden sollte. Die Kosten für die Ausbildung wurden durch Spenden von „hohen Persönlichkeiten" getragen.

Nach knapp zwei Jahren brach Katharina Klafsky die Ausbildung jedoch ab. Freunde müssen ihr eingeredet haben, sie habe einen solchen „Schulzwang" nicht nötig, und sie war naiv genug, das zu glauben. Doch schnell bereute sie diesen Schritt, denn anders als ihr vorgegaukelt, fand sie kein Engagement als Solistin und mußte weiterhin als Choristin tätig sein. Am Salzburger Stadttheater hatte sie erste kleinere Erfolge, zum ersten Mal wurde auch die Öffentlichkeit auf sie aufmerksam. Doch wieder brach sie ab, was sich langsam zu entwickeln begann. Sie heiratete den Kaufmann Liebermann und zog mit ihm nach Leipzig, wo sie zwei Söhne gebar. Da die Ehe jedoch nicht glücklich verlief, trennte sich das Ehepaar (später kam es zur Scheidung), und Katharina Klafsky nahm wieder ein Engagement an der Oper an. Am Leipziger Stadttheater, dessen Operndirektor zu jener Zeit Angelo Neumann war, sang sie im Chor und übernahm kleinere Rollen, bei „bescheidener Gage". Wiederum stellten sich kleine Erfolge ein, so daß sie hin und wieder auch größere Aufgaben bekam. Am 8. September 1879 sang sie ihre erste große Rolle in einer Operette, am 22. Oktober 1879 ihre erste große Wagnerpartie, die Venus in „Tannhäuser". Eine Wagnersängerin war geboren. Angelo Neumann schreibt später: „Katharina Klafsky ist in Leipzig von mir als Anfängerin eingeführt und eine jener jungen Kräfte, die ich mir nach und nach herangezogen habe."[1]

Als er im Sommer 1882 ein Tournee-Ensemble gründete, um Wagners „Ring der Nibelungen" in ganz Europa aufzuführen, nahm er auch Katharina Klafsky mit, die inzwischen Studien bei Joseph Sucher und Friedrich Rebling absolviert hatte. Sie sang vornehmlich kleinere Rollen, nur ausnahmsweise bekam sie auch einmal eine größere Partie wie in Danzig, als Neumann völlig überraschenderweise sie anstelle der damals weltberühmten Therese Vogl mit der Rolle der Sieglinde betraute.

Während einer Tournee durch Italien im Mai 1883 erkrankte Katharina Klafsky an einer schweren Venenentzündung und Malaria. Nach vier Monaten erst wurde sie aus dem Krankenhaus in Turin entlassen. Obwohl noch schonungsbedürftig, mußte sie aus finanziellen Gründen schnell wieder arbeiten. Für die Spielzeit 1883/84 nahm sie bereits ein Engagement bei Angelo Neumann an, der inzwischen Direktor am Bremer Stadttheater geworden war. Vorher reiste sie nach Leipzig, um ihre Kinder abzuholen, die dort in Pflege waren.

Auch in Bremen war sie nur für mittlere Rollen vorgesehen, zumal man ihr nach der langen Krankheit keine großen Rollen zutraute. Doch durch den Tod der Primadonna Hedwig Reicher-Kindermann und Mißerfolge anderer Kolleginnen erhielt sie die Chance, große Partien zu singen. Ihre Leonore in Beethovens „Fidelio" wurde ein Riesenerfolg – der Durchbruch war geschafft. Sie arbeitete jetzt ohne jede Rücksicht auf sich und ihre Stimme:

„Das körperliche Befinden der Klafsky war übrigens im Winter 1884/85 von der bedeutenden Anstrengung, eine ganze Reihe großer Partien neu zu studieren, zahllosen Proben beizuwohnen und daneben an sechzig Abenden die schwersten und angreifendsten Rollen zu bewältigen, doch recht ungünstig beeinflußt worden; auch stimmlich machte sich vereinzelt eine besorgniserregende Ermüdung geltend. Vor allem war die rastlos Strebende, wie sie ihrem zur Vorsicht mahnenden Lehrer, Paul Geisler, später eingestand, ,rasend nervös' geworden".[1] Bei ihrem ersten Auftritt in Berlin im März 1885 erfüllte sie die Erwartungen ihrer Zuhörer dann auch so wenig, daß weitere schon verabredete Gastspiele dort nur auf inständiges Bitten ihres Lehrers zustande kamen. Doch bald muß Katharina Klafsky sich wieder gefangen haben. Bei Gastspielen in Hamburg und Wien wurde sie kurz darauf stürmisch gefeiert und „als eine reine, zum höchsten berufne, mit den größten Mitteln ausgestattete und reichbegabte Künstlernatur"[1] anerkannt. Von ihrer Isolde, die sie im Hamburger Stadttheater am 5. Mai 1885 zum ersten Mal sang, hieß es im „Hamburger Fremdenblatt": „Die Isolde der Frau Klafsky repräsentiert diese reine Menschlichkeit, das nur ihrem glühenden Empfinden gehorchende Weib in jedem Zuge, ohne jemals in der Darstellung oder musikalisch die Grenze der Schönheitslinie zu überschreiten."[1]

1886 nahm Katharina Klafsky ein festes Engagement am Hamburger Stadttheater an (siehe dazu Portrait Anna Christina Schröder) und blieb hier mit Unterbrechungen bis zu ihrem Tode. 1887 heiratete sie den Bariton Franz Greve, der ebenfalls zum Ensemble des Stadttheaters gehörte. Mit ihm hatte sie eine Tochter.

Die Hamburger Zeit war geprägt von zahlreichen großen Erfolgen am eigenen Haus und bei Gastspielen in Berlin, Köln, Stuttgart, Wien, Paris, London und St. Petersburg. Sie sang nicht nur an Opernhäusern, sondern trat auch in Konzertsälen und bei Musikfesten auf. Am 12. Mai 1892 starb Franz Greve. 1895 heiratete Katharina Klafsky ihren dritten Mann, den Kapellmeister am Hamburger Stadttheater, Otto Lohse. Im gleichen Jahr brach sie ihren Vertrag mit dem Stadttheater und verließ Hamburg für eine ausgedehnte Tournee durch die USA. Ihr erster Auftritt fand am 12. November 1895 in Cincinnati statt, Katharina Klafsky sang die Brünnhilde in der „Walküre". Als nächste Station folgte Chicago. Nach überaus erfolgreichen Auftritten in mehr als 20 Städten der USA endete die Tournee im März 1896 mit mehreren Abenden in New York.

Nach ihrer Rückkehr nach Hamburg traf sie mit dem Stadttheater ein Arrangement, das ihr erlaubte, einen Teil der Saison in Hamburg, den anderen in den USA zu verbringen. Doch das sollte sie nicht mehr ausschöpfen können. Am Abend des 11. September 1896, als sie wieder einmal die Leonore im „Fidelio" gesungen hatte, bekam sie heftige Beschwerden – eine Gehirngeschwulst, die sie sich vermutlich in den USA zugezogen hatte, als sie gegen eine Tischplatte gefallen war. Katharina Klafsky starb am 22. September 1896 an den Folgen der Operation. Sie war erst 41 Jahre alt und auf der Höhe ihrer gesanglichen Fähigkeiten.

Die Bestattung fand am 25. September 1896 auf dem Ohlsdorfer Friedhof statt. Mehrere tausend Menschen nahmen an der Beerdigung teil. Der Vorplatz des Friedhofes

und der ganze Weg bis zur Kapelle 2 sollen so überfüllt gewesen sein, daß der Trauerzug kaum hindurchkommen konnte. Katharina Klafsky hatte alles bühnenreif inszeniert: Im Gewand der reinen, der „heiligen" Elisabeth aus dem letzten Akt von Wagners „Tannhäuser" ließ sie sich in der Grabstätte ihres zweiten Mannes Franz Greve beisetzen. Das Orchester des Stadttheaters spielte den Chor „O Isis und Osiris" aus Mozarts „Zauberflöte", in dem die Priesterversammlung die Erwartung ausspricht, daß der Prinz Tamino bald der Eingeweihten würdig sein werde. Die Hoffnung und der Wunsch auf Entsühnung und Erlösung mögen die Beweggründe für Katharina Klafskys letzten Willen gewesen sein.

Ob sie bei ihrer Entscheidung für die Elisabeth wohl daran gedacht hatte, daß das Pendant, die Venus, ihre erste große Rolle auf der Bühne gewesen war?

Stefan Sedlmair/B.R.

Martha Hachmann-Zipser (Minna Martha Maria Hachmann-Zipser)

Schauspielerin am Deutschen Schauspielhaus von 1900 bis 1940

Grab Nr. X 27, 217
geb. 11.12.1864 in Schmiedeberg/Schlesien
gest. 30.12.1940 in Hamburg

Als im Jahre 1900 das Deutsche Schauspielhaus in der Kirchenallee gegründet wurde, um das Theatermonopol Bernhard Pollinis zu brechen, der die drei führenden Bühnen – Hamburger Stadttheater, Thalia-Theater, Altonaer Stadttheater – in seiner Hand vereinigte und sie ausschließlich unter dem Gesichtspunkt größtmöglichen Profits führte, berief der erste Direktor des neuen Theaters, Alfred von Berger, den Regisseur Cord Hachmann nach Hamburg. Mit ihm kam seine Frau, die Schauspielerin Martha Hachmann-Zipser, die bereits erfolgreiche Bühnenjahre hinter sich hatte.

Den Anfang ihrer Theaterlaufbahn beschreibt Martha Hachmann-Zipser folgendermaßen: „Ich bin nicht, wie so viele meiner Kolleginnen und Kollegen heimlich dem Elternhause entlaufen, um auf die Bühne zu kommen, noch habe ich verborgen Rollen gelernt mit der stillen Sehnsucht, endlich das Ziel meiner Wünsche zu erreichen, sondern ich bin auf ganz natürliche Weise zum Theater gekommen. Eines Tages, ich war noch nicht ganz 15 Jahre alt, hatte meine Mutter einen Vertrag unterschrieben, der sie für komische Alte und Mütterrollen und mich für das Fach der jugendlichen Liebhaberin dem Direktor Paul in Torgau verpflichtete. Unterricht hatte ich natürlich nie gehabt, aber die Rollen meines Fachs kannte ich alle; denn als ich kaum lesen konnte, durfte ich ja schon meiner Mutter ihre Rollen abhören, und so habe ich mit dem Lesen sogleich auch das Theaterspielen gelernt." So freute sich Martha Hachmann-Zipser, als sie kurz nach ihrer Ankunft in Torgau in der Eröffnungsvorstellung als Preziosa einspringen sollte. In Windeseile besorgte sie sich ein Kostüm – damals mußten die Schauspieler die Kostüme selber stellen – und repetierte die halbe Nacht ihre Rolle: „ … am nächsten Morgen stand ich dann als Preziosa auf der Bühne. Der Kapellmeister saß an seinem Pult und im Orchester war die Regimentskapelle der Garnison versammelt. Die Probe ging leidlich gut, bis auf das Melodram. Unkundig, wie ich war, hatte ich meinen Text ad libitum zur Musik heruntergesprochen. Der Kapellmeister klopfte ab und machte mühsame Anstrengungen, mir den Rhythmus und die Fermaten beizubringen. Allein der Wettkampf war aussichtslos. Der Kapellmeister schrie mich an, wie ich es wagen könnte, diese Rolle zu übernehmen, wenn ich keine Ahnung von der Musik hätte; das Orchester wurde nach Hause geschickt und durch den Machtspruch des Direktors mußte der Kapellmeister am Klavier mit mir Note für Note des Melodrams durchsingen.

Am nächsten Abend war die feierliche Eröffnung des Theaters in Torgau. Die Vorstellung verlief ohne Störung. Als nach dem großen Gesang des Chors Preziosa auf den Schultern der Zigeuner abgetragen wurde, applau-

dierte das Publikum der Debütantin freundlich nach. Beglückt, von Hoffnungen selig geschwellt, sank ich meiner Mutter in die Arme. Damals glaubte ich, das Publikum hätte aus Begeisterung für meine Leistung applaudiert, später allerdings wagte ich zu zweifeln und glaube, daß es wohl Mitleid war, was das Publikum zu dieser Regung veranlaßte." [1]

„Glücklicher Beginn" nannte Martha Hachmann-Zipser diese Darstellung, und glücklich entwickelte sich ihre weitere Bühnenlaufbahn. Nach Engagements an größeren und kleineren deutschen Stadttheatern kam Martha Hachmann-Zipser 1887 ans Residenz-Theater in Berlin, wo sie 1888 in einer Sondervorstellung von Ibsens „Wildente" (Uraufführung) mit großem Erfolg die Hedwig spielte. In der Folgezeit half sie mit ihrer Darstellung manches zeitgenössische Werk in der öffentlichen Meinung durchzusetzen und erntete den Dank der Autoren. Nach der Aufführung der „Wildente" kam Ibsen selbst auf die Bühne, um ihr für ihre Leistung seine Anerkennung auszusprechen, und Gerhart Hauptmann, dessen Hannele in „Hanneles Himmelfahrt" zu ihren Lieblingsrollen gehörte, widmete der Künstlerin Verse.

Martha Hachmann-Zipser machte Gastspielreisen durch Deutschland und Österreich-Ungarn, trat in New York auf und spielte an fast allen Berliner Bühnen (Neues Theater, Deutsches Theater, Theater des Westens, Schillertheater). In Berlin lernte sie auch ihren späteren Ehemann, ihren Kollegen Cord Hachmann, kennen. 1900 folgte sie ihrem schwer nervenkranken Mann, den Berger mit den Worten „Ein kranker Löwe ist mir lieber als ein gesunder Esel" verpflichtet hatte, nach Hamburg. Obwohl sie sich ganz in den Dienst ihres Mannes stellte, ihn aufgrund seines Gesundheitszustandes zu allen seinen Proben begleitete, fand sie auch noch die Kraft, ihre eigene Karriere zu verfolgen. Als sie in Hamburg keine rechten Aufgaben auf ihrem eigentlichen Gebiet fand, wagte sie den kühnen Sprung vom Rollenfach der Naiven in das der Alten. Hatte sie im Alter von 23 Jahren die vierzehnjährige Hedwig in Ibsens „Wildente" überzeugend verkörpert, so spielte die junge, blühende Frau jetzt alte Frauen, bald dämonisch, bald mütterlich-gütig. Die Mutter Aase in Ibsens „Peer Gynt" gehört zu ihren großen Erfolgen.

Anläßlich ihres 70sten Geburtstags wurde Martha Hachmann-Zipser in einem Festakt im Schauspielhaus vom Senat zur Hamburgischen Staatsschauspielerin ernannt, was um so bemerkenswerter ist, als dieser Titel zum erstenmal vergeben wurde. Das Schauspielhaus verlieh ihr die Ehrenmitgliedschaft und den Ehrenring, und zum 75. Geburtstag bekam sie einen lebenslänglichen Vertrag.

Der Theaterkritiker René Drommert schrieb anläßlich ihres 75. Geburtstags in einer Hommage an „Unsere Martha Hachmann-Zipser": „Ja, sie hat neben den Tugenden des Alters, neben der weisen Herzlichkeit und ihrem schalkhaften Humor, noch deutliche Zeichen der Jugend, noch Skepsis und Kritik und auch noch ein ganz klein wenig Eitelkeit, die ihrer schlichten Würde zuweilen einen so charmanten Reiz gibt. Sie ist jung. Als ob die Erfahrungen, die das Leben und die Kunst brachten, nur dazu gedient hätten, sie freier, unbeschwerter und heiterer zu machen."[2]

Fast 40 Jahre, bis kurz vor ihrem Tode, stand Martha Hachmann-Zipser auf der Bühne des Schauspielhauses: „Wenn man nicht mehr spielt, dann ist man alt."[2] B.R.

Karli Bozenhard (Karoline Bozenhard geb. Hücker)

Schauspielerin am Thalia-Theater von 1889 bis 1930 und von 1941 bis 1943

Grab Nr. Q 5, 148
geb. 11.6.1866 in Wien
gest. 1.2.1945

Der Name Bozenhard ist aus der Geschichte des Thalia-Theaters nicht wegzudenken. Über 40 Jahre gehörten Albert und Karli Bozenhard dem Ensemble des Thalia-Theaters an, hier lernten sie sich kennen und standen oft gemeinsam auf der Bühne, wobei allerdings Albert Bozenhard der talentiertere von beiden war und sich zudem einer ungewöhnlichen Beliebtheit beim Publikum erfreute.

Ihren Werdegang soll die gebürtige Wienerin im folgenden selbst erzählen, da ihre Worte viel von ihrer frischen und volkstümlichen Art und Begabung verraten: „Ich bin wie jeder Mensch geboren, und zwar in Wien, im Josefstädter Theater, somit ein richtig gehendes (d.h. gehend erst nach 11 Monaten) Theaterkind; mein Vater war am k. k. priv. Theater in der Josefstadt Hausinspektor, und ich war das, verzeihen Sie, zwölfte aber dafür auch das letzte Kind meiner Eltern, gerade gewachsen, nicht häßlich, nicht schüchtern – und schon mit 2 $\frac{1}{2}$ Jahren spielte ich meine erste Rolle, einen Ritter in dem Kindermärchen „Der verzauberte Apfelbaum"; mit 5 Jahren sang ich schon Couplets, spielte alle Hauptrollen in den Kindervorstellungen und war in meinem 7. und 8. Jahr gleichzeitig an drei Wiener Bühnen engagiert. Es kam einmal vor, daß ich an einem Abend an allen drei Theatern spielte, im Josefstädter den kleinen Hamlet in „Therese Krones", im Burgtheater das blutige Kind in „Macbeth" und im Carltheater den kleinen Gottlieb in „Mein Leopold" – immerzu im

Fiaker hin und her – es war ein richtiges „Geriß" um die kleine Hücker. Später reiste ich dann als sogenanntes Wunderkind mit Soloszenen und Vorträgen und erspielte mir ein kleines Vermögen; Nicht wie andere Kinder mit Puppen und Spielzeug verbrachte ich meine Jugend – mein Tummelplatz war immer das Theater! Trotzdem war ich eine Muster- und Vorzugsschülerin und durfte nach einer Extraprüfung die Schule ein Jahr früher verlassen – um gastieren zu können. Als erwachsener Mensch blieb mir nichts erspart in meiner Laufbahn, ich habe die Misere des Meerschweinchens (sprich: Schmiere) kennengelernt und könnte darüber Dramen und Humoresken schreiben – vielleicht tue ich's auch noch. Dann kamen zwei herrliche Jahre mit dem Münchener Ensemble unter Max Hofpauer – das waren fortwährend Triumphzüge. Von da weg war wieder einmal das „Geriß" um mich; Maurice engagierte mich für das Hamburger Thalia-Theater, gleichzeitig wollte mich Anno für das königliche Schauspiel in Berlin, und Förster vom Wiener Burgtheater bot Maurice eine Entschädigung, wenn er mich freiließ, aber Maurice bestand auf meinem Kommen und – ich bin froh – denn wie hätte ich sonst meinen Mann gekriegt? Was ich in den 28 Jahren meines Hamburger Wirkens teils gut, teils weniger gut, teils schlecht gemacht – ich weiß es nicht. Als ich herkam waren es die Louisen, Galottis und Heros, später die Anzengruber-Jungfrauen, noch später die Röss'l-Wirtin, dann Gina (Wildente) und jetzt sind's die melierten, grauen und weißköpfigen guten und bösen Mütter – aber nur auf den Brettern –, sonst fühle ich mich noch wie in der Zeit meiner Wunderkindreisen, von denen ich immer noch meinem Mann erzählen muß." [1]

Diesem autobiographischen Text aus dem Jahre 1917 ist nur noch hinzuzufügen, daß Karli Bozenhard anläßlich ihres 40. Bühnenjubiläums, 1929, als erste Frau am Thalia-Theater zum Ehrenmitglied ernannt wurde. 1930 trat das Ehepaar Bozenhard in den Ruhestand und verließ die Stadt, um sich in Stuttgart niederzulassen. Am 13. Januar 1939

starb Albert Bozenhard. Seine Frau kehrte nach Hamburg zurück und trat von 1941 bis 1943 erneut am Thalia-Theater auf.   B.R.

Annie Kalmar (Anna Kaldwasser)

Schauspielerin am Deutschen Schauspielhaus von 1900 bis 1901

Grab Nr. J 9, 70
geb. 14.9.1877 in Frankfurt am Main
gest. 2.5.1901 in Hamburg

Annie Kalmar starb bereits im Alter von 23 Jahren an Schwindsucht, an der Krankheit, die schon im 18. Jahrhundert als Ausdruck psychischer Leiden auftrat. Die eigentliche Todesursache sieht der Wiener Schriftsteller und Herausgeber der „Fackel", Karl Kraus, dann auch in der Indolenz von Publikum und Kritikern gegenüber der Begabung Annie Kalmars: „Drei Wochen später starb die junge Schauspielerin, an Nichtachtung des Talents, die sicherlich hier wie so oft die letzte Ursache allen physischen Ruins war." [1]

Über Annie Kalmars Herkunft und Jugend ist nichts herauszufinden. Nach ersten Auftritten an kleinen Bühnen ging sie nach Wien und nahm Unterricht bei Rosa Keller-Frauenthal. 1895 erhielt sie ein Engagement am Deutschen Volkstheater. Doch weder Publikum noch Kritiker erkannten ihr Talent, sie sahen in ihr nur die schöne, anmutige Frau, an deren Anblick man sich delektierte. Empört prangerte Karl Kraus im April 1899 in der „Fackel" diesen Sachverhalt an: „Von den Darstellern des ‚Schlafwagencontrolor' ist außer Girardi nur das Fräulein Annie Kalmar zu erwähnen. Sie, die Herrlichste von Allen, wird von Publicum und Kritik immerzu noch als die ‚Solodame' pur sang, als Ausstattungsgegenstand des Theaters behandelt. Vermuthlich auch von der Direction, die nur allzu selten der feinen und graciösen Art der Dame größeren Spielraum gewährt. Ihre Schönheit steht ihr hinderlich im Wege. Wenn sie, wie in ‚Biberpelz', ‚Les Amants', ‚Unser Käthchen' und jetzt wieder in der Bisson'schen Novität eine wirkliche und ungemein natürliche Humorbegabung erweist, so scheinen dies die Leute, geblendet von ihrem Anblick, gar nicht zu merken. Die Direction sollte das Publicum endlich der schon pensionsfähigen Anmuth der Frau Odilon entwöhnen und einen Theil ihrer Agenden dem Fräulein Kalmar übertragen." [1] In der nächsten Ausgabe der „Fackel", Ende April 1899, nahm er das Thema noch einmal auf: „Das Ensemble des ‚Deutschen Volkstheaters' verwahrlost zusehends. Man denke sich Frau Odilon als Märchenkönigin. … Frl. Annie Kalmar erwies sich in der langen Erzählung des ersten Actes als die beste, weil einzige Sprecherin dieses Theaters. Ich habe jüngst Frl. Kalmar als vornehmes, natürliches, besserer Beschäftigung würdiges Talent zu loben mich erkühnt. Dies verhalf mir zu dem Anblicke etlicher breit grinsender Gesichter, und gewisse Leute konnten es nicht fassen, dass eine Schauspielerin, deren von Gott und der Direction gegebenes Amt es wäre, ‚bloß schön' zu sein, am Ende auch Begabung zeigen könne. Herrn v. Bukovics mag es freilich unbequem sein, wenn er ei-

ner Dame, die er ausschließlich als Augenweide für ein Stammpublicum von Lebemännern engagiert hat, allmählich auch Rollen wird zutheilen müssen; ich aber pflege mir aus grinsenden Gesichtern nichts zu machen." [1]

Annie Kalmar hatte Karl Kraus bereits für sein erstes Eintreten für sie gedankt. Am 22. April 1899 schrieb sie an ihn:

„Sehr geehrter Herr;

Mir wurde vor kurzem die ‚Fackel' eingeschrieben übersendet und ich fand darin Ihren Artikel über mich. Ich muß Ihnen meinen aufrichtigen Dank aussprechen, daß Sie in Ihrem hochintelligenten Werke meiner gedachten.

Sie sind der erste und einzige Journalist, der mich zu verstehen scheint. Seit Jahr und Tag ist mir meine Stellung, ein Schau- und Ausstattungsstück für minderwertige französische Komödien zu sein, zuwider und oft und oft versuchte ich, mich legal der lästigen Fessel, dem 5 jähr. Contracte, den ich als unerfahrenes 17 jähr. Mädchen unterschrieb, zu entledigen. Aber der Cartellverein, diese moderne Vehme, die für Ihre geistvolle Feder reif ist, legt mir eiserne Fußschellen an.

Mir fehlt es nicht an ehrenvollen Anträgen für erste Stellungen an ersten Bühnen – ich mußte refüsieren! Ab und zu versuchte ich mich in der Provinz in classischen Rollen, wie Goethe's Gretchen, mit großem Erfolg, um dann wieder hier künstlerische Frohndienste zu leisten, die mich unglücklich machen und meine besten Jahre unnütz vergeuden.

Sofort verschaffte ich mir Ihr erstes Heft und war ergötzt über Ihre geistreiche Satire auf den Paradies-‚Dichter‘, diesen Gelegenheits Harle kin. Es ist jedes Wort wahr und ehrlich, bedeutend und geistreich, was ich da las, und werde ich in Zukunft eine eifrige Leserin Ihrer Schrift sein.

Empfangen Sie meinen anerkennungsvollen Dank für Ihre Äußerung über mich, die ich um so höher schätze, als sie aus ganz reiner Quelle fließt, da ich nicht persönlich in irgendwelchen Beziehungen zu Ihnen stehe.

Ihr kühnes und vornehmes Beginnen begleiten alle meine Glückwünsche, und füge ich diesen meinen hochachtungsvollen Gruß unbekannter Weise an! Annie Kalmar"[2]

Persönlich lernten Annie Kalmar und Karl Kraus sich erst nach Abschluß der Theatersaison im Jahre 1900 kennen, als Annie Kalmar das Volkstheater verlassen und einen Vertrag für das neueröffnete Deutsche Schauspielhaus in Hamburg unter Alfred von Berger hatte. Er besuchte sie täglich im Sanatorium Purkersdorf bei Wien, wo sie den Sommer über ihre angegriffene Gesundheit zu kräftigen suchte, um sich auf das neue Engagement vorzubereiten. Doch schon ihre erste bedeutende Rolle am Schauspielhaus im November 1900, die Maria Stuart, mußte sie kurz vor der Premiere aus gesundheitlichen Gründen absagen. Trotz sorgfältiger Pflege erholte sie sich nicht mehr. Sie starb am 2. Mai 1901. Die Todesnachricht erreichte Karl Kraus, der sie alle zehn Tage in Hamburg besuchte, auf dem Weg zu ihr in Berlin.

Für Karl Kraus war die Begegnung mit Annie Kalmar offenbar von lebenslanger Bedeutung. Über zwanzig Jahre nach ihrem Tod, im Jahre 1924, widmete er ihr sein „Traumtheater", ein Spiel in einem Akt, in dem er den Dichter auf die Frage, wie lange er die Schauspielerin kenne, antworten läßt: „Seit jeher. Ich kannte eine, die mir für alle das Einssein des Weibes mit der Schauspielerin, die Übereinstimmung ihrer Verwandlungen, die Bühnenhaftigkeit einer Anmut, die zu jeder Laune ein Gesicht stellt, zum Bewußtsein gebracht hat. Sie ging den Schick-

salsweg aller zeitwidrigen Urkraft."[3]

Und anläßlich ihres 30. Todestages erschien in der „Fackel" das folgende Gedicht und das hier abgebildete Photo von Annie Kalmar:

Annie Kalmar
gestorben in Hamburg am 2. Mai 1901
(Aus „Worte in Versen" IX)

Sie schwand dahin, daß man ihr Bild ersehne.
Mit ihrer süßen Stimme brach ein Stern,
unirdisch mild, und klang so hoch und fern.
In ihrem Aug war alle Erdenwonne.

Als ob es gestern war, daß eine Sonne
hinging in Nacht, noch gnadet sie dem Blick,
und einen Schimmer ließ sie ihm zurück,
die Abschied in die Dunkelheit genommen.

Wie war Natur an jenem Tag beklommen,
da sie den heißen Atem aus der Not
befreite und so still zu stehn gebot
dem Herzen, das sich an ihr selbst verbrannte.

Wie sich die Schöpfung in dem Bild erkannte,
so brannte sie danach, zurückzunehmen
das Wunderwerk aus einer Welt von Schemen,
um es erbarmungsvoller zu umarmen.

Denn Lust ist ohne Dank, und ohn Erbarmen
vernichtet sie die Schönheit, ihr gespendet,
erstickt den Glanz, der Menschliches geblendet,
und kehrt befriedigt in die Niederungen.

Mir ist ein Lied von irgendwann verklungen,
ein Himmelskörper hat mit letzter Gnade
beschienen diese dunklen Erdenpfade,
und jenem Glück erwies ich Dank und Denken.

Und immer wieder will es hin mich lenken,
wo es gelandet, nah bei einem Hafen,
und herbstlich war's, bald wird die Welt
    entschlafen,
und krank erklang die Stimme der Sirene.

Und wie ich mich in ferne Tage wähne,
so ist's, als ob's Antonias Stimme sei,
sie schwand dahin mir bis zum Tag des Mai,
und alle Pracht versank für eine Träne.[1]

Aber auch auf einen anderen Schriftsteller übte Annie Kalmar eine besondere Anziehungskraft aus, den Wiener Dichter Peter Altenberg, der das Wesen und die Begabung Annie Kalmars ebenfalls verstand und das ihr geschehene Unrecht anprangerte. Unter der Überschrift „Wie Genies sterben" veröffentlichte Karl Kraus den folgenden Brief von ihm, der zugleich eine provokante These zur männlichen und weiblichen Genialität enthält, die hier aber nicht weiter erörtert werden kann:

Lieber Karl Kraus!

Ich unterschätze manche der Uebel nicht, die Ihre Feder bekämpft. Doch sind sie alle greifbar, an den einzelnen Repräsentanten kenntlich, und der ahnungslose Wanderer zwischen socialen Klüften ist gewarnt.

Aber fassen wir einmal die Gesellschaft, der all Ihr Hassen gilt, dort an, wo sie ihre furchtbare Macht in täglichem Zerstörungswerk bethätigt, wo sie nicht materielle und geistige Werte corrumpiert, sondern der Allgemeinheit das Beste, Tiefste und Nothwendigste, was diese hat, entzieht: den genialen, vollkommenen Menschen, diese Ausnahme aller Ausnahmen auf Erden, in die Welt gesetzt, um alle Anderen aus ihren Alltäglichkeiten zu reißen und ihnen einen unausgeführten Plan Gottes endlich in seiner letzten Vollendung zu zeigen!

Denken Sie sich, böse, egoistische Menschen hätten Beethoven in seinem dreiundzwanzigsten Jahre ermordet, körperlich und seelisch in Fetzen gerissen, zugrunde gerichtet ... Er durfte aber leben, zum Wohle der Menschheit, weil er als Mann seine heilige Organisation vor Schaden bewahren konnte. Sie wissen, dass es meine vom ‚Normalmenschen‘ als krankhafte Schrulle verspottete Lebensanschauung ist, der geistigen Genialität des Mannes die ästhetische Genialität der Frau vollkommen gleich zu stellen und ebenso die Wirkungen dieser auf die Schar derjenigen, die in Unzulänglichkeiten dahinzuvegetieren verurtheilt sind. So wie sich die gesammte Menschheit gleichsam zu unerhörten Mütterlichkeiten, Zartheiten und Rücksichten organisiert dem geistigen Genie gegenüber, so hat sie dieselben zärtlichen und mütterlichen Betreuungspflichten gegen dieses gottähnliche Wesen ‚schöne und anmuthreiche Frau‘!

Was ich hier schreibe, ist Grabschrift und Anklageschrift.

Die schönste, genialste, sanfteste, kindlichste Frau, die wie ein Gnadenschenk des Schicksals in diese hintrauernde Welt der Unvollkommenheiten gesendet ward, hat sterben müssen. Das Licht von Anmuth und süßer Menschlichkeit, das von ihr ausgieng, wurde nicht – oder zu spät – von treuen, zärtlichen, brüderlichen, väterlichen Händen erhalten; die schändliche, feige Satanskralle infamer Lebenskünstler durfte die Lichtvolle in die dunklen Abgründe reißen. Im labilen Gleichgewichte einer künstlerischen Persönlichkeit, brauchte sie desto dringender an jedem Tage und zu jeder Stunde tausend und abertausend selbstlose Helfer und Betreuer! Statt ihrer findet eine solche Ahnungslose, Unbewusste, an Abgründen ewig Heitere – Meuchelmörder, von sich selbst und mit ihrem eigenen bösen Reichthum gedungen! Sie bleiben immer wach, wachend über ihr eigenes Wohl, ewig bewusst, bewusst ihrer schurkischen Lüste, während die Kindliche, unbewacht, unbewusst, zum Opfer wird. –

————

Ist denn nie in diesen grausamen Augenblicken ein väterliches Wort, eine freundschaftliche Geberde da? Nirgends ein Weiser, der mahnend seine Stimme erhebt, nirgends ein Guter, der eine Betäubte auf starkem Ritterarm von hinnen trüge?

Alle Künstler, alle Adelmenschen sollten trauern ob solcher Mordthat.

Die Zerstörerkräfte des geselligen Wien hatten ihre Wirkung gethan, und es konnte dem künstlerischen Edelmann in der Fremde nicht mehr glücken, eine Begabung zu jenen Höhen zu geleiten, auf welchen ihrer die Verkörperung einer Adelheid, Rahel und Katharina harrte ...

Fern der Stadt, welche sie als Künstlerin nie erkannt, sondern zum schönen Schaustück für alle, so da unwürdig sind, zu schauen, erniedrigt hat, ist sie, dreiundzwanzig Jahre alt, gestorben. Und die Stadt, die sie nie verstand und nie erkannte, wusste ihr nichts anderes nachzurufen, ihr, der allen Künstlermenschen Theuersten, als eine schäbige Berechnung der angeblich von ihr ‚gesammelten‘, also zusammmengescharrten Juwelen. Nun, der Inhalt dieser Schmuck-Notizen war erfunden und einer Lebensführung angepasst, die die ihre nicht war und nicht sein konnte und die dem gütigen Naturell fernlag, das nicht zum Sammeln, nur zum Verlieren geschaffen war!

Wie merkwürdig, oh verblendete irregeleitete Welt! Alles Edelrassige, Exceptionelle hütest du sonst mit tausend Vorsichten und Kräften, hegst zitternd Sorge um aussterbende Bisons im Lithauerwalde, um Pferd und Hund und ihre Rein-Erhaltung. Nur für dieses zarte gebrechliche Wesen ‚genial-schöne Frau‘ hat die Erde keine Sorgfalt! Es vergehe, werde zerstört und sterbe hin!

————

Lieber Karl, ich habe diese Grab- und Anklageschrift Ihnen eingehändigt, weil Sie allein – es war in den ersten Heften der ‚Fackel‘ – die Erkenntnis fanden, dass diese Edle, Helle, Kindliche mehr sei als ‚Augenweide für ein Stammpublicum von Lebemännern‘.

Sie starb in Schönheit – das heißt, unter der völligen Theilnahmslosigkeit der betheiligten Mörderkreise.

Annie Kalmar, ruhe in Frieden!

Peter Altenberg, Wien im Juni 1911

Die Wiener Presse dagegen verfolgte Annie Kalmar bis über ihren Tod hinaus mit Verleumdungen, die sie aufgrund der Ehrenbeleidigungsklage, die Annie Kalmars Mutter zum Schutze des Andenkens ihrer Tochter beim Wiener Landesgericht einbrachte, öffentlich widerrufen mußten. Karl Kraus griff auch diesen Vorgang in der „Fackel" auf und verknüpfte die Darstellung des Falles mit der Forderung nach einer Reform des Pressewesens. Zu den Artikeln der „Wiener Caricaturen" und des „Neuen Wiener Journals" über Annie Kalmar schrieb er: „Die Betrachtungsweise der beiden Herren unterschied sich nur in einem Punkte. Das ‚Witzblatt' wartete den Tod des Fräuleins Kalmar ab, um, gestützt auf die in der ganzen Ehrenpresse damals verbreitete Lüge über den Schmuckreichthum, den die Künstlerin hinterlassen haben sollte, ein paar dreckige Bemerkungen anzubringen. Ein Hamburger Rechtsanwalt berichtigte eines von den vielen Blättern, die da geglaubt hatten, die Kunde von dem Juwelennachlaß einer Schauspielerin der Oeffentlichkeit nicht vorenthalten zu dürfen: in der ‚Arbeiter-Zeitung' vom 18. Juni 1901 sah man den Millionenschmuck der Reporterphantasie zu einem Gesamtvermögen von 15.000 Mark zusammenschrumpfen. Die Glosse der ‚Wiener Caricaturen' war nicht zu berichtigen; sie konnte nur mit der Hundepeitsche oder mit dem Strafparagraphen beantwortet werden. Der Chroniqueur des ‚Neuen Wiener Journal' aber aspirierte schon vor dem Tode der Künstlerin auf eine der beiden Behandlungsarten. Er scheute sich nicht, am 13. April 1901 in die Reihe der schmackhaften Untertitel, die den Inhalt der samstäglichen Rubrik ‚Hinter den Coulissen' verlockend machen, die Worte aufzunehmen: ‚Die Kalmar im Sterben', und er erörterte unter dieser ‚pikanten' Spitzmarke, wie, wo und warum sich dieses Sterben vollziehe. Die Gemeinheit des Inhaltes war hier vielleicht noch von der Niedrigkeit übertroffen, die den Zeitpunkt der Publication so passend gewählt hatte."[1]

Sowenig wie Karl Kraus mit dem Platz einverstanden war, den man Annie Kalmar im Leben zugewiesen hatte, so wenig war er es offenbar mit dem auf dem Ohlsdorfer Friedhof. Über ihre Umbettung schreibt Alfred von Berger am 15. Dezember 1903:

„Hochverehrter Herr Kraus!

Soeben kehre ich von der Umlegung der irdischen Reste unserer armen Annie Kalmar zurück und berichte Ihnen darüber, die Finger noch steif von der ausgestandenen Kälte. Die tote Annie hat diesen Akt posthumer Treue still über sich ergehen lassen, wie sie in ihrem Leben zu ihrem Unglück fast alles mit sich geschehen ließ. Ich hatte gehofft, daß außer mir Fräulein Balling und Detlev von Liliencron der Ceremonie beiwohnen würden. Das wäre ein sinniges Leichengefolge gewesen: eine Hetäre, ein Dichter und ein Theaterdirektor. Wenn noch Sie dabeigewesen wären, der noch die Tote so liebt, wie der dritte Bursch in Uhlands Lied der Wirtin Töchterlein, so hätte die Szene selbst, auch ohne Worte und Reime, ein Gedicht gegeben, wie es kein Moderner besser machen könnte. Leider war ich allein dabei, aber der Theaterdirektor vereinigt ja in sich etwas von den drei Typen, die fehlten. Als ich Morgens nach Ohlsdorf fuhr, bedeckte eine dünne Schneeschicht die Erde; sie löste sich aber bald in braunen Koth. Auf der Fahrt fiel mir weiter draußen in Barmbeck ein kleines Haus auf, über dessen Thüre zwei Inschriften in großen Lettern zu lesen waren. Sie lauteten: „Die Kunst schafft Seligkeiten" und „Die Weisheit ist das Glück".

Auf dem Friedhof erfuhr ich, daß der Sarg schon in's neue Grab übertragen ist und um zehn Uhr versenkt werden soll. Ich fand das Grab nicht gleich, und ein Arbeiter, dem ich den Friedhofzettel vorwies, sagte mir: Dort hinter dem Rosengarten. Annie hat nun einen schönen Platz, von Fichten und Föhren umstanden. Der Aufseher sagte: er hat den ganzen Tag Sonne. Das heißt, er würde sie haben, wenn die Sonne schiene. Der Sarg schwebte auf Seilen und Brettern über der tiefen Grube. Den Metallgriffen und der schwarzen Holztruhe, die den Metallsarg umschließt, war's anzumerken, daß die Erde schon energisch begonnen hat, diesen zarten Bissen zu verdauen. Auf dem Metallschilde am Kopfende der Truhe las ich den Namen Annie's. Wir warteten einige Minuten, dann wurde der Sarg hinabgesenkt. Er stand ein klein wenig schief, worauf ihn der Aufseher zurechtrücken liess. Ich warf drei Schaufeln Erde hinab, auch in Ihrem Namen; sie schlugen dumpf und hohl auf die bauchige Holztruhe auf. Der Aufseher meinte, die Verwesung sei noch nicht ganz vollendet, und wenn die Leiche nicht in einem Metallsarg steckte, würde Verwesungsgeruch zu verspüren sein. Ich erwartete, etwas wie die Kirchhofszene in ‚Hamlet' werde nun folgen, aber der Aufseher brach, während drei Arbeiter das Grab zuschaufelten, mit einem ‚Guten Morgen, mein Herr' rasch ab. Ich gab jedem der Arbeiter eine Mark und ging. Die tiefe Stille auf dem Friedhof that mir wohl, und ich wäre gerne länger geblieben, aber ich mußte zur Probe. Das Monument wird heute Nachmittags aufgestellt. Seine Stücke lagen und lehnten neben dem Grab. Annie's Marmorantlitz [Karl Kraus hatte durch den Wiener Bildhauer Richard Tautenhayn ein Grabmal aus Gravensreuther Syenit mit einem Flachrelief aus Laaser Marmor und einem Rosenornament aus gelbem Unterberger Marmor erstellen lassen mit der Aufschrift: ‚Anni Kalmar / 14. September 1877 / 2. Mai 1901 / Ihrem Andenken gewidmet von / Karl Kraus] sah ihrer Umbestattung lieblich lächelnd zu. Mit diesem holden Bilde schließe ich diesen traurigen Bericht.

Mit herzlichen Grüßen

Ihr Berger."[2]

Der Dichter Detlev von Liliencron besuchte das Grab der Schauspielerin häufig. Am 30. Dezember 1903 berichtete er nach Wien:

„Lieber Karl Kraus,

heut Morgen war ich in Ohlsdorf. Es war ein fürchterlicher Hamburger Nebeltag. Der „gelbe" Nebel. Auf dem Friedhof war kein Mensch. Kein Sarg wurde getragen. So daß es schien, als gäb es keine Gestorbenen mehr. Und auch keine Lebenden mehr.
Ich weilte lange an dem lieben Grabe. Das Relief ist herrlich. Es lagen eine Menge Kränze davor. Und noch so frisch, als wenn sie erst einige Tage gelegen hätten. Ich senkte zwei frische Rosen darauf. Eine von Ihnen und eine von mir. Und sende Ihnen von Ihrer Rose einige Blätter in diesem Briefe. Rosenblätter der Liebe. Das Grab liegt still und an ernster Stelle. Hinter ihm ist ein großer Blumenplatz, den man erst durchschreiten muß. – – – Ihr alter   Detlev Liliencron."[2]

B.R.

Mirjam Horwitz (verh. Ziegel-Horwitz)

*Schauspielerin, Regisseurin und
Prinzipalin der Hamburger Kammerspiele
am Besenbinderhof*

Grab Nr. P 7, 13
geb. 15.6.1882 in Berlin
gest. 26.9.1967 in Lütjensee

„Mein ganzes Leben war Theater", konstatierte Mirjam Horwitz rückblickend, wobei für sie und ihren Mann Erich Ziegel Theater nicht die abgesicherte Existenz der pensionsberechtigten Staatsschauspielerin oder des pensionsberechtigten Staatsschauspielers bedeutete, sondern ein Leben in bedingungslosem Einsatz für die Sache: „Und wenn ich uns nun rückblickend betrachte, so muß ich feststellen: nie lag uns etwas an der Sicherheit. Immer aber daran, so zu leben, wie es für uns richtig war. Die letzten 30 Jahre waren ja immer und immer wieder ein mutiges Einsetzen für eine Sache und nie für die Bequemlichkeit des Alters."[1]

Begonnen hatte für Mirjam Horwitz alles in Berlin als Schauspielschülerin von Max Reinhardt, der einen nie erlöschenden Einfluß auf ihr Werden und Wirken hatte. Er war es auch, der das junge Mädchen eines Tages mit ins Café „Monopol" am Bahnhof Friedrichstraße nahm und sie damit in die Berliner Boheme einführte, in der sie bald so heimisch werden sollte, daß sie sich aktiv an deren Leben beteiligte: „Da ich ja etwas singen gelernt hatte, zog mich auch das Kabarett sehr an. Zunächst waren es ja richtige Bohemeniederlassungen. Wenn man gerade die nicht großen Auslagen ersetzt bekam, genügte es einem vollkommen. Fast an allen Tischen hatte man Bekannte sitzen, es war reizend. Man sprang auf das Podium und sang sich und den Zuschauern eins. Nicht etwa geschminkt oder köstlich gekleidet, i Gott bewahre. … Maler, die sangen, Bildhauer, die rezitierten, waren keine Seltenheit – damals. Auch verirrte sich hie und da ein richtiger Dichter zu uns. Der kletterte dann auf das Nudelbrett, zog ein Packen zerknitterter Papiere aus der Tasche. Ein Bündel

Gedichte sozusagen. Und las einige davon vor. Rückblickend ist mir immer wieder etwas Besonderes für die damalige Zeit bezeichnend: Es gab keine wie immer geartete, na sagen wir: Unanständigkeiten. Es war alles heiter-harmlos, und auch die Politik hatte wenig Raum.

Wolzogen mit etwas müder Locke, in Biedermeier, rezitierte. Die Gattin Elsa Laura sang Volkslieder zur Laute, und man sollte es nicht für möglich halten: der verruchte, damals wirklich schöne Mann, Hans-Heinz Ewers, trat auf, auch im Biedermeier-Frack. Und sprach seine Verse. Die Dichter: Otto Julius Bierbaum, Wolzogen, Rideamus, Brennert, sie alle tauchten auf und wieder unter. In einer Ecke saß eine merkwürdige junge Frau. Ganz verspielt, mit irgendwelchen kleinen Dingen beschäftigt, Perlen, Steinchen, Muscheln, bunte geschliffene Glasstückchen. Damit unterhielt sie sich und baute sich dort wohl ihre bunte Welt. Else Lasker-Schüler. Die Frau eines damals berühmten Hautarztes und die Schwägerin des Schachweltmeisters! – Natürlich sprach man auch über ihre Dichtungen. Und dann: Peter Hille. Der Zarteste der Zarten. Der wirklich ganz in sich versponnen war und sich um Geld und wie diese unangenehmen Dinge sonst noch heißen mögen nicht kümmerte. So konnte es geschehen, daß er tot auf einer Bank auf einer Vorortstation gefunden wurde! Der ewige Wanderer – der nur die menschliche Seele suchte, und sie wohl nie fand! – [1]

Mirjam Horwitz mußte diese bunte Welt verlassen, als sie ein erstes Engagement in Lüneburg erhielt. Aber auch hier ging das heitere, verrückte Leben weiter. Ihr Eindruck der sechs Lüneburger Monate: „Jugend! Das bedeutete Begeisterung, Überschwang, Arbeitslust, aber auch Ausgelassenheit, Übermut, Lausbübereien! Oh was haben wir für Unfug getrieben, wie haben wir die Stadt auf den Kopf gestellt und die Bürger erschreckt, nach altem Muster: épatez le bourgeois!"[1] Ein Engagement am Schillertheater in Berlin, wo sie auch ihren späteren Mann, Erich Ziegel, kennenlernte, schloß sich an. Als der ebenfalls am Schillertheater

verpflichteten Liesl Gussmann wegen ihres angegriffenen Gesundheitszustandes Schonung verordnet wurde, kündigten die beiden Freundinnen kurzerhand ihre Verträge und fuhren nach Bukow in die Mark Brandenburg. Erich Ziegel und der Freund Liesl Gussmanns mieteten sich in der Nähe ein. „O – wie konnten wir lachen – singen – fröhlich – ja sogar sehr verrückt sein."[1] Liesl Gussmann war es auch, die Mirjam Horwitz nach Wien einlud, wo sie wieder in Künstlerkreisen landete. Sie lernte die Schriftsteller Egon Friedell, Alfred Polgar, Peter Altenberg, Karl Kraus, Hugo von Hofmannsthal, Richard Beer-Hofmann und Hermann Bahr kennen. Am meisten aber beeindruckte sie die Begegnung mit Arthur Schnitzler: „Wie bereichert fuhr ich damals von Wien heim. Meine Augen blickten anders in die Welt, meine Ohren vernahmen neue Töne. Ich hatte durch ihn die Stille entdeckt. ... Das Wort aus seinem köstlichen Einakter ‚Der Puppenspieler' geht mir oft durch den Sinn, wenn ich meine Mitstreiter in dem Lebenskampf betrachte: ‚Wir spielen Alle, wer es weiß, ist klug!'"[1]

Als Erich Ziegel für vier Sommer das Breslauer Sommertheater übernahm, weil er dort selbst Regie führen und moderne Autoren aufführen konnte, ging Mirjam Horwitz mit. Die Rolle der Nora neben Albert Bassermann zählt sie zu ihren größten Erlebnissen: „Das war wohl die merkwürdigste Probenzeit. Ich ging – ich lief – ich sang – ich sprach – ich wurde Nora. Es waren ja nur wenige Proben mit IHM. Was aber Erich Ziegel da mit mir als Regisseur erarbeitet hat – es ist unvorstellbar."[1] In Breslau übernahm sie auch ihre erste Charakterrolle: die ältliche und häßliche Berta Launhardt: „Die Presse hob mich – etwas überschwenglich – in den Himmel. Gerade weil ich eben so jung und so niedlich war. Es wurde als Opfer gepriesen. Diese Rolle hat mich ein Leben lang begleitet, zuletzt 1950 mit 52 Jahren in Wien. Leider mußte ich keine Maske mehr machen."[1]

In den Wintern übernahm Mirjam Horwitz Verpflichtungen in Berlin oder ging auf Tourneen nach Belgien, Holland und Luxemburg. Wenn sie zurückkam, waren „Hund, Gatte, Eltern zufrieden, stellten nur ein wenig klagend fest, daß ich nie genug bekommen konnte. Was damals auch, ich gestehe es ein, der Fall war."[1]

1913 ging Erich Ziegel an die Münchner Kammerspiele. Als sich aus dem ursprünglich geplanten Gastspiel die Möglichkeit der Übernahme der Theaterleitung entwickelte, zögerte seine Frau, die in Berlin unter Oskar Meßter Filme drehte, nur kurz. Dann entschied sie sich trotz der Warnung Meßters, daß sie eine große Filmkarriere verspiele, für ihren Mann, ein Entschluß, den sie niemals bereute; vielleicht weil es dem Ehepaar Ziegel zeitlebens gelang, sich gegenseitig zu fördern, sich an dem Erfolg des anderen zu freuen und sich nicht als Konkurrenten zu betrachten. Ein Beispiel für diese Haltung sind Mirjam Horwitz' Worte über Ziegels Eröffnungsvorstellung – Strindbergs „Kameraden" – an den Münchner Kammerspielen: „Es war ein triumphaler Erfolg für ihn. Wir waren obenauf. Ich natürlich nur durch ihn und mit ihm; darüber war ich mir ganz klar. Aber schon als Anfängerin hatte er mir immer Mut gemacht. Dieser feste Glauben an mein Können gab mir Kraft, so daß ich mich an schwierige Aufgaben getraute."[1] Und Erich Ziegel dankte rückblickend öffentlich seiner Frau, „deren unerschütterlicher Glaube an meine Sendung, deren leidenschaftliche, nie erlahmende Kraft mir immer wieder über Perioden der Schwäche und Verzagtheit hinweggeholfen haben."[1]

In der Nähe von München mietete das Ehepaar ein Haus: „Mein erster Garten. Mir Städterin erschloß sich das Glück, das Werden beobachten zu können."[1] Als es jedoch Differenzen um die Gagen gab, der Aufsichtsrat sich weigerte, die bei Kriegsausbruch freiwillig reduzierten Gagen wieder in vollem Umfang zu zahlen, als die Einnahmen es längst erlaubten, kündigten Mirjam Horwitz und Erich Ziegel kurzerhand ihre Verträge auf und gingen im Jahre 1916 nach Hamburg; sie mit einem Vertrag für das Schauspielhaus, er mit einem für das Thalia-Theater, wo er auch als Regisseur arbeiten sollte. Da das Thalia-Theater zu jener Zeit mit seinen langjährigen Mitgliedern wie dem Ehepaar Bozenhard (siehe Portrait Karli Bozenhard) und dem Ehepaar Leudesdorff (siehe Portrait Philine Leudesdorff-Tormin) eine so eingespielte Truppe war, daß sich im Grunde nichts entwickeln konnte, wechselte Erich Ziegel nach wenigen Monaten ans Schauspielhaus zu Max Grube. Aber auch hier traf er auf ein festgefügtes Ensemble. Alle Versuche, etwas Neues anzuregen, schlugen fehl, so daß in dem Ehepaar Ziegel-Horwitz die Idee reifte, eine neue Bühne in der Art der Münchner Kammerspiele zu gründen. In der Silvesternacht 1917/18 fassen sie auf dem Heimweg von Freunden auf der Lombardsbrücke den Entschluß, das Unternehmen gegen alle widrigen Umstände wie Krieg und die ungünstige Lage des einzigen in Frage kommenden Theaters, des früheren Tivoli-Theaters am Besenbinderhof, zu wagen. Kurz vor der Eröffnung der Hamburger Kammerspiele veröffentlichte Erich Ziegel den folgenden Text, in dem er seine Beweggründe und Ziele offenlegt: „Die Gründung einer modernen Bühne in dieser Zeit wird nur gerechtfertigt durch das reine Bestreben, gegen Trostlosigkeit und Zerstörung die erweckenden Stimmen neuer Gläubigkeit und Lebensbejahung zu führen. Tiefste Notwendigkeit muß solche Gründung jedem Einsichtsvollen erscheinen, der weiß, nirgends sei Deutschlands Zukunftsberechtigung fester verankert als in dem Geist der heranwachsenden Generation.

Der neuen Kunst, den Baumeistern der Zukunft muß Stätte und Gehör bereitet werden. Das sittliche Verantwortungsgefühl, die brennende Tatbereitschaft, von denen die Besten unserer Zeit befeuert sind, müssen auf die Allgemeinheit überströmen.

Nur eine Bühne, die ohne jedes Zugeständnis an Seichtheit und fades Unterhaltungsbedürfnis in jedem Augenblick ihrer hohen Mission eingedenk bleibt, kann solche Kulturarbeit leisten. Die Hamburger Kammerspiele wollen nach Maßgabe moderner Inszenierungsmöglichkeit der neuen Kunst den adäquaten Ausdruck schaffen. Dekorationen, die sich auf einfache Eindringlichkeit beschränken, eine Regie, die bei leidenschaftlicher Betonung des Wesentlichen das Seelische farbiger entfaltet, eine Darstellungskunst, die nach restloser Gestaltung drängt, kurz, der Versuch, das Geistige rein auszulösen, sollen das Gepräge der Aufführungen bestimmen. In kritischer Sonderung wird der Bühne vor allem jene jugendliche Schauspielkunst dienstbar gemacht werden, die wirklich Instrument ist und Gefäß der Zeit."[2]

Am 30. August 1918 wurden die Hamburger Kammerspiele mit einer Frank-Wedekind-Woche zum Gedächtnis des am 9. März 1918 verstorbenen Dichters eröffnet: „Keine offizielle Stelle nahm damals von uns Notiz. Nur mein Mann stand da oben, sprach diesen geistreichen, funkelnden Prolog von Arthur Sakheim und unsere Herzen zersprangen beinahe vor Glück, Aufregung, Hoffen und Bangen. Aber es hat sich gelohnt. Es hat sich mehr gelohnt, als wir es je zu hoffen wagten"[3], erinnert sich Mirjam Horwitz in einem Brief an den Theaterkritiker Paul Theodor Hoff-

mann.[3] Trotz ständiger Schwierigkeiten und Kämpfe waren die Hamburger Kammerspiele bald eine der lebendigsten und theater- wie geistesgeschichtlich bedeutendsten Bühnen der Zeit nach dem Ersten Weltkrieg. Erich Ziegel trieb sich und seine Kollegen an, nicht einseitig zu werden: Ältere Dramatiker von Ibsen bis Strindberg, von Hauptmann bis Wedekind standen ebenso auf dem Spielplan wie die junge Generation von August Stramm bis Georg Kaiser, von Franz Werfel bis Ernst Barlach. Aber bei aller Bestimmung, sich dem Neuen zu öffnen, wurden auch die Klassiker nicht vernachlässigt.

Man wagte Experimente wie die aufsehenerregende Aufführung von Schillers „Räubern" in modernem Gewand, die den Geist des Werkes lebendig werden ließ, und spielte Shakespeare. Obwohl die Kammerspiele nur geringe Gagen zahlen konnten, kamen die besten Ensembles und Künstler zu Gast: Elisabeth Bergner, Maria Orska, Rosa Valetti mit ihrem Berliner Kabarett „Die Rampe", Käthe Dorsch, Asta Nielsen, Heinrich George, Tilly Wedekind, Lucie Höflich, Paul Wegener, Ernst Deutsch, Otto Wallburg, Eugen Kloepfer, Max Adalbert, Maria Eis, das Moskauer Künstlertheater und viele andere spielten hier. Gustaf Gründgens war fünf Jahre lang Mitglied des Ensembles und trat unter Mirjam Horwitz zum erstenmal als Hamlet auf. Neben ihm und ihrem Mann die Rolle der Candida in dem gleichnamigen Stück von Shaw zu spielen, empfand Mirjam Horwitz als ein besonderes Glück: „Diese große Liebeserklärung des Spötters Shaw an die Frau!"[1] „Du bist meine Candida",[1] schrieb Erich Ziegel an seine Frau, als sie als Jüdin aus dem öffentlichen Leben verbannt war. Dieses Wissen gab ihr die Kraft, die Verunglimpfungen zu ertragen.

Als Paul Eger das Deutsche Schauspielhaus verließ, das er seit 1918 geleitet hatte, schlug er Erich Ziegel als seinen Nachfolger vor. Der nahm an, und von 1926 bis 1928 leitete Mirjam Horwitz, die auf keinen Fall mit ans Schauspielhaus wechseln wollte, „das geliebte Kleinkind Kammerspiele"[1]. Sie hatte bereits im Jahr zuvor Regie geführt. Durch den Wechsel Ziegels ans Schauspielhaus waren die beiden plötzlich zu Konkurrenten geworden, doch auch das konnte ihre Loyalität zueinander nicht untergraben: „Wir sprachen nie über unsere künstlerischen und geschäftlichen Dinge. Und nur der unnatürliche Zustand trat ein, daß wir uns wechselseitig über unsere Erfolge freuten."[1] 1928 mußten die Kammerspiele ihre Pforten schließen, das Haus mußte dem Neubau des Gewerkschaftshauses weichen. Es wurde abgerissen. Kurz darauf wurde Erich Ziegel gekündigt. Bei aller Begabung war ihm eine repräsentative Bühne wie das Schauspielhaus wesensfremd geblieben. Mit Hermann Röbbeling, der schon das Thalia-Theater leitete, suchte man sich einen Nachfolger, der ein erfahrener Theaterpraktiker war.

Das Paar sah sich nach einer neuen Spielstätte um und eröffnete am 1. September 1928 die Kammerspiele im Lustspielhaus im ehemaligen Kleinen Lustspielhaus in den Großen Bleichen. 1932 übernahm Erich Ziegel das Thalia-Theater, benannte es in Kammerspiele im Thalia-Theater um und führte es in der Tradition seiner Kammerspiele fort. 1934 mußte er die Leitung wegen seiner Ehe mit einer Jüdin abgeben. Das Ehepaar verließ freiwillig-unfreiwillig die Stadt, deren kulturelles Leben es 16 Jahre lang entscheidend geprägt hatte und die ihm zur Heimat geworden war. In einem Abschiedsbrief resümierte Erich Ziegel die Hamburger Zeit: „Als ich am 26. August 1916 – ich weiß das Datum noch, weil es mein Geburtstag war – in Hamburg eintraf, ahnte ich nicht, daß diese damals so wunderschöne Stadt meine, unsere eigentliche Heimat werden sollte. Wir kannten sie nur von flüchtigen Aufenthalten auf der Durchreise nach Helgoland oder Sylt. Zwei Jahre später – fast auf den gleichen Tag – eröffneten wir die Hamburger Kammerspiele am Besenbinderhof mit einer Frank-Wedekind-Woche zum Gedächtnis des einige Monate vorher verstorbenen Dichters. Der Rahmen war ein bißchen schäbig und ein bißchen romantisch, aber die Vorstellungen durchbrachen bei der geistigen Elite den Bann des Mißtrauens.

Und dann – dann folgten die schönsten, die glücklichsten und, wie ich zu hoffen wage, fruchtbarsten Jahre meines, unseres Lebens und Schaffens.

Bis nach sechzehn Jahren die schwerste, traurigste Zeit kam, die Stunde, in der ich, von Ekel vor der braunen Pest geschüttelt, Hamburg verließ, um nicht wiederzukehren."[2]

Erich Ziegel fand zunächst bei Gründgens in Berlin ein Unterkommen. 1935 emigrierten Mirjam Horwitz und Erich Ziegel nach Wien. Da Erich Ziegel in Wien keine ausreichenden Arbeitsmöglichkeiten fand, kehrte er 1936 mit Genehmigung der Reichskulturkammer nach Berlin zurück, einige Zeit später durfte dank Gründgens' Intervention auch Mirjam Horwitz nach Berlin kommen, allerdings ohne wieder auftreten zu dürfen. Ab Mitte der 40er Jahre hielt sich das Ehepaar erneut in Wien auf, wo Erich Ziegel Schauspieler und Direktor der Kammerspiele und des Theaters „Die Insel" wurde und wo auch Mirjam Horwitz bis 1951 auf der Bühne stand.

Im Herbst 1949 kamen die beiden erstmals nach Hamburg zurück und gastierten im Thalia-Theater in Gerhart Hauptmanns „Biberpelz". Es kam auch noch zu einigen anderen Aufträgen, aber eigentlich gab es in der Hamburger Kulturlandschaft keinen adäquaten Ort mehr für das Ehepaar Ziegel-Horwitz. Doch ungebrochen in seinen Ideen und seiner Arbeitslust machte Erich Ziegel noch bis kurz vor seinem Tod Pläne, ein neues Theater zu eröffnen. Seine Frau konnte ihn nur mit Mühe davon abhalten. Als Erich Ziegel am 30. November 1950 in München starb, siedelte Mirjam Horwitz nach Hamburg über. Sie sah nur noch eine Aufgabe vor sich: „Die Bücher meines Mannes so schön und seiner würdig herauszugeben, wie ich es vermag."[3] 1967 starb sie in einem Altenheim in Lütjensee bei Hamburg.   B.R.

Lotte Klein-Fischer (geb. Klein)

Schauspielerin am Thalia-Theater
von 1946 bis 1962

Grab Nr. Q 10, 94–95 (Grabstelle aufgegeben)
geb. 13.6.1883 in Hamburg
gest. 24.7.1962 in Garmisch-Partenkirchen

Man sagt, Backfische schnitten sich damals, vor dem Ersten Weltkrieg, in Dresden ihren Namen aus dem Programm und verschlangen ihn auf Butterbrot. Die Rede ist von dem Idol Lotte Klein-Fischer, Tochter eines Wiener Bankiers, die gegen den Willen ihrer Eltern eine Schauspielerinnenlaufbahn durchsetzte. Nach ihrer Schul- und Studienzeit in Wien und Berlin gab Lotte Klein-Fischer 1901 ihr Debüt am Berliner Theater unter Paul Lindau. 1910 ging sie ans Hoftheater nach Dresden, wo auch der Schauspieler und Regisseur Hanns Fischer arbeitete. Noch im gleichen Jahr heiratete das Paar.

Während Hanns Fischer im Verlauf des Ersten Weltkrieges am Hoftheater blieb, hatte seine Frau in dieser Zeit offenbar kein festes Engagement. Das bekam sie erst im Jahre 1918 wieder, als sie eine Saison am Albert-Theater in Dresden spielte. 1923 kam das Ehepaar Klein-Fischer erstmals nach Hamburg ans Thalia-Theater, 1925 ans Altonaer Stadttheater. Sie kehrten jedoch noch einmal nach Dresden zurück, weil Hanns Fischer 1927 ein eigenes Theater, die Komödie, angeboten wurde. Als der Traum zerrann, zog das Paar nach Hamburg und gehörte ab 1929 zum Ensemble des Altonaer Stadttheaters, bis die Nationalsozialisten 1933 Lotte Klein-Fischer mit Auftrittsverbot belegten und Hanns Fischer aus dem Amt trieben. Nach dem Krieg verpflichtete Willy Maertens (siehe Portrait Charlotte Kramm) Lotte Klein-Fischer ans Thalia-Theater. Ihr Mann trat nur noch hin und wieder auf. Als er starb, stand Lotte Klein-Fischer bereits eine Stunde nach seinem Tod zur Generalprobe auf der Bühne und ließ es sich auch nicht nehmen, bei der Premiere am selben Abend aufzutreten. Sie starb 79jährig überraschend während eines Ferienaufenthaltes in Garmisch-Partenkirchen. Kurz vor-

her hatte sie noch als Frau Appelton in „Belvedere" auf der Bühne gestanden, einer Einstudierung, die in der nächsten Theatersaison fortgesetzt werden sollte. In ihrer Darstellung hat sich die zierliche Frau von der Naiven über viele Stationen zur liebenswürdigen alten Dame entwickelt. Das Thalia-Theater ehrte sie anläßlich ihres 75. Geburtstags mit der Ehrenmitgliedschaft des Hauses.   B.R.

Olga Brandt-Knack (geb. Brandt)

Ballettmeisterin,
Bürgerschaftsabgeordnete (SPD),

Grab Nr. AG 25, 148
geb. 29.6.1885 in Hamburg
gest. 1.8.1978 in Hamburg

Bereits im Alter von sieben Jahren stand sie auf den Brettern, die die Welt bedeuten – und zwar als kleinster Zwerg in „Schneewittchen" am Thalia-Theater. Zwei Jahre später begann Olga Brandt in der Kindertanzschule des Hamburger Stadttheaters mit der Ballettausbildung in klassischem und Ausdruckstanz. Sie gehörte dem Theater von 1900 bis 1932 an. Von 1901 bis 1922 tanzte sie dort im Corps de Ballet, avancierte 1907 zur Solotänzerin und 1917/18 zur Primaballerina. Im selben Jahr übernahm sie außerdem die Leitung der Ballettschule. 1922 wurde sie zur Ballettmeisterin berufen. Sie ging mit ihrer Gruppe auf Gastspielreisen, so nach Stockholm, Kopenhagen, Den Haag, Scheveningen und Lille.

Neben ihrer tänzerischen Arbeit engagierte sich Olga Brandt-Knack auch auf standespolitischem Gebiet. Sie gründete 1908 den Deutschen Tänzerbund und setzte sich als seine Sprecherin für die Belange ihrer Berufskolleginnen und -kollegen ein. So gelang es ihr 1920, daß die Tänzer und Tänzerinnen erstmals ganzjährige Verträge bekamen.

Olga Brandt-Knack favorisierte den modernen Ausdruckstanz, der durch Mary Wigmann und Rudolf von Laban entwickelt wurde. Das Mekka dieser neuen Tanzform wurde in Hamburg das Curio-Haus, und dort trat auch Olga Brandt-Knack mit ihrer Tanzgruppe auf.

Als Olga Brandt-Knack 1918 Mitglied der SPD wurde, verband sie Politik und Tanz miteinander. Häufig trat sie mit ihrer Tanzgruppe auf der Bühne des Gewerkschaftshauses am Besenbinderhof auf. Sie choreographierte Bewegungs- und Sprechchöre für gewerkschaftliche Veranstaltungen und arbeitete mit Laiengruppen aus der Arbeiterbewegung. Außerdem gründete sie nach dem Ende des Ersten Weltkrieges zusammen mit dem Schauspieler Adolf Johannsson den Arbeiter-Sprech-und Bewegungschor.

In den auch für den modernen klassischen wie für den modernen Ausdruckstanz so fruchtbaren und nach neuen Formen drängenden zwanziger Jahren organisierte Olga Brandt-Knack mit Rudolf von Laban, Mary Wigmann und Kurt Joos internationale Tänzerkongresse und engagierte sich für eine Eigenständigkeit des Balletts auf der Opernbühne.

Aber an der Oper gab es große Schwierigkeiten. In der Zeit, in der Olga Brandt-Knack das Ballett leitete, hatte der/die ChefchoreographIn des Hauses sehr wenige Entfaltungsmöglichkeiten. Das Ballett hatte sich hauptsächlich auf Tanzeinlagen in Opern und Weihnachtsmärchen zu beschränken. Rudolf

Maack schreibt dazu: „Wer in den 20er Jahren in Hamburg Tanz sehen wollte, mußte ins Curiohaus oder zu Labans Vorstellungen gehen. Denn an der Dammtorstraße [dort stand das Stadttheater] führte Tanz nur ein Aschenbrödel-Dasein. Dafür sorgte Leopold Sachse [Intendant des Stadttheaters]. Olga Brandt ... durfte ihre kleine Mädchenschar regelmäßig in Operneinlagen und allenfalls auf seltenen Matineen vorzeigen. Dabei hatte sie sich in Dolly Haas, Carmen Holtz und Lotte Krause aus ihrer Kindertanzgruppe einen tüchtigen Nachwuchs erzogen."[1]

Ihr einziges selbständiges Ballett war „Der Gaukler und das Klingelspiel", welches 1929 im Stadttheater aufgeführt wurde. Und auch nur einmal durfte sie in einer Abendveranstaltung nach „Don Pasquale" mit ihrer Tanzgruppe eine Pantomine aufführen.

Olga Brandt-Knack hielt aber mit ihren Reformideen nicht hinter dem Berg, sondern lieferte sich eine heftige Kontroverse mit ihrem Intendanten Leopold Sachse. Sie stritten sich insbesondere über die Bedeutung der Musik beim Tanz. Für Leopold Sachse, der von Haus aus Musiker war, stand natürlich die Musik im Vordergrund und nicht der Tanz, und diese Ansicht gab er

1930 beim Internationalen Theaterkongress, als dessen Gastgeber er im Hamburger Stadttheater fungierte, deutlich zum Ausdruck. „Wenn die Tänzer sich nicht scheuten, Beethoven zu vertanzen, dürften sie sich über die Ablehnung der Musiker nicht wundern. Er selbst als Musiker könne seiner großen Liebe zum Tanz naturgemäß nur in bescheidenem Maße nachgehen. ‚Ich sollte mir wohl von meiner Ballettmeisterin für den Tanz in der Oper die Regie vorschreiben lassen? Das wäre ja noch schöner!'" [1] Olga Brandt-Knack, die gemeint war: „saß dabei, und ihre Miene sagte: Da hört ihr es." [1]

Es war Olga Brandt-Knack bewußt, daß es immer einen Unterschied zwischen dem Tanz im Konzertsaal und dem auf der Opernbühne geben wird. Denn: „Beim Tanz im Theater kommt es nicht nur darauf an, Musik zu tanzen, sondern der Inhalt des Tanzes muß sich auch dem gegebenen Milieu anpassen. Es wird deshalb die Tanzform im Theater immer eine andere sein und bleiben müssen, als der jetzt in den Konzertsälen gebrauchte Stil, der allerdings schon anfängt, bei einigen seiner besten Vertreterinnen stereotyp zu wirken." [2]

Olga Brandt-Knack versuchte, in der Oper eine Synthese von klassischem Ballett und Ausdruckstanz herzustellen. Dazu äußerte sie sich: „Der Tanz im Theater will als Teil der Gesamtwirkung der Oper beurteilt sein. Es darf nicht, wie das bei früheren Balletts die Regel war, aus dem Gesamtbild besonders hervortreten, Rhythmus ist das oberste Gesetz, in dem sich Musik, Bewegung und Farbe zu vereinen haben. Dieses Ziel wird erst dann voll erreicht werden, wenn der tänzerische Nachwuchs unserer Opernbühnen in diesem Geiste erzogen ist. Die von mir gewollte Umgestaltung des Opern-Balletts bedarf eines Neuaufbaues von unten herauf. Erfreuliche Erfolge sehen wir bereits an manchen größeren Theatern. ... Auch am Hamburger Stadttheater wird die Tanzschule nach den von mir angedeuteten Richtlinien geleitet. Und ich darf wohl sagen mit zunächst bescheidenen, aber offensichtlichen Erfolgen." [2]

Olga Brandt-Knack hatte mit ihrer neuen Tanzform Erfolg. Hans Wölffer lobte Olga Brandt-Knacks Tanzgruppe 1926 im Bühnenalmanach: „Diese Gruppe ist nicht nur Tanzgruppe, nicht nur ‚Ballett', sie ist darüber hinaus in stilistischer Hinsicht ein durchaus selbständiger Faktor im modernen Kunstleben. Diese Eigenschaft hebt sie aus der Masse der heutigen Tanzgruppen von vornherein heraus. Sie erfordert als Leiterin eine tiefgründliche stilistische Kapazität; nicht nur Olga Brandt sein, sondern jeweils etwa Mozart und Brandt; Verdi und Brandt oder Strauß und Brandt zu einer Schöpfung von eigenem Werte zu verbinden, wird ihre Aufgabe sein. ... In der grundsätzlichen Tendenz ihres Schaffens teilt Olga Brandt die Bestrebungen des modernen Ausdrucksballetts. Doch wird man bei dieser Tanzgruppe nie den Eindruck uferlosen Experimentierens erhalten haben; den Blick unbeirrbar auf das Neue gerichtet, verliert sie nicht den Kontakt mit den überlieferten Werten klassischer Tanzkunst. Die ewige Antithese Oper und Drama, Ballett und Ausdruckstanz wird hier zur Synthese zwischen der Technik des klassischen Balletts als Mittel und dem Ausdrucksvermögen des modernen Tanzes als Zweck." [3]

1930 erhielt Olga Brandt-Knack die Gelegenheit, mit ihrer Choreographie der Bewegungsszenen der Gluckschen Oper „Orpheus und Eurydike", die im Stadttheater zur Aufführung kam, ihr Verständnis vom modernen Opernballett dem Publikum darzubieten.

1932 gründete sie zusammen mit anderen die Vereinigung „Tanz in Hamburg e.V.", um „das am künstlerischen Tanz interessierte Publikum zu sammeln, ihm den Genuß regelmäßiger Tanzveranstaltungen zu verschaffen und wenn irgend möglich, ein eigenes Tänzerhaus zu errichten, das als eine Heimstätte für den Tanz und die Tänzerschaft gedacht ist". Im Januar 1933 veranstaltete „Tanz in Hamburg e.V." seine erste Matinee mit Hamburger Tanzkomponisten. Aber noch im selben Jahr wurde die Vereinigung in den „Kampfbund für Deutsche Kultur" gleichgeschaltet. Dieser „Bund" wurde von den Nationalsozialisten errichtet, um sich den Tanz dienstbar zu machen. Nach nationalsozialistischer Auffassung bestand die Aufgabe des Tanzes darin, „als ein guter Treuhänder echter deutscher Kulturentwicklung zu wirken, und dabei einerseits alle wirklich gesunden künstlerischen Strömungen zu unterstützen und zu fördern, andererseits aber auch strengstens darüber zu wachen, daß alle ungesunden Auswüchse vermieden werden und daß die deutsche Tanzkunst vor allem nicht durch das geschäftige Hintertreppenwirken artfremder Elemente verwässert und vergiftet werde ..., denn es geht nicht an, daß ausgerechnet ein kulturell so hochstehendes Volk wie das deutsche seinen künstlerischen Weg von rassenfeindlichen Elementen vorgeschrieben erhält und auf tänzerischem Gebiet Prinzipien zu huldigen gezwungen wird, die alles andere als deutsch sind."[1]

1932 wurde Olga Brandt-Knack wegen „politischer Unverträglichkeit" vom Stadttheater entlassen, mußte ihre Tanzgruppe aufgeben und von der Leitung der erst im Entstehen begriffenen Tanz-Akademie Berlin, die sie mit Rudolf von Laban leiten sollte, zurücktreten.

Da Olga Brandt-Knack ohne Abschiedsvorstellung gehen mußte, organisierten ihre Freunde am 14. Juni 1932 im Curiohaus einen Abschiedsabend unter dem Titel „Die Nacht der Fußspitze – Für ein Hamburger Tänzerheim – Anläßlich des Tätigkeitsabschlusses der Ballettmeisterin Olga Brandt-Knack am Hamburger Stadttheater". Im Ehrenausschuß vertreten waren u.a. Professor Richard Luksch (siehe Portrait Elena Luksch-Makowsky), Ida Dehmel, der Schriftsteller Hermann Roth, Direktor Karl Wüstenhagen und Direktor Erich Ziegel (siehe Portrait Mirjam Horwitz). Rudolf von Laban schrieb zum „Abschied" von Olga Brandt-Knack von der Opernbühne: „Olga Brandt-Knack war eine der ersten, die dem modernen Theatertanz neben der wichtigen Grundlage überlieferten Tanzkönnens, die Errungenschaften der neuen Ausdruckskunst des Körpers zuführte. In langjähriger,

künstlerischer, erfolgreicher Tätigkeit hat sie mitgeholfen, jenen neuen Tänzertyp zu schaffen, von dem wir eine aufblühende Tanzkunst erwarten. In selten strengem, energischem Kampf setzte sie sich für den sozialen Schutz und die Belehrung der Tänzer zu einigem Zusammenhalten ein. Auch die jetzt wieder propagierte Idee des Tänzerheimes zeigt das volle und ganze Einsetzen für unsere Kunst und Kunstgenossen, das ihr zu erfüllende Lebensaufgabe wurde. Gruß und Wunsch für weiteres segensreiches Wirken sendet der tapferen Mitkämpferin Rudolf von Laban."

Olga Brandt-Knack wurde unter Gestapo-Aufsicht gestellt und vorübergehend verhaftet. Ihren Lebensunterhalt verdiente sie bis zum Jahre 1942 zusammen mit ihrer Schwester als Sprechstundenhilfe. Dann zog sie bis Kriegsende zu Freunden aufs Land. Ihr Mann, Professor Dr. Andreas Knack, der Leiter des Allgemeinen Krankenhauses Hamburg-Barmbek, den sie 1920 geheiratet hatte, war ebenfalls fristlos entlassen worden und mußte sich zwangsweise in Ostasien, vorwiegend in China, aufhalten.[4] Er wurde beratender Arzt am belgischen Missionshospital in Kweisui, praktischer Arzt in Peking und Mukden, sowie ärztlicher Berater des „International Relief-Committee of China" in Shanghai. 1948 kehrte er, gesundheitlich gezeichnet, auf dem dänischen Dampfer „Manchuria" nach Hamburg zurück. Er wurde Präsident der Hamburgischen Gesundheitsbehörde.

Die in Hamburg gebliebene Olga Brandt-Knack trat gleich nach dem Krieg wieder der SPD bei, war als deren Referentin tätig und begründete die Jugendorganisation „Die Falken" mit. Seit 1948 arbeitete sie als Frauenreferentin der Gewerkschaft „Kunst". Neben ihren gewerkschaftlichen Aktivitäten betätigte sich Olga Brandt-Knack vom 30.10.1946 bis 1953 als Abgeordnete in der Hamburgischen Bürgerschaft mit dem Schwerpunkt „Soziales". Außerdem war sie bis 1961 Deputierte der Polizeibehörde. 1962 legte sie alle Ämter nieder. Sie wohnte zuletzt an der Finkenau 19 im Stadtteil Uhlenhorst.   R.B.

Hilde Knoth (verh. Kliewe)

Schauspielerin am Deutschen Schauspiel-
haus von 1915 bis 1929

Grab Nr. AD 31, 11–12
geb. 25.11.1888 in Posen
gest. 23.12.1933 in Hamburg

„Keine wahre Liebe zur Kunst ohne heiße
Liebe zur Menschlichkeit." Diesen Sinn-
spruch schrieb Hilde Knoth ihren zahlreichen Verehrern ins Stammbuch. Er war das
Motto, unter das sie ihr Leben gestellt hatte.

Als Hilde Knoth noch ein Kind war, starb
ihr Vater, der sich gewünscht hatte, daß seine
Tochter den Beruf der Lehrerin ergreifen
würde. Hilde wollte aber lieber Schauspielerin werden. Und da ihre Mutter dem zu-
stimmte, absolvierte Hilde in Berlin eine
Ausbildung im dramatischen Fach. Finanzielle Unterstützung erhielt sie durch die „kai-
serliche Schatulle". Hildes Laufbahn begann
in Coburg-Gotha am dortigen Hoftheater. Es
folgte Hannover (Hoftheater) und dann
Hamburg, wo sie 1915 als Mitglied des Han-
noverschen Hoftheaters ein Gastspielenga-
gement annahm. Mit der Luise in „Kabale
und Liebe" sollte sie ihre Eignung für das
Schauspielhaus beweisen und hatte Erfolg.
Sie erhielt einen mehrjährigen Vertrag. Hilde Knoth blieb bis 1929 am Schauspielhaus.
Sie spielte in den Anfangsjahren die sentimentale und tragische Liebhaberin, so das
Gretchen im „Faust", das Käthchen von Heil-
bronn, Lessings Emilia Galotti. Mit den Jahren wurde Hilde Knoth eine, wie es in der
„Volksbühne" von 1954 stand, „erschütternde Hebbelsche Klara, eine klassisch-edle
Iphigenie, eine schalkhaft-lustige Porzia,
eine ergreifende Maria Stuart, eine mensch-
lich-warme Minna von Barnhelm. Im modernen Spielplan zeigte sie sich als elegante Sa-
lon- und Konversationsschauspielerin. Zu ihren Lieblingsrollen gehörten neben der Königin Anna in Scibes „Ein Glas Wasser" Ibsens „Nora" und die Solveig in „Peer Gynt".

In Hamburg wurde Hilde Knoth der um-
jubelte Schwarm des Publikums. Robert Nhil
schrieb zu ihrem Tode am 30.12.1933 in einer Zeitung eine kleine Hommage an Hilde
Knoth: „Auf dem Fundament einer außerordentlichen Sprechkunst entfalteten sich diese Leistungen zur Vollkommenheit und
durch den zündenden Einfluß deines künstlerischen Vorbildes, durch Adele Doré beflü-
gelt, schlugen sich steigend, immer neue
Flammen deiner eigenen reichen Begabung
und deines nie ruhenden Fleißes empor. So
gelangtest du, immer befreiter, zu dem er-
sehnten Ziel aller echten schauspielerischen
Wesensart, in unaufhörlicher Arbeit an dir
selbst, an deinen natürlichen Mitteln und ihrer technischen Verwertung den Begriff von
Spiel und Schein ganz vergessen zu machen
und ganz zum Menschen zu werden."

Seit 1929 war Hilde Knoth mit dem Hamburger Arzt Walter Kliewe verheiratet und
wurde Mutter eines Kindes. Bedingt durch
ein Brustleiden konnte Hilde Knoth nur
noch selten als Schauspielerin auftreten. So
begann sie, für den Hörfunk zu arbeiten. Sie
sprach z.B. in dem Hörspiel „Struensee-Pro-
zeß" die Karoline Mathilde und die Gemahlin Gustav Adolfs in „Der Tag von Lützen".

104

Hilde Knoth erhielt für ihre schauspielerischen Leistungen viele Auszeichnungen und Ehrungen, zuletzt den „Marie Seebach-Ring", den 1866 Königin Emma der Niederlanden der Schauspielerin Marie Seebach geschenkt hatte. Der Ring bestand aus zwei rechteckigen Smaragden und vielen Brillianten. Die jeweilige Trägerin verpflichtete sich, dem Wunsche Marie Seebachs entsprechend, im Falle des Todes den Ehrenring an eine andere Schauspielerin weiterzureichen. Unterließ sie dieses, wurde der jeweilige Leiter des Schauspielhauses beauftragt, eine Nachfolgerin zu erwählen. Nach Hilde Knoth erhielt Hildegard Warsitz diesen Ehrenring.

Hilde Knoth starb im Alter von 45 Jahren an ihrem Brustleiden.   R.B.

Magda Bäumken (geb. Vahlbruch verh. Bullerdiek)

Schauspielerin am Ohnsorg-Theater von 1921 bis 1959

Grab Nr. AD 5, 154–155
geb. 17.10.1890 in Hamburg
gest. 23.8.1959 in Verona

Magda Bäumken, Tochter eines Klempnermeisters aus dem Brauerknechtsgraben in Hamburg, begann ihre Bühnenlaufbahn am Deutschen Schauspielhaus. Durch Zufall kam sie an die Niederdeutsche Bühne Hamburg, welche ab 1946 Ohnsorg-Theater genannt wurde: Ihr Lehrmeister, Karl Wagner, empfahl sie Dr. Richard Ohnsorg, dem Leiter des nach ihm benannten Theaters, das bis 1920 eine Laienbühne war. Da die Gruppe mit ihren plattdeutschen Aufführungen großen Erfolg hatte, machte sie 1920 den ersten Schritt zu einem festen Ensemble-Theater und nannte sich von nun an Niederdeutsche Bühne. 1921 debütierte Magda Bäumken an dieser Bühne in Paul Schureks „De Knacks" – und blieb von nun an bis zu ihrem Tod dem Ohnsorg-Theater treu. Solange die Niederdeutsche Bühne kein festes Haus hatte, spielte sie in verschiedenen Theatern, so in den Kammerspielen, im Thalia-Theater und im Wandsbeker- und Altonaer Stadttheater.

Da die Ensemblemitglieder keine festen Gehälter bekamen, sondern lediglich Aufwandsentschädigungen für ihre Aufführungen, bemühte sich Dr. Richard Ohnsorg, besonders denjenigen Schauspielerinnen und Schauspielern, die keiner weiteren beruflichen Tätigkeit nachgingen, zusätzliche Arbeitsmöglichkeiten zu beschaffen. So nutzte er seine guten Beziehungen zu Dr. Hans Böttcher vom niederdeutschen Rundfunk und brachte dort mehrere Ensemblemitglieder unter. Auch Magda Bäumken arbeitete bei der „Norag" und stand in Frankfurt und Königsberg vor dem Mikrophon. 1936 erhielt das Theater ein festes Haus in der Kaisergalerie an den Großen Bleichen 23 und damit auch ein festes Ensemble, was auch feste monatliche Gagen für die Schauspielerinnen und Schauspieler bedeutete. Solche Monatsgehälter konnten nun auch bezahlt werden, weil die Niederdeutsche Bühne finanziell vom Staat unterstützt wurde. Gespielt wurden in der Nazizeit hauptsächlich Komödien und Schwänke. Als Goebbels 1944 alle Theater schließen ließ, wurde aus der Niederdeutschen Bühne eine Abpack-Anlage für Futtermittel. In dieser Zeit heiratete Magda Bäumken ihren Bühnenpartner Walther Bullerdiek. Der ehemalige kaufmännische Leiter und Bühnenautor der Niederdeutschen Bühne, Dr. Bruno Peyn – übrigens seinerzeit bereits im Mai 1933 in die NSDAP eingetreten – schildert, noch dieser Zeit verhaftet, in seinem Buch „Richard-Ohnsorg-Theater", wie es den Schauspielerinnen nach 1945 erging: „Magda Bäumken, Heidi Kabel, Hans Mahler, Otto Lüthje in die Verbannung geschickt und mußten bei dem Theater-Kontrolleur der Besatzungsmacht, Sergeant John Olden, um ihre Entnazifizierung betteln."[1] Magda Bäumken wurde rehabilitiert und spielte bis zu ihrem Tod am Ohnsorg-Theater. Sie verstarb auf einer Urlaubsreise nach Italien, die sie mit ihrem Mann Walther Bullerdiek unternommen hatte. Hans Mahler schrieb in einem Nachruf über sie: „Magda Bäumken war eine Persönlichkeit, einmaliger Prägung, eine der bekanntesten Schauspielerinnen und mit ihr geht ein Stück niederdeutscher Tradition dahin."   R.B.

Mita von Ahlefeldt

Schauspielerin

Grab Nr. K 11, 49–50
geb. 13.12.1891 in Hamburg
gest. 18.4.1966 in Hamburg

Fast 50 Jahre lang spielte Mita von Ahlefeldt an Hamburger Theatern, und doch ist nur wenig über sie herauszufinden. Gerda Gmelin, die Prinzipalin des Theaters im Zimmer, erinnert sich gut an die Kollegin, mit der sie gemeinsam auf der Bühne stand. Aber näheres weiß sie nicht zu erzählen. Im Vordergrund stand die Arbeit.

Als Kind und Jugendliche besuchte Mita von Ahlefeldt eine Privatschule und danach die Selecta und das Lehrerinnenseminar. Ob sie dort ein Examen machte und zunächst als Lehrerin tätig war, ist unbekannt, aber durchaus möglich, da ihre spätere Schauspiellehrerin Mirjam Horwitz (siehe Portrait) sich zum Prinzip gemacht hatte, nur Schülerinnen und Schüler zu unterrichten, die vorher eine andere Ausbildung absolviert hatten oder gerade absolvierten, um ihre Schützlinge vor Arbeitslosigkeit zu bewahren.

Bei Mirjam Horwitz also und Erich Ziegel, die 1918 zusammen die damals engagierteste Hamburger Bühne, die Hamburger Kammerspiele, gegründet hatten, bekam Mita von Ahlefeldt 1919, im Alter von 27 Jahren, Schauspielunterricht. 1920 gab die kleine zierliche Frau hier ihr Debüt; ob in Arthur Sakheims Komödie „Pilger und Spieler" oder als Puck im „Sommernachtstraum", darüber gibt es verschiedene Meinungen. An den Kammerspielen erhielt sie auch ihr erstes Engagement. Später war sie Mitglied des Thalia-Theaters. 1927 ging Mita von Ahlefeldt für einige Zeit nach Riga und Reval. Nach dem Krieg hatte sie Stückverträge an vielen renommierten Hamburger Bühnen und in Lüneburg: 1947 trat sie an der Jungen Bühne Hamburg als Großmutter in „Tod im Apfelbaum" und als Mutter in „Raskolnikow" im Theater im Zimmer auf. 1948 spielte sie dort die Generalin in „Major Barbara" von Shaw. 1953 war sie in Lüneburg die Mutter Aase in Ibsens „Peer Gynt", die Mutter Wingfield in Tennessee Williams „Glasmenagerie" und 1954 Klärchens Mutter in „Egmont". 1955 folgte die Mrs. Green in „Heimkehr der Helden" bei Ida Ehre (siehe Portrait) in den neuen Hamburger Kammerspielen in der Hartungstraße. Auch wirkte sie in verschiedenen Filmen, im Rundfunk und im Fernsehen mit.

Mita von Ahlefeldt starb am 18. April 1966 im Alter von 74 Jahren im Krankenhaus St. Georg, im Januar hatte sie nach einer Aufführung im Jungen Theater einen Herzanfall erlitten. Ihre letzte Rolle: eine der beiden Giftmischerinnen in „Arsen und Spitzenhäubchen". In diesem Stück hatte sie bereits 1950 und 54 im Theater im Zimmer gewirkt.

B.R.

Anna Simon (geb. Schwarz)

*Direktorin des St. Pauli-Theaters
von 1941 bis 1964*

Grab Nr. Z10, 118–123
geb. 3.8.1892 in Hamburg
gest. 16.12.1964 in Hamburg

„Sie war die Chefin wie sie im Buche steht. Eine unglaublich faszinierende dominante Persönlichkeit, die kein Hehl daraus machte, daß sie ihre Position genoß und einen gewissen Pomp brauchte. Also eine offene Limousine, hinten Anna Simon, vorn der Chauffeur. So fuhr sie durch Hamburg. Die Direktorin kommt! Das hatte jeder zu sehen und zur Kenntnis zu nehmen. Wenn sie den Raum betrat, mußten die Anwesenden aufhören zu reden, zu essen oder was auch immer. Anna Simon rauschte herein, und es ging nur noch um sie. Wenn die Aufmerksamkeit nicht auf sie gerichtet war, gab's Ärger. Man hatte manchmal das Gefühl, sie leite nicht das St. Pauli-Theater, sondern die Oper", berichtet Sven Simon über seine Großmutter.

Anna Simon erlebte in den Jahren ihrer Direktorinnenarbeit am St. Pauli-Theater Höhen und Tiefen, gute und schlechte Zeiten. Mit Erfolg brachte sie das Privattheater ohne einen Pfennig Zuschuß vom Staat durch mehrere Krisenzeiten.

Sie, die ganz plötzlich nach dem Tode ihres Mannes und Direktors des Ernst-Drucker-Theaters, wie das Theater bis 1941 hieß, den Betrieb übernehmen mußte, lernte, sich Respekt zu verschaffen. Als ihr Mann Siegfried Simon (geb. 1875), mit dem sie nur neun Jahre verheiratet gewesen war, 1924 starb, stand die 32jährige mit zwei kleinen Kindern, Kurt (1916–1975) und Edith (1918–1982), allein da und mußte sich in den von ihrem Mann erst drei Jahre zuvor von der Witwe Ernst Druckers übernommenen Theaterbetrieb einarbeiten.

Dabei half ihr der Umstand, daß sie ihren Mann, als dieser Mitbesitzer und Direktor des Hamburger Flora-Theaters am Schulterblatt gewesen war, während des Ersten Weltkrieges vertreten hatte. Auch als Siegfried Simon Direktor des Ernst-Drucker-Theaters war, hatte sie immer großes Interesse an der plattdeutschen Bühne gehabt. Außerdem war sie, die Tochter eines Straßenbauunternehmers aus Hamburg-Hohenfelde, während ihrer Kindheit und Jugendzeit durch ihren Vater mit dem plattdeutschen Wesen bekannt geworden und hatte darüber hinaus viel vom Geschäftsleben ihres Vaters mitbekommen.

Nach einer ca. einjährigen Einarbeitungszeit hatte Anna Simon es geschafft – das Theater wurde ihre Lebensaufgabe. Sie kümmerte sich um die Schauspielerinnen und Schauspieler, Autoren, Dekoration, Kostüme, um die Kasse – praktisch um alles.

Das Ernst-Drucker-Theater war Hamburgs ältestes Volkstheater. Es war am 24. Mai 1841 unter dem Namen Urania-Theater eröffnet worden, 1844 umbenannt in Actien-Theater. 1863 erhielt es den Namen Varieté-Theater, ab 1895 hieß es Ernst-Drucker-Theater. Gespielt wurden in dieser Zeit Schauspiele, Opern, Lustspiele, Possen, seit 1863 auch viele Lokalstücke in Hamburger Platt. Ab 1884 kamen vorwiegend Volksstücke und Hamburger Lokalpossen auf die Bühne. Am 1. August 1921 übernahm Siegfried Simon das Theater. Sein Spielplan zeigte an Vor- und Nachmittagen vor geschlossenen Gesellschaften niederdeutsche Dramatiker, abends wurden Hamburger Volksstücke gegeben. Als Anna Simon nach dem Tod ihres Mannes, am 18. Dezember 1924, das Theater übernahm, behielt sie dieses Konzept bei. Der Abendspielplan zeigte vorwiegend Hamburger Lokalstücke mit Musik und Gesang, nachmittags wurden niederdeutsche Dramatiker (Boßdorf, Stavenhagen, Schurek etc.) gespielt. Dieses Konzept hatte Erfolg.

Ihre beiden Kinder unterstützten sie später bei der Arbeit. Edith Simon kümmerte sich um den kaufmännischen Bereich. Kurt Simon wurde künstlerischer Leiter.

Der größte Erfolg war die am 21.12.1940 uraufgeführte und von Paul Möhring geschriebene „Zitronenjette" (siehe Portrait) – ein echtes Hamburger Volksstück. Es wurde im Laufe der Zeit in mehreren Serien über 600mal in Szene gesetzt. Dieses erstmals im Nazi-Deutschland aufgeführte Theaterstück konnte nicht über die Gewaltherrschaft der Nazis hinwegtäuschen. Und auch das St. Pauli-Theater bekam den Despotismus dieses Regimes zu spüren. Die Geschwister Simon schrieben dazu 1965 in ihrer „Denkschrift an unsere Freunde": „Wer diese Zusammenhänge in den Jahren zwischen 1933 und 1945 kennt, weiß, daß kein Hamburger Theater so sehr dem Druck der nazistischen Machthaber ausgesetzt gewesen ist wie das damalige ‚Ernst-Drucker-Theater'. Es kam 1941 zum hundertjährigen Bestehen des Hauses schließlich so weit, daß man unserer Mutter das Theater nehmen wollte. ‚Wir wollen den Namen Simon nicht mehr sehen!', hieß es im damaligen Gau-Propaganda-Amt." Anna Simon war massiven Schikanen seitens der Nazis ausgesetzt. Als das 100jährige Bühnenjubiläum am 24.5.1941 gefeiert werden sollte, erging der Befehl, das Theater umzubenennen. Der Name „Ernst Drucker" war jüdischer Herkunft. Von nun an sollte das Theater St. Pauli-Theater genannt werden – und so heißt es heute noch.

Auch die Festschrift, die zum Jubiläum gedruckt worden und noch unter dem Titel „Ernst-Drucker-Theater" erschienen war, wurde sofort nach Erscheinen mit der Begründung verboten, sie enthalte zwei Abbildungen nicht-arischer Theaterangehöriger, die von Kurt und Edith Simon.

Dessen ungeachtet übernahm Kurt Simon im selben Jahr die Inszenierung fast aller nun am St. Pauli-Theater zu spielenden Stücke. Zum Jubiläum inszenierte er das Stück „Hamborger Luft vor hunnert Johr" von Paul Möhring. Der Presse wurde verboten, den Namen Kurt Simons zu nennen. Ein einziger Journalist bewies Zivilcourage und schrieb: „Für die Spielleitung verantwortlich zeichnet Kurt Simon...". Kurt Simons Inszenierungen kamen beim Publikum an, mehr als 50 Volksstücke und Lokalpossen inszenierte er im Laufe der Jahre. Seine Spezialität war ein Volkstheater mit viel Musik und Gesang.

Am 1. September 1944 wurden alle Theater in Deutschland geschlossen. Viele Theaterhäuser fielen den Bomben zum Opfer, das St. Pauli-Theater wurde verschont. Es erhielt gleich nach dem Krieg als erstes Theater Hamburgs von Feldmarschall Montgomery eine Sonderlizenz zur Wiedereröffnung. Am 29. August 1945 wurde wieder gespielt: die „Zitronenjette".

In Hamburg begann der mühsame Wiederaufbau mit seinen Hungerjahren und finanzieller Knappheit. Das St. Pauli-Theater überlebte. Die Menschen wollten Volksstükke sehen, sie wollten lachen und sich einige schöne Stunden bereiten. Ausverkaufte Vorstellungen waren deshalb in den 50er Jahren keine Seltenheit. Aber es gehörte viel Tatkraft dazu, in dieser geldknappen Nachkriegszeit das Theater aufrechtzuerhalten. „Der Besitzer eines Privattheaters muß genau rechnen. Und er muß sehr darauf sehen, daß er Besucher bekommt", sagte Anna Simon. In ihrer „Denkschrift an unsere Freunde" aus dem Jahre 1965 schrieben die Geschwister Simon, die nach dem Tod ihrer Mutter 1964 den Theaterbetrieb übernommen hatten, über die finanziellen Krisen, die das Theater im Laufe der Jahre erschütterten: „Seit Jahrzehnten galt unser Theater als krisenfest. Aber der Wandel der Zeit brachte auch hier eine Änderung. Als Rundfunk und Tonfilm aufkamen, setzte der Besucherrückgang ein; da aber damals noch Reserven an Kapital vorhanden waren, konnte dieser Zustand überwunden werden. Diese Reserven wurden jedoch in der Nazizeit, im Kriege und nach der Währungsreform immer geringer. Das Fernsehen wirkte sich auf unser Haus äußerst katastrophal aus."[1]

Welche Achtung Anna Simon in Hamburg entgegengebracht wurde, zeigt die Verleihung der „Medaille für treue Arbeit im Dienste des Volkes" durch den Hamburger Senat zu ihrem 65. Geburtstag.

Anna Simon stand bis zuletzt als Direktorin dem Theater vor. Über die letzten Jahre ihrer Mutter am St. Pauli-Theater berichten ihre Kinder: „Unsere Mutter, Anna Simon, war trotz ihres Alters und ihres schweren Leidens (sie starb an Krebs) von morgens bis in den späten Abend im Theater und baute bis

zuletzt auf die Anhänglichkeit und Treue der Hamburger zu diesem alten Volkstheater. Sie hat sich im wahrsten Sinne des Wortes für ihr Theater aufgearbeitet."   R.B.

Philine Leudesdorff-Tormin
(geb. Tormin)

Schauspielerin am Thalia-Theater
von 1915 bis 1924

Grab Nr. AD 16, 158–159
geb. 1.12.1892 in Düsseldorf
gest. 19.4.1924 in Hamburg

Wenn man sich über Philine Leudesdorff-Tormin informiert, stößt man auf ein Phänomen. Verwandte, Freunde, Kollegen und Theaterkritiker sprechen übereinstimmend über sie, als habe es sich bei ihr nicht um ein reales, sondern um ein Geschöpf aus dem Reich der Poesie gehandelt. Die Romantiker phantasierten solche Wesen eines frühen kind- und naturhaften harmonischen Zustandes der Menschheit und stellten sie dem grauen Alltagsmenschen gegenüber. „Im Tiefsten ein Kind", schrieb Erich Kühn im „Hamburgischen Correspondenten" am 19.4.1925 in einer Hommage anläßlich des ersten Todestag von Philine Leudesdorff-Tormin. Ihre mädchenhafte Erscheinung, der zierliche Körper, die dunklen Locken und die lebendigen braunen Augen unterstützten diesen Eindruck noch. Auch muß ihre dunkle melodische Stimme einen eigentümlichen Reiz gehabt haben.

Geboren in Düsseldorf, aufgewachsen in Dresden mit vier Geschwistern, verließ das junge Mädchen ein halbes Jahr vor dem Abschluß die Schule und nutzte die eingesparte Zeit, um das Theaterinstitut Senff Georgi in Dresden zu besuchen. Das halbe Jahr genügte, und eine rasante Karriere begann.

Nach einem Engagement am Sommertheater in Merseburg ging Philine Leudesdorff-Tormin im Winter nach Liegnitz, wo sie Carl Clewing vom Königlichen Schauspielhaus in Berlin entdeckte und von ihr so hingerissen war, daß er sie allen namhaften

Agenten empfahl. Sie erhielt daraufhin 1912 einen Dreijahresvertrag an der Neuen Wiener Bühne, den sie vorzeitig aufkündigte, um 1914 nach Prag an das Deutsche Landestheater zu gehen. Auch Prag verließ sie vor der Zeit und kam 1915 ans Thalia-Theater in Hamburg.

Überall ließ man sie nur mit Bedauern ziehen, die junge Naive, die hinter ihrem Lachen und der Ausgelassenheit stets einen Hauch von Ernst spüren ließ, der ihrer Darstellung Wahrhaftigkeit verlieh und sie nie ins Sentimentale des „süßen Mädels" abgleiten ließ: „Ihr Spiel war harmonische Wechselwirkung von Instinkt und Geschmackskontrolle. Sie hatte die kecke Sicherheit des Wurfes, aber hinter jeder Äußerung stand ein feiner Takt, ein angeborener künstlerischer Anstand als Grenzweiser. ... Selbst die übermütigsten Kapriolen der Künstlerin, die possenhaften Eulenspiegeleien hatten irgendwie geistigen Hintergrund",[1] schrieb der Freund Otto Reiner. Neben den vielen heiteren spielte sie hin und wieder auch ernste Rollen wie die Hedwig in Ibsens „Wildente" oder die Eleonore in Strindbergs „Ostern", über die das „Prager Tageblatt" urteilte: „Ganz vortrefflich war Fräulein Tormin als Eleonore; wie sie mit weitgeöffneten Augen ins Zimmer trat, wie sie, mit ins Innerste bohrenden Tönen, das Gespräch mit Benjamin führte, wie sie naiv und überintellektuell zugleich war, das war eine Leistung, die man der Darstellerin nicht vergessen wird, und die hoffen läßt, daß man in ihr eine Schauspielerin von geistigem Rang gefunden hat."[1]

In einer Art Selbstvergewisserung schrieb Philine Leudesdorff-Tormin 1914 über ihren Beruf: „O, es ist schön, sich hineinzuleben in große Aufgaben; Freuden auszudrücken, große Leiden mitzuerleben. Man wird im Innern reich und erfüllt von Schönheit. Man lernt nachdenken über Welt und Menschen und lernt viel Menschliches verstehen, worüber die Leute vielleicht nur verständnislos die Köpfe schütteln. Und wenn man sich im Leben mit den Menschen, ihrem Wesen, ihren verschiedenen Charakteren beschäftigt, so

strebt man auch vor allem danach, alles menschlich auf der Bühne darzustellen. Dies ist, finde ich, das größte Gesetz in der Schauspielkunst. Natur! natürlich sein! ... Wenn man alles gibt, was man in sich fühlt, all das seiner Rolle opfert – es ist ein Opfer und man soll es als solches auffassen, es freudig und begeistert hingeben – wieviel gewinnt man nicht für sich! Man vermenschlicht die Dichtung und was gibt sie einem dafür zurück!! Man tobt sich aus auf der Bühne, man liebt, wie die Alltagsmenschen es nicht wissen, man haßt, man lacht, man jubelt und weint, wie sie es nicht kennen. Und von dem allen sollte nichts in der eigenen Seele wiederklingen und bleiben? Ein großes Erkennen kehrt ein in unser Inneres. Wie wir den Menschen Verständnis und Erkennen geben, wieviel mehr geben wir uns selbst. Der Schönheitssinn prägt sich aus und bildet sich. – Oft quält man sich mit einer Rolle, sie will sich unserem Empfinden nicht anpassen. Und dann – wenn wir's erfassen, wenn wir's aus unserem Innern herausgeholt haben – welche Freude! Der Kampf ist schön. Und wir entdecken Empfindungen in uns, von welchen wir früher nichts wußten. Wir formen unsere Rolle nach unserer Individualität. Das Nachmachen ist keine

Kunst. Wie Du sie fühlst, empfindest und denkst – so stell' die Rolle dar. Nur dann ist's Natur. –"[1]

So wie sie sich mit ganzer Kraft und manchmal darüber hinaus in ihrem Beruf einsetzte, so handelte sie auch im Privatleben, als sie am 1. Mai 1918 den Kollegen am Thalia-Theater, Ernst Leudesdorff, heiratete und ihre Kinder Hans und Ingeborg auf die Welt kamen. Sie muß ihnen eine hinreißende Mutter gewesen sein: „Wohl war sie nicht die Mutter mit dem strengen Blick, sie war ein Kamerad ihren Kindern, doch mit der Autorität der ältesten Schwester. ‚Vor der Mutter dürfen Kinder nie Angst haben, aber Vertrauen und Liebe', sagte sie immer. Oft überraschte ich sie mit ihren Kindern auf der Erde liegend und spielend, selbst ein Kind. Wie wußte sie mit ihnen zu lachen und zu jubeln",[1] erinnert sich der Kollege Ernst Hallenstein. Daß ihre Existenz, die nach außen so spielerisch wirkte, zum Teil mühsam abgerungen war, zeigt neben ihren Worten über die Schauspielkunst ein Brief der 19jährigen an die Mutter, in dem es heißt: „Alles von der heiteren Seite auffassen, es ist ja manchmal schwer, aber man kann sich dazu zwingen, wenigstens es versuchen." (Wien, 25.9.1912)[1]

Philine Leudesdorff-Tormin starb im Alter von nur 31 Jahren an den Folgen einer Mandeloperation. Zwei einigermaßen wahllos herausgegriffene Nachrufe eines Kollegen und eines Kritikers, die für viele andere Zeugnisse stehen, geben Einblick in das Wesen dieser seltenen Frau und Schauspielerin. Zunächst ihr Kollege Hermann Gotthardt:

„Das diesjährige Osterfest wird den Mitgliedern des Thaliatheaters durch den jähen Tod von Philine Tormin in recht trauriger Erinnerung bleiben. Unser Publikum aber hat unserer kleinen ‚Mine' eine derartig verehrende Liebe und Treue bei der erhebenden Trauerfeier bewiesen, die rührend und versöhnend wirkte. Es ist keine leere Redensart, kein ‚Theater', wenn wir klagen, daß uns in unserer ‚Mine' mehr entrissen ist, als die große Künstlerin. Uns ist ein liebes Menschenkind genommen, wie kein Theater der Welt es sein nennen durfte. Als sie vor neun Jahren aus Prag zu uns kam, ein blutjunges Mädelchen, als sie zur ersten Probe kam und ins Konversationszimmer trat mit dem von ihren Bubenhaaren umrahmten süßen Gesichtchen und sich mit ihrem melodischen Organ vorstellte: ‚Tormin', dabei jeden mit diesen Märchenaugen so treu, als ob sie um Gastfreundschaft bitten wollte, ansehend, da schauten die alten Kämpen des Thaliatheaters auf. Man freute sich des Engagements eines solchen frischen Geschöpfes, und bald hatte Philine Tormin bei den Kollegen gewonnenes Spiel. Sie blieb immer der gleiche, liebe Mensch – auch dann noch, als sie mit der Zeit durch den Glanz ihrer herangereiften Künstlerschaft das ganze Ensemble umgoldete. Sie war unsere liebe ‚Mine' geworden und ist es geblieben als Braut, als Frau, als Mutter. Albert Bozenhard [siehe Portrait Karli Bozenhard] stand Pate bei ihrem Erstgeborenen – gewissermaßen als Vertreter des ganzen Personals. – Als dann noch ein Mädelchen geboren wurde, war das Glück vollständig. Dieses Glück ist nun grausam zerstört. Aber die Erinnerung an unsere süße Mine wird weiter in uns leben."[1]

Und im „Hamburger Fremdenblatt" schrieb Philipp Berges:

„Die gesamte deutsche Schauspielkunst, insbesondere das Hamburger Kunstleben, hat einen schweren unersetzlichen Verlust erlitten. Philine Leudesdorff-Tormin ist nicht mehr. Aus der Blüte ihres jungen Lebens, aus einer sich von Jahr zu Jahr an Ausdruck steigernden Kunstbetätigung, von der Seite zweier kleiner Kinder und eines Gatten, der sie und ihre Kunst hochhielt, hat der unerbittliche Tod sie jäh abberufen. Mit ihnen trauert erschüttert die ganze Hamburger Kunstgemeinde, die sich so häufig an dem wechselvollen, immer auf der Höhe stehenden Spiel der vielseitigen Künstlerin erfreut hat. Philine Tormin, so jung sie war, zählte schon zu den Großen in der Schauspielkunst; man kann sie ohne weiteres den bedeutendsten deutschen Schauspielerinnen der Gegenwart zurechnen. Sie war längst nicht mehr die muntere Naive allein,

als die man sie in Hamburg zuerst kennenlernte, sie hatte sich zu einer Charakterspie-
lerin ausgewachsen, der keine Rolle fremd
war. Geborene Künstlerin, erfaßte sie die We-
senheit jedes Charakters intuitiv, beinahe
naiv das Richtige treffend, und spielte ihn
ohne Künstelei zielsicher und menschlich
wahr. Die Natürlichkeit und Ungezwungen-
heit, mit der sie sich in ernste wie heitere,
dem Leben abgelauschte und exzentrische
Rollen ohne Tastversuche fand, waren häufig verblüffend. Nie merkte man die Arbeit,
die hinter ihren Leistungen stand, so selbstverständlich und leicht stellte sie ihre Figuren auf die Bühne. Zu Hilfe kamen ihr das
gewinnende Äußere, das herrliche, spre-
chende Auge, das für das ganze Gesicht charakteristisch war, ein ganz vorzügliches
Sprechtalent und ein sprühendes Temperament. Das ist nun alles dahin. Philine Tormin lebt nur noch in dankbarer Erinnerung
weiter und wird unvergessen bleiben bei allen, die ihre Kunst auf sich wirken ließen
oder zu ihrer liebenswürdigen, bescheidenen Persönlichkeit in nähere Beziehungen
treten durften. Im Jahre 1915 trat die Künstlerin in den Verband des Hamburger Thalia-
Theaters über und spielte sich so rasch, wie
wohl selten eine junge Künstlerin, überdies
in schwerer, der Kunst abgewandter Zeit, in
die Herzen des Publikums ein. Kaum ist es
nötig, den Lesern vor Augen zu führen, was
die Künstlerin während der Dauer ihres etwa
neunjährigen Wirkens in Hamburg geleistet
hat. Sie war, man kann diesen starken Ausdruck wohl gebrauchen, fast ununterbro-
chen auf den Brettern, und manches Stück
verdankt ihrer Hingabe und ihrer Kunst fast
allein seinen Erfolg und sein längeres Ver-
bleiben auf dem Spielplan. Zu ihren Glanz-
rollen in der letzten Zeit gehörten die Titel-
rollen in Fuldas ,Verlorene Tochter', mehrere glänzende Figuren in dem Einakterzyklus
,Seitensprünge', die Hauptfiguren im
,Schildpattkamm', in ,Will und Wiebke' von
Zobeltitz, in ,Scampolo', ,Die innere Stimme' und ,Der Kreis' von Maugham. Die Rolle
einer alten Dame, die sie hier unter bewun-
dernswürdiger Selbstentäußerung und mit

bezaubernder Grazie spielte, ließ einen Blick
frei, auf die großen darstellerischen Möglichkeiten, die noch vor der Künstlerin lagen. Zuletzt, nach einer Krankheit von mehreren Wochen, trat sie in dem englischen
oder amerikanischen Stück ,Das schwache
Geschlecht' auf, das sie geradezu mit einem
sprühenden Humor erfüllte.

Die Hand des Todes ist jäh und ganz unerwartet über sie gekommen. Eine Mandelent-
zündung, die eine Operation im Lohmüh-
lenkrankenhaus nötig machte, artete in Blutvergiftung aus und führte rasch zum Ende.
Nur fünf Tage ist die Künstlerin krank gewesen. Ob sie viel gelitten hat? Man darf hoffen, daß dies nicht der Fall gewesen, da das
Abwärtsgleiten ins Dunkel von einer Trübung des Bewußtseins begleitet war.

Mit den Hinterbliebenen trauert die gesamte Hamburger Kunstgemeinde um die so
früh dahingegangene, liebenswürdige, geniale Künstlerin; trauert die Künstlerschar
des Thalia-Theaters, denn wie sie der Liebling des Publikums war, war sie es auch den
Kollegen und Kolleginnen, sie besaß keinen
Feind, ihre hohen menschlichen Qualitäten
hatten sich alle Herzen erobert. Der Bühne
selbst wird durch das Scheiden Philine Tor-
mins eine schwere Wunde geschlagen. Sie
gehörte zu den besten jungen Kräften, die
das Thalia-Theater je besessen hat. Ihr Andenken wird nicht verlöschen."[1]   B.R.

Charlotte Kramm (Charlotte Bertha Henriette Kramm geb. Goldschmidt verh. Maertens)

*Schauspielerin am Thalia-Theater von
1932 bis 1935 und von 1945 bis 1971*

Grab Nr. AB 13, 87
geb. 15.3.1900 in Berlin
gest. 21.11.1971 in Hamburg

Schon während ihrer Pensionatsjahre in
Dresden nahm Charlotte Kramm, die Tochter eines Berliner Arztes, Schauspielunterricht und gelangte über die Bühnen in Katto-
witz, Stralsund und Erfurt nach Braun-

schaft ihres Mannes mit dem Präsidenten der Reichstheaterkammer, Ludwig Körner. Er versah die schriftliche Aufforderung zum Beleg ihrer arischen Abstammung mit dem Vermerk: „Bereits erledigt. Körner".[1] Die Ungewißheit, ob diese Akte jemals wieder geöffnet würde, hing dennoch wie ein Damoklesschwert über dem Paar. Über den allgemeinen Geist, der damals am Thalia-Theater herrschte, urteilt Willy Maertens: „Es waren einige Leute im Betrieb, die nicht sehr erfreulich waren. Aber an sich war es – ich möchte sagen – eine Oase. Gewiß, wir hatten auch einige wilde Nazis. Doch die kamen nicht so zur Geltung."[1] Wie Willy Maertens empfanden viele das Theater als eine Art Freiraum. Die Zwiespältigkeit dieser Haltung zeigt Klaus Mann in seinem Roman „Mephisto" an Gustaf Gründgens.

Die zehnjährige Zwangspause war für Charlotte Kramm nicht nur menschlich, sondern auch künstlerisch ein tiefer Einschnitt. Als sie 1945, mit 45 Jahren, auf die Bühne des Thalia-Theaters zurückkehrte, mußte sie den Sprung in ganz neue, ihrem Alter gemäße Rollen tun. Sie spielte jetzt Frauen- und Muttergestalten, oft an der Seite ihres Mannes, der 1945 die Leitung des Thalia-Theaters übernommen hatte. Als unvergessen werden immer wieder ihre Leistungen im „Tod des Handlungsreisenden", der „Erbin", dem „Fall Winslow", „Familienparlament", „Ich, erste Person Einzahl" und in verschiedenen Ibsen-Inszenierungen genannt. Zu ihrem 60. Geburtstag spielte sie die Mutter in Nikolaj Ostrovskijs „Tollem Geld", eine Rolle, die, wie ihr Mann Willy Maertens meinte, alle die liebenswerten Bühnenfiguren in sich schloß, denen Charlotte Kramm auf dem Theater zum Leben verholfen hatte. Bis zu ihrem Lebensende stand Charlotte Kramm auf der Bühne. Noch einen Tag vor ihrem Tod spielte sie die Modistin in Nikolai Erdmanns Komödie „Der Selbstmörder". Charlotte Kramm starb am 21. November 1971, vier Jahre nach dem Tod ihres Mannes, durch plötzliches Herzversagen. Der gemeinsame Sohn trat in die Fußstapfen der Eltern.

schweig. Dort lernte sie ihren Kollegen Willy Maertens kennen, den sie einige Jahre später in Hamburg heiratete. Willy Maertens hatte seit 1927 ein Engagement am Thalia-Theater, und auch Charlotte Kramm gelang der Sprung in die Hamburger Theaterlandschaft. Nach einem erfolgreichen Gastspiel als Maria Stuart wurde sie 1928 ans Altonaer Stadttheater engagiert und blieb dort bis 1931. Sie ging dann zu Erich Ziegel an die Kammerspiele im Lustspielhaus und folgte ihm, als er 1932 die Leitung des Thalia-Theaters übernahm (siehe Portrait Mirjam Horwitz). 1935 war für Charlotte Kramm alles zu Ende. Während ihr Mann weiterspielen durfte, erhielt sie aufgrund ihrer jüdischen Abstammung ein Auftrittsverbot, das einem Hausverbot gleich kam. Nicht einmal an Premieren, bei denen ihr Mann mitwirkte, durfte sie teilnehmen. So blieben ihr nur die Generalproben, bei denen sie ungesehen durch die Hintertür in den dunklen Zuschauerraum schlüpfte. Den sogenannten Ariernachweis nicht erbringen zu können und damit weit schlimmeren Gefahren ausgesetzt zu sein, ersparte ihr die alte Bekannt-

Ida Ehre (verh. Heyde)

*Schauspielerin, Regisseurin und
Prinzipalin der Hamburger Kammerspiele
in der Hartungstraße*

Grab Nr. O 6, 6
geb. 9.7.1900 in Prerau/Mähren
gest. 16.2.1989 in Hamburg

„Und wenn auch das Theater mir viel Freude
und Sorgen gemacht hat – es hat mich nicht
geprägt. Die Lebensweisheiten meiner Mutter haben mich bestimmt, die zwölf Jahre der
Angst haben mich geformt, die Jahre der
Kammerspiele haben mich herausgefordert.
… Ich hänge an diesem Theater, aber es ist
nicht mein Leben."[1]

Dieses Resümee verblüfft angesichts der
Tatsache, daß Ida Ehre über vierzig Jahre lang
ihre ganze Kraft und Energie in die Leitung
der Hamburger Kammmerspiele steckte, die
sie, an Erich Ziegels Tradition anknüpfend
(siehe Portrait Mirjam Horwitz), aus dem
Nichts gründete und zu großem Erfolg führte. Unterstützt wurde dieses Unternehmen
von dem Theateroffizier der britischen Militärregierung, John F. Olden, dem späteren
Ehemann von Inge Meysel, und Bürgermeister Max Brauer, der das Haus in der Hartungstraße für die Stadt ankaufte und Ida
Ehre zur Verfügung stellte. Bereits ein Jahr
nach seiner Eröffnung war das Theater ein
Begriff. Hilde Krahl, Käte Pontow, Hans
Quest, Wolfgang Liebeneiner, Helmut Käut-
ner, Ulrich Erfurth und viele andere spielten
an dieser Bühne, die sich in erster Linie für
moderne Autoren aus Amerika, England und
Frankreich wie Anouilh, Giraudoux, Wilder,
Katajew, Sternheim, Kaiser u.a. einsetzte, die
während der Herrschaft des Nationalsozialismus nicht gespielt werden durften. Hier fand
auch im Jahre 1946 die legendäre Uraufführung von Borcherts „Draußen vor der Tür"
statt (siehe Portrait Hertha Borchert). Als Ida
Ehre das ursprünglich für den Hörfunk geschriebene Stück las, war sie sofort Feuer und
Flamme. Es behandelte ein Thema, das alle
noch hautnah anging. Sie überzeugte Wolfgang Borchert, es für die Bühne umzuschrei-

ben, unterstützte den bereits Schwerkranken
dabei und initiierte, indem sie Ernst Rowohlt
veranlaßte, das Stück in sein Verlagspro-
gramm aufzunehmen, die Gründung des
Rowohlt Theaterverlages. Für ihre Verdienste
um den kulturellen Wiederaufbau der Stadt
erhielt sie verschiedene Auszeichnungen –
1970 die Medaille für Kunst und Wissenschaft, 1975 den Professorentitel, 1983 das
Große Verdienstkreuz des Verdienstordens
der Bundesrepublik Deutschland. Wirklich
gefreut aber hat sie sich nur über die Ehren-
bürgerschaft der Stadt Hamburg, die ihr 1985
als erster Frau verliehen wurde. Sie hoffte,
daß hierin ein Fingerzeig für einen Bewußt-
seinswandel läge. Ansonsten vertrat sie die
Überzeugung: „Die vielen, vielen Namenlo-
sen, die aufgestanden sind gegen das Unrecht, und die sich dafür haben umbringen
lassen. Auch heute gibt es sie tausendfach in
der Welt. Das sind die Großen, die keine Me-
daillen bekommen, sie aber mehr verdienen,
als ich es je verdient habe."[1] Auch diese Äußerung macht deutlich, daß Ida Ehre dem Leben und dem Handeln im Leben Priorität vor
der Kunst einräumte.

Das Leben gestaltete sich für Ida Ehre äußerlich zunächst recht entbehrungsreich,

denn ihre Mutter, Berta Ehre, mußte nach dem frühen Tod ihres Mannes, eines Oberkantors, die sechs Kinder alleine durchbringen. Eine Wiederverheiratung kam für sie nicht in Frage, sie wollte ihren Kindern keinen zweiten Vater geben. So zog sie mit ihnen nach Wien und verdiente den Lebensunterhalt mit dem Nähen von Hemden, Schürzen und Häubchen, die sie an Beamtenfrauen verkaufte. Trotz des äußeren Mangels erlebte Ida Ehre ihre Kindheit als „unendlich schön". Die Mutter verstand es, ihre Kinder mit Einfühlungsvermögen, Herzenswärme und Toleranz zu freien Menschen zu erziehen und ihnen „viele, viele Tugenden" zu vermitteln, um deren Erhalt Ida Ehre sich zeitlebens bemühte. Besonders wurde ihr der Satz zum Leitfaden, den ihr die Mutter am Abend vor ihrem Abtransport nach Theresienstadt, als sie schon in einer Schule interniert war, durchs Fenster zugerufen hatte: „Mein geliebtes Kind, die Welt kann nur miteinander leben, wenn das Wort Liebe groß geschrieben ist. Liebe und Toleranz – nicht hassen, nur lieben." Die Mutter und eine Schwester wurden im KZ ermordet. Auf die Frage in einem Fragebogen, wen sie als Heldin dieses Jahrhunderts ansehe, antwortete Ida Ehre: „Meine Mutter, aber sie hat es nicht gewußt."[1]

Die Mutter war es auch, die Ida Ehres schauspielerische Begabung, die schon in der Schulzeit auffiel, ernst nahm und den Weg der Tochter liebevoll begleitete. Durch Vermittlung einer Nachbarin nahm sich ein Tuchhändler, der Ungar Ballasza, des begabten jungen Mädchens an, das keine Möglichkeiten hatte, eine Ausbildung zu bezahlen. Er empfahl sie dem Burgschauspieler Prechtler, der ihr bis zum Tode seiner Frau ersten kostenlosen Schauspielunterricht erteilte, und danach an die Hofschauspielerin Wilbrandt-Baudius, die eine Gesellschafterin suchte, die ihre Rollen abhörte, ihre Korrespondenz führte und sie bei Besuchen begleitete. Auf diese Weise lernte die junge Ida Ehre viele interessante Menschen kennen und kam mit 16 Jahren zum ersten Mal ins Theater. Die Wilbrandt-Baudius war es dann

auch, die sie zur K.u.K.-Akademie für Musik und darstellende Kunst schickte, wo sie sich bei der Aufnahmeprüfung als so begabt erwies, daß die Akademie ihr für das erste Jahr, in dem sie keine Freiplätze vergab, ein Stipendium verschaffte. Ab dem zweiten Jahr bekam sie zusätzlich einen Freiplatz. Rückblickend schreibt Ida Ehre: „Eigentlich hat man mich dazu animiert, Theater zu machen. Ich wäre lieber Psychiater geworden. Aber schließlich bin ich das ja auch geworden, so groß ist der Unterschied zu meinem Beruf gar nicht. Menschen mit Schwierigkeiten trifft man überall, egal in welchem Beruf. Der Unterschied ist nur im Menschen selbst, ob er die Schwierigkeiten des anderen sieht oder sehen will. Wenn ich es mir so recht überlege, halte ich die ganze Gesellschaft für eine große Narretei."[1]

Nach einer dreijährigen umfassenden Ausbildung, zu der auch Bereiche wie Mythologie, Fechten, Tanzen, Kunstgeschichte, Französisch und Italienisch gehörten, eroberte sich Ida Ehre zahlreiche deutschsprachige Bühnen. Immer wieder machte sie sich auf den Weg, notfalls auch ohne ein Engagement in Aussicht zu haben. Sie wollte weiterkommen. Über Bielitz in Schlesien, Bukarest, Cottbus, Bonn, Königsberg, Stuttgart und Mannheim kam sie 1931 schließlich nach Berlin, wo sie auch für den Rundfunk arbeitete und einen Filmvertrag erhielt, mit dem ihr nach eigener Einschätzung möglicherweise der Sprung ins Ausland gelungen wäre. Doch der Film kam nicht mehr zustande. Mit der Machtergreifung der Nationalsozialisten im Jahre 1933 wurde Ida Ehre mit Berufsverbot belegt.

Ihr Mann, der Arzt Dr. Bernhard Heyde, den sie während ihres Engagements in Stuttgart kennengelernt und geheiratet hatte, als die gemeinsame Tochter Ruth (geb. 20. Oktober 1928) unterwegs war, kündigte seine Stelle als Oberarzt, und gemeinsam ging die kleine Familie nach Böblingen und eröffnete dort eine Praxis. Doch die NS-Ideologie machte auch vor dem Privatleben des Paares nicht halt. Als überzeugter Deutschnationaler erklärte Bernhard Heyde seiner Frau

1934, er werde zwar sie und die Tochter nicht verlassen, könne aber als deutscher Mann nicht mehr mit ihr intim sein. Er erwarte von ihr allerdings keine Treue, und wenn ein Kind käme, so sei es eben das gemeinsame des Ehepaares. Ida Ehre akzeptierte; und ein kaum nachvollziehbares Drei- bzw. Vierecksverhältnis begann, als Ida Ehre sich beim Skilaufen in den zwölf Jahre jüngeren Stuttgarter Wolfgang verliebte, der in dem Geschäft seines Vaters arbeitete. Er begleitete das Ehepaar Heyde auch, als es sich zur Ausreise nach Chile entschloß. Doch es war zu spät. Einen Tag bevor das Schiff die rettenden Azoren erreichte, brach der Krieg aus, das Schiff wurde in den nächsten deutschen Hafen beordert, die drei kamen an ihren Ausgangspunkt Hamburg zurück. Während Bernhard Heyde als „wehrunwürdig" galt, da er sich zum Schutze seiner Frau weigerte, sich scheiden zu lassen, und so die Familie mit Praxisvertretungen über Wasser halten konnte, wurde Wolfgang als Soldat eingezogen. Als ihn bei seinem ersten Urlaub der Bruder unter Druck setzte, das Verhältnis mit einer Jüdin aufzugeben, verließ Wolfgang seine Geliebte und heiratete die Freundin Bernhard Heydes, Maria, um, wie er sagte, bei der Rückkehr von der Front jemanden zu haben, mit dem er reden könne. Nach dem Krieg, 1948, tauchte Wolfgang wieder in Hamburg auf, das Verhältnis begann von neuem. 17 Jahre lang lebten Wolfgang, Ida Ehre und Bernhard Heyde in einer gemeinsamen Wohnung in der Hallerstraße. Dann stellte Wolfgang ein Ultimatum. Ida Ehre bat ihren Mann, sie gehen zu lassen; als er jedoch einwandte, wer so lange verheiratet sei wie sie beide, solle sich nicht mehr trennen, entschied sie sich für ihren Mann – aus „Nibelungentreue" wie sie schreibt. Diese hielt sie auch ihren Kammerspielen, die sie 1945 gegründet hatte, „um dem Publikum zu zeigen, daß es auch anderswo noch Menschen gibt, daß es wichtig ist, die Charaktere dieser Menschen kennenzulernen und das Handeln. Ich möchte den Menschen, die so versunken sind in der Gedankenbrühe der vergangenen Jahre, wieder eigene Gedanken geben."[2]

Über die hinter ihr liegenden zwölf bitteren Jahre der Herrschaft des Nationalsozialismus, in denen sie 1943 auch noch für sechs Wochen im KZ Fuhlsbüttel inhaftiert war, weil sie „das deutsche Volk zum Besten gehalten hatte", als ein Kameramann sie bei der Ausgabe von Lebensmitteln photographiert hatte, und vermutlich nur auf Fürsprache Himmlers, der ein Schulfreund Bernhard Heydes war, freigelassen wurde, schreibt Ida Ehre: „Rückblickend ist alles wie ein Theaterstück gewesen: Diese vielen Menschen in ihrer ungeheuren Verzweiflung, mit ihren unendlichen Hoffnungen, ihren Wünschen, ihrer schrecklichen Lethargie. Das Leben war vielleicht nicht einmal intensiver für mich als heute, aber einschneidender. Die menschlichen Erfahrungen waren wesentlicher, wichtiger, wertvoller als das Theater. Ich habe das Theater damals nicht vermißt, ich kann nicht sagen, daß ich darunter gelitten habe, nicht auftreten zu dürfen. Um mich herum spielte sich greifbares Theater ab, es war viel schrecklicher in seiner Echtheit, seiner Nähe zum Menschen. Ich habe mich geschämt, als die Frauen um mich herum – in den Wochen in Fuhlsbüttel – diese kardinalsroten Zettel in der Hand hielten, ihre Deportationsbefehle, unterschrieben von Herrn Kaltenbrunner. Ich habe mich geschämt, daß ich nicht auch abtransportiert wurde. Wie hätte ich in einer solchen Zeit Theater spielen können? Und in was für Stücken?"[1]   B.R.

Charlotte Rougemont

Märchenerzählerin

Grab Nr. W 20, 27–32
geb. 22.1.1901 in Hamburg
gest. 11.2.1987 in Hamburg

„So weit meine Erinnerung zurückreicht, habe ich mich in der Welt der Märchen, insbesondere der Volksmärchen, mit Selbstverständlichkeit wie zu Hause gefühlt. Ich hatte in der Tat zwei Elternhäuser und wohnte glücklich und zufrieden in allen beiden, im sichtbaren auf der Uhlenhorst in Hamburg, wie im unsichtbaren der Märchen",[1] schreibt Charlotte Rougemont in ihren Erinnerungen. Diese Aussage ist um so bemerkenswerter, als man erfährt, daß es aufgrund des pädagogischen Einflusses einer befreundeten Engländerin im Elternhaus keine Grimmschen Märchen gab, die Mutter lediglich das Märchen von den Sieben Geislein erzählte, und ansonsten nur „eine alte, zärtlich geliebte Tante – von der heute fast ausgestorbenen Gattung der Familientanten" der kleinen Charlotte und dem um wenige Jahre jüngeren Bruder Märchen sowie Geschichten und griechische Sagen vorlas. Ihren Lebensunterhalt mit Märchen zu verdienen, daran dachte sie nicht: „… vornehmen kann man es sich wohl kaum. Man wird dahin geführt – man weiß nicht wie",[1] schreibt sie, um dann aber doch den Hergang zu erzählen.

Charlotte Rougemont arbeitete schon lange als Medizinisch-Technische-Assistentin im Eppendorfer Krankenhaus, als ein Student sie mit zu einer Veranstaltung der Märchenerzählerin Vilma Mönckeberg-Kollmar nahm. Dieser Abend wurde zur Wende in ihrem Leben. Ihr, der Märchen fast nur vorgelesen worden waren, wurde plötzlich klar, daß Märchen, wenn sie ihren ganzen Zauber entfalten sollen, erzählt werden müssen, daß nur das laut gesprochene, den einzelnen ansprechende erzählende Wort wirklich ergreift, allerdings wortgetreu der schriftlichen Fassung folgend. Am nächsten Tag lag bei einer mechanisch zu verrichtenden Arbeit im Labor ein Reclamband mit Grimms Märchen aufgeschlagen neben ihr. In jahrelanger mühseliger Arbeit lernte sie neben ihrem eigentlichen Beruf viele Märchen der Welt auswendig, wobei ihr die Grimmschen Märchen immer besonders am Herzen lagen.

Sie begann, in ihrer Mittagsstunde im Krankenhaus Bethesda Patienten die auswendig gelernten Märchen zu erzählen, und mußte feststellen, daß sie damit nicht nur bei Kindern, sondern auch bei erwachsenen Patienten Erfolg hatte. Als sie einem etwa zehnjährigen Jungen das Märchen von der „Gänsemagd" erzählt hatte, meldete sich der mit

im Zimmer liegende dicke Bierkutscher am Ende zu Wort: „,Tja! ich weiß auch nicht, wie das kommt, aber ich hör' das gern!' – Dann, als sei das schon des Guten zuviel gewesen, zuviel der unmännlichen Regung, warf er sich mit einem Ruck herum, nach der Wand zu, stopfte sich mit Heftigkeit die Decke in den Rücken und – war nicht mehr vorhanden."[1] Auch die Ärzte und Schwestern spürten die wohltuende Wirkung der Märchen auf die Patienten und riefen sie bald in dieses oder jenes Zimmer: „…und in dem Zimmer bitte mal Märchenerzählen – da kommen wir nämlich sonst nicht weiter."[1]

Besonderen Anteil an ihrer Arbeit nahm der Bruder. Ihm erzählte sie jedes neu gelernte Märchen zuerst und beriet sich mit ihm, welches als nächstes folgen sollte. So war er es auch, der als erster das oder eines der ältesten gedruckten deutschen Märchen, das Märchen vom „Erdkühlein", von der Schwester erzählt bekam, das um 1560 von Martinus Montanus von Straßburg aufgezeichnet worden und nur in sehr wenigen Sammlungen wiedergegeben ist und das schon Goethe beeindruckt hat.[2] „Zum erstenmal im Garten geschlafen, und nun Erdkülin für ewig", schreibt er am 19.5.1776 an Charlotte von Stein. Charlotte Rougemont faßt das Märchen zusammen: „Das ‚Erdkühlein' (eine kleine Erd-Kuh, Genaueres weiß man nicht) läßt sich schlachten, opfert sich auf für das ‚gute Maidlein' im Märchen. Aus seinen leiblichen Überresten, aus Schwanz, Huf und Horn, die in die Erde vergraben wurden, erwächst am dritten Tag der Baum, mit den schönsten Äpfeln, die ein Mann je gesehen hat'. Und durch diesen Baum wird dann das ‚gute Maidlein' glücklich."[1]

Der geliebte Bruder fiel 1941 in Rußland. Bei den Bombenangriffen im Juli 1943 auf Hamburg wurden das Krankenhaus Bethesda und das Elternhaus Charlotte Rougemonts zerstört: „In Flensburg fanden meine Eltern und ich eine neue Heimat – und ich den neuen Beruf! Lange habe ich geschwankt und gezögert. Aber dann habe ich es gewagt und wurde Märchenerzählerin. Sehr langsam und wie von selbst wuchs ich hinein, ging weiter auf einem Weg, von dem ich selbst nicht wußte, wohin er führen würde. Nirgends gab es Geleise, denen ich hätte nachgehen können. Weit und breit kein Wegweiser. Wenn es ein Leichtsinn war, dann war es einer von der Art wie ‚Hans im Glück' ihn an sich hatte; er und seine ganze unmodern gewordene Sippschaft. Was ein Bauernjunge von diesem klassischen Hans dachte und aussprach, nachdem ich das Märchen in einer Schulstunde erzählt hatte, das kann mit allem guten Grund auch von mir gelten. … ‚Büschen doof auf einer Backe!'"[1]

Hatte Charlotte Rougemont schon in den letzten Jahren in Hamburg ihren Zuhörerkreis über das Krankenhaus hinaus erweitert, Märchen in Altersheimen, bei Mütterabenden und in Kinderkreisen erzählt, so reiste sie jetzt per Bus oder auf oft mehrstündigen, beschwerlichen Fußmärschen durch Schleswig-Holstein, erzählte an der Westküste, auf den Inseln und Halligen, in den Kreisen Flensburg, Rendsburg, Schleswig, Eckernförde und in und um Hamburg. Sie erzählte in Schulen (von der Dorfschule, über das Gymnasium bis zu Berufs- und Volkshochschule), in Kinder-, Müttererholungs- und Altersheimen, in Ferienheimen und Zeltlagern, bei den Landfrauen, im Frauen-

gefängnis Fuhlsbüttel, im Jugendgefängnis Hanöfersand u.a. Fast immer gelang es ihr, auch anfänglich skeptische Jugendliche und Erwachsene zu fesseln. Das lag nicht nur an den Märchen und Charlotte Rougemonts Art, sie zu erzählen. Sie blieb sich stets bewußt, welch eine Gradwanderung eine solche Märchenstunde war. Sie achtete darauf, daß die Atmosphäre in einem Raum stimmte, behielt potentielle Störer und Störfaktoren im Blick und wählte ihre Märchen entsprechend ihrem Publikum aus.

Das Urteil über „Hans im Glück" beispielsweise, „Büschen doof auf einer Backe", machte ihr deutlich, daß dieses Märchen in Jungenkreisen nicht mehr ankam, sie erzählte künftig andere und erlebte, daß auch die coolsten Jungen von ihren Märchen angerührt wurden. Ähnliche Erfahrungen machte sie mit Erwachsenen, die zunächst meinten, Märchen seien etwas für Kinder. Oft fühlten die Erwachsenen sich an solchen Abenden dann in ihre Kindheit zurückversetzt, glaubten die Stimme der erzählenden Mutter oder Großmutter zu hören. Am erstaunlichsten aber ist wohl die Wirkung, die Charlotte Rougemont mit ihren Märchen selbst in Lazaretten hatte. Natürlich passierte es ihr auch hier, daß Soldaten sich über ihr Ansinnen, Märchen zu erzählen, mokierten, aber im allgemeinen wurde sie mit solcher Dankbarkeit empfangen, daß sie bald eine regelrechte Anstellung bei der „Außenstelle für kulturelle Lazarettbetreuung in Flensburg" erhielt und in den Jahren 1944 bis 1946 täglich Verwundeten Märchen erzählte. Einer der Männer der Lazarettbetreuungsstelle sagte eines Tages zu ihr: „Wir sind hier ganz verwundert; aber Ihre alten Märchen, die schießen bei unserer Programmgestaltung den Vogel ab. Nichts von alledem, was wir den Leuten zur Zerstreuung bieten, wird immer wieder so dringend von den Verwundeten verlangt wie gerade das. Man erwartet Sie mit freudiger Ungeduld. Nicht überall. Das sage ich Ihnen ganz offen; aber das sind Ausnahmen. Es wäre uns lieb, wenn Sie von jetzt an auch sonntags erzählten; Sie kommen sonst ja gar nicht 'rum."[1]

Die vielen dankbaren, oft drolligen und unbeholfenen Kommentare der Zuhörerinnen und Zuhörer, die sogar das Preis-Leistungs-Verhältnis im Blick halten – „Wie weer dat denn? – Oh, – ik segg di: vel to schön för tein Penn!!" – muß man bei Charlotte Rougemont selbst nachlesen. Hier nur eine Geschichte: Charlotte Rougemont hatte Verwundeten das Märchen vom „Süßen Brei" erzählt. Bei ihrem nächsten Besuch herrschte große Unruhe, die sich erst am Ende aufklärte: Die Soldaten hatten während des Erzählens einen Griesbrei mit vielen Rosinen für „ihre" Märchentante warm gehalten, um ihn ihr am Ende zu überreichen. Sie hatten dafür auf die Rosinen in ihrer eigenen Milchsuppe verzichtet.

Das Geheimnis von Erfolg und Mißerfolg einer Märchenstunde beantwortet Charlotte Rougemont mit einer Weisheit aus einem Märchen: Die Schlußwendung vieler georgischer Volkserzählungen lautet: „Drei Äpfel fielen vom Himmel: der eine für den, der erzählt hat, der zweite für den, der zugehört hat, und der dritte, der schönste, der rote, fiel in den Abgrund.' ... Ich meine, daß mit dem Wort ‚Abgrund' vom Georgischen Märchenerzähler hier das umschrieben werden soll, was zwischen Erzähler und Zuhörer bewirkt, daß der Inhalt nicht nur vom Verstand begriffen wird, sondern daß das Erzählte die Seele des anderen berührt und bewegt. Dieser im Verborgenen wirkenden Kraft, diesem mit Worten nicht beschreibbaren Wesen, das zwar unsichtbar, aber spürbar während des Erzählens zugegen war, gebührt der dritte, der schönste, der rote Apfel. Und in diesen Abgrund, wenn ich es einmal so ausdrücken darf, fällt auch mein Dank nach einer besonders glücklichen Märchenstunde."[1]

Charlotte Rougemont starb im Alter von 86 Jahren. Sie hatte zuletzt im Altenheim Rabenhorst in Hamburg gelebt.   B.R.

Anni Ahlers

Operettensängerin

Grab Nr. G 18, 296
geb. 21.12.1902 in Hamburg
gest. 14.3.1933 in London

Anni Ahlers war Ende der 20er Jahre neben der Ungarin Gitta Alpar die gefeierte Operettendiva Berlins. Sie wurde in Hamburg geboren und wohnte mit ihrer Mutter Auguste geb. Leeberg, ihrer zwei Jahre älteren Schwester Mia und ihrem Stiefvater, dem Maurermeister Cäsar Buschitzky, in der Annenstraße in St. Pauli. Ihr leiblicher Vater war Zirkusstallmeister. Er machte seine Tochter im Alter von vier Jahren mit dem Bühnenmilieu vertraut. 1920 wurde sie als Tänzerin an die Hamburger Volksoper auf der Reeperbahn engagiert, an der sie bis zum Sommer 1924 blieb. Damit begann ihr Aufstieg von der Tänzerin zur Chorsängerin und schließlich zur Solosängerin. Im Juni 1923 bekam Anni Ahlers ihre erste Solo-Rolle. Sie spielte die Rote Liesy in der Operette „Der fidele Bauer".

Zu Beginn der neuen Spielzeit, im September 1924, ging Anni Ahlers nach Itzehoe, wo sie bis April 1925 am Stadttheater als Sängerin und Tänzerin engagiert war. Als die Spielzeit im Herbst wieder begann, wechselte sie ans Stadttheater nach Dortmund. Hier blieb sie wiederum nur für eine Spielzeit und ging dann im August 1926 nach Breslau. Dort hatte sie ihren ersten größeren Erfolg in der Operette „Lady Hamilton". Die folgenden zwei Jahre blieb Anni Ahlers in Breslau.

1929 kam sie nach Berlin, wo sie schnell zu einem der Stars der Operetten- und Revuebühnen avancierte. Ihre erste größere Rolle war die Barbarina in der Operette „Casanova", eine reine Tanzrolle. Doch bereits im Jahr darauf erhielt sie ihre erste große Tanz- und Gesangsrolle, die Victoria in „Victoria und ihr Husar". Diese Operette schlug bei den Leipziger Operettenfestspielen im Juli 1930 sensationell ein und wurde danach mit viel Erfolg im Berliner Metropoltheater gespielt.

Jetzt meldete sich auch der Film. Im Jahre 1931 spielte Anni Ahlers in vier Streifen, der

„Marquise von Pompadour", dem „wahren
Jacob", der „Faschingsfee" und der „Liebesfi-
liale". 1932 wirkte sie in dem musikalischen
Lustspiel „Die verliebte Firma" mit.

Im selben Jahr verließ Anni Ahlers
Deutschland und ging ans His Majesty's
Theatre in London, wo sie in der Rolle der
Dubarry in der gleichnamigen Operette Tri-
umphe feierte. Doch diese Rolle wurde ihr
möglicherweise auch zum Verhängnis. So jedenfalls sahen es manche Freunde und Kollegen, als Anni Ahlers infolge eines Sturzes
aus dem Fenster starb. Sie meinten, Anni
Ahlers habe, mondsüchtig veranlagt und
überarbeitet, die Wirklichkeit mit ihrer Rolle
verwechselt. Als Madame Dubarry mußte
Anni Ahlers durch ein Fenster über einen
Balkon der Dekoration kriechen. Die Jury,
die in England ungeklärte Todesfälle unter-
sucht, kam dagegen zu dem Ergebnis, daß es
sich um einen Suizid gehandelt habe.

Die Einäscherung von Annie Ahlers fand
in London unter großer Beteiligung der
Theaterwelt und im Beisein von Mutter und
Schwester statt, die die Urne nach Hamburg
überführten.   Maren Brodersen/B.R.

Lola Rogge (verh. Meyer-Rogge)

*Tanzpädagogin, Choreographin
und Tänzerin*

Grab Nr. P 27, 233–236
geb. 20.3.1908 in Altona
gest. 13.1.1990 in Hamburg

Das Grab von Lola Rogge auf dem Ohlsdorfer Friedhof ist kaum aufzufinden, denn einen Grabstein gibt es nicht. Um so sichtbarer
manifestiert sich ihr Leben und Werk in den
Gebäuden ihrer Tanzschule in der Tesdorpfstraße 13, auf dem der Namenszug „Lola
Rogge Schule" prangt, und im Hirschpark in
Blankenese. Daß Lola Rogge eine tänzerische Laufbahn einschlagen würde, stand keineswegs von Anfang an fest. Widerstände der
Eltern waren zu überwinden, die ihre Tochter in dem für Frauen anerkannten Beruf
der Fürsorgerin sahen, und später, während
der Ausbildung, Selbstzweifel; Zweifel an der
eigenen Begabung und körperlichen Belast-
barkeit. Doch ihr kämpferisches und zielstre-
biges Naturell ließen sie alle diese Schwierigkeiten überwinden und den Namen Lola
Rogge weit über Hamburgs Grenzen hinaus
bekannt machen.

Begonnen hatte für die Tochter des Stadt-
baumeisters in Altona, des Architekten Hans
Rudolf Rogge, und seiner Ehefrau Christiane geb. Schönfelder, alles, als sie aufgrund
ihres zarten Gesundheitszustandes 1920 aus
dem Lyzeum in der Altonaer Chaussee, das
sie seit 1914 besuchte, in die jüdische Privatschule von Alice Blömendal umgeschult wurde, wo statt des ihr aus gesundheitlichen
Gründen untersagten Sportunterrichts
rhythmische und tänzerische Gymnastik auf
dem Lehrplan stand. Das junge Mädchen
war sofort Feuer und Flamme, gern hätte sie
auch außerhalb der Schule Tanzunterricht
genommen, doch die Eltern waren strikt dagegen. Erst ein Tanzsolo in einer Schulauf-
führung nach Gedichten aus Goethes „West-
östlichem Divan", die Fürsprache einer Lehrerin, die mit Lola und ihren Freundinnen
eine Tanzszene in einem Theaterstück für
den Handwerkertag in Hamburg eingeübt

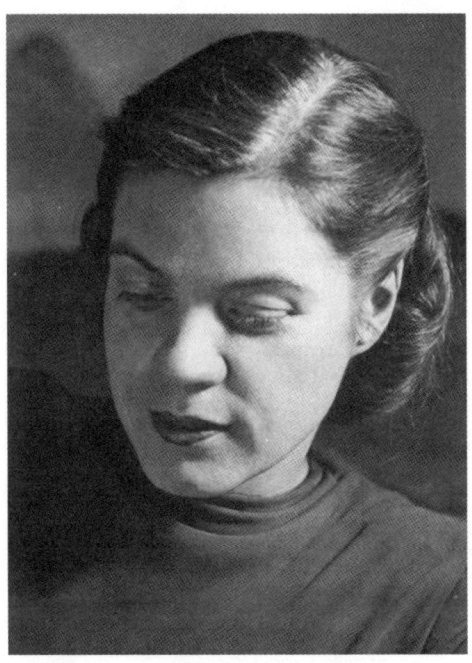

sich alle weiteren Einsichten, daß nämlich in jedem Menschen ein Tänzer stecke, der Gruppentanz die eigentlich adäquate Form und die zwecklose Freude der Tänzerinnen und Tänzer im gemeinsamen Erleben die Zielsetzung des Tanzes sei. Vor diesem Hintergrund ist es auch verständlich, daß Labans Interesse nicht nur der Ausbildung von Profis, sondern vor allem auch der von tanzbegeisterten Laien galt. Aus der Arbeit mit ihnen gingen die Bewegungschöre hervor, deren Übungsstunden zum Pflichtprogramm der Ausbildungsschüler und -schülerinnen gehörten.

Die Lehre Labans mußte bei Lola Rogge, die einen besonderer Sinn für Humanität und Toleranz besaß, auf fruchtbaren Boden fallen, auch wenn sie den Schwerpunkt in ihrem eigenen Unterricht später etwas verlagerte. Während es Laban primär um das gesteigerte Ich-Erlebnis in der Gemeinschaft ging, darum, den Menschen aus der Gemeinschaft heraus zu tragen, legte Lola Rogge Wert auf die Durchbildung des Körpers, auf technisches Können. Aus dem Gefühl heraus, selbst keine ausreichende Technik gelernt zu haben, nahm sie nach Abschluß ihrer Ausbildung am Laban-Institut klassischen Tanzunterricht bei Olga Brandt-Knack, der damaligen Ballettmeisterin und Choreographin des Hamburger Stadttheaters (siehe Portrait).

Eine Karriere als Solotänzerin kam für Lola Rogge trotz einer Anfrage aus Braunschweig nicht in Frage. Sie blieb nach ihrem Examen im Jahre 1927 als Assistentin Albrecht Knusts an ihrer Ausbildungsstätte tätig und gründete eine eigene Schule in Altona, die „Altonaer Labanschule Lola Rogge", wo sie die ersten Kinderbewegungschöre ins Lebens rief. Neben den Kindergruppen kam auf Initiative von Frau Bucerius, der Mutter des ehemaligen Herausgebers der „Zeit", zunächst ein Kurs zustande, den Lola Rogge scherzhaft ihren Crêpe-de-Chine-Kurs nannte. Da sie ihren Beruf jedoch nicht nur als künstlerisch-pädagogische, sondern auch als soziale Aufgabe betrachtete, versuchte sie, Menschen aus allen Schichten zu gewinnen

hatte, und vor allem ihr eigenes tägliches Insistieren führten schließlich dazu, daß die Mutter sich bereit erklärte, an einer Unterrichtsstunde in der Tanzschule des Ungarn Rudolf von Laban zu hospitieren. Der Anblick halbnackter, schwitzender Männer ließ sie entsetzt zurückschrecken. Doch die Tochter gab nicht nach, und beim zweiten Besuch hatte sie Glück. Die feinfühlige Jenny Gertz, die dieses Mal den Unterricht erteilte, begriff die Situation und richtete es so ein, daß keine exzessiven Bewegungen bei den Übungen vorkamen. Lola Rogge hatte es geschafft: Auch wenn die Eltern sich niemals mit der Künstlerlaufbahn ihrer Tochter abfanden, willigten sie in ihre Wünsche ein. 1925 begann Lola Rogge ihre Ausbildung an der Schule „Hamburger Bewegungschöre Rudolf von Laban", die zu diesem Zeitpunkt schon nicht mehr von Laban selbst, sondern von seinem ehemaligen Assistenten, dem gebürtigen Hamburger Albrecht Knust, im Sinne der Ideen Labans geleitet wurde.

Labans Bewegungslehre basierte auf der Überzeugung, daß das gesamte Sein seinen Ursprung im Tanz habe. Daraus ergaben

– mit Erfolg. Um für ihre Schüler mit geringem Einkommen den Beitrag erschwinglich zu halten, gründete sie den „Altonaer Bewegungschöre e. V". Als eingetragenem Verein standen ihm Turnhallen als Trainingsräume zu günstigen Konditionen zur Verfügung. 1931 erweiterte sich ihr Schülerkreis noch einmal erheblich, als sie Gymnastikunterricht über den Rundfunk erteilte.

Im Frühjahr 1934 war Lola Rogge vor eine große Entscheidung gestellt: Albrecht Knust ging nach Essen an die Folkwangschule und bot ihr die Übernahme der Laban-Schule am Schwanenwik an. Sie war inzwischen nicht mehr allein, denn sie hatte 1931 den Hamburger Kaufmann Hans Meyer geheiratet, der nach der Eheschließung den Namen seiner Frau als Doppelnamen angenommen hatte, eine auch für heutige Verhältnisse ungewöhnliche Entscheidung, die viel über das Verhältnis des Paares aussagt.

Hans Meyer hatte zunächst Pianist werden wollen, schlug aber dann, als sein Vater starb und er für seinen eigenen Lebensunterhalt und den der Mutter sorgen mußte, eine kaufmännische Laufbahn ein. Als er Ende der zwanziger Jahre mit Einbruch der Weltwirtschaftskrise wie viele andere arbeitslos wurde, besann er sich auf seine musikalische Begabung und wurde zum Begleiter und Berater seiner damaligen Freundin und späteren Ehefrau. Er saß während ihres Unterrichts am Klavier und half ihr bei der Musikauswahl für ihre kleinen Choreographien. Später, bei den großen chorischen Tanzwerken, wurde er zu einem wichtigen musikalischen und dramaturgischen Mitarbeiter, der die Musik und den Stoff auswählte und die dramaturgische Konzeption der Choreographie entwarf. Doch waren beide sich stets bewußt, daß sie die begabtere von ihnen war. Ihren „Prinzgemahl" nannte sie ihn dann auch. Dieser übernahm allerdings eine sehr zentrale Funktion, als das Ehepaar sich entschloß, das Angebot Knusts und Labans anzunehmen und die Schule zu kaufen. Hans Meyer-Rogge wurde quasi zum geschäftsführenden Direktor des Instituts, der sich um alle finanziellen und organisatorischen Belange kümmerte.

Schon ein Jahr vor der Übernahme der Tanzschule hatte sich Lola Rogge nach ersten kleinen Erfolgen als Choreographin an ein abendfüllendes Programm auf eigene Verantwortung und Kosten gewagt. „Thyll" hieß das Tanzschauspiel, das auf dem Ulenspiegel-Roman des belgischen Dichters Charles de Coster basierte und für das der Hamburger Komponist Claus-Eberhard Clausius nach Lola Rogges choreographischen Vorgaben die Musik schrieb. Es sollte im Altonaer Stadttheater von den Laien der Bewegungschöre und dem Sprech- und Bewegungschor der SPD getanzt werden.

Doch kurz vor der Premiere wurde von den nationalsozialistischen Machthabern zur Auflage gemacht, den SPD-Chor zu streichen. Lola Rogge kam dieser Aufforderung nach, um die Aufführung nicht zu gefährden. Die Hauptrolle des Stückes tanzte sie selbst, ebenso wie in ihrem nächsten großen Werk, den „Amazonen", das sie 1935 mit ihren Bewegungschören im Deutschen Schauspielhaus uraufführte. Das Stück war so erfolgreich, daß es 1935 im Rahmen der deutschen Tanzfestspiele in Berlin gezeigt wurde und 1936 zusammen mit dem Weihespiel Labans „Vom Tauwind und der neuen Freude" für die Eröffnungsfeier der Olympischen Spiele gedacht war. Bei der Generalprobe entschied Goebbels sich jedoch anders. Über Labans chorisches Werk, das sich zunächst so mühelos in die nationalsozialistische Ideologie zu fügen schien, notierte er in seinem Tagebuch: „Das ist alles so intellektuell. Ich mag das nicht. Geht in unserem Gewande daher und hat gar nichts mit uns zu tun."[1] Als Laban Deutschland 1937 verließ, mußte sein Name aus den Titeln aller Labanschulen gestrichen werden. Lola Rogge führte ihre Schule unter der Bezeichnung „Lola-Rogge-Schule" weiter.

Die Geschichte der Amazonenkönigin Penthesilea war als erster Teil einer Trilogie geplant, die aber wegen des Kriegsausbruchs nicht mehr vollendet werden konnte. 1939 wurde lediglich noch der zweite Teil, „Mädcheninsel", im Schauspielhaus uraufgeführt. Das Tanzspiel erzählt die Sage des jungen

Achill, den seine Mutter Thetis vor der Erfüllung des Orakelspruchs zu schützen sucht. Lola Rogge tanzte den Achill. Die Entscheidung für die antiken Stoffe basierte auf der Liebe Hans Meyer-Rogges zur griechischen Mythologie. Zudem waren Figuren wie Penthesilea und Achill der knabenhaften Lola Rogge mit ihrer herben und kraftvollen Ausstrahlung wie auf den Leib geschrieben.

Die Aufführungen waren dann auch ein solcher Erfolg, daß der damalige Intendant des Schauspielhauses, Karl Wüstenhagen, Lola Rogge gleich nach der Premiere der „Amazonen" einen Vertrag als Bewegungsregisseurin anbot. Über 20 Jahre, bis zum Ende der Spielzeit 1958/59, arbeitete Lola Rogge neben all ihren anderen Verpflichtungen auch noch am Schauspielhaus.

Das Ende des Krieges erlebte Lola Rogge in Stade, wohin sie nach den schweren Bombenangriffen auf Hamburg im Sommer 1943 geflüchtet war. 1945 kehrte sie nach Hamburg zurück und erhielt von der englischen Besatzungsmacht sofort die nötige Unterrichts- und Auftrittsgenehmigung. Die Tanzschule war bereits 1938 in das Haus Tesdorpfstraße 13 verlegt worden, das das Ehepaar erwarb, als ihm der Mietvertrag für das Haus am Schwanenwik, in dem sich die Tanzschule Laban bis dahin befand, gekündigt wurde. Hier in der Tesdorpfstraße wohnte die Familie auch. Die Zusammenlegung von Wohnung und Arbeitsstätte erleichterte manches, besonders die Betreuung der Kinder, der 1935 geborenen Zwillinge Jan und Klaus, und der Töchter Christiane (1944) und Andrea (1948). Zudem gab es eine Hausangestellte, die von frühmorgens bis spätabends für die Kinder da war. Und doch erzählt die Tochter Christiane, heute Leiterin der Lola-Rogge-Schule, wie sie als Kinder spätabends wach in den Betten gelegen und sehnsüchtig auf die von einer Premiere heimkehrende Mutter gewartet hätten. Die gemeinsamen Wochenenden in dem 1951 gekauften Haus in Lüllau in der Heide empfindet sie als eine Art Wiedergutmachung für erlittenen Mangel. Noch heute ist für die Geschwister das Haus in der Heide enorm wichtig: „Da ist Mutter."

Nach Kriegsende mußten die Eltern allerdings zunächst einmal den mühsamen Wiederaufbau bewerkstelligen. Wofür Lola Rogge schon immer ein Gespür gehabt hatte, für Qualität und Leistung, was sie sofort nach der Übernahme der Laban-Schule im Jahre 1934 veranlaßt hatte, die Ausbildung am Institut zu reformieren und das Niveau zu verbessern, empfand sie auch jetzt als Notwendigkeit. Wenn der moderne Tanz in Deutschland den Anschluß an das internationale Niveau nicht verpassen wollte, mußte etwas geschehen. Als 1949 der schweizerische Berufsverband für Gymnastik und Tanz zum Internationalen Tänzertreffen nach Zürich einlud, fuhr Lola Rogge hin. Hier hatte sie nach vielen Jahren zum ersten Mal die Gelegenheit, wieder Lernende und nicht Lehrende zu sein. Aus der Begegnung mit der Komponistin Aleida Montijn entstand dann auch eine neue Schöpfung Lola Rogges, die sie ganz ohne die Unterstützung ihres Mannes durchführte: „... die ‚Vita Nostra' ist ein gemeinsames Kind von uns beiden",[2] schrieb sie an die Komponistin. Die Uraufführung des auf alttestamentarischen Psalmen basierenden Werkes am 15. Mai 1950 erregte große Begeisterung. Der renommierte Ballettkritiker Christian E. Lewalter wertete das Werk, das die durchlebten Schrecken des Krieges zum Ausdruck brachte, in der „Zeit" als einzigartiges Werk; der Tanzpublizist Kurt Peters bezeichnete die Choreographie als die bedeutendste der Nachkriegszeit. Auch das letzte große Werk, das Lola Rogge schuf, hatte einen religiösen Hintergrund und beschäftigte sich mit dem Tod: der „Lübecker Totentanz". Er wurde in verschiedenen Kirchen Lübecks aufgeführt und stellte immer neue Anforderungen an die Choreographin, da die verschiedenen Kirchenräume ganz anders berücksichtigt werden mußten als die „Guckkastenbühne" des Theaters.

Nach dem Tod ihres Mannes am 5. September 1975 gab Lola Rogge die Leitung ihrer Schule an ihre Tochter Christiane ab. Die Ausbildung für Tänzer hatte sie bereits 1969 aufgegeben. Die Tanzabteilungen der Hochschulen konnten schon aufgrund ihrer finanziellen Möglichkeiten dafür inzwischen ein besseres Niveau garantieren als eine Privatschule. Lola Rogge konzentrierte sich ganz auf ihr Lieblingskind, den Laientanz. Darin war sie so erfolgreich, daß sie 1972 eine Zweigstelle in dem klassizistischen Gebäude im Hirschpark in Blankenese einrichtete. Bis zu ihrem Tode am 13. Januar 1990 leitete sie einen Laienkurs.   B.R.

Gisela von Collande (Gisela Huberta Valentine Maria von Mitschke-Collande)

Schauspielerin

Grab Nr. AC 11, 86–89
geb. 5.2.1915 in Dresden
gest. 22.10.1960 bei Pforzheim [1]

Gisela von Collande wurde am 5. Februar 1915 in Dresden geboren und wuchs in einer künstlerisch geprägten Umgebung auf. Sie war die Tochter des aus einem schlesischen Aristokratengeschlecht stammenden Malers und Bühnenbildners Constantin von Mitschke-Collande und Enkelin des bekannten Dresdner Schauspielers und Theaterintendanten Paul Wieke.

Nach dem Besuch des Dürer-Gymnasiums in Dresden ging Gisela von Collande mit 15 Jahren nach Berlin, wo sie an der Schauspielschule Max Reinhardts ausgebildet wurde. Heinz Hilpert engagierte die Anfängerin 1932 an die Volksbühne, die er innerhalb von zwei Jahren zu einer der besten Bühnen Deutschlands machte, und nahm sie wie viele ihrer Kolleginnen und Kollegen mit ans Deutsche Theater, als er 1934 dessen Direktor wurde. Gisela von Collande stand sowohl in der Eröffnungsvorstellung des Deutschen Theaters, in Shakespeares Lustspiel „Wie es Euch gefällt", auf der Bühne als auch in der Premiere der dem Deutschen Theater angegliederten Kammerspiele. Später rezitierte sie auch bei den Morgenfeiern, die Heinz Hilpert 1939, kurz nach Ausbruch des Krieges, im Deutschen Theater einrichtete, um der Sprach-Verschluderung durch den Nazi-Jargon entgegenzuwirken. Auch lag der Aus-

wahl der Texte stets ein aktueller Bezug zugrunde, der vom Publikum verstanden und um dessentwillen Hilpert vom Propagandaministerium gemaßregelt wurde.

1945 kam Gisela von Collande nach Hamburg. Hier spielte sie zunächst auf den Ausweichbühnen des Deutschen Schauspielhauses. Ein großer Erfolg war ihre Polly in Brechts „Dreigroschenoper". Von 1947 bis 1952 hatte sie einen festen Vertrag am Thalia-Theater, wo sie in der Titelrolle in Gerhart Hauptmanns „Rose Bernd" sogleich ihre von einer „Innerlichkeit durchleuchtete, über jeden Verdacht an falsches Pathos oder bloße Routine erhabene Kunst" [2] präsentierte. 1949 spielte sie unter Willy Maertens (siehe Portrait Charlotte Kramm) das erste Mal eine Rolle, die sie zuletzt 1960 bei den Ruhrfestspielen in Recklinghausen wiederholen sollte und die sie in einer Fernsehfassung für Millionen zu einem Begriff machte: Frau John in Hauptmanns „Ratten".

Doch mit der Erkenntnis, daß Hamburg als Theaterstadt damals kein geeignetes Forum für ihre weitere künstlerische Entwicklung bildete, gab Gisela von Collande die feste Ensemblebindung zugunsten von Teilengagements und Rollenverträgen auf. Sie gastierte bei Barlog in Berlin, bei Gründgens in Düsseldorf, bei Schalla in Bochum. Eine in Stuttgart erarbeitete Inszenierung von Schillers „Maria Stuart" war ein solcher Erfolg, daß das Ensemble zum Festival nach Paris eingeladen und stürmisch gefeiert wurde.

Gisela von Collandes Wohnort aber blieb weiterhin Hamburg bei ihrem Mann, Josef Dahmen, Ensemblemitglied des Deutschen Schauspielhauses, und ihren drei Kindern. Zurückgezogen lebte die Familie in der Parkallee: „Mehr als mein halbes Leben steht in der Öffentlichkeit. Ich möchte etwas für mich haben. ... Meine Kinder sind keine ‚Schauspielerkinder‘, sie werden nicht herumgezeigt. Sie haben ihre feste Ordnung, und ... das ist heutzutage keine kleine Aufgabe für eine Schauspielerin. Eine Erzieherin kostet viel Geld. Aber ... meine Kinder sind meine besten Rollen ... !" sagte Gisela Collande in einem Interview gegenüber der „Hamburger Freien Presse". Sie war der Meinung, daß ihr ihre Kinder hundertprozentig gelungen seien, während sie mit ihren Bühnenrollen nie restlos zufrieden sei. Und sie maß ihren Kindern eine große Bedeutung für ihre eigene Entwicklung zu: „Ohne meine Kinder hätte ich bestimmt nicht soviel Substanz." (Hamburger Freie Presse vom 13./14. Mai 1950)

Gisela von Collande starb am 22. Oktober 1960 im Alter von nur 45 Jahren, als ihr Auto auf der Heimfahrt von München nach Hamburg auf regennasser Straße ins Schleudern geriet. Die folgenden Zeilen geben eine Vorstellung von dem Typus der Schauspielerin Gisela von Collande: „Erstaunt stockte man, als in der Todesmeldung ihr Alter genannt wurde. Erst 45 Jahre war die Collande alt? Sie hatte allerdings schon in jüngsten Berufsjahren ihren Rollen womöglich einen mütterlichen Zug gegeben. Etwas Bewahrendes, Sorgendes, eine tief innerliche Freude, in der manchmal eine Träne zerdrückt zu sein schien, war ihr eigen. Sie vermochte zu rühren. Als die 34-jährige Collande eine Hundertundsechsjährige spielte (‚Ihr 106. Geburtstag‘), war das gewiß eine bravouröse Kunst. Aber auch ‚natürlich‘ wirkte diese

Schauspielerin vornehmlich in älteren Frauenrollen, sei es mit mütterlichem Charakter, wie (1958) in ‚Blühende Träume‘ von Robert Bolt, sei es als der alternde Star in Tennessee Williams‘ ‚Süßer Vogel Jugend‘ (1959)."[3]

B.R.

Dinah Grace (Ilse Schmidt verh. Fritsch)
Tänzerin

Grab Nr. AC 16, 151
geb. 14.2.1916 in Berlin
gest. 10.5.1963 in Hamburg

Dinah Grace, Offizierstochter aus Berlin, erhielt bereits im Alter von 15 Jahren ihr erstes Engagement als Tänzerin. Später wirkte sie auch in verschiedenen Filmen mit: 1934 in „Hohe Schule", einem im Gesellschafts- und Kunstreitermilieu spielenden Streifen nach einem österreichischen Offiziersroman, und in „Schön ist es, verliebt zu sein", einem musikalischen Lustspiel aus dem Alltags- und Künstlermilieu, 1938 in „Spaßvögel", einem rheinischen Lustspiel aus dem Dorf- und Gasthausmilieu.

Im März 1937 heiratete sie den beliebten Filmschauspieler Willy Fritsch, mit dem sie zwei Söhne, Michael, später Graphiker, und Thomas, Schauspieler, hatte. Thomas Fritsch wurde 1944 in Dresden geboren, wohin die Mutter vor dem Berliner Bombenhagel geflohen war, während Willy Fritsch in den Ufa-Ateliers weiter filmte. Nach Kriegsende kam die Familie nach Hamburg, wo Dinah Grace 1963 starb.   B.R.

Christa Siems-Raider (gesch. Hynitsch
verh. Raider)

*Schauspielerin am St. Pauli-Theater
ab 1946*

Grab Nr. O 21, 213
geb. 28.6.1916 in Hamburg
gest. 27.5.1990 in Hamburg

Von ihrem ersten Engagement in Neuß berichtete Christa Siems: „Man tingelte von
dort mit Carl Buntjes Volksstück ‚Der Etap-
penhase‘ über die Dörfer. Für jede Vorstellung mußten wir uns einen anderen Kater als
‚Star‘ besorgen. Damit die lieben Tierchen
während der Vorstellung auch recht zutrau-
lich waren, wurden sie mit leckersten Katzen-
bissen verwöhnt. Aber einmal tat man des
Guten zuviel. Ich erinnere mich noch an diesen riesigen rothaarigen Kater, der mich
durchaus nicht freundlich anschnurrte, als
ich ihn auf den Arm nehmen mußte. Der
Vorhang ging auf, und da bekam unser ‚Etap-
penhase‘ einen Durchmarsch, der nicht von
schlechten Katzeneltern war. Man bespritzte
mich von oben bis unten mit Eau de Colo-
gne, aber die Mischung dieser beiden Düfte
war fürchterlich. Hinterher erfuhren wir,
daß man unseren Kater mit Hack und Milch
vollgestopft hatte.“

Christa Siems, in erster Ehe verheiratet
mit einem Kapitän der HAPAG und nach ihrer Scheidung in zweiter Ehe verheiratet mit
dem Regierungsamtmann Botho Raider,
stammte aus Hamburg-Eilbek und wollte eigentlich Ärztin werden. Gleichzeitig faszinierte sie aber auch das Theater. Sie entschied sich für letzteres und ging gleich nach
dem Abitur nach Düsseldorf auf die Schauspielschule. Sie erhielt Engagements in
Flensburg, Neuß und Halle. 1946 kehrte sie
mit ihren Kindern aus erster Ehe, Christel,
Gunnar und Jürgen, nach Hamburg zurück
und trat nach siebenjähriger Bühnenpause
am St. Pauli-Theater auf.

Über ihren ersten „Auftritt“ am St. Pauli-
Theater berichteten die Zeitungen: „Vom
Regen durchnäßt, stand sie vor der St. Pauli-
Theaterdirektorin Anna Simon (siehe Pro-
trait), die sie fragte: ‚Können Sie tanzen und
singen?‘“ Als Anna Simon der neuen Schau-
spielerin die Rolle einer radebrechenden
Amerikanerin in dem Stück „Das kann Fami-
lie Meier nicht erschüttern“ gab, begann die
Karriere einer großen Komikerin.

Christa Siems blieb mehr als 35 Jahre am
St. Pauli-Theater. Fast täglich brachte sie ihre
Zuschauerinnen und Zuschauer zum La-
chen. Sie hatte einen deftigen Humor und
eine markante Stimme, die nach eigenen
Aussagen den Klang von ablaufendem Bade-
wasser hatte. Sie galt als Bühnenliebling ohne
Allüren und wurde auf der Straße mit dem
Vornamen angesprochen.

Sie spielte nicht nur komische Rollen.
Auch im ernsten Fach war sie eine gute Schauspielerin. So trat sie am Deutschen Schauspielhaus als Mutter Courage auf oder spielte
1982 in den Hamburger Kammerspielen in
Wolfgang Borcherts Stück „Draußen vor der
Tür“. Ihre Lieblingsrolle war jedoch die von
Paul Möhring geschriebene „Zitronenjette“,
die sie mehr als 300mal darstellte.

In einem Zeitungsartikel hieß es über
Christa Siems: „Sie war immer in Fahrt. Auf

der Bühne und im Privatleben. (,Ich kann man nicht so langsam herumgurken.') Der Haushalt wird versorgt. Schnell auf einen Sprung ins Funkstudio oder zum Fernsehen. Kommt der teure Gatte, der Regierungsamtmann Botho Raider, vom gegenüberliegenden Eimsbüttler Rats-Hochhaus heim, ist es schon wieder Zeit für die Bühne! Daher: Nie Zeit! ,Für mich gib's kein Ostern, kein Pfingsten und kein Weihnachten."

Nach den anstrengenden Vorstellungen fuhr sie abends mit dem Taxi in ihre Wohnung in der Hallerstraße 5a. Abschalten von der Arbeit konnte sie mit einem guten Krimi oder beim Spiel „66".

Ihre neuen Rollen lernte sie immer nachts: „Ich kann am besten nachts lernen. Keinen stört dann mein Dahergebrabbel. Hinterher kommt die Rolle unters Kopfkissen. Dreimal klopfen ist auch gut."

Christa Siems trat auch im Film und Fernsehen auf, so in den Stücken „Für die Katz" (1940), „Pension Schöller" (1960) und „Bei Pichler stimmt die Kasse nicht" (1961). Und sie wurde durch die beliebte Sendereihe „Land und Leute" des NDR Hörfunks zur Legende. Sie verkörperte die „Elly", Tochter kleiner Leute, die in einem Gemüseladen arbeitete und ihre Bildung über den Lesemappendienst erhielt. Der NDR-Redakteur Hermann Roggmann erfand diese Sendereihe, die ab Mitte der 60er Jahre bis Ende 1980 immer donnerstags für 25 Minuten gesendet wurde. Der Schauspieler und Autor Günther Lüdke schrieb die meisten Texte und erfand auch die Hauptperson Elly.

In den letzten Jahren ihres Lebens trat Christa Siems nicht mehr auf. Sie lebte zuletzt im Hamburger Altersheim „Rosenhof".

R.B.

Bildende Künstlerinnen –
vom Dilettantismus zur Profession

Bis zum Ersten Weltkrieg gehörten Zeichnen und Malen ebenso wie Klavierunterricht und Lektüre selbstverständlich zur Erziehung höherer Töchter. Diese künstlerischen Tätigkeiten dienten nicht nur dazu, die Zeit bis zur Ehe zu überbrücken, sondern waren vor allem Vorbereitung auf die Ehe. Die Aufgabe der Frau des gehobenen Bürgertums war es, den häuslichen Bereich, den man als Gegenwelt zur rationalen Arbeitswelt des Mannes betrachtete, zu kultivieren, dem Mann Heim und Feierabend zu verschönen. Das band die Frau zugleich ans Haus und füllte ihren Alltag aus. An eine Umsetzung der künstlerischen Begabungen der Frauen in einen Beruf war nicht gedacht, sie sollten Dilettantinnen bleiben. Nur wenigen gelang es, Dilettantismus im Wortsinn des 18. Jahrhunderts zu praktizieren, als eine nicht dem Erwerb, sondern der eigenen Vorliebe dienende Beschäftigung mit Kunst. Zumeist blieb es bei einer im heutigen Sinne des Wortes oberflächlichen Betätigung, die zum Teil absurde Kunstblüten bei den bildungs- und beschäftigungshungrigen Damen der Gesellschaft trieb.

Diesen Mißstand machte sich Alfred Lichtwark mit seinem Programm eines geläuterten Dilettantismus zunutze, als er 1886 als Direktor der Kunsthalle nach Hamburg kam und sich vor die Aufgabe gestellt sah, Voraussetzungen für Kunstrezeption und -verbreitung beim mangelhaft künstlerisch gebildeten Bürgertum zu schaffen. Auf seine Anregung geht die Gründung der „Gesellschaft Hamburgischer Kunstfreunde" im Jahre 1893 zurück, deren Aktivitäten die Dilettantinnen anleiteten, Kunstausübung mit ernster Absicht zu pflegen, und die ihnen Austausch- und Ausstellungsmöglichkeiten verschaffte. Auf diese Weise sollte die Geschmacksbildung der Dilettantinnen wie die des allgemeinen Publikums gefördert werden (siehe zu Lichtwark auch das Portrait Marie Zacharias). An eine Anleitung der Frauen zu professionellem Künstlertum dachte er nicht. Künstlerinnen ließen sich dem bürgerlichen Lebensstil nicht einfügen. Ähnlich muß auch Justus Brinkmann, Direktor des Museums für Kunst und Gewerbe, gedacht haben, als er der Malerin und Holzschneiderin Henriette Hahn (1862–1934) bei der Heirat verbot, weiter künstlerisch tätig zu sein. Bis zu seinem Tod im Jahre 1915 arbeitete sie heimlich.

Das größte Problem, das sich Frauen in den Weg stellte, war die fehlende Möglichkeit einer umfassenden künstlerischen Ausbildung. 1865 wurde zwar die erste offizielle Ausbildungsstätte für Frauen, der „Lette-Verein" in Berlin, gegründet, aber er richtete sich mit seinem Unterrichtsprogramm an Gouvernanten und Kunstgewerblerinnen, weniger an Künstlerinnen. Erst am Anfang des 20. Jahrhunderts öffneten sich, abgesehen von Kassel und Frankfurt, die staatlichen Akademien in Deutschland nach und nach auch Frauen. Bis dahin waren sie auf Privatschulen und Privatunterricht angewiesen. Dieser fand zumeist bei Malern statt, die nicht genügend bekannt und oft wohl auch nicht begabt waren, um ihren Lebensunterhalt mit ihren Bildern zu bestreiten. Guter Privatunterricht war die Ausnahme. Er hing im allgemeinen von der Förderung durch einzelne Personen aus der Verwandtschaft wie bei Amelie Ruths (siehe Portrait) oder auch von finanzieller Unabhängigkeit ab, die eine teure Ausbildung bei einem hervorragenden Maler und Auslandsaufenthalte ermöglichte. Rühmliche Ausnahmen waren drei von Künstlerinnen gegründete Damenakademien, die Zeichen- und Malschule des Vereins der Künstlerinnen und Kunstfreundinnen in Berlin (1867), die Damenakademie des Münchner Künstlerinnenvereins und die Malerinnenschule in Karlsruhe, später dann die Schule von Valesca Röver in Hamburg, an der avantgardistische Maler wie Paul Kayser, Arthur Illies und Ernst Eitner unterrichteten.

Aber selbst wenn Frauen eine gute Ausbildung genossen hatten und begabt waren, konnten sie nur in seltenen Fällen von ihrer Kunst leben. Auch das hatte zum Teil frauenspezifische Gründe. Das Vorurteil, daß Frauen keine produktiven Kräfte besäßen, war groß, so daß Bilder von Frauen von vornherein wenig Beachtung fanden. Noch größer als gegenüber den sogenannten Malweibern war die Skepsis gegenüber Bildhauerinnen. Es herrschte die Überzeugung, daß die Bildhauerei zusammen mit der Architektur zur unweiblichsten aller Künste gehöre. Man befand die Frauen nicht nur als zu schwach, um harte Materialien wie Holz und Stein zu bearbeiten, sondern sprach ihnen auch die Fähigkeit zum räumlichen Denken ab. Frauen fehle der „künstlerische Raumsinn, der den unendlichen Raum in Grundeinheiten auflöst und auseinandersetzt",[1] schrieb Karl Scheffler 1908. Tatsächlich mangelte es den Frauen an Ausstellungsmöglichkeiten, ein Mißstand, dem die 1908 gegründete GEDOK (Gemeinschaft deutscher und österreichischer Künstlerinnen) abzuhelfen versuchte. So wählten die Künstlerinnen seit Mitte des 19. Jahrhunderts, als elementares Zeichnen in die Lehrpläne der Schulen aufgenommen wurde, zu ihrer finanziellen Absicherung oft den Weg der Zeichenlehrerin, der aber häufig ihre besten Kräfte verschlang (siehe Portraits Amelie Ruths, Gretchen Wohlwill). Ähnlich unvereinbar erwies sich das Künstlerinnentum auch oft genug mit der Ehe, besonders, wenn auch der Ehemann Künstler war (siehe Portrait Elena Luksch-Makowsky).[2] Die Ehe konnte aber auch finanzielle Unabhängigkeit oder Förderung durch den Ehemann bedeuten wie beispielsweise bei der mit dem Chefarzt einer Klinik verheirateten Frieda Matthaei-Mitscherlich oder bei Dorothea Maetzel-Johannsen und Hertha Borchert (siehe Portraits), die beide bei ihren Ehemännern Zuspruch und tatkräftige Unterstützung fanden. In den Hamburger Künstlerkreisen selbst zeichneten sich besonders die Männer der 1919 gegründeten Hamburgischen Sezession durch gleichberechtigte Anerkennung der Kolleginnen aus, während der Hamburger Künstlerverein von 1833 und der Hamburger Künstlerclub von 1897 noch von Männern beherrscht waren.   B.R.

Elisabeth Hudtwalcker (geb. Moller)

Künstlerin und Ehefrau

Grab Nr. W 21, 64–84
geb. 6.7.1752 in Hamburg
gest. 22.11.1804 in Hamburg

„Sie war – es ehre sie diese Träne, die auf diese Blätter fällt, und da uns nun ihr Leben nicht länger lehrt, so lehr uns denn ihr Tod. Das was ich von ihr entworfen, ist mit zitternder Hand gezeichnet. Möge es mit der Sanftheit dargestellt sein, die dem Urbild entspricht. Es soll keine außerordentliche Frau schildern, aber eine, deren Leben lehren kann, zu welch einem hohen Grad an Tugend und Freude es schon hier erhoben werden könne. Stolz, daß sie mein war, mögen diese Blätter bezeugen, daß ich sie zu würdigen gewußt, und wie ich sie geliebt habe, bezeuge sie", schrieb der Hamburger Kaufmann und spätere Senator Johann Michael Hudtwalcker in seiner Biographie [1] über seine Frau Elisabeth, die er zärtlich Betchen nannte.

Elisabeth wurde dem Hamburger Bürger Vincent Moller und seiner Ehefrau Hedwig geb. Thuun als jüngstes von drei Kindern geboren. Die Familie lebte auf dem Höxter. Zwei Jahre nach Elisabeths Geburt starb ihr Vater im Alter von 31 Jahren an Schwindsucht. Hedwig Moller, eine, „treffliche und für ihr Zeitalter sehr gebildete Frau", erzog ihre Kinder allein. Elisabeth erhielt Musik- und Malunterricht. In Sprachen wurde sie allerdings nicht unterrichtet. Diese erlernte sie nur, indem sie während des Französisch- und Lateinunterrichtes ihres Bruders in einer Ecke des Unterrichtszimmers saß und strickte.

Elisabeth Moller hatte, wie Johann Michael schreibt, „Genie" und war „in jeder Rücksicht gebildet". Sie war mit seinen Schwestern bekannt, und auf diese Weise lernten sich die beiden kennen. „Sie war – vielleicht nur mir – schön", sinniert Johann Michael Hudtwalcker. Er verliebte sich in Elisabeth und bewies dabei Phantasie. Er ließ einen fingierten Brief in die Zeitung setzen, in dem er ein junges Mädchen Anspielungen machen ließ, die nur Elisabeth Moller verstehen konnte. Elisabeth wußte, was Johann Michael damit ausdrücken wollte – und der Hochzeit stand nichts mehr im Wege.

Johann Michael Hudtwalckers Eltern nahmen Elisabeth freundlich auf, stammte sie doch aus standesgemäßem Hause. Sie waren allerdings ein wenig besorgt wegen Elisabeths Schwächlichkeit, denn Elisabeth litt schon seit Jahren an schweren Zahnschmerzen. Nachdem ein Arzt jedoch einen „günstigen" Untersuchungsbericht abgegeben hatte, konnte die Hochzeit gefeiert werden. Die 22jährige Elisabeth Moller und der 27jährige Johann Michael Hudtwalcker heirateten am 21. Juni 1775 und wohnten im elterlichen Haus in der Katharinenstraße 83.

Verheiratet und noch nicht Mutter, durfte Elisabeth sich in ihren Mußestunden weiter der Malerei widmen. Sie kopierte Gemälde in Kreide und lernte nach der Natur zu zeichnen. Auf Landpartien und Gesellschaften hatte sie immer ein Skizzenbuch dabei. Ihre liebste Tätigkeit aber war das Portraitieren. Eine Sammlung von Portraits der Familie Hudtwalcker, mit weißer Kreide auf blauem Grund gezeichnet, schenkte sie ihrem Schwager, der in Livorno seinen Geschäften nachging. Aber zufrieden mit ihren Zeichenkünsten war sie nie.

Ein Jahr nach der Hochzeit wurde Elisabeth schwanger. „Nun aber verging ihr der Muth, oder vielmehr sie erhielt Muth zu einem höheren Berufe. Sie fühlte sich davon wie begeistert. Mutter war sie mehr als Künstlerin. Sie gab den Lohn, den man in Erz ihr grübe, für eines Kindes Lächeln hin", so Johann Michael Hudtwalcker über seine verstorbene Frau. Sie selbst bestätigte das. Für sie hatte „die Erfüllung der Mutterpflicht einen höheren Lohn als der Glanz, mit dem sich glänzende Taten begnügen müssen".[1] Elisabeth Hudtwalcker las Rousseau und Basedow, um sich auf die Kindererziehung vorzubereiten. Am 4. August 1776 wurde ihre erste Tochter, Hedwig Sara Elisabeth, geboren. Ihr zweites Kind, Amalia Thusnelda, kam nach Johann Michael Hudtwalckers Aussage elf Monate später zur Welt. Nach einer später erstellten Stammtafel soll die zweite Tochter jedoch erst $1\,^1/_2$ Jahre später, am 6. März 1778, geboren worden sein.

Es bedeutete für Elisabeth einen großen Verlust, als ihre zweite Tochter im zarten Alter von zehn Monaten, am 18. Januar 1779, an den Folgen des Zahnens starb. Nach der Geburt des ersten Sohnes, Jakob Hinrich, am 30. Mai 1779 entschlossen sich Elisabeth und Johann Hudtwalcker, ihre Kinder gegen Blattern impfen zu lassen. Doch die Impfung verursachte bei der Tochter Hedwig erhebliche Nebenwirkungen, sie bekam eine Augenkrankheit, die jahrelang andauern sollte. Elisabeth kümmerte sich aufopfernd um die Tochter – wie sie dies bei jedem ihrer Kinder tat. Zwei Jahre nach Jakob Hinrichs Geburt wurde am 28. Mai 1781 ihr Sohn Hermann, im Jahr darauf, am 27. November 1782, Carl geboren. Nun hatte Elisabeth einen großen Haushalt mit vier Kindern zu führen. Sehr sparsam, ordnungsliebend und mit bescheidener Furchtsamkeit ging sie an ihre Aufgaben heran. Aber bald hatte sie den Haushalt so weit organisiert, daß sie „nur" noch das Personal zu beaufsichtigen brauchte. Nun regte sich der alte Wunsch zu malen. Elisabeth nutzte jede Gelegenheit. Doch auch wenn sie ihren Haushalt im Griff hatte, verlangte er ihr soviel Arbeit ab, daß es ihr oft nur durch frühes Aufstehen möglich war, ihrer Malerei nachzugehen. Da sie, um nicht ihre Mutter- und Hausfrauenpflichten zu vernachlässigen, immer mit Unterbrechungen beim Malen rechnen mußte, malte Elisabeth kaum noch mit Ölfarben. Sie erhielt Unterricht bei einer Madame Marthes im Malen mit Wasserfarben. Eines ihrer vollendetsten Werke ist eine Zeichnung ihrer sechs Kinder. Aber immer wieder kollidierte ihre Maltätigkeit mit ihrer Arbeit als Hausfrau und Mutter. Ständig befand sie sich in dieser Konfliktsituation. Und so, schreibt ihr Mann, „fing [sie] bald an einzusehen, daß ihre Lage und höheren Pflichten ihr nicht erlaubten, ihrer Neigung zu folgen. Das Leben einer Frau in Hamburg, die Mutter und Hausmutter ist, und sich von der Gesellschaft, worin zu leben sie auch Beruf hat, weder trennen kann noch darf, kontrahiert zu sehr mit dem eigentlichen Künstlerleben, … daß sie die Staffelei – nicht wegwarf, sondern mit Resignation bei Seite setzte, bis auf ruhigere Zeiten, die ihr aber nicht geworden sind."[1] Ihre häuslichen Pflichten erlaubten es ihr lediglich, zu zeichnen, z.B. mit schwarzer Kreide auf weißem Papier. Zumeist portraitierte sie ihre Freunde, vorzugsweise die Frauen, da sie weibliche Gesichter zu zeichnen schwieriger fand.

Zu den vier Kindern kamen noch weitere vier auf die Welt: Thusnelda, geb. am 7. August 1784, Ernst, geb. am 1. Februar 1786, Caroline, geb. am 18. Juli 1787. Sie wurde nur achtzehn Tage alt und starb am 4. August 1787. Am 14. Juli 1789 brachte Elisabeth im Alter von 37 Jahren ihr letztes Kind zur Welt – eine Tochter, genannt Ernestine. Sie lebte allerdings nur zehn Monate und starb am 6. Mai 1790 – wie schon die zweite Tochter – am Zahnen.

Krankheiten und Schicksalsschläge begleiteten Elisabeth auch weiterhin. Schon bald nach der Ernennung ihres Mannes zum

Senator im Jahre 1788 erkrankte Elisabeth am Inflammationsfieber. Als Genesungsurlaub unternahmen Elisabeth und Johann Michael mit ihren ältesten Kindern eine Reise durch Holstein. Doch bald nach der Reise erkrankten die Kinder an Masern.

Eine weitere Reise unternahmen sie, um sich über den schmerzlichen Verlust des letzten Kindes ein wenig hinwegzutrösten. Die Reise ging über Leipzig, Dresden und Freyberg nach Berlin. Die Familie kehrte nach sechs Wochen über Braunschweig und Wolfenbüttel nach Hamburg zurück. Auf der Reise hatten die Hudtwalckers Freunde besucht und Künstler wie Schadow, Zingg, Oeser, Graff und Chodowiecki kennengelernt, von denen Elisabeth Aufmunterung für ihre Arbeit erhielt. In jeder Stadt besichtigte Elisabeth die Kunstgalerien. Bis zur völligen Erschöpfung studierte sie in den Bildergalerien Dresdens und Berlins Gemälde, die ihre Erwartungen weit übertrafen. Und doch notierte Elisabeth in ihrem Reisetagebuch: „Was ist Kunst gegen Natur! Erstere geht sogleich nach viel mühsamer Arbeit ihrem Ruin entgegen, die letztere, nur wenig gepflegt, macht sich Tag zu Tag herrlicher, gewährt Gesundheit und Freude mehr und fröhlichen Genuß und nähert uns unserem Schöpfer."[1]

Auf der Reise machte Elisabeth ihre schwache Konstitution zunehmend zu schaffen. Sie hatte ihre körperlichen Grenzen sehr schnell erreicht, die Folge waren häufige Ohnmachten. Dennoch wurde für Elisabeth die Fahrt zu einem großen Glück. Ihre größte Freude bestand darin, Menschen zu finden, mit denen sie harmonisierte und Freundschaften aufbauen konnte, und auf dieser Reise hatte sie viele Freunde gefunden.

Elisabeth erkrankte zum dritten Mal am Inflammationsfieber und starb nach siebentägiger Krankheit im Kreise ihrer Familie am 22. November 1804. Die Genesung ihrer ältesten Tochter von deren Augenkrankheit erlebte sie kurz vor ihrem Tode noch mit. Elisabeth Hudtwalckers Portrait, gemalt von Jean Laurent Mosnier, hängt heute in der Hamburger Kunsthalle.

An ihrem Grab steht eine Säule mit flacher, kegelförmiger Deckplatte; eine Seite der Säule mit ovalen Schriftplatten, die andere mit vertieften Namensschriften. Unter der Deckplatte steht:

> „Formen werden und verwehen
> Leben muß Verwesung sehen
> und der Strahl zum Urquell gehen."

Anke Schultz

Thusnelda Hudtwalcker

Elisabeth Hudtwalckers sechstes Kind, liegt auf dem Althamburgischen Gedächtnisfriedhof unter der Grabplatte „Freiheitskämpfer" als Ehefrau von Dr. Jonas Ludwig von Heß, den sie am 25. November 1805 heiratete.

Über Thusnelda Hudtwalckers Liebesgeschichte soll an dieser Stelle kurz berichtet werden.

Thusnelda lernte im Jahre 1800 den später berühmten Hamburger Juristen Ferdinand Beneke kennen. Es entwickelte sich eine Freundschaft, aus der bei Thusnelda Liebe wurde. Sie glaubte, daß ihre Liebe erwidert würde, Ferdinand Beneke war jedoch in eine andere – wenn auch unglücklich – verliebt.

Als 1802 ein anderer junger Mann in Liebe zu Thusnelda entbrannte, nutzte sie diese Gelegenheit, um Ferdinand Beneke zaghafte Liebessignale zu geben. In der Hoffnung, er würde angesichts eines ernsthaften Heiratskandidaten die Initiative ergreifen und ihr endlich seine Liebe erklären, zog sie ihn ins Vertrauen und bat um seinen freundschaftlichen Rat. Gleichzeitig gab sie ihm, wie Ferdinand Beneke in seinen Tagebuchaufzeichnungen schreibt, einen „ungewöhnlichen Händedruck", so daß er bemerken mußte, „daß sie einen andern .. vorzieht – u. wenn die Eitelkeit mich nicht verblendet, so bin ich dieser Andre gar!"[1] Thusneldas Rechnung ging jedoch nicht auf, Ferdinand Beneke riet der Freundin, den anderen zu heiraten. In ihrer Enttäuschung erklärte Thusnelda ihren Eltern, den potentiellen Heiratskandidaten nicht heiraten zu wollen. In den folgenden Jahren litt Thusnelda still vor sich hin und liebte Ferdinand Beneke, der sich nach diesem Vorfall von Thusnelda zurückgezogen hatte, im innersten ihres Herzens weiter. Andere Männer sah sie in dieser Zeit nicht an – bis sie plötzlich 1805 den „50jährigen, kränkl. zus. geschrumpften, häßlich geformdten H. v. Heß"[1] heiratete. Beneke äußerte sich dazu: „Aber welch innerer Zustand kann ein junges Mädchen a. d. großen Welt in die Arme des H. v. Heß, d.h. ins Kloster treiben? Weibliches romantisches Donquixotterie, Schwärmerey? Aber was kann den rechtschaffenen Heß entschuldigen? Sie muß um ihn angehalten haben. Anders ist es nicht möglich."[1]

Wie tief muß Thusnelda Hudtwalckers Verunsicherung gewesen sein, daß sie drei Jahre, nachdem ihr zaghafter Versuch gescheitert war, einem Mann ihre Liebe zu zeigen, einen ungeliebten Mann heiratete? Bei Ludwig von Heß hatte sie wenigstens die Gewähr, daß er sie nicht ablehnen würde, was ihrem angeschlagenen Selbstbewußtsein gut tat. Gleichzeitig konnte sie bei dem kränklichen Ludwig von Heß hoffen, im Ehebett nicht zu häufig ihren ehelichen Pflichten nachkommen zu müssen – deren Ausübung mit einem ungeliebten Ehemann sicher kein Vergnügen bedeutete.   R.B.

Marie Zacharias (Marie Anna Zacharias geb. Langhans)

Zeichnerin und Mitbegründerin der Gesellschaft Hamburgischer Kunstfreunde

Grab Nr. R 25, 27–56
geb. 11.11.1828 in Hamburg
gest. 15.2.1907 in Hamburg

„Süße Mama! Freitag war ich bei Stillers. Als Onkel Luhmann mich abholte war ich in high spirits, denn ich glaubte, ich hätte mich gut amüsiert. Aber wie elend, wie spießbürgerlich kam mir dieses Vergnügen vor, als ich Deinen Brief las und es mit der Partie nach Lindenbach verglich! Welch eine Menge Herren habt ihr da dieses Jahr! Wie gerne

würde ich alle Hamburger Vergnügen für ein Emser oder ein Gespräch mit dem Obristen hingeben. Ich möchte Euch beiden nur einmal zusammen sprechen sehen, wie reizend muß das aussehen. Und alle diese Seligkeiten sind mir um ein paar lumpige Taler versagt! O ich könnte rasend werden! – Die ganze Welt reist. Nur wir in Billwärder werden wohl wie die Töchter der Hausgiebelschen Familie bei unseren Hühnern und Schweinen festschimmeln."[1]

Diese Zeilen der 15jährigen lassen schon viel von der Energie, der Kraft und dem Sinn für Humor spüren, die Marie Zacharias zeitlebens zueigen waren und die sie bis ins hohe Alter an der Vervollkommnung ihrer künstlerischen Fähigkeiten arbeiten ließen.

Marie Zacharias wurde am 11. November 1828 in der Vorstadt St. Georg als Tochter des jüdischen Kaufmanns Carl Friedrich Langhans und seiner Ehefrau Auguste geb. von Horn geboren. Sie hatte drei jüngere Brüder, Julius (1830), Friedrich Wilhelm (1832) und Eduard (1837). Im Elternhaus ging es besonders dank des ungewöhnlichen Temperaments der Mutter unkonventionell und unbürgerlich zu: „Meine Mutter", schreibt Marie Zacharias in ihren ‚Familien-, Stadt- und Kindergeschichten', „nachdem die Kinder zur Ruhe gebracht waren, tat einen tüchtigen Schlaf, stand erfrischt auf, machte Toilette und empfing um 10 Uhr ihren Mann, der totmüde und sorgenvoll vom Kontor kam, wie eine junge Braut. Das Klavier stand offen, die Noten waren bereit, das einfache Mahl war schnell verzehrt, und dann sangen und spielten die beiden bis tief in die Nacht hinein. Unsere alte Köchin erzählte mir in späteren Jahren, wie die Leute auf der Straße spät abends gestanden und das Singen und das wunderschöne Pfeifen meines Vaters angehört hätten. Für die Kinder war die fröhliche Willkür, die die Losung im Hause war, weniger zuträglich. ... Nie hat die Sorge ums Dasein ihr [der Mutter] einen Augenblick ihren Frohsinn geraubt, nie hat Kindererziehung oder Hausstand sie tagelang beschäftigt. ... Mit beispielloser Willkür wurden Schulen gewechselt, Berufsfragen bestimmt und Heiratsfragen erledigt." [2] Bei der Taufe des jüngsten Bruders, Eduard, wäre Marie fast erstickt, weil eine Aufwärterin die gesamte Garderobe der Gäste auf das provisorische Bett warf, in dem Marie schlief. „Heiliger Gott, da liegt en Kind', rief Tante Betty Langhans, die mich entdeckte und halb erstickt aus den Mänteln herausgrub." [2]

Diesem Boheme-Leben im Elternhaus stand das geordnete Leben im Hause der Großmutter Wilhelmine Greve, der Adoptivmutter von Auguste Langhans, gegenüber. Zu ihm fühlte sich Marie sehr viel mehr hingezogen: „In dem stillen, großmütterlichen Paradies, das meine Heimat wurde, konnte so etwas nicht vorkommen, hier ging alles nach ewigen, herkömmlichen Gesetzen. Ein vornehmer Geist der Ruhe und Ordnung schwebte darüber, und die Trägerin dieses Geistes war die vornehme, feine, gebildete, kindlich frohe, bescheidene, fromme Großmutter Greve. Fast täglich erinnere ich mich ihrer. Von ihr lernte ich alles: von dem Anrühren des englischen Senfs, bei dem ich Tränen weinte, wenn sie ihn mir plötzlich unter die Nase hielt, dem Legen der Servietten, dem ,Lichte-auf-die-Leuchter-stecken' und Strickgarnabwickeln bis zu den verfeinertsten Naturgenüssen, dem Abendrot, dem Rauschen des Herbstwindes in den dürren Blättern, dem Nachtigallengesang, Schreiben, wie die merkwürdigsten Eigennamen geschrieben wurden, ,Davida', ,Pulcherie' usw., Zeichnen, wobei besonders eine große Kunst in langen, steifen Tannen ent-

wickelt wurde, Singen, wobei sie mir zuerst ,ein Veilchen auf der Wiese stand' zu meinem größten Entzücken vorsang, Ausschneiden und tausend andere Dinge – halb Kinderspiel, halb spielendes Erlernen." [2] Die Sommer im großmütterlichen Haus zunächst im damals noch ländlichen Hamm, später in Billwerder, wo auch der eingangs zitierte Brief entstand, gehören zu den schönsten Kindheitserinnerungen von Marie Zacharias. „Billwerder, du Paradies der Kindheit, mit deinen Nachtigallen und deinen Mückenschwärmen, mit dem Blütenduft unter den alten Lindenalleen; den großen alten Landhäusern mit den gemütlichen Wohndielen, auf denen sich das ganze Familienleben abspielte." [2]

Die dritte Welt, die Maries Kindheit bestimmte, war die Schule. Zunächst ging sie als eins von drei Mädchen in die Jungenschule von Marianne Prell in der Holländischen Reihe (siehe Portrait). Hier wehte ein „fröhlicher gemütlicher Geist". [2] Später erhielt sie gemeinsam mit anderen Mädchen Privatunterricht, kam dann in die Schule von Maria Plath auf den Mühren, wo sie sich so unglücklich fühlte, daß der Privatunterricht wieder aufgenommen wurde.

Im Spätsommer 1850 heiratete Marie den Kaufmann Adolph Nicolaus Zacharias, den Sohn eines Zuckerraffineriebesitzers aus Königsberg. Er war ein geistreicher und gebildeter Mann, der eine vielseitige Bibliothek besaß und Kupferstiche sammelte. Er spielte aber auch in der Politik eine wichtige Rolle: „Er kämpfte mit scharfer Klinge in der Bürgerschaft gegen den Liberalismus. Er focht leidenschaftlich gegen den Zollanschluß und war ein großer Gegner Bismarcks. Sein Tod 1880 wurde in allen Zeitungen beklagt. ,Einer unserer besten Bürger' wurde er bezeichnet", [3] hielt Elise, die Schwiegertochter von Marie Zacharias, über ihren Schwiegervater in ihren Aufzeichnungen fest.

Die ersten Ehejahre verbrachte das junge Paar in Berlin, wo Adolph Nicolaus Zacharias als Kaufmann tätig war. Und wieder sind es Auszüge aus Briefen an die Mutter, die etwas von der jungen Ehefrau und dem unbekümmerten Eheleben der Anfangszeit erzählen: „Ich rufe immer abwechselnd Dich und Tante Line an, Tante Line, wenn er anführt: ‚und so ging ich und scherzte mit das Kind‘. d.h. wenn er Ball mit mir spielt und mich durchschüttelt, u.s.w., wobei sich Tante Lines Haare sträuben würden, und Dich wenn wir so spät zu Bett gehen.“[1] Ähnliches erlebte ein Herr, der bei dem jungen Paar einen Besuch machen wollte und lautes Getöse in der Wohnung hörte. Als er die ihm öffnende Köchin erstaunt ansah, hieß es: „Och, der Herr speelt man bloß mit de Madam.“ Die beiden hatten Kriegen um den Eßzimmertisch gespielt. Wie Kindern zerrinnt ihnen die Zeit unter den Händen, er kommt zum Arbeiten ebenso wenig wie sie zu ihren Pflichten: „… ich nenne ihn immer Antonius, der auch nicht von Cleopatra weg konnte und sich dabei doch immer Gewissensbisse machte, denn er sagt jeden Augenblick: Nein das muss anders werden, ich kann nicht länger so herumbummeln. Glaubst Du vielleicht, dass ich irgend etwas tue? Klavier spiele oder lese oder häkle oder zeichne? Nichts, von dem Allen, wenn der Tag vorbei ist, wundern wir uns schrecklich, dass wir so wenig Zeit gehabt haben und dass wir überhaupt zu gar nichts kommen. Noch keinen einzigen Besuch haben wir gemacht …“[1]

1853 kehrte das Paar mit dem ersten, 1852 geborenen Sohn Eduard, dem späteren Direktor der Botanischen Staatsinstitute, nach Hamburg zurück, wo Adolph Nicolaus Zacharias sich als Kaufmann niederließ. Die kleine Familie bezog ein Haus in der Fontenay. 1854 wurde die Tochter Marie Anne geboren (siehe Portrait Marie Anne Lippert), 1858 dann der Sohn Adolph , später Senatspräsident am Oberlandesgericht in Hamburg. Aus der unbändigen jungen Ehefrau wurde eine starke, geistvolle Persönlichkeit, und das wohl nicht zuletzt durch den Einfluß ihres Mannes. Über die erste Begegnung mit der späteren Schwiegermutter schrieb Elise Zacharias: „Die vornehme, große, schlanke Gestalt, die etwas Imponierendes in ihrer ganzen Haltung hatte. Sie war ganz in schwarz gekleidet, hatte blonde, gescheitelte Haare, die in Flechten über

den Ohren lagen. Sie war so ganz anders als alle älteren Damen, die ich kannte. Damals konnte ich noch nicht ahnen, wie eng wir beide zusammenwachsen würden. Ich ging mit fliegenden Fahnen ins neue Lager über. Ach, es war eine so ganz andere Luft, eine geistig anregende Atmosphäre, die mich hier empfing.“[3] Und an anderer Stelle: „Übermütig und herrschsüchtig war sie nie. Die Ader des Sich-bewundern-Lassens hatte sie gar nicht. Sie blieb immer dieselbe vornehme, sich natürlich gebende Persönlichkeit. Und darin lag ihr Zauber! Und bis ins höchste Alter bewahrte sie sich eine mädchenhafte Unberührtheit, die sehr reizvoll wirkte, und über die man ganz ihr Alter vergaß.“[3]

Marie Zacharias verstand es, das elterliche Erbe, die unbekümmerte Sorglosigkeit, mit einer maßvollen Haltung zu verbinden. In finanziellen Dingen beispielsweise bewahrte sie sich ihre Unbekümmertheit. Mit dem Auf und Ab des Kaufmannshaushaltes arrangierte sie sich dahingehend, daß sie in der Equipage fuhr, solange Geld da war, und ansonsten die Droschke nahm oder zu Fuß ging. Als ihr Mann 1880 unerwartet an einem Herzschlag starb, ohne finanziell für die Zukunft vorgesorgt zu haben, zog sie ohne große Umstände 1882 zunächst nach Hamm und später in verschiedene Wohnungen im Schultzweg 11 (heute Hansastraße) und An der schönen Aussicht. Erst 1891 lebte sie wieder in gewohnten Verhältnissen, als der Schwiegersohn Eduard Lippert – als wollte das Schicksal ihr recht geben – ihr ein Haus am Mittelweg 48 kaufte und sie großzügig mit 10.000 Goldmark pro Jahr unterstützte. In anderen Dingen hatte sie sich jedoch zu einem maßvollen Verhalten diszipliniert. Der Urenkel Christoffer Zacharias-Langhans erzählt dazu folgende Episode: Anfang dieses Jahrhunderts starb die Enkelin von Marie Zacharias. Auf dem gemeinsamen Weg in die Kunsthalle forderte die Schwiegermutter die Schwiegertochter Elise auf, ihren Schmerz endlich zu überwinden, weiterzuleben. Die Schwiegertochter, im Temperament der Schwiegermutter durchaus ebenbürtig, war so wütend, daß sie aus der fahrenden Kutsche sprang. Doch dann stellten sich Gewissensbisse ein, die alte Frau alleine gelassen zu haben. Sie stieg in eine elektrische Droschke und stand bereits vor der Kunsthalle, als die Schwiegermutter vorfuhr. Als sie der Schwiegermutter den Schlag öffnete, sagte diese nur: Wie kommst du denn hierher? In eine ähnliche Richtung geht die folgende Eintragung der Schwiegertochter, die zugleich zeigt, daß nicht eine gewisse Gefühllosigkeit, sondern eine aus Klugheit geborene Selbstbeherrschung Beweggrund ihres Verhaltens war: „Wir sagten oft: ‚Sie legt ihr Leid in Schubladen fort.‘ Wehe, wenn sie dann krank wurde. Dann sprangen die Schubladen von selbst auf.“[3]

Auch im Umgang mit anderen Menschen zeigt Marie Zacharias etwas von dieser Haltung. In ihrem Notizbuch hält sie fest: „Es ist eine große Torheit zu verlangen, daß die Menschen zu uns harmonieren sollen. Ich habe es nie getan. Ich habe einen Menschen immer nur als ein für sich bestehendes Individuum angesehen, das ich zu erforschen und in seiner Eigentümlichkeit kennen zu lernen erachtete, wovon ich aber durchaus keine weitere Sympathie verlangte. Dadurch habe ich es dahin gebracht, mit jedem Menschen umgehen zu können. Und dadurch allein entsteht die Kenntnis mannigfaltiger Charaktere, sowie die nötige Gewandtheit im Leben.“[4]

Marie Zacharias war bis ins hohe Alter Mittelpunkt eines großen Kreises geistig und künstlerisch interessierter Menschen aller Generationen. „Junge Menschen fühlten sich zu ihr hingezogen. Sie hatte die seltene Gabe des Zuhörens und dadurch wieder das große Verständnis für das Erleben des Erzählers, dem sie das Erzählen leicht machte. Sie unterbrach nicht, gab kein vorschnelles Urteil ab. Nur zum Schluß antwortete sie auf ihre vornehme Art. Kein Wunder, daß Alt und Jung sie im Alter aufsuchten.“[3]

In ihrem Haus am Mittelweg lud sie zu musikalischen Soiréen, zu denen sie professionelle Musiker engagierte. Die Tischkarten illustrierte sie selbst mit feinen Architektur- oder Landschaftszeichnungen. Ein häufiger Gast dieser Abende, der Jurist und Verfasser der „Hamburgischen Kulturgeschichte von 1890 bis 1920“, Gustav Schiefler, berichtet: „Bei diesen Gesellschaften in den festlichen, mit weißer Lackfarbe gemalten und luftigen Tüllgardinen ausgestatteten Räumen, die im weichen Glanz einer Wachskerzenbeleuchtung strahlten, traf man einen Ausschnitt aus dem wahrhaft gebildeten Hamburg: Gelehrte, Künstler, Schriftsteller, Dichter, Kaufleute, Beamte und: schöne Frauen, so daß jeder – auch wer keine Freude an der vortrefflichen Musik hatte – auf seine Rechnung kam.“[5] Außerhalb solcher abendlichen Veranstaltungen spielte sie selbst leidenschaftlich Klavier: „Sie spielte alles aus dem Kopf. Oft setzte sie sich, aus dem Konzert kommend, in Hut und Mantel an den Flügel und spielte Motive in perlenden Klängen. Das war ein Genuß! Bis ins hohe Alter spielte sie mit fabelhaftem Schwung Militärmärsche und Walzer. Zu letzterem nahm sie jede Melodie, die ihr in den Sinn kam. Sie konnte jedes Thema in Walzer umsetzen. Und dabei kann ich sie mir gar nicht als flotte Walzertänzerin denken.“[3]

Ihr Hauptinteresse aber galt einer anderen Betätigung, die sie als höhere Tochter seit ihrer Jugendzeit ausgeübt hatte: dem Zeichnen. Vermutlich angeregt durch den Malerkreis um die Gebrüder Gensler, der bereits vor dem Hintergrund des Abrisses der Klosterkirche St. Johannis im Jahre 1829 das Gefühl hatte, Zeuge einer untergehenden Epoche zu sein, die es galt festzuhalten, zeichnete Marie Zacharias Häuser und Straßen der Stadt. Auch in der Landschaftsmalerei wurde sie vermutlich von den Gebrüdern Gensler bestärkt. Insbesonders Jakob Gensler machte mit der Entdeckung der Schönheiten der norddeutschen Landschaft Natur zum Gegenstand seiner Malerei. Dazu kamen Marie Zacharias' eigene Erfahrungen mit dem Aufbau der Stadt nach dem großen Brand von 1842. In ihren „Familien-, Stadt- und Kindergeschichten“ beklagt sie, daß die Wiedererrichtung der abgebrannten Stadtteile so rasch vonstatten ging, daß weder auf Schönheit noch auf Solidität geachtet wurde und daß auf dem Land eine veränderte Lebensweise entstand, die das geliebte Paradies ihrer Kindheit allmählich zerstörte. Die Städter, die ihre Landhäuser nur in den Sommermonaten benutzt hatten, wohnten nach dem großen Brand zum Teil zunächst gezwungenermaßen, dann aber mit Begeisterung ganzjährig draußen. Andere folgten.

Durch die Begegnung mit Alfred Lichtwark, der 1886 als Direktor der Kunsthalle nach Hamburg kam und dem Marie Zacharias bis zu ihrem Lebensende als mütterliche Freundin eng verbunden war, erfuhr ihre künstlerische Betätigung noch im fortgeschrittenen Alter neue Impulse.

Um seine Ziele als Museumsdirektor verwirklichen zu können, mußte Lichtwark das ernsthafte Interesse des künstlerisch mangelhaft gebildeten Hamburger Bürgertums an der Kunst erwecken. Zu diesem Zweck nahm er sich der dilettierenden Gattinnen und höheren Töchter an und suchte durch einen geläuterten Dilettantismus das Verständnis der Kunst zu fördern: „Das Merkmal dieses neuen Dilettantismus ist nun vor allem, dass er nicht nur auf spielende Beschäftigung in müssigen Stunden ausgeht, sondern die künstlerische Erziehung ernst nimmt. Und gerade dies macht ihn werthvoll für die gesunde Entwicklung unserer künstlerischen und gewerblichen Produktion",[6] schreibt Alfred Lichtwark 1895 im ersten Jahrbuch der „Gesellschaft Hamburgischer Kunstfreunde", die 1893 auf sein Betreiben hin gegründet worden war. Den Vorsitz übernahmen Eduard Lorenz Meyer und Marie Zacharias, Mitbegründerin und später Ehrenmitglied der Gesellschaft. Der Kreis der Mitglieder, der sich aus der führenden Hamburger Gesellschaft zusammensetzte (siehe Portaits von Mary Warburg, Ebba Tesdorpf), bestand aus Sammlern, Dilettanten und Kunstfreunden. Die Zahl der Mitglieder war auf einhundert beschränkt, um den persönlichen Zusammenhang zu wahren. Zweck der Gesellschaft war es, „die Freude am Sammeln von Kunstwerken zu erwecken und zu verbreiten und die dilettierende Kunstausübung mit ernster Absicht zu pflegen. Auf diesem Wege

hofft sie dazu beizutragen, dass eine tiefere künstlerische Bildung in Hamburg gefördert wird und das Verständnis für die wirtschaftliche Bedeutung der Kunst in weitere Kreise getragen wird."[6] Die Gesellschaft veranstaltete jährliche Ausstellungen in der Kunsthalle, in denen Kunstwerke aus Sammlungen der Mitglieder, vor allen Dingen aber eigene Arbeiten vorgestellt wurden. Bei den Produkten der Dilettantinnen ging es Lichtwark nicht darum, sie Kunstwerken gleichzustellen, sondern um künstlerische Vertiefung. Eine Äußerung von Marie Zacharias angesichts eines kostbaren gemalten Fächers macht die in Hamburg im 19. Jahrhundert stärker als im 18. Jahrhundert vorherrschende sogenannte Pfeffersackmentalität, die Lichtwark beklagt, deutlich: „Solch einen Fächer dürfe in Hamburg kein junges Mädchen tragen; die bekäme keinen Mann, weil sie für zu anspruchsvoll gehalten würde."[5]

Die Jahrbücher (1895–1912) geben einen guten Einblick in die Arbeit der Gesellschaft. Neben der Amateurphotographie, die einen eigenen Komplex bildet, wurden Fragen der Buchausstattung, besonders aber die Themen Blumen und Gärten sowie Architektur und Innenausstattung immer wieder behandelt, um die Formen heimischer Kultur festzuhalten bzw. da, wo sie bereits verloren waren, ins Gedächtnis zurückzurufen, um zu Neuem anzuregen. Marie Zacharias war neben Lichtwark die eifrigste Autorin. Bis zu ihrem Tode im Jahr 1907 war sie in fast jedem Jahrgangsband mit ihren Zeichnungen und Aufsätzen vertreten. 1899 schrieb sie einen Beitrag über die rücksichtslose Verwandlung der Hamburger Kaufmannsdielen, Ende des 18. Jahrhunderts noch „Stolz der Familie" (Marie Zacharias); 1900 dann „Von alten Landhäusern": „Nicht lange mehr, so wird auch dieses weltvergessene Stückchen Erde [Billwerder] von dem allgemeinen ‚Aufschwung' des deutschen Reiches ergriffen werden. Wie böse Feinde stürzen die Fabrikanten hinein, schlagen im Interesse des Gemeinwohls die hundertjährigen Bäume nieder, die hohen Schornsteine erheben sich in immer kleineren Zwischenräumen, wir sehen auf dem Deich die schmutzigen, schreienden Kinder, statt der gewaschenen, ehrerbietigen Dorfkinder; die Fabrikarbeiterinnen in lehmfarbigen Regenröcken, statt der netten Bauernmädchen, die einförmigen Reihen öder Arbeiterwohnungen, statt der mit Blumen umwachsenen Dorfkathen, und über die blühenden Obstbäume wälzen sich die großen schwarzen Rauchwolken. So vollzieht sich geräuschlos aber folgenschwer die innere und äussere Umwandlung der Landschaft." Ähnlich wie Ebba Tesdorpf ging es Marie Zacharias um die Rettung eines Stückes Kulturgeschichte, denn „das ,unhistorische' Hamburg war zu allen Zeiten bereit, die Spuren seiner Vorväter mit der größten Kaltblütigkeit zu verwischen, und dachte sich nichts dabei".[7] Soziale Fragen hatte diese Frau des 19. Jahrhunderts wohl nicht im Blick. 1905 dann schrieb sie über ein Landhaus, das „Herrenhaus in Gross Borstel", zu dem sie nicht nur einen kulturgeschichtlichen, sondern auch einen biographischen Bezug hatte. Es gehörte im 18. Jahrhundert Elisabeth Goßler geb. Berenberg (1749–1822), einer Frau „von männlichem Geist und hoher Bildung"[8]. Sie war die Mutter von Marie Wilhelmine Greve geb. Goßler (1778–1865), der Adoptivmutter Auguste von Horns, die ihrerseits die Mutter von Marie Zacharias war. Auguste von Horn lebte in einem sehr armen Elternhaus und wurde von dem kinderlosen Ehepaar Johann und Wilhelmine Greve als Kind adoptiert: „Von allen [Geschwistern] war meine Mutter Auguste die hübscheste, lustigste, und eine in der Nähe wohnende Dame hatte eine große Liebe zu ihr gefaßt."[2] Beide Frauen Goßler werden auf dem Althamburgischen Gedächtnisfriedhof auf der Grabplatte „Gossler" als Angehörige der bekannten Senatoren- und Kaufmannsfamilie Goßler geehrt, die in der politischen und kaufmännischen Entwicklung Hamburgs eine führende Rolle spielte und nach der auch der Goßlersche Park an der Hoheluft benannt ist.

Kenntnisreich schrieb Marie Zacharias kleine kunst- und kulturgeschichtliche Abhandlungen über die „Kramer-Amts-Witwenwohnungen" (1901), „Das Hamburger Sena-

toren-Gestühl in der Kirche zu Bergstedt" (1901), „Das Elternhaus von Hermann Kauffmann (1903), „Die Mellenburger Schleuse" (1903) oder „Kloster Alpirsbach" (1904). In einem umfangreichen Plädoyer für die Musik Richard Wagners (1902) treten ihre musikalischen Interessen in den Vordergrund.

1905 berichtete sie in einem Aufsatz „Unsere Vasen" amüsant von der Suche einiger Mitglieder der Gesellschaft in ganz Deutschland nach Töpfern oder Töpferinnen, die anhand von Zeichnungen der Dilettantinnen in der Lage wären, Vasen preiswert herzustellen. Vasen waren, wie auch Blumentöpfe, als Zimmerschmuck aus den Häusern verschwunden. In mehreren Aufsätzen hatte Lichtwark diesen Zustand beklagt. Blumen in passenden Gefäßen sollten dazu beitragen, Schönheit in die Wohnungen zu bringen, den Alltag zu adeln, oder, mit der Antike gesprochen, zu heiligen. Marie Zacharias machte sich die Überwachung der Herstellung und die Verbreitung der Vasen und Töpfe zur Aufgabe. In einer eigens für diesen Zweck im Garten eingerichteten Topfkammer verkaufte sie „Tausende und Abertausende", wie die Hamburger Nachrichten in ihrem Nachruf am 15. Februar 1907 berichteten.

Bis zuletzt suchte Marie Zacharias unermüdlich ihre Fähigkeiten zu vervollkommnen. Sie vertiefte besonders ihre Fertigkeiten im Holzschnitt und schrieb die „Familien-, Stadt- und Kindergeschichten", die ebenfalls vor dem Hintergrund des Bewußtseins, einer vergehenden Epoche anzugehören, von ihrer Familie, der Franzosenzeit, dem Hamburger Brand im Jahre 1842 und der Revolution von 1848 berichten. In der Beschreibung der Zeichenstunden, die Schwiegermutter und Schwiegertochter gemeinsam nahmen, dokumentiert sich noch einmal der Schwung und die Energie, die diese ungewöhnliche und begabte Frau bis zu ihrem Lebensende besaß: „Bis zu ihrem Tode nahm sie Zeichenunterricht. Als sie am 15. Februar 1907 die Augen schloss, hatten wir, sie und ich, 14 Tage vorher unsere letzte Zeichenstunde bei Herrn Kuchel. Herr Kuchel schrieb auf seine

Rechnungen nicht ‚für erteilten Unterricht‘, sondern ‚für Stunden der Anregung‘. Das war richtig und humorvoll gesagt. Sie genoß diese Anregung intensiv, sie und der nette, stocktaube Max Kuchel kämpften leise miteinander. Sie hatte ihre Ansichten über Licht und Schatten und Perspektive und Max Kuchel hatte auch seine eigenen. Ich malte am anderen Ende des großen Eßzimmers für mich und amüsierte mich dann immer über diesen stillen Kampf.“[3]

Marie Zacharias starb im Alter von 78 Jahren. Die Begräbnisfeier fand in ihrem Haus am Mittelweg statt. Es waren der Bürgermeister Johann Georg Mönckeberg, Vertreter des Hamburger Senats und der Bürgerschaft und zahlreiche Personen aus Kunst und Wissenschaft zugegen. Pastor Cordes von der St. Johannes Kirche in Harvestehude hielt die Gedächtnisrede: „In ihrer Erscheinung mit jedem Zoll eine Dame aus alter Zeit, die trotzdem nicht fremdartig unter dem heutigen Geschlecht wirkte, sie dabei in seltener Weise sich aufgeschlossen erhielt für dies moderne Geschlecht mit seinen Interessen und Bestrebungen; selbst immer noch werdend, lernend, ohne je die wesentlichen Elemente ihrer Jugendbildung zu verleugnen; von großer Natürlichkeit, kräftig in ihren Zuneigungen und Abneigungen, allem Menschlichen offen; dabei doch aristokratisch in Gesinnung und Gebaren, von ausgeprägter Neigung für das Feine, Geistreiche, Ästhetische, ein Kind der Romantik.“[9]

Marie Zacharias hatte einst in ihrem Notizbuch festgehalten: „Jung ist nur der Werdende, auch mit grauen Haaren. Wer in seiner Zeit erstarrt, mag zum Teufel fahren.“[4]

Zeichnungen von Marie Zacharias befinden sich im Museum für Hamburgische Geschichte, im Staatsarchiv und in der Kunsthalle. Drei von Leopold von Kalckreuth auf Anregung von Lichtwark geschaffene Portraits Marie Zacharias’ sind ebenfalls im Besitz der Kunsthalle. Sie entstanden 1904 in Bockswiese im Harz, wo Marie Zacharias ein kleines Sommerhaus besaß. B.R.

Julie de Boor (geb. Unna verw. Ploos van Amstel)

Portraitmalerin

Grab Nr. T 21, 10-31, Grabstätte Unna
geb. 21.7.1848 in Hamburg
gest. 4.6.1932 in Hamburg

„Sie war majestätisch. Man hatte einen enormen Respekt vor ihr“, erinnert sich Antje Johannes in sonorem, liebevoll spöttischem Tonfall an ihre Großmutter Julie de Boor, eine beliebte Portraitmalerin der führenden Hamburger Gesellschaft, der sie selbst angehörte und deren Geschmack sie mit ihrer repräsentativen Darstellungsweise traf.

Julie de Boor stammte aus einer angesehenen jüdischen Arztfamilie. Ihr Vater war der Arzt und Chirurg Dr. Moritz Unna, der Bruder der Dermatologe Dr. Paul Gerson Unna, nach dem der Unna-Park benannt ist. Über die Ausbildung Julie de Boors ist auch in der Familie wenig bekannt. Sie besuchte Privatkurse bei Eleonore Göttsche und erhielt Zeichen- und Malunterricht bei Bernhard Mohrhagen und Hermann Steinfurth. Es wird sich bei all dem vermutlich um die damals übliche Ausbildung für höhere Töchter gehandelt haben. 1873 heiratete Julie de Boor den aus einem uralten holländischen Adelsgeschlecht stammenden Juristen und Bankier Adrian Ploos van Amstel und folgte ihm nach Heidelberg. Doch noch bevor die gemeinsame Tochter Paula am 20. November 1874 geboren war, erschoß sich Adrian Ploos van Amstel, vermutlich wegen finanzieller Schwierigkeiten.

Julie de Boor ging zunächst nach Berlin, um sich bei dem Genre- und Bildnismaler Karl Gussow ausbilden zu lassen, und später nach Paris zu dem gesuchten Portraitmaler Emile Auguste Carolus-Duran. Doch eigentlich verstand sie sich als Schülerin des spanischen Malers Diego Velásquez (1599–1660), der auch ihren Lehrer Carolus-Duran stark beeindruckt hatte. „Diego Velásquez, den sie über alles verehrte, nannte sie ihren Meister und seine Art zu malen ihr Vorbild“,[1] berichtet der Leitende Regierungsdirektor Hein-

139

rich Merck in einem Aufsatz über die Malerin, mit der er zeitlebens freundschaftlich verbunden war.

1880 kehrte Julie de Boor nach Hamburg zurück. Mit ihrer Tochter Paula lebte sie im Hause ihres Vaters und arbeitete in Ateliergemeinschaft mit dem Schlachtenmaler Claus Hermann de Boor in der Rothenbaumchaussee 197. 1889 heiratete das Paar und zog in das nach seinen eigenen Vorstellungen und Bedürfnissen gebaute einstöckige Haus mit Atelier im Dach in die Moorweidenstraße 19 (heute steht dort das Elysée-Hotel). Paula wurde in die Obhut einer französischen Pastorenfamilie in Mailand gegeben.

Etwas über Julie de Boors Arbeitsweise und die schillernde Atmosphäre im Gemeinschaftsatelier des Paares erfahren wir von Heinrich Merck, den Julie de Boor zusammen mit seiner Schwester als Kind portraitierte. Er irrt allerdings, wenn er sein Erlebnis im Haus in der Moorweidenstraße ansiedelt. Da Merck im Jahre 1877 geboren ist, muß das Bild bereits im Atelier in der Rothenbaumchaussee entstanden sein:

„In meinem siebenten Lebensjahr wurde ich zusammen mit meiner Schwester porträtiert. Bei einer besonderen Gelegenheit wollte unser Vater unsere Mutter mit dem Bildnis überraschen, weshalb die Sache geheimnisvoll in Gang gesetzt werden mußte. Ohne darüber sprechen zu dürfen, hatten wir längere Zeit immer wieder zu sitzen, wie man im Malerjargon sagt. Ja, hätten wir nur sitzen können! Dann wäre alles erträglicher verlaufen. Man postierte uns aber auf einem Podium, wo wir Hand in Hand möglichst ruhig zu stehen hatten, um in ganzer Figur abkonterfeit zu werden. Das ermüdete und reizte, wie man sich wird denken können, zu Ungeduld und zu Widerspenstigkeiten. ...

Alle paar Tage mußten wir sitzen. Ich meine, daß wir Frau Julie die Arbeit nicht leicht gemacht haben. Mit unserer stetig wachsenden Unruhe hatte sie genugsam zu kämpfen; insbesondere wollte es, wie ich mich gut entsinne, mit den zusammengelegten Händen durchaus nichts werden. Fortwährend wurden davon neue Skizzen gemacht. Mich irritierte schon von Anfang an das mir von der Malerin aus koloristischen Gründen zudiktierte und für diesen Zweck besonders angefertigte Kostüm: ein Blusenanzug aus braunem Samt mit einer hell-ockergelben Seidenschärpe. Ich kam mir darin albern und theaterhaft vor, habe mich auch nachher auf das bestimmteste geweigert, mich darin bei festlichen Gelegenheiten, wie man es wünschte, vorführen zu lassen.

Zu Ermüdung und Unruhe kam als verwirrendes Moment die Umgebung, die mich gleich anfangs erregte. Ich hatte nie ein Maleratelier gesehen. Und nun erst dieses! Das Riesenfenster wie eine gläserne Wand, hinter der ungewisses Licht stand, der Duft von Ölfarben und Terpentin, die vielen Pinsel und der Wirrwarr von Gegenständen, die herumstanden und in den Ecken und Winkeln lehnten, verfehlten die Wirkung auf den Neuling nicht.

Etwas anderes vollends erweckte höchstes Interesse und verführte immer wieder von Neuem dazu, das Stillstehenmüssen zu vergessen und den Kopf gerade in dem Augenblick, wo es darauf ankam, daß er nicht bewegt wurde, neugierig zur Seite zu wenden. Was es da zu sehen gab, war wirklich wie dazu geschaffen, eines Jungen Aufmerksamkeit voll zu fesseln.

Die Malerin war nicht alleinige Benutzerin des Ateliers. Sie teilte es mit ihrem Kollegen und späteren Ehemann de Boor, und der war Schlachtenmaler. Schlachtenmalerei war damals, als es noch Uniformen von lustigsten Farben, elegant gerittene Kavallerieattacken, Feldherrnhügel und Nahkämpfe in hübschen Landschaften gab, eine geschätzte und gern geübte Kunst. Wie man sich die Anschauung verschaffen und komplizierte Situationen gleichsam nach der Natur zu entwerfen vermochte, wußte Herr de Boor aufs Beste. Rings herum an den Wänden des Ateliers waren zahllose Uniformen aufgereiht: Infanterie und Artillerie, Husaren und Ulanen, die glänzenden Panzer der Gardes du Corps, dazu Hieb-, Stich- und Schuß-Waffen und – interessanter als alles andere – echte französische Waffenröcke und die dazugehörigen roten Hosen. Der Diener des Hauses hatte sich darin zu verkleiden und in mannigfaltigen Posen, wie sie sein Herr gerade brauchte, stürmend, schießend, bajonettierend, Modell zu stehen. Und auch Kavalleristen wußte er darzustellen. Zu diesem Zweck stand mitten im Raum ein vierbeiniges Lattengerüst in der Größe eines Pferdes. Als französischer Kürassier schwang er sich auf dies angedeutete Roß und hing, einen verwundeten Reiter wiedergebend, naturwahr zur Seite herunter. Daß es mir schwer wurde, von solchem Schauspiel meine Augen abzuwenden, ist erklärlich. Im geheimen bewunderte ich den Unermüdlichen, für den das Gemaltwerden sicherlich viel anstrengender war als für uns. …

Schließlich hatte die Quälerei, denn als solche sahen wir die ausgedehnten Sitzungen an, ein Ende. Unsere Mutter freute sich an dem fertigen Bildnis, das bald darauf sogar im Kunstverein öffentlich ausgestellt wurde.“[1]

Das gemeinschaftliche Leben des Künstlerehepaares war nur von kurzer Dauer. Am 30. November 1889 starb Claus Hermann de Boor.

Doch nichts konnte Julie de Boors „feuriges und kämpferisches Temperament“[1] bre-

chen. Unterstützt durch ihre gesellschaftlichen Beziehungen, die ihr Haus zum Sammelpunkt künstlerisch interessierter Menschen machten, insbesondere aber durch ihren Mentor, den Bürgermeister Carl Petersen, war sie schnell zu einer beliebten Portraitmalerin mit zahlreichen Aufträgen geworden. Ca. 500 Portraits und Kniestücke in Öl auf Holz oder Leinwand und in Kreide entstanden bis zu ihrem Tod, darunter auch Bildnisse von Carl Petersen und seiner Tochter Toni (siehe Portrait und Abbildung) sowie Hermann de Boor und Ebba Tesdorpf (siehe Portrait und Abbildung), die sich heute im Museum für Hamburgische Geschichte befinden, aber auch ein Gruppenbild der sieben Rathausbaumeister Meerwein, Haller, Zinnow, Hauers, Hanssen, Grotjan und Stammann, das Julie de Boor dem Rathaus zur Eröffnung 1897 stiftete und das im „Rosenkranz“ im Ratsweinkeller hängt.

Trotz aller Anerkennung und Wertschätzung starb Julie de Boor als verbitterte Frau. Sie konnte oder wollte wohl nicht begreifen, daß ihre Kunst, die akademische Portraitmalerei, bereits zu ihren Lebzeiten einer vergangenen Epoche angehörte. Heinrich Merck berichtet: „Die alte Dame ging immer schwarz gekleidet und trug nach Art unserer Großmütter auf den weiß gewordenen Haaren ein Arrangement von schwarzen Spitzen. … Im Gespräch unter vier Augen klagte sie mir, bitter und in verhaltener Empörung, die Hamburger, von deren Besten ihr Pinsel so viele verewigt habe, begännen, sie zu vergessen. War sie doch überzeugt, eine große Künstlerin gewesen zu sein.“[1]   B.R.

Ebba Tesdorpf

Zeichnerin und Dokumentaristin Alt-Hamburgs

Althamburgischer Gedächtnisfriedhof:
Grabplatte „Graphiker"
geb. 23.1.1851 in Hamburg
gest. 22.2.1920 in Ahrweiler

„In den achtziger Jahren des vorigen Jahrhunderts konnten die Bewohner der Hamburger Altstadt und der hafennahen Viertel folgendes beobachten: In einer winkligen Straße sitzt auf dem Beischlag eines alten Bürgerhauses bei Wind und Kälte eine Frau in einem abgetragenen Mantel mit einem Kapotthut auf dem Kopf, und ihre klammen Hände führen in konzentrierter Arbeit den Zeichenstift über das Papier. Eine Anwohnerin verspürt Mitleid mit der – wie sie glaubt – armen Zeichnerin, der man etwas Gutes tun muß und bringt ihr eine Kanne heißen Kaffees. Eine kleine Episode, die sich ähnlich oft wiederholt ... "[1] Niemand ahnte, daß diese ärmlich wirkende Frau, die mit ihrem Zeichengerät durch die Gassen Hamburgs streifte und nach lohnenden Motiven suchte, eine wohlhabende Kaufmannstochter war.

Ebba Tesdorpf stammte aus einer reichen, seit Generationen in Hamburg ansässigen und mit führenden Handelshäusern in Amsterdam, Kopenhagen und Lübeck verwandten Kaufmannsfamilie. Sie wurde am 23. Januar 1851 als Tochter des Kaufmannes Hans Peter Friedrich Tesdorpf und seiner Ehefrau Antoinette Caroline geb. Mohrmann verw. Abendroth geboren. Zusammen mit ihrer um zwei Jahre jüngeren Schwester Olga wuchs sie am Holzdamm in St. Georg auf, in einer Umgebung, die bestimmt war durch großbürgerliche Villen, deren Gärten bis zur Alster hinunterreichten.

Malunterricht erhielt sie wie Julie de Boor (siehe Portrait) bei Bernhard Mohrhagen. Doch während Julie de Boor bei der damals für vornehmer gehaltenen Ölmalerei blieb, wandte sich Ebba Tesdorpf unter dem Einfluß des Architekturzeichners und Landschaftsmalers Johann Theobald Riefesell, bei

dem sie nach Mohrhagens Tod im Jahre 1877 Unterricht erhielt, dem Zeichnen zu. Auf seine Anregung und nach seinem Vorbild begann sie mit der zeichnerischen Bestandsaufnahme des alten Hamburger Stadtbildes während der großen städtebaulichen Umwälzungen in den 80er und 90er Jahren. Der Zollanschluß im Jahre 1888, der den Bau des Freihafens auf der Wandrahmsinsel zur Folge hatte, auf der viele der ältesten und vornehmsten Kaufmannshäuser standen, die großen Straßendurchbrüche, die neue Verkehrswege im Innern der Stadt schaffen sollten, sowie Sanierungsbauten führten zum Abbruch ganzer Stadtviertel. Fast 1.000 Häuser verschwanden, und mehr als 20.000 Menschen mußten umgesiedelt werden. Lichtwark, der damalige Direktor der Kunsthalle, sprach spöttisch von der „Freien und Abbruchstadt Hamburg": „Wohl keine Kulturstadt der Welt hat je eine solche Selbstzerstörungslust entwickelt wie Hamburg. Hamburg hätte die Stadt der Renaissance sein können, des Barock und des Rokoko – doch all diese Schätze wurden stets begeistert dem Kommerz geopfert. An die Stelle barocker Wohnhäuser wurden neubarocke Kontorblocks getürmt und noch immer ist jeder Neubau ein Schlag ins Gesicht der Stadt."

Ebba Tesdorpfs Zeichnungen, die oft in letzter Minute vor dem Abriß der Bauten entstanden, sind Urkunden der Vergangenheit. Sie konzentrieren sich auf den Innenstadtbereich, auf dessen Straßen, Gassen und Winkel mit ihren dichtgedrängten Häusern, Fleeten, Brücken und dem lebendigen Treiben. Mit einer ungeheuren Liebe zum Detail zeichnete sie auch die prächtigen Kaufmannshäuser, die Geschäfts-, Wohn- und Lagerhaus zugleich waren, mit ihren reichverzierten Portalen und den typischen Dielen, die den Mittelpunkt des häuslichen Lebens bildeten. Sie nahmen die ganze Breite des Hauses ein und gingen durch zwei Stockwerke. Die die Decke tragenden Eichenpfeiler sowie die sich längs der Seitenwand des Hauses hinziehende Galerie waren reich geschnitzt, zum Teil mit phantastischen und komischen Figuren. Die Decken selbst waren mit reichem Stuck verziert. Das Tageslicht kam durch eine riesige Fensterfront zur Hofseite herein. Zur Straßenfront gab es ein Zirbürken, einen Raum, in dem eine alte Frau das Gehen und Kommen überwachte.

Allem verlieh Ebba Tesdorpf ein idyllisches Leben; Veränderung und Abbruch oder gar Sozialkritik (die Enge der alten hamburgischen Bauweise, die schon Reisende im 18. Jahrhundert in Erstaunen versetzt hatte, trug 1892 zur rasanten Ausbreitung der Choleraepidemie bei) waren nicht ihre Themen. „Die Zeichnerin des versunkenen Hamburg" nannte Richard Stettiner sie 1925.

Vom privaten Leben Ebba Tesdorpfs ist wenig bekannt und vermutlich auch wenig zu erzählen. Die Familie duldete ihre Lebensweise, konnte aber eigentlich kein rechtes Verständnis für Ebba Tesdorpfs künstlerische Arbeit und ihre Interessen aufbringen. Umgekehrt war Ebba Tesdorpf die sogenannte Hamburger Gesellschaft mit ihren Geselligkeiten und Vergnügungen fremd. Äußerlich nach damaligen Geschmack nicht mit besonderen Reizen bedacht, machte Ebba Tesdorpf auch nichts aus sich, lebte anspruchslos und zurückgezogen. „Weltfremd, würde man heute wohl sagen", meint die Großnichte Renata Klée-Gobert.

Als Ebba Tesdorpf nach dem Tod der Eltern (1881, 1885) Erbin eines bedeutenden Vermögens wurde, unterstützte sie Bedürftige, vor allem Künstler, und begann, eine Hamburgensiensammlung zusammenzutragen, die schließlich 5.000 Blatt umfaßte. Einen alten Hamburger Trödler namens Rathansen, der ihr anfänglich ein sachverständiger Berater war, stellte sie später als Bibliothekar ihrer Sammlung mit einem nicht unbedeutenden Jahresgehalt an.

Als Mitte der 90er Jahre ihre Arbeit abgeschlossen war, faßte Ebba Tesdorpf den Entschluß, nach Düsseldorf in das Haus ihrer Freundin, der Malerwitwe und Mutter des Dichters Hanns Heinz Ewers, zu ziehen und an der dortigen Akademie zu studieren. Vorher vermachte sie im Jahre 1894 ihre Hamburgensien-Sammlung und ihre eigenen Zeichnungen, ca. 600 Blätter, und einige Aquarelle dem Museum für Kunst und Gewerbe. Begeistert dankte ihr der damalige Direktor Justus Brinkmann: „Mit hellem Jubel nehme ich Ihre wundervolle Schenkung an; eine Schenkung, wie sie gleich wertvoll dem Museum nicht zuteil geworden ist. Sie überragt alle übrigen Sammlungen durch die in sie einverleibten trefflichen zeichnerischen Aufnahmen von Ihrer Hand, in denen Sie mit emsigem Fleiß und vollem Verständnis sowohl für die malerischen Seiten des Stadtbildes, wie für die baulichen Einzelheiten den Abbruchsarbeiten Schritt für Schritt gefolgt sind." Und die „Gesellschaft Hamburgischer Kunstfreunde" (siehe Portrait Marie Zacharias), deren Mitglied Ebba Tesdorpf seit der Gründung im Jahre 1893 war, machte sie aufgrund ihres „hochherzigen Geschenkes" 1895 zum Ehrenmitglied und würdigte aus diesem Anlaß noch einmal ihre Arbeit: „Ihr und einer gleichstrebenden Freundin [vermutlich Marie Zacharias] verdanken wir die genaueste Darstellung des alten Hamburg, das durch die neuen Hafenanlagen und durch den Durchbruch der Kaiser Wilhelmstrasse zerstört ist. Obgleich eine umfassende photographische Aufnahme seitens der Behörden stattgefunden hat, lässt sich dieses Material doch nicht entfernt mit den Zeichnungen von Fräulein Tesdorpf vergleichen. In hunderten von Blättern sind

alle die merkwürdigen alten Bauten dargestellt, die den verschwundenen Stadtteilen
ihr eigenartiges Gepräge gaben. Und diese
Aufnahmen, das Werk hingebender Arbeit
vieler Jahre, sind nicht auf den malerischen
Effect allein gezeichnet, sondern treue Do-
cumente bis auf jeden Balkenkopf und jede
Bank vor der Thür. Nach diesen Zeichnungen könnte jede Fassade sofort wieder aufgebaut werden."[2]

Was in dieser Laudatio deutlich wird, heben auch alle anderen Kritiker und Rezensenten hervor: Ebba Tesdorpf war keine
Künstlerin von zukunftsweisendem Rang,
aber eine ausgezeichnete Dokumentaristin,
deren Zeichnungen eine Vorstellung vom
Aussehen Hamburgs in der zweiten Hälfte
des vorigen Jahrhunderts vermitteln.

In Düsseldorf studierte Ebba Tesdorpf an
der Akademie bei dem Landschaftsmaler
German Grobe und empfing von ihm Anregungen in der Aquarellmalerei. Nach dem
Urteil von Renata Klée-Gobert zeigen ihre
Aquarelle, die sich in erster Linie in Famili-
enbesitz befinden, eine ganz andere Seite
der Begabung Ebba Tesdorpfs. „In ihren
Aquarellen … verzichtet sie auf allzu große
Genauigkeit in der Nachahmung der Natur
… Hier verbindet sich ein eigenwilliges
künstlerisches Temperament mit feinem
Farbempfinden und einem sicheren Blick
für das Wesentliche der Komposition."[1] Zu
einer neuen Schaffensperiode kam es jedoch nicht mehr. Ebba Tesdorpfs Nervenleiden verstärkte sich zunehmend. Ab 1901 lebte sie zeitweise wieder in Hamburg und unternahm Reisen mit ihren Nichten. Später
zog sie nach Ahrweiler, wo sie am 22. Februar 1920 starb.

Ebba Tesdorpfs Schenkung an das Museum für Kunst und Gewerbe wurde mit dem
Bau des Museums für Hamburgische Geschichte dorthin gebracht. Zusammen mit
den Beständen der Sammlung Hamburgischer Altertümer des Vereins für hamburgische Geschichte bildet sie den Grundstock
der Graphiksammlung des Museums. Wer
allerdings nun zu wissen glaubt, wem die
Tesdorpfstraße in Harvestehude gewidmet

ist, der irrt. Denn sie wurde nach einem Verwandten Ebba Tesdorpfs, dem Senator
Adolf Tesdorpf, der von 1811 bis 1887 lebte,
benannt.   B.R.

Alma del Banco (Aline Henriette del Banco)

Malerin der Hamburgischen Sezession

Grab Nr. AC 8, 215–224
geb. 24.12.1862 in Hamburg
gest. 8.3.1943 in Hamburg (Suizid)

„1933 war sie in Hamburg eine geachtete
selbständige Künstlerin, frei von Eklektizis-
men, kompromißlos ihren Intentionen folgend",[1] schrieb die Kunsthistorikerin Maike
Bruhns über Alma del Banco im Katalog zur
Ausstellung der drei jüdischen Malerinnen
der Hamburgischen Sezession Alma del Banco, Anita Rée (siehe Portrait) und Gretchen
Wohlwill (siehe Portrait), die 1995 im BAT
KunstFoyer in Hamburg gezeigt wurde. Erst
heute kehren die drei Künstlerinnen, nicht
zuletzt dank der Bemühungen von Maike
Bruhns, langsam ins Bewußtsein der Öffentlichkeit zurück. Mit der Machtergreifung der
Nationalsozialisten wurde ihr Werk ver-
femt, zum Teil zerstört, vergessen.

Alma del Banco entstammte einer alten
sephardischen Kaufmannsfamilie, die in
Hamburg ansässig war. Sie wuchs in großbürgerlichen Verhältnissen auf, erhielt eine
christliche Erziehung und um 1895 als gut
Dreißigjährige eine für die damalige Zeit so-
lide künstlerische Ausbildung an der 1891
von Valesca Röver in Hamburg gegründeten
Privatkunstschule für Damen. Staatliche
Akademien öffneten sich in Deutschland abgesehen von Kassel und Frankfurt erst seit
der Jahrhundertwende nach und nach für
Frauen. Die Röver-Schule zeichnete sich dadurch aus, daß an ihr stets avantgardistische
Künstler unterrichteten wie Paul Kayser, Arthur Illies und Ernst Eitner; letzterer wurde
Alma del Bancos Lehrer. Vor dem ersten
Weltkrieg ging Alma del Banco nach Paris
und wurde Schülerin von Fernand Léger,

Jacques Simon und André l'Haut. „Unter Eitners Einfluß entstanden luftig hingesetzte Stadtlandschaften mit lockeren Farbflecken: dann, den Pariser Lehrern folgend, Arbeiten, die durch kubistische Formen, spitzwinkliges oder sichelförmiges Lineament in Konfrontation mit Geraden und durch präzise Flächenorganisation bestimmt sind. Die Anlage ihrer Bilder wurde so dünn übermalt, daß die Zeichnung als graphisches Gerüst sichtbar blieb. Als fanatische Zeichnerin arbeitete sie mit wenig Linien, sparte alles Zufällige aus."[2]

Ab 1919 wohnte Alma del Banco bei ihrem Bruder, dem Kaufmann Siegmund del Banco, in verschiedenen Wohnungen in Hamburg, am Neuen Jungfernstieg 2, am Gänsemarkt 61 und am Jungfernstieg 50. Als Atelier hatte ihr der Bruder Räume in der nahegelegenen Großen Theaterstraße 34/ 35 gemietet, in denen Alma del Banco ab 1934 auch wohnte.

Im selben Jahr, 1919, konstituierte sich die Hamburgische Sezession mit dem Ziel, in Hamburg ein geistig lebendiges Milieu zu schaffen, wie es in Paris, Berlin und München herrschte, in dem die Künstler „geistige Reibung, Verständnis und damit Unterstützung zum mindesten bei Gleichgesinnten" fänden. Es ging nicht um ein neues künstlerisches Programm, einen bestimmten Malstil, sondern um „Duldsamkeit gegenüber jeder Richtung", Unduldsamkeit dagegen gegenüber „leichtfertigem Schlendrian, … geistlos herabgeleiertem Handwerk, … gewissenlosem Sichgehenlassen", eine Absage an die Mittelmäßigkeit also und zugleich eine Spitze gegen den 1897 gegründeten Hamburgischen Künstlerclub, der mit seiner weitgehend impressionistischen Ausrichtung eine führende Rolle in der bildenden Kunst der Hansestadt spielte. Die Hamburgische Sezession entwickelte dagegen einen eigenständigen Malstil mit expressionistischen, fauvistischen und kubistischen Tendenzen.

Alma del Banco war Gründungsmitglied der Sezession und gehörte ihr bis zum Jahre 1933 an, als die Sezession sich selbst auflöste,

um ihre jüdischen Mitglieder nicht ausschließen zu müssen, wie es die nationalsozialistischen Machthaber verlangten. Sie traf sich zum gemeinsamen Modellzeichnen mit Sezessionskollegen und -kolleginnen, beteiligte sich an den Jahresausstellungen der Sezession[3] und machte ihr Atelier zum Treffpunkt von Hamburger Künstlern und Künstlerinnen. Freundschaft verband sie mit Kurt Löwengard, Karl Kluth, Erich Hartmann, Willem Grimm, Lore Feldberg-Eber, Gretchen Wohlwill, Friedrich Ahlers-Hestermann und Alexandra Povorina. Alma del Banco machte Studienreisen nach Frankreich, Italien, Jugoslawien, Dalmatien und Rumänien.

1929 bekam sie eine schwere Lungenentzündung und geriet zudem zunehmend in wirtschaftliche Bedrängnis. Mit der Auflösung der Sezession war ihr jegliche Ausstellungsmöglichkeit genommen. Sie zog sich zurück, malte in ihrem Atelier und besuchte Gretchen Wohlwill auf Finkenwerder, um in der Natur zu malen. 1937 wurden sechs ihrer Gemälde und acht Graphiken in der Hamburger Kunsthalle in der Aktion „Entartete Kunst" beschlagnahmt, weitere im Deutschen Reich.

Nach dem Tod des Bruders mußte Alma del Banco die Wohnung und das Atelier in der Großen Theaterstraße aufgeben und zog 1938 zu ihrem Schwager Dr. Hans Lübbert nach Blankenese in die Hasenhöhe 95. Hier lebte sie bis 1943, zwar unter Hausarrest gestellt, aber geschützt durch die Beziehungen der Familie zu Hermann Göring. Zur Auswanderung fühlte sie sich zu alt. Als sie den Deportationsbescheid nach Theresienstadt erhielt, besorgte ein befreundeter Arzt ihr Morphium. Alma del Banco starb im Alter von 80 Jahren.

Ihre Freunde charakterisierten sie als starke Persönlichkeit, exzentrisch und positiv – wie es auch das Portrait von ihr vermittelt.

B.R.

Mary Warburg (geb. Hertz)

*Malerin, Bildhauerin und Ehefrau
des Kulturhistorikers Aby Warburg*

Grab Nr. Y 10, 78–98
geb. 13.10.1866
gest. 4.12.1934

„Die Kämpfe, die sie innerhalb der ‚guten Gesellschaft' hatte durchzufechten gehabt, um zu wirklichem Studium der Kunst zu kommen, sind für die Nachwelt nicht ohne Humor; daß sie nicht locker ließ, zeigt eben doch, daß es ihr sehr ernst war. Es ist müßig zu fragen, ob es ihr als Ehefrau möglich gewesen wäre, ein deutliches Eigenleben als Künstlerin zu führen."[1]

Diese Worte von Wilhelm Hertz anläßlich des Todes seiner Schwester Mary benennen den Kernpunkt des Lebens einer Frau, die als selbständige junge Künstlerin begonnen und als Ehefrau Aby M. Warburgs, des bedeutendsten Kulturhistorikers des 20. Jahrhunderts, kaum mehr Raum für eine eigenständige Existenz hatte.

Mary Hertz wurde am 13. Oktober 1866 als Tochter des Senators und Reeders Adolf Ferdinand Hertz und seiner Ehefrau Maria Hertz geb. Goßler geboren (zur Familie Goßler siehe Portrait Marie Zacharias). Mit ihren drei Brüdern, dem um ein Jahr älteren Adolf Jakob und den um zwei und sieben Jahre jüngeren John Nikolaus und Wilhelm, wuchs sie in einem großbürgerlichen Haus auf. Im Sommer lebte man am Abendrothsweg in Eppendorf, im Winter in der Ernst-Merck-Straße. Mary besuchte wahrscheinlich die „Private Mädchenschule am Holzdamm" und erhielt wohl ab 1882 Zeichen- und Malunterricht bei den Hamburger Malern Adolf K. H. Mosengel, Johann Theobald Riefesell (siehe Portrait Ebba Tesdorpf), Friedrich W. Schwinge und Hans von Bartels. Daß Mary Hertz mehr als dilettierende Tochter sein wollte und ihren Anspruch auf Professionalität zielstrebig verfolgte, belegen nicht nur die Worte ihres Bruders Wilhelm, sondern auch die folgende Anekdote: Als Mary Hertz eine Reise nach Paris machte, steckte Ferdinand Hertz seiner Tochter ein zusätzliches Taschengeld für ein besonderes Mitbringsel zu. Er dachte dabei sicherlich an andere Dinge als an das Skelett, das Mary Hertz kaufte, um anatomische Studien betreiben zu können.

Mary zeichnete mit Bleistift und malte in Tusche, Pastell, Aquarell und Deckfarbe. Auf den Reisen, die sie mit ihrem Vater in der

Zeit von 1882 bis zu ihrer Heirat im Jahre 1897 machte, entstanden zahlreiche Skizzenbücher, in denen sie Landschaften, regionaltypische Architekturformen und Physiognomien von Menschen festhielt. In Hamburg malte sie vornehmlich die Natur. Von den 90er Jahren an wandte sie sich, vermutlich angeregt durch die Ideen Lichtwarks, auch der Graphik, der Bildhauerei und dem Kunstgewerbe zu. Sie war Mitglied der 1893 gegründeten „Gesellschaft Hamburgischer Kunstfreunde" (siehe Portrait Marie Zacharias) und beteiligte sich an deren Ausstellungen. Im ersten Jahrbuch der Gesellschaft (1895), das im wesentlichen Katalog der Jahresausstellung war, ist Mary Hertz mit insgesamt 13 Werken in den Abteilungen Malerei und Skulptur vertreten. Für spätere Jahrbücher und die Jugendstilzeitschrift „Pan" entwarf sie Zierleisten und Vignetten, für das von ihrer Großmutter Emma Dina Hertz geb. Beets über die „Urgrosseltern Beets" geschriebene Buch zeichnete sie sämtliche Kopfleisten und Schlußstücke. Es erschien 1906 in der „Hamburgischen Hausbibliothek", einer Reihe, die ebenso wie das Jahrbuch der „Gesellschaft Hamburgischer Kunstfreunde" von Lichtwark angeregt worden war und „zur Pflege der Bibliothek im Hamburger Haus" gedacht war.

Am 8. Oktober 1897 heiratete Mary Hertz den Kunst- und Kulturhistoriker Aby M. Warburg, den ältesten Sohn der seit dem 17. Jahrhundert in Hamburg ansässigen vermögenden Bankiersfamilie, fast zehn Jahre nachdem sie sich in Florenz kennengelernt hatten. Beide Familien hatten sich dieser Ehe zwischen einer Christin und einem Juden hartnäckig widersetzt.

Begeistert hatte Aby Warburg seiner Mutter von der Begegnung in Florenz berichtet, wobei er besonders die künstlerische Anlage von Mary Hertz hervorhob: „Frl. Hertz, die vortrefflich malt, hat so erstaunlich viel einfaches und dabei tiefgehendes Interesse für alles, was Kunst heißt, daß ich das Fremdenführen wirklich mit Freude besorge: sonst wie Du weißt, nicht meine Passion." (Brief vom 12.12.1888)[2]

Doch was so harmonisch begann, gestaltete sich im Laufe der Jahre zunehmend schwierig. Zunächst zog das junge Ehepaar für vier Jahre nach Florenz, wo Mary mit Adolf von Hildebrand zusammenarbeitete. Nach ihrer Rückkehr nach Hamburg arbeitete sie zeitweilig mit Georg Wrba. Obwohl sie in ihrem Wohnhaus in der Heilwigstraße ein kleines Zimmer als Atelier besaß, kümmerte sie sich nach Aussagen ihrer jüngeren Tochter Frede in erster Linie um ihre Pflichten als Hausfrau und Mutter ihrer drei Kinder Marietta (11.1.1899), Max Adolf (11.7.1902) und Frede Charlotte (23.11.1904). Auch gegenüber ihrem Mann stellte sie die eigenen Ansprüche zurück. Sie, der es bei einem Handkuß kalt über den Rücken lief und die sich selbst immer im Freien sah und von der Aby Warburg gesagt haben soll, Mary genüge ein mittelgroßes Rhabarberblatt und ein Skizzenblock, um glücklich zu sein, ertrug seine Bücherleidenschaft, die das Wohnhaus zunehmend in eine Bibliothek verwandelte, wo auch Vorträge und Gesprächskreise gehalten wurden, mit Fassung: „Die feinsinnige Gattin, die eigentlich für ihre Arbeiten als begabte Bildhauerin Platz hätte haben müssen, nahm dies elementare Geschehen mit rührender Geduld auf sich, aber die heranwachsenden Kinder blickten voll Ingrimm auf den Siegeszug der verhaßten Bücher." Die räumliche Lage entspannte sich, als 1926 die Bibliothek in das eigens für sie erbaute Nebenhaus umzog, wo Mary im Dachgeschoß ein Atelier erhielt.

War die Stellung neben einem von seiner Arbeit besessenen Wissenschaftler schon nicht einfach, so wurde die Situation noch schwieriger, als Aby Warburg unter dem Eindruck des Ersten Weltkrieges 1918 zusammenbrach und bis zu seiner Genesung im Jahre 1924 sein Leben in Heilanstalten verbringen mußte. Ein Photo von Mary und den Kindern aus der Zeit um 1924 zeigt deutlich die Spuren, die diese Jahre hinterlassen haben.

Mary Hertz starb am 4. Dezember 1934 während einer Operation. Eine schlichte Säule auf der rechten Seite der von ihr für ihre Familie entworfenen Grabmalwand, in deren Mittelfeld ein großes Kreuz vor einer

Glorie erscheint, erinnert an sie und ihren Mann.[3] Ihren Nachlaß vermachte sie der Hamburger Kunsthalle als Dauerleihgabe. Er wurde 1985 erstmals ausgestellt.[4]

Mary Hertz verblieb mit ihrer Kunst im konventionellen und geübten Motiv- und Themenkreis des 19. Jahrhunderts, der soziale und künstlerische Umbruch des 20. Jahrhunderts schlägt sich in ihrem Werk nicht nieder, obwohl sie sich auf gedanklicher Ebene mit der zeitgenössischen Kunst beschäftigte und auch ihrem Mann Zugang dazu verschaffte. Inwieweit eine andere künstlerische Entwicklung hätte stattfinden können, muß dahingestellt sein. „Daß für Marieken die Lösung nur in dem Verzicht auf Geltendmachung ihres Eigenwesens bestehen konnte, ist wohl deutlich", sagte ihr Bruder Wilhelm in seinem Nachruf und fuhr fort: „Selbstbehauptungsversuche sind wohl nicht ernstlich unternommen worden; sie hätten den Rahmen der Ehe sprengen müssen. Was sie damit hinnehmen mußte, ist im einzelnen ihr sicher schmerzlich gewesen; deutlich ausgesprochen hat sie es kaum und ihre Zähigkeit und Tapferkeit gegen sich selbst werden ihr geholfen haben, alles mit sich selbst abzumachen und nicht zum Mittelpunkt eines Seelendramas zu werden."[1] B.R.

Amelie Ruths (Marie Amelie Ruths)

Malerin der Vierlande und der Halligen

Grab Nr. K 5, 86–95
geb. 28.4.1871 in Hamburg
gest. 3.4.1956 in Hamburg

Amelie Ruths war das zweite Kind von Johann Theobald Eduard Ruths und seiner zweiten Ehefrau Maria Amalie geb. Scherzinger. Das erste Kind, ein Sohn, war eine Woche nach der Geburt gestorben. Der 1871 geborenen Amelie folgten 1874 Therese, die bereits 1897 an einer Blinddarmentzündung starb, und jeweils ein Jahr später Rudolph und Frieda, die Lehrer bzw. Lehrerin wurden. Die Familie bewohnte ein kleines Haus in der Böttgerstraße 93 (heute wieder Hein-

rich-Hertz-Straße). Amelie und ihre um fünf Jahre jüngere Schwester Frieda besuchten die in der Nähe der Wohnung gelegene Höhere Töchterschule von Bonfort und Meinertz (siehe Portrait). Als der Vater 1895 starb, zog dessen Bruder, der weit über Hamburgs Grenzen hinaus bekannte Landschaftsmaler Valentin Ruths, zur Familie.

Amelie Ruths fand durch ihren Onkel Valentin den Weg zur Kunst. Er gab ihr etwa seit ihrem vierzehnten Lebensjahr Zeichen- und Malunterricht, drängte sie jedoch, das Zeichenlehrerinnenexamen zu machen, damit sie auf alle Fälle einen Beruf hätte, mit dem sie sich ernähren könne. Von 1886 bis 1889 besuchte Amelie die Gewerbeschule für Mädchen in der Brennerstraße und schloß die Ausbildung mit dem Zeichenlehrerinnenexamen ab. Ab 1890 arbeitete sie an verschiedenen öffentlichen und privaten Schulen (Louise Schroeder und Marie Wolf, Laura Nemitz, Dr. H. Michow und Frau, Henriette Müller, Marie Sander und Staatliches Lyzeum am Lerchenfeld). In den Schulferien machte sie mit dem Onkel Studienreisen u.a. nach Italien und Ägypten. Als er um die Jahrhundertwende anfing zu kränkeln, pflegte sie ihn bis zu seinem Tode im Jahre 1905. Im selben Jahr beschickte sie zum ersten Mal eine Ausstellung, die Frühjahrsausstellung des Hamburger Kunstvereins. Daß alle Bilder von der Jury angenommen und zwei verkauft wurden, ermutigte sie, die kleine Erbschaft, die der Onkel ihr hinterlassen hatte, für ihre weitere Ausbildung aufzuwenden. Sie nahm Unterricht im Aktmalen bei Carl Rotte, der kurz Leiter der Aktklasse an der Kunstgewerbeschule am Steintor gewesen war, und lernte vier Sommer lang bei dem Belgier Henri Luyten an seiner École des Beaux Arts. In Braschaet, einem kleinen Ort in der weiten Küstenlandschaft um Antwerpen, versammelte er eine internationale Schülerschaft. Hatte Amelie bei ihrem ersten Lehrer Valentin Ruths vor allem das Zeichnen gelernt, so beschäftigten sie jetzt Probleme der Freilichtmalerei: „Die ängstlich zeichnerische Kontur entschwand der durch die realistische Schule gegangenen Hamburgerin, der Pinselauftrag wurde leicht und flüssig, die Farbe zum Element der Wirkung. Dazu kam eine Reise nach Paris, das Studium des klassischen Impressionismus an der Quelle", schreibt Karl Faehler in seinem Beitrag über Amelie Ruths in „Westermanns Monatsheften" im Mai 1923.

Trotz ihrer internationalen Ausbildung und verschiedener Reisen in den Süden blieb Amelie Ruths eine Malerin ihrer Heimat, der norddeutschen Landschaft. Sie fuhr an die Nordseeküste, auf die friesischen Inseln und in die Vierlande, wo ihre besondere Vorliebe den Vierländer Bauernhäusern galt. Anders als Marie Zacharias oder Ebba Tesdorpf (siehe Portraits), mit der sie nach dem Tod des Onkels eine Zeitlang gemeinsam auf Motivsuche durch Hamburgs Straßen streifte, war es Amelie Ruths dabei weniger um die Rettung eines Stückes Kulturgeschichte zu tun als um Probleme der Malerei, um Licht und Farbe. Die Dielen ihrer Vierländer Bauernhäuser sind so lichtdurchflutet, daß man fast meint, es handele sich um Räume im Freien. Der Eindruck des für die Interieurmalerei so konventionellen Helldunkels findet sich bei ihr nicht mehr. Licht spielt auch eine wesentliche Rolle bei dem Gegenstand, der zu Amelie Ruths Hauptthema werden sollte: die Halligen. In ihren Notizen schreibt sie dazu: „Zwei Sommer auf Nordstrand gemalt. Dann ging ich im Mai 1920 zuerst auf die Suche nach den Halligen. Auf dem Weg erkrankte ich auf Föhr so schwer durch Ansteckung an einer Kinderkrankheit (Mumps), daß ich kaum noch nach Hause reisen konnte und monatelang zwischen Leben und Tod schwebte. Mitte Oktober setzte ich einen kurzen Besuch auf der Hallig durch. Ein orkanartiger Sturm setzte während meines kurzen Aufenthalts dort die Hallig unter Wasser. Dieses war der Anfang. – Daraus entstand eines meiner besten Bilder. Seitdem blieb ich den Halligen treu. Nur selten machte ich seitdem andere Reisen und Studien-Aufenthalte."[1] Selbst als sie so schwer krank war, daß sie 1929 wegen dauernder Dienstunfähigkeit vorzeitig in den Ruhestand versetzt wurde, hielt sie an der Halligmalerei fest. Frau Gebhard, eine Bekannte Amelie Ruths', berichtet: „Sie war ja bis zu ihrem Tode rastlos tätig und hat uns erzählt, wie noch im letzten Jahr ihre Freundin, Frl. Minna Steinfatt, und ihre Schwester im Sturm die Staffelei festhalten mußten, damit sie überhaupt malen konnte."[1] Von Frau Gebhard wissen wir auch, daß Amelie Ruths eine sehr warmherzige und humorvolle Frau war, die „enorm viele Freunde" hatte und eine „sehr beliebte Gastgeberin" war.[1]

Zunächst hatten die Geschwister Amelie, Frieda und Rudolph weiter in der Böttgerstraße gewohnt, wo Amelie das Atelier des Onkels übernommen hatte. Auf Dauer waren ihnen die Räumlichkeiten jedoch zu eng geworden, und so zogen die drei 1937 in ein größeres Haus in der Erikastraße 174 mit Blick auf den Mühlenteich. Das neue Domizil konnten sie jedoch nur wenige Jahre gemeinsam genießen. Es fiel 1943 den Bomben zum Opfer. Ein Jahr später starb der Bruder.

Die Schwestern verkauften das Grundstück nach dem Krieg und erhielten in dem darauf neugebauten Zweifamilienhaus die

149

Wohnung in der ersten Etage in Erbpacht. Hier lebten sie in enger, harmonischer Gemeinschaft miteinander. Als Amelie Ruths im Frühjahr 1956 ins Krankenhaus eingeliefert werden mußte und keine Hoffnung auf Besserung bestand, nahm sich ihre Schwester diesen Umstand derart zu Herzen, daß sie einem Herzschlag erlag. Amelie Ruths hat das nicht mehr erfahren. Niemand traute sich, ihr die Wahrheit zu sagen. Man erzählte ihr, die Schwester könne sie nicht besuchen, weil sie sich den Knöchel verstaucht habe. Amelie Ruths starb knapp einen Monat nach ihrer Schwester Frieda.

Amelie Ruths war seit 1910 Mitglied des Deutschen Künstlerbundes und hatte zu Lebzeiten Ausstellungen in verschiedenen Städten in Schleswig-Holstein, in Hamburg in der Kunsthandlung Commeter, im Kunstverein, im Museum für Hamburgische Geschichte und im Altonaer Museum. In den beiden letztgenannten Museen befinden sich heute Bilder von ihr, ebenso in der Kunsthalle. Der Verkauf ihrer Werke erzeugte stets zwiespältige Gefühle in Amelie Ruths. Bei aller Freude über den Erfolg war es ihr doch immer, als ginge „ein Kind von ihr fort". Jedes Bild war für sie ein Stück erlebte Natur, das mittlerweile nicht mehr existiert: „Es gibt keine malerischen Kanten mehr, durch die Steindämme wird alles so langweilig." (Hamburger Freie Presse vom 28.4.1951)   B.R.

Elena Luksch-Makowsky
(geb. Makowsky)

Russische Malerin und Bildhauerin

Grab Nr. AH 21, 107
geb. 14.11.1878 in St. Petersburg
gest. 15. 9.1967 in Hamburg

„Im Frühjahr 1900 bekannte ich mich zu meinem Schicksal, fast verzweifelt, zum Teil wegen meines Kummers um Mutter; nach einem Briefwechsel mit Richard Luksch fuhr ich mit meinem Bruder Sergej ins Ausland nach München und heiratete Richard

Luksch, zuerst im Standesamt in Dachau, und dann ließen wir uns in der griechisch-orthodoxen Kirche in München kirchlich trauen, als die Kastanien blühten, am 20. Juni 1900."[1]

Mit diesen Worten enden die Kindheits- und Jugenderinnerungen, die Elena Luksch-Makowsky um 1965, kurz vor ihrem Tod in Hamburg in ihrer Muttersprache Russisch aufschrieb. Abrupt und eigenartig befremdlich erscheinen sie besonders im Zusammenhang des gesamten Textes, der ausführlich und liebevoll die Kindheit und Jugend in Rußland beschreibt. Woher dieser Bruch, der wie ein Sprung ins kalte Wasser wirkt?

Elena Makowsky wurde am 14. November 1878 in St. Petersburg geboren. Ihr Vater war Konstantin Makowsky, ein angesehener und erfolgreicher Maler, Günstling Alexanders II., die Mutter Julia, erheblich jünger als der Vater, eine Schönheit mit einer wunderbaren Singstimme, die ihren Mann liebte und verehrte. Elena wuchs zusammen mit ihren beiden Brüdern in glanzvollen aristokratischen Verhältnissen auf. Eine romantische Welt erfüllte ihre Kindheit. Die Sommer verbrachte man auf dem Land, die Winter in St. Petersburg. Unter der liebevollen Obhut der Mutter wurden die Kinder mit Büchern, Theater und Opern bekannt, aber auch mit dem russischen Volk, dessen Leben Elena zeitlebens faszinierte. Der Vater tauchte wie ein Meteor bald aus seinem Atelier in Petersburg, bald aus Paris auf. Gäste, die auf seinen Bildern wiederzufinden sind, erfüllten dann das Haus. Im Atelier und auf der nebenan gelegenen Bühne gaben die Eltern groß ausstaffierte Abende, bei denen lebende Bilder nach den Gemälden des Vaters nachgestellt wurden, und die Eltern gemeinsam sangen. „Der noch nicht überlebte Romantismus dieser Generation, der durch die Epoche der Opernbegeisterung unterstützt wurde, hat uns durch die Melodien der Petersburger Romanzen bezaubert und wirkte auf uns Kinder."[1]

Der wichtigste Teil der Welt aber, schreibt Elena in ihren Jugenderinnerungen, war das väterliche Atelier, „… wo diese wunderbare, sehr wichtige, alles umfassende Arbeit meines Vaters entstand. Es war schwer, dorthin zu gelangen, es wurde selten erlaubt …"[1] Dessen ungeachtet, bestand der Vater auf einer malerischen Ausbildung seiner Kinder. Elena begann bereits im Alter von 7$^1/_2$ Jahren, sich ernsthaft mit dem Zeichnen zu beschäftigen. „Das Zeichnen war bei uns Familientradition, eine Frage der Ehre – eine Frage großer Bedeutung."[1] „Bruder Sergej … zeichnete besser als ich. … ,Ganz einerlei', sagte ich ruhig …, ich werde Künstler, aber Du nicht."[1] Sie behielt recht, der geliebte ältere Bruder wurde später Schriftsteller. Elena arbeitete so intensiv, daß der Vater lobte: „Elena ist erst 11 Jahre alt, aber sie arbeitet wie eine Zwanzigjährige."[1] Vorbild war und blieb der Vater, auch wenn sie künstlerisch bald eigene Wege ging: „Wieviel Kraft müßte man haben, um mit dieser gewaltigen Arbeit fertig zu werden, wieviel Energie mußte man verschwenden während der Portraitsitzungen, mit Gesprächen und persönlichen Beziehungen mit den Auftraggebern. Für unsere zerquälte Zeit ist das kaum faßbar. Das gleicht schon wahrhaftig einem Format und einer Meisterschaft der Meister der Renaissance. Dabei war mein Vater wirklich noch sozusagen ,Die Seele der Gesellschaft', und es gelang ihm, ,die Seele der Gesellschaft' zu sein. So verschwenderisch brachte er mit seinem Temperament die persönliche Bezauberung in jede Gesellschaft."[1]

Als Julia Makowsky im Winter 1888/89 schwer erkrankte, begann eine vierjährige „Irrfahrt" von Mutter und Kindern durch halb Europa, die mit der Trennung der Eltern endete. Der Vater hatte inzwischen eine neue Familie in Paris gegründet.

Bei allem Schmerz und der Sorge um die Mutter war diese Zeit für Elena von außerordentlicher Bedeutung für ihre Entwicklung. Die Reisen mit der Mutter führten sie nach Deutschland, Frankreich, Italien und in die Schweiz. Die Palette der Eindrücke und Erfahrungen reichte vom eher kleinbürgerlichen Leben in Bad Kissingen bis zum mondänen Hotelleben in Montreux, vom Meer bis zu den Bergen. Elena, oft sich selbst überlassen, nahm alles intensiv mit ihrem Zeichenstift wahr. Sie lernte Sprachen, so daß sie ein Großteil der Bücher der Weltliteratur im Originaltext las, und besuchte Museen. Den größten Eindruck machten ihr Florenz und Venedig: „Erregende Vertiefung in mich selbst, ich widme mich der Kunst, sie hat ganz von mir Besitz ergriffen, ist so tief in mein Empfinden eingedrungen, erfüllt es und versetzt es in Erregung. Italien! Ein wunderbarer Eindruck fürs ganze Leben."[1] Doch wo immer sie sich in diesen vier Jahren aufhielten, die Mutter richtete stets ein Eckchen mit Erinnerungen an die russische Heimat ein. Diese Verbindung bewahrte auch Elena zeitlebens: „Wie selbstverständlich ist mir heute dieser Drang, sein Ich zu bewahren, wenn man von seiner Vergangenheit und Tradition getrennt ist."[1]

Bei der Rückkehr nach Petersburg war Elena ganze 15 Jahre alt, und bei dem Pensum, das sie sich abverlangt hatte, liest man mit Staunen: „Es war der Beginn der eigentlichen Arbeit an sich selbst."[1]

Elena trat sofort in die Gesellschaft zur Förderung der Künste ein und durchlief im Winter 1893/94 sämtliche Klassen – Ornament, Gipsköpfe, Aquarell- und Federzeichnen, Ölmalerei – der „etwas langweiligen Schule"[1].

Im Herbst 1895 besuchte sie das private Künstleratelier des kritischen Realisten Ilja Repin, um sich für die Akademie vorzubereiten, in die sie im Herbst 1896 aufgenommen wurde. Sie besuchte die Meisterklasse Repins zusammen mit drei Frauen und 23 Männern. Ihr zweiter Lehrer wurde der Bildhauer Wladimir Beklemischow. Jeden Morgen benutzte sie einen anderen Weg in die Akademie, „um mich von verschiedenen Seiten mit meiner wunderbaren Hauptstadt bekannt zu machen".[1] Die Abende verbrachte sie zumeist lesend und arbeitend zu Hause an der Seite des Bruders Sergej. Mit ihm und der Mutter mietete sie auch im Sommer einfache Datschen, inmitten der Natur, von der sie sich jedesmal nur schwer losreißen konnte. Die Eindrücke einer Reise auf der Wolga im Sommer 1897, die Begegnungen mit den einfachen Leuten auf dem Lande, die sie in einem Album festhielt, wurden für sie zu einer unerschöpflichen Quelle, die sie später in der Fremde benutzte: „Diese frühen Bilder sind wichtig für mich, weil sie einen weiteren Schritt in meiner Entwicklung bedeuten, zur Entstehung meines völkischen, epischen Kunststils."[1]

Zunächst einmal aber arbeitete sie mit Ilja Konjenkow an einem großen Relief, das die Schrecken des Krieges darstellt, eine Auftragsarbeit von H. Bloch, der auf der Weltausstellung in Paris einen Friedenspavillon aufbauen wollte, aber vorher starb. Als Bloch ihr ein Stipendium anbot, griff sie begeistert zu: „Bis zu dieser Zeit ließ ich es fast unerwähnt, daß in Verbindung mit dem düsteren und rauhen Klima in Petersburg, mit den Jahren eigensinniger Entwicklung und aus noch anderen Gründen, meiner physischen Unfähigkeit und Lebensschwäche, ein harter Kampf in mir entstand, der Drang, wegzugehen, mich zu befreien, eine ungerechte Beschuldigung meiner Umwelt. Eine harte Qual, charakteristisch für die außergewöhnliche Jugend, jener Druck der Kräfte, mit dem man sich mit dem wahren, großen Leben messen will, außerhalb des verwünschten Familienkreises! Ich träumte schon seit 1895 vom Weggehen, von meiner Arbeit, der Kunst – zu leben, zu Fuß, zu Pferde. Und ich habe mich sogar in so einer Wanderkleidung gezeichnet, einer nicht weiblichen, sondern eher männlichen, um keinerlei Aufmerksamkeit

auf mich zu ziehen. Einen praktischen Zugang zu dieser, meiner Sorge hatte ich nicht. Meine Schüchternheit und Verlegenheit – im Bewußtsein meiner weiblichen Stärke und eine große Zurückhaltung der begeisterten, weiblichen Natur, bewahrten mich gleichsam vor frühreifen Erfahrungen auf dem Wege der weiblichen Linie, alle Kräfte richteten sich auf Vergeistigung und Reifung meiner Begabung."[1]

1898 ging sie nach München und – verstrickte sich erneut ins Familienleben. Sie besuchte die private Kunstschule von Anton Azbè wie ihre Landsleute Alexej von Jawlensky und Marianne von Werefkin, und zog wie viele Maler nach Deutenhofen, in die rauhe Landschaft des Dachauer Moores. Dort verliebte sie sich in den Wiener Bildhauer Richard Luksch und heiratete ihn im Jahre 1900.

Elena Luksch-Makowskys Erinnerungen enden hier, so daß über den Fortgang ihres Lebens bis auf einige bekannte äußere Fakten die Schlüsse aus ihrem Werk zu ziehen sind.

Richard Luksch und Elena Luksch-Makowsky, wie sie sich jetzt nannte, gingen nach Wien. Sie wurden Mitglieder der Wiener Sezession, Elena 1901 als erste Frau, und nahmen an deren Ausstellungen teil. 1902 beteiligten sie sich auch an der Klingers Beethoven-Denkmal gewidmeten Ausstellung der Sezession, dem Versuch eines Gesamtkunstwerkes, zu dem alle Mitglieder ihren Teil beitrugen. Seit der Gründung der Wiener Werkstätte intensivierten beide ihre kunsthandwerkliche Tätigkeit. Als Richard Luksch 1906 den Auftrag, Reliefs für die Fassade des Wiener Burgtheaters zu machen, aus Zeitgründen nicht ausführen konnte, gab er ihn an seine Frau weiter: In nur drei Monaten schuf sie eines ihrer Hauptwerke, drei große Melpomene-Reliefs, die sich heute im Hamburger Museum für Kunst und Gewerbe befinden. Eine andere Arbeit ist im Besitz der Hamburger Kunsthalle: sieben Blätter zu Rabelais' Roman über die Abenteuer des Riesen Gargantua, die zwischen 1906 und 1908 entstanden. Sie haben die derbe Kraft, die sich schon in den Blättern mit russischen

Motiven aus den Jahren 1902–1905 zeigt und die innerhalb der Sezession einzigartig ist.

Anfang des Jahres 1907 erhielt Richard Luksch einen Ruf an die Hamburger Kunstgewerbeschule (heute Hochschule für bildende Künste). Das Ehepaar zog mit seinen beiden Söhnen (Peter, 1901 geboren, und Andreas) nach Hamburg. Elena Luksch-Makowsky beschäftigte sich weiter mit dem volkstümlichen Leben ihrer Heimat. Es entstanden mehrere Reihen Volks-Bilderbogen. Als sie 1910 von Fritz Schumacher den Auftrag erhielt, ein Werk für den Hamburger Stadtpark zu gestalten, arbeitete sie eine Fayenceplastik, die sie „Ein Frauenschicksal" nannte und die heute im Café Liebermann in der Kunsthalle aufgestellt ist: eine sitzende Frau, die den Kopf der künstlerischen Inspiration in Gestalt eines Kuckucks zuwendet, der auf ihrer Schulter sitzt, während drei Kinder – 1911 war Elenas dritter Sohn Dimitrij geboren – vorsichtig aus dem Schutz der herabfließenden Gewänder der Mutter herausblicken. Die Arm- und Handbewegungen der Frau gehen vom Kuckuck aus und zu ihm zurück und trennen schroff die beiden Welten voneinander. Schumacher beschrieb sehr einfühlsam: „Durch diese Kinder ist die Frau fest am Boden gebunden. Sie kann nicht schreiten, wohin sie will, sie kann sich nicht bewegen, wie sie mag, das Leben der Mutter wird durch anderes Leben am Erdboden gefesselt. ... Ihr Haupt aber kann sich frei bewegen. Oben im Geistigen ahnen wir noch eine zweite Welt. Sie lauscht dem Vogel mit einer Gebärde voll entsagungsvoller Sehnsucht." Unmittelbar vorher hatte Elena Luksch-Makowsky ein Aquarell zum selben Thema gemalt: „Die Frau zwischen den Kindern." Mit dem „Frauenschicksal" endet 1912 ihre künstlerisch produktivste Zeit. Sie ist zu diesem Zeitpunkt 34 Jahre alt.

„War es das Frauenschicksal, war es die fehlende Inspiration durch den Wiener Künstlerkreis, war es die zunehmende Entfernung von der russischen Heimat, die dazu führten, daß die künstlerische Spannkraft nachließ?"[2] fragt Helmut Leppien in seinem lesenswerten Beitrag „Elena Luksch-Makowsky. Zwischen Bilderbogen und Stilkunst". Ich meine, es geht hier nicht um „entweder/oder", sondern um „und". Die eingangs zitierten Worte Elena Luksch-Makowskys machen ebenso wie die Nachzeichnung ihres Lebenslaufes deutlich, daß die von Leppien genannten Motive allesamt Bestandteile dessen sind, was Elena Luksch-Makowsky Frauenschicksal nennt und was sich auch heute, einhundert Jahre später, kaum geändert hat. Noch immer ist es zumeist die Frau, die ihren Ort verläßt, sich den beruflichen Gegebenheiten des Mannes anpaßt und für die Familie verantwortlich ist. Schon den Umzug nach Wien schloß Elena in ihr „Schicksal" ein. In Hamburg verschärften sich die Bedingungen nur noch. Die Familie war größer geworden und erforderte mehr Zeit und Kraft. Die Kaufmannsstadt Hamburg und der Kreis um Richard und Ida Dehmel, dem das Paar bald angehörte, konnte ihr weder die Heimat und ihre Menschen noch die künstlerischen Anregungen ersetzen. Zudem tauchte in den zwanziger Jahren eine zweite Frau in Richard Lukschs Leben auf: die Tänzerin Ursula Falke.

Was als ein Frauenschicksal erscheint, ist in Wahrheit ein Frauendrama und damit nicht unabänderlich.   B.R.

Gretchen Wohlwill

Malerin der Hamburgischen Sezession

Grab Nr. U 29, 148–152
geb. 27.11.1878 in Hamburg
gest. 17.5.1962 in Hamburg

„Es zieht sich nicht eigentlich ein roter Faden durch mein Leben, sondern Episode reiht sich an Episode, und meine Erlebnisse hängen an den Personen, mit denen ich mehr oder weniger zufällig zusammengetroffen bin."[1]

„So ist mein Leben reich an Freundschaften gewesen, und dankbar muß ich sagen, ist es noch heute."[1]

Diese beiden Sätze stehen am Anfang und Ende von Gretchen Wohlwills 1953 geschriebenen Lebenserinnerungen. Und so lesen sich ihre Aufzeichnungen auch wie eine Sammlung von Portraits. Aus Darstellungen von Familienmitgliedern, Kolleginnen aus der Schule, Malerfreundinnen und -freunden, Menschen, denen sie während ihrer Emigration in Portugal begegnete, setzt sich das Bild ihres Lebens quasi wie ein Mosaik zusammen.

Aber was nach den eingangs zitierten Worten fast spielerisch gelungen zu sein scheint und durch die Freunde bestätigt wird, die Gretchen Wohlwill ausnahmslos als harmonische Persönlichkeit beschreiben – eine Wesensart, die sich auch in ihrem eher heiteren Werk zu spiegeln scheint –, war in Wahrheit mühsam abgerungen, geboren aus dem Bedürfnis nach unbedingter Nähe und Zusammenhang. Denn fährt man in der Lektüre der Lebenserinnerungen fort, so heißt es da: „Einen Ausspruch, der mir wahrscheinlich nur durch Erzählungen in der Erinnerung haftet, soll ich einmal getan haben, als Mutter mit uns Kindern in Niendorf an der Ostsee war, begleitet von unserer guten Kinderfrau Margarete Ording: ‚Süße Mutter und süße Deta, und alle beide mein‘. Ich würde das nicht festhalten, wenn ich nicht meinte, daß es charakteristisch auch für mein späteres Leben wäre: Was ich liebte, wollte ich auch besitzen."[1] Und zum Tod der Mutter formuliert sie: „Am 9. Mai ging der einzige Mensch dahin, den ich ganz besessen hatte."[1]

Noch deutlicher wird diese Sehnsucht in einem undatierten Brief an Emmy Ruben (siehe Portrait Emmy Ruben): „Was Maetzel neulich sagte, war mir so aus der Seele gesprochen, dass nämlich, angenommen, die materielle Not sei eines Tages beseitigt oder gemildert, so bliebe doch immer die geistige Vereinsamung der Künstler u. ich möchte hinzufügen die seelische das Bedürfnis nach Verständnis u. Anteilnahme. Diejenigen deren Arbeiten scheinbar der Problematik entbehren, leiden unter solcher Vereinsamung ganz besonders. Solche Unproblematik ist ja auch nur scheinbar, der qualvolle Kampf um die Realisierung vollzieht sich mehr unter der Oberfläche als bei Anderen."[2] Und in einem

Brief an die Malerkollegin Alexandra Povorina heißt es: „… unendlich beglückend aber ist auch für mich das Erlebnis einer Seelenverwandtschaft. Alles wird mit in den einen Kreis hineinbezogen, da es aber eben ein irdischer ist, so sind wohl für mich viel mehr Schlacken, viel Qual und Unruhe dabei." (Brief vom 19. Juni 1927)[3]

Daß Gretchen Wohlwill ihre keineswegs glückliche Grundstimmung und ihr oft schweres äußeres Leben in einer Weise meisterte, daß sie jedermann als bezauberndes, ausgeglichenes Wesen erschien, ist wohl darauf zurückzuführen, daß sie sich den für sie wegweisenden Wahlspruch ihres bewunderten und verehrten Vaters zu eigen gemacht hatte: „Ich kenne nur Pflicht, Güte und Nächstenliebe."[1]

Gretchen Wohlwill wurde als viertes Kind des Chemikers Emil Wohlwill und seiner Frau Luise geb. Nathan in Hamburg geboren. Der Vater, und durch seinen Einfluß auch die Mutter, wandten sich vom jüdischen Glauben ab und ließen auch in die Geburtsscheine ihrer Kinder „konfessionslos" eintragen. Emil Wohlwill lehnte als Liberaler und Arbeiterfreund auch die sogenannten Standesschulen ab, so daß Gretchen die Privatschule von Robert Meisner besuchte: „Es wurde nicht viel von uns verlangt, das Publikum war durchaus kleinbürgerlich und die Milieus keineswegs entsprechend meiner eigenen Häuslichkeit."[1] Die eigene Häuslichkeit, das war eine sehr musikalische Mutter, die ihre Begabung an die Tochter Sophie, die Pianistin wurde, und an die Geige spielenden Söhne Heinrich und Friedrich weitergegeben hatte und die für das tägliche Leben und die Erziehung der Kinder zuständig war, und ein Vater, der für die Kinder „Festtag" bedeutete. Die Besuche in seinem Labor zählte Gretchen zu den aufregendsten Erlebnissen ihrer Kindheit. Der Schatten, der über dieser Kindheit lag und der Gretchen noch über viele Jahre begleiten sollte, war die häufige Krankheit und Behinderung der ältesten Schwester Marie, die von den übrigen Familienmitgliedern permanente Rücksichten verlangte.

Dem Unterricht in der Meisnerschen Schule folgte dann aber doch eine ihrer Herkunft und ihren Anlagen entsprechende Ausbildung. Nach einem Jahr Selecta, wobei Gretchen von allen Fächern die Kunstgeschichte am meisten interessierte, erfüllte sich 1894 ihr größter Wunsch: Sie wurde an der Kunstschule von Valesca Röver (siehe Portrait Alma del Banco) angemeldet und bekam eine Ausbildung bei Ernst Eitner und Arthur Illies. 1904/5 ging sie zur Fortsetzung ihrer Studien nach Paris und besuchte die Privatakademien Stettler und Dannenberg bei Lucien Simon und Jacques Emile Blanche. Wirklichen Gewinn aber zog sie erst aus einem zweiten Parisaufenthalt 1909/10, und das nicht nur, weil sie in der Matisse-Schule arbeiten konnte, sondern auch, weil ihr „endlich die Augen aufgegangen waren für die Großen der Gegenwart und die Kunst vergangener Zeiten".[1] Das stimmt allerdings nicht ganz – hatte sie doch schon früh gegenüber Alfred Lichtwark, dem damaligen Direktor der Kunsthalle, den Ende des 19. Jahrhunderts wiederentdeckten Vermeer als ihren Lieblingsmaler genannt, eine Vorliebe, die viel über ihre künstlerische Auffassungsgabe und ihr Wesen aussagt. Auch daß sie auf

seine zweite Frage, was sie denn malen wolle, antwortete „Menschliche Figuren in ihrer Umgebung und Tätigkeit", zeigt ihre frühe künstlerische Reife. So zollte ihr Lichtwark denn auch Respekt und Beifall.

Nach der Rückkehr von ihrem ersten Parisaufenthalt richtete Gretchen Wohlwill sich im elterlichen Haus in der Johnsallee 14 ein Atelier ein. Da sie, selbstkritisch wie sie ihr Leben lang blieb, überzeugt war, es nicht zu außerordentlichen Leistungen zu bringen, und das Gelernte praktisch anwenden wollte, begann sie zu unterrichten und bereitete sich selbständig auf das Zeichenlehrerexamen vor, das sie 1909 in Berlin ablegte. In Hamburg hätte sie dafür ein dreijähriges Studium an der Gewerbeschule absolvieren müssen. Ihr Sinn fürs Praktische zeigt sich auch darin, daß sie 1897 ihre Malstudien ganz bewußt für ein halbes Jahr unterbrach, um eine Haushaltsschule zu besuchen.

1910 wurde Gretchen Wohlwill als Kunsterzieherin an der Emilie-Wüstenfeld-Schule (siehe Portrait Emilie Wüstenfeld) eingestellt. Diese Tätigkeit schien ideal. Sie verschaffte ihr eine finanzielle Grundlage, die sie selbstbewußt und noch in den Zeiten der Weltwirtschaftskrise einigermaßen unabhängig machte, und da sie nur vier Tage in der Woche unterrichtete, blieb ihr Zeit für das eigene Schaffen. Doch im Unterricht machte ihr nur die Arbeit mit den Begabten wirklich Freude, und die Reduktion ihrer künstlerischen Existenz auf eine Dreitagewoche und die Reisen während der Schulferien führten dazu, daß sie sich ständig gehetzt fühlte: „Wie ich mich auf die Ferien freue, das kann niemand ahnen, der nicht weiß, wie es ist, seine besten Kräfte für eine Sache, die ihm so gleichgültig ist, hergeben zu müssen",[3] schreibt sie am 19. Februar 1926 an die Malerfreundin Alexandra Povorina.

Kurz nach dem Tode des Vaters im Jahre 1912 wurde der Familie das Haus in der Johnsallee gekündigt, weil es verkauft werden sollte. Man erwarb das Haus Magdalenenstraße 12, wo Gretchen Wohlwill sich wiederum ein Atelier einrichtete, das sie auch nach dem aus wirtschaftlichen Gründen notwendigen Umzug in den Mittelweg nach dem Tod der Mutter behielt. Es wurde zum Treffpunkt junger Künstler. 1928 zogen Gretchen und Sophie aus der riesigen, kalten Wohnung am Mittelweg in die Flemingstraße 3. „Musik im Erdgeschoß, die Malerei im Dach",[3] charakterisierte Hans Stock, Freund und Senatsdirektor der Kulturbehörde nach 1945, das einträchtige Zusammenleben der beiden Schwestern.

1933 wurde Gretchen Wohlwill wie die meisten Beamten und Beamtinnen jüdischer Abstammung aus dem Schuldienst entlassen. Doch obwohl sie auf einer Italienreise im Jahre 1930 im täglichen Umgang mit den Italienern schon „mancherlei vom Wesen und von den Schrecken des Faschismus" erfahren hatte und sich fragte, „ob es überhaupt möglich ist, daß Kunst gedeiht, in einem Lande, in dem in solchem Maße die persönliche Freiheit beschränkt ist",[1] und obwohl sie 1933 aus der Hamburgischen Künstlerschaft ausgeschlossen wurde und miterlebt hatte, daß die Hamburgische Sezession sich auflöste, um ihre jüdischen Mitglieder nicht ausschließen zu müssen, blieb sie wie viele andere seltsam sorglos. Sie war mit ihrer Kündigung „nicht unzufrieden",[1] konnte sie doch endlich ihrer eigentlichen Arbeit frei nachgehen. Eine Emigration zog sie zunächst nicht in Erwägung. Statt dessen faßte sie den Plan, sich auf der Fischer- und Bauerninsel Finkenwerder ein Haus neben dem des Malers Eduard Bargheer zu bauen, den sie 1926 kennengelernt hatte und mit dem sie seitdem eng befreundet war: „Von ihm könnte und müßte ich Bände voll schreiben. Seit nunmehr 25 Jahren verbindet mich mit ihm eine seltene Freundschaft, die auf mein Leben größten Einfluß gehabt hat",[1] beginnt Gretchen Wohlwill in ihren Lebenserinnerungen ihre Hommage an den um 23 Jahre jüngeren Eduard Bargheer.

Eduard Bargheer lebte auf Finkenwerder, das – heute kaum noch vorstellbar – in den 20er Jahren mit seinem ländlichen Milieu, den Fischern und der Elbe viele Hamburger Künstler und Künstlerinnen anzog. Gretchen Wohlwill besuchte den Freund oft und baute sich bald einen Anbau an sein Atelier,

um in den Ferien und am Wochenende hier zu leben und zu arbeiten: „Das Zusammensein mit Bargheer ist immer anregend, viele Klippen sind in unseren Beziehungen, aber jedesmal, das eine überwunden ist, werden wir fester und sicherer. Er hat die Eigenart, irgendwie Selbstverständliches nicht auszusprechen; das macht es mir oft sehr schwer und ich leide sehr darunter. Wir haben sehr gearbeitet, aber auch manche schöne Segelfahrt gemacht und viel gebadet und geschwommen. Das Atelier ist fertig, und als Raum und Beleuchtung sehr schön geworden, nur ist es bei Sonnenschein sehr heiß, bei feuchtem Wetter eisig kalt. An dem Menschen Eduard Bargheer habe ich, je näher ich ihn kenne, keinen unlauteren Zug gefunden, er imponiert mir durch sein Zielbewußtsein, das ihn kleine Rücksichten nicht kennen läßt. Schwer ist im Verkehr mit ihm seine große Erregbarkeit. Er ist so gänzlich unbanal, darum ist mir Ihre ehemalige Auffassung so unbegreiflich. Glücklich in jeder Hinsicht macht er mich nicht, aber ich könnte mir mein Leben jetzt auch nicht mehr ohne ihn denken." (Brief an Alexandra Povorina vom 22. August 1928)[3]

Gemeinsam unternahmen die beiden Reisen nach Holland und Belgien (1928), England (1929) sowie Italien und Paris (Dezember 1930 bis Ostern 1931, Gretchen Wohlwill war von der Schulbehörde ein Studienaufenthalt und ein Zuschuß von 400 M zu ihrem Gehalt gewährt worden). 1933 fuhren sie erneut nach Paris, und 1936 mit dem Motorrad nach Dänemark. Sie besuchten auf ihren Reisen Museen, in denen sie auch zeichneten und kopierten, und quartierten sich an Orten ein, wo sie tagsüber in der Natur arbeiteten und abends über das Gemalte diskutierten, sich korrigierten und – keineswegs unwichtig – aßen und tranken: „Ach, wie sehr wußte Gretchen die Qualität einer guten Küche und eines guten Kellers zu schätzen! Was für eine glänzende Köchin war sie, die immer wieder sagte: Glaubst du, daß jemand ein richtiges Rot findet, dem es gleich ist, was er als Speise in den Mund nimmt? Ich hingegen, so sagte sie, bin überzeugt, daß die Trauerklöße, die nicht essen und nicht trinken mögen, auch keine guten Maler sein können. Sie hatte ein sehr strenges Pflichtbewußtsein vor sich selbst und schon ein schlechtes Gewissen, wenn mal Tage ohne Arbeit vergingen. Sie war ganz unbestechlich in ihrem Urteil, sei es im Menschlichen oder im Künstlerischen. Wir besuchten zusammen viele Museen Westeuropas und ich werde nie ihre treffenden Urteile vergessen",[3] erinnert sich Eduard Bargheer an die gemeinsame Reise nach Holland.

Bis zum Frühjahr 1939, als das von der Stadt gepachtete Gelände, auf dem sie ihr Haus gebaut hatte, gekündigt wurde, weil dort eine Flugzeugwerft entstehen sollte, verbrachte Gretchen Wohlwill die Sommer auf Finkenwerder, malte und segelte mit Bargheer auf dem gemeinsamen Boot: „Das Boot war für mich ein ganz neues Erlebnis, ein Quell des Glücks aber auch mancher Quälerei, denn, nachdem Eduard die Familie T. kennengelernt hatte, zog er es öfter vor, diese auf seinen Fahrten mitzunehmen."[1]

Der Freund Eduard Bargheer urteilte rückblickend: „Nach meinem Dafürhalten war ihre glücklichste Zeit die in Finkenwerder, als sie ihr kleines Haus gebaut hatte, in dem sie eine Reihe von Sommern ihrer Arbeit lebte. Daneben haben wir viel auf der Elbe gesegelt, was sie zur Arbeit anregte. Sie liebte das Milieu der Fischer, die sie alle schätzten und gern hatten."[3]

Auf Dauer konnte sie jedoch nicht an den Tatsachen vorbeisehen. 1937 wurden vier ihrer Arbeiten als entartet beschlagnahmt, 1938 ihre 1931 im Auftrag Fritz Schumachers für die Emilie-Wüstenfeld-Schule gemalten Wandbilder mit Bildern im Stil der nationalsozialistischen Propaganda übermalt.[4] Die Verordnungen der Nazis gegen die Juden machten das Leben „schwer und schwerer", bis es „fast unerträglich geworden war".[1] Sie begann mit der Schwester das Für und Wider der Auswanderung zu erörtern. Sophie konnte sich nicht entschließen. Sie wurde nach Theresienstadt deportiert und starb dort, wie auch der Bruder Heinrich, ehemaliger Direktor der Norddeutschen Affinerie. Gretchen emigrierte, nachdem sie eine frühere Einreiseerlaubnis hatte verfallen lassen, quasi im letzten Moment, im März 1940, im Alter von 61 Jahren nach Portugal. Auf Ischia und in Neapel verbrachte sie mit Bargheer „die letzten guten Tage … danach begann wohl die schwerste Zeit meines Lebens, schwerer als die letzte Nazizeit in Hamburg".[1] In Lissabon konnte sie bei der Familie ihres Bruders Fritz, Professor der Medizin, unterkommen, bis der in die USA weiterwanderte. Da sie so schnell wie möglich unabhängig werden wollte, versuchte sie, ihren Lebensunterhalt mit Stoffmalerei, Taschennähen und Sprach-, Literatur- und Malunterricht zu verdienen. Es war ein schweres Emigrantendasein in unheizbaren, primitiven Behausungen, voll Einsamkeit und Krankheit. Nach dem Krieg änderte sich das. Gretchen Wohlwill errang als Künstlerin nicht nur Anerkennung, sondern sogar Auszeichnungen: 1948 und 1952 erhielt sie den „Premio Francisco da Holanda". Sie hatte eigene Ausstellungen und nahm an Gruppenausstellungen in Lissabon und Porto teil. Doch: „Die Sprache habe ich liebgewonnen, auch eine Reihe von Menschen. Das Land, Klima und die Stadt Lisboa sind mir immer fremd geblieben. Oft, plötzlich, habe ich mich an den Kopf gefaßt: Wieso bist du hier, was willst du hier, das alles geht dich doch gar nichts an."[1] Nach zwei Besuchen in Hamburg in den Jahren 1950 und 51 entschloß sie sich 1952 zur Rückkehr, wiederum sehr schwer und mit tiefem Zweifel: „Noch heute weiß ich nicht, ob es das Rechte war. … Schwer genug ist mir die Entscheidung gefallen; dann plötzlich habe ich alles Nachdenken abgeschnitten und bin gefahren",[1] schreibt sie ein halbes Jahr, nachdem sie wieder in Hamburg ist. Am Ende ihres Lebens bezeichnet sie diese Hamburger Jahre, in denen sie in den Grindelhochhäusern eine Wohnung hatte, jedoch als die schönsten ihres Lebens, weil die Politik sie nicht mehr direkt berührte.

Gretchen Wohlwill starb 1962 im Alter von 83 Jahren. „Kaum je in meinem Leben sah ich eine solche Vitalität, die trotz schmerzlicher körperlicher Behinderung, die mit dem Alter ständig zunahm, überall erschien, wo auch immer etwas zu sehen, zu hören war oder Menschen zu treffen waren, die sie interessierten. Ausstellungseröffnungen, Konzerte, Theater und Ballett; Gretchen fehlte nirgendwo. Ganz zu schweigen von all den abendlichen Einladungen, die sie nie absagte, wenn es ihr nur einigermaßen gut ging. Sie war stets zu allem aufgelegt und hatte einen unbändigen Lebenshunger, der sogar mit dem Alter eher zu- als abnahm. Apropos Alter: sie wollte nichts davon wissen und hatte ein Recht dazu, denn im Grunde hat es das für sie nie gegeben. Wie viele müde, sogenannte ‚Junge Leute' könnten sich beglückwünschen, wenn sie nur ein Fünkchen hätten von Gretchens Lebendigkeit, Schärfe und Urteilskraft, welche sich bis zuletzt bewahrt hat." (Eduard Bargheer in der Rede zur Gedächtnisausstellung)[3]

Das Selbstgrüblerische einer Anita Rée (siehe Portrait) war Gretchen Wohlwills Sache nicht, so daß von ihr auch nur ein einziges Selbstportrait – bezeichnenderweise aus der Zeit um 1933 – existiert. Ihre Sujets waren Landschaften, Stilleben, figürliche Kompositionen, Portraits. In Ausdrucksform und Farbgebung blieb sie ihrem Lehrer Matisse und Cézanne verpflichtet. Sie war stets auf der Suche nach der von Cézanne formulierten Harmonie parallel zur Natur: „Obwohl ich es aufgegeben habe, ‚vor der Natur' zu malen, so sind es doch immer Erlebnisse aus der Natur, die ich versuche, übersetzt, auszudrücken."[5] In der abstrakten Malerei, wie sie nach 1945 im Umkreis von Willi Baumeister in Hamburg als zukunftsweisend betrachtet wurde, sah sie keine Lösung.

Wie Kritiken und Rezensionen zeigen, war Gretchen Wohlwill in den 20er und frühen 30er Jahren eine geschätzte Malerin und Graphikerin. Sie gehörte zu den Gründungsmitgliedern der Hamburgischen Sezession (siehe Portrait Alma del Banco) und beteiligte sich an deren jährlichen Ausstellungen. Bis 1933 nahm sie an mindestens 15 Ausstellungen im In- und Ausland teil. Die Hamburger Kunsthalle und das Altonaer Museum kauften Bilder von ihr. Heute existiert ihr Werk nur noch in Fragmenten. Vieles, was sie bei

ihrer Auswanderung Freunden zur Aufbewahrung gegeben hatte, fiel den Bomben zum Opfer. Der Teil ihrer Arbeiten aber, den sie für den wesentlichsten hielt, ging aus dem Versandlift verloren, der nach Kriegsende nach Portugal geschickt werden sollte. Arbeiten von Gretchen Wohlwill befinden sich in der Kunsthalle, im Altonaer Museum und im Museum für Hamburgische Geschichte. Der im Staatsarchiv aufbewahrte Nachlaß ist 1989 an die Familie zurückgegangen.   B.R.

Frieda Matthaei-Mitscherlich (Frieda Louise Klara Matthaei-Mitscherlich geb. Mitscherlich)

Bildhauerin

Grab Nr. AC 12, 54–59
geb. 6.4.1880 in Berlin
gest. 20.9.1970 in Mexico City

Als Frieda Mitscherlich ihrem späteren Lehrer ein Selbstportrait in Öl zeigte, sagte der auf berlinerisch: Malen, Kindchen, kannste, mach ma lieba Bildhauerei. So kam Frieda Mitscherlich zur Bildhauerei, erzählt ihre Schwiegertochter. Bildende Künstlerin allerdings hatte Frieda Mitscherlich schon sehr früh werden wollen, und die Eltern hatten diesen Wunsch akzeptiert. Sie ließen ihre Tochter schon während der Schulzeit ein Kunstinstitut besuchen, wo sie sich besonders der Portrait- und Aktmalerei widmete.

Frieda Mitscherlich war die Tochter des Chirurgen Professor Gustav Alfred Mitscherlich und seiner Ehefrau Valeska geb. Ackermann. Ihr Großvater, der Chemiker Professor Eilhard Mitscherlich, hatte die Zellstoffherstellung aus Cellulose erfunden. Frieda Mitscherlich wuchs zusammen mit ihrer Schwester Elsbeth (geb. 1872) und dem Bruder Eilhard Alfred, dem späteren Professor für Pflanzenbaulehre (geb. 1874), in großbürgerlichen Verhältnissen auf. Sie studierte in Berlin bei dem damals sehr bekannten Bildhauer Gerhard Janensch, Meisterschüler von F. Schaper und Professor der Berliner Akademie, der 1901 ein Portrait in Marmor

von der jungen Künstlerin schuf, das die Berliner Nationalgalerie 1907 aus den Erträgen der großen Berliner Kunstausstellung für 3.500 DM ankaufte. Sie war vermutlich seine Privatschülerin, denn Frauen durften die Berliner Akademie der Künste erst seit 1919 besuchen, und Bildhauerinnen blieben auch dann noch vom Studium ausgeschlossen. Ihnen gegenüber hegte man ganz besondere Vorurteile. Man befand Frauen für zu schwach, um harte Materialien zu bearbeiten, und hielt sie für unfähig, räumlich zu denken. Noch 1928 behauptete Hans Hildebrandt: „Der Farbsinn des Weibes ist stärker als der Formsinn, der Sinn für Flächenformen stärker als jener für körperhafte Formen. ... Die altüberlieferten Haupttechniken der Skulptur, das Heraushauen des Bildwerks aus dem Stein, das Herausschnitzen aus dem Holze, verlangen eine andere Art körperlicher Anlage und eingeborener Geschicklichkeit, als die weibliche Hand sie aufweist, die flink ist und geschmeidig, spürsam für die Nuance und äußerst sensibel, doch zart und ohne robuste Muskelkraft."[1]

Stark beeindruckt von der Arbeit des in München lebenden Bildhauers Adolf von Hildebrand löste sich Frieda Mitscherlich nach drei Jahren von der realistischen Auffassung ihres Lehrers und suchte im eigenen Atelier ihre Formen zu finden. Es entstanden Portraits, Grabdenkmäler, Urnen und Kleinplastiken. Studienreisen führten die Künstlerin nach Griechenland, Italien, Spanien und nach Paris, wo sie während eines längeren Aufenthaltes Schülerin von Auguste Rodin wurde. Er gab ihr den Rat: „Nur arbeiten von früh bis spät, aber keinen Lehrer fragen!"

Nach dem Tod der Eltern ging Frieda Mitscherlich 1911 nach München, wo ihre verheiratete Schwester Elsbeth lebte. In Schwabing, in der Mottlstraße, ließ sie sich von dem Berliner Architekten A. Rieder ein zauberhaftes Haus mit einem Atelier durch anderthalb Stockwerke bauen, wo sie als freie Künstlerin lebte und arbeitete. Einen Herrn Mitscherlich, wie es im Zusammenhang mit Abbildungen des Hauses heißt, gab es nicht. Aber bald tauchte ein Herr Professor Matthaei, Frauenarzt und Chefarzt des Hamburger Krankenhauses St. Georg, auf. Frieda Mitscherlich heiratete Friedrich Matthaei 1914 und zog zu ihm und seinen drei Söhnen aus erster Ehe an den Alsterkamp in Hamburg-Harvestehude. Zu den 1902, 1904 und 1908 geborenen Kindern gesellten sich 1915 und 1917 die Töchter Maria und Waltraut und 1919 der Sohn Helmut, der später in die Fußstapfen seines Vaters trat.

Während Friedrich Matthaei, der neben seiner Chefarztstelle im Krankenhaus St. Georg eine Privatklinik in der Hagedornstraße und eine Privatpraxis im Wohnhaus unterhielt, ganz in seinem Beruf aufging, kümmerte sich Frieda Matthaei-Mitscherlich, unterstützt von Personal, um Haus und Kinder. Vor allem aber ging sie in ihrem Atelier im zweiten Stock des geräumigen Hauses am Alsterkamp ihrer künstlerischen Arbeit nach. „Hausfrau war sie nicht, sie war Künstlerin und bei den Feten die elegante Professorenfrau", erinnert sich ihr Sohn. Nein, sie als Kinder seien dabei nicht zu kurz gekommen, im Gegenteil, er habe zusammen mit der Mutter die Gestelle für die Plastiken gebaut, lacht er. Auch habe sie in den ersten Jahren Geige mit ihm geübt.

Anfang der 20er Jahre bekam Frieda Matthaei-Mitscherlich eine schwere Tuberkulose, die sie zu jahrelanger Rücksichtnahme auf ihre Gesundheit zwang. Man kann sich das kaum vorstellen angesichts der Photographien dieser schönen, kraftvollen und energischen Frau und angesichts der zahlreichen Werke, die in dieser Zeit entstanden. Frieda Matthaei-Mitscherlich arbeitete Bronzebüsten von ihrem Mann, ihren Kindern, Freunden und Kollegen ihres Mannes sowie bekannten Hamburgern, zum Teil auch als Reliefs. Drei davon sind heute noch an öffentlichen Orten zu sehen: ein Bronzeportraitrelief von Friedrich Bendixen auf dessen Grabstein auf dem Ohlsdorfer Friedhof (Z 12, 152–7) und die Portraits von Prof. Simmonds über der Tür zur Pathologie und des Hautarztes Prof. Arning über der Tür des Hauses K, beide im Krankenhaus St. Georg. Frieda Matthaei-Mitscherlichs größter öffentlicher Erfolg aber war eine Ausstellung in der Kunsthandlung Commeter in Hamburg im Januar 1930. Sie gab einen guten Überblick über ihr gesamtes Werk. Neben den schon erwähnten Portraits hat sie in erster Linie Frauenakte in sehr verschiedenen Größen und aus verschiedenen Materialien (Bronze, Kunststein, Holz) geschaffen: „Gartenfigur", „Deutsche Not", „Versenkung", „Zur Sonne" sind einige der Titel.

Die Ausstellung bei Commeter bedeutete aber zugleich eine Zäsur. Mit dem Tod von Friedrich Matthaei am 21. August 1930 kamen finanzielle Sorgen. Frieda Matthaei-Mitscherlich begann, Teile des Hauses zu vermieten, das Personal abzubauen, am Ende mußte selbst das Atelier weichen. Den Krieg verbrachte sie wie alle hungernd und frierend. Als dann die Zwangseinquartierungen kamen, gingen viele ihrer Werke verloren. Sie wurden aus Platzmangel in den Garten geschafft. Irgendwann waren sie dann verschwunden. Ein ähnliches Schicksal erlitten die Büsten von Professor Denike und Professor Matthaei. Sie wurden in den 80er Jahren aus dem Krankenhaus St. Georg gestohlen. Zwei lebensgroße Gipsfiguren, ein knieender Frauen- und ein stehender Männerakt, die sie noch in Berlin angefertigt hatte und die in ihrem Atelier gestanden hatten, waren schon während des Krieges abhanden gekommen.

Ein Ereignis beschäftigte Frieda Matthaei-Mitscherlich während des Krieges besonders: der Stalingradkessel, bzw. die Handlungsweise des Generalfeldmarschalls Paulus. Während manche die Meinung vertraten, daß er mit seiner Durchhalteparole den Russen zugearbeitet habe, sah Frieda Matthaei-Mitscherlich in ihm den pflichtbewußten deutschen Offizier. „Aus nationaler Begeisterung", wie Helmut Matthaei sagt, schuf seine Mutter nach Photographien das Portrait des Generalfeldmarschalls.

1947 zog Frieda Matthaei-Mitscherlich zu ihrer Tochter Maria nach München. Da die Tochter, von Beruf Innenarchitektin, keinerlei Zukunftsperspektive in Deutschland sah, Familienvermögen in Chile vorhanden war und der in Valparadiso lebende Onkel drängte, wagte sie den Sprung und wanderte 1948 mit einem der ersten Schiffe nach Chile aus. Ein Jahr später folgten die Mutter und die Schwester Waltraut. Maria heiratete einen Hamburger Banker. Mit ihm zusammen zogen die drei Frauen später nach Columbien und zuletzt nach Mexico. Frieda Matthaei-Mitscherlich arbeitete auch in Südamerika weiter und fand Anerkennung durch Ausstellungen wie 1950 in Santiago. Zudem kümmerte sie sich um ihre beiden Enkel, einen Jungen und ein Mädchen. Sie starb am 20. September 1970, 90jährig, in Mexico City. Ihre Asche wurde nach Hamburg überführt und auf dem Ohlsdorfer Friedhof beigesetzt.

Die Plastik auf der Grabstätte der Familie Matthaei stammt von Frieda Matthaei-Mitscherlich und entstand 1914 in München. Sie ist aus Kunststein gearbeitet und stellt eine sitzende Mutter mit ihren Kindern dar. Das jüngste sitzt auf dem Schoß, die anderen schmiegen sich an die Beine der Mutter, die ihrerseits die Kindergruppe schützend mit den Armen umfaßt. Das Thema Mutterschaft ist hier als innige Einheit von Mutter und Kind dargestellt. Ähnliches vermittelt auch eine Arbeit aus Holz. Frauen-, oder sollte man besser sagen, Mutterhände umschließen die eines Kindes.

Frieda Matthaei-Mitscherlich scheint einer der seltenen Fälle zu sein, wo die Gratwanderung zwischen Selbstbehauptung und Selbstaufgabe zugunsten der Familie gelungen ist; allerdings muß man einräumen: unter sehr privilegierten äußeren Verhältnissen. Ob sie den Umgang mit anderen Künstlerinnen und Künstlern nicht gebraucht hat oder ob sie ihn aus Klugheit, nämlich um ihren großbürgerlichen Hintergrund nicht zu gefährden, gemieden hat, muß offen bleiben.   B.R.

Anita Rée

Malerin der Hamburgischen Sezession

Althamburgischer Gedächtnisfriedhof
geb. 9.2.1885 in Hamburg
gest. 12.12.1933 in Kampen auf Sylt (Suizid)

„Mein Schmerz, dieser wühlende, nicht zu lindernde Schmerz, wird grösser von Tag zu Tag und untergräbt meine Gesundheit."[1] Diese Klage, die Anita Rée am Silvestertag des Jahres 1930 an Emmy Ruben richtet (siehe Portrait), kennzeichnet keinen vorübergehenden Zustand, sie könnte als Leitmotiv über ihrem gesamten Leben stehen. Anita Rée war wie keine andere der hier beschriebenen Künstlerinnen eine Fremde in der Welt. Der Malerkollege Friedrich Ahlers-Hestermann erinnert sich an ihr Leben im Elternhaus: „Darüber schwebte ihre Malerei als eine seltsame Landschaft, ebenso wie – später – oben auf dem Dachboden sich ihr Atelier befand als ein fremder und zu diesem Hause eigentlich nicht gehöriger Raum, ein Raum, der gar nicht so sehr günstig zum Malen war, für sie aber doch nun das eigentliche Lebenszentrum wurde. Als sie ihn hatte aufgeben müssen, hat sie ihn beklagt wie einen unersetzlichen Toten."[2] Als das Haus am Alsterkamp 13, ihr Refugium, einziger wirklicher Halt in einer Welt, in der sie sich nicht

zurechtfinden konnte, verkauft wurde, lebte sie in ständig wechselnden Wohnungen, ärmlich und möbliert, ohne daß ihre finanziellen Verhältnisse das erfordert hätten. Schließlich floh sie 1932 nach Sylt, wo sie am 12. Dezember 1933 ihrem qualvollen Leben mit Veronal ein Ende setzte.

Geboren wurde Anita Rée am 9. Februar 1885 als zweite Tochter des jüdischen Kaufmannes Israel Rée, der im Deutsch-Französischen Krieg gekämpft, als Unterhändler fungiert und bei der Reichsgründung 1871 die deutsche Staatsbürgerschaft erhalten hatte. Die Mutter war Anna Clara Hahn, die in Venezuela geboren und katholisch erzogen worden war. Die Familie war so stark assimiliert, daß sie kaum noch als jüdisch zu erkennen war. Die beiden Mädchen, Emilia und Anita, wuchsen in einer kultivierten Sphäre liberalen Bürgertums als höhere Töch-ter auf. Sie gingen auf eine Privatschule und wurden protestantisch getauft und konfirmiert.

1905 wurde Anita Rée Schülerin des Hamburger Malers Arthur Siebelist, der wie Ernst Eitner und Arthur Illies (siehe Portrait Alma del Banco) zu den neun Gründern des Hamburger Künstlerclubs von 1897 gehörte, einer Künstlervereinigung, die sich von der sogenannten Braunen-Soße-Malerei in den Ateliers des späten 19. Jahrhunderts abwandte, sich um Farb-Licht-Probleme kümmerte und in der Natur malte. Siebelist unterhielt seit 1899 eine Malschule, in der Anita Rée die Freilichtmalerei und die klassischen Genres lernte. Doch bald stellten sich die immer wieder an ihr nagenden Zweifel an ihrem Können ein, auch hielt sie die Ausbildung bei Siebelist für unzureichend. Ihre Versuche, auswärts einen Lehrer zu finden, schlugen fehl. Max Liebermann bestätigte sie zwar in ihrer Begabung, nahm sie jedoch nicht als Schülerin an. Daraufhin schloß sie sich 1910 dem Siebelist-Schüler Franz Nölken an, der gerade aus Paris zurückgekommen war, wo er bei Matisse gearbeitet hatte, und malte mit ihm zusammen in seinem Atelier. Nölken, der ein leidenschaftlicher Pädagoge war, freute sich zunächst, in Anita Rée jemanden gefunden zu haben, dem er die neu erworbenen, ihn völlig erfüllenden Erkenntnisse und Überlegungen mitteilen konnte. Anita Rée wurde in den elitär gesinnten Kreis ehemaliger Siebelist-Schüler der ersten Generation, zu dem Nölken und Ahlers-Hestermann gehörten, aufgenommen, die eigentlich auf ihre, die zweite Generation, herabsahen, glaubten sie doch zeitweilig, sie seien die neue Generation, von Lichtwark dazu bestimmt, den Hamburgischen Künstlerclub von 1897 abzulösen, eine Kontinuität hamburgischer Maler zu verbürgen und Lichtwarks Ideen reiner zu verkörpern als der Künstlerclub mit seiner überwiegend landschaftlichen Betätigung. Doch bald fühlte sich Franz Nölken in seiner Freiheit bedroht. Er reiste ab und ließ eine tief gekränkte Anita Rée zurück. Im Winter 1912/13 ging sie, angeregt durch die Erfahrungen Nölkens und Ahlers-Hestermanns, nach Paris und wurde Schülerin von Fernand Léger.

Von 1913 bis 1922 lebte sie dann als freischaffende Künstlerin in Hamburg im Haus ihrer Eltern. Die einzige längere Unterbrechung war 1916 ein Aufenthalt in Blankenheim in Thüringen in einer Erholungsstätte für Künstler und Wissenschaftler. 1913 nahm

Anita Rée an einer Ausstellung bei Commeter teil und gehörte fortan zur Hamburger Avantgarde. Gustav Pauli, der damalige Direktor der Hamburger Kunsthalle, erwarb bereits 1915 Arbeiten der jungen Malerin für die Kunsthalle. Sie wurde Gründungsmitglied der Hamburgischen Sezession (siehe Portrait Alma del Banco), gehörte zur Leitung und Jury der ersten Ausstellung der Sezessionsmaler und stellte selbst regelmäßig aus.

Der dreijährige Aufenthalt in Positano in Italien von 1922 bis 1925 wurde für sie zum Schlüsselerlebnis. Hier verfestigte sich ihre zunächst vom Impressionismus und dann von den französischen Malern Cézanne und Matisse beeinflußte Malerei zu einem neusachlichen Stil. Sie wurde bekannt, erhielt nach ihrer Rückkehr nach Hamburg zahlreiche Portraitaufträge (u.a. malte sie ihre Freundin Ilse Fromm-Michaels, siehe Portrait) sowie um 1930 von Fritz Schumacher Aufträge für zwei Monumentalwerke. Das Wandbild der „klugen und törichten Jungfrauen" in der Gewerbeschule für weibliche Angestellte in der Uferstraße wurde 1942 zerstört, während das in der Oberrealschule für Mädchen in Hamm in der Caspar-Voght-Straße gemalte Wandbild „Orpheus und die Tiere" heute noch zugänglich ist. Mehrere Ausstellungen (35 zu Lebzeiten, davon sieben Einzelausstellungen) mit ungewöhnlich guten Kritiken und hohe Preise dokumentieren ihre erstrangige Stellung. Die Malerkollegen und -kolleginnen, das Ehepaar Friedrich Ahlers-Hestermann und Alexandra Povorina, Alma del Banco und Gretchen Wohlwill (siehe Portraits) waren ebenso ihre Freunde wie Magdalene und Gustav Pauli, Hildegard und Carl Georg Heise, Nachfolger von Gustav Pauli als Direktor der Kunsthalle, Ida und Richard Dehmel und die Familie Warburg. Doch weder der berufliche Erfolg noch der große Freundeskreis, in dem sie zuweilen ausgelassen und fröhlich war, konnten ihr zerrissenes Wesen heilen. Hinzu kam das Scheitern der Liebe zu dem Buchhändler und Künstler Christian Selle, die ihren Aufenthalt in Italien begleitet hatte. Sie endete 1926 ebenso unglücklich wie die unerwiderte frühe Liebe zu Franz Nölken und die zu dem Hamburger Kaufmann Carl Vorwerk Anfang der 30er Jahre. Die Kompromißlosigkeit und Verletzbarkeit Anita Rées wird in folgender Episode besonders deutlich: Als die auch von Gretchen Wohlwill als „katastrophal" empfundene Jury der Sezessionsausstellung von 1927 ihr Bild „Weiße Bäume", das sie für ihr bestes hielt, nicht ausstellen wollte, zog sie alle Bilder zurück, stellte bis 1932 gar nicht mehr in der Sezession aus und auch dann nur ein einziges Bild. Das Aufkommen nationalsozialistischer Tendenzen kann ihr Weltverhältnis nur bestätigt haben. 1932 wurde ihr für den Neubau der Ansgarkirche in der Langenhorner Chaussee gemaltes Altarbild aufgrund „kultischer Bedenken" vom Kirchenvorstand der Ansgargemeinde abgelehnt. Im gleichen Jahr verlor sie ihre Wohnung in der Badestraße. „Ich musste da zu meinem grössten Kummer das Zimmer aufgeben, wusste in meiner Not nicht wohin mit all meinen Sachen, (die nun sehr provisorisch im Keller lagern) u. da ich in Hbg. keine Bleibe mehr hatte, begab ich mich hierher in tiefste Einsamkeit und ohne je zu malen oder daran zu denken",[1] schreibt sie am 14. November 1932 von Sylt aus an Emmy Ruben. Ein Jahr später, am 2. Dezember 1933, zehn Tage vor ihrem Suizid, heißt es in einem Geburtstagsbrief an eine Schweizer Freundin: „Ich bin Dir sehr, sehr dankbar, daß Du mir die Basler Zeitung schicktest, die soviel Lesenswertes, das man sonst nie zu Gesicht bekommt, aber auch so viel Tiefergreifendes, Trostloses enthält, daß ich beim Lesen dieses entsetzlichen Aufsatzes aus Berlin bitterlich geweint habe. Diese Dinge bringen mich um alle Fassung; ich kann mich in so einer Welt nie mehr zurechtfinden und habe keinen einzigen anderen Wunsch, als sie, auf die ich nicht mehr gehöre, zu verlassen. Welchen Sinn hat es – ohne Familie und ohne die einst geliebte Kunst und ohne irgendeinen Menschen – in so einer unbeschreiblichen, dem Wahnsinn verfallenen Welt weiter einsam zu vegetieren und allmählich an ihren Grausamkeiten innerlich zugrundezugehen? ... Wenn ich

nicht ans Sterben denke (und Muttis Todestag verdoppelt diese Sehnsucht) so kenne ich nur noch den einen, ständigen Gedanken: fort, fort aus diesem Land! Aber wohin?? und wo ist es besser?? ... Den Töchtern herzliche Grüße von Deinem jetzt ganz weißhaarigen, nicht wiederzuerkennenden Reh."

Die aparte, exotisch aussehende Frau, die ebenso liebenswürdig und bezaubernd wie schwermütig, unglücklich und hart sein konnte, setzte ihrem Leben am 12. Dezember 1933 ein Ende. Liest man die einfühlsamen Worte des Freundes Gustav Pauli an ihrem Grab, so wird einmal mehr deutlich, daß ihr, wie Heinrich von Kleist in seinem eigenen Abschiedsbrief an die Schwester schreibt, „auf Erden nicht zu helfen war": „Dem praktischen Leben und seinen Forderungen stand sie hilflos gegenüber, so hilflos, daß sie schließlich das Leben fürchtete. – Im Norden geboren, doch südlichen Geblüts, verzehrte sie sich in Sehnsucht nach Sonne und der heiteren Sorglosigkeit des Lebens südlicher Völker. Und doch liebte sie das Leben. Wir wissen es, sie konnte froh sein mit den Fröhlichen, scherzen und lachen bis zur Ausgelassenheit und auf Stunden vergessen, was im Grunde ihrer Seele als Schwermut ruhte."[2]

Im Oktober 1995 wurde Anita Rées Urne dank der Bemühungen Hans-Heinz Pukalls auf den Althamburgischen Gedächtnisfriedhof umgebettet. Der Friedhof des alten Krematoriums an der Alsterdorfer Straße mit der bisherigen Ruhestätte Anita Rées war bereits seit Jahrzehnten aufgegeben. Heute liegt ihr Grab gegenüber dem der Familie Runge (siehe Portrait Pauline Runge). Die Überurne hat Hans-Heinz Pukall aus Originalstücken aus den 20er Jahren zusammengetragen.

Anita Rées Nachlaß, den die Freundin Hildegard Heise photographisch festhielt, wurde gemäß testamentarischer Verfügung an ihre Freunde verteilt. Ein Teil ihrer Werke wie ihre italienischen Landschaften und das Altarbild für die Ansgarkirche fielen Bombenangriffen zum Opfer. 14 Zeichnungen und zwei Aquarelle wurden in der Aktion „Entartete Kunst" 1937 beschlagnahmt, ihre Gemälde stellten Mitarbeiter der Kunsthalle zur Seite. Die Kunsthalle besitzt damit die größte Sammlung von Arbeiten Anita Rées, die in den letzten Jahren noch durch drei Ankäufe erweitert wurde. B.R.

Dorothea Maetzel-Johannsen
(geb. Dora Johannsen)

Malerin der Hamburgischen Sezession

Grab.Nr.: S 12, 139–140
geb. 6. 2. 1886 in Lensahn/Holstein
gest. 8.2.1930 in Hamburg

„Wie man immer wieder inwendig gezwungen wird, sich von allem loszumachen, weil man doch wieder ein Stückchen schaffen möchte, ehe man ganz fort geht."[1] Auf eine prägnantere Formel als diese von ihr selbst in einem Brief gewählte kann man das Leben der Malerin, Ehefrau und vierfachen Mutter Dorothea Maetzel-Johannsen kaum bringen. Spricht aus ihr doch nicht nur der immer wieder neu zu bewältigende Interessenkonflikt zwischen Leben und Kunst, sondern auch die ungeheure Energie und Spannkraft, die diese Malerin auszeichnete, die ihr umfangreiches Werk im Wesentlichen in einem einzigen Jahrzehnt, zwischen 1919 und 1929, schuf.

Dorothea Maetzel-Johannsen wurde am 6. Februar 1886 als fünftes von sechs Kindern in Lensahn in Holstein geboren. Die Eltern, der Amtmann Christian August Johannsen und seine Ehefrau Friederike Auguste geb. Körner, nannten die Tochter Dora. Den Namen Dorothea legte sich das Mädchen selbst zu, als es entdeckte, daß sein Geburtstag, der 6. Februar, Dorothea, der Schutzheiligen der Gärtner, geweiht ist. „Die Natur ist mir eine holde Freundin, die mich versenkt in einen schönen Traum. Mehr, sie gibt mir zuzeiten das Gefühl einer grenzenlosen Wollust, in dem ich vollkommen versinken kann. Ich spüre, daß es heute noch so stark ist wie in der Kindheit und daß es wohl stets so bleiben wird. Und daß es einfach für mich lebensnotwendig ist, zuzeiten mich dem Gefühl hinzugeben. Was natürlich die

Gefahr in sich schließt, daß es das eingeborene Hinneigen zur Inaktivität (sagen wir ruhig Faulheit) unterstützt",[1] wird Dorothea Maetzel-Johannsen später schreiben. Und die Natur ist es auch, die sie in ihren Bildern zu fassen sucht: „Man sieht die Unmöglichkeit, das Vibrierende, das fortwährend sich Wandelnde zu geben, daß die Natur eigentlich unfaßlich ist. Man möchte ein Gleichnis dafür finden, und das ist so schwer. Und doch muß mans können oder man soll die Finger davon lassen."[1]

Dora war schon als Kind von zarter Gesundheit. Die damals übliche Behandlung ihres Gelenkrheumatismus mit Arsen führte zu einem lebenslänglichen Herzleiden, an dem sie im Alter von nur 44 Jahren starb. Dora besuchte keine öffentliche Schule, sondern wurde von einer Hauslehrerin unterrichtet. Sehr früh begann sie zu malen und zu zeichnen. Von 1906 bis 1909 besuchte sie die Gewerbeschule für Mädchen in Hamburg in der Brennerstraße, um Zeichenlehrerin zu werden. Mehr konnte sie sich zunächst offenbar nicht vorstellen. Als aber der Maler Kuchel ihre Arbeiten ansah, berichtete sie stolz und voller Sehnsucht nach einer Ausbildung als Malerin an die Schwester: „Der Maler K. war hier und sah sich auch meine Arbeiten an. Er sagte, ich solle doch sehen, eine Zeitlang in Berlin bei einem Maler, den er mir nannte, zu arbeiten. Ja, er hat gut reden! Papa werde ich aber nichts davon sagen. Er kann es doch nicht, und es würde ihn nur traurig machen. Ich freue mich aber doch, daß K. meine Sachen mal richtig kritisiert hat. Nun weiß ich jedenfalls, daß ich etwas kann. Oh, wenn ich doch mal so ordentlich lernen könnte, wie ich möchte, wie wäre das herrlich.“[2]

Daß sie „etwas kann“, bemerkte auch jemand anders, der spätere Oberbaurat und Leiter der Städtebauabteilung der Hansestadt unter Fritz Schumacher, Emil Maetzel, der selbst gerne Malerei studiert hätte, auf Wunsch des Vaters aber einen bürgerlichen Beruf ergriff, Architekt wurde und – malte. Er sah bei Freunden eine aquarellierte Zeichnung der 19jährigen Dorothea Johannsen, die ihn so beeindruckte, daß er wußte: die muß ich kennenlernen! Er klemmte sich hinter seine Schwester. Sie riet ihm ab. Eine Frau, die Malerin werden wolle, könne bestimmt nicht kochen. Das war ihm, der sich vier Kinder wünschte, ganz egal. Hauptsache, sie war begabt! Als die beiden sich kennenlernten, muß es wie ein Blitz- und Donnerschlag bei beiden gewesen sein, erzählt Monika Maetzel, die jüngere Tochter des späteren Ehepaares. Doch während er zur Ehe drängte, wollte sie nicht nur ihr Examen machen, sondern zumindest auch noch eine Zeitlang als Zeichenlehrerin arbeiten. Dieses Bedürfnis nach Freiheit, das sie schon in dem eingangs zitierten Brief als Grundbedingung ihres Schaffens nennt, formulierte sie immer wieder: „Ich könnte mir denken, daß es Dir zuweilen geht wie mir, wenn man der Menschen überdrüssig ist und mal ganz alleine sein möchte. Von rechtswegen darf keiner wissen, wo man ist. So hab ich mir immer schon als Kind eine heimliche Laube gebaut ins grüne Gebüsch. Der Mensch ist wohl ein Tier, das gern Verstecken spielt.“[1] Und an anderer Stelle: „Ich glaube, die schönsten Stunden kann man nur alleine erleben. Ist es bitter oder süß?“[1] Nicht ohne eine gewisse Traurigkeit erzählt auch die Tochter Monika

Maetzel: „Im Grunde wollte sie frei sein. Sie liebte ihre Kinder, aber im Grunde wollte sie ungebunden sein.“

Nach kurzer Lehrerinnentätigkeit in Schleswig begann mit der Heirat im Frühjahr 1910 für das Paar jedoch zunächst eine Zeit intensivsten gemeinsamen Lebens und Arbeitens: „Vom Künstlerischen gebildet hat mein Vater sie.“ Immer wieder betont die Tochter Monika im Gespräch, daß der Vater anerkannt habe, daß die Mutter die Begabtere von beiden gewesen sei, sie aber dennoch enorm gefördert habe, da sie sehr wenig von moderner Kunst gewußt, er ihr den Expressionismus erst nahe gebracht habe. „Sie war natürlich emanzipiert in ihrer Art. Aber sie wäre es ohne die anfängliche Unterstützung meines Vaters nicht so geworden. Sie wäre sicher auch eine sehr gute Malerin geworden, aber wer weiß, ob sie diesen Durchbruch geschafft hätte … das fragen wir uns oft.“ An dieser innigen Verbindung des Ehepaares änderten weder der Ausbruch des Ersten Weltkrieges noch die Geburt der vier Kinder (Ruth 1911, Bogumil 1913, Peter 1915, Monika 1917) etwas. Dorothea Maetzel-Johannsen war oft bei ihrem Mann in Berlin, wo er als Offizier in einem Eisenbahner-Ersatz-Bataillon stationiert war. Gemeinsam besuchten sie Abendaktkurse und zogen durch die Kneipen, um zu zeichnen. „Aus den Berliner Jahren gibt es phantastische Skizzenbücher. Da haben sie in Kneipen gesessen und Typen gezeichnet, einfach doll!“ erzählt Monika Maetzel. Sie selbst und ihre Geschwister waren bald in Berlin unter der Obhut einer Tante, bald wurden sie mit einem Schild um den Hals auf die Bahn gesetzt – Richtung Lensahn zu den Großeltern und Tanten: „Das nahm man nicht so kompliziert, wir Kinder wuchsen so nebenher auf. Also an sich ein bißchen schlimm.“ In dieser Berliner Zeit hatte Dorothea Maetzel-Johannsen auch eine Weile Unterricht bei Lovis Corinth.

Nach Kriegsende bezog die Familie eine geräumige Wohnung am Erlenkamp. Das Ehepaar arbeitete zusammen und war sich dabei so nahe, daß man oft nicht unterscheiden kann, ob ein Bild von ihr oder von ihm stammt. In dieser Zeit zwischen 1919 und 1921 entstanden Dorothea Maetzel-Johannsens großformatige expressionistische Kompositionen, die sie, ebenso wie ihr Mann Gründungsmitglied der Hamburgischen Sezession (siehe Portrait Alma del Banco), auf den ersten Sezessionsausstellungen zeigte. Doch dann kam wieder der Freiheitsdrang. Beide mieteten sich jeweils ein eigenes Atelier, einige Minuten von der Wohnung entfernt. 1923 erhielt Dorothea Maetzel-Johannsen von Gustav Pauli, dem damaligen Direktor der Kunsthalle, den Auftrag, vier große gerahmte Supraporten in Öl für den Vorraum zum großen Vortragssaal der Kunsthalle zu malen. Sie entstanden in den Jahren 1923 und 1924 und sind nur dank der mutigen Tat eines Museumstischlers erhalten, der sie in einer Zwischenwand versteckte, als sie als entartete Kunst entfernt werden sollten. 1925 dann eine Zäsur.

Der Expressionismus neigte sich zum Ende. Emil Maetzel wendete sich der Neuen Sachlichkeit zu, malte Bilder, die seine Frau nicht sehr schätzte, sie suchte eigene Wege … er redete ihr zu, nach Paris zu gehen. Wie feinfühlig Emil Maetzel damit die Existenz seiner Frau begriff, verrät ihre „Reise nach Paris", vom biographischen Standpunkt ein Schlüsselbild. Kleinformatig, nur 27 x 23 cm groß, zeigt das Bild eine nackte Frau, die ihren Kopf an den rückwärtsgewandten des Rehes schmiegt, auf dem sie einem offenen Tor entgegenreitet. Die Sonne begleitet sie auf ihrem Weg.

Dorothea Maetzel-Johannsen blieb ein halbes Jahr in Paris, malte den Pont Neuf, Häuser an der Seine, den Pont Michel und Notre Dame. Die Farben und Konturen ihrer Bilder wurden weicher.

Nach ihrer Rückkehr bezog die Familie 1926 das von Emil Maetzel entworfene Haus in Volksdorf. Sie behielt ihr Atelier in der Stadt. Ende 1926 malt sie überlebensgroße figürliche Kompositionen an zwei Wände eines Kinderheimes in Lüneburg, im Winter 1927/28 drei große Bilder für die Ausstellung „Raumgestaltung" des Architekten Karl Schneider.

Mit der künstlerischen Trennung von ihrem Mann lockerte sich auch die menschliche Beziehung. Für die Kinder machte das freilich keinen Unterschied. Sie hatten eigentlich nie mit den Eltern zusammengelebt: „Wir hatten eine Henny, die alles machte, und die wir alle sehr liebten, aber sie war eben ganz einfach. Wir aßen nie mit unseren Eltern. Wir aßen mit Henny. Mein Vater behauptete immer, Kinder müßten aufwachsen wie das Unkraut", erzählt Monika Maetzel, nicht ohne hinzuzufügen, daß sie das rückblickend für falsch hält, daß sie vieles später mühsam hätten nachholen müssen, was andere Kinder spielerisch erlernten.

Im September 1929 brach Dorothea Maetzel-Johannsen zu einer letzten Reise nach Visby auf Gotland auf. Trotz ihrer angeschlagenen Gesundheit stellte sie sich dem rauhen, stürmischen Klima und malte. „Es donnert und blitzt den ganzen Tag … das erstemal in den Wochen, und ich finde das Gewitter herrlich. Als es von neuem begonnen, bin ich in die Kathedrale, die geliebte, gegangen und hab vor dem schönen Fenster gesessen. Dem Fenster, das manchmal wie weiche blaue Seide ist, manchmal jauchzend wie Gesang der Engel, und heute, in der düsteren Kirche, mit den Blitzen dahinter, geheimnisvoll, ich weiß nicht wie. Ich glaube, wenn ich sterbe, dann sehe ich dieses Fenster vor mir. Man ist hier den Dingen so nahe, und doch behalten sie ihre Größe und Würde und ihr Geheimnis – ich werde Sehnsucht nach der Kathedrale haben, sie ist mir fast wie Heimat."[1]

Dorothea Maetzel-Johannsen starb am 8. Februar 1930, wenige Monate nach ihrer Rückkehr von Gotland. Das für die Wandelhalle des Planetariums entworfene Deckengemälde konnte sie nicht mehr selbst ausführen. „Und ich bin doch nun mal so vergnügungssüchtig, daß ich am liebsten einen langen Spaziergang mit Dir machte. Also auf Wiedersehen in einer etwas rosigeren Welt …",[1] schreibt sie an den Bildhauer Friedrich Wield, der ebenfalls Gründungsmitglied der Hamburgischen Sezession war und der 1931 für Dorothea Maetzel-Johannsen eine Gedächtnisausstellung im Kunstverein organisierte, in der 120 ihrer Werke zusammen mit seinen gezeigt wurden.   B.R.

Anne-Marie Vogler

Bildhauerin und Grafikerin

Grab Nr. M 24, 53–62
geb. 7.6.1892 in Altona
gest. 30.5.1983 in Hamburg

„Außerhalb Hamburgs im alten Garten am Ufer der Elbe aufgewachsen, regte sich zuerst auf mannigfache Weise der Trieb, dem fließend Strömenden ein Bleibendes und der schon in frühester Jugend erlebten Zerstörung menschlichen Glücks ein Dauerndes entgegen zu setzen. Es wuchs damit die Erfahrung, daß auch im Bewegten, Dynamischen ein Stabiles, ein ruhender Pol vorhanden ist." [1]

Mit diesen Zeilen beginnt Anne-Marie Vogler ihre Lebenserinnerungen für einen Katalog, der nicht zustande kam. [2] Sie lesen sich wie das nachträglich formulierte Lebensprogramm einer Frau, die bereits als Kind die Erfahrung gemacht hatte, daß Natur und menschliches Leben nicht nur Erfüllung und Glück, sondern auch Tod und Zerstörung bedeuten können. Aus dieser frühen Erfahrung erwuchs Anne-Marie Vogler ein starker Drang zur Gestaltung, der nicht nur ihr künstlerisches Schaffen, sondern ihr gesamtes Leben bestimmte, wie schon die literarische Stilisierung ihres Lebens in den eingangs zitierten Worten zeigt.

Anne-Marie Vogler stammte aus einer angesehenen großbürgerlichen Familie. Sie wurde am 7. Juni 1892 als Tochter des wohlhabenden Exportkaufmanns Friedrich Vogler und seiner Ehefrau Clara Mathilde Wilhelmine Vogler geb. Leopold geboren. Ihr Urgroßvater war Architekt und Ratsbaumeister in Hamburg, der Großvater Bürgermeister in Altona. Mit ihren vier Brüdern Friedrich (1889), Adolf (1890), Kurt (1896) und Wolfgang (1902) wuchs sie in Altona an der Flottbeker Chaussee 159 (heute Elbchaussee) auf, in einer damals noch ländlichen Gegend, in der die Grundstücke durchbrochen durch einen Fußweg bis zur Elbe hinunterreichten. Die Landschaft der Elbe blieb Anne-Marie Vogler in allen Wechselfällen des Lebens Heimat: „Höre nachts wieder das heimatliche Rauschen der Ufer – es ist das was mir überall sonst als ,Heimat' vorschwebt in diesem abendlichen Wellenschlagen!" [1] notierte sie am 27. Dezember 1929 in ihr Tagebuch, als sie für die Weihnachtstage aus Berlin nach Hamburg gekommen war. Und einige Tage später, am 1. Januar 1930: „... die graue Elbe, das Ufer vereist und ein schwerer wandernder Himmel, Schiffe hinausfahrend in den sich öffnenden Abendhimmel nach Westen. Das ist so schön an Flüssen, die nach Westen münden – dies der Sonne nach in's Weite gehen! Wie inbrünstig das aber wirken kann, das sieht man sicher nur hier unter soviel Grau und Gewölk und nirgends sonst so. Und der grosse Horizont der Ebene dabei." [1]

Anne-Marie segelte und ruderte mit den Brüdern auf der Elbe und lernte durch den ständigen Umgang mit ihnen manches, worum Freundinnen und Mitschülerinnen sie bewunderten und beneideten. Den Brüdern verdankt sie vermutlich auch ihre spätere Kraft und den unbestechlichen Willen, von denen die folgende Anekdote, die Anne-Marie Vogler selbst gerne erzählte, schon etwas spüren läßt.

Als Fünfjährige mußte Anne-Marie mit der Großmutter, der Frau des Bürgermeisters von Altona, das damals noch dänisch war, oft über die Grenze nach Hamburg gehen, um Käse zu kaufen. Sie bekam einen Hut aufgesetzt, unter den genau ein Laib Käse paßte, und so gings zurück über die Grenze gen Altona. Als ihr das zu dumm wurde, griff sie zur Selbsthilfe. Sie baute sich vor dem Zöllner auf und rief: „… und ich hab' 'nen Käse unterm Hut, und ich hab' 'nen Käse unterm Hut …“, bis der Zöllner ihr schließlich den Hut vom Kopf nahm und der Käse hinunterkullerte.

Anne-Marie Vogler besuchte die Höhere Mädchenschule von Therese Rudolph in Altona und verbrachte anschließend ein Jahr in London bei ihrem Onkel, einem Prediger der deutschen Gemeinde, um Hauswirtschaft und Englisch zu lernen. Sie hatte Klavier- und Gesangsunterricht und erwies sich dabei als so begabt, daß sie erwog, Musikerin zu werden.

Mit ihrem Bruder Kurt, der wunderbar Geige spielte, arbeitete sie an einer gemeinsamen musikalischen Laufbahn. Ein Lungenleiden zwang die 20jährige, die Arbeit zu unterbrechen und von 1912 bis 1914 eine Kur in Davos zu machen. Doch diese Krankheit war nicht der erste Schatten, der auf die zunächst so ungezwungene und zugleich behütete Kindheit Anne-Marie Voglers fiel, und es sollten noch viele Schicksalsschläge folgen. Als Anne-Marie zehn Jahre alt war, erkrankte die Mutter psychisch so schwer, daß sie irgendwann nicht mehr zu Hause leben konnte. 1912 kam der älteste Bruder, Friedrich, beim Untergang der Titanic ums Lebens, 1916 fiel der Bruder Kurt an der Somme. Sein Tod war ein solcher Schock für die Schwester, daß sie nie wieder Klavier spielte. Sie wandte sich der bildenden Kunst zu.

Von 1916 bis 1918 besuchte sie die graphische Klasse des Graphikers und Bildhauers Carl Otto Czeschka an der Kunstgewerbe-schule (heute Hochschule für bildende Künste). Eine der von Czeschka angeregten Arbeiten, die sie besonders faszinierten, waren Schattenspiele, zu denen die Schülerinnen die Figuren selbst entwarfen und anfertigten. Für das finnische Spiel „Kalewala“, das in einer Schneelandschaft spielte, schienen Anne-Marie Vogler die üblicherweise aus schwarzer Pappe gefertigten Figuren zu düster, so schnitt sie sie aus Schweinehaut und erzielte damit eine Wirkung, als ob sie aus Schildpatt wären. Die Figuren verkaufte sie nach Jahrzehnten, 1980, an das Hamburger Museum für Völkerkunde. Von Czeschka kam am Ende ihres Studiums auch die Anregung, in Elfenbein zu arbeiten, einem Material, an dem sie ihre Geduld schulte. Sie schnitt Tiere, Becher, Schalen, Griffe, Handspiegel und Bürsten aus Elfenbein. Eine Reihe dieser Arbeiten wurden vom Altonaer Museum angekauft, sind aber heute nicht mehr aufzufinden. Als mit der Inflation der Verkauf dieses aus teurem Material hergestellten gehobenen Kunstgewerbes immer schwieriger wurde und auch das Material selbst kaum noch zu bekommen war, suchte sie nach anderen Möglichkeiten. Sie entdeckte das nicht so schwer zu bearbeitende Holz, das ihr in seiner Lebendigkeit und Wandlungsfähigkeit für Plastiken besonders geeignet schien. Da sie sich ohne Schulung jedoch nicht an größere plastische Arbeiten herantraute, nahm sie von 1922 bis 1925 Unterricht bei dem Holzbildhauer August Henneberger an der Handwerker- und Kunstgewerbeschule in Altona. Im Wintersemester 1925/26 ging sie nach München, das damals als künstlerisches Zentrum galt, und wurde Schülerin von Karl Killer an der Gewerbeschule in der Luisenstraße. Für das folgende Wintersemester 1926/27 bewarb sie sich an der Akademie der bildenden Künste und besuchte dort die Klasse für Architektur und Christliche Kunst von Karl Killer. Zum einen reizte sie die christliche Thematik, zum anderen die Verbindung von Architektur und Plastik als eine ihr angemessenere Gestaltungsmöglichkeit als die freistehende Plastik.

1929 ging Anne-Marie Vogler nach Berlin. Sie arbeitete in einem eigenen Atelier und war Schülerin von Georg Kolbe, mit dem sie bis zu seinem Tode im Jahre 1947 freundschaftlich verbunden blieb. „Ich glaub wir haben gute Augen für einander",[1] notierte sie am 2. Dezember 1929 in ihr Tagebuch. Die Berliner Jahre bei Kolbe wurden für Anne-Marie Vogler zur entscheidenden Lehrzeit, seine Anregungen und sein Urteil wiesen ihr den weiteren künstlerischen Weg und gaben der von inneren Kämpfen zutiefst Bedrängten, die nach außen immer strahlend wirkte, einen gewissen Halt. Ihr Tagebuch gibt einen Eindruck von den Schwankungen zwischen Schwermut, Selbstzweifeln, Arbeitshemmungen einerseits und Gefühlen von Kraft und Selbstsicherheit andererseits. Eintragungen wie „Könnt' ich noch ohne Bildhauerei sein? Nein! und werd' so glücklich in diesem Bewußtsein ..." (25. Dezember 1929)[1] oder wie „... Zutrauen, daß ich Kraft gewonnen hab im letzten Jahr! Und das ist es immer, immer wieder ganz allein was mir not tut – dann steht man mitten drin in Allem und nichts ist dann verkehrt" (1. Januar 1930)[1] wechseln mit Ausbrüchen wie: „Alles so hoffnungslos. Alt werden, arm, einsam, unfähig – und jeder denkt – (heute noch): dieses strahlende Mädchen!" (7. März 1930)[1]

Einer der zentralen Gegenstände, mit denen sie sich in dieser Zeit beschäftigte, war der Akt, wobei es ihr weniger um die Gestaltung des Themas ging, als darum, Natur in eine andere, eine künstlerische, Form zu verwandeln: „Lass die Figur nun doch giessen, kann sie event. in Gips mal ganz fertig machen. Das Eigentliche ist nicht drin, nicht gesteigert. Leider, leider noch nicht angesichts von Natur ‚gesiegt'. Aber auch das kommt noch. Schade nur, dass mir sonst einfach garnichts einfällt – oder wenn, die Frische und Unbekümmertheit fehlt, es einfach zu machen, wurscht ob schlecht ob gut. Und die geht mir eben flöten am andererseits so sehr wichtigen Naturstudium! Es muss sich abwechseln und Hand in Hand gehen. Das kann und soll es auch ab nun. Ich will kein Aktbauer werden. Nie. Aber können muß man's – für alles Andere. Nahrung für d. Formenreichtum und eben halt: Natur." (Tage-

buch vom 19. Dezember 1929).[1] Kolbes Urteil knapp drei Monate später zu ihrer Eva: „Will nichts mehr sagen, weiss garnichts mehr – denn wenn sie die giessen (die Eva) und ausstellen mit ‚Matisse' darunter – so ist das eine fabelhafte Plastik!" (Tagebuch vom 9. März 1930)[1]

Doch trotz mancher Anregungen wurde Anne-Marie Vogler in Berlin nicht heimisch, und als die durch den Konkurs des Vaters verursachten finanziellen Sorgen immer drückender wurden, kehrte sie im Januar 1931 nach Hamburg zurück. Von April bis Dezember 1933 machte sie mit der Freundin Anita Warburg, Tochter aus der Hamburger Bankiersfamilie, eine Studienreise nach Florenz.

Nach ihrer Rückkehr richtete sie sich ein eigenes Atelier im Mittelweg ein und versammelte einen Kreis geistig interessierter Menschen um sich, der sich zunehmend erweiterte. Die Malerinnen Anita Rée und Gretchen Wohlwill (siehe Portraits), die Maler Fritz Kronenberg und Karl Kluth, die Bildhauerkollegen Hans Martin Ruwoldt und Karl August Ohrt, der Senatsdirektor der Kulturbehörde Hans Stock und seine Frau Gabriele, der Verleger Henry Goverts, die Schriftsteller Horst Lange und Peter Gan (alias Richard Moering) und der Chirurg Paul Sudeck und seine Frau waren ihre Freunde. Besonders nahe standen ihr die Schauspielerin Maria Wimmer und der Altphilologe Bruno Snell, mit dem sie eine über 50 Jahre währende Freundschaft verband.

In der Zeit des Nationalsozialismus gehörte sie zu der Gruppe von Gegnern und Gegnerinnen des NS-Regimes um den Buchhändler Felix Jud, die sich in seiner Buchhandlung am Neuen Wall traf. Übereinstimmend charakterisieren die Freunde Anne-Marie Vogler bis ins hohe Alter als lebendige, geistreiche und warmherzige Persönlichkeit, als gute Zuhörerin und kluge Ratgeberin, die mehr nach Vervollkommnung ihrer Gaben als nach Ruhm und Anerkennung strebte. Maria Wimmer schrieb am 9.12.1980, nach einem Besuch bei der 88jährigen Künstlerin: „Es war alles wie früher, bei Ihnen zu sitzen und zu reden und zuzuhören, Ihre Frische und Anteilnahme an allem zu bewundern, Sie haben die ewige Jugend des Herzens, die können Sie gar nicht verlieren."[1]

Eine andere Wegbegleiterin, die Verwandte, Freundin und Nachlaßverwalterin Emma Vogler bestätigt diesen Eindruck. In der Tatsache, daß Anne-Marie Vogler nie geheiratet hat, sieht sie eine bewußte Entscheidung der Künstlerin: „Sie war bildschön, sie war vermögend als junges Mädchen und war intelligent und hochbegabt. Sie hätte es nicht ausgehalten. Sie wäre keine Hausfrau gewesen. Ich halte das für unmöglich." Doch auch zu diesem Thema zeigt das Tagebuch eine andere Anne-Marie Vogler als die, die ihre Umwelt sah. Und in einem Brief an den Freund Bruno Snell anläßlich des Besuches von dessen offenbar frisch verheirateter Tochter geht sie sogar so weit, in der dauerhaften Liebesbeziehung das eigentliche Bedürfnis der Frau zu sehen: „Ich mußte immer an Dich denken wie sie so vor mir saß – ganz offenbar erfüllt von ihrer Liebe. Es hätte Dich froh gemacht sie so zu sehen – denn diese Erfüllung des Aus-Liebe-Zusammengehörens ist doch für eine Frau das Lebensglück und alles Andere dagegen Nebensache, nicht wahr?" (Brief vom 5. September 1952)[1]

Die ersten Aufträge, die Anne-Marie Vogler erhielt, waren Türreliefs für eine Fliegerschule bei Dresden, Intarsien für die spanische Botschaft in Berlin, Kaminplatten und Brunnenwände für Privathäuser bzw. -gärten, Grabmale, vor allem aber Plaketten und Portraitbüsten. Sie nehmen einen Schwerpunkt in Anne-Marie Voglers Schaffen ein. Die ersten arbeitete sie aus Holz und Ton, die späteren nach dem Krieg wurden aus Bronze gegossen. Die Köpfe von Maria Wimmer und Bruno Snell standen bis zuletzt in ihrer Wohnung in den Grindelhochhäusern, wohin sie 1954 gezogen war. Sie befinden sich heute in der Elsbeth-Weichmann-Gesellschaft (siehe Portrait). Als mit dem Krieg das Holz knapp wurde, waren Schiefertrümmer, die Anne-Marie Vogler beim Einkaufen auf der Straße aufsammelte, eine Zeitlang ihr Hauptmaterial. So entstand beispielsweise ein Pferderelief.

Auch wenn die Einnahmen nach dem Krieg aufgrund der kümmerlichen Auftragslage und der niedrigen Preise, die für Kunst zu erzielen waren, nur spärlich flossen, war Anne-Marie Vogler von der Notwendigkeit der Kunst als „bindender und ordnender Kraft" gerade in dieser Zeit überzeugt, weil „sie wichtige Seiten im Menschen anrührt die in der Not und Unsicherheit unserer Tage zu verkümmern drohen. ... Man sollte heute ebenso wenig darauf verzichten, mit Kunst zu leben wie etwa in Preussens ärmster Zeit, als man die unerschwinglich teure Bronce durch herrliche Plastiken in Gusseisen ersetzte. Haben wir nicht schönes modernes Material, das noch weitgehend erschlossen werden kann in seiner Verwendungsmöglichkeit? Wenn man sieht, wie technisch vollendet heute die Wohnungen gebaut werden, kann man sich kaum der Erkenntnis verschliessen, dass jetzt der Zeitpunkt da ist, wo durch die Kultur des Zimmers den Bauformen durch Plastik und Bild wieder eine menschliche Wärme gegeben werden sollte, wie sie sich aus der heutigen Lebensform ergibt",[1] sagte Anne-Marie Vogler 1951 in einem Interview des NWDR.

1947 erhielt sie den ersten größeren Auftrag, der in der Öffentlichkeit Aufmerksamkeit erregte. Eine von den sechs Glocken des Limburger Doms, die wie viele andere im Zweiten Weltkrieg zum Einschmelzen hatten abgeliefert werden müssen, war zufällig im Hamburger Hafen zwischen Bergen anderer Glocken entdeckt worden. Das Bischöfliche Domkapitel wollte nun die anderen fünf nachgießen lassen und erteilte Anne-Marie Vogler den Auftrag, sie mit Schrift und Bildschmuck zu versehen. Anne-Marie Vogler arbeitete in einer überlieferten, doch seit Jahrhunderten nicht mehr angewandten Technik, indem sie vor dem Guß Figuren, Ornamente und Schrift von innen in den Ton ritzte, was bedeutete, daß sie in das Innere der Glocke kriechen und seitenverkehrt arbeiten mußte. Bei einem späteren Werk, einer Äolsharfe für die Kinderspielterrasse der Chirurgie im Allgemeinen Krankenhaus Barmbek, versuchte sie ebenfalls, auf alte

Techniken zurückzugreifen. Sie konnte jedoch nichts über die Herstellung von Windharfen in Erfahrung bringen, obwohl sie ihre Spuren bis nach Griechenland verfolgte. So probierte sie so lange, bis das komplizierte Gebilde aus Metall im Wind tönte.

Die Äolsharfe gehörte bereits zu den Aufträgen, die Anne-Marie Vogler erhielt, als Anfang der 50er Jahre die „Kunst-am-Bau"-Verordnung erlassen worden war. Sie bestimmte, daß 5% der Bausumme öffentlicher Gebäude für Kunst aufgewendet werden müsse, eine Maßnahme, die nicht nur der Verschönerung diente, sondern den Künstlerinnen und Künstlern zu Einnahmemöglichkeiten verhalf. Bei diesen Arbeiten kam Anne-Marie Vogler stufenweise zu immer kühneren Lösungen. Stand am Anfang ein Flachrelief, „Sommerruhe", das sie 1952 für den Rosengarten im Botanischen Garten „Planten und Blomen" schuf, so arbeitete sie 1959 ihre erste lebensgroße Vollplastik „Mutter und Kind" für einen Schulhof in Dockenhuden. Das Gipsmodell dieser Plastik steht heute in imponierender Weise den Raum füllend in der Wohnung von Emma Vogler. Für sie beinhaltet diese Figurengruppe in so hohem Maße Harmonie und Musikalität, daß sie sich das Hören klassischer Musik ohne sie nicht mehr vorstellen kann. Ein weiteres Werk, das wohl jede Hamburgerin und jeder Hamburger kennt, ist der Marmortrinkbrunnen im Hauptbahnhof-Süd. Die meisten ihrer großen, als „Kunst am Bau" entstandenen Arbeiten führte die inzwischen über 60jährige Anne-Marie Vogler nicht selbst aus. Sie lieferte die Entwürfe und ließ sie unter ihrer Anleitung und Korrektur vom Steinmetz verwirklichen.

1978 hatte Anne-Marie Vogler anläßlich ihres 85. Geburtstags im Kunstverein ihre erste und bisher einzige Einzelausstellung in Hamburg. Besondere Aufmerksamkeit erregte eine Gruppe von Fußballspielern, die um 1970 entstanden war und die der Freund und Kollege Karl August Ohrt als Thema aufgriff, als er für die am 30. Mai 1983 im Alter von 91 Jahren verstorbene Freundin und Kollegin eine Grabplatte aus schwarzem Granit schuf.

Zwei junge Männer fanden Anne-Marie Voglers Plastik so lebendig, daß sie sich nur einen jungen Menschen als deren Schöpfer denken konnten. Als die Künstlerin, die der Unterhaltung gelauscht hatte, sich zu erkennen gab, waren die beiden fassungslos. Auf das Thema Fußballspieler war Anne-Marie Vogler aufmerksam geworden, als sie, die in ihrem Leben viele schwere Krankheiten zu bestehen hatte, wieder einmal für längere Zeit in Lübeck im Krankenhaus lag und aus ihrem Fenster auf einen Fußballplatz schaute. Was sie an den Sportlern faszinierte, waren ihre Bewegungen und die Aufgabe, sie in eine künstlerische Form zu bringen. Dem Formproblem galt Anne-Marie Voglers Hauptinteresse zeit ihres Lebens. Die sich nach dem Zweiten Weltkrieg entzündende Debatte um gegenstandslose Kunst trat davor in den Hintergrund: „Bei allen meinen Arbeiten – seien es freie oder durch Aufträge gegebene Vorhaben –, geht es mir darum, die zum jeweiligen Thema adäquate materialgerechte Lösung zu finden. Die Frage, ob mehr Betonung des Abstrakten oder naturnahe figürliche Lösung, war keine erstrangige Frage für mich, denn: der Übersetzungsgrad ergibt sich meistens nach Thema und Material der gegebenen Aufgaben, angefangen beim Entwurfsstadium bis hin zur Fertigstellung. Das gilt für meine Grafiken ebenso wie für Plastiken, Hauptsache, es stimmt als angestrebte Wahrheit, als Wahrhaftigkeit des Bemühens, in Form und Ausdruck."[1]   B.R.

Rosemarie Clausen (geb. Kögel)

Theaterphotographin

Grab Nr. O 8, 236
geb. 5.3.1907 in Groß-Ziethen bei Berlin
gest. 9.1.1990 in Hamburg

„Eigentlich wollte ich nicht Fotografin werden, sondern Malerin. Ich bin richtige Berlinerin. Mein Vater ist auch in Berlin geboren, und mein Großvater ist seinerzeit nach Berlin berufen worden, er war Oberhofprediger bei Wilhelm I.

171

Wir hatten einen prächtigen Vater und waren vier Kinder. Die Schwester meines Vaters war Malerin, religiöse Malerei hat sie gemacht und mit Käthe Kollwitz zusammen studiert. Als mein Vater nun Bilder von mir meiner Tante schickte, hat die sie wieder an die Kollwitz geschickt. Beide haben dann gesagt, ich müßte mich mit der Malerei beschäftigen. Eine Wiener Malerin interessierte sich für das, was ich tat und sagte, sie würde mich umsonst ausbilden. Meine große Leidenschaft war die Porträtmalerei. Ich fuhr also damals nach Wien und wohnte bei sehr vermögenden Freunden meines Vaters, aber zur gleichen Zeit kriegte diese Malerin einen Auftrag nach Amerika. Sie fuhr nach Amerika und sagte, ich sollte solange warten, sie käme zurück, und ich wartete und wartete. Und sie kriegte einen Auftrag nach dem anderen und ich wartete und dachte, jetzt werden meine Schwestern inzwischen aus der Schule kommen. Ich war sowieso die häßlichste aus der Familie, also mir war es sehr wichtig, daß ich wenigstens tüchtig wäre. Ich schrieb an meinen Vater: ‚Du, also wenn das so weiter geht, es ist jetzt ein dreiviertel Jahr vergangen, ich male auf der Alm ab und zu einen kleinen Ziegenbock oder so etwas, was rätst Du mir?‘ Da schrieb er zurück, ob ich nicht bei Bäcker und Maas anfangen wolle. Das war ein großes Fotoatelier in der Bellevuestraße am Tiergarten. Die Chefin hieß Marie Böhm, eine ziemlich behäbige dicke Frau mit einem sehr klugen Gesicht, die sieben Sprachen fließend sprach. Eine Jüdin. Meine Kollegen dort waren erfahrene Handwerker. Da kam ich mir natürlich mächtig verloren vor, mußte Retusche lernen und saß immer hinter halbdunklen Fenstern. … Die Lehrzeit dauerte drei Jahre und ich hab dann Examen mit Auszeichnung gemacht; das war jahrelang nicht da gewesen. Das war natürlich sehr schön, für meine Firma besonders.“[1]

Mit diesen Worten, deren unprätentiöser Ton viel von der Natürlichkeit, Heiterkeit und Freimütigkeit der berühmten Theaterphotographin zeigt, erzählte Rosemarie Clausen 1975 in einem Interview für „Theater heute“ von den Anfängen ihrer Lauf-

bahn. So wenig wie sie zu Beginn die Photographie überhaupt im Blick gehabt hatte, so wenig sah sie sich zunächst als Theaterphotographin: „Es war mehr oder weniger ein Zufall, daß ich mit meiner Kamera zum Theater kam. Industrie oder Werbung – ich habe mich in frühen Jahren darin versucht – waren für sich eine Welt, die mir fern war. Es war der Mensch, der mich fesselte. Und am Theater fand ich nicht nur wechselvolle Gesichter – sondern ich erlebte gleichzeitig die Entwicklung von Schicksalen – erarbeitet und sichtbar geworden durch eine künstlerische Gestaltung. In dieser Welt der Dichtung und Phantasie fühlte ich mich beheimatet. Von dieser flüchtigsten aller Künste – der Schauspielerei – hoffte ich mit meiner Photographie etwas festhalten zu können.“[2]

Was Rosemarie Clausen an der Theaterphotographie reizte, war also weniger das Erfassen einer ganzen Szene als das des einzelnen Schauspielers in seiner individuellen Rollengestaltung und -entwicklung. Indem sie beim Photographieren ihre persönliche Sichtweise einbrachte und das Gesicht des Schauspielers in der Totale, kunstvoll beleuchtet aus dem Dunkel des Hintergrundes hervortreten ließ, entwickelte sie in wenigen Jahren einen ganz eigenen, unverwechselbaren Stil, der interpretierte, nicht dokumentierte. Eines der zentralen Hindernisse, die ihr dabei im Wege standen, war die damalige Praxis der Theaterphotographie, die es – wohl auch aufgrund der mangelhaften technischen Möglichkeiten – lediglich erlaubte, Schauspielerinnen und Schauspieler in ihren Garderoben oder nach der Hauptprobe bei Presseterminen, bei denen einzelne Szenen nachgespielt oder -gestellt wurden, zu photographieren. Da dabei die unmittelbare Wirkung verloren war, suchte Rosemarie Clausen nach anderen Wegen. Häufig stimmte sie sich durch den Besuch der Proben auf die jeweilige Inszenierung ein und photographierte die Schauspieler dann am Premierenabend während der Pausen und nach der Vorstellung, wenn sie noch ganz in ihrer Rolle lebten.

Den größten Einfluß auf ihre Entwicklung schreibt Rosemarie Clausen neben ihrem Vater, dem sozial hoch engagierten Pfarrer Rudolf Kögel, mit dem sie alles „bequatschen" konnte, Gustaf Gründgens zu, der 1934 die Intendanz des Staatlichen Schauspielhauses am Gendarmenmarkt in Berlin übernommen hatte und den sie 1936 erstmals in seiner Rolle als Hamlet photographierte. Sein Formsinn übertrug sich auf die junge Berlinerin, die von sich selbst sagt, daß sie dazu neigte, manchmal über die Stränge zu schlagen: „Seine Art, eine Rolle zu stilisieren, gefiel mir. Das hat auch auf meine Art zu fotografieren großen Einfluß gehabt. Ich begriff, daß ich hier nicht einfach wild in die Gegend schießen durfte. Ich wollte auch für mich eine eigene Form der Bildgestaltung entwickeln." (Hamburger Abendblatt vom 6.3.1982)

Fortan arbeitete Rosemarie Clausen, die nach ihrer Gesellinnenprüfung 1928 im Lette-Haus in Berlin und einer viereinhalbjährigen Assistenz bei der Theaterphotographin Elli Marcus Ende 1933 ein eigenes Atelier gegründet hatte, kontinuierlich am Theater am Gendarmenmarkt, der damals bedeutendsten Bühne Deutschlands. Den heute üblichen Exklusivvertrag mit Theaterphotographen gab es zu jener Zeit allerdings noch nicht. Rosemarie Clausen mußte sich die Arbeit mit Kollegen und Kolleginnen teilen, was zumindest in der Anfangszeit manchmal einen 36-Stunden-Tag bedeutete, da sie ihre Aufnahmen sofort nach der Entwicklung auf

die Zeitungsredaktionen brachte, die neben den Theaterprogrammheftgestaltern die Hauptabnehmer von Theaterphotos waren.

Die Eheschließung mit dem Filmkaufmann Jürgen Clausen im Jahre 1934 und die Geburt der drei Kinder Lars (1935), Christiane (1940) und Brigitte (1941) behinderte Rosemarie Clausens Arbeit nicht über Gebühr. Ihr Mann unterstützte sie in ihrem Tun: „Ich finde es sehr schön, wenn eine Frau ihre eigene Welt hat."[1]

1944 zerbrach, was so glücklich begonnen hatte: Jürgen Clausen, der freiwillig zur Nachtjagd gegangen war, wurde am 20. Februar über Sachsen abgeschossen, das Atelier mit allen Negativen bei einem Bombenangriff zerstört. Eine Arbeitsmöglichkeit am Theater gab es nicht mehr. Die Berliner Staatstheater waren geschlossen. Rosemarie Clausen floh mit ihren Kindern nach Barsbüttel (Stormarn), wo die vierköpfige Familie den Sommer 1945 über in einem Raum einer Flakbaracke unterkam. Danach erreichte sie eine Einweisung nach Blankenese. Ihre Vermieterin, die Gesangslehrerin Margarete Hartmann, trug die Zwangseinquartierung der vielköpfigen Familie nicht nach und erwies sich als vortrefflicher Mensch.

Rosemarie Clausen faßte schnell Fuß und arbeitete bei Helmut Gmelin am Theater im Zimmer und bei Ida Ehre an den Hamburger Kammerspielen (siehe Portrait). Dort photographierte sie 1947 die legendäre Uraufführung von Wolfgang Borcherts „Draußen vor der Tür" (siehe Portrait Hertha Borchert). Als Gustaf Gründgens 1955 die Leitung des Hamburger Schauspielhauses übernahm, arbeitete sie wieder eng mit ihm und seinem Ensemble zusammen. Sie wurde die eigentliche Chronistin der Hamburger Gründgens-Ära. Mit ihrem Bildband der Faust-Inszenierungen erhielt sie internationale Anerkennung. Wie intensiv die Zusammenarbeit mit Gründgens war, zeigt sich auch in den Zeilen des Theaterkritikers Joachim Kaiser, der angesichts ihrer Photos von Gründgens in seiner letzten Rolle, dem König Philipp im Don Carlos, den Eindruck hatte, sie bildeten bereits eine Rollengestaltung ab, die Gründgens anstrebte, aber in der Premiere noch nicht erreicht hatte: „Betrachtet man die großartigen Fotos von Rosemarie Clausen, die als Theaterfotographin keine optischen Spielereien unternimmt, sondern die Spannung, das Antlitz, die Qual und die Lebendigkeit der Sekunde mit großartigem künstlerischem Takt aufzunehmen weiß, dann sieht man, wie Gründgens' Philipp einmal sein kann."[3]

Rosemarie Clausen lebte ganz ihrem Beruf und dem großen Freundeskreis, der sich in erster Linie aus Theaterleuten zusammensetzte. Geheiratet hat sie nicht wieder, sie blieb ihrem Mann innerlich bis zuletzt eng verbunden. In einem Interview erläuterte die 68jährige: „Das ging nicht, er war ein so einmaliger Mann, ich konnte meinen drei Kindern auch keinen anderen Vater ..." und fuhr dann fort:

„Es gab in den letzten dreißig Jahren Freunde für mich, vielleicht auch welche, die ich lieb gehabt habe."[4] Ihr Sohn Lars ist der Überzeugung, „daß sie im Innersten das Temperament einer lieblichen und heiteren Junggesellin hatte, die heimlich schwer verheiratet nur mit einem war: mit ihrer Arbeit, wohl auch, weil sie zeitlebens trotz aller Erfolge um ihre Existenz bangte." Ihren Kindern war sie – so Lars Clausen – „eine sehr duldsame, leicht abgelenkte Mutter und überhaupt keine ‚Glukke'." Sie hingen an ihr, „waren jedoch mit zeitbedingten Varianten Kindermädchen-Kinder oder selbsterziehend".

Die Kinder und Enkel wurden zunehmend zum Mittelpunkt ihres Lebens, als Rosemarie Clausen Ende der 70er Jahre aufhörte zu photographieren, zum einen aufgrund der ersten Anzeichen einer Krankheit, die sich zu einem langjährigen Leiden ausdehnen sollte, zum anderen, weil sie seit der Ära Monk (1968) am Schauspielhaus mit dem Gefühl kämpfte, daß ihre Zeit vorbei sei. In dem neuen Stil, der rein dokumentierenden, grob aus der Szene heraus photographierenden Darstellungsweise, konnte sie sich nicht wiederfinden. Auch saß der Schock, daß Egon Monk ihr mit Intendanzantritt ohne weiteres die Zusammenarbeit aufgekündigt hatte, tief. Das alles machte Rosemarie Clausen jedoch nicht bitter, sie blieb zeitlebens eine fröhliche Frau, die diszipliniert und hart arbeitete und kein Aufhebens um sich und ihre große Begabung machte: „Ich war meinem Vater dankbar, daß er mich beraten hatte, Fotografin zu werden und nicht Malerin. Daß ich in einer Welt leben durfte, wo schöpferische Dinge zählten." (Hamburger Abendblatt vom 5.3.1988)

1955 erhielt Rosemarie Clausen den Großen Preis der internationalen Ausstellung für Bühnenphotographie in Salzburg, 1976 den Kulturpreis der Deutschen Gesellschaft für Photographie. 1982 ehrte die Hansestadt Hamburg sie mit der Verleihung der Biermann-Ratjen-Medaille. Ihre Bildbände dokumentieren, was Rosemarie Clausen von der „flüchtigsten aller Künste" festzuhalten verstand: Ihr Werk ist ein Stück deutscher Theatergeschichte.   B.R.

Musikerinnen – zwischen produktiven und reproduzierenden Kräften

Ähnlich wie in der bildenden Kunst war das zentrale Problem, mit dem die Musikerinnen, ganz besonders die Komponistinnen, zu kämpfen hatten, das der Ausbildung. Sabine Lepsius, die spätere Mitbegründerin der Berliner Sezession, der noch 1878 die Aufnahme in die Kompositionsklasse der Berliner Musikhochschule verweigert worden war, schrieb in ohnmächtiger Wut in ihr Tagebuch: „Oh, wenn ich doch ein Junge wäre! Man hätte nicht gewagt, mich von der Kompositionsklasse auszuschließen, denn nicht Talent, sondern Hosen sind das Ausschlaggebende. Ein Königreich für ein paar Hosen!"[1]

Zudem scheint sich der Mythos von den allein reproduktiven Fähigkeiten der Frau gerade in der Musikwelt hartnäckig zu halten. Einen Einblick in einen verzweifelten Versuch, wenigstens die geniale kompositorische Begabung als Männerdomäne zu bewahren, gibt ein Text von Prof. Dr. Eberhardt Preußner, Präsident des Salzburger Mozarteums, der 1961 im Programmheft des internationalen Komponistinnenwettbewerbs abgedruckt war: „Es ist kein Zweifel, die Frau hat Zugang zum Schöpferischen auch in der Musik. Die Schwierigkeiten auf dem musikalischen Gebiet sind allerdings grundsätzlicher Natur. In allen Künsten, die Vorbilder aus dem wirklichen Leben, aus der Natur und der realen Vorstellungswelt nehmen können, also als Schriftstellerin, Dichterin, Malerin, Bildhauerin, haben Frauen höchsten schöpferischen Rang erreicht. Die Musik aber schöpft aus dem ‚Unvorstellbaren‘, dem reinen ‚Idealen‘, sie muß sich ihr Material selbst aufbauen. Diese doppelte schöpferische Tätigkeit erfordert doppelte geistige Arbeit. Das mag der Grund dafür sein, weshalb wir trotz aller schönen schöpferischen Belege seit der Renaissance bis in die Gegenwart in der schöpferischen Musik noch keine Sappho besitzen. Da aber von der Inspiration her, vom Geschmacklichen, von der Gestaltung her keine Grenzen der Geschlechter gesetzt sind, ist es anzunehmen, daß das, was gegenwärtig an schöpferischen Beiträgen vorhanden ist, potentiell wachsen und wachsen wird. Die letzte Frage, ob einer Frau jener Blick in den Abgrund erlaubt ist, den Männer wie Beethoven getan haben, um von den letzten Dingen aussagen zu können, bleibt offen. Propheten waren Männer, Sybillen Frauen."   B.R.

Wilhelmine Marstrand (Antonia Josefina Wilhelmine Marstrand)

Pianistin und Pädagogin

Grab Nr. M 14, 25–27
geb. 7.8.1843 in Donaueschingen
gest. 16.8.1903 in Spiez am Thuner See

Auf einer Stele aus schwarzem Granit, an deren oberem Teil ein Bronzerelief mit musizierenden Engeln befestigt ist, befindet sich im unteren Teil die Widmung:

> Der begeisterten Künstlerin,
> Der treuen Collegin,
> Der unvergesslichen Lehrerin,
> Der geliebten Freundin
> zu ehrendem Gedächtnis

Was schon die Inschrift auf dem Grabstein vermuten läßt: Wilhelmine Marstrand war eine außerordentlich beliebte und geschätzte Frau. Zur Einweihung des von den Freunden gestifteten Monuments hatten sich trotz schlechten Wetters etwa 200 Personen auf dem Ohlsdorfer Friedhof eingefunden, um die Pianistin und Lehrerin zu ehren.

Wilhelmine Marstrand erhielt schon sehr früh ausgezeichneten Musikunterricht bei verschiedenen Lehrern und trat im Alter von 16 Jahren, 1859, in das neugegründete Stuttgarter Konservatorium ein. Sie gab erfolgreich Konzerte in Stuttgart, Mannheim, Karlsruhe, Dresden und im Leipziger Gewandhaus. 1868 zog sie nach Hamburg, wo sie zusammen mit ihrer zwei Jahre jüngeren Schwester Maria, die ebenfalls Pianistin war, am Mittelweg 45 wohnte. In Hamburg führte sie sich unter großem Beifall von Publikum und Presse mit Johann Nepomuk Hummels a-moll-Konzert in der Philharmonie ein. Im Laufe der Zeit verlegte sie den Schwerpunkt ihrer Arbeit jedoch immer mehr aufs Unterrichten. 1883 wurde sie Mitglied des Lehrkörpers des Konservatoriums und arbeitete dort trotz eines schweren Leidens bis zu ihrem Tode.

Die aus dem Gedächtnis zitierten Worte des Direktors des Philharmonischen Orchesters, Max Fiedler, anläßlich der Aufstellung des Grabsteins geben einen Eindruck von der Persönlichkeit und dem Wirken der Künstlerin, auch wenn sie eines gewissen Pathos nicht entbehren: „Wärmste Liebe, treueste Freundschaft, Verehrung und Dankbarkeit haben diese Gedächtnisfeier für unsere verehrte Freundin Wilhelmine Marstrand veranlaßt, – solch tiefe Liebe, solch echte Freundschaft, wie sie gewiß nur selten zu finden sind. Fernstehenden müßte dies ein Beweis sein, daß die Verewigte ein ganz seltener Mensch war, dem es gegeben war, sich tief in die Herzen seiner Freunde einzuprägen. Die Näherstehenden, die Freunde und Verwandten wissen das und betrauern in der Dahingeschiedenen eine hervorragende Persönlichkeit und ausgezeichnete Künstlerin, eine Freundin, echt wie Gold, eine Schwester, wie sie idealer nicht gedacht werden kann, eine Künstlerin, die, ganz angefüllt mit den Idealen ihrer Kunst, unablässig und mit nie erlahmendem Enthusiasmus daran arbeitete, ihre hohen Ziele zu erreichen.

Wilhelmine Marstrand war eine vornehme Natur, ein echter Charakter von merkwürdiger Festigkeit. Ein Hin- und Herschwanken in Urteil und Meinung war ihr fremd; sie hielt treu und offen alles das hoch, was sie einmal für gut, schön und richtig erkannt hatte. Dadurch erhielt man von ihr den wohltuenden Eindruck absoluter Zuverlässigkeit und Wahrheit. Und welche Selbständigkeit, welche Energie konnte sie entfalten, wenn es sich darum handelte, anderen eine Freude zu machen! Keine Mühe wurde gescheut, selbst noch zu einer Zeit, als sie durch körperliche Schmerzen schwer zu leiden hatte. Manches wäre nicht zustande gekommen, wenn sie sich nicht energisch und selbstlos dafür gemüht hätte. Wie sie andere zu erfreuen, anderen zu helfen strebte, das haben nicht am wenigsten ihre Schüler erfahren. Mit nie ermüdender Fürsorge und mit heiligem Eifer arbeitete sie daran, die Fähigkeiten zu entwickeln und sie immer mehr einzuführen in die Herrlichkeit der von ihr über alles geliebten Kunst. Wie viele danken ihr und lieben sie dafür! An Pflichttreue, Gewissenhaftigkeit und segensreichem Interesse für jeden ihrer Schüler war sie ihren Kollegen ein wahres Vorbild. Was speziell das Konservatorium ihr zu danken hat, an dem sie eine lange Reihe von Jahren wirkte, läßt sich nicht mit wenigen Worten erschöpfen. Es war eine Freude mit ihr zu arbeiten; nie hat der leiseste Mißton die Harmonie gestört. Neid kannte sie nicht. Sie schenkte das wärmste Interesse allen, die etwas leisteten, und mit glühendem Anteil verfolgte sie die Entwicklung junger hoffnungsvoller Talente und half ihnen, wo sie konnte. Musik war ihr Leben, hielt sie froh und verjüngte sie. Wilhelmine Marstrand war eine echte Musiker-Natur, durchdrungen von heiligem Ernst und künstlerischer Strenge gegen sich selbst. Wenn sie am Klavier saß, schienen alle körperlichen Schmerzen von ihr genommen.

Was sie erdulden mußte in ihrer schweren Krankheit, das weiß am besten ihre vereinsamte Schwester, deren Trauer unsagbar ist. In unserem Gedächtnis lebt sie als ein ganzer, prachtvoller Charakter. Liebende Freundschaft drängte es, ihrem Andenken auch ein äußeres Zeichen zu errichten in Gestalt dieses schönen Gedenksteines. Als Abschiedsgruß aber rufen wir der Verewigten nach: ‚Schlafe und ruhe in holden Träumen', Träumen von den Gebilden der Kunst, angefüllt mit Klängen und Harmonien, die dich hier in Wonne versetzten, Träumen treuester Freundschaft, tiefster Dankbarkeit, Verehrung und wärmster Liebe."[1] B.R.

Edith Weiss-Mann (geb. Weiss)

Pianistin, Cembalistin, Klavierpädagogin und Musikkritikerin

Grab Nr. R 29, 378–379
geb. 11.5.1885 in Hamburg
gest. 18.5.1951 in Westfield/New Jersey, USA

Die in Hamburg geborene Edith Weiss-Mann war eine in ihrer Heimatstadt sehr angesehene Künstlerin, die das Hamburger Musikleben in den zwanziger und dreißiger Jahren außerordentlich stark beeinflußt und gefördert hat. „MAN WEISS – EDITH WEISS-MANN",[1] warb damals ein Plakat.

Ihre Ausbildung zur Pianistin hatte die Tochter des Kaufmannes Emil Weiss und seiner Ehefrau Hermine geb. Rosenbaum von 1900 bis 1904 in Berlin an der Hochschule für Musik und danach bei verschiedenen Privatlehrern erhalten: von 1904 bis 1908 bei James Kwast, danach bei José Vianna da Motta, Carl Friedberg und Bruno Eisner.

Nach dem Examen ging sie nach Hamburg zurück und entfaltete eine umfangreiche musikalische Tätigkeit. Sie gab privaten Klavierunterricht, veranstaltete als Mitglied im Musikausschuß der „Gesellschaft der Freunde des Vaterländischen Schul- und Erziehungswesens" zusammen mit anderen Künstlern in Schulen „Musikvorträge für die Jugend" und bildete, da es in Hamburg noch keine Musikhochschule gab, in Seminaren an der Universität Musiklehrer aus, wobei sie von 1929 bis 1933 die Klavierklasse leitete. 1923 wirkte sie beim Aufbau der Volksmusikschule mit und gab fortgeschrittenen Schülern Klavierunterricht.

Aber nicht nur auf pädagogischem Gebiet zeigte Edith Weiss-Mann sich mit ihren zum Teil neuen und ungewöhnlichen Aktivitäten und reformpädagogischen Ideen als Wegbereiterin, sondern auch auf künstlerischem:

Sie wurde eine der ersten Cembalistinnen und brachte das Cembalo als Konzertinstrument wieder zur Geltung.

Ihr Interesse an diesem Instrument hatte das Konzert der polnischen Pianistin Wanda Landowska im Museum für Hamburgische Geschichte erweckt. Auch Edith Weiss-Mann bekam die Erlaubnis, dort zu üben und zu konzertieren. Die 1925 von ihr gegründete „Vereinigung zur Pflege alter Musik in Hamburg" veranstaltete ihre ersten Konzerten in den Räumen des Museums für Hamburgische Geschichte. Sie wurden aufgrund der großen Resonanz aber bald in den Kleinen Saal der Musikhalle verlegt. Ab 1927 hatte Edith Weiss-Mann ihr eigenes Cembalo, einen Nachbau des Instrumentes aus der Berliner Musikinstrumentensammlung, das als „Bach-Cembalo" galt.

Neben ihrem Engagement für die barocke Aufführungspraxis, die heute wieder große Bedeutung hat, setzte Edith Weiss-Mann sich auch für zeitgenössische Musik ein, zum einen durch Aufführungen von Werken, zu denen sie möglichst die Komponisten zur Mitwirkung heranzog, zum anderen durch ihre Tätigkeit als Musikkritikerin. Sie schrieb für zahlreiche renommierte Zeitungen wie für das „Hamburger Fremdenblatt", die „Deutsche Allgemeine Zeitung", die „Frankfurter Allgemeine Zeitung", für die Schweizer Fachpresse und den „Musical Courier" in New York.

In ihrer großen Wohnung in der Alten Rabenstraße 34 veranstaltete Edith Weiss-Mann häufig Hauskonzerte, zu denen sie die nötigen Instrumentalisten hinzuzog. Oft wirkte auch ihr Sohn Alfred mit, der aus ihrer Ehe mit dem Kunstmaler Wilhelm Mann (1882–1957) stammte und 1917 geboren war. Er hatte ihre musikalische Begabung geerbt, spielte bereits vor dem Abitur alle Streichinstrumente und Blockflöte, komponierte und betätigte sich schreibend auf musikwissenschaftlichem Gebiet. Er ist heute Professor in den USA.

1935 richtete Edith Weiss-Mann eine regelmäßige häusliche Veranstaltung ein, die sogenannte Sonntagsstunde, zu der sich Schüler, deren Eltern und Freunde einfanden. Eine ehemalige Schülerin, Irmgard Schumann-Reye, berichtet von diesen Stunden: „Ein bestimmtes Thema wurde aufgestellt, z.B. ‚Händel'. Dazu legte sie Abbildungen des Komponisten und seiner Wirkungsstätten auf dem Flügel aus, las aus entsprechender Literatur vor und brachte Musikbeispiele zu Gehör, bei denen sie selber spielte und je nach Bedarf Streich-, Blas- oder Gesangssolisten eingeladen hatte, die mitwirkten."[2] Diese Sonntagsstunden fanden auch dann noch statt, als Edith Weiss-Mann 1937 aufgrund ihrer jüdischen Abstammung gezwungen wurde, in eine sehr viel kleinere Wohnung in der Johnsallee 2 zu ziehen. Als Lehrkraft war sie bereits 1933 entlassen worden, und öffentlich auftreten durfte sie seitdem nur noch im Jüdischen Kulturbund, einer Einrichtung, die mit dem Ziel, den zahlreichen entlassenen jüdischen Künstlern Beschäftigungsmöglichkeiten zu eröffnen, zuerst 1933 in Berlin mit staatlicher Genehmigung gegründet worden war. Der jüdische Kulturbund Hamburg entstand 1934. Er war die einzige noch erlaubte, gleichzeitig streng überwachte Wirkungsstätte für jüdische Künstler. Auch als Publikum waren nur Juden zugelassen.

Freunde und Kollegen wie Wilhelm Furtwängler, Armin Knab von der Akademie für Kirchenmusik in Berlin und Professor Stein von der Hochschule für Musik in Berlin taten alles, um Edith Weiss-Mann zu schützen und zu unterstützen. Um ihre materielle Lage zu verbessern, ließ der Freund und Theaterkritiker Hans Sommerhäuser Wilhelm Furtwängler und Arnim Knab Artikel für den „Hamburger Anzeiger" schreiben. Das fürstliche Honorar wurde Edith Weiss-Mann überwiesen. Furtwängler verschaffte ihr trotz des Auftrittsverbots sogar noch einmal die Gelegenheit, öffentlich zu spielen. Hans Sommerhäuser berichtet: „Furtwängler bestellte sie in jener Zeit einmal auf den Hauptbahnhof in Hamburg, wo man unbeobachteter miteinander verhandeln konnte als in offiziellen Diensträumen oder Kulturinstituten, und bat sie um ihr ‚großartiges Cembalo'. Edith sagte zu, wie früher oft. Als Edith von den Besuchern des Konzertes sprach und auf die Gefährlichkeit der Situation hinwies, antwortete Furtwängler: ‚Aber, gnädige Frau, selbstverständlich sitzen Sie am Cembalo!' Das war tapfer von Furtwängler. Edith Weiss-Mann war überglücklich, denn sonst durfte sie schon nicht mehr spielen."[3]

Als die Restriktionen immer stärker wurden, emigrierte Edith Weiss-Mann am 23. März 1939 per Schiff mit ihrem Cembalo in die USA, wo ihr Sohn von 1939 bis 1942 in Philadelphia Musik studierte. Sie zog jedoch nicht zu ihm, sondern nach New York. Mit fast 54 Jahren mußte sie noch einmal ganz von vorne anfangen. An ihre Schülerin Irmgard Schumann-Reye schreibt sie am 6. November 1939: „Tröstet es Sie, wenn ich Ihnen sage, daß ich ähnlich wie Sie völlig ungewohnte schwere Arbeit tue, immer noch mit der Angst dabei, in Form zu bleiben für die Musik und für die unvorstellbaren Ansprüche an äußerer Bereitschaft überhaupt. Die sind hier märchenhaft … Ich renne umher, unvorstellbar, um etwas bekannt zu werden."[2] Mit zäher Energie und eisernem Willen schaffte es Edith Weiss-Mann, sich eine neue Karriere aufzubauen. Sie spielte bald in Konzertsälen und im Rundfunk, auch zusammen mit ihrem Sohn. Ihr wohl größter Anfangserfolg aber war im Herbst 1940 die Einspielung sämtlicher Cembalokonzerte Bachs und der Werke der norddeutschen Barockmeister unter Otto Klemperer. Weitere Schallplattenaufnahmen sollten folgen.

Trotz eines schweren Krebsleidens in den letzten fünf Jahren ihres Lebens arbeitete Edith Weiss-Mann unermüdlich weiter. Sie bestand darauf, alleine zu wohnen und zu unterrichten, als sie es schon längst nicht mehr konnte. Erst als sie 1951 in ihrer Wohnung bewußtlos wurde, willigte sie ein, in das Haus ihres Sohnes und seiner Familie zu ziehen, wo sie kurz nach ihrem 66. Geburtstag, am 18. Mai 1951, starb. Ihre Asche wurde nach Hamburg überführt und auf der Grabstelle ihrer Schwiegereltern beigesetzt. In dem Glauben, mit der schweren Magenoperation im Jahre 1946 den Krebs überwunden

zu haben, hatte sie an ihre Schülerin geschrieben: „Aber dem Leben und der Musik wiedergegeben zu sein ist herrlich."[2]   B.R.

Ilse Fromm-Michaels (geb. Bauch)

Komponistin, Pianistin und Musikpädagogin

Grab Nr. O 18, 193
geb. 30.12.1888 in Hamburg
gest. 22.1.1986 in Detmold

Ilse Fromm-Michaels, als ältestes Kind eines Mathematikers und Schuldirektors in Hamburg-Barmbek geboren, war eine musikalische Doppelbegabung, deren außergewöhnliches Talent sich in so früher Kindheit zeigte, daß sie leicht als Wunderkind hätte verschlissen werden können. Die Eltern ließen ihre Tochter jedoch gründlich ausbilden. Bereits mit fünf Jahren bekam das kleine Mädchen, das schon bevor es lesen und schreiben konnte, Lieder nach Gehör gespielt und sich zu den Melodien Harmonien gesucht hatte, die ersten Klavierstunden. Mit neun erhielt sie zusätzlich Unterricht in Harmonielehre. Im Jahr zuvor hatte sie ihr erstes Stück komponiert, eine Polka, die „Formsinn", „Phantasie" und „Humor" verriet. Einige Jahre später entstand ihre c-moll-Fantasie, die der Dreizehnjährigen bei der Aufnahme in die Hochschule half. Da es in Hamburg keine wirklich guten Ausbildungsmöglichkeiten gab, ging sie an die Hochschule für Musik in Berlin. Sie wohnte bei einer Tante, studierte Klavier bei Prof. Bender und Komposition bei H. van Eyken. Mit sechzehn wechselte sie innerhalb Berlins ans Sternsche Konservatorium, als sich ihr die Chance bot, in die Klavierklasse von James Kwast, eines der bedeutendsten Pädagogen seiner Zeit, aufgenommen zu werden. Er förderte auch ihr Verständnis und Interesse für neue Musik. Kompositionsunterricht erhielt sie bei Hans Pfitzner. „Wer um das kritische Temperament des berühmten Komponisten Bescheid weiß, der ermißt, was es bedeutete, von ihm überhaupt ernstgenommen und akzeptiert zu werden",[1] schrieb der Musikkritiker Karl Grebe anläßlich ihres 80sten Geburtstags. 1908 verließ sie das Sternsche Konservatorium, schloß ihre Ausbildung endgültig aber erst 1913 nach einem zweijährigen Studium an der Kölner Musikhochschule ab, wo sie bei Carl Friedberg Klavier- und bei Fritz Steinbach Kompositionsunterricht hatte.

Schon während ihrer letzten Studienzeit begann sie mit dem Aufbau einer pianistischen Laufbahn. Da ihr der Name Ilse Bauch als ungeeignet für eine Künstlerin erschien, nahm sie den Mädchennamen ihrer Mutter an und nannte sich künftig Ilse Fromm. Sie stellte ein Informationsheft mit ihrem Photo zusammen und schickte es an Agenturen und Dirigenten. Schon bald war die zeitlebens eher scheue Ilse Fromm eine gefragte Interpretin. Bedeutende Dirigenten verpflichteten sie zu Konzerten, in denen sie durch ihre mühelose Technik ebenso auffiel wie durch ihre künstlerische Leistung. Sie spielte mit den berühmtesten Orchestern unter Arthur Nikisch, Max Fiedler, Fritz Steinbach, Wilhelm Furtwängler, Hermann Abendroth, Otto Klemperer, Carl Schuricht und Eugen Jochum. Zudem veranstaltete sie – zumeist in Berlin, dem damaligen Zentrum für Musik – eigene Klavierabende, bei denen sie sich vor allem für zeitgenössische Musik einsetzte, die allgemein erst nach dem Ersten Weltkrieg größere Beachtung fand. Sie stellte Werke von Reger, Pfitzner, Hindemith, Busoni, Jarnach, Strawinsky, Schönberg, Milhaud, Bartok, Kodaly, Webern, Berg vor. Bereits als 18jährige hatte sie 1906 Max Reger seine Bach-Variationen op 81, die zu den schwierigsten damals komponierten Klavierwerken gehörten, mühelos auswendig vorgespielt, und das war um so erstaunlicher, als diese wegen ihrer extrem weitgriffigen Anforderungen gerade für Frauen als fast unspielbar galten. Ilse Fromm gelang es jedoch, dieses Problem spieltechnisch zu überwinden – insbesondere auch durch die Verwendung speziell erdachter Fingersätze.

Bei einem ihrer Konzertabende lernte die junge Pianistin in Cuxhaven den Richter Dr. Walter Michaels kennen. Er stammte aus

einer musikalischen jüdischen Familie und hatte bis zum Verlust eines Armes ausgezeichnet Geige gespielt. 1915 heiratete das Paar. Doch es folgten keine unbeschwerten Jahre, der Krieg überschattete ihr Leben. Ilse Fromm-Michaels hatte kaum Auftrittsmöglichkeiten, zudem erkrankte sie aufgrund der schlechten Versorgungslage an Hungertyphus.

Nach Kriegsende zog das Paar nach Bergedorf, wo 1922 der gemeinsame Sohn Jost zur Welt kam. Er wurde später ein weltbekannter Klarinettist und unterrichtete als Professor für Klarinette, Klavier und Kammermusik an der Musikhochschule in Detmold. Ilse Fromm-Michaels nahm ihre Konzerttätigkeit wieder auf, verstärkte sie sogar noch. Regelmäßig wirkte sie in den Jahren 1923 und 1924 in Hamburg bei dem von Hans Heinz Stuckenschmidt und Josef Rufer veranstalteten Konzertzyklus „Neue Musik" mit. Unter Arnold Schönberg spielte sie den Klavierpart in seinem wunderbaren „Pierrot Lunaire". Daneben erwarb sie sich einen hervorragenden Ruf als Klavierpädagogin.

1925 zog die Familie nach Hamburg in die Enzianstraße. Doch bald wurde wieder zerstört, was Ilse Fromm-Michaels aufgebaut hatte. Walter Michaels wurde, obwohl er

Christ war, 1933 „aus rassischen Gründen" aus dem Staatsdienst entlassen bzw. zwangspensioniert. Ilse Fromm-Michaels hatte als seine Ehefrau in der Folgezeit nicht minder unter den sich zunehmend verschärfenden Ausgrenzungen zu leiden, anfangs „nur" als „unerwünschte" Künstlerin. Später erhielt sie Auftrittsverbot, und ihre Werke durften nicht mehr gespielt werden. Auch der Kreis ihrer Schüler beschränkte sich auf diejenigen, die gleichfalls aus politisch oder rassisch verfolgten Familien stammten und die, die sich eine unabhängige Lehrerwahl erlauben konnten oder wollten.

In dieser Zeit tiefster Bedrängnis, in der die Konzerttätigkeit erzwungenermaßen unterbleiben mußte, schuf Ilse Fromm-Michaels ihre bedeutendsten Werke, die ihren Ruf als Komponistin begründeten. Wichtig war in diesem Zusammenhang die Begegnung mit dem Dichter und Komponisten Frank Wohlfahrt, der ihre 1932 komponierte Klavier-Passacaglia unter Hinzufügung einer ausgedehnten Coda für großes Orchester instrumentierte und sie anregte, auch ihr eigenes Schaffen mehr als zuvor über das Klavier hinaus auf andere instrumentale sowie vokale Besetzungen auszuweiten. Der Passacaglia, „deren herbe, kontrapunktische Dichte ein architektonisches Bauprinzip offenbar machte",[2] folgte 1933 die „Marienpassion" für Kammerorchester und gemischten vierstimmigen A-cappella-Chor, zu der sie die Texte selbst schrieb. Diese „in opalisierenden Farben erschimmernde Musik",[2] wie Frank Wohlfahrt schrieb, wurde 1934 am ersten Adventssonntag im Radio Hamburg ursgesendet. 1938 entstand die c-moll Sinfonie, mit der sie 1961 bei einem von der GEDOK (Gemeinschaft deutscher und österreichischer Künstlerinnen) in Mannheim veranstalteten Wettbewerb in Konkurrenz mit 150 in- und ausländischen Komponistinnen zusammen mit der Kanadierin Sonja C. Eckhardt-Grammaté den ersten Preis erhielt. Die Symphonie war bereits 1946 durch das Symphonie-Orchester des NWDR unter Hans Schmidt-Isserstedt in Hamburg uraufgeführt worden. Ihr letztes großes Werk war die „Musica Larga" für Streichquartett und Klarinette, die sie 1944 für ihren Sohn Jost komponierte. Danach trat eine Lähmung im Schaffen der Künstlerin ein. Jahrelange Kränkungen, Ängste und Entbehrungen, die räumliche Enge durch Einquartierungen nach dem Krieg, die schmerzliche Trennung oder gar der endgültige Verlust vieler ihr geistig verwandter Freunde und Bekannter, 1946 schließlich der Tod von Walter Michaels als Folge der Inhaftierung ein Jahr vor Kriegsende – all das hatte die Energie dieser starken Frau gebrochen. Dazu kamen neue Tendenzen in der Musik wie z.B. die Aleatorik und andere Kompositionsrichtungen, deren Charakter und Zielsetzungen sie mit ihren eigenen Ideen und Vorstellungen nicht mehr in Einklang bringen konnte. 1948/49 komponierte sie ein letztes großes Werk „Drei Rilke-Gesänge" (Der Schwan, Lied vom Meer, Schlußstück), das in zwei verschiedenen Fassungen, für Bariton und Klavier sowie für Orchesterbegleitung, vorliegt. Ihr Sohn Jost Michaels hält es für eines der bedeutendsten und wertvollsten ihres gesamten Schaffens, von hohem biographischen Gewicht: „Die Gesänge sind mit weitgespannten, die textlichen Inhalte ausdeutenden Zwischenspielen und Ausklängen versehen und dabei in der Version mit großem Orchester außerordentlich farbenreich und differenziert instrumentiert. – Darüber hinaus wird der Vermächtnischarakter gerade dieser Komposition überaus eindrucksvoll betont und symbolisiert durch die Worte des letzten Gedichtes – beginnend mit ‚Der Tod ist groß …‘"[3]

Ihre Konzerttätigkeit nahm Ilse Fromm-Michaels nach dem Krieg nicht wieder auf. Das war mit ein Grund, weshalb es ihr nicht gelang, eine Schülerschaft um sich zu versammeln, wie sie ihren Fähigkeiten entsprochen hätte, als sie 1946 an der Hamburger Schule für Musik und Theater (heute Staatliche Hochschule für Musik und darstellende Kunst) als Dozentin tätig wurde. Die jungen Pianisten und Pianistinnen wußten oft nichts von der Bedeutung und dem Ruhm, die Ilse Fromm-Michaels besessen hatte, und wählten lieber Lehrer, die noch konzertierten. Sie selbst hatte keine Kraft mehr, sich stark zu machen. Nach 13 Jahren beendete sie 1959 ihre Dozententätigkeit. Ilse Fromm-Michaels starb 1986 im Alter von 97 Jahren im Altenwohnheim Augustinum in Hiddesen bei Detmold in der Nähe ihres Sohnes.

Auch wenn Ilse Fromm-Michaels zu Lebzeiten manche Anerkennung und Ehrung erfuhr wie durch die Akademie der Freien Künste, die sie als erste Frau als Mitglied wählte und ihr 1956 die Ehrenplakette verlieh, oder durch die Stadt Hamburg, die sie anläßlich ihres 75. Geburtstags mit der Brahmsmedaille auszeichnete, so ist ihr als Komponistin doch nicht die Würdigung zuteil geworden, die sie verdient. Es sind in den letzten Jahren zwar mehrere CD-Aufnahmen entstanden, aber nur von Stücken für Soloinstrument, und die Solisten sind bis auf eine Aunahme bemerkenswerterweise Frauen. Die großen Werke harren nach wie vor der Aufführung in Konzertsälen und einer Einspielung.   B.R.

Henny Wolff

*Konzert- und Oratoriensängerin
und Gesangspädagogin*

Grab Nr. AC 4, 5–6
geb. 3.2.1896 in Köln
gest. 29.01.1965 in Hamburg

Eine Sechsjährige schreibt in ein Gästebuch „Henny Wolff, Sängerin", und was nicht mehr als frommer Kinderwunsch scheint, entpuppt sich in der Folge als eine klar umrissene Vorstellung von einem zukünftigen Beruf. Sicherlich war dieser Wunsch beeinflußt, denn ihr Vater, Karl Wolff, war ein angesehener Musikkritiker, und die Mutter, Henriette Wolff-Dwillat, Konzertsängerin und Gesangspädagogin. Bei ihr hatte Henny Wolff, die schon als Kind schwerste Partien vom Blatt singen konnte, die ersten Gesangsstunden. Von 1906 bis 1912 erhielt sie Unterricht am Konservatorium in Köln, später bei Julius von Raatz-Brockmann in Berlin. 1912 trat die 16jährige bei einem Kölner Gürze-

nich-Konzert erstmals öffentlich auf. Das war der Anfang einer glanzvollen Karriere im In- und Ausland. Als Bach- und Händelinterpretin gelangte die Sopranistin zu Weltruhm. Häufig aber standen auch Lieder von Brahms und Werke der Moderne auf ihrem Programm. Gerne trug sie Lieder des Komponisten Hermann Reutter vor, der sie oft am Flügel begleitete. Sie trat zwar gelegentlich auch auf der Opernbühne auf, ihr eigentlicher Ort aber war der Konzertsaal.

Neben ihrer Tätigkeit als Sängerin wirkte Henny Wolff zeitlebens als Gesangspädagogin. Von 1914 bis 1916 lehrte sie am Konservatorium in Bonn, 1922 ging sie nach Berlin. Nachdem sie dort im Zweiten Weltkrieg alles verloren hatte, zog sie nach Hamburg und leitete von 1950 bis 1964 die Klasse für Sologesang an der Musikhochschule. 1958 ehrte die Hansestadt Hamburg Henny Wolff, die sich bis ins hohe Alter eine schöne und lebendige Stimme bewahrt hatte, für ihre Verdienste mit der Brahms-Medaille. Henny Wolff starb kurz vor Vollendung ihres 69. Lebensjahrs, am 29. Januar 1965, nach schwerer Krankheit.

In allen Nachrufen werden neben den künstlerischen ihre außergewöhnlichen menschlichen Eigenschaften und Fähigkeiten hervorgehoben. Darum soll zum Schluß Ludwig Pollner zitiert werden, der anläßlich ihres 65. Geburtstags im „Hamburger Echo" vom 3. Februar 1961 eine Hommage an die „große Liedgestalterin" richtete, die einen Eindruck von ihrem Wesen gibt: „Ich würde mich über mich selbst ärgern, wenn ich, ihr gegenüber sitzend, objektiv bleiben könnte. Wer Henny Wolff wirklich kennt und nicht bei jeder neuen Begegnung von neuem beglückt ist, der muß entweder versteinert oder vertrottelt sein. Allerdings: Ich weiß selbst nicht recht, wofür ich sie mehr liebe. Wenn sie mit ihrer großen herrlichen Stimme und aus dem Überfluß ihrer Gestaltungskraft ihren Göttern Schubert, Schumann und Brahms dient, reißt es mich vom Stuhl hoch. Aber wenn sie in ihrer großen klaren Schrift in einem (sehr unromantischen) ‚Billett doux' einlädt: ‚Wann kommen Sie zum Fraße?', dann reißt es mich erst recht vom Stuhl hoch. (Wir beide essen furchtbar gern.) Nur wenn sie anfängt, Witze zu erzählen, liege ich alsbald unter eben diesem Stuhl, denn einer ist besser als der andere. Und eigentlich genügt schon die Einleitung: Kennen Sie den …'

Henny Wolff hat ein großes Geheimnis: Es ist das, was in Wahrheit ihre Erscheinung ausmacht. Wer nicht versteinert und nicht vertrottelt ist, mag es gar bald erraten, denn sie trägt ihr (sehr junges) Herz auf der Zunge: Es ist die völlige Einheit ihrer Persönlichkeit, der eine verschwenderische Natur alles gab, ein ganzer Mensch zu sein und Künstler von Geblüt dazu: Die lebenslang lebendige Fähigkeit selbstkritischer künstlerischer Arbeit, schöpferischen, klugen Verstand, ein großes und offenes Herz für das Wahre, und Charme, Witz und Esprit in jener köstlichen Dosierung, die nur Frauen so traumhaft sicher zu handhaben verstehen. Es ist ein Teil der Faszination, die von Henny Wolff ausgeht, gleichviel ob sie auf dem Podium steht, als souveräne Hausherrin in ihrem eigenwillig gestalteten Heim oder vor ihren Schülern. Auch vor ihnen ist sie vor allem ein Mensch. (Daß sie ein so herrliches lästerndes Biest sein kann, gehört auch zu ihr.) Es ist nicht die gewichtige ‚Frau Professor' unserer Musikhochschule, und es ist nicht die große Sängerin, und es ist nicht einmal die glänzende Pädagogin, die ihre vielen Schüler zwingt, alles zu geben, was in ihnen steckt, um Henny Wolffs eiserne Forderungen zu erfüllen. Es ist einfach der Mensch Henny, der das bewirkt. Man könnte sie um ihr Sein beneiden. Man braucht es nicht: Man darf und muß sie verehren und lieben. Der Verehrer gibt's unendlich viele. Heute, zu Hennys 65. Geburtstag, werden sie reihum aufmarschieren."   B.R.

Schriftstellerinnen – einst verborgen hinter Anonymität oder Pseudonym

Am Anfang des 18. Jahrhunderts vermehrte sich die Zahl der Frauen, die zunächst bei besonderen Gelegenheiten – Feiern der Familie oder lokalen Ereignissen – zur Feder griffen und Gelegenheitsgedichte verfaßten. Neben dem Wunsch nach persönlichem Ansehen war vor allem der Anteil am gesellschaftlichen Leben Ziel solcher Beschäftigung. Die Frauen blieben damit im Rahmen dessen, was die Gesellschaft ihnen zugestand. Als sie jedoch verstärkt begannen, Lyrik, Romane und Dramen zu verfassen, die zum Druck bestimmt waren, stießen sie auf heftige Kritik und Vorurteile. Zum einen galt es bis weit ins 19. Jahrhundert hinein als unschicklich, daß Frauen in die Öffentlichkeit traten, zum anderen sprach man ihnen authentische Kreativität per se ab. Besonders die Fähigkeit, Dramen zu schreiben, bestritt man Frauen als Angehörigen des angeblich sanften und passiven Geschlechts, dem es insbesondere an formgebenden Kräften mangele. Das führte dazu, daß viele Schriftstellerinnen, die in der literarischen Welt ernst genommen werden wollten, ihre Werke anonym veröffentlichten oder, weit häufiger, ein männliches Pseudonym annahmen und so ihre weibliche Identität verbargen.

Erst die Öffnung der Universitäten für Frauen, die Preußen 1908 als letztes deutsches Land vollzog, führte zu einem tiefgreifenden Wandel im Profil von Schriftstellerinnen. Sie erhielten Zugang zu Wissen, das sie bis dahin nur mühsam auf autodidaktischem Wege oder im Ausland hatten erwerben können. Vor diesem Hintergrund erweiterte sich auch das Spektrum literarischer Produktionen. Neben neuen Textarten wie dem Essay standen Frauen fortan auch wissenschaftliche und publizistische Bereiche offen.

Kurze Zeit vorher waren Frauen nach Jahrhunderten des Schreibens im Verborgenen auch organisatorisch in die Öffentlichkeit getreten: 1896 gründeten sie den Deutschen Schriftstellerinnenbund, 1898 eine Abspaltung dieses Vereins, die Freie Vereinigung deutscher Schriftstellerinnen.   B.R.

Elisabeth Campe (geb. Hoffmann)

Biographin, Verlegertochter und -ehefrau

Hamburgischer Gedächtnisfriedhof:
Grabplatte „Verleger und Drucker"
geb. 12.6.1786 in Hamburg
gest. 27.2.1873 in Hamburg

„Wenn ich des Gegenstandes wegen auch nicht für nöthig halte, daß ich genannt werde, und keinen Werth darauf lege, so bin ich mit 72 Jahren doch alt genug, um kein zimperliches Incognito bewahren zu wollen."[1]

Die hier einwilligt, öffentlich als Verfasserin einer Schrift genannt zu werden, ist Elisabeth Campe geb. Hoffmann. Hoffmann und Campe, diese beiden Namen trägt der renommierte Hamburger Verlag bis zum heutigen Tag, und der Anlaß für die Fusion war Elisabeth – Tochter von Benjamin Gottlob Hoffmann und Ehefrau von Franz August Gottlob Campe, beide Verleger und Buchhändler. Elisabeth Campes eigenständige Bedeutung für die Verlagsgeschichte aber liegt auf einem anderen Gebiet, auf dem der Autorschaft. Mit ihren Briefen aus der Zeit der zweiten Besetzung Hamburgs durch die Franzosen wollte nach deren Abzug der Verlag ihres Mannes, der damals noch nicht mit dem ihres Vaters zusammengelegt war, seine Arbeit wieder aufnehmen (zur Franzosenzeit siehe Portrait Caroline Perthes). Die Briefe waren eigentlich für Johann Nicolas Böhl von Faber bestimmt gewesen, der sich wiederfindet in der Figur des Johannes in Joachim Heinrich Campes berühmtem Roman „Robinson der Jüngere". Der erfolgreiche Kaufmann, Liebhaber und Kenner spanischer Poesie und mittelhochdeutscher Literatur, Herausgeber einer Liedersammlung aus des „Knaben Wunderhorn" hatte Hamburg kurz nach dem Einzug der russischen Befreier verlassen müssen, um beim Rückmarsch der Franzosen aus Pommern auf seinem Gut Görslow in Mecklenburg anwesend zu sein. Elisabeth Campe hatte dem Freund beim Abschied versprochen, ihn über die Veränderungen nach der Befreiung von den Franzosen auf dem laufenden zu halten.

Doch noch ehe sie den ersten Brief abgeschickt hatte, waren die Franzosen wieder in der Stadt. Sie berichtete von allen großen und kleinen Vorfällen, wußte die Briefe aber nicht zuzusenden, weil der Freund sein Gut verlassen hatte und nach Spanien zurückgegangen war. Eben diese Briefe wurden auf inständiges Bitten und Drängen von Vater und Ehemann im Juli 1814 unter dem Titel „Darstellung von Hamburgs außerordentlichen Begebenheiten in den Jahren 1813 und 1814" anonym veröffentlicht. Elisabeth Campe hatte erst nach langem Zögern und nur unter der Einschränkung zugestimmt, daß ihr Name nicht genannt werde. Inwieweit bei dieser Bedingung auch anerzogene Zurückhaltung mitspielte, da es für Frauen als unschicklich galt, an die Öffentlichkeit zu treten, und Schriften von Frauen allein aufgrund der Tatsache, daß sie von Frauen geschrieben waren, zumeist herablassend und unsachlich rezensiert wurden, mag dahingestellt sein. Fest steht, daß die geistreiche und lebendige Elisabeth Campe von großer persönlicher Bescheidenheit war.

Geboren wurde sie am 12. Juni 1786. Ihre Mutter war eine geborene Ruperti. Die Eltern ließen ihrer ältesten Tochter, die ihnen als einziges von drei Kindern erhalten blieb, eine gründliche Erziehung angedeihen. Elisabeth Campe besuchte die französische Schule bei Madame Mollinier, bewegte sich bald mit großer Selbstverständlichkeit in den ersten Hamburger Kreisen, die in ihrem Elternhaus verkehrten, und begleitete die Eltern auf ihren Reisen. Besonders liebte sie die Fahrten zur Leipziger Messe, wo sie Gelegenheit hatte, Menschen kennenzulernen und Freundschaften zu schließen. Am 6. Dezember 1806 heiratete sie den Verleger und Buchhändler Franz August Gottlob Campe, der im Jahre 1800 aus Braunschweig nach Hamburg gekommen war und hier eine Buchhandlung eröffnet hatte. Der Anfang war ihm dadurch erleichtert worden, daß er von den Hamburger Freunden seines Onkels Joachim Heinrich Campe, in dessen Schulbuchhandlung er in Braunschweig gelernt hatte – Klopstock, Reimarus, Sieveking und Hoffmann (siehe Portraits Sophie Reimarus und Hannchen Sieveking) –, freundlich aufgenommen wurde. Von der Heirat schreibt Elisabeth Campe in ihrem Nekrolog auf ihren Mann: „Seine Ansprüche waren immer nur auf ein bescheidenes Lebensglück gerichtet und hierin fand er die vollste Übereinstimmung der Gesinnungen, als er im J. 1806 die einzige Tochter seines älteren Collegen B. G. Hoffmann zur Lebensgefährtin wählte."[2] Was sie unter einem „bescheidenen Lebensglück" verstand, zeigt eine Art Vermächtnis, das sie im März 1840 für Elise Friederike Reclam schrieb. Das Ehepaar Campe, das selbst kinderlos blieb, hatte die siebenjährige Nichte Elisabeth im Herbst 1818 als Pflegekind bei sich aufgenommen: „Erhalte Dein Herz weich", heißt es da, „freundlich und liebevoll gegen alle Menschen, dann stehst Du nie allein; der Beruf Andere zu beglücken ist an keinen Stand, an kein Verhältnis gebunden, Gottes Reich ist überall, und die Liebe macht alles gleich! Sieh nicht auf das Aeußere; Du findest Menschen in den beschränktesten Lebensverhältnissen, deren innerer Reichtum bei weitem den Glanz dieser Welt überragt. Ist aber Dein geistiges Leben dem Himmel, wie der Erde zugewandt, so wird es Dir immer leichter werden in Andern das Gleiche zu erkennen; da nur schließe Dich an, ohne jedoch zu vergessen, daß es auch Pflicht und Beruf ist, Gottes Reich zu fördern, und die Segnungen, die es uns gebracht, in froher Verkündigung denen mitzuteilen, welchen Morgenröthe noch nicht erschienen ist! ... Du kennst die Nachtheile des Alleinlebens; davor sei ernstlich gewarnt. Unabhängigkeit und Freiheit sind Hirngespinnste; Niemand ist unabhängig und frei zu nennen, als wer alles Ernstes Herr seiner Fehler und Leidenschaften geworden; nach dieser Freiheit des Geistes dürfen wir allein ringen. Kannst Du Dich hier, in Deiner zweiten Vaterstadt, guten Menschen anschließen, Dir mit den Mitteln, die Gott Dir gegeben, eine zweckmäßige Thätigkeit schaffen, ohne der Eitelkeit nach Außen Raum zu geben, so bleibe in Gottes Namen hier und erhalte das Andenken beider würdigen Männer, Deines und meines Vaters, deren Thätigkeit Du diese Mittel dankst, bei den Zeitgenossen im Segen! – Gutes wirken kannst Du allenthalben; fühlst Du Dich in Braunschwig oder Leipzig glücklicher, heimischer, zufriedener, so folgt Dir unser Segen allenthalben, wohin Du Dich wendest! –"[1]

Ein Leben in und für die Gemeinschaft Gleichgesinnter also, wie sie selbst es führte als Mittelpunkt eines großen literarisch interessierten Freundeskreises. Zu ihm gehörten neben Böhl von Faber, dem Adressaten ihrer Briefe aus der Franzosenzeit, der Biograph des Schauspieldirektors Friedrich Ludwig Schröder (siehe Portrait Anna Christina Schröder), Friedrich Ludwig Wilhelm Meyer aus Bramstedt, und der Dichter Johann Diederich Gries, der vor allem als Übersetzer von Tasso und Calderon bekannt geworden ist. Ihnen allen sollte Elisabeth Campe ein schriftliches Denkmal setzen, und der Beweggrund war immer derselbe: die Freunde in ihrer wahren Persönlichkeit darzustellen und sie vor dem Vergessenwerden zu bewahren.

Nach dem Tod von Friedrich Ludwig Wilhelm Meyer verfaßte Elisabeth Campe für seine Erben, die von ihrem Gönner kaum etwas wußten, einen „Abriß seines Lebens". Später ergänzte sie ihn durch eine Auswahl von Briefen – von Bürger, Forster, Göckingh, Gotter, Herder, Heyne, Schröder u.a. – und versah sie mit einleitenden Bemerkungen. So entstand ein zweibändiges Werk. Professor Wurm charakterisierte die Lebensskizze im Vorwort als „... einer leichten Federzeichnung zu vergleichen, die in unscheinbaren Umrissen die ganze Persönlichkeit zusammensetzt, und keinen andern Anspruch macht, als dem Leser das Interesse abzugewinnen, von dem Manne, den sie bezeichnet, mehr zu erfahren".[3]

Das „Leben von Johann Diederich Gries" wurde nur als Handschrift gedruckt. Es entstand vor dem Hintergrund, daß der Dichter Gries durch seine lange Abwesenheit aus Hamburg der jüngeren Generation kaum bekannt war, und, als er schließlich als schwerkranker Mann 1837 nach Hamburg zurückkehrte, sich auch nicht mehr ins rechte Licht setzen konnte. Das tat Elisabeth Campe so weh, daß sie seine Lebensgeschichte aufschrieb und eine Reihe von Briefen berühmter Männer an Gries hinzufügte.

Auch das dritte Portrait wurde nur als Handschrift gedruckt. Als im Jahr 1850 der Verein für Hamburgische Geschichte beschloß, ein Lexikon Hamburgischer Schriftsteller herauszugeben, machte Elisabeth Campe auf Böhl von Faber aufmerksam, der 1813 zuletzt in Hamburg gewesen und fast vergessen war. Ihr Artikel für das Lexikon wurde aber so lang, daß er zwar benutzt wurde, in vollem Umfang aber in den „kritischen und litterarischen Blättern" der Börsenhalle erschien. Varnhagen von Enses Interesse an Böhl von Faber ermunterte sie, die Skizze weiter auszuführen, und so entstand 1858 ihre letzte Abhandlung, bei der sie nicht mehr auf Wahrung des Incognito bestand.

Neben ihrer schriftstellerischen Tätigkeit, die eng mit der Realität verknüpft war, Begebenheiten und Menschen ihrer Umgebung zum Gegenstand hatte, griff Elisabeth Campe auch unmittelbar ins Tagesgeschehen ein. Als 1813 die Bürgergarde gegründet worden war, weil man eine Rückkehr der eben abgezogenen Franzosen fürchtete, und ihr Mann sich sofort als Freiwilliger meldete, tat Elisabeth Campe sich mit Freundinnen zusammen, und gemeinsam stickten sie eine Fahne, die nach Übergabe an die Bürgergarde unter Anwesenheit der Frauen in der Michaeliskirche geweiht wurde. Zudem gründeten die Frauen einen Verein, der sich zur Aufgabe machte, die kämpfenden Männer zu unterstützen. Als dazu keine Notwendigkeit mehr bestand, löste sich der Verein nicht auf, sondern die Frauen errichteten eine Schule für die Ausbildung armer Mädchen zu Dienstboten, in der Elisabeth Campe als Pflegerin tätig war und unterrichtete.

Auch im Alter blieb Elisabeth Campe voller Schaffenskraft. Als sie 74jährig vollständig erblindete – die Sehkraft des einen Auges hatte sie schon früher verloren –, suchte sie sich durch Stickereien für Hilfsbedürftige

und die innere Mission zu beschäftigen. „Welch' ein Segen für mein Geschlecht ist doch die Handarbeit",[1] pflegte sie zu sagen. Sie, die sich so gerne schriftlich mitteilte, ersann auch bald eine eigene Vorrichtung, um ihre Gedanken aufschreiben zu können. Aber auch an persönlichem Kontakt fehlte es ihr nicht, obwohl sie keine nahen Angehörigen mehr hatte; ihr Mann, August Campe, war bereits 1836 verstorben, die Nichte Elise Reclam 1861.

Pastor C. Mönckeberg rühmt die alte Elisabeth Campe: „Es war auch ein Genuß, mit der edlen Frau sich zu unterhalten. Die Anmuth ihrer Erscheinung, die gewinnende Freundlichkeit, mit der sie Jedem entgegentrat, ihre feine, gebildete, ohne Ziererei doch immer das rechte Wort findende Sprache, die von Wahrheit durchdrungene Ausdrucksweise, ihre leichte und doch so gehaltvolle Art der Unterhaltung, die Fähigkeit zu erzählen, die sie auf liebliche Art besaß, mit lebendiger Erinnerung vergangener Stunden und frischer Darstellung des vor langer Zeit Erlebten, dabei die Leichtigkeit und Klarheit in Auffassung neuer Erscheinungen, das bestimmte, gesunde und doch so milde Urtheil, – Alles vereinte sich, die Stunden bei ihr schnell vergehen zu lassen, wenn sie sich nur erträglich wohl befand. Rührend war es aber auch, wenn sie ihres Schmerzes nicht Herr werden konnte und die aufsteigenden unzufriedenen Gedanken nicht ganz zu unterdrücken vermochte; da kämpfte sie mit Anstrengung, ohne eine Spur von Bitterkeit kund zu geben. Ihr festes Gottvertrauen läuterte ihre Seele immer mehr und mehr; und immer mehr zog sie sich in ihren Gott zurück."[1]

Es entspricht ganz ihrem Wesen, wenn Elisabeth Campe bestimmte, daß sie so einfach wie möglich begraben werde und das dadurch ersparte Geld dem Turmbau der Nicolaikirche zukomme. Ihren Freunden und Bekannten hinterließ sie folgende Lebensbilanz:

„Unser Leben währet 70 Jahre und, wenn es hoch kommt, so sind es 80, und wenn es köstlich gewesen ist, so ist es doch Mühe und

Arbeit! Die Wahrheit dieses Wortes habe ich an mir selber erfahren. Denn wohl kann ich mein langes Leben als köstlich bezeichnen, und zwar durch die Gnade des Herrn, der mich in Verbindung mit so vielen vorzüglichen und edlen Menschen gebracht, deren Einfluß auf mich ich mir noch jetzt bewußt bin. Doch gab es auch viel Mühe und Arbeit, sowohl in den Irrgärten des Lebens, als auch im Kampfe mit bösen Neigungen, Selbstliebe und Eitelkeit, die dem reinsten Streben nur zu oft störend und hinderlich entgegentraten. Viele meiner liebsten Freunde und Zeitgenossen sind bereits heimgegangen, und da mir Gott auch alle meine nächsten Angehörigen nahm, darf ich wohl fragen: Hüter, ist die Nacht bald hin? Aber nah und fern sind mir noch so viele liebe Freunde, Verwandte und Bekannte geblieben, die sich mir in meinen letzten dunkeln Lebenstagen so freundlich, hülf- und trostreich erwiesen haben, daß ich allen, allen – wenn ich an meine Scheidestunde denke, – ein dankbares Lebewohl zurufen muß! Möge Gott sie dafür segnen, im Alter in ihren Kindern, und das jüngere Geschlecht behüten und bewahren! – Und nun noch eine letzte Bitte, – ist sie vielleicht auch kleinlich und bezeichnend im Festhalten am Irdischen, – so erfüllt sie! Verschmähet nicht ein Andenken von mir; wählet aus meinem bescheidenen Nachlaß irgend eine Kleinigkeit, die dann zuweilen mein Gedächtnis in euch zurückrufen könnte! Mag dann der Gedanke laut werden: Sie war nicht frei von Fehlern, doch falsch und treulos war sie nicht! – Nun mein letztes Lebewohl bis zum Wiedersehen dort Oben, wo der Erlöser Alle, die ihn lieben, um sich vereiniget!"[1]   B.R.

Sophie Dethleffs[1] (Sophie Auguste Dethleffs)

niederdeutsche Dichterin

Althamburgischer Gedächtnisfriedhof:
Grabplatte „Dichter und Schriftsteller"
geb. 10.2.1809 in Heide/Dithmarschen
gest. 13.3.1864 in Hamburg

„Der Ruhm der ersten plattdeutschen Dichterin von Bedeutung gebührt Sophie Dethlefs", schrieb Albrecht Janssen am 7.10.1925 in seinem Artikel „Plattdeutsche Dichterinnen" im „Hamburger Fremdenblatt", und Klaus Groth, der neben Fritz Reuter und John Brinckman als Begründer der neuniederdeutschen Lyrik gilt, sah in Sophie Dethleffs seine bedeutendste Wegbereiterin. Nicht nur, weil die begeisterte Aufnahme ihres Gedichtes „De Fahrt na de Isenbahn" ihn darin bestärkte, daß die plattdeutsche Sprache doch noch nicht vergessen, die Tradition der plattdeutschen Dichtung wieder zu beleben war, sondern besonders deshalb, weil Sophie Dethleffs einen anderen Ton anschlug als die Kollegen, die sich nur über die Dummheit der Bauern lustig machten: „… dar weer wat Smucks in dat Gedicht, de Welt, de se beschreev, weer doch lebenswert."[2] Einen tiefergehenden Einfluß auf sein eigenes Schaffen weist er jedoch zurück: Als Sophie Dethleffs erster Gedichtband erschien, sei sein zwei Jahre später veröffentlichter „Quickborn", mit dem er seinen Ruhm als neuniederdeutscher Dichter begründete, schon sehr weit fortgeschritten gewesen, schreibt er in seinem Aufsatz „Sophie Dethlefs un ik". Was aus der Distanz so sachlich vorgetragen ist, hat zur Zeit des Erscheinens des „Quickborn" eine ganz andere Heftigkeit. In einem Brief an E. F. Chr. Griebel heißt es: „Schon öfter habe ich den Vergleich mit der Dethleffs ertragen müssen. Ich will aber mein Buch sogleich verbrennen, wenn ich mit ihr auf gleicher Linie stehe. Ihre Sachen sind durchaus Dilettantenarbeit. Sie hat keinen Vers mit Kunstbewußtsein geschrieben. Plattdeutsch versteht sie nicht; einige läppische Worte wie Petzen und Detzen sind noch kein Plattdeutsch. Ihre ‚Fahrt na de Isenbahn' empört mich. Harms sagt mit Recht davon, daß sie eigentlich etwas auf die Finger haben müßte, weil sie das Volk so erbärmlich ansehe, so erbärmlich zeichne. Denn das ist eben der Grundmangel: Achtung vor dem Volke! Und darum kann sie keine feste Konzeption fassen und harmonisch, ohne Abschweifung, zu Ende führen. Ich verlange natürlich nicht, daß Sie gegen die Dethleffs polemisieren sollen. Allein ich könnte es nicht ertragen, wenn meine Arbeit als Dilettantenwerk dargestellt würde."[3] Sophie Dethleffs teilte den Ehrgeiz und das Konkurrenzdenken Klaus Groths in keiner Weise. Nach der Lektüre des „Quickborn" schickte sie ihm ein rührendes Widmungsgedicht.

Sophie Dethleffs wurde am 10. Februar 1809 in Heide geboren, wo auch der um zehn Jahre jüngere Klaus Groth aufwuchs. Trotz der Gemeinsamkeiten kam es nie zu einer ernsthaften Annäherung zwischen den beiden. Sophie Dethleffs und Klaus Groth sprachen in Heide nur ein einziges Mal miteinander, etwa im Jahre 1845 auf einem Polterabend, auf dem sie plattdeutsche und er hochdeutsche Gedichte vortrug. Dieses Ausbleiben eines näheren Kontaktes war wohl nicht nur im Altersunterschied begründet, sondern vor allem in einem Standesunterschied, denn Sophie Dethleffs gehörte den sogenannten besseren Kreisen an.

Sophie war die Tochter des Branddirektors Dethleffs. Die Mutter starb bei ihrer Geburt. Der Vater engagierte eine Haushälterin und lebte mit seinen drei Töchtern und dem Sohn sehr zurückgezogen in einem schönen Haus mit großem Garten. Nur manchmal gingen die Schwestern auf dem Dorfplatz spazieren. Klaus Groth erinnert sich: „Oewer den groten Plaats voer min Vaderhus in de Heid spazeern mitto gegen Abend, wenn't warm un still Wedder weer, twee öllerhafte Mädens, ‚Mamseln' war wul seggt, denn se hören nich recht to de Handwarkers, Arbeiders, lütt Hüerslüd un wat dar sunst um den Lüttenheid, as de grot Gemeenplaats het, wahn ... Wenn de beiden Mamseln achter

rutgungn, so blev en lütten oln Mann torügg un mak de Port wedder to."[2] Noch deutlicher wird der Abstand, den Klaus Groth empfindet, wenn er lapidar formuliert: „Dat awer Glück un Freden dar ok nich blot regeer, dat keem mi al glik to Ohr, as man mit Schrekken vertell, Branddirektor Dethlefs weer afsett. Sin Kaß weer in Unordnung, sin lütt Gehalt harr nich reckt voer de Familje. Hus un Garn warn verkofft. Wat war ut de armen Lüd? Se verswunn voer uns Börgerslüd, dat weer allns."[2]

Das war im Jahre 1835, Sophie war 26 Jahre alt. Nach der Entlassung ging der Vater zu seinem Sohn, der Kirchspielvogt in Delve war. Sophie mußte alleine zurechtkommen. Dazu kam noch das Unglück einer unerfüllten Liebe. Eine höhere Schul- oder gar eine Ausbildung hat sie vermutlich nie genossen. Den Mädchen wurde laut Heider Schulordnung eine „zweckmäßige Ausbildung für das häusliche Leben" zuteil. Sophie fand eine Stellung im Haus des Justizrats Paulsen. Das Ehepaar Paulsen war kinderlos, und da Frau Paulsen ebenso gerne las wie Sophie Dethleffs, freundeten die beiden sich an. Sie „weer mehr er Fründin as er Herrschaft".[2] Sophie Dethleffs machte Gelegenheitsgedichte, „oft drullig un nich ahn en beten dristen Humor".[2] Wenn es in Heide ein Fest gab, holte man sie. Sie trug Widmungsgedichte vor und gestaltete die Auftritte der Gratulanten zu kleinen Theaterrollen, indem sie sie veranlaßte, sich als Zigeuner, Fischersfrau u.ä. zu verkleiden. Manchmal entwarf sie ganze Szenarien. Für einen Polterabend ließ sie in einem Lokal einen ganzen Jahrmarkt aufbauen.

Mit ihrem Gedicht „De Fahrt na de Isenbahn" wurde sie, für sie selbst offenbar ganz überraschend, mit einem Schlag in ganz Schleswig-Holstein bekannt. Das Gedicht ging von Mund zu Mund und von Hand zu Hand, bevor es in Karl Biernatzkis „Volksbuch auf das Jahr 1850 für Schleswig, Holstein und Lauenburg", in dem auch Theodor Storms „Immensee" zu finden war, zum ersten Mal gedruckt wurde. Damit war ihr der Schritt von der dilettierenden Verseschmiede in die literarische Öffentlichkeit gelungen. Durch den Zuspruch von Freunden ermuntert, ließ sie im selben Jahr den Band „Gedichte" drucken. Die erste Auflage war so schnell vergriffen, daß schon 1851 die zweite erschien und 1857 eine dritte. Die vierte erweiterte Auflage (1861) trug den Titel „Gedichte in hochdeutscher und plattdeutscher Mundart. Die Gedichtbände enthalten neben der „Fahrt na de Isenbahn" weitere epische Gedichte, die auch von den Menschen ihrer Heimat erzählen, lyrische Klagen über das erfahrene Liebesleid und patriotische Gedichte, die Sophie Dethleffs 1848 während des Krieges zwischen Schleswig-Holstein und Dänemark verfaßt hatte. Die fünfte, mit einem Vorwort und einem Lebensabriß versehene Auflage, gab Klaus Groth im Jahre 1878 heraus. Nun, nachdem er seines eigenen Ruhmes längst sicher war, konnte er entspannt mit dem Werk Sophie Dethleffs umgehen. Im Vorwort nannte er „De Fahrt an de Isenbahn" ihr Hauptwerk, mit dem sie ihren Ruf begründet habe: „Das Idyll erwarb sich allein durch seinen inneren Wert seine zahlreichen Freunde und der Verfasserin einen Namen, der nicht ausgelöscht werden kann, so lange eine plattdeutsche Literatur und Sprache bestehen."[3]

Der Herausgeber des 1989 erschienenen Bandes „Gedichte" von Sophie Dethleffs, Michael Töteberg, beurteilt ihr Werk folgendermaßen: „Mit Kunstbewußtsein hat Sophie Dethleffs keinen Vers geschrieben. Sie war eine naive Poetin. Doch finden sich in ihrem Gedichtband nicht bloß Juxgedichte für Polterabend, Taufe und Konfirmation. Die ernsten und wehmütigen Töne sind unüberhörbar; häufig wiederkehrende Motive sind soziale Not und unerfüllte Liebe – Weiberthemen nach damaligem Verständnis. Das Stichwort Frauenlyrik ist bereits gefallen, es hat einen abfälligen Beiklang. Mit männlicher Arroganz wurde den in den Gedichten zum Ausdruck kommenden Empfindungen und Gefühlen höherer Wert abgesprochen. Sophie Dethleffs war privates Glück versagt geblieben; in ihren Versen flüchtete sie oft ins Sentiment oder setzte als Schlußmoralität

christliches Gottvertrauen. Gewiß ist manches, was sie zu Papier brachte, lediglich konventionelle Erbauungsliteratur, wirkt weder originell noch sonderlich inspiriert. Sie konnte eine alte Tasse, ein ausgedientes Kleid oder das erste Stiefmütterchen andichten; es gibt unfreiwillig komische Wendungen, so daß man manchmal denkt, hier sei eine plattdeutsche Friederike Kempner am Wirken. Und doch ist es ihr gelungen, in schwermütigen Versen individuelles Schicksal zu artikulieren. Ein unruhiges Herz, einsam und traurig, spricht sich hier aus."[3]

Zu dem privaten Elend kam die Bedrängnis durch den Krieg gegen Dänemark. Auch wenn Sophie Dethleffs patriotische Gedichte häufig recht plakativ sind, ist ihr politisches Engagement doch bemerkenswert, zumal die allgemeine Begeisterung für die Befreiungskriege in Dithmarschen äußerst zurückhaltend war.

Nach dem Tode des Justizrats Paulsen im Jahre 1849 wurden Sophie Dethleffs Lebensverhältnisse immer drückender. Pastor Rehhoff von der Hamburger Michaeliskirche nahm sich ihrer an und brachte sie 1853 zusammen mit ihrer blinden Schwester Annette Dorothea im neueröffneten Schröder-Stift in Hamburg unter, das sein Erbauer, der Kaufmann und Freiherr Schröder, ausdrücklich für „Hilfsbedürftige aus besseren Ständen" bestimmt hatte. Die Wohnung war mietfrei, und jeder Bewohner erhielt 120 Mark im Jahr für den Lebensunterhalt.

Klaus Groth hat Sophie Detleffs 1857 dort besucht: „Ik söch er in Hamborg int Schröder-stift op, wo se ja wenigstens mit er Swester Opnahm un Pleg funn harr. Dat harrn er Gedichte makt. Awer trurig, möd in sik eensam, as man seggt, dalknickt seet se dar mit er blinde Swester. Klag' weer de Anfang, Klag' weer allns, wat ik to hörn kreeg. All min Trost weer as Waterdrippens op en hitten Steen. Wer will er't oewelnehm? Wo weer de Welt, wo wi na opkeken harrn as na en Märkenwelt, wo se in levt harr? Kaspelvagt, Landvagt, Landschriwer, Pennmeister, – wo weern se?"[2] In seiner Bitterkeit gegenüber den sogenannten Honoratiorenkreisen übersieht Klaus Groth ganz offenbar, daß die Lebensverhältnisse der Sophie Dethleffs niemals märchenhafte Züge getragen hatten. Es ist geradezu folgerichtig, wenn dieses einsame und dürftige Leben in der anonymen Großstadt unter fremden Menschen endete. „Vor nur wenigen Wochen ist eine Holsteinische Dichterin, Sophie Dethleffs, verschieden, und unsere Tagesblätter sind mit zwei Zeilen flüchtig darüber hingegangen", schrieben die Itzehoer Nachrichten am 4. April 1864. Sophie Dethleffs wurde auf dem Friedhof St. Katherinen beigesetzt. Klaus Groth machte ein vierstrophiges Gedicht, von dem allerdings nur vier Verse auf der kleinen Marmorplatte Platz fanden. Dort heißt es recht plakativ:

> Ihr Geist lebt fort, ob auch die Hülle modert,
> Ob auch der Leib gar bald in Staub zerfällt,
> Ihr Lieb lebt fort, und in dem Liede lodert
> Die reine Liebe – Gottheit aller Welt.

Zum Schluß soll wenigstens der Anfang der so häufig erwähnten „Fahrt na de Isenbahn" zitiert werden, um einen Eindruck von dem Charakter der Schreibweise Sophie Dethleffs zu vermitteln. Sophie Dethleffs beschreibt am Anfang das alltägliche Leben der Menschen ihrer Heimat, und zwar derer, zu denen Klaus Groth gehörte, und stellt es dem Erlebnis des „schwartfarig Ungethüm", der Eisenbahn, gegenüber.

> Hans har sien Fru dat all lang verspraken,
> Se wullen tohopen mal'n Lusttour maken,
> Wenn dat Werder ins moje weer.
> Un nicks to dohn för de Wagen un Peer.
> Denn wo ehr Fründschap, wo Clas Ohm wahn,
> Da gung jüs voröber de Isenbahn.
> Da weer all lang so veel Snackens um wähn,
> Nu wuul'n se doch sülvst den Spektakel mal
>   sehn.
> En Sünabend Abend, dat Werder weer schön,
> Se seeten vör Dör op de Banken von Steen,
> De suure Arbeit des Dags weer gedahn,
> De Sünn all ünner an'n Häven gahn.
> De Magd nar de Kalver noch börnt in'n Stall
> De jüngsten dre Kinner de sleepen all,
> Lütj' Peter un Hänschen un Anna Marg'reth –
> Blot Stina noch mit vör de Huusdör seet.
> Martin, de Knecht, lähn öber de Dör,
> Un nehm sech extra sien Brösel vör;
> He har mit dat Dampen sien egen Tier,
> Da waag ock keen Mügg sik in sien Revier.

> Denn wenn ock mit Ahland all rökert weer,
> Martin sien Fusel verslog doch noch mehr,
> Blot in de Feern hör de Müggen man summen,
> Un de Flegen und Bienen brummen.
> De ohle Katt schnurr um Hans sien Foot
> Un Stina har Dine noch op'n Schoot,
> De dröhm un schoot in Dutten un stöhn,
> Dat em de Tung ut'n Hals herut hung. –
> So seeten se denn all nu tohopen vör Dör,
> Un schnacken so'n betjen von Em un von Ehr.[1]
>   B.R.

Marie Hirsch (alias Adalbert Meinhardt)

Schriftstellerin und Übersetzerin

Grab Nr. J 10, 242–244
geb. 12.3.1848 in Hamburg
gest. 17.11.1911 in Hamburg

„Marie von Ebner-Eschenbach ist keine zünftige Frauenrechtlerin. Nie hat sie absichtsvoll ihre Feder in den Dienst irgend einer Tendenz gestellt. Wenn wir dennoch uns aus all ihren Schriften sehr entschiedene Lehren ziehen können, so ist es eben ihre eigene starke Überzeugung, die sich nie verleugnen will. So sagt sie uns Frauen in jeder ihrer Frauengestalten … Vertrau auf Dich und Deine Kraft! So sagt sie der Jugend … Sei Du selbst, sei Du selbst! – Ob Mann ob Weib, Dein ist das Recht der Selbstbestimmung, Deinem inneren Gesetz musst Du folgen. Es gibt kein höheres!

Aber aus dem Bewusstsein der Freiheit, tiefinnerlicher, vorurteilsloser Freiheit des Denkens, erwächst zugleich die Kraft sich zu fügen. Das, was man als Pflicht erkannt hat, fraglos tun ist höher, ist grösser als Freiheitsstolz. Gerade ihre selbstherrlichsten Gestalten beugen sich eigenen Sittengesetzen."[1]

Diese Worte, mit denen Marie Hirsch die Werke Marie von Ebner-Eschenbachs 1910 anläßlich des 80sten Geburtstags der Schriftstellerin im Hamburger Frauenclub charakterisierte, könnten fast ebensogut ihre eigenen Arbeiten beschreiben. Marie Hirschs Bücher, zumeist Novellenbände, handeln von glücksuchenden Menschen, wie auch der Titel eines ihrer Bücher lautet. Da gibt es die Leidenschaftlichen, die unbedingt leben wollen, die

Zarten, Weichen, die zweifeln und zaudern, und die Stolzen mit ihren zerstörerischen Kräften. Keinem von ihnen wird recht gegeben. Am Ende siegt immer die Besinnung auf die innere Pflicht, die Absicht, das Leben schön und würdig zu führen. Und häufig sind es die Frauen, denen das gelingt, die sich im Streit zwischen Liebe, Stolz und Würde auf letztere besinnen und handelnd in die Welt treten. „So lange du atmest, So lange du Mensch bist, das Leben ist golden, So lang' du es willst",[2] heißt es in einem Gedicht. Und an anderer Stelle bekennt sie: „Der Mensch selbst ist sein Schicksal. … Ich liebe starke, hochgemute, stolze Menschen, die in sich so etwas wie einen kategorischen Imperativ tragen, der ihnen gebietet: Kopf hoch, die Zähne zusammengebissen und durch! – ob es weh tut oder nicht."[3]

Ein solcher Mensch ist Heinz Kirchner, der Titelheld ihrer erfolgreichsten Erzählung, die fünf Auflagen erreichte. Gegen den Widerstand des Vaters setzt Heinz Kirchner seine Berufswahl, Arzt zu werden, durch. Er ist so erfolgreich, daß der Vater bald seinen Irrtum eingestehen muß. Und auch in der Liebe geht Heinz Kirchner einen oder besser seinen zielstrebigen geraden Weg. Als er erfährt, daß die geliebte Frau verheiratet ist, versucht er nur kurz, sie zu einer Trennung vom Ehemann zu bewegen, leistet dann jedoch Verzicht, ohne eine andere zu heiraten. Erst nach dem Tod des Ehemanns handelt er, fährt nach Amerika, um die geliebte Frau zu holen. Doch das Glück ist nur von kurzer Dauer. Heinz Kirchner erfährt nach wenigen Jahren, daß er an einem Herzleiden sterben muß. Doch schnell gewinnt er seine Fassung wieder. Seinem Wunsch entsprechend, werden auf die Graburne die Worte gesetzt, mit denen auch der Roman endet: „Er war ein Mensch. Und Mensch sein heißt enden müssen."

Nach solchen Prinzipien scheint Marie Hirsch auch ihr eigenes Leben gestaltet zu haben. Sie entstammte einer großbürgerlichen Familie, die in Wien einem großen, sehr angesehenen Kreis angehörte, und nach Hamburg übersiedelte. Nach dem frü-

hen Tod der Eltern lebte Marie Hirsch zusammen mit ihren älteren Geschwistern, dem Bruder Philipp (geb. 1834), einem Rat der Justizverwaltung, und der Schwester Johanna (geb. 1840) in der Tesdorpfstraße, in „einem Häuschen inmitten eines schattenreichen, tiefen Parkes, von Schlingpflanzen verdeckt und eingehegt in ein grünes Gewirr von Ranken", wie ihr Schriftstellerkollege Richard Huldschiner anläßlich ihres 60sten Geburtstags im „Hamburger Fremdenblatt" schreibt. (12.3.1908) Die Geschwister übten großen Einfluß auf das Denken und Fühlen Marie Hirschs aus. Ihnen widmete sie auch ihr erstes Buch „Reisenovellen":

„P...... und J......
Mit Euch, Ihr Zwei, lernt' ich auf mancher Reise
Die schöne Welt genießen und verstehn,
Mit Euch sah ich daheim, im gleichen Gleise,
Die Jahre still an mir vorübergehn;
Ihr habt ein Jeder mich nach seiner Weise
Gefördert, mich geleitet klar zu sehn,
Drum soll auch Euer sein, Ihr meine Lieben,
Was ich mit Euch und für Euch nur geschrieben!"

Ein besonders inniges Verhältnis verband sie mit der Schwester. In der „aus dem Gedächtnis" aufgeschriebenen Laudatio eines Freundes anläßlich des 60sten Geburtstags von Marie Hirsch heißt es: „Wer gleich uns über 30 Jahre in fast täglichem Verkehr und enger Freundschaft hier verbunden ist, der weiss, dass all die schönen und reichen Geistesgaben, die unsere Freundin Marie schmücken, dass all ihr Denken und Schaffen getragen wird von einer einzigen grossen Leidenschaft, von der Liebe zu ihrer Schwester, einer Liebe, wie sie grösser, reiner und hingebender nicht gedacht werden kann und diese, Marie's ganzes Heim umfassende Liebe, die in vollem Masse ihr erwidert wird, ... hat hier eine Verschmelzung geschaffen, ein Doppelleben, bei dem Empfangen und Geben nicht mehr zu unterscheiden ist. Ist aber auch die Grenzlinie zwischen Empfangen und Geben verwischt, in einem hat sich Marie ihre Eigenart (ein Wort das sie übrigens hasst) bewahrt, in einem ist sie die weitaus Gebendere und das ist in der sonnigen Auffassung des Lebens, in der wunderbaren Klarheit, mit der sie auch alles Dunkle und Schattenhafte durchleuchtet, in der frohsinnigen Heiterkeit ihrer Seele, die ihr das Leben so lebenswert macht."[1]

Marie Hirsch war sehr gebildet. Sie konnte Griechisch und Latein, beschäftigte sich mit der Renaissance, las Petrarca im Original und übersetzte Bücher aus dem Italienischen und Spanischen. Sie unternahm Reisen nach Österreich, Frankreich, Italien, Spanien, Griechenland, die Türkei, Marokko und kurz vor ihrem Tode nach Ägypten. Auf diese Reiselust geht auch der schon erwähnte Festredner ein, aber auch er sieht in dem selbstgewählten häuslichen Pflichtenkreis ihren wahren Ort: „Nun denn, meine Damen und Herren, da weiss ich auch nur eines ihr zu wünschen. Wohl weiss ich, dass sie der Wünsche viele hat, sei es ein Automobil, um große weite Fahrten zu machen, sei es am Ende ein Luftballon, um Länder zu durchmessen und Neues kennen zu lernen. Alles, Alles würde für sie Lebensreiz und Freude sein, aber nur eines weiß ich zu wünschen, was ihr Glück ausmacht und das ist, dass hier alles, alles ihr erhalten bleibe, wie es ist und dass der schöne Zusammenhang in diesem ihrem Heim sie bis in das späte Alter unverändert umgebe.

Stossen Sie mit mir an, unsere Freundin Marie oder besser gesagt Hanka-Marie soll leben."[1]

Hanka-Marie ist vermutlich eine Anspielung auf das symbiotische Verhältnis von Marie Hirsch und ihrer Schwester Johanna. „Hanka zugeeignet" ist auch die lange Erzählung „Stillleben", die stark autobiographische Züge trägt.

Die Erzählung handelt von zwei Cousinen, die gleichzeitig enge Freundinnen sind und denselben Namen tragen: Eleonore. In Wirklichkeit also nur eine Person, aufgespalten in zwei Romanfiguren. Die eine, Nora genannt, ist dunkelhaarig, glutäugig und leidenschaftlich, geht in die Welt, um Sängerin zu werden, die andere, Ellen, blond und sanft, bleibt beim Großmütterchen. Aber auch sie hat ihre Träume, sie will Schriftstellerin werden. (Unter den vielen Künstlern, die Marie Hirsch beschreibt, ist sie die einzige Schriftstellerin!)

Und sie wird Schriftstellerin, sogar eine ganz erfolgreiche. Die Heiratsanträge des Arztes Dr. Küster lehnt sie zunächst ab: „Und das käme dabei heraus, wenn wir Mädchen uns einmal etwas Großes vornehmen? Nein, bei mir nicht. Denn ich will nicht! ich will nicht, ich will nicht!" Am Ende aber wird sie doch die „Frau Doktor" mit Heim und Kindern, wenn auch eine schreibende. „Und wenn ich Dich sehe, ruhig, gehalten, gesittet und kühl ... Und in Deinen Büchern, – ich las sie ja alle, ich weiß wie sie bewundert werden, und bewundere sie selbst, – in deinen Büchern ist auch keine Silbe, die je gegen die gesetzmäßige Weltordnung verstieße", sagt die gescheiterte Nora bei ihrer kläglichen Rückkehr aus Italien spöttisch zu Ellen. Sie möchte am liebsten gleich wieder weg, muß dann aber doch feststellen: „Auch das ist schön hier.' – ,Siehst Du', rief Ellen, ,was erst nur grau in grau erscheint, zeigt doch, wenn man sich nur recht hineinsieht, daß es auch seine Poesie hat.'" Ein Plädoyer für Mäßigung aus innerer Freiheit!

Die Erzählung zeigt, was schon an der Sympathie, mit der Marie Hirsch die Liebenden und Künstler zeichnet, deutlich wird. Nicht ihre zaghaften, zaudernden Romanfiguren sind es, die der Autorin nahestehen, sondern die Leidenschaftlichen, um deren Gefühle sie weiß, auch wenn sie sie weder sich noch ihren Romanfiguren gestattet.

Die Romanfigur Ellen veröffentlicht, ebenso wie Marie Hirsch selbst, unter einem Pseudonym. Einen wichtigen Grund dafür nennt die Autorin selbst, wenn im Roman vor dem kritischen Auge eines Rezensenten nur männliche Autorschaft zählt: „Der Stil dieses Autors ist von so ruhiger, ehrlicher Schlichtheit, er verhält sich so unpersönlich, erzählt objektiv, was sich begeben hat, daß man aufatmend denkt: Nun, endlich, da schreibt doch wieder ein Mann!" In die gleiche Richtung geht, was Marie Hirsch von Marie von Ebner-Eschenbach erzählt. Sie habe unter männlichem Pseudonym zwei Rezensionen über sich selbst geschrieben, in denen sie alle die Argumente formulierte, die üblicherweise gegen die Kunst von Frauen vorgebracht werden: „Hat auch noch keine Frau in der Literatur etwas Hervorragendes geleistet, sie bildet jene Ausnahme, die zur Bestätigung der Regel durchaus notwendig erscheint. Ihr Buch … ist beinahe so gut, wie wenn ein Mann es geschrieben hätte. … Die Erfindungsgabe der Frauen ist bekanntlich keine Potenz, mit der man zu rechnen braucht, doch besitzen sie fast durchwegs Talent zu minutiösem Fleisse, und hat sich dasselbe von alters her in der Ausfertigung von feinen Stickereien, Klöppeleien u.s.w. bekundet."[1] Für die eigene Annahme eines männlichen Pseudonyms nennt sie allerdings einen anderen Grund: „Das Pseudonym hatte ich angenommen, um möglichst unentdeckt und ungestört arbeiten zu können, auch wußte durch die Jahre niemand außer den Allernächsten etwas von meinem Schreiben. Später, als es doch bekannt ward, hätte ich viel lieber meinen eigenen Namen auf den Titel meiner Bücher gesetzt, doch mußte ich mich dem Wunsche meiner Verleger fügen und den männlichen Schriftstellernamen beibehalten."[4]

Adalbert Meinhardt veröffentlichte – zunächst meist in verschiedenen Zeitschriften, später in Buchform – Erzählungen, Novellen, Dramen, Märchen, in die oft ihre eigenen Reiseerlebnisse und -eindrücke einflossen. Der Band „Aus vieler Herren Länder", der Reiseskizzen enthält, wurde erst nach Marie Hirschs Tod von der Schwester herausgegeben. Die Schilderungen der Ägyptenreise erschienen nur noch in der Zeitschrift „Die Nation". Die Märchen Marie Hirschs sind weniger phantasie- und geheimnisvoll erzählt als manche Reisenovelle. Dort, wo die Autorin nahe an der Realität schrieb, entwickelte sie die meiste Phantasie. Auch an dem Leben der Heiligen Catarina von Siena, über die sie eine fiktive Biographie „Catarina. Das Leben einer Färberstochter" schrieb, interessiert sie ein realistisches Moment, wenn sie am Ende des Romans als Grund für die Beschäftigung mit dem Stoff angibt: „Sondern es dünkte uns, mehr als all das, was Frauen heute wünschen und zu erreichen träumen, hatte sie vor fünfhundert Jahren schon erreicht: das Wissen, den Einfluß auf die Geschicke ihres Landes, die Thatkraft, die weise Staatsklugheit und das Ansehen unter den Männern. Sie war Volksfreundin, Schriftstellerin, Rednerin und Gesandte."[5]

B.R.

Hertha Borchert (geb. Salchow)

Vierländer Schriftstellerin und Mutter Wolfgang Borcherts

Grab Nr. AC 5, 6, am Fuß des Hügels
geb. 17.2.1895 in Altengamme
gest. 26.2.1985 in Hamburg

„Winn ick jo'n Freid moken kann, will ick dat woll noch mol mit Plattdütsch verseuken. Ober gläuvt man nich, datt dat so einfach is för'n Froo in mien Johren. Wat ick all in'n Kopp hebben mutt, bie dat, wat hier all an't Hus randrifft, dat möt jü ook man bedinken. Ober dor hebbt jü gewiß keen Ohnung to. Dat geiht hier bie mi op französisch, op italienisch, op chinesisch, op japonisch, op griechisch, un ut Portugal kummt se ook un ut Ingland un Amerika usw. Je, un winn ick disse Fründ'n, de all dör Wolfgang, dör unsen Jung, in't Hus kummt un dat nich so licht hebbt mit uns' hochdütsche Sprok, nu ook noch mit Plattdütsch kummen wull, dinn warrt se je ganz un gor brägenklüterig, – 'nog, datt se unsen Jung verstoht, uns' Hochdütsch."[1]

Mit diesen Worten beginnt Hertha Borcherts autobiographische Erzählung „Noch ins weller Platt", der einzige Text, den sie nach der Heimkehr und dem Tod ihres Sohnes Wolfgang Borchert geschrieben hat.

Hertha Borchert, eine Erzählerin, eine Schriftstellerin? Wenn überhaupt, kennen wir sie als Mutter Wolfgang Borcherts, die ihr Leben in den Dienst des Werks ihres Sohnes stellte. Und so sieht sie sich in dem vorliegenden Zitat ja auch selbst. Aber ist damit ihre ganze Persönlichkeit beschrieben? Wer war Hertha Borchert?

Hertha Salchow wurde am 17. Februar 1895 in den Vierlanden im Schulhaus in Altengamme als fünftes Kind des dortigen Lehrers Carl Salchow geboren. Bald zog die Familie ein Stück weiter in das Schulhaus in Kirchwerder. Hertha war der Nachkömmling der Familie, eine uninteressierte und schlechte Schülerin, die aber als einzige in der Familie ein echtes Vierländer Platt beherrschte. Sie liebte die Landschaft und die Menschen ihrer Heimat.

Als der Junglehrer Fritz Borchert aus Mecklenburg auftauchte, war Hertha ganze 16 Jahre alt. Die beiden verliebten sich ineinander, und Hertha machte die beglückende Erfahrung, daß es einen Menschen gab, der sich nicht daran störte, daß sie selbst in der Dorfschule kaum mitgekommen war: „Ja, es war ein Ereignis geschehen, und das Ereignis war gravierend und umwälzend, ich war nicht mehr allein. Und das war für mich das Außergewöhnliche an diesem Ereignis, daß Wissen und Nichtwissen kleingeschrieben war, denn das Ereignis hatte mich gewählt, so wie ich war",[2] schreibt Hertha Borchert in ihren Lebenserinnerungen. Bald merkte sie jedoch, daß es etwas für ihn gab, an dem sie keinen Anteil hatte: die Welt der Bücher. Er versuchte, sie durch Vorlesen behutsam an diese Welt heranzuführen, sie versuchte, ihn darüber zu täuschen, daß sie sich dabei langweilte. Dennoch war da so viel Gemeinsames, daß sie beschlossen zu heiraten.

Die Aufnahme im Hause der zukünftigen Schwiegereltern war so unfreundlich, daß das junge Mädchen einen Schock erlitt, der sich über viele Jahre in zeitweiligen Zuständen der Apathie wiederholte. Aber auch die eigenen Eltern zeigten wenig Begeisterung, weil Hertha zu jung und Fritz ohne feste Anstellung war. Sie verlangten eine Wartezeit von zwei Jahren, in der Hertha eine Haushaltsschule in Winsen besuchte, um Kochen und Nähen zu lernen, und Fritz Borchert in einer Volksschule in Hamburg-Eppendorf unterrichtete, wohin er auf Veranlassung von Herthas Vater versetzt worden war. Am 29. Mai 1914 war es dann soweit: Im Schulhaus wurde eine große Hochzeit gefeiert. Danach zog das Paar in die Tarpenbekstraße 82 in Hamburg-Eppendorf, wo später auch der Sohn Wolfgang geboren wurde. Für die junge Frau begann ein neues Leben.

Nicht ohne ein gewisses Zaudern hatte sie die ländliche Umgebung gegen eine Etagenwohnung im Hamburger Stadtgebiet getauscht, die „Lüd' vun 'n Diek"[2] gegen den Freundeskreis ihres Mannes: die Maler Paul und Martin Schwemer, den Barlach-Freund Friedrich Schult, den Bildhauer Opfermann, den Pädagogen und Schriftsteller Höller und Karl Lorenz, den Graphiker, Schriftsteller, Dadaisten und Gründer der Zeitschrift „Die rote Erde", in der u.a. expressionistische Autoren und Maler veröffentlichten. Sie fühlte sich wohl in diesem Boheme-Kreis, wollte mitreden können. Sie begann – zunächst in halbstündigen Etappen – sich durch die gesamte Geschichte durchzukämpfen, angefangen bei der Völkerwanderung! Dann machte sie sich an die Literatur, las querbeet Droste-Hülshoff, Dehmel, Falke, Tieck, Hölderlin, Stifter und lernte Dada-Gedichte auswendig, weil sie die am leichtesten behalten konnte. Ihr Mann war ihr ein unermüdlicher Helfer, kein Lehrer, ein formender Künstler, wie sie schreibt.

Der Erste Weltkrieg brach aus. Fritz Borchert mußte wegen einer Sehschwäche zwar nur als Sanitäter ins Hinterland, ruinierte seine Gesundheit aber dennoch. Die Welt der Kunst wurde für das Ehepaar zum „Fluchtpunkt und Ausweg".[2] Sie erwarben ein Erstaufführungsabonnement für die nach Kriegsende als Alternative zum Schauspielhaus gegründeten Hamburger Kammerspiele am Besenbinderhof (siehe Mirjam Horwitz), wo vornehmlich zeitgenössische, oft avantgardistische Theaterstücke gespielt wurden, und traten dem „Freundeskreis der Hamburger Kammerspiele" bei. Ein neuer Kreis um den Schriftsteller und Redakteur der „Hamburger Zeitung" H. W. Fischer, zu dem der Bildhauer Wield (siehe Portrait Dorothea Maetzel-Johannsen), die Tänzerinnen Jutta von Collande, Gertrud und Ursula Falke, der Dichter Robert Walter und Carl Albert Lange gehörten, öffnete sich ihnen. Man las gemeinsam moderne Dramen und diskutierte. Was Hertha Borchert schon im Umfeld Schwemers gewundert hatte, verstand sie auch hier nicht: Was fanden alle diese Künstlerinnen und Künstler an ihnen, dem bürgerlichen Paar, daß sie es als Freunde betrachteten?

Im siebenten Ehejahr meldete sich das langersehnte Kind an: „Ich war längst nicht mehr das frische Landmädchen. Ich war blaß geworden und sehr empfindsam. Es wurde deutlich, daß ich diese 7 Jahre zu meiner Entwicklung gebraucht hatte."[2]

Mit der Geburt des Sohnes Wolfgang am 20. Mai 1921 begann die wohl glücklichste Zeit im Leben Hertha Borcherts, wie sie aus dem Rückblick meint. Man lebte sehr nahe zu dritt beieinander, der Freundeskreis kam jetzt ins Haus. Die Bildhauerin Lola Töpke, die später von den Nazis, vermutlich am 6. Dezember 1941, nach Riga deportiert wurde, regte Hertha Borchert zum Modellieren in Ton an. Glaubte sie zunächst nicht an ihr Talent, arbeitete sie bald nächtelang wie besessen.

Dann kam Wolfgang in die Schule, sie war vormittags wieder alleine, fühlte sich einsam. Hinzu kam die Bangsche Krankheit, die sie sich auf einer Ferienreise durch das Trinken roher Milch zugezogen hatte und die sie oft, isoliert von der Außenwelt, fiebernd ans Bett fesselte. Bilder der Heimat tauchten auf. Die Anschaffung eines Schrebergartens bot keine Lösung, die körperliche Arbeit war zu schwer für Fritz und Hertha Borchert. Als der Freund Paul Schwemer mit Erleichterung das Scheitern des in seinen Augen ohnehin lächerlichen Unterfangens konstatierte, fing Hertha Borchert an, von ihrer Kindheit zu erzählen, von der Landschaft, von den Menschen und ihrer Art zu leben. Die beiden Männer hörten zunehmend gebannt zu, und Fritz Borchert beschwor seine Frau nicht nur, diese Geschichten aufzuschreiben, sondern schickte eine davon heimlich an die „Hamburger Nachrichten", wo sie am 4. Dezember 1927 erschien: „Und ich schrieb in meiner Heimatsprache, wie ich dort draußen mit den Leuten sprach. Ich schrieb ganz hilflos in ein Schulheft – und diese erste Geschichte wurde gedruckt … Mir war nun geholfen. Ich vergaß die engen Zimmer und schrieb und trieb mich mit meinen Gestalten draußen an den Deichen herum."[2] In der Folge entstanden unzählige Geschichten, Gedichte und Hörfolgen auf Plattdeutsch, die im „Quickborn" und in der „Mooderspraak" gedruckt oder im Rundfunk ausgestrahlt wurden. Hertha Borchert gehörte fortan zu dem anerkannten Kreis niederdeutscher Schriftsteller.

Mit diesem Erfolg wandelte sich auch ihr Umfeld: Aline Bußmann, Schauspielerin an der Niederdeutschen Bühne, die Hertha Borcherts Texte im Rundfunk las, Bernhard Meyer-Marwitz und Hugo Sieker, Redakteure des „Hamburger Anzeigers", waren die neuen Freunde, die sie nicht mit ihrem Mann teilte: „Den Niederdeutschen Kreis hatte ich mir gewählt und in ihm stand man still und verläßlich auf der Erde. Und doch war dies die Welt, in der ich schöpferisch werden sollte. Mein Mann wurde jetzt Betrachter. Immer war er sonst der Initiator gewesen. Er war für mich mein Halt und die Geborgenheit. Die verbindende Atmosphäre blieb unangetastet. Das Leben spannungsgeladen hatte uns umgeformt, aber zu viel trug ich von ihm und eigentlich ging ich jetzt den sehr eigenen Weg, den er mir gebahnt hatte."[2] Sie wurde in die GEDOK (Gemeinschaft deutscher und österreichischer Künstlerinnen) aufgenommen, ein weiterer Schritt zur Selbständigkeit.

Die Machtergreifung der Nationalsozialisten änderte Hertha Borcherts Leben zunächst nicht einschneidend. 1934 erschienen sechs unpolitische heitere Erzählungen unter dem Titel „Sünnroos un anner Veerlanner Geschichten" im 48. Band der Reihe „Plattdütsch Land und Waterkant", die ein gutes Lebensbild der Zeit geben.[3] 1936 dann wurde Hertha Borchert von einem mißgünstigen Nachbarn, der lieber seine eigenen Arbeiten veröffentlicht sehen wollte, denunziert. Die Sache verlief glimpflich, es wurde Hertha Borchert jedoch nahegelegt, in die „Nationalsozialistische Frauenschaft" einzutreten. Fortan hielt sie Lesungen in Ortsgruppen und reiste, als der Krieg ausgebrochen war, zwecks Truppenbetreuung wochenlang durchs Land. Der Sohn Wolfgang war inzwischen längst in die Fänge des nationalsozialistischen Machtapparats geraten. Schon im Frühjahr 1940 wegen des Verdachts der Homosexualität vorgeladen, wurde er 1942 wegen einer Verletzung an der linken Hand, die als Selbstverstümmelung an der Front ausgelegt wurde, unter Anklage gestellt, dann aber freigesprochen. Noch im selben Jahr wurde er in einem zweiten Prozeß wegen mündlicher und brieflicher Äußerungen, die als Angriff auf den Staat gewertet wurden, zu vier Monaten Haft verurteilt. 1943, kurz vor seiner Entlassung als Frontuntauglicher aufgrund fortdauernder schwerer Krankheit, wurde er dann wegen einer Parodie auf Goebbels in der Jenaer Kaserne erneut eingesperrt. Die Eltern versuchten ihn durch Besuche zu stärken und ihm beizustehen.

Als am 10. Mai 1945 die Nachricht kam, Wolfgang sei aus französischer Gefangenschaft geflohen und habe sich bis zur Elbe durchgeschlagen, machte sich Hertha Borchert auf den Weg in die Vierlande. Als sie ihren Sohn auf dem Elbdeich sah, erkannte sie ihn nicht. Schwerkrank kehrte er nach Hause zurück. Die Familie wohnte seit der Denunziation durch den Nachbarn in Alsterdorf, in der Mackensenstraße 80 (heute Carl-Cohn-Straße). Nach Monaten des Hoffens und Bangens starb Wolfgang Borchert am 20. November 1947, einen Tag bevor sein Theaterstück „Draußen vor der Tür" in den Hamburger Kammerspielen uraufgeführt wurde.

„Ich pflegte ihn zwei Jahre lang, und die Sorge um ihn schlug mir die Feder aus der Hand. Aber dafür blühte sein Werk auf. Er arbeitete mit einem fieberhaften Eifer, sodaß in unserer Wohnung für nichts anderes Raum war. Es war ein Erlebnis, ihm beim Schreiben zuzusehen. Jedes Wort, das er schrieb, war Befreiung aus innerster Not. Er zwang uns, sein Leben mitzuleben, und weil es so schnell und steil hinaufging, nahm es uns allen den Atem. Nach Wolfgangs Tod bleibt uns nur die Aufgabe, nach der Fülle dieses Schmerzes und dieses Glückes den Rest unseres Lebens auszurichten und unseres Sohnes Anklage an die Welt weiterzugeben",[4] beschrieb Hertha Borchert 1948 ihre

Profession. Die Eltern besuchten gemäß dem Vermächtnis ihres Sohnes anfangs fast alle Aufführungen von „Draußen vor der Tür". Sie empfingen Besucherinnen und Besucher aus aller Welt, die ihnen nahe sein und von ihrem Sohn Wolfgang hören wollten, und folgten deren Einladungen.

Der Biograph Wolfgang Borcherts, Claus B. Schröder,[5] beurteilt das Verhältnis von Mutter und Sohn nicht so harmonisch. Aus dem Sachverhalt, daß die Trennung von der Mutter ein zentrales Motiv in den Dichtungen Wolfgang Borcherts ist, besonders der Text „Meiner Mutter zu meinem Geburtstag", den er in der Nacht zu seinem 25. Geburtstag schrieb, schließt Schröder auf einen realen Mutter/Sohnkonflikt, eine nie wirklich gelungene Loslösung von der Mutter. Aber schon die Tatsache, daß das Motiv der Mutter bei Borchert zumeist mit dem Motiv der Geliebten verknüpft ist, läßt eher an die Sehnsucht nach einem paradiesischen Zustand des Einsseins denken, die leicht nachvollziehbar ist bei einem so jungen und sensiblen Mann, den die männerbündlerisch-faschistische Ideologie abstieß und der sich vollkommen isoliert fühlte.

Nach dem Tode ihres Mannes 1959 wußte Hertha Borchert zunächst nicht, wie es weitergehen sollte, doch bald sammelte sie ihre Kräfte und ging den gemeinsam begonnenen Weg im Dienste des Sohnes weiter: „Un winn se hier in 'n Hus bie mi ankloppt, kummt Wolfgang jümmer weller mit jüm rin de Dör. So sünd se jümmer oberall dor mit bie, mien Jung und sien' Vatter. Ook op de anner Siet vun uns Erd', dor weuren se ook beide an mi, un ick nich alleen".[1]

Am 26. Februar 1985, neun Tage nach ihrem 90. Geburtstag, starb Hertha Borchert. Anläßlich der für sie gehaltenen Trauerfeier in der Kirchwerder Kirche St. Severin schrieb die „Bergedorfer Zeitung": „Hertha Borchert blieb im Herzen stets Vierländerin." Mindestens genauso aber war sie Teil der großstädtischen Künstlerkreise der zwanziger Jahre gewesen. Sie war dort nicht nur gern gesehen, sondern hatte sich auch ihrerseits sehr wohlgefühlt.

Ihre letzte Ruhestätte fand Hertha Borchert auf dem Ohlsdorfer Friedhof neben ihrem Mann und ihrem Sohn – „am leichten Hang, nicht in Reih und Glied gezwungen".

So sehr sie für das Werk ihres Sohnes eintrat, einer Veröffentlichung seiner frühen Dramen hat sie dennoch die Zustimmung verweigert – mit dem Hinweis, daß das nicht im Sinne ihres Sohnes gewesen wäre. Sie sind bis heute nur im Wolfgang-Borchert-Archiv einzusehen, womit der Nachwelt ein ganz anderer Wolfgang Borchert vorenthalten wird, nämlich der, der viel Sinn für Situationskomik, Wortwitz und Kabarettistisches hatte.

B.R.

Ilona Bodden (verh. Löbering)

Lyrikerin, Kinderbuchautorin und Übersetzerin

Grab Nr. N 32, 218
geb. 8.2.1927 in Hildesheim
gest. 16.4.1985 in Hamburg (Suizid)

„Ich schrieb, wie man läuft, wie man springt. Ich war als Kind viel allein. Wir lebten in einer Gegend, in der es keine kleineren Kinder gab. Beim Schreiben erfand ich meine eigene Welt. Ich schrieb Geschichten ohne ein bestimmtes Ende."

Wer Geschichten „ohne ein bestimmtes Ende" schreibt, der hat kein geschlossenes, harmonisches Weltbild wie die Autoren und Autorinnen von Kitschromanen, deren Werke stets mit einem Happy-End vor dem Traualtar enden. Und doch muß es nicht so düster sein wie das Ilona Boddens.

Schon ihre Kindheit muß Illusionen über die Welt erst gar keinen Platz eingeräumt haben. Sie verlief offenbar nicht nur einsam und belastet mit der Pflege ihres kränkelnden Vaters, eines Hildesheimer Buchhändlers. Wenn Ilona Bodden später äußert, daß sie ihre Kinderbücher – etwa 20 – schreiben mußte, weil sie nur so die entsetzlichen Verwundungen der eigenen Kindheit überwinden könne, ist zu vermuten, daß diese Kindheit noch ganz andere Zumutungen für sie bereithielt. Doch auch später scheint sich Ilona Boddens Verhältnis zur Welt nicht wesentlich geändert zu haben. Ihre Lyrik ist oft düster und trotz der Veröffentlichung ihrer Gedichte in zahlreichen Zeitungen und Zeitschriften, in Anthologien und selbständigen Lyrikbänden, trotz der Übersetzungen ins Italienische und Ungarische und der Verleihung mehrerer Lyrik-Preise in Italien zog Ilona Bodden, die auch als Übersetzerin aus dem Englischen, Französischen und Italienischen gearbeitet hat, die erschütternde

Bilanz

Zu früh
Viel zu früh –
doch die gestundete Frist ist um.
Es gilt die Rechnung zu begleichen.
Aufrichtige Freunde: keine.
Wenig Freude.
Essen und Trinken, karg.
(Die letzten zwei Flaschen Wein
    waren geschenkte)
Die meisten Ausgaben für nutzlose
    Medikamente verschwendet.
(Gegen Taubheit gibt es kein Heilmittel)
Summa summarum:
Die Kosten sind ausgeglichen –
Ich bleibe der Welt schuldig,
was sie mir schuldig geblieben ist.

Ilona Bodden nahm sich am 16. April 1985, wenige Tage nach ihrem Mann, dem Journalisten Günter Löbering, in ihrer Wohnung in der Hoheluftchaussee im Alter von 58 Jahren das Leben.

Geblieben sind ihre Bücher: „Pappeln schwarze Federn aus Nacht. Gedichte" (1960), „Erinnerung an einen Obelisken" (1974), „Der gläserne Vogel. Gedichte gegen die Zeit" (1980), „Schattenzonen. Gedichte außerhalb der Zeit" (1981), „Die Gehäuse der Zeit. Neue Gedichte" (1983). Ein Grab dagegen wird spätestens im Jahre 2005 nicht mehr an sie erinnern, da sie ein Sozialgrab hat, das nach Ablauf von zwanzig Jahren eingeebnet wird.   B.R.

Hamburger Originale –
zwischen Faszination und Abwehr

Menschen, die anders sind als die Masse, ob gewollt oder auch ungewollt, scheinen beim Gros der Bevölkerung immer gleichsam Faszination wie auch Gefühle der Abwehr hervorzurufen. Mit der Etikettierung solcher „ungewöhnlichen" Menschen als „Original" kann die Bevölkerung ihnen einen Platz zuweisen. Gibt sie dem Original gar noch den Zusatz ihrer Heimatstadt – z.B. Hamburg – läßt die Bevölkerung ein Stück Integration dieser Person zu. Dennoch bleiben diese „anderen" Menschen durch den ihnen zugewiesenen Platz als „Original" außerhalb der Gesellschaft.

Originale werden zwar berühmt, viele von ihnen jedoch gleichzeitig auch verlacht. Dieses Los hatte auch die Zitronenjette zu tragen. Die Bevölkerung machte sich über ihre Kleinwüchsigkeit, ihren sogenannten Schwachsinn und ihre Alkoholkrankheit lustig. Und auch die Vogeljette wurde zum Hamburger Original. Weil sie anders und nicht einzuordnen war, wurde sie auffällig und als sogenannt verrückt erklärt.   R.B.

Zitronenjette (Johanne Henriette (Jette) Marie Müller)

Grab Nr. H 16 (Grabstelle aufgegeben)
geb. 18.7.1841 in Dessau
gest. 8.7.1916 in der „Irrenanstalt Friedrichsberg"

Als uneheliches Kind in Dessau geboren, zog ihre Mutter wenige Monate nach der Geburt mit ihrem Kind nach Hamburg. Dort heiratete sie und bekam noch mehrere Kinder. Als der Vater an einem Schlaganfall starb, zog Johanne Henriette mit ihrer jüngeren Schwester zusammen und wohnte mit ihr zuerst in der Rothesoodstraße und zuletzt am Teilfeld 56.

Schon als Kind hatte Johanne Henriette Müller auf Hamburgs Straßen Zitronen verkaufen müssen. Diese Tätigkeit wurde ihre Haupterwerbsquelle, bis sie im Alter von 53 Jahren in die „Irrenanstalt Friedrichsberg" eingewiesen wurde.

Die Zitronenjette hatte ein leidvolles Leben ertragen müssen. Johanne Henriette Müller war kleinwüchsig, 130 cm lang, 35 Kilo leicht, und hatte eine dicke Knollennase. Damit fiel sie aus dem Rahmen des als normal angesehenen Erscheinungsbildes. Aber damit nicht genug: Johanne Müller galt auch als geistig ein wenig zurückgeblieben. Der Psychiater Prof. Dr. Wilhelm Weygandt führte die Zitronenjette in seinem Buch „Erkennung der Geistesstörungen" auf und bezeichnete sie als „Sporadisch-myxödematöse, harmlose Schwachsinnige mit Zwergwuchs (130 cm)". [1]

Viele ihrer Kundinnen und Kunden hauten sie übers Ohr. Kaum jemand machte sich Gedanken über Zitronenjettes desolate wirtschaftliche Situation: Sie war arm. Und nur wenige dachten daran, was man ihr seelisch antat, wenn sie zum Gespött der Straßenjugend wurde, die grölend hinter ihr herlief. Die aus dem Hamburger Bürgertum stammende Emilie Weber schrieb in ihren Jugenderinnerungen über die Zitronenjette: „ein kleines, untersetztes, schwachsinniges Wesen, welches aus einem Körbchen Zitronen zum Verkauf anbot. Durch ihr scheues, sonderbares Gebaren erregte sie den Spott und die Lachlust unserer lieben Straßenjugend und wurde vielfach von ihr verfolgt und gehänselt. Als ich erwachsen war, habe ich die Ärmste oft unter meinen Schutz genommen und sie eine Strecke mit mir gehen lassen, wenn sie mich weinend darum bat und sich vor ihren Verfolgern nicht retten konnte. Solch arme, wehrlose Geschöpfe taten mir immer leid." [2]

Aber nicht nur die Jugend jagte sie. Wenn die Zitronenjette abends in den Kneipen ihre Zitronen anbot, machten sich Kneipenbesucher einen Spaß daraus, ihr ein großes Glas Schnaps bringen zu lassen, das sie zur allgemeinen Belustigung auf einen Zug leerte. Die Folge war: Sie wurde alkoholkrank und trank nun auch schon am Tage eine Flasche Kümmelschnaps leer. Danach fand sie oft kaum noch den Heimweg. Ihr Getorkel bot den Kindern und Jugendlichen zusätzlichen Anlaß, grölend hinter ihr herzulaufen. Häufiger kam es auch vor, daß die Polizei sie im betrunkenen Zustand aufgriff. Dann wurde sie unter großem Hallo auf eine Karre gelegt und zur Ausnüchterung zur Polizeiwache oder zum Kurhaus gefahren.

1894 wurde die Zitronenjette schließlich von der Polizei in die „Irrenanstalt Friedrichsberg" eingeliefert. Dort lebte sie fast zwanzig Jahre und wurde mit Kartoffelschälen und Gemüseputzen beschäftigt. Zeitungsberichten und Erzählungen zufolge soll sie dort einen „friedlichen Lebensabend" genossen haben. Kein Wort von schmerzhaften Entzugserscheinungen, denn dort gab es keinen Alkohol.

Berühmt und zum Hamburger Original wurde die Zitronenjette, weil sie „anders" war und weil Menschen sich auf ihre Kosten amüsierten. Ihren Leiden wurde kaum Aufmerksamkeit geschenkt. Statt dessen gab sie den Stoff für eine Lokalposse, die um 1900, also noch zu Lebzeiten der Zitronenjette, von Theodor Francke geschrieben und im Ernst-Drucker-Theater auf St. Pauli (siehe Portrait Anna Simon) aufgeführt wurde. In der Hauptrolle der damals als Darsteller weiblicher Rollen dieser Art berühmte Wilhelm Seybold. 1940 schrieb Paul Möhring eine neue Zitronenjette. Er wollte keine Lokalposse auf Kosten der Zitronenjette, sondern ein Stück, das die Zuschauerinnen und Zuschauer sowohl zum Lachen als auch zum Weinen bringen sollte. Mehrere hundert Male wurde seine Zitronenjette aufgeführt. Als Kurt Simon (siehe Portrait Anna Simon) das Stück 1955 neu inszenierte, spielte zum ersten Mal eine Frau die Titelrolle: Christa Siems-Raider (siehe Portrait). Sie wurde mit dieser Rolle berühmt. In den 70er Jahren schlüpfte dann wieder ein Mann in die Rolle der Zitronenjette: Henry Vahl.

Heute wird das Stück nicht mehr aufgeführt. Aber es gibt ein Denkmal für die Zitronenjette, ziemlich verborgen und wenig beachtet am Rande der Ludwig-Erhard-Straße. Und es gibt einen Zitronenjette-Preis, der seit 1985 einmal jährlich von der Hamburg Messe vergeben wird, wobei der Landesfrauenrat Hamburg das Vorschlagsrecht besitzt. Diesen Preis bekommt eine nicht berufstätige Frau, die aus dem Kreis ihrer Familie herausgetreten ist und sich ehrenamtlich in einem der Verbände, die dem Landesfrauenrat angeschlossen sind, besonders für Frauen engagiert hat. Wie passen die auf Grund ihrer Leistung geehrten Frauen mit der von der Gesellschaft verlachten Zitronenjette zusammen?   R.B.

Vogeljette (Lydia Adelheid Hellenbrecht geb. Köbner)

Grab Nr.: AF 43, 71 (Grabstelle aufgegeben)
geb. 13.12.1844 in Hamburg
gest. 30.1.1920 in Hamburg

Im langen schwarzen Kleid, mit einem großen weißen gehäkelten Umschlagtuch darüber, das Gesicht durch einen hauteng getragenen weißen Schleier fast verdeckt, ein Häubchen auf dem Kopf, an einem Arm ein kleines viereckiges Spankörbchen darin Brotwürfel, am anderen Arm einen kleinen weißemallierten Eimer mit Wasser – so zog sie durch die Straßen des Stadtteils St. Georg und fütterte auf den freien Plätzen die Vögel, besonders gern Spatzen.

Vogeljette – in Anlehnung an die Zitronenjette – wurde sie genannt. Sie scheint dem Gespött nicht so sehr ausgesetzt gewesen zu sein wie die Zitronenjette. Hans Ross, der sie als Kind gekannt hatte, schreibt dazu: „Daß wir Jungens von damals, wenn die Vogeljette ihrem Körbchen die sorgfältig geschnittenen Brotwürfel entnommen hatte, sie dann mit einigen Spritzern aus dem kleinen Eimer angefeuchtet hatte, alles jedenfalls meistens, in Ruhe betrachteten, lag wohl an dem stillen Respekt, den die alte Frau genoß. Wenn es mal nicht so artig verlief und die Jungens die Spatzen verjagten, ging ein großes Donnerwetter über die Jugend los." [1]

Für viele Bürgerinnen und Bürger war die Vogeljette unverständlich – und so mußte für das von der Norm abweichende Verhalten eine Erklärung gefunden werden. Und wie das in vielen Fällen üblich ist, war man schnell mit der Bezeichnung „verrückt" bei der Hand. Die Erklärung für ihr „Verrücktsein" wurde gleich mitgeliefert. Einige erzählten, daß die Vogeljette glaube, ihr verstorbener Mann sei als Spatz wiedergeboren worden. Andere verbreiteten die Mär, daß die Vogeljette davon überzeugt sei, daß ein Zauberer ihren Mann in einen Spatz verwandelt habe. Mit diesen „selbstgestrickten" Erklärungsversuchen legte sich die Verunsicherung, die Lydia Adelheid Hellenbrechts Verhalten unter der Bevölkerung ausgelöst hatte, und die Bevölkerung hatte eine Handhabe, die Vogeljette als sonderliche Alte abzustempeln.

Lydia Adelheid Hellenbrecht war die Tochter eines Steuermannes, hatte den Vater aber bereits als Kind durch den Seemannstod verloren. Im Alter von 30 Jahren heiratete sie den 20 Jahre älteren Schreiber und Boten Johann Heinrich Carl Gottlieb Hellenbrecht. 1883, nach nur neun Ehejahren, starb ihr Mann an der Cholera, und fortan ging Lydia Hellenbrecht bis zu ihrem Tod in Trauerkleidung.

58 Jahre nach ihrem Tod versuchte Hans Ross sie von ihrem Image der sonderlichen Alten zu befreien: „Aus genauer persönlicher Kenntnis begründet mit manchem Gespräch mit Frau Hellenbrecht, muß ihr hier nachträglich aber eine kleine Ehrenrettung gegeben werden. Sie war bei ihrer sehr schlanken Figur nicht nur körperlich völlig gesund, sie war auch geistig restlos klar. Die Marotte des Vogelfütterns war ausschließlich ein Ausdruck ihrer Tierliebe, besonders zu den Gefiederten. Da auch ihr verstorbener Mann die gleiche tierfreundliche Einstellung hatte, glaubte sie bei ihrer Futterverteilung dem Andenken des Verstorbenen bestens zu entsprechen.

Sie kannte die Nachrede und Erzählungen der Leute genau, hat sich aber, auch gestützt auf eine schlichte Frömmigkeit, nicht beirren lassen und bei sparsamster Lebenshaltung, da sie nur sehr geringe Einkünfte hatte, ihre vielbespöttelte Tätigkeit zum Segen der gefiederten Natur durch Jahrzehnte ausgeübt.

Frau Hellenbrecht wohnte mit uns im Hause Rostocker Straße 9. Sie war Untermieterin im 2. Stock bei Abeling. Ihre kleinen Einkünfte zwangen sie zur größten Sparsamkeit. So lange das Tageslicht es erlaubte, saß sie nachmittags und abends auf der Bodenetage unter dem großen einfallenden Licht und las in der Bibel."[1] R.B.

Zuwanderinnen – zwischen Integration und Ausgrenzung

Zuwanderinnen und Zuwanderer haben schon seit eh und je das Leben in der Hansestadt bereichert und dazu beigetragen, Hamburg zu einem wirtschaftlichen und kulturellen Zentrum zu machen. Dazu gehören auch uns bis heute noch wohlbekannte Familien wie Godeffroys (aus Frankreich), Amsincks (aus den Niederlanden), Parish (aus England) und Fornis (aus Italien).

Viele Zuwanderer entwickelten Kreativität und Fertigkeiten, welche manchem konservativen Hanseaten als fremd und fragwürdig erschienen. Doch sobald sich diese Fähigkeiten als erfolgsfördernd erwiesen, wurden sie mit gutem Gewissen in das Handelsrepertoire aufgenommen.

Wie sich die Integration der Zuwanderer und Zuwanderinnen gestaltete, hing ganz entscheidend von dem gesellschaftlichen Status der Einwanderer ab. Familien, die es bereits in ihrem Heimatland zu Ansehen und Wohlstand gebracht hatten, hatten wesentlich bessere Startbedingungen.

Als typisches Beispiel einer sehr einflußreichen italienischen Familie sind die Fornis zu nennen, die sich durch Einheirat mit der deutschen Familie Scholz verbanden, eine Verbindung, wie sie zwischen angesehenen zugewanderten Familien und alteingesessenen Hamburger Familien öfter vorkam.

Waren die Kulturkreise jedoch sehr verschieden, gab es für manchen Zuwanderer und manche Zuwanderin erhebliche Eingewöhnungsschwierigkeiten. Solches mußte die sansibarische Prinzessin Salme erfahren, als sie den Hamburger Kaufmann Heinrich Ruete heiratete.   R.B.

Emily Ruete (geb. Salme Prinzessin von Oman und Sansibar)

Grab Nr. U 27, 78-89
geb. 30.8.1844 in Sansibar
gest. 29.2.1924 in Jena

„Wittwe des Heinrich Rudolph Ruete" steht als Inschrift auf ihrem Grabstein. Nur der Geburtsort deutet auf Geheimnisvolles: Sansibar. Und die Worte Fontanes:

> „Der ist in tiefster Seele treu,
> wer die Heimat liebt wie Du."

Mehr Aufschluß über die Herkunft von Emily Ruete gibt das goldene arabische Schriftzeichen am Kopf der Grabplatte, jedenfalls für die, die es lesen können: „Salme, Prinzessin von Oman und Sansibar". Ein weiter Weg bis nach Hamburg, wo sie als Witwe des Hamburger Kaufmanns Heinrich Ruete begraben liegt: Geboren wurde sie als Tochter von Sejjid Said, dem Imam von Mesket und Sultan von Oman und Sansibar, und von Dschilsidan, einer tscherkessischen Sklavin, die eine der 75 Nebenfrauen des Sultans war. Salmes Geburtshaus Bet il Mtoni ist der älteste Palast auf Sansibar, etwa acht km von der Stadt Sansibar entfernt am Meer gelegen. Mit ihrer Mutter, einem Teil ihrer Halbgeschwister (sie hatte 36 Geschwister) und deren Müttern wohnte sie dort bis zu ihrem siebten Lebensjahr. Salme gehörte zu den jüngeren Kindern. Wie alle ihre Geschwister lernte auch sie mit fünf Jahren reiten, später durch einen ihrer wesentlich älteren Halbbrüder fechten und schießen; Kampfhähne interessierten sie mehr als beispielsweise Handarbeiten. Ganz besonders liebte sie das Feuerwerk. Schulunterricht erhielt sie mit ihren gleichaltrigen Geschwistern gemeinsam, wobei die Mädchen nur lesen, die Jungen hingegen auch schreiben lernten. Salme brachte sich das Schreiben auf eigene Faust bei und war später sehr froh darüber:

„Das mußte selbstverständlich im Geheimen geschehen, da Frauen nie Unterricht im Schreiben erhalten und ihre etwaige Kenntnis desselben nicht sehen lassen dürfen. ...

Oh wie oft habe ich diesen Entschluß im Laufe der Zeit gesegnet, der es mir möglich gemacht hat, wenn auch mangelhaft, aber doch direkt mit meinen Getreuen in der fernen Heimat zu verkehren!" [1]

Ab dem siebten Lebensjahr hatten die Mädchen in Salmes Heimat wesentlich weniger Freiheiten als ihre Brüder. Im Haus durften die Mädchen zwar am Tage noch von ihrem Vater, ihren Brüdern, den Eunuchen und männlichen Sklaven gesehen werden. Aber über Nacht wohnten selbst die beiden letzteren außerhalb des Frauenbereiches. In der Stadt bewegten sich die tief verschleierten Frauen nur in der morgendlichen Dämmerung oder abends nach Einbruch der Dunkelheit.

1856, als Salme knapp zwölf Jahre alt war, starb ihr Vater auf der Rückreise von Oman nach Sansibar. Salme wurde für mündig erklärt und erhielt den ihr zustehenden Erbteil, der für die Prinzessinnen nach dem Gesetz nur die Hälfte dessen betrug, was die Prinzen erbten.

Als ihre Mutter drei Jahre später starb, ließ sich Salme in Thronfolgestreitereien ihrer beiden ältesten Brüder verwickeln und beteiligte sich in Sansibar an einer Palastrevolution. Über ihre damalige Rolle schrieb sie: „Ich, das jüngste weibliche Mitglied der Verschwörung, wurde wegen meiner Schreibkunst gleichsam der Generalsekretär des Bundes und hatte die Korrespondenz mit den Häuptlingen zu übernehmen."[1] Außerdem sollte sie gemeinsam mit anderen Frauen „Bargasch aus seinem Hause befreien und damit der Verschwörung ihr Haupt zurückgeben".[1] Es gelang den Frauen zwar, den Prinzen zu befreien, indem sie ihn in Frauenkleider steckten und mit einem Schleier bedeckten, doch ein Bewacher bemerkte die Entführung, und so scheiterte die Verschwörung.

Weil sich Salme an der Verschwörung beteiligt hatte, wurde sie von Verwandten und Freunden gemieden, und so zog sie aus dem Stadtpalast auf eines ihrer drei Landgüter. Um sich dort frei bewegen zu können, ließ sie sofort ihren arabischen Verwalter versetzen: „Der arme Mensch wußte gar nicht mehr, was er anfangen sollte; jeden Augenblick mußte er bald hierhin, bald dorthin entweichen, nur damit er, der freie und gleichstehende Mann, uns Frauen nicht absichtlich zu sehen bekäme. Ich zog es deshalb vor, ihn auf eine andere Plantage zu versetzen, welche er bisher mit beaufsichtigt hatte, und übergab seine Stelle einem abessinischen Sklaven. ... Nun durfte ich nach Herzenslust mich ergehen und umherreiten ..."[1]

Da alle ihre Plantagen im Landesinneren lagen, vermißte sie bald das Meer. So mietete sich Salme einen Landsitz unmittelbar am Meer. Dort, in Bububu, lebte sie geselliger und glücklicher. Und hier lernte sie auch ihren späteren Mann, den Hamburger Kaufmann Heinrich Ruete, kennen, der in Sansibar als Agent der Firma Hansing & Co Geschäfte mit Nelken und Gewürzen machte. „Mein Haus lag unmittelbar neben dem seinigen; das flache Dach desselben lag unterhalb des meinen und von einem Fenster des oberen Stockwerks war ich oftmals Zeuge von fröhlichen Herrengesellschaften, die er, um mir die Art der europäischen Mahlzeiten zu zeigen, arrangiert hatte. Unsere Freundschaft, aus welcher sich mit der Zeit eine in-

nige Liebe entwickelte, wurde bald in der Stadt bekannt und auch mein Bruder Madschid [der inzwischen Sultan war] erfuhr davon; eine Feindseeligkeit seinerseits, oder gar eine Einkerkerung, von welcher man gefabelt hat, habe ich dieserhalb nicht zu erfahren gehabt."[1] Salme weist in ihren Memoiren deshalb so eindringlich auf die nicht erfolgte Einkerkerung hin, weil ihre Geschichte vor der Veröffentlichung ihrer Memoiren bereits als Klatschstory erschienen war. So fand sich 1871 in der Zeitschrift „Daheim – ein deutsches Familienblatt mit Illustrationen" unter der Rubrik „Am Familientische" die Geschichte aufgebauscht, dramatisiert und ausgeschmückt als „eine afrikanisch-europäische Liebesgeschichte". Der Autor beschrieb das Geschehen hochdramatisch: „... die Prinzessin wird unsanft ergriffen, gefesselt und in ein einsam am Meeresstrande stehendes Haus eingekerkert, wo sie des strengen Richterspruches ihres Bruders harrt. ... Die Matrosen landen, überfallen die arabischen Wachen und schlagen mit ihren Äxten die Hausthür ein. Ein lautes Hurrah! erklingt. Die Prinzessin ist frei ... ."[1]

Obwohl nicht eingekerkert, hatte Salme durch ihre Liebe zu einem Fremden erhebliche Repressalien zu ertragen. Deshalb versuchte sie, ihre Heimat auf einem deutschen Schiff zu verlassen. Dies glückte erst beim zweiten Versuch im Herbst 1866.

Die Fahrt auf einem englischen Kriegsschiff ging zunächst nach Aden, wo Salme in dem Haus einer befreundeten spanischen Familie lebte, bis ihr Verlobter nachkam. Dort erhielt sie christlichen Religionsunterricht, wurde auf den Namen Emily getauft und am gleichen Tag mit Heinrich Ruete getraut. Über Marseille reisten die beiden 1867 nach Hamburg. Drei Kinder wurden geboren: Antonie (1868), Rudolph (1869) und Rosalie (1870).

Ihr jüngstes Kind war gerade drei Monate alt, als Heinrich Ruete beim Abspringen von der Pferdebahn hinfiel, überrollt wurde und starb. Emily, die in ihrer Heimat eine eigene Plantage und einen Haushalt mit vielen Sklaven geleitet hatte, wurde aufgrund der gültigen Ehegesetze, die keiner Frau die eigenständige Verwaltung des Erbes gestatteten, quasi für unmündig erklärt und erhielt zwei Vormünder.

Sie blieb als Witwe noch zwei Jahre in Hamburg. In dieser Zeit verlor sie einen beträchtlichen Teil ihres Erbes, durch, wie sie schreibt, fremde Schuld. Zudem waren mit ihrem Übertritt zum Christentum nach muslimischem Recht auch alle Ansprüche auf ihre heimische Erbschaft erloschen. Mit Arabischunterricht versuchte sie Geld zu verdienen, später dann mit der Veröffentlichung ihrer Memoiren. Sie hatte sie auf deutsch verfaßt, so perfekt beherrschte sie inzwischen die Sprache; außerdem erschienen sie auf englisch und verkauften sich offenbar gut. Schließlich erhielt Emily von Bismarck eine Leibrente. Von der Familie Ruete erfuhr Salme nur wenig Unterstützung.

1872 siedelte sie nach Dresden über, später folgten die Wohnorte Darmstadt, Rudolstadt, Berlin und Köln. Offenbar wohnte sie zumeist bei Freunden. Ihren Lebensabend verbrachte sie in Jena bei den Schwiegereltern einer ihrer beiden Töchter. Dort starb sie 1924. Ihr Schwager, Konsul Andreas Hermann Ruete, veranlaßte ihre Beisetzung neben ihrem Mann auf dem Ohlsdorfer Friedhof.

Die Hoffnung, ihre Heimat wiederzusehen und sich mit ihrer Familie zu versöhnen, hat Emily nie aufgegeben. Als ihr Bruder Bargasch, der inzwischen Sultan von Sansibar geworden war, 1875 einen Staatsbesuch in London machte, erhoffte sie sich durch die Vermittlung englischer Diplomaten ein Gespräch mit ihrem Bruder. Doch die englische Regierung war nicht geneigt, als Vermittler aufzutreten, da man fürchtete, daß dies die Interessen englischer Kolonialpolitik stören würde. Statt dessen bot man ihr einen Handel an: Wenn sie sich ihrem Bruder weder mündlich noch schriftlich nähern würde, wäre die englische Regierung bereit, die finanzielle Zukunft ihrer Kinder zu sichern. Emily willigte ein. Doch wartete sie vergeblich auf die Einlösung des Versprechens von seiten der englischen Regierung.

Diese wälzte ihre eingegangene Verpflichtung auf die deutsche Regierung ab und schrieb an Emily, da sie in Deutschland wohne und einen Deutschen geheiratet habe, solle sich die deutsche Regierung um ihre Interessen kümmern.

1885 gelang es Emily Ruete mit Hilfe des Auswärtigen Amtes, mit ihren drei Kindern auf einem deutschen Geschwader nach Sansibar zu reisen. Eineinhalb Monate dauerte die Reise. Am 12. August 1885 konnte sie endlich nach 19 Jahren ihre Heimatinsel betreten: „Abgesehen von den Gefühlen, welche mich seit dem Wiedersehen meiner Heimat bestürmt hatten, machte doch der Umstand, daß ich jetzt am hellen Tag von den Herren begleitet auf den Straßen ging, was ich früher nur verschleiert und in der Nacht tun durfte, einen besonders eigentümlichen Eindruck auf mich. Von den beiden Gefühlen war dies das stärkere. Man sollte meinen, daß, nachdem ich 19 Jahre in Europa wohnte, ich über dergleichen hätte wegsehen können, das tat ich auch längst, aber in Sansibar wurde mir seit vielen Jahren zum ersten Male wieder recht klar bewußt, welche Wandlungen ich im Laufe der Zeit durchzumachen gehabt hatte.“ [1]

Auch bei diesem zweiten Versuch, sich mit ihrem Bruder zu versöhnen, war die Prinzessin nur eine Schachfigur der Kolonialpolitik – nur diesmal der deutschen. Bismarck wollte die Unterschrift des Sultans unter den Schutzbrief des Deutschen Reiches für Verträge der „Gesellschaft für deutsche Kolonisation“ mit Häuptlingen im Hinterland Ostafrikas. Einen eventuellen militärischen Angriff – falls der Sultan nicht unterschreiben würde – hätte Bismarck damit gerechtfertigt, daß er versucht habe, die Rechte der deutschen Bürgerin Ruete durchzusetzen. Aber – der Sultan leistete die gewünschte Unterschrift, und damit waren die Belange Emily Ruetes für die Politik uninteressant geworden. Auf Befehl des Auswärtigen Amtes mußte sie am 4. Oktober 1885 Sansibar verlassen.

1888 versuchte Emily erneut, ihren Bruder zu treffen und sich mit ihm auszusprechen. Damals erwog sie, Engländerin zu werden, um so leichter das Residenzrecht beim Sultan zu erwirken. Doch ob es die Absage des englischen Konsuls war, die die Reise verhinderte, oder ob sie ihren Kindern die Zerrissenheit, die eine Rückkehr nach Sansibar bedeutet hätte, ersparen wollte – die Übersiedlung nach Sansibar wurde niemals Wirklichkeit. Sie jedenfalls hat dem Gefühl ihrer Heimatlosigkeit auch damit zu begegnen versucht, ihre Erinnerungen aufzuschreiben: „Ich verließ meine Heimat als vollkommene Araberin und als gute Mohammedanerin und was bin ich heute? Eine schlechte Christin und etwas mehr als eine halbe Deutsche." [1]

Angelika F. Pfalz

Renata Scholz-Forni (geb. Amsinck)

eine Frau zwischen drei Nationalitäten

Grab. Nr.: AD 16, 31-50
geb. 6.9.1899 in Hamburg
gest. 13.4.1938 in Hamburg

Renata Scholz-Forni steht für diejenigen Hamburgerinnen aus gutsituiertem Hause, deren Herkunft deutsch/ausländisch ist und die in eine ebensolche Familie eingeheiratet haben. An der ursprünglich niederländischen Familie Amsinck und der deutsch/italienischen Familie Scholz-Forni wird deutlich, wie wichtig der wirtschaftliche Hintergrund für die Integration in einer neuen Heimat und die dortige gesellschaftliche Anerkennung ist.

Durch die Heirat Renata Amsincks mit Robert Scholz-Forni reiht sich in die Scholz-Forni Stammfolge eine neue beziehungsreiche Familie ein, die der Amsincks. Zu Renatas nächsten Verwandten gehören auch die Familien Bohlen, Goßler, Godeffroy, Woermann und Weber. Die Familie Scholz-Forni ist ein Verbund zweier Geschlechter: Das der Scholz aus Schlesien, unter dem sich viele Gelehrte, Geistige und Handelsherren befanden; das der adligen Fornis aus Italien vom Comer See, die über ein angesehenes Handelshaus verfügten.

Die Familien Scholz und Forni wurden 1846 durch die Heirat von Robert Scholz mit Natalie Forni verknüpft. Aus dieser Ehe stammt der spätere Senatspräsident Otto Scholz, der den Doppelnamen Scholz-Forni für sich und seine Nachkommen annahm. Durch seinen Enkel, abermals ein Robert, der Major und 1925 der Begründer der Firma „Robert Scholz-Forni, Ausfuhr, Einfuhr, Schiffsausrüstung" am Kattrepel 2 wurde, verband sich der Name Scholz-Forni mit dem der Amsincks, als Robert Scholz Renata Amsinck heiratete.

Renata Amsinck war das erste Kind der Eheleute Arnold Amsinck, einem Reeder, und Thekla Aline geb. Bohlen und wuchs wohlbehütet mit ihren drei Geschwistern im Kreise ihrer Familie auf, wozu auch die Großeltern und Verwandten der Bohlens, Goßlers und Woermanns – alles Familien aus Hamburgs Oberschicht – gehörten.

Renata erfuhr die zur damaligen Zeit typische Erziehung höherer Töchter und alle dazugehörigen Neigungen und Schwärmereien. Sie besuchte ab ihrem 17. Lebensjahr ein Mädchenpensionat in Dresden. Dort fühlte sie sich unter Gleichaltrigen sehr wohl. Sie liebte Spaziergänge und Wanderungen in der Natur, himmelte eine ihrer

Lehrerinnen an und schwärmte von den Dresdner Kunstsammlungen.

Auch hegte sie – wie es damals in bürgerlichen Kreisen üblich war – patriotische Gefühle und Gedanken für ihr Vaterland Deutschland. Das zeigt auch, daß sie – trotz ihrer ausländischen Vorfahren – „deutsch" dachte und fühlte. So notierte sie in ihr Tagebuch: „Möge Gott unser deutsches Volk zum baldigen Siege führen!" [1] Und schenkte im Kriegswinter 1917 den Armen Kuchen, bezahlt von ihrem Taschengeld.

Zwei Jahre nach Verlassen des Mädchenpensionates, verliebte sie sich im Sommer 1919 in Robert Scholz-Forni, den sie während der Sommerfrische in Travemünde kennengelernt hatte. Robert Scholz-Forni lebte zu diesem Zeitpunkt noch in Berlin. So erfolgte das nähere Kennenlernen über einen regen Briefwechsel. Schon wenige Monate nach der ersten Begegnung – kurz nach Neujahr – luden Renatas Eltern die Scholz-Fornis zu einem Hausball ein, und die Folge war: Am 16.2. verlobten sich Renate und Robert. Die Verlobungszeit mußte nach streng vorgeschriebenen Regeln durchlebt werden. Zuerst einmal fuhr Renata mit ihren Eltern nach Berlin, um ihre zukünftigen Schwiegereltern kennenzulernen. Während dieses Aufenthaltes wohnte sie selbstverständlich im Hotel. Auch in der Brautzeit wurde streng auf die Sittsamkeit und Keuschheit der Braut geachtet. Bereits ein Spaziergang mit Händchenhalten hätte moralische Entrüstung hervorgerufen.

Am 28. September 1920 wurde Hochzeit gefeiert. Die Hochzeitsreise führte in den Harz. Gut ein Jahr später, am 1.10.1921 wurde das erste Kind, Margarita, geboren. Renata jubelte in ihrem Tagebuch: „Noch nie in meinem Leben war ich so glücklich wie jetzt. Mutter zu sein ist für eine Frau das Höchste, was ihr geschenkt werden kann, und darum ist ein Weib nur dann vollauf befriedigt, wenn ihr dies große Glück zuteil wird, Kinder zu gebären und zu erziehen." [1] Noch drei weitere Kinder wurden geboren: Amelie am 3.6.1923, Otto Arnold Robert am 27.11.1925 und Cornelia Renata am 2.4.1930.

Trotz der vier Kleinkinder unternahm Renata mit ihrem Mann viele ausgedehnte Reisen durch Europa, Afrika und Asien. Solch ein Herumreisen in der Weltgeschichte liebte das Ehepaar. Renata reiste und lebte, wie ihr Chronist 1941 bemerkt, „als eine große Dame der Gesellschaft. In ihren Kreisen gehörten und gehören weite und schöne Reisen zum Lebensstil". [1] Als Renata einmal während einer Reise Geburtstag hatte, notierte sie in ihr Tagebuch: „Wie herrlich ein Geburtstag in fremdem Land." [1] Bei diesem Anlaß erfahren wir aber auch etwas über ihre Sehnsucht nach ihren Kindern: „Nur die Sehnsucht nach den Kindern ist so groß, aber drei süße Karten liegen auf dem Kaffeetisch. Welch herrliches Geschenk von Robert: eine kleine Brillantuhr. Am Morgen badeten wir wie immer, nachmittags machten wir einen schönen Weg zum Loquahain hinauf und hatten einen weiten Blick von dort übers Meer." [1]

Obwohl Renata Scholz-Forni durch das viele Reisen das Gefühl hatte, in ihrem Heim „keine bleibende Stätte" [1] zu haben – vielleicht war dieses Gefühl aber auch die Ursache ihres vielen Herumreisens –, freute sie sich immer wieder, wenn sie nach Hamburg zurückkehrte. In diesen Momenten erschien ihr Hamburg wieder neu und attraktiv: „Hamburg im Lichtermeer, bezaubernd". [1] Auch das Wiedersehen mit ihren Kindern bereitete ihr große Freude: „Wiedersehen mit den Kindern, die strahlend und wohl aus Travemünde zurückkamen. Ich bin selig." [1] Aber bereits 13 Tage später notiert sie: „Nur allzu schnell flogen die Tage zu Hause dahin. Wie habe ich alles genossen, was sie mir boten an Liebe der ganzen Familie und Glück! Heute Abend 6 $\frac{1}{2}$ ist Einschiffung. Der Abschied von den Kindern ist mir sehr, sehr schwer geworden" [1] – und reist flugs mit ihrem Mann über Spanien, die Balearen in die Schweiz. Erst als die Kinder größer wurden, nahmen die Eltern sie öfter mit auf Reisen.

War Renata Scholz-Forni zu Hause, stand sie dem großbürgerlichen Haushalt vor. Für Familienfeste inszenierte sie kleine poetische Veranstaltungen, schrieb zu Geburtstagen ihres Mannes Gedichte für die Kinder, die sie dann festlich aufgeputzt, z.B. als kleine Engelchen verkleidet, aufsagten.

Als die Nazis die Macht ergriffen, notierte Renata in ihr Tagebuch am 7.8.1934: „Soeben ist Hindenburg im Tannenberg-Denkmal würdevoll beigesetzt worden. Hitler hat nun auch noch das Amt des Reichspräsidenten übernommen. Möge es uns Erfolg und Ruhe bringen!" [1]

Vier Jahre später starb Renate Scholz-Forni. Der Hauptpastor von St. Michaelis, Landesbischof a. D. D. Simon Schöffel hielt die Gedächtnisrede, in der er Renata Scholz-Fornis aufopfernde Bereitschaft für ihre Familie hervorhob: „Mit welcher Liebe hat sie sich ihren Kindern gewidmet, mit welcher Aufopferung sich ihnen hingegeben, besonders auch in den Tagen der Krankheit, mit nimmermüden Händen hat sie gewacht über alle ihre Schritte. Wie treu ist sie ihrem Gatten gewesen, eine starke Stütze in den Wechselfällen des Lebens. Mit ihrer vornehmen Gesinnung blieb sie, was sie war: die vollendete Frau, die liebevolle Mutter. Sie hat ein Haus geführt, in dem sich ein jeder glücklich schätzte zu verweilen. Mit unendlichem Fleiß und Liebe war diese Familie aufgebaut, da konnte das Glück nicht ausbleiben, wo sie immer der Mittelpunkt war." [1]   R.B.

Frauenerwerbsarbeit –
vom „typischen" Frauenberuf zum „Männerberuf"

Als Gouvernante, Erzieherin, Pflegerin, Krankenschwester, Kindergärtnerin, Gehilfin des Ehemannes und/oder Vaters ist die bürgerliche Frau seit Jahrhunderten akzeptiert, denn diese Tätigkeiten widersprechen nicht dem herrschenden Frauenbild. Jedoch wird ein Großteil dieser Arbeiten auch heute noch als gesellschaftlich weniger wert geachtet als gleichwertige sogenannte Männerarbeit. Dies zeigt sich nach wie vor in einer geringeren Entlohnung vieler sogenannter Frauenberufe – vorausgesetzt, solche Tätigkeiten wurden überhaupt bezahlt.

Frauen aus der Unterschicht, ob verheiratet oder nicht, die schon seit dem Mittelalter in den unterschiedlichsten Gewerben als Hilfs- und Zuarbeiterinnen erwerbstätig waren, hatten und haben nicht nur mit den gleichen Diskriminierungen zu kämpfen wie ihre bürgerlichen erwerbstätigen Schwestern. Bis vor noch nicht allzu langer Zeit wurden sie auch noch wegen ihrer Erwerbsarbeit gesellschaftlich stigmatisiert. Widersprach doch eine außerhäusliche Erwerbsarbeit dem gesellschaftlichen Frauenbild. Von ordinär, grobschlächtig bis sexuell leichtlebig reichte die Palette der Vorurteile für erwerbstätige Unterschichtsfrauen, die sich aufgrund ihrer Erwerbstätigkeit in der Öffentlichkeit sehen ließen und häufig auch in engem Kontakt zu männlichen Kollegen arbeiten mußten.

Sexuell stigmatisiert wurden allerdings auch gebildete Frauen, die sogenannten Blaustrümpfe. Besonders hart traf es dabei die ledigen Lehrerinnen. Sie galten als vertrocknete alte Jungfern, denen man angeblich aufgrund ihres unbefriedigten Geschlechtslebens noch nicht einmal das Klassenlehrerinnenamt für die höheren Klassen an den Mädchenschulen zugestehen wollte. So ist es als großer Erfolg auf dem mühsamen Weg zur Gleichberechtigung der Frau zu verzeichnen, daß Dorothea Christiansen 1923 Hamburgs erste Schulrätin und Emmy Beckmann 1927 Hamburgs erste Oberschulrätin wurden.

Viele Berufe waren jahrhundertelang ausschließlich Männern vorbehalten. Doch step by step stoßen Frauen auch dort die Türen auf. So erfahren Sie in diesem Kapitel etwas über eine Zoologin, eine Museumsdirektorin und über die erste Gerichtspräsidentin der Bundesrepublik Deutschlands.

Manche Arbeitsfelder, in denen Frauen traditionell tätig waren – wie z.B. die Krankenpflege –, wurden im Laufe der Zeit professionalisiert, was für die Frauen bessere Ausbildungsmöglichkeiten und mehr Rechte bedeutete.   R.B.

Marianne Prell

Erzieherin der Hamburger Oberschicht

Althamburgischer Gedächtnisfriedhof:
Grabplatte „Pädagogen"

geb. 20.7.1805 in Hamburg
gest. 27.8.1877 in Hamburg

„Am 27. August entschlief sanft in ihrem 73. Lebensjahre unsere liebe Schwester Marianne Prell, auf's schmerzlichste vermißt von den ihrigen", so lautete im „Hamburgischen Correspondenten" vom 30.10.1877 die Todesanzeige für Marianne Prell. Einen Monat zuvor war am 1.7.1877 der Ohlsdorfer Friedhof eröffnet worden. Marianne Prell fand dort als eine der ersten ihre Ruhestätte.

Am 20. Juli 1805 wurde Marianne Prell in Hamburg als erstes von sieben Geschwistern geboren. Ihr Vater, Andreas Prell, war ein Lüneburger Kaufmann, der durch seine Ehe mit Anna Dorothea Moller seinen Sitz nach Hamburg verlegt hatte. Während der französischen Besetzung kämpfte Andreas Prell von 1806 bis 1814 als Oberstleutnant in der Bürgerwehr erfolgreich in vorderster Front gegen Napoleons Truppen. Später wurde er Mitglied der Hamburgischen Bürgerschaft.

Mit 27 Jahren entschloß sich Marianne Prell mit ihrer jüngeren Schwester Franziska, eine Elementarschule für Mädchen im elterlichen Hause in der Holländischen Reihe Nr. 19 zu eröffnen. Dazu schrieb die Malerin Marie Zacharias (siehe Portrait): „Es war ihre Absicht gewesen, eine Mädchenschule zu gründen, doch wurde eine Jungenschule daraus, in der aber die drei einzigen Mädchen Amanda Pietzker, Agnes Lenz und ich, die die Schule aufgetan hatten, noch lange beibehalten wurden. Ein fröhlicher gemütlicher Geist durchwehte das alte Haus an der Holländischen Reihe. Sorgen kannte man nicht, nur Vergnügen." [1]

Ein weiterer Schüler von Marianne Prell war Paul Hertz, dem in seinen Erinnerungen nicht nur eine milde, sondern auch strenge, pädagogisch begabte Marianne Prell gegenwärtig war: „Marianne hatte geradezu großes pädagogisches Talent. Klug, energisch, praktisch, zur rechten Zeit strenge und zur rechten Zeit milde, beherrschte sie ihre Schule unbedingt. Marianne nicht zu gehorchen, ging einfach nicht an und fiel niemandem ein. Franziska war eine weichere Natur, die sich der Schwester willig unterordnete. Sie gewann sich die Liebe der kleinen Ankömmlinge sofort und war deshalb besonders geeignet, die Kinderseelen vom Spiel zur Arbeit überzuleiten." [2]

Wegen ihrer größeren Strenge führte Marianne die Oberaufsicht über die Schule. Ansonsten waren die Schwestern gleich ausgelastet: Marianne leitete die erste Klasse, gab Rechnen, Geographie, biblische und Weltgeschichte. Franziska führte die zweite Klasse – mehr Klassen gab es nicht – und unterrichtete im Lesen und Schreiben. Jungen ab dem sechsten Lebensjahr besuchten für zwei bis drei Jahre diese Schule und erhielten täglich zwischen neun und fünfzehn Uhr fünf Stunden Unterricht und eine Stunde Exerzieren.

Mariannes erklärtes Ziel war es, ihre Schüler zu energischen patriotischen Männern zu erziehen. Denn Marianne entwickelte einen ausgeprägten Patriotismus: „Sie hatte mitgelitten, als die Stadt von den Franzosen unterjocht und jahrelang mißhandelt war, sie hatte mitgejubelt, als endlich die Befreiung kam," [2] erinnerte sich Paul Hertz. Und sie hatte miterlebt, wie ihr Vater gegen die Franzosen gekämpft hatte – das prägt. Der patriotische Einfluß zeigte sich im Fach „militärische Wissenschaft". Täglich zwischen zwölf und ein Uhr mußten die Jungen, die alle eine Patronentasche und ein Gewehr besaßen, im Schulgarten exerzieren üben. In jedem Jahr bedeutete der 18. Oktober einen besonderen Höhepunkt im Fach Exerzieren: „Der größte Tag des Jahres war der achtzehnte Oktober, der Jahrestag der Schlacht bei Leipzig. Marianne richtete ihren Geschichtsunterricht so ein, daß einige Wochen vorher die Geschichte Napoleons an die Reihe kam. ... Sie erzählte uns die ergreifende Geschichte der Knechtschaft und der ruhmvollen Wiedererhebung Deutschlands. Ihrer Methode nach schilderte sie besonders die

Schicksale der Vaterstadt, viele persönliche Erlebnisse einflechtend. Wir hörten, wie es in ihrem eigenen Hause, in dem wir uns ja selbst befanden, hergegangen war. ... Am achtzehnten Oktober selbst wurde eine große militärische Revue abgehalten. Wir teilten uns in zwei Parteien und manövrierten im ganzen Hause nach allen Regeln der Kriegskunst gegeneinander. Nachher aber zog die ganze Armee im Parademarsch in die große Schulstube ein. Dort saß dann der alte Oberstleutnant in einem Lehnstuhl und blies auf einem Kamm den Pariser Einzugsmarsch. ... Wir waren unsagbar stolz darauf, daß der alte Held uns persönlich kommandierte .... Schließlich präsentierten wir das Gewehr und sangen alle zusammen ‚Auf Hamburgs Wohlergehen‘, während Marianne in kräftigen Akkorden auf dem Klavier begleitete und die Trommeln wirbelten,“ [2] schrieb Paul Hertz.

Auch Marie Zacharias konnte sich gut an den alten Major Prell erinnern, der bei seinen Töchtern im Schulhaus lebte: „Herr Prell war der Inbegriff alles Militärischen, und wenn wir zu Hause das Lied ‚Schier dreißig Jahre‘ sangen, so kam im vierten Vers anstatt ‚der Appell‘, ‚der Herr Prell, der macht alles lebendig‘.“ [1]

Marianne Prells Patriotismus als Unterrichtsfach verschaffte der Schule den Ruf, eine der besten und vornehmsten Privatschulen zu sein, obwohl es 1833 bereits mehr als 200 verschiedene, mehr oder weniger gute Privatschulen in der Hansestadt Hamburg gab.

1863 veröffentlichte Marianne Prell anonym ihre Kindheitserlebnisse unter der französischen Fremdherrschaft. Der Titel ihres Buches lautete „Erinnerungen aus der Franzosenzeit in Hamburg von 1806–1814“. Bis 1913 erschienen sieben Auflagen.

Die Schule, die in der Zwischenzeit zweimal verlegt worden war und sich zuletzt in der Kirchenallee Nr. 24 im Stadtteil St. Georg befand, schloß Ostern 1877. Wenige Monate später, am 27. August 1877, starb Marianne Prell im Alter von 73 Jahren. Als Erzieherinnen vieler berühmter Hamburger Männer

des 19. Jahrhunderts finden sich ihr und der Name ihrer Schwester (gest. 1903) auf dem Althamburgischen Gedächtnisfriedhof.

Ihr Vater Johann Andreas Prell (1774–1848) ist auf dem Gedächtnisfriedhof auf der Grabplatte „Bürgermilitär“ verewigt worden.

Birgit Köhler

Prof. Dr. h.c. Johanna Mestorf

Fräulein Professor, Direktorin des schleswig-holsteinischen Museums für vaterländische Altertümer in Kiel

Grab Nr. U 17, 1-9
geb. 15.4.1828 in Bramstedt
(auf dem Grabstein steht: 17.4.1829)
gest. 20.7.1909 in Kiel

Johanna Mestorf gehörte zu den bekanntesten gelehrten Persönlichkeiten Schleswig-Holsteins. Sie wurde am 15. April 1828 in Bramstedt geboren. Daß auch der 17.4.1829 als Geburtsdatum genannt wird, liegt wohl daran, daß Johanna Mestorf ihren 70. Geburtstag am 17. April 1899 und ihren 80sten am 17. April 1909 feierte. Warum, bleibt ungeklärt. [1]

Johanna Mestorf war das vierte von neun Kindern des Arztes Jacob Heinrich Mestorf und seiner Ehefrau Anna Maria Sophia geb. Rosen. Der Vater widmete sich mit Leidenschaft der Altertumsforschung, was seine Tochter Johanna sicherlich beeinflußte. Er starb, als Johanna neun Jahre alt war. Die Mutter zog mit ihren Kindern – fünf lebten noch – nach Itzehoe. Dort besuchte Johanna das „Blöckersche Institut“ und zog mit 20 Jahren als Gesellschafterin und Erzieherin nach Schweden zum Grafen Piper-Engsö. Hier machte sie sich vertraut mit der Archäologie Germaniens und lernte nordische Sprachen. Wegen ihrer zarten Gesundheit mußte sie Schweden nach einigen Jahren verlassen. Sie lebte zunächst eine Zeitlang als Begleiterin der Gräfin Falletti di Villa Felletto in Italien und zog 1859 mit ihrer Mutter zu ihrem Bruder nach Hamburg. Hier beschäftigte sie sich vornehmlich mit Mythologie und Archäologie und übersetzte die archäologische Literatur Skandinaviens.

Johanna Mestorf war Mitglied der Anthropologischen Gesellschaft und später Gründerin eines schleswig-holsteinischen Zweigvereins. Sie nahm 1869 am anthropologischen Kongress in Kopenhagen teil. 1871 schickte sie der Hamburger Senat sogar als seine Vertreterin zum Anthropologenkongreß nach Bologna. Ihren Lebensunterhalt verdiente sie in dieser Zeit als Sekretärin für ausländische Korrespondenz bei der Hamburger Lithographischen Anstalt C. Adler.

Johanna Mesdorf war reine Autodidaktin. Sie hätte auch keine Universität besuchen können, denn Frauen wurde erst um die Jahrhundertwende – so im Jahre 1900 an den Universitäten Freiburg und Heidelberg – die Immatrikulation an deutschen Universitäten erlaubt. Zu diesem Zeitpunkt war Johanna Mesdorf aber schon um die 70 Jahre alt.

Johanna Mestorfs wissenschaftliches Ansehen war bereits zu Beginn der 70er Jahre so bedeutend, daß sie 1873, als 45jährige, Kustodin am Museum für vaterländische Altertümer in Kiel wurde. Als 1891 ihr Vorgesetzter, Professor Handelmann, starb, wurde Johanna Mestorf zur Direktorin des Museums ernannt. Im Alter von 71 Jahren erhielt sie als erste Frau in Preußen, den Titel „Professor". Sie wurde außerdem von der medizinischen Fakultät der Universität Kiel anläßlich der Vollendung ihres 81. Lebensjahres zum Ehrendoktor ernannt. Weiter besaß sie die ihr von der Kaiserin verliehene silberne Frauenverdienst-Medaille am weißen Bande, die kleine goldene Medaille für Wissenschaft und die schwedische Medaille der Gemahlin König Oskors I.

Während ihrer Tätigkeit als Direktorin war sie auch als Wissenschaftsautorin tätig. Neben Übersetzungen der Arbeiten nordischer Gelehrter auf archäologischem und anthropologischem Gebiet lieferte Johanna Mestorf zahlreiche eigene Arbeiten, von denen eine ganze Reihe, namentlich diejenigen über Moorleichen, weit über den Kreis der Fachgelehrten hinaus Aufsehen erregte. Außerdem schrieb sie Werke über „Urnen-

friedhöfe in Schleswig-Holstein" und „Vorgeschichtliche Altertümer aus Schleswig-Holstein". Neben ihren wissenschaftlichen Veröffentlichungen schrieb sie als 39jährige auch einen Roman mit dem Titel „Wiebeke Kruse, eine holsteinische Bauerntochter". Eigene Ausgrabungen machte Johanna Mestorf nicht.

1903, drei Monate vor ihrem Tod, trat sie von ihrem Amt als Direktorin des Museums zurück.

In einem Nachruf brachte der Hamburgische Korrespondent vom 22. Juli 1909 Johanna Mestorf in Beziehung zur modernen Frauenbewegung bzw. grenzte sie davon ab: „Mit ihr ist eine Frau dahingegangen, die, der modernen Frauenbewegung fernstehend, durch ihren Geist und ihre unermüdliche Tatkraft gezeigt hat, daß die wirklich talentierte, ernst schreibende Frau zu den höchsten Leistungen befähigt ist auch auf solchen Gebieten, die sonst den weiblichen Interessen im allgemeinen fernliegen" – frauenbewegt, dazu noch gelehrt und angesehen, das wäre wohl entschieden zuviel des Guten gewesen.

Auch ihr Mitarbeiter und Nachfolger Dr. Knorr meinte wohl seine Kollegin gegen die frauenbewegten Frauen abgrenzen zu müssen. So hieß es in seinem Nachruf über Johanna Mestorf: „Sie hat, abseits stehend von der lauten modernen Gleichberechtigungsbestrebung der Frauen, aus sich heraus ein neues Maß geschaffen für die Beurteilung der Leistungsmöglichkeit ihres Geschlechtes."

Die Trauerfeier für Johanna Mestorf fand in ihrem Hause in der Falckstraße Nr. 21 in Kiel statt. Neben „Männern der Wissenschaft und Vertretern der Behörden hatten sich auch zahlreiche Freundinnen und Freunde versammelt. Im Auftrage des Prinzen und der Prinzessin von Preußen nahm Hofmarschall Freiherr von Seckendorff an der Feier teil und legte einen prachtvollen Kranz am Sarge der Entschlafenen nieder. Ferner waren erschienen: Oberbürgermeister Dr. Fuß, Direktor der Universität, Prof. D. Scheder und mehrere Professoren der Universität sowie Vizeadmiral Graf von Moltke.

Kranzspenden hatten u.a. überreichen lassen bzw. selbst am Sarge niedergelegt: Prinzessin Henriette zu Schleswig-Holstein, verwitwete v. Esmarch, Prinz Christian zu Schleswig-Holstein, die Großherzogin von Hessen, die Prinzessin von Battenberg, die Kieler Universität, die Herren vom Kopenhagener Nationalmuseum, der anthropologische Verein in Schleswig-Holstein, dessen Schriftführerin die Verstorbene von der Gründung an war, das Altonaer Museum, der Altertumsverein für das Fürstentum Lübeck in Eutin, das Kunstgewerbe-Museum in Flensburg, der Heimat-Verein für Landeskunde, der Altertumsverein für Alsen-Sundewitt in Sonderburg, das Museum Dithmarscher Altertümer in Meldorf", berichteten die Zeitungen.   R.B.

Hedwig von Schlichting

Erste Oberin im Allgemeinen Krankenhaus Eppendorf, gründete den Schwestern-Verein der Allgemeinen Staatskrankenanstalten

Grab Nr. AC 12, 61 (Grabstelle aufgegeben)
geb. 29.10.1861 in Berlin
gest. 14.11.1924 in Hamburg

Über die erste Oberin am Allgemeinen Krankenhaus Hamburg Eppendorf, Hedwig von Schlichting, eine Generalstochter, schrieben die Hamburger Nachrichten am 19.11.1924 in einem Nachruf: „Aus einem Geschlecht stammend, das zum Führen geboren war, wurde sie eine Führerin." Damit hatte so mancher Kollege und Vorgesetzte seine Schwierigkeiten, und Hedwig von Schlichting hatte deshalb im Laufe ihrer Dienstjahre viel auszuhalten.

Mit 15 Jahren begann sie mit der Krankenpflegeausbildung am Berliner Augusta-Hospital. Als 28jährige wurde sie 1889 Oberin an der Chirurgischen Universitätsklinik Heidelberg. „Sie hatte ihre eigene Auffassung von ihrem Beruf, ihren festen Willen, ihr hohes Ziel; für andere war es oft nicht leicht", hieß es in der Trauerrede zu Hedwig von Schlichtings Begräbnis.

Am 1. Juni 1894 ging Hedwig von Schlichting an das Neue Allgemeine Krankenhaus nach Hamburg – zunächst jedoch nur als „Hülfs-Inspektor", weil selbst auf der Frauenabteilung hauptsächlich Männer als Pfleger arbeiteten. Am 5.2.1895 wurde sie schließlich doch erste Oberin und sollte einen eigenständigen Schwesternverband aufbauen (siehe Portrait Schwestern-Verein). Als Tochter eines bekannten Generals brachte sie die von der Krankenhausleitung für die neue Schwesterngeneration erwünschte herausgehobene soziale Stellung mit. Man glaubte, daß Frauen aus dem Bürgertum sich leichter in die Hierarchie und Organisationsstruktur eines Krankenhauses einfügten und die Entwicklung moderner Apparate und Medizin besser verständen als Pflegekräfte aus der Arbeiterschicht, die bis dato das Gros der Pflegekräfte gestellt hatten.

Bis April 1895 waren die Vorbereitungen für einen unabhängigen Schwestern-Verein soweit fortgeschritten, daß er gegründet werden konnte.

Anfang des Jahrhunderts kam es jedoch zu erheblichen Differenzen zwischen der Oberin Hedwig von Schlichting und dem Krankenhausdirektor Theodor Rumpf. Obwohl Hedwig von Schlichting alle Entscheidungen mit Professor Rumpf abstimmen mußte und kaum offiziellen Einfluß innerhalb des Allgemeinen Krankenhauses besaß, hatte ihr großes Durchsetzungsvermögen, was ihre Pläne und Vorstellungen hinsichtlich des Pflegepersonals betraf, ihren Chef nachhaltig verstört.

Zum Eklat kam es, als Hedwig von Schlichting ihre Erica-Schwestern zum Dienst im Allgemeinen Krankenhaus St. Georg abordnete, obwohl Rumpf vorgehabt hatte, die Schwestern an anderer Stelle einzusetzen. Daraufhin versuchte Rumpf die Dienstinstruktion für Hedwig von Schlichting einzuschränken. Sie wurde jedoch vom Krankenhauskollegium in ihrer Funktionsausübung bestärkt, und so kam es, daß Direktor Rumpf am 1.4.1901 von seinem Amt zurücktrat. Noch in seinen Lebenserinnerungen klagte Theodor Rumpf: „Herr Senator Lappenberg bearbeitete die Mitglieder, so daß die ehemals ausgesprochene Machteinschränkung der Oberin zurückgenommen wurde. Dieser neue Beschluß war für mich eine Kränkung, die ich als unabhängiger Mann nicht ertragen wollte." [1] Der Senat kam Theodor Rumps Entlassungsgesuch prompt nach, zumal schon ein Nachfolger in den Startlöchern stand. So kehrte der damals 50jährige nach Bonn zurück, wo er sich 1882 habilitiert hatte, und wurde Honorarprofessor für Soziale Medizin und Chefarzt am Bruderkrankenhaus.

Den Vorfall mit Hedwig von Schlichting vergaß er nie, er grub sich tief in seine gekränkte Seele ein. So machte Rumpf auch in seinen Lebenserinnerungen nicht davor halt, Frau von Schlichting zu verunglimpfen und sagte ihr nach: „Leider hatte sie von Jugendtorheiten und Neigungen nicht hinrei-

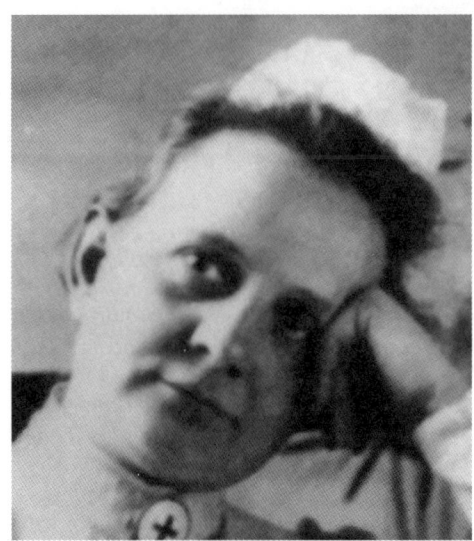

chend Abschied genommen, woraus in der Folge unerfreuliche Konflikte entstanden. ... Daß eine Oberin gelegentlich mit den Assistenzärzten kneipte, mit einem verheirateten Herrn der Gesellschaft ohne dessen Frau nach Paris reiste, auch sich wenig angemessen darüber äußerte, erschien mir für die Schwesternerziehung wenig passend." [1]

Nachdem Theodor Rumpf Hamburg verlassen hatte, sollte er aber noch einmal mit Hedwig von Schlichting in Berührung kommen. Als er zu einer Sitzung nach Berlin in die Charité eingeladen worden war, um Tips für eine neu einzurichtende Schwesternschaft nach dem Vorbild Hamburgs zu geben, wurde ihm die Frage gestellt, ob die Oberin Hedwig von Schlichting geeignet sei, einen Schwestern-Verein in der Charité zu gründen. Rumpf lobte anfangs geschickt die Oberin, um dann von den Vorfällen in Hamburg zu berichten. Nebenbei bemerkte er, daß Hedwig von Schlichting schließlich „älter geworden [sei] und für Berlin keine Erfahrungen wie in Hamburg beständen". [1] Nach Rumpfs Ausführungen soll sich daraufhin der Verwaltungsdirektor der Charité erhoben und erklärt haben, er werde sein Amt niederlegen, wenn Fräulein von Schlichting zur Oberin des geplanten Schwesternverbandes ernannt würde. „Damit war diese Angelegenheit erledigt",[1] so Rumpf in seinen Erinnerungen.

Auch in der Öffentlichkeit wurde der „Fall Rumpf/von Schlichting" diskutiert, und zwar besonders hinsichtlich der Frage, wieviel Eigenständigkeit eine Oberin haben dürfe? Am 2.3.1901 erschien in der Neuen Hamburger Zeitung dazu sogar ein Spottgedicht:

Wer ans Neue Krankenhaus
Kommt als neuer Leiter,
Eine Lehre, fromm und brav,
Merk er sich in treuem Sinn:
Erst kommt die Frau Oberin!

Daß uns Rumpf verlassen will,
Mögen wir beklagen,
Aber kommen mußt' es so,
Denn er konnt' es wagen
Nicht zu beugen seinen Sinn,
Oh! vor der Frau Oberin.

Darum, wer an seine Stell'
Wird als Leiter kommen,
Halt sich stets das eine vor –
Und es wird ihm frommen:
Wenn ich zwar der Chef auch bin.
Mein Chef ist die Oberin!

Ein Jahr nach dem Eklat verließ auch Hedwig von Schlichting am 1.4.1902 das Krankenhaus Eppendorf. Dafür gab es mehrere Gründe: Zum einen die negative Kritik an ihrem Verhalten gegenüber Direktor Rumpf. Und zum anderen hatte sich im März 1902 ein Bürgerschaftsausschuß mit der Frage beschäftigt, ob sie in ihrer Handlungsweise nicht ihre Kompetenzen als Oberin überschritten habe.

Nach eingehender Beratung sprach der Ausschuß Hedwig von Schlichting zwar von allen Vorwürfen frei und lobte ihre Arbeit für den Schwestern-Verein, gleichzeitig gelangte er aber zu der Auffassung, daß die Ursache des Konfliktes in der Doppelfunktion der Oberin als Leiterin des Schwestern-Vereins und der Schwesternschule sowie als Oberin des Krankenhauses zu suchen sei. Deshalb wurde eine Trennung der Kompetenzbereiche beschlossen. Hedwig von Schlichting zog die Konsequenzen, ging und übernahm das Präsidium des Verbandes Deutscher Schwestern-Vereine. R.B.

Der Schwestern-Verein der Hamburgischen Staatskrankenanstalten

Grab Nr. M 21, 51–95

Auf dem Ohlsdorfer Friedhof steht seit 1896 ein felsartig behauener roter Sandsteinblock auf einem Sockel. Darin befindet sich eine flache Nische, worin eine beschriftete Bronzetafel mit Efeukranz angebracht ist: Das Grabmal des Schwestern-Vereins der Hamburgischen Staatskrankenanstalten.

Am 2. Mai 1895 fand die Gründungsfeier des Schwestern-Vereins im Erica-Haus des Krankenhauses Hamburg Eppendorf statt. Mit dieser Gründung wurde die Grundlage für eine bessere Ausbildung des Pflegepersonals sowie dessen soziale Absicherung geschaffen. Schon seit langem wünschten sich Ärzte wie Kommunalpolitiker eine qualifizierte Ausbildung für die Wärterinnen im Krankenhaus – wie sie bereits in anderen deutschen Städten üblich war. Die im Hamburger Krankenhauswesen beschäftigten Pflegekräfte, die hauptsächlich aus der Arbeiterschaft kamen und meist nur über eine dürftige Schulbildung verfügten, erhielten bei Antritt ihrer Tätigkeit im Krankenhaus nur eine kurze Einweisung – was für die zu verrichtenden Tätigkeiten überhaupt nicht ausreichte. Aus diesem Grunde und weil die Erinnerung an die Hamburger Cholera-Epidemie des Jahres 1892 noch sehr gegenwärtig war, bemühten sich die Verantwortlichen um gut ausgebildete und konfessionell nicht gebundene Krankenschwestern in den Krankenhäusern. Dies war das Signal für die Gründung des Schwestern-Vereins.

Durch die 1889 gegründete Heinrich Schmilinsky-Stiftung erhielt der Schwestern-Verein eine Finanzierungsmöglichkeit, ohne den Stadtetat zu belasten, denn das erklärte Ziel dieser milden Stiftung war es, „jungen Mädchen aus besseren Ständen die Möglichkeit zu schaffen, sich für einen nützlichen Beruf auszubilden oder sich mildtätigen Zwecken zu widmen".

Als am 1.4.1895 der Schwestern-Verein seine Arbeit aufnahm, waren sein Wirkungskreis sowie die Absicherung seiner Mitglieder durch seine Statuten und die Beschlüsse von Bürgerschaft und Senat eindeutig festgeschrieben: Das zum Eppendorfer Krankenhaus gehörende Erica-Haus wurde dem Verein als Wohnung für die Oberin und die auszubildenden Schülerinnen überlassen. Die Stadt Hamburg verpflichtete sich zur Zahlung eines festgelegten Zuschusses zum Pensionsfonds des Schwestern-Vereins. Außerdem wurde der jährlich dem Verein aus der Stiftung zukommende Betrag auf fünf Jahre im voraus festgelegt.

Die Dienstkleidung der Schwestern bestand aus einem schwarz-weiß gestreiften Kleid mit weißem Kragen, weißer Schürze und Haube.

Erste Oberin des Schwestern-Vereins wurde die frühere Oberin der Heidelberger Klinik Fräulein Hedwig von Schlichting (siehe Portrait). Ihr unterstanden im April 1895 34 Schwestern und zwölf Schwesternschülerinnen. Bereits Ende des Jahres gehörten dem Verein 100 Schwestern, 20 Schülerinnen und 50 Volontärinnen an. Durch kontinuierliche Ausbildung von Schülerinnen und Zulauf qualifizierter Schwestern wuchs der Verein derart an, daß schon ca. zwei Jahre nach seiner Gründung zum Mutterhaus (Erica-Haus) ein zusätzliches Schwesternhaus erbaut werden mußte.

Besonders attraktiv machten den Verein seine sozialen Leistungen. Er bot eine für diese Zeit – vor allem in ihrer Höhe – einmalige Absicherung im Krankheitsfall und im Alter (nach zehnjähriger Tätigkeit im Verein 600 bis 1.200 Mark Pension). Außerdem gewährte der Verein seinen Schwestern einen dreiwöchigen Erholungsurlaub (später in eigenen Erholungsheimen), und sorgte für Weiterbildung in Form von Vorträgen sowie für Geselligkeit.

Die Schwesternausbildung in diesem Verein hatte einen so guten Ruf, daß seine Schwestern nicht nur in anderen deutschen Krankenanstalten, sondern auch in ausländischen Einrichtungen (z.B. in Konstantinopel oder Buenos Aires) beschäftigt wurden. Schwestern des Vereins gingen in deutsche Kolonien, wurden bei Katastrophenfällen eingesetzt und wurden vom Roten Kreuz als Sanitätskräfte angefordert.

Zu den allgemeinen Bestimmungen, die die Pflegerinnenschülerinnen zu beachten hatten, gehörte:

„Die Schülerinnen haben im Sommer und Winter so frühzeitig aufzustehen, daß sie um 6 Uhr ihren Anzug beendigt und Bett und Waschtisch in Ordnung gebracht haben (5).

Um 6 Uhr findet das gemeinschaftliche Frühstück der Schülerinnen im Ericahaus statt; alle übrigen Mahlzeiten werden im Krankenhaus eingenommen. (6)

Um 6.30 Uhr müssen sich die Schülerinnen in die Anstalt begeben, um mit der ihnen übertragenen Arbeit zu beginnen. Diese Arbeiten geschehen nach den Instruktionen des Krankenhauses und nach den Anordnungen der Oberschwester. (7)

Die Schülerinnen haben während der ärztlichen Visiten anwesend zu sein und sind verpflichtet, die Vorschriften der Ärzte auf das Gewissenhafteste auszuführen. (8)

Gegen die Kranken haben die Schülerinnen sich eines sanften, freundlichen und friedfertigen Benehmens zu befleißigen, ruhig und fleißig ihrer Arbeit nachzugehen und die Kranken in freundlicher Weise auf Ruhe und Ordnung hinzuweisen. (11)

Die Schülerinnen haben einmal in der Woche von 2 bis spätestens 12 Uhr Urlaub. Das Urlaubsgesuch ist an die Oberschwester der Abteilung zu richten, welche es dem Arzt der Abteilung vorzulegen hat. (12)

Ohne Erlaubnis der Oberschwester dürfen die Schülerinnen den Pavillon nicht verlassen. (13)

Persönliche Anliegen oder etwaige Beschwerden sind der Oberschwester vorzutragen, welche darüber entscheidet oder der Oberin Mitteilung machen wird. (14)

Das Annehmen von Geschenken irgendwelcher Art ist streng verboten. Zuwiderhandlungen werden mit sofortiger Entlassung bestraft. (15)

Die Schülerinnen haben es willig aufzunehmen, wenn ihnen von der Oberin oder Oberschwester über ihr Betragen oder Verhalten Vorstellungen gemacht werden. (16)

Der Oberin gegenüber haben sie strengsten Gehorsam zu beweisen und sich in allen zweifelhaften und schwierigen Fällen vertrauensvoll um Rat an dieselbe zu wenden. (20)

Ferner ist es für die Schülerinnen unerläßliche Bestimmung, daß sie mit einander in Eintracht und Frieden leben, und wird ihnen eine echt christliche Gesinnung zur Pflicht gemacht. (21)

Es ist erwünscht, daß die Schülerinnen, soweit der Dienst es zuläßt, die regelmäßigen Gottesdienste in der Anstalt besuchen. (22)

Jeden Mittwoch werden für die Schwestern und Schülerinnen Vorträge gehalten; jeden Sonnabend, abends von 8 bis 10 Uhr, hält der Gesangverein seine Übungen ab. (23)." [1]

1897 erhielten die Schwestern ein weiteres Betätigungsfeld: Die Arbeit in der Entbindungsanstalt, die sich damals noch in der Pastorenstraße befand und 1899 zum Krankenhaus Eppendorf verlegt wurde.

Als Oberschwester Elise Dietrich am 1.2.1900 mit 19 Schwestern die Versorgung des Allgemeinen Krankenhauses St. Georg übernahm, arbeiteten nun sowohl im AK St. Georg wie auch im Krankenhaus Eppendorf auf allen Bereichen Schwestern. Dies hieß auch, daß nur noch wenige Männerstationen von Wärtern betreut wurden. Diese Tatsache führte Anfang des Jahrhunderts dazu, daß in der Öffentlichkeit über das sittliche Verhalten der Schwestern diskutiert wurde. So schrieb Johannes Stangenberger in einem Pamphlet mit dem Titel: „Unter dem Mantel der Barmherzigkeit. Die Schwesternpflege in den Krankenhäusern. Ein Mahnwort an Eltern und Vormünder": „Hütet Eure Pflegebefohlenen! hütet Eure Töchter vor der Krankenpflege, und können sie wirklich dem inneren Drange nicht widerstehen, so gebt nicht zu, dass sie in andere als religiöse Schwesternschaften eintreten; ist es ihnen wirklich Ernst mit der Wahl dieses Berufes, so werden sie nur hier wahre, innere Befriedigung finden. Lasst Euch nicht bestechen durch hochklingende Namen von Oberinnen, die in den meisten Fällen um selbstsüchtige und ehrgeizige Bestrebungen willen die Werbetrommel rühren und unter der Firma ‚Nächstenliebe' eine ekelhafte Reklame für sich und ihren Verein betreiben ... In welcher moralischen Verfassung hofft Ihr da Euer Kind wiederzusehen? Glaubt Ihr, dass die Infektionsstoffe der Unsittlichkeit an einem Mädchen nicht haften geblieben sind, das tagtäglich zu den unweiblichsten Verrichtungen herangezogen, missbraucht worden ist?! Hinweg daher mit der schrankenlo-

sen Mädchenpflege bei Männern, die auf das Schuldkonto der modernen Frauenemanzipation zu setzen ist, von der ein Moralprediger nicht mit Unrecht gesagt hat, dass sie die grosse Heerstraße geworden sei, auf der die zunehmende Unsittlichkeit die Marksteine aufgerichtet habe. Einer dieser Marksteine ist die grauenhafte Mädchenschändung, wie sie hinter den Krankenhausmauern unter dem Deckmantel der Barmherzigkeit betrieben wird...". Die Schwestern wurden als kalt kalkulierende Frauen beschrieben, die den Schwesternberuf nur aufgenommen hatten, um eine gute Partie zu machen, sprich einen Arzt oder gutsituierten Patienten heiraten zu können. Der Ericaverein führte daraufhin eine Verleumdungsklage gegen den Verfasser – das Verfahren wurde aber nach dem ersten Gerichtstermin wegen Verjährung des Verhandlungsgegenstandes eingestellt.

Neben diesem Konflikt gab es zu Beginn des Jahrhunderts noch einen weiteren, den zwischen der ersten Oberin, Frau Schlichting, und dem Ärztlichen Direktor des AK Eppendorf, Professor Rumpf (siehe Portrait Hedwig von Schlichting).

Nach diesen Auseinandersetzungen und nachdem Hedwig von Schlichting das Krankenhaus verlassen hatte, trat Magdalena Elisabeth von Klass deren Nachfolge an. Magdalena Elisabeth von Klass wurde „vor allem mit den inzwischen in der Öffentlichkeit durch verschiedene Pamphlete angefachten Angriffen gegen die Schwesternpflege insbesondere auf Männerabteilungen konfrontiert, die sich nicht zuletzt gegen die Etablierung eines bürgerlichen Frauenberufs in der Krankenpflege richteten. ... Sie unterbrachen [zwar] vorübergehend das rasche Anwachsen des Hamburger Schwestern-Vereins. Doch ernsthaft konnte die bedeutende Errungenschaft der Schwesternpflege, ... nicht mehr in Frage gestellt werden". [2]

1931 wurde der Ericaverein aufgelöst, sein restliches Vereinsvermögen erhielt die Stadt Hamburg, die die Krankenschule als staatliche Einrichtung weiter betrieb. Die Ausbildungszeit der Schwesternschülerinnen betrug nun zwei Jahre.

Unter den Nationalsozialisten wurde die reichseinheitliche Regelung der Krankenhauspflegeausbildung auch für die Schwesternschule wirksam. Voraussetzungen für die Aufnahme in die Schwesternschule waren nun ein Mindestalter von 18 Jahren, eine abgeschlossene Schulbildung und die Absolvierung eines Haushaltsjahres. Die Ausbildung dauerte nun 18 Monate, hinzu kam ein praktisches Jahr. Die Betreuung der Schülerinnen übernahm die Nationalsozialistische Volkswohlfahrt (NSV) mit ihren „Schwesternführerinnen". Die Schwestern wurden auch zu den verbrecherischen medizinischen Praktiken der Nationalsozialisten, wie der Selektion von Erbkranken und Zwangssterilisationen herangezogen.

Außerdem war es seit dem 1.5.1938 verboten, Jüdinnen und Juden in staatliche Krankenpflegeschulen aufzunehmen.

Gabriele Druschka

Dorothea Christiansen (Dorothea Elise Christiansen)

Hamburgs erste Schulrätin

Grab Nr. AG 31, 261-262, Kapelle 6
geb. 22.8.1882 in Hamburg
gest. 11.5.1967 in Hamburg

Die in der Curschmannstraße 27 wohnende Dorothea Christiansen hatte eine typische Lehrerinnenlaufbahn eingeschlagen. Ausgebildet wurde sie am Hamburger Lehrerinnen-Seminar und unterrichtete von 1901 bis 1923 an der Volksschule für Mädchen in der Methfesselstraße 28.

Als es ab 1919 den Lehrern und Lehrerinnen durch die Schulreform möglich wurde, eine Selbstverwaltung einzurichten (d.h. gemeinsam mit dem Elternrat konnte das Kollegium aus seinen Reihen eine Schulleitung wählen), fiel die Wahl in der Schule Methfesselstraße – historisch ein absolutes Novum – auf eine Frau. Dorothea Christiansen wurde 1919 die neue Schulleiterin. Sie engagierte sich in den folgenden Jahren besonders in der Schulreform, und zwar so erfolgreich,

daß die Schulbehörde sie 1923 zur Schulrätin ernannte. zehn Jahre – von 1923 bis 1933 – war Dorothea Christiansen als Schulrätin tätig. Die Autorin vieler Hamburgensien, Henny Wiepking, schrieb in einer kleinen Abhandlung über die Schulrätin Dorothea Christiansen: „Nach außen wurde ihr Name wenig genannt, als sie diese gehobene Stellung inne hatte. So bewährte sich für ihre Freunde die Lebenserfahrung: Das sind die besten Frauen, über die nicht viel geredet wird. Im Verkehr mit ihr, spürte man ihre innige Anteilnahme an alle an sie herangetragenen Nöte. In keinem Fall, wo sie um Rat und Hilfe angerufen wurde, versagte sie. In allen ihren Handlungen lebte der soziale Geist, der Geist der Menschenliebe, der Geist der Menschenwürde. So genoß sie bei ihren Kollegen und Kolleginnen ein hohes Vertrauen." [1]

Während ihrer Tätigkeit als Schulrätin gab es viele Neuerungen in Hamburgs Schulwesen: So wurde z.B. die vierjährige Grundschule für alle Kinder eingerichtet, das Gesetz über die Einheitsschule erlassen, in 50 Volksschulen der Fremdsprachenunterricht eingeführt und die Abschaffung des Schulgeldes und der Lehrmittelbeiträge beschlossen.

Als die Nazis an die Macht kamen, wurde Dorothea Christiansen wegen „politischer Unzuverlässigkeit" zwangspensioniert.

Dorothea Christiansen kümmerte sich um einsame Menschen und um kinderreiche Familien. Ihre Devise lautete: „Sparen, für wen? Mit warmer Hand weggeben, ist mein Grundsatz." [1]   R.B.

Erna Mohr (Dr. h.c. Erna Wilhelmine Mohr)

Zoologin von internationalem Rang

Grab Nr. AA 5, 438
geb. 11.7.1894 in Hamburg
gest. 10.9.1968 in Hamburg

Als Tochter eines Lehrers schlug Erna Mohr ebenfalls die Lehrerinnenlaufbahn ein, obwohl ihre Liebe der Natur und den Tieren galt. Ihre Schulferien verbrachte sie auf dem Lande in Wischreihe bei Siethwende (Kreis Steinburg) und half dort in Hof und Stall. Im Alter von 18 Jahren nahm sie am 1843 gegründeten, weltberühmten Zoologischen Museum am Steintorplatz eine Tätigkeit als Spinnenzeichnerin an. Auch während ihrer Ausbildung und später dann als Lehrerin – von 1914 bis 1919 war sie an der Volksschule für Mädchen am Rhiemsweg, von 1919 bis 1930 in den gemischten Klassen der Hilfs- schule Bramfelder Straße und von 1930 bis 1934 in der Volksschule am Alten Teichweg tätig – arbeitete sie weiterhin am Zoologi- schen Museum. So wurde sie 1913 Mitarbei- terin in der Fischereibiologischen Abteilung bei Professor Ehrenbaum. Hier gelang es ihr, Altersbestimmungen bei Fischen anhand von Ctenoidschuppen durchzuführen – eine wissenschaftliche Pionierleistung. Nach eini- ger Zeit wechselte Erna Mohr in die Abtei- lung für niedere Wirbeltiere, wo sie sich in die Systematik der Fische einarbeitete und auf diesem Gebiet viele wertvolle Arbeiten veröffentlichte, die ihr internationale Aner- kennung einbrachten.

In der Museumsabteilung für niedere Wir- beltiere wurde Erna Mohr vertraut mit der Anlage von Sammlungen und deren Ord- nung. Sie erkannte die Wichtigkeit dieser Arbeiten für die Wissenschaft und setzte sich das Ziel, möglichst viele Bestände dem Muse- um zuzuführen. Dabei halfen ihr ihre platt- deutschen Sprachkenntnisse, denn dadurch kam sie schnell mit den Menschen auf dem Lande in Kontakt, von denen sie so manches Stück für ihre Sammlung erhielt.

Als 1934 ihr Chef, Professor Duncker, in Pension ging, wurde Erna Mohr aus dem Schuldienst beurlaubt, um die Abteilung für niedere Wirbeltiere zu übernehmen. Dort bewies sie ernormes didaktisches Talent, als sie die öffentliche Schausammlung neu ge- staltete. Überhaupt war es Erna Mohr ein großes Anliegen, ihr Fachwissen so verständ- lich wie möglich zu vermitteln, um auch ei- ner breiten Öffentlichkeit Zugang zu ihren Forschungen zu verschaffen.

1936 folgte ein neuer Schritt: Erna Mohr er- hielt auch die Abteilung für höhere Wirbel- tiere und damit die Verantwortung für ent- scheidende Teile der Schausammlung des al- ten Zoologischen Museums.

Erna Mohr war so fasziniert von ihrer Ar- beit, daß sie selbst während des Zweiten Welt- krieges ihre als Soldaten eingezogenen Kol- legen bat, im Feld Mäuse zu sammeln und sie ihr zwecks Bestimmung der verschiedenen Arten zu schicken.

1943 zerstörten Bomben Erna Mohrs Werk. Sie ließ sich jedoch nicht entmutigen und machte sich sofort nach dem Krieg an den Wiederaufbau der Sammlungen. Als An- erkennung für ihren Einsatz wurde sie am 1. Januar 1946 von der Hochschulverwaltung als Kustos der Wirbeltierabteilung des Zoolo- gischen Museums übernommen. Prof. Wolf Herre schrieb in einem Nachruf auf Erna Mohr: „Sie hat eine schwere Aufgabe gemei- stert, weil sich damals in der Zeit der Raumnot in der Öffentlichkeit aber auch in der Wissen- schaft eine Strömung breit zu machen ver- suchte, welche in der Hortung von Beständen für spätere Arbeiten keine Aufgabe oder gar Verpflichtung sah. Erna Mohr war in ihrem

Idealismus von der Notwendigkeit des Sammelns von Material für spätere Arbeiten anderer Forscher durchdrungen. Sie empfand, daß Zeugnisse tierischer Mannigfaltigkeit in wissenschaftlichen Sammlungen eine der entscheidenden Grundlagen für die Zoologie als einer sicher fundierten Wissenschaft sind. ... Erna Mohr hat ihre Überzeugung nicht nur in Hamburg durchzusetzen gewußt. Sie arbeitete in Museen vieler Städte und wies auch dort auf die Notwendigkeit des Sammlungsausbaus hin. Erna Mohr suchte auch kleine alte Museen auf, welche dem Untergang geweiht schienen. Dort hob sie die Schätze und verstand die Verantwortlichen mit schlichten, eindringlichen Worten über die Bedeutung dieser Bestände für die Geschichte der Wissenschaft und für zukünftige Forschungen zu überzeugen." [1]

Noch heute besteht der von ihr zusammengetragene Grundstock der wissenschaftlichen Sammlung. Und auch darin lebt sie weiter: in den Etiketten an den Sammlungsstücken. Die ließ sie nicht schreiben, das machte sie lieber selbst. Aber sie lebt auch weiter in ihren ca. 400 Veröffentlichungen. Gekleidet in einen Lodenmantel, mit Wanderschuhen an den Füßen und einer Einkaufstasche aus Plastik am Arm, in der ihre Manuskripte lagen, begab sie sich zu ihren Verlegern. Zu Hause in ihrer Wohnung am Kraemerstieg warteten ihre Dackel und eine große Menagerie aus Porzellantieren auf sie.

Erna Mohr erhielt hohe Auszeichnungen und Ehrungen: 1944 wurde sie zum Mitglied der Kaiserlich-Leopoldinisch-Karolinischen Akademie der Naturforscher in Halle berufen. 1950 erhielt sie von der Universität München die Ehrendoktorwürde, und 1954 wurde sie Ehrenmitglied des „Verbandes deutscher Zoodirektoren". Letztere Ehrung begründete sich auf dem engen Kontakt, den Erna Mohr zu den Zoodirektoren Deutschlands hielt.

Bereits als 20jährige hatte sie die Zoologischen Gärten bereist und sie photographiert. Daraus entstand eine umfangreiche Dokumentensammlung über die Entwicklung der Zoologischen Gärten Deutsch-lands. Diese Zoobesuche waren für Erna Mohrs Forschungen sehr wichtig: „Bedeutsam waren die Anregungen, welche sie durch ihre Besuche erhielt: die Säugetiere und ihre Biologie rückten immer stärker in der wissenschaftlichen Tätigkeit von Erna Mohr nach vorn. Sie nahm sich mancher Merkmale an, welche andere Forscher vernachlässigten, weil sie spürte, daß sich großes auch im Kleinen verbergen kann. Kennzeichnend dafür ist schon ihre erste Arbeit über Säugetiere, die im Biologischen Zentralblatt 1917 erschien und sich mit dem ‚Knacken' der Rentiere beim Laufen befaßte", [1] berichtete Professor Wolf Herre. Und um noch ein weiteres „kleines" Thema zu nennen: Erna Mohr schrieb auch über „Ohrtaschen" und andere taschenähnliche Bildungen am Säugetierohr (1952).

Erna Mohr leistete viel für den Naturschutz, aber nicht auf einer sentimentalen Ebene, wie Prof. Schliemann vom Zoologischen Institut, der Erna Mohr noch persönlich kannte, betont. Sie kämpfte für einen wissenschaftlich begründeten Naturschutz. So setzte sie sich für das vom Aussterben bedrohte europäische Wisent ein und arbeitete im Vorstand der „internationalen Gesellschaft zur Erhaltung des Wisents". Einer ihrer Spitznamen war „Wisent-Mama". Sie wurde die erste Zuchtbuchführerin aller in den Zoos lebenden Wisente und erreichte dadurch, daß die europäischen Wisente nicht mit ihren nordamerikanischen „Verwandten" gekreuzt wurden.

Auch den Fledermäusen widmete sie sich. Sie war der erste Mensch, dem es gelang, verwaiste Fledermausbabys mit einem Puppenschnuller großzuziehen. Daneben waren auch Ratten, Birkenmäuse, Känguruhs, Schlitz-rüßler, Leoparden und Robben ihre Schützlinge.

Erna Mohr befaßte sich auch intensiv mit der Tierwelt Schleswig-Holsteins. Im Rahmen dieser Studien begann Erna Mohr, im Zoologischen Museum Tiere zu halten. Professor Wolf Herre schrieb dazu: „Ich erinnere mich noch immer, wie Erna Mohr mit ihren dicken, großen Baumratten auf der Galerie des alten Zoologischen Museums umherwandelte, diese seltsamen Tiere belauschte und in ihren Eigenarten kennenlernte. ... Erna Mohr hat als einer der Pioniere auf dem Gebiet der Verhaltensforschung der Säugetiere zu gelten. Erna Mohr hat stets auf Experimente verzichtet und Einsichten vom unbeeinflußten Tier erstrebt. Daß dies ein Verfahren von außerordentlichem Wert ist, wird heute immer klarer anerkannt." [1]

Als Erna Mohr 1968, im Alter von 74 Jahren, starb, trafen aus ganz Europa Kranzspenden und Kondolationen ein. Vertreter zoologischer Gesellschaften und von Tiergärten der Bundesrepublik nahmen am feierlichen Abschied teil. 1984 wurde im Stadtteil Bergedorf eine Straße (eine Sackgasse!) nach ihr benannt: Erna-Mohr-Kehre.

Im selben Jahr wurde aus dem Zoologischen Staatsinstitut und dem Zoologischen Museum das Zoologische Institut und Zoologische Museum der Universität Hamburg. Ihren Sitz haben das Institut und das Museum heute am Martin-Luther-King-Platz in Hamburg.   R.B.

Hedwig Brandt (geb. Stosch-Sarrasani)

Die rechte Hand ihres Vaters,
des Direktors des Zirkus Sarrasani

Grab Nr. X 25, 46-55, Kapelle 2
geb. 1.3.1896 in Berlin
gest. 28.2.1957 in Hamburg

Hedwig Brandt war die Tochter des Dresdner Direktors des Zirkus Sarrasani, Hans Stosch. Obwohl 13 Monate später mit ihrem Bruder Hans dem Haus ein männlicher Erbe geboren worden war, wurde Hedwig die Vertraute ihres Vaters.

Nach der Schule – anfangs besuchte sie ein Pensionat in Dresden, später ein Internat in der Schweiz – wurde Hedwig ab ihrem 14. Lebensjahr in die Arbeit des Zirkus miteinbezogen: als Kunstreiterin, Kassiererin und auch als ein Mitglied des „Putztrupps", der nach den Vorstellungen aufräumen und saubermachen mußte.

Doch das Verhältnis von Vater und Tochter bekam einen Knacks, als Hedwig auf einer gemeinsamen Reise mit ihrem Vater nach Hamburg ihren zukünften Ehemann kennenlernte. Hans Stosch war mit seiner Tochter auf der Werft Blohm + Voss, um Verhandlungen über einen Schiffstransport seines Zirkus nach Südamerika zu führen. Für diese Gespräche wurde ihnen „der beste Mann der Werft", der Leiter der Reparaturabteilung, vorgestellt. Für Hedwig Stosch und den Ingenieur Brandt war es Liebe auf den ersten Blick. 1920 heiratete die 24jährige gegen den Willen ihres Vaters, der bereits während des Ersten Weltkrieges „einen Mann vom Fach" für sie ausgesucht hatte.

Hedwig zog nach Hamburg und bekam ein Jahr nach der Hochzeit ihr erstes Kind, ein Mädchen, dem 13 Monate später ein Junge folgte. Diese Geburtenabstände glichen denen von Hedwig und ihrem Bruder und führten deshalb bei den Zirkusleuten zu abergläubischen Vermutungen; die Folge: Vater und Tochter versöhnten sich, und fortan reiste Hedwig Brandt immer mal wieder für einige Monate zu ihrem Vater, um ihm bei der Zirkusarbeit zu helfen. Dies bedeutete für den Rest der Familie Brandt – 1920 und 1925 wurden zwei weitere Töchter geboren – eine große Belastung, auch wenn es ihr wirtschaftlich gut ging, eine Haushaltshilfe eingestellt war und die Kinder während Hedwig Brandts Abwesenheit von deren Schwägerin betreut wurden. Aber Hedwigs starke Verbundenheit mit ihrem Vater sowie ihr Pflichtgefühl ihm gegenüber ließen keine andere Entscheidung zu. Verreiste ihr Vater, setzte er sie sogar als seine Generalbevollmächtigte ein.

Nach dem Tod ihres Mannes stürzte Hedwig Brandt in eine schwere wirtschaftliche Krise: Blohm + Voss zahlte ihr nicht die (Witwen-)Betriebsrente. Dies machte sie krank. Trotzdem war sie voller Begeisterung dabei, als 1955 Fritz Mey, ein ehemaliger Mitarbeiter des 1945 in Dresden ausgebombten Zirkus Sarrasani, mit Spendengeldern versuchte, das Unternehmen wieder aufzubauen. Sofort gab sie ihr Einverständnis, für den neuen Zirkus den Namen Sarrasani zu verwenden und reiste zu dessen Eröffnungsvorstellung am 31.3.1956 nach Mannheim. Nicht ganz ein Jahr danach starb sie im Alter von 61 Jahren. Zuletzt hatte sie in der Wietreie 85 im Stadtteil Volksdorf gewohnt.

Gabriele Druschka

Erna Stahl

Reformpädagogin und Gründerin der Albert-Schweitzer-Schule

Grab Nr. AD 9-11 bei Kapelle 8
geb. 15.2.1900 in Hamburg
gest. 13.6.1980 in Hamburg

Erna Stahl kam aus einer musischen Familie. Ihr Vater war Inhaber einer Konzertagentur, ihre Mutter, eine Wienerin aus dem Arbeitermilieu, hatte vor ihrer Heirat zeitweise als Musikerin gearbeitet. Die musikalische Welt der Mutter faszinierte die Tochter. „Im Hause gingen Sänger, Schauspieler, also Künstler, ein und aus. Diese Welt konnte nicht ohne Wirkung bleiben, zumal sie früh schon in die Volksoper mitgenommen wurde, dort die Räume durchstöberte und auf den Schnürboden kletterte. Theaterluft war Erna Stahls Lebensluft von Kindesbeinen an, zeitlebens – wie ihr Wien – stets zweite Heimat

war. Beides vereinte sich auch: Die Freude am Theater und die Liebe zu Wien im Wiener Theater, das ihr durch eine persönliche Freundschaft in höherem Alter noch besonders nahe rückte", [1] heißt es in einem Nachruf, aus dem im folgenden ausführlich zitiert werden soll, weil er auf eine sehr persönliche Art Erna Stahls Werdegang schildert und dabei auf einige ihrer Vorlieben hinweist: „Mit 6 Jahren mußte eine Schule besucht werden. Die Eltern gaben ihr Kind zu Anna Krauth, einer sehr guten Privatschule. Als die Schulanfängerin, die noch nicht lesen und schreiben konnte, der Leiterin vorgestellt wurde, überraschte sie die Anwesenden mit der Frage: ‚Wo hast du deine Bibliothek?' Bücher strahlten für Erna Stahl auch in ihrem weiteren Leben eine Faszination aus. Mit welcher Hingabe sie ab 1954 zwei Büchereien aufbaute, ist unbeschreiblich: die meisten Bücher las sie vorher selbst, auch – und das tat sie mit Begeisterung – die Kinderbücher. Eine Ausleihe erfolgte fast immer nur in ihrer Gegenwart; ‚pfleglichste Behandlung' (ein oft aus ihrem Mund gehörtes Wort) mußte gewährleistet sein. Die Schulanfängerin, die voll Neugierde nach der ‚Bibliothek' fragte, weil man Büchern Schönes, Wunderbares entnehmen konnte, zeigte im Grunde die Seelenhaltung, die wir auch im hohen Alter noch finden. Bibliotheken blieben für Erna Stahl geistige Zentren, von denen Leben ausging, höheres Leben.

In der Privatschule Anna Krauth blieb Erna Stahl 10 Jahre. Daß ihre frühe Eigenwilligkeit und sehr große Selbständigkeit hin und wieder in der Schule zu Auseinandersetzungen führt, erscheint nur zu verständlich. Kurz vor dem Abschluß der 10. Klasse, dem sogenannten Einjährigen, erzählt ihr eine Schulfreundin, daß sie 2 Tage nicht zur Schule käme. Sie hätte frei, um eine Aufnahmeprüfung im Lehrerseminar zu machen. Das junge Mädchen Erna Stahl geht mit, ohne Anmeldung, macht auch die Prüfung, die Freundin fällt durch, Erna Stahl besteht und öffnet sich damit das Tor zum Lehrerberuf.

Das Lehrerseminar hat Erna Stahl nicht abgeschlossen. Schon bald sieht man sie an der Universität Gastvorlesungen hören. Zu einem richtigen Universitätsstudium bedurfte es aber des Abiturs, das sie 1925 nach dem Besuch der Helene-Lange-Schule ablegte. Viele Einflüsse werden in dieser Zeit die kunst-, musik-, dichtung- und theaterliebende junge Dame berührt haben. Geistig früh unabhängig mußte sie aber um ihre materielle Selbständigkeit sehr kämpfen, denn eine Unterstützung konnte ihr das Elternhaus nicht geben.

Erna Stahl verdiente ihren ganzen Lebensunterhalt selbst, durch Unterricht oder aber, was sehr häufig geschah, sie spielte zum Tanz auf bei Freunden, in Gesellschaften oder bei Veranstaltungen. Ganz besonders gerne gab sie auch Kurse für Arbeiter in Deutsch und Geschichte an der Privatpresse Jessel. Sie erledigte ein ungeheures Arbeitspensum. Wir hören davon, daß Erna Stahl bis unmittelbar vor dem Staatsexamen neben ihrem Studium bis zu 40 Wochenstunden unterrichtet hat." [1]

1928 begann sie an der Hamburger Lichtwark-Schule zu unterrichten. Diese Schule war keine klassische Lehranstalt, sondern eine Modellschule der Reformpädagogik. Diese Schule – ein Kurt-Schumacher-Bau am Rande des Stadtparks (dieser Platz war ausdrücklich wegen seiner Nähe zur Natur gewählt worden) – beschritt ungewöhnliche Wege. Mädchen und Jungen erhielten gemeinsamen Unterricht, den musischen Fächern wurde breiter Raum gewährt. Es wurde Englisch und Französisch gelehrt und ein Kurssystem eingeführt, um unterschiedlichen Begabungen und Neigungen entsprechen zu können. Schülerinnen und Schüler bekamen ein Mitbestimmungsrecht, und es gab einen Schülerinnen- und Schülerrat und eine Schulzeitung. Die bis dahin übliche autoritär geführte Schulleitung wurde abgelöst, und es bildete sich eine Zusammenarbeit zwischen Schülern, Schülerinnen, Eltern, Lehrerinnen und Lehrern. Zum ersten Mal standen Klassenreisen auf dem Schulplan. Leistungssport oder vormilitärische Ausbildung waren verpönt, statt dessen standen spielerisches Miteinander auf der Grundlage von Fairneß und Toleranz im Mittelpunkt. Trotzdem wurde auf Disziplin und Leistungsbereitschaft nicht verzichtet. Kein Wunder, daß eine Schule mit diesem Konzept den Nationalsozialisten ein Dorn im Auge war. 1933 wurde der Schuldirektor, Heinrich Landahl, entlassen. Man ersetzte ihn durch einen Nationalsozialisten und hob 1937 auch die Koedukation auf. Von dem Konzept der Lichtwark-Schule blieb nichts mehr übrig.

1935 wurde auch Erna Stahl entlassen. Sie hatte sich mutig den „neuen Kräften" entgegengestellt. Nationalsozialistische Ideen fanden in ihrem Unterricht keinen Platz. Den Hitlergruß in der Schule lehnte sie ab und las in ihrer Wohnung mit ihren Schülerinnen und Schülern die „verbotene Literatur". Auf diesen Leseabenden machte sie ihre Schüler und Schülerinnen bekannt mit Werken verbotener Dichter und Schriftsteller wie Werfel, Hofmannsthal, Georg Kaiser oder Thomas Mann und stellte auch die Malerei des Expressionismus vor, wies auf Werke von Marc, Kandinsky, Münter hin.

Erna Stahl wurde an das Alstertalgymnasium strafversetzt und mußte in der Klasse von Hilde Ahlgrimm, die Biologie, Mathematik und Chemie gab, den Deutsch-, Geschichts- und Religionsunterricht übernehmen. Was zunächst in einem negativen Licht erschien, erwies sich als Glücksfall, denn „damit beginnt nicht nur fachlich eine überaus glückliche Ergänzung zweier Menschen, sondern es entwickelte sich auch eine Lebensfreundschaft. ‚In herzlichster Verbundenheit über viele Jahre schönster und reichster Arbeit' – ein von Erna Stahl in anderem Zusammenhang geprägtes Wort – wirkten sie gemeinsam, durchstanden die Freundinnen jene Zeiten der Not, erlebten dann aber auch Augenblicke höchster Freude". [1] Gelegentlich unterschrieben die beiden Freundinnen ihre gemeinsamen Briefe mit „Stahlgrimm".

Aber auch am Alstertalgymnasium hielt sich Erna Stahl nicht streng an den von den Nationalsozialisten vorgeschriebenen Lehrplan. Das führte soweit, daß der Schulleiter eines Tages zu Frau Ahlgrimm sagte, Frau Stahl möge sich im Geschichtsunterricht mehr an Treitschke als an Ranke orientieren.

An vielen Abenden trafen sich Erna Stahls ehemalige Schülerinnen und Schüler der Lichtwark-Schule weiterhin bei ihrer alten Lehrerin. Die Jugendlichen kamen hauptsächlich aus fortschrittlichen, antifaschistischen Elternhäusern. Unter ihnen waren auch Heinz Kucharski und seine Freundin Margaretha Rothe, die einen Widerstandskreis bildeten, der nach dem Krieg als Hamburger Zweig der Widerstandgruppe „Weiße Rose" bezeichnet wurde.

Als die Bespitzelungen durch die Nazis immer schärfer wurden, stellte Erna Stahl ihre Leseabende ein. Dennoch wurde sie am 4.12.1943 verhaftet, nachdem einige Monate zuvor bereits vier Mitglieder der Hamburger „Weißen Rose" verhaftet worden waren – darunter Heinz Kucharski und Margaretha Rothe. Erna Stahl wurde des „Hochverrats" beschuldigt; sie hätte in „staatsfeindlichem Sinne" die ihr anvertrauten Jugendlichen verführt und für ihre Anschauungen mißbraucht.

„Erna Stahl erhält Einzelhaft. Bis Oktober 1944, d.h. mehr als 10 Monate verbringt sie in ihrer Zelle in Hamburg-Fuhlsbüttel – ohne Buch, ohne Schreibwerkzeug, ohne Papier, isoliert, allein gelassen." [1] Ein langer Leidensweg durch mehrere Gefängnisse begann. Zunächst kam sie nach Cottbus: „Anfang Januar 1945 konnte Frau Ahlgrimm dort die Freundin noch besuchen. Dann brachen die Fronten. Über Berlin und Leipzig wurde Erna Stahl nach Bayreuth verlegt. Erna Stahl verlor in diesen Wochen in Bayreuth die Sprache, sie konnte keinen Satz mehr herausbringen, das Wort, das von ihr überaus geliebte Wort, versagte sich ihr. Man brauchte aber ihre Aussage, man mußte ein Geständnis haben. Deswegen, und nur deswegen, erhielt sie Schreibwerkzeug und Papier. Nun aber brach es aus ihr heraus. 20 Seiten schrieb sie, 20 Seiten Anklage, ihre große Anklage gegen den derzeitigen Verbrecherstaat und die nationalsozialistischen Machthaber. Doch damit hatte sie selbst ihre Verurteilung heraufbeschworen. Der Anwalt telefonierte nach Hamburg und konnte der Freundin nur noch wenig Hoffnung machen. Doch die Kriegsereignisse nahmen einen stürmischen Verlauf. Von Berlin aus setzte sich am 12. April 1945 der Volksgerichtshof nach Bayreuth ab. Aber am 15. April besetzten – von Westen kommend – die Amerikaner die Stadt. Die Freiheit war wieder gewonnen." [1]

Nach der Befreiung nahm Erna Stahl ihre Tätigkeit als Lehrerin wieder auf. Mit ihrer Freundin übernahm sie die Leitung der Oberschule für Mädchen im Alstertal. Da Schulbücher fehlten, schrieb Erna Stahl ein Lesebuch für den Deutschunterricht mit dem Titel „Im Kreislauf des Jahres", das 1947 erschien.

Erna Stahl stellte auch einen Antrag auf Koedukation an ihrer Schule. Sie mußte lange darum kämpfen – aber 1949 war es soweit.

Als man ihr anbot, die Lichtwark-Schule neu zu eröffnen, lehnte sie ab, ebenso das Angebot, die Odenwaldschule zu leiten. Ihr schwebte inzwischen ein anderes, ein eigenes Schulmodell vor, das u.a. Elemente der Lichtwark-Schule mit denen der Waldorfschule verband. Nach vier Jahren erhielt Erna Stahl 1950 endlich von den Behörden grünes Licht für ihren pädagogischen Modellversuch. Diesen begann sie im Albert Schweitzer Gymnasium mit zwei Klassen, die nach dem zehnten Schuljahr ihren Abschluß machten.

1954 konnte Erna Stahl dann die erste Gesamtschule Hamburgs, die Albert Schweitzer Schule, gründen, die bis zum Abschluß der zehnten Klasse führte.

Vor dem Hintergrund der Erfahrungen in der Zeit des Nationalsozialismus nahmen Erna Stahls pädagogische Ideen eine neue Wendung, die sie in ihrer Gesamtschule verwirklichen wollte. Die Reformpädagogik der Weimarer Zeit hatte zwar viele Neuerungen gebracht, sie hatte aber nicht vermocht, junge Menschen im Denken und Handeln so zu leiten, daß „sie später der politischen Verführung aktiv begegnen" konnten. Deshalb plädierte Erna Stahl für folgenden pädagogischen Versuch: „Versuchen wir das im Kinde anzusprechen, was ewig und unzerstörbar ist, binden wir es damit – ohne viel davon zu reden – an eine höhere Welt. Es ist die einzige Bindung, aus der alles rechte Maß, alle rechte Kraft, alle rechte Liebe und alle rechte Freiheit fließt. Wer dieses Maß hat, oder doch als Ziel anstrebt, kann überall – ganz gleich in welchem Beruf, in welcher Partei, in welcher Konfession er einmal stehen will und wird, ein ganzer Mensch sein. Dazu sollten wir erziehen – nicht zum Beruf, nicht zu weltanschaulicher oder politischer Verfestigung, welcher Art auch immer." [1]

Erna Stahls Ziel war eine Erziehung ohne Auslese – vom Straßenfeger bis zum Staatenlenker – sagte sie. In den ersten Schulklassen wurden keine Noten erteilt. Dies sollte die Individualität stärken. Von der ersten Klasse an fanden die musischen Fächer besondere Betonung.

Ein anderer Schwerpunkt war der Weg nach außen, hin zu den anderen Völkern. So wurde z.B. Englisch schon ab der ersten Klasse, Französisch ab der fünften Klasse unterrichtet. Erna Stahl stellte sich gegen den „hochgezüchteten Intellekt" der sogenannten „wissenschaftlichen Oberschule", die die seelische Entwicklung der Kinder vernachlässige. In ihrer Schule sollte der Mensch im Mittelpunkt stehen und jeder im Rahmen seiner Möglichkeiten gefördert werden. Natürlich war es selbstverständlich, daß Mädchen und Jungen gemeinsam unterrichtet wurden.

In der Wirtschaftswunderzeit wuchs bei Erna Stahl die Sorge „vor einer heraufkommenden Bildungspolitik, die alles streicht, was nicht unmittelbar das Rädchen Kind zu einem funktionierenden Rad in der Industriegesellschaft präpariert". Der übersteigerte Leistungswahn erschien Erna Stahl als Bedrohung des Kindes und der Zukunft überhaupt.

Welchen großen Einfluß Erna Stahl auf ihre Schülerinnen und Schüler hatte, wird aus der Ansprache eines ehemaligen Schülers deutlich, die er anläßlich des Todes seiner Lehrerin hielt: „Ich war von 1949 bis 1953 ihr Schüler und habe sie in dieser Zeit kennengelernt als eine energische, achtungsgebietende Persönlichkeit, die genau wußte, was sie wollte, und die uns, ihre Schüler, bis ins Tiefste geformt hat. Sie erzählte einmal von ihrer Begegnung mit Cosima Wagner in Bayreuth: wie sie vor ihr saß voller Verehrung und Hochachtung und Scheu, nur auf einer Ecke des Stuhles, die Tasse klirrte in ihrer Hand. Ich glaube, viele von uns, Schüler und wohl auch Lehrer, haben im Geist manchmal ebenso vor ihr gesessen, ‚nur auf einer Ecke des Stuhles'. Sie erwartete von uns Disziplin, Selbstdisziplin, so wie von sich selbst. Die katholischen Ordensfrauen waren ihr Vorbild, die noch im heißesten Sommer, ohne sich etwas anmerken zu lassen, ihre Tracht trugen. Sie konnte faszinierend erzählen. Sie hat uns Goethe erzählend nahe gebracht. Wenn sie erzählte, ging es mit ihr ‚durch'; dann überhörte sie auch jedes Pausenzeichen. Und als wir uns einmal darüber beschwerten, gab sie uns in der nächsten Stunde dadurch eine Antwort, daß sie beim ersten Ertönen der Schulglocke, mitten im Wort abbrach und wortlos den Klassenraum verließ.

Wir haben auch noch eine andere Seite ihres Wesens kennengelernt: ihr Vermögen, sich in andere Menschen einzufühlen. Ich denke an den ersten Tag unseres schriftlichen Abiturs. Wir saßen jeder an einem Tisch im Zeichensaal der Schule am Erdkampsweg. Und für jeden hatte sie eine kleine Vase gekauft – für die Mädchen eine weiße, für die Jungen eine braune – und uns mit ein paar Blumen auf den Tisch gestellt. Welch ein Zeichen an solch einem Tag! Dann öffnete sie den noch amtlich verschlossenen Umschlag mit den Abituraufsatzthemen, las und nickte zufrieden. Sie hatte sich jeden von uns 18 vorgestellt und dann die drei geforderten Themen für die Aufsätze so gewählt, daß jedem von uns eines wie auf den Leib geschrieben sein mußte – und wir hatten dann auch jeder ‚unser‘ Thema gewählt, wie sie uns hinterher sagte. Aber sie hatte der Schulbehörde doch vier Themen angeben müssen, wovon eines von der Schulbehörde gestrichen wurde! Ja, sagte sie später lächelnd, das vierte hatte ich so formuliert, daß dieses Thema ganz gewiß gestrichen werden mußte. Und so war's denn auch geschehen.

Sie war kein bequemer Mensch. Sie hatte ihre Ecken und Kanten. Sie hat es sich und den Menschen, die mit ihr zu tun hatten, manchesmal nicht leicht gemacht. Sie ist oft gegen den Strom der Zeit geschwommen. Sie hat uns gelehrt, daß der Funke nur von Mensch zu Mensch im persönlichen Gegenüber überspringt; daß die modernen Medien dieses Überspringen des Funkens eher verhindern als fördern. Sie hat, auch nach ihrer Pensionierung, sich sehr engagiert und kritisch mit dem literarischen und politischen – und schulpolitischen – Geschehen auseinandergesetzt und sehr klar und unmißverständlich ihre Meinung gesagt und geschrieben. Nicht immer zur Freude ihrer Adressaten." [1] Im März 1965 legte Erna Stahl die Schulleitung nieder. Zum Ende ihrer Abschiedsfeier stand Erna Stahl mit ihrer Freundin Frau Ahlgrimm auf, hielt dann jedoch einen Augenblick inne und, so heißt es in einem auf sie gehaltenen Nachruf: „wandte sich um und die Hand leicht erhebend rief sie ‚Singt mir noch einmal zum Schluß, Viele verachten die edle Musik‘. Festen Schrittes durcheilte sie den Raum, verharrte aber kurz vor dem Ausgang noch einmal, hob den Kopf und sprach in den Gesang: ‚Vergeßt die Kinder nicht.‘ Nur wenige haben den Ruf vernommen!..." [1]   Kirsten Leppert

Tante Hermine (Anna Hermine Brutschin-Hansen)

Kneipenbesitzerin

Grab Nr. E 9, 28-29
geb. 9.5.1905 in Hamburg
gest. 20.8.1971 in Hamburg

Hannes Schlünz, Erster Vorsitzender der Hamburg Gesellschaft, ehemaliger Seemann, NDR-Journalist, der lange Jahre das Hafen-Konzert und die Weihnachtssendung „Grüße an Bord" moderierte, kannte Tante Hermine gut und schätzte sie sehr. Deshalb war es ihm auch ein Bedürfnis, ein in memoriam für sie zu schreiben: „‚Wo kömmst Du denn her, Di kenn ick noch nich?‘ So Hermine Hansen Ende der 40er/Anfang der 50er Jahre, als ich erstmals in der Hafenstraße 108 aufkreuzte. ‚Geiht ook nich, ick weer bi de Süd!‘ Zur Erklärung: Die Schiffe der Hamburg-Süd machten damals an der Überseebrücke fest. Unsere Stammkneipe war der ‚Vosswinkel‘ von Hermine Schütt, Ecke Rambachstraße.

Tante Hermines Etablissement wurde vorwiegend von den Seeleuten der Paketfahrt, sprich Hapag, heimgesucht, die ja lange Zeit mit der berühmten Fähre 7 in die Stadt fuhren. Es waren nicht nur Seeleute, die bei Tante Hermine einkehrten. Aus allen Teilen der Stadt der ‚Hummeln und Mörsern‘, sprich Hamburg, kamen die Besucher. Ärzte vom Eppendorfer Krankenhaus, Juristen, sprich Volk, das Sinn für höheren Unsinn, jedoch mit Tiefgang, zählten zum ‚Stamm‘. Manch frischverheiratetes Paar kam vom Michel direkt zur Hermine, um den Bund fürs Leben mit einem kräftigen Aquavit zu beurkunden. Aquavit war es auch, mit dem Klein Hermine

1905 in der Kneipe ihres Großvaters in der Davidstraße, da wo heute ein Chinese drin sitzt, zünftig getauft wurde. Hermines Großvater wog mehrere Zentner. Man nannte ihn, er war übrigens Norweger, den Elefanten von Hamburg. Anno 23 kam Jung Hermine als 18jährige in die mittlerweile an die Hafenstraße 108 übergesiedelte Kneipe. Dort in dem Haus wohnte sie auch. Sie ‚weilte‘ dorten bis zu ihrem Tode im Jahre 1971.

Tante Hermines Ruf war weltumspannend. Post aus Übersee mit der Adresse: Tante Hermine, Hamburg, landete ohne Umwege auf ihrem Tresen, par donc, ‚Kommandobrücke‘.

‚Tschüüs, kiek mol wedder in, hest ook betohlt?‘ So die legendäre Verabschiedung für einen Fahrensmann, der wieder an Bord ging. Die schönsten Gespräche über die Christliche Seefahrt samt ihrer umliegenden Dörfer, hatten wir meist am Nachmittag so um 3 Uhr herum, als noch kein Betrieb war. Hermine hockte auf ihrem Stammplatz neben dem Ofen. Sie konnte wunderbar erzählen. ‚Ick bün‘ne Konkurrenz for IBM‘, sagte sie des öfteren. Sie verfügte über ein fast unheimliches Erinnerungsvermögen. Ein Beispiel: Kreuzte da ein plattdeutsch sprechender Ami bei ihr auf, der sofort von Tante Hermine zur Rede gestellt wurde. ‚Du hest noch dree Beer to betohlen! Du bist doch 1928 op de „Cleveland‘ west un bist in Newe York ‚achterutseilt‘ – sprich einfach ausgestiegen.

Die Wände von Tante Hermines ‚Welt‘ an der Hafenstraße 108 waren geschmückt von Mitbringseln der Fahrensleute. Nicht zu vergessen der berühmte Walpenis auf dem Klavier, oben auf halber Höhe des Lokals, der oft herumgereicht wurde. Nicht zu vergessen die drei dramatischen Großfotos der Dreimastbark „Obotrita“, hoch und trocken liegend, sprich gestrandet am 25. November 1926 vor Blankenberge. Onkel Karl, Hermines Mann, war dort an Bord. Er musterte später bei ihr an und hatte in der Kombüse das Sagen.

Eine Beleidigung wäre es gewesen, wenn man Onkel Karl – der übrigens den Großen Zettel hatte, also Kapitän auf Großer Fahrt war, nach der Speisekarte gefragt hätte. Es gab täglich nur ein Gericht! Und dieses zünftig nach alter Seemannsart. Natürlich Labskaus, wie Nasi Goreng und weitere Menues, deren Rezepte Onkel Karl während seiner Seefahrtszeit weltweit aufgepickt hatte.

Die gottvolle Seemannstype Bern Hardy – ein naher Verwandter von Joachim Ringelnatz – hat Tante Hermine besungen:

Hermine
Wenn alte Fahrensleute zechen
irgendwo draußen in der Welt,
dann kommen sie auf Dich zu sprechen,
sobald das Stichwort Hamburg fällt.

Dich kennt der Mann in der Maschine,
der Jantje und der Midshipsgast,
Das macht der Ruf den Du, Hermine,
bei uns als Seemannswirtin hast.

Damals – vor mehr als vierzig Jahren –
als ich an Bord der Karnak ging,
trank ich bei Euch den ersten Klaren.
Da warst Du noch ein junges Ding.

Als wir uns dann auf See rumtrieben
– Dein Karl fuhr schon als Steuermann –
legte die alte „Fähre sieben“
bei Euch noch vor der Theke an.

Stabil und proper – wie Dein Tresen –
bis Du noch ganz vom alten Schlag!
Wie oft sind wir bei Dir gewesen,
wenn unser Schiff in Hamburg lag.

Du hattest immer Neuigkeiten,
wußtest von jedem wo er fuhr;
und kamen wir auf alte Zeiten,
sah keiner von uns auf die Uhr.

Wenn ich an jene Stunden denke,
Hermine, hebe ich mein Glas
wie einst als ich in Deiner Schenke
– von See zurück – am Tresen saß.

Es wurde, wenn die Stimmung hoch ging, der Wind wehte und Klabautermann zu Gast war, kräftig gesungen. Shanties natürlich. Keine Ahoilieder. Sowas gab es nicht bei Tante Hermine. Eine ‚Polizeistunde‘ gab es bei ihr auch nicht.

‚Tja und wie machst Du das denn nu, denn Du kannst ja nicht mehr Backschaft und Reinschiff machen?‘ Hermine litt an Gicht und wurde unbeweglicher. ‚Das machen alles meine Jungs von der Seefahrtsschule, gerade so

wie früher im Freiwilligen Arbeitsdienst!'
Originalton Hermine Hansen.

Mit Tante Hermines Tod – eigentlich hätte ganz Hamburg ‚Halbmast' flaggen müssen – ist anno 71 ein saftiges Küstengewächs mit Herz von Dannen gezogen. Die christliche Seefahrt, der Hafen und die Küste sind ärmer geworden.

Gute Ruh, liebe Tante Hermine in Ohlsdorf! Wir haben und werden Dich nie vergessen."   Hannes Schlünz

Clara Klabunde (geb. Genter)

Die erste Gerichtspräsidentin der Bundesrepublik Deutschland

Grab Nr. Z 11, 169
geb. : 30.12.1906 in Hamburg
gest. 7.7.1994 in Hamburg

„Ein Urteil müsse tragbar sein – ob es richtig ist, lasse sich nicht immer eindeutig sagen", äußerte sich Clara Klabunde über ihre Tätigkeit als Richterin.

Anfang des 20. Jahrhunderts geboren, gehörte Clara Klabunde zu den wenigen Frauen, die in einem seit Jahrhunderten den Männern vorbehaltenen Beruf tätig wurden: der Juristerei. In diesem Metier brachte sie es zur ersten Gerichtspräsidentin der Bundesrepublik Deutschland.

Im Alter von 20 Jahren schrieb sich Clara Klabunde an der juristischen Fakultät der Universität Hamburg ein und studierte bis 1929 Jura. Nach ihrem Großen Juristischen Staatsexamen arbeitete sie von 1933 an – in dem Jahr hatte Clara Klabunde geheiratet – 19 Jahre als Rechtsanwältin in Hamburg. Gleichzeitig war sie im sozialdemokratischen Umfeld tätig. Hier lernte sie ihren späteren Mann kennen, den Journalisten Erich Klabunde, der unter den Nationalsozialisten Publikationsverbot hatte und seine Arbeit aufgeben mußte und nach dem Krieg Vorsitzender der SPD-Bürgerschaftsfraktion wurde.

Nach dem Zweiten Weltkrieg wurde Clara Klabunde ehrenamtliches Mitglied einer Reihe von Gremien. Im Rahmen der Entnazifizierungsverfahren war sie als Spruchkammervorsitzende, außerdem im beratenden Ausschuß für das Pressewesen, im Vorstand des Hamburgischen Anwaltsvereins und der Vereinigung weiblicher Juristen und Volkswirte tätig.

1950 starb Erich Klabunde. Clara Klabunde ging in den Staatsdienst und wurde Richterin. Neben dieser Tätigkeit fungierte sie 25 Jahre als Verfassungsrichterin am Hamburgischen Verfassungsgericht und gehörte außerdem lange dem Vorstand des Hamburgischen Richtervereins an.

1952 wurde Clara Klabunde zur Vorsitzenden am Landesarbeitsgericht Hamburg und zur Landesarbeitsgerichtsdirektorin berufen und war entscheidend bei der Entwicklung des damals nur teilweise kodifizierten Arbeitsrechts beteiligt, welches den sozialen Gegebenheiten der Nachkriegszeit angepaßt werden mußte.

Am 1. September 1966 wurde Clara Klabunde als erste Frau in der Bundesrepublik Deutschland zur Präsidentin des Landesarbeitsgerichtes ernannt – unter der Dienststellenbezeichnung „Der Präsident". Mit dieser Ernennung würdigte der Senat ihre Kenntnisse und Leistungen auf dem Gebiet des Arbeitsrechts. Fünf Jahre wirkte sie als Gerichtspräsidentin und trat 1971 in den Ruhestand.

Für ihre Verdienste um das Rechtswesen erhielt Clara Klabunde die Medaille für Treue Arbeit im Dienste des Volkes in Silber.

R.B.

48er Rebellinnen – erste Schritte in die Politik

Im Mai 1848 wurde in der Frankfurter Paulskirche die demokratische Neugestaltung Deutschlands proklamiert. In der Kirche saßen nur Männer. Frauen hatten dort nichts zu suchen, besaßen sie doch noch nicht einmal das Bürgerrecht. Sie hatten nach dem damaligen Rollenverständnis Ehefrau, Hausfrau und Mutter zu sein. Denen, die unverheiratet blieben, galt das „Mitleid" der männlich dominierten Öffentlichkeit. Dennoch hatte die 48er Revolution bewirkt, daß etliche Frauen begannen, über ihre gesellschaftliche Stellung nachzudenken und aktiv zu werden. Denn Demokratie wurde als eine Sache der ganzen Menschheit und damit auch die der Frauen begriffen.

Die Frauen des Aufbruchs kamen fast ausschließlich aus dem Bürgertum und hatten sich hauptsächlich liberalen, demokratischen Ideen zugewandt und sich in Fraueninitiativen zusammengeschlossen. Die Historikerin Dr. Ingeborg Grolle schreibt dazu: „Es bildete sich ein Zentralverein aller deutschen Frauenvereine mit Sitz in Hamburg. Entgegen der eher marginalen Bedeutung, die Hamburg in der nationalen Bewegung von 1848 gespielt hat, stand in der frühen Frauenbewegung Hamburg an der Spitze. Die Hamburger Frauenszene der Revolutionszeit ist gekennzeichnet durch die Gründung einer ‚Hochschule für das weibliche Geschlecht' [siehe Portrait Emilie Wüstenfeld], die Förderung der Kindergartenbewegung mit entsprechender weiblicher Berufsperspektive und das Entstehen eines Netzwerks von Frauenvereinen auf sozialem Gebiet" [1] (siehe Portraits Emilie Wüstenfeld und Charlotte Paulsen).

Das größte Betätigungsfeld für Frauen war allerdings nach wie vor im kirchlichen Rahmen zu finden: „Für Frauen war die Kirche die einzige öffentliche Institution, zu der sie gleichen Zugang wie Männer hatten, freilich nur als fromme Zuhörerinnen. Introvertierte Frömmigkeit galt vorrangig als weibliche Tugend. Dieser Tugendbereich schloß karitatives Wirken ein, sofern es sich den kirchlichen Strukturen einfügte." [1] „... Die ‚freisinnigen' Frauen lehnten jedoch das konfessionell gebundene Christentum ab und bekannten sich zu einer Religion der Humanität." [2]

Diese Frauen hatten viel Erfolg, mußten aber auch, genauso wie ihre männlichen Mitstreiter, Niederlagen hinnehmen, denn die Reaktion schlief nicht. Die Revolution scheiterte, Demokraten und Demokratinnen wurden verfolgt, und viele sahen nur den Ausweg, ins Exil zu gehen. Dazu wählten manche von ihnen den Weg über Hamburg nach England. Die Hamburger Polizei verfolgte, unterstützt von Denunzianten, die Flüchtlinge. Aber demokratisch gesinnte Hamburgerinnen und Hamburger wie Emilie Wüstenfeld versteckten einige von ihnen und/oder verhalfen ihnen zur Flucht.   R.B.

Charlotte Paulsen (geb. Thornton)

Mitbegründerin der Bewahranstalt für Kinder, Mitbegründerin des Frauenvereins zur Unterstützung der Armenpflege

Heckengartenmuseum
geb. 4.11.1797 in Hamburg
gest. 15.11.1862 in Hamburg
(auf dem Grabstein stehen falsche Daten)

Charlotte Thornton kam aus einer reichen Bankiersfamilie und war das vierte von vierzehn Kindern aus der zweiten Ehe ihres Vaters, des Engländers John Thornton. Die Familie lebte in einem Landhaus in Othmarschen. Charlotte wurde von Gouveranten in Französisch, Englisch, Tanzen, Klavierspielen unterrichtet und erhielt den letzten Schliff in gesellschaftlichen Umgangsformen.

Als Charlotte 15 Jahre alt war, verliebte sie sich in einen schmucken, in russischen Diensten stehenden Soldaten, der, weil seine Armee Hamburg von der französischen Herrschaft befreit hatte, bei der Familie Thornton wohnte. Es folgte eine rasche Verlobung, aber ebenso schnell auch die Entlobung, da der Vater den Bräutigam für einen Hallodri hielt. Als kurze Zeit später die Franzosen erneut in Hamburg einzogen, floh die Familie Thornton nach London. Der Bankier John Thornton war in Hamburg der Hauptagent Englands und wurde von Napoleon, der mit England um den Markt in Norddeutschland kämpfte, als Gegner verfolgt.

Als Hamburg 1814 endgültig von der französischen Herrschaft befreit wurde, kehrte die Familie nach Hamburg zurück. Sie hatte den größten Teil ihres Vermögens verloren, und so galt es nun, die Kinder so gut wie möglich zu versorgen. Im selben Jahr verheiratete John Thornton seine Tochter mit dem zwanzig Jahre älteren Makler Paulsen. Es handelte sich dabei keineswegs um eine Liebesheirat. Beide gingen eine Konvenienzehe ein. Paulsen, „ein stiller redlicher Mann, der seine bequeme Existenz hatte, und in früheren Jahren auch wohlhabend gewesen sein mag, aber nie zu den Matadoren der Börse gehörte", wie eine Hamburger Zeitung in einem Artikel über Charlotte Paulsen schrieb, bot seiner jungen Frau materielle Sicherheit. Die beiden wurden Eltern einer Tochter und nannten sie Elisabeth. Sie übernahm nach dem Tod der Mutter deren Lebenswerk und wurde Leiterin der von der Mutter gegründeten Bewahranstalt für Kinder. Charlotte ermöglichte ihrer Tochter eine gute Bildung und lernte dabei gleichzeitig selbst viel Neues kennen. Sie beschäftigte sich mit Literatur, lernte aber auch nähen und stopfen und lebte das gesellige Leben ihrer Jugend mit Theater, Tanz und Spiel weiter.

Elisabeth heiratete früh, Charlotte wurde ebenso früh Großmama und hatte nun viel Leid zu tragen: Einige ihrer Enkel starben, und auch ihr Schwiegersohn, ein den modernen demokratischen Ideen verbundener Apotheker aus Oldesloe, starb früh.

Nach diesen Schicksalsschlägen empfand Charlotte Paulsen das Leben einer privilegierten „Dame von Welt" als immer unbefriedigender. Sie suchte eine sinnvolle Betätigung und adoptierte ein Kind: Marie Paulsen. Außerdem nahm sie 1844 Kontakt zu der in der Armenpflege tätigen Amalie Sieveking auf, die jedoch Charlotte Paulsen als viel zu freisinnig empfand: „Eine Freidenkerin, die rationalistischen Ideen anhing, die nicht an erster Stelle die Armen auf den christlichen Glauben verpflichten, sondern ihnen auf gleicher Ebene begegnen wollte, war für den christlichen Verein als Mitarbeiterin unannehmbar."[1]

Über die Loge „Zur Brudertreue", die 1846 in Billwerder eine konfessionell ungebundene, nur auf humanitären Grundsätzen basierende Erziehungsanstalt für gefährdete Jungen und Mädchen gegründet hatte, kam Charlotte Paulsen zu der dieser Loge nahestehenden Deutschkatholischen Gemeinde (siehe Portrait Bertha Traun) und zum Frauenverein zur Unterstützung der Deutschkatholiken (siehe Portrait Bertha Traun). In diesem Frauenverein lernte Charlotte Paulsen Emilie Wüstenfeld (siehe Portrait), Bertha Traun (siehe Portrait), Amalie Westendarp und Johanna Goldschmidt kennen.

Mit Emilie Wüstenfeld gründete Charlotte Paulsen im März 1849 den Frauenverein zur Unterstützung der Armenpflege. Amalie Sieveking sah in dieser neuen Vereinigung ein Konkurrenzunternehmen. Sie warf Charlotte Paulsen „Unsittlichkeit" vor und forderte, daß die „Ungläubigen" sich vom Geschäft der Armenpflege fernhielten. Als „ungläubig" galten in Frau Sievekings Augen all jene, die sich nicht dem Frömmigkeitsgebot der beiden großen Konfessionen beugten. Amalie Sieveking verlangte von ihren Mitarbeiterinnen Dienstbereitschaft, Demut und Unterwerfung und von ihren „Schutzbefohlenen" ständige Frömmigkeitsnachweise. Wer dem nicht nachkam, erhielt keine Unterstützung. Von einer Selbstbestimmung des Menschen, besonders wenn Frauen dies forderten, wollte sie nichts wissen. Als die 48er Revolution ausbrach, befürchtete sie eine Rebellion ihrer Schützlinge gegen den nach ihrer Auffassung gottgewollten Stand der Armut. Frau Paulsen hingegen verteidigte die Menschenwürde der Armen, denn sie war zu der Erkenntnis gelangt, daß die meisten Menschen unverschuldet in Armut gerieten.

In Charlotte Paulsens und Emilie Wüstenfelds neuem Verein wurden „Kranke und Wöchnerinnen mit Suppe versorgt, arbeitslosen Familienvätern Anstellungen verschafft, konfirmierte Mädchen in Dienste vermittelt oder im Schneidern unterrichtet, Kinder bekleidet und/oder gesäubert und in Warteschulen gebracht, Pflegebedürftige auf dem Lande untergebracht, in einzelnen Fällen auch Miete bezahlt. ... Manchem in wilder Ehe lebenden Paar wurde das Geld für die Erwerbung des Bürgerrechts gegeben, ohne das die Eheschließung nicht möglich war".[2]

Die Gelder für ihre Unternehmungen holte sich Charlotte Paulsen von Hamburgs Bürgern. Die Presse erinnerte ein Jahr nach Charlottes Tod: „Sie klopfte an unzählige Thüren, um zu bitten ... . Sie warb unter den Frauen Hamburgs neue Mitglieder oder Gönner des Vereins; sie ging an die Comptoire der Kaufherren, um Beiträge für milde Zwecke zu sammeln. Obwohl viele Hamburger Bürger ihr Geld gaben, so ganz geheuer war sie ihnen nicht mit ihren demokratischen Ideen aus der 48er Revolution. Sie war den Hamburgern der guten Gesellschaft unbequem. Der Kaufherr läßt sich überhaupt ungern stören, wenn er hinter seinem Geschäftspult sitzt, zumal von einer Dame, die er unmöglich so sans façon abfertigen kann wie einen Handwerksburschen. Die Meisten fanden die Art der Frau Paulsen unweiblich; Andere fürchteten deren Einfluß auf ihre eigenen Frauen, welche sie um keinen Preis in so mancherlei freisinnige Bestrebungen gezogen wissen wollten."

Aber Charlotte Paulsen ging ihren Weg unbeirrt weiter. 1849 richtete der Frauenverein für Kinder erwerbstätiger Mütter aus der Unterschicht eine Bewahranstalt ein. Hier sollten die Kinder liebevoll betreut und nicht, wie es in den fünf in Hamburg bestehenden Warteschulen der Fall war, lediglich „abgestellt" werden. 1854 zählte die Bewahranstalt bereits 70 Kinder, 1866 stieg die Zahl auf 160 Kinder. Leiterin dieses, wie wir heute sagen würden, Kindertagesheimes, wurde 1851 die von Friedrich Fröbel ausgebildete Minna Seemeyer.

Aber was sollte mit den Kindern geschehen, wenn sie dem Alter der Warteschule entwachsen waren? Eine allgemeine Schulpflicht gab es nicht, und die wenigen Armenschulen waren überfüllt. Viele Kinder blieben deshalb ohne jeden Unterricht und wurden schon früh zum Mitverdienen herangezogen. Um diesen Mißständen abzuhelfen, nahm Charlotte Paulsen die Idee einer vereinseigenen Armenschule, die ihr von den Lehrerinnen und gleichzeitigen Mitgliedern des Frauenvereins, der Jüdin Johanna Goldschmidt und der Christin Amalie Westendarp, unterbreitet worden war, begeistert auf. Die beiden Lehrerinnen hatten bereits privat bei sich zu Hause begonnen, einzelne arme Kinder regelmäßig zu unterrichten. Solange die Gruppe nicht mehr als zwölf Schüler und Schülerinnen umfaßte, brauchte man für den Unterricht keine Konzession. Als jedoch aus diesen ersten Schulversuchen die Armenschule des Frauenvereins gegründet wurde, Johanna Goldschmidt und Amalie Westendarp den ersten Kurs mit 20 Kindern starteten und die Anzahl der Kinder immer größer wurde, kam 1851 das behördliche „Aus" für die Schule.

Die Frauen nahmen dieses Verbot nicht widerstandslos hin. Drei Familien erklärten sich bereit, in ihrer Wohnung Platz für die Gruppen zu schaffen. Der Senat verbot jedoch auch diese Kurse, denn er sah in ihnen eine bloße Fortsetzung der verbotenen Schule. Dabei berief er sich auf ein Gesetz von 1732, wonach nur Eltern ihre Kinder zu Hause unterrichten durften. Der wahre Verbotsgrund war jedoch ein politischer. Die freisinnige, nichtkonfessionelle Richtung des Vereins paßte der Regierung nicht. Sie mißbilligte, daß in der Schule kein Religionsunterricht erteilt wurde. Denn die konservative politische Haltung der Regierung wurde von der evangelischen und katholischen Kirche unterstützt. Das Grundprinzip des Frauenvereins war aber gerade die konfessionelle Unabhängigkeit, so daß in den Klassen auch Kinder verschiedener Religionszugehörigkeit, auch israelitischer, zusammengefaßt werden konnten.

Charlotte Paulsen wurde als Repräsentantin des Armenvereins polizeilich verhört. All ihre Überzeugungsarbeit vor den Behördenvertretern half nichts. Der Armenverein mußte seine Unterrichtskurse aufgeben. Aber die Frauen resignierten nicht. Sie fanden eine Lehrerin, die die erforderliche Konzession besaß und sie dem Verein zur Verfügung stellte. Dadurch konnte die Schule neu eröffnet werden, was 1856 mit sechzig Kindern an der Hohen Fuhlentwiete 91 dann auch geschah.

In den nächsten Jahren kümmerte sich Charlotte Paulsen darum, die Bewahranstalt und die Armenschule unter einem Dach zu vereinen und ihren Gesinnungsgenossen, die aufgrund ihrer politischen Überzeugung von der Polizei verfolgt und inhaftiert worden waren, zur Flucht zu verhelfen oder sie im Gefängnis zu besuchen. Finanziell hatte Charlotte Paulsen jetzt große Sorgen. Denn nachdem 1855 ihr Mann gestorben war, waren Charlotte Paulsens finanzielle Mittel erschöpft. Sie lebte einige Zeit im Haus der Bewahranstalt am Holländischen Brook, mitten unter den Kindern. Dann zog sie in eine kleine Wohnung an der Mundsburg. „Man sah sie im einfachen schwarzwollenen Kleid mit einem altmodischen Hut zu allen Tageszeiten unterwegs im Regen, Wind und Schnee. Ihre Wege galten meistens den Armen, die sie in Gängen und Höfen aufsuchte. Sie trug meistens einen Beutel am Arm, der den mannigfachsten Inhalt barg, Geschenke für die Armen, Predigten, Subskriptionsbögen, Lose ...", schrieb die Presse zu ihrem Tode.   R.B.

Emilie Wüstenfeld (geb. Capelle)

Gründerin des Paulsenstiftes, der ersten Gewerbeschule für Mädchen und Frauen und des Vereins zur Förderung weiblicher Erwerbstätigkeit, Mitbegründerin des Frauenvereins zur Unterstützung der Armenpflege, Mitbegründerin des Frauenvereins zur Unterstützung der Deutschkatholiken, Mitbegründerin des Sozialen Vereins zur Ausgleichung konfessioneller Unterschiede

Althamburgischer Gedächtnisfriedhof:
Grabplatte „Herausragende Frauen"
geb. 17.8.1817 in Hannover
gest. 2.10.1874 in Hamm

Emilie Wüstenfeld geb. Capelle wurde besonders durch ihr Engagement im Bereich der Armenpflege und durch das Bestreben, Frauen und Mädchen durch eine bessere Schulausbildung zu finanzieller Unabhängigkeit zu verhelfen, bekannt. Sie gründete das Paulsenstift und die erste deutsche Gewerbeschule für Mädchen.

Marie Emilie Capelle wuchs mit ihren drei Geschwistern in Hannover in einer Kaufmannsfamilie auf. Ihr Vater starb, als Emilie fünf Jahre alt war. Frau Capelle legte bei der Erziehung ihrer Töchter Marie, Emilie und Pauline großes Gewicht auf soziales Engagement und die Beherrschung aller Haushaltsgeschäfte. Die schulische Ausbildung an einer Bürgerschule wurde ergänzt durch Privatunterricht in den Fächern Zeichnen, Musik und Fremdsprachen. Daneben wurde im Hause Capelle auf einen ungezwungenen und respektvollen Umgang zwischen den Geschlechtern geachtet. 1841 heiratete Emilie Capelle im Alter von 24 Jahren den angesehenen Kaufmann Julius Wüstenfeld aus Hannoversch-Münden. Fast zur gleichen Zeit ging auch ihre Schwester Pauline (siehe Portrait Marie Kortmann, Paulines Tochter) den Bund fürs Leben ein. Sie heiratete Wilhelm Kortmann aus Dortmund. Beide Paare zogen nach Hamburg. Das Verhältnis der Schwestern war sehr eng. Pauline

stand ihrer Schwester bei allen Unternehmungen unterstützend und beratend zur Seite. So wurde sie z.B. Ehrenvorsitzende des Frauenvereins zur Unterstützung der Armenpflege, den ihre Schwester zusammen mit Charlotte Paulsen (siehe Portrait) gegründet hatte.

Noch nicht lange in Hamburg, mußten beide Paare den großen Brand von 1842 miterleben. Nach dieser Katastrophe zogen die Wüstenfelds in eine größere Wohnung am Holländischen Brook 15. Emilie Wüstenfeld bekam drei Kinder, die alle sehr kränklich waren.

Durch die weltweite kaufmännische Tätigkeit ihres Mannes bekam Emilie Wüstenfeld schnell Kontakt zu anderen Hamburger Kaufmannsfamilien und zu ausländischen Geschäftspartnern. Im Hause Wüstenfeld wurde neben der üblichen Geselligkeit, die in Kreisen des gehobenen Bürgertums gepflegt wurde, auch über sozial-kritische und revolutionär-liberale Themen diskutiert.

Bei einer Gesellschaft lernte sie Bertha Traun (siehe Portrait), die Frau eines Geschäftsfreundes, kennen, und gemeinsam wurden sie begeisterte Anhängerinnen der

Deutschkatholischen Gemeinde (siehe Portrait über Bertha Traun). Emilie Wüstenfeld, die nach dem Tod von zweien ihrer Kinder eine Aufgabe außerhalb des Hauses gesucht hatte, hatte nun eine Vereinigung gefunden, mit der sie sich identifizieren konnte. Hier stand – im Gegensatz zum Amalie Sieveking-schen Verein – die Nächstenliebe im Vordergrund, nicht die Forderung nach einem streng orthodoxen, nach kirchlichen Maßstäben ausgerichteten Lebenswandel. Emilie Wüstenfeld hatte es sehr negativ berührt, als sie erleben mußte, wie der Sievekingsche Verein einer armen Familie die Unterstützung versagte, „weil man ihren Glauben nicht für den rechten hielt. Ebenso erging es einer alten Frau, die an einem Sonntag von der besuchenden Dame durch das Fenster mit einer notwendigen Flickerei beschäftigt gesehen, gleich darauf aber bei ihrem Eintritt eifrig in der Bibel lesend gefunden wurde. Sie gab als Erklärung an, daß ihr die Unterstützung sonst entzogen würde, was auch wirklich geschah. So zog sich Emilie auch hier zurück, denn solche Engherzigkeit war nicht nach ihrem, alle Leidenden mit Barmherzigkeit umfassenden Sinn." [1]

Die Ziele der Deutschkatholischen Gemeinde überzeugten Emilie Wüstenfeld. Um die Gemeinde finanziell zu unterstützen, gründete am 10. Dezember 1846 Emilie Wüstenfeld zusammen mit Bertha Traun und weiteren Frauen den Frauenverein zur Unterstützung und Förderung der Deutschkatholiken (siehe Portrait Bertha Traun). Zwei Jahre später rief Emilie Wüstenfeld zusammen mit anderen Aktivistinnen des Frauenvereins, so z.B. mit der Christin Bertha Traun und der Jüdin Johanna Goldschmidt, den Sozialen Verein zur Ausgleichung konfessioneller Unterschiede (siehe Portrait Bertha Traun) ins Leben. Als 1849 auch in Hamburg die Gleichberechtigung der Juden erklärt wurde, gab Emilie Wüstenfeld ein Fest zu Ehren der anwesenden Jüdinnen.

Ein weiteres wichtiges Lebensprojekt von Emilie Wüstenfeld war die Errichtung einer Hochschule für das weibliche Geschlecht. Zu den Gründungsmitgliedern gehörten neben Emilie Wüstenfeld und Bertha Traun: Emma Isler geb. Meyer, Elise Bieling geb. Ström, Mathilde Seybold geb. Mohrmann und Henriette Salomon geb. Goldschmidt. Den Plan für solch eine Hochschule: „hatte [Johannes] Ronge [Prediger der Deutsch-Katholischen Gemeinde und späterer zweiter Ehemann von Bertha Traun] 1846 dem Breslauer Frauenverein vorgelegt, der aber nicht die nötigen Finanzmittel hatte. Ein Neffe von Friedrich Fröbel, Professor Karl Fröbel, hatte in Zürich den vollständigen Entwurf einer weiblichen Hochschule ausgearbeitet, bekam aber in der Schweiz nicht die nötige behördliche Zustimmung, um ihn zu verwirklichen". [2]

Nun wollten Bertha Traun und Emilie Wüstenfeld Karl Fröbel als Leiter der Hochschule gewinnen. Deshalb reisten die beiden Frauen im September 1849 nach Zürich und nahmen Kontakt mit Fröbel und seiner Frau Johanna geb. Küstner auf.

Das Kapital für die Hochschule sollte durch den Verkauf von Hochschulaktien aufgebracht werden, wobei die Ehemänner der Hochschulgründerinnen die ersten Käufer waren. Die spätere Finanzierung wollte man durch Pensions- und Kursgebühren ermöglichen. Vom Staat erhielt die Schule keine Unterstützung, war jedoch auf die Tolerierung durch staatliche Instanzen angewiesen.

Der Name „Hochschule" war sehr hoch gegriffen, handelte es sich doch vielmehr um eine Weiterbildung für Frauen in den „klassischen" frauenspezifischen Gebieten wie der Kindererziehung.

Am 1. Januar 1850 wurde die Hochschule, der ein Kindergarten als Praxisfeld angegliedert war, auf dem Holländischen Brook Nr. 25 eröffnet. Knapp zwei Jahre später jedoch mußte die Schule aus zwei Gründen wieder geschlossen werden: Von Anfang an hatte die Schule im Kreuzfeuer der Kritik gestanden. Man fand sie zu freisinnig, da sie den Mädchen unabhängig von Konfession und sozialer Schicht eine gehobene Ausbildung ermöglichte. Amalie Sieveking, die selbst für eine Weiterbildung für Mädchen eintrat, warnte vor dieser Hochschule, weil hier der Geist des Antichristentums die

Schülerinnen für seine Zwecke auszubeuten suche. Pamphlete, gedruckt in einer pietistischen Druckerei, schürten Ängste. Resultat solcher Verunglimpfungen: Das Bürgertum schickte ihre Töchter nicht mehr auf die Hochschule, und die Sponsoren blieben aus.

Auch mit ihrer Einstellung zur Ehe verstießen Emilie Wüstenfeld und Bertha Traun gegen die herrschende Moral (siehe Portrait Bertha Traun). Daß Bertha Traun sich scheiden ließ und Emilie Wüstenfeld diesen Schritt guthieß, sogar selbst Scheidungsabsichten hegte, stieß auf heftige Kritik. Emma Isler, ein Gründungsmitglied der Hochschule, schrieb tadelnd: „Frau Wüstenfeld billigte damals, was ihre Freundin that, war sie doch auch auf dem Punkt, eine Ehe zu lösen, in der sie nicht glücklich war. Darüber hätte Niemand ein Urtheil zugestanden; der Staat giebt das Mittel an die Hand, eine unglückliche Ehe zu trennen. Das hat Jeder mit sich und seinem Gewissen allein abzumachen, aber wenn jeder neuen Leidenschaft die Berechtigung zugestanden werden soll, die alte Treue zu verdrängen, so würde die Gesamtheit nicht gedeihen können, also unsittliche Zustände herbeigeführt werden. Frau Wüstenfeld wurde durch einen Freund von ihrem Entschluß zurückgebracht, aber das Auftreten beider Frauen traf starken Tadel, der sich auf ihre Unternehmungen übertrug und daran scheiterte die Hochschule. Die Freundinnen trennten sich, Frau Ronge folgte ihrem zweiten Mann nach England, wurde sehr unglücklich und starb nach einigen Jahren in Frankfurt." [3]

Der Geldfluß der Gönner versiegte. Hinzu kam, daß nach dem Scheitern der bürgerlichen Revolution die Reaktion erstarkte und damit in der bürgerlichen Gesellschaft kaum mehr Platz für derartige demokratische Vorhaben war. Selbst Emilie Wüstenfelds Mutter wandte sich von ihrer Tochter ab. Zum endgültigen Ende der Hochschule kam es, als die meisten von auswärts kommenden Lehrer wegen ihrer politischen Gesinnung aus Hamburg ausgewiesen wurden. Damit wurde Emilie Wüstenfelds Schule auf subtile Weise die Existenzgrundlage entzogen.

Gezeichnet vom Scheitern der Hochschule, dem Verbot der freisinnigen Vereinigungen und den an ihr nagenden Zweifeln an ihrer Ehe, verschlechterte sich Emilie Wüstenfelds Gesundheitszustand. In dieser Situation nahm sie 1852 eine Einladung der Ronges nach London an. Dort fand sie Erholung und konnte ihre angegriffenen Nerven kurieren. Eine Reise in die Schweiz tat das übrige. Gestärkt kehrte Emilie Wüstenfeld nach Hamburg in ihre Wohnung in den Alsterarkaden 13 zurück. Sie blieb bei ihrem Mann, kam seinem Wunsch, die familiären Verpflichtungen nicht zu vernachlässigen, nach, schaffte es aber dennoch, ihre Eigenständigkeit zu bewahren: „überreich an wechselvollen Pflichten, reich in dem Streben nach Belehrung und Vertiefung, reich vor allem in dem vielseitigen Wirken auf dem Gebiet der Wohlfahrtspflege.

Sie verstand es, das Recht auf ihre eigene Persönlichkeit, das sie nicht aufgab, mit den zu keiner Zeit hintenangesetzten Pflichten gegen die Familie zu verbinden. Fernerstehende konnten nicht begreifen, wie sie die Kraft und Zeit für ihre rastlose Tätigkeit fand, wenn nicht auf Kosten der Familie und Häuslichkeit. ... Sie verstand es eben, durch eine gute Zeiteinteilung allen Anforderungen gerecht zu werden. Eine im Grunde gesunde, kräftige Natur kam ihr zu Hilfe. Überfiel sie des Nachmittags eine, wie sie es nannte, ‚per-emtorische Müdigkeit', so legte sie sich für 20 Minuten zum Schlafen hin. ... Allerdings kamen wohl zuweilen rein konventionelle, gesellschaftliche Rücksichten etwas zu kurz bei ihr, niemand nahm es ihr aber übel", [1] vermerkte Marie Kortmann über ihre Tante.

Nachdem Emilie Wüstenfeld ihr rebellisches Verhalten aufgegeben, sich mit ihrem Mann arrangiert und der Armenpflege zugewandt hatte (gemeinsam mit Charlotte Paulsen hatte sie 1849 – als Folge der bürgerlichen Revolution von 1848 – den Frauenverein zur Unterstützung der Armenpflege gegründet, siehe Portrait Charlotte Paulsen), äußerte sich Emma Isler sehr zufrieden über Emilie Wüstenfelds Lebensweg: „Frau Wüstenfeld hatte sich selbst gefunden, als sie es aufgab, ihr eigenes Glück zu suchen. Als die Erhebung von 48 niedergeschlagen war und die Verfolgung der Freiheitskämpfer begann, verdankte Mancher ihrer Energie und ihrem aufopfernden Muth die Freiheit in Amerika, dem jahrelange Kerkerhaft gedroht hatte. Als die politische Aufregung vorüber war, wendete sie sich ganz der Armenpflege zu und hier erst entwickelte sie ihre volle Bedeutung." [3]

Privat lebte Emilie Wüstenfeld sehr zurückgezogen. Ihre Fürsorge galt der gesundheitlich angeschlagenen Tochter, außerdem nahm Emilie Wüstenfeld eine Pflegetochter auf, die zwölfjährige Marie Hartner, die die erste Klasse der Vereinsschule besucht hatte. Nun hatte Emilie Wüstenfeld wieder zwei Kinder – ein Pflegekind und ihr eigenes –, beide hießen Marie. Und noch eine weitere Hausgenossin wurde in dieser Zeit aufgenommen: Miß Emma Howard, die in Privathaushaltungen Englischunterricht erteilte.

Um 1856 kauften die Wüstenfelds ein Grundstück auf dem Hammer Deich. Obwohl sie ihre Stadtwohnung in den Alsterarkaden Nr. 13 behielten, verbrachte Emilie Wüstenfeld die meiste Zeit in ihrem Haus auf dem Lande. Hier betrieb Herr Wüstenfeld eine Blaufärberei, die Emilie Wüstenfeld übernahm, um ihren an Hypochondrie leidenden Mann zu beruhigen, der sich Sorgen um die finanzielle Seite des Unternehmens machte. Emilie Wüstenfeld übernahm die Blaufärberei, entließ den Chemiker und senkte so die Betriebskosten. Daneben beherbergte sie auch noch Vereinszöglinge, die in den Ferien zu ihr kamen, und hilfsbedürftige Freunde und Fremde. Sie versuchte auch, Landaufenthalte für arme Kinder zu organisieren.

Da Emilie Wüstenfeld sich nicht scheute, Menschen zu helfen, die vom Staat wegen ihrer religiösen und politischen Gesinnung verfolgt wurden, hatte sie immer noch mit Schikanen von seiten der Polizei zu rechnen.

Ende der 50er Jahre traf sich bei den Wüstenfelds das Komitee zur Förderung der Gewissensfreiheit, das die in den Grundrech-

ten von 1848 festgeschriebene Glaubens- und Gewissensfreiheit zu verwirklichen versuchte. Bei der Statutenberatung traten allerdings scharfe ideologische Gegensätze zutage, die Emilie Wüstenfeld schwer belasteten: „Sie, der Toleranz für die Überzeugungstreue Andersdenkender Herzenssache war, litt schwer darunter, um so mehr, als die Kämpfe nicht von außen kamen, sondern durch den Konflikt sich achtender Menschen; sie beklagte, daß die Deutschen so gründlich und übergewissenhaft seien, daß zwei gute, edle Menschen, die dasselbe wollten, vor lauter Gewissenhaftigkeit sich nicht einigen könnten." [4] Man kam dennoch zu einer erhofften Einigung.

Neben ihrem Engagement auf diesem Gebiet verfolgte Emilie Wüstenfeld ihren Plan, Frauen und Mädchen eine umfassendere Ausbildung zukommen zu lassen, weiter mit großem Eifer. Nach dem Tode von Charlotte Paulsen (siehe Portrait) erfüllte Emilie Wüstenfeld ihr postum einen lang gehegten Wunsch: ein Haus, in dem ein Kindergarten und eine Schule untergebracht waren. Im Herbst 1866 wurde die Schule des Paulsenstiftes bei den Pumpen mit 300 Kindern eröffnet. Ihr angegliedert war ein Kindergarten, der nach den Fröbelschen Erziehungsmethoden arbeitete.

Ein Jahr später wurde im Paulsenstift eine Fortbildungsklasse für Mädchen eröffnet, die bereits ein weiteres Jahr darauf in größere Räumlichkeiten am Großen Burstah Nr. 16 umziehen mußte und dort 1868 als erste deutsche Gewerbeschule für Mädchen eröffnet wurde. Um deren Finanzierung zu gewährleisten, hatte Emilie Wüstenfeld bereits am 18.2.1867 den Verein zur Förderung weiblicher Erwerbstätigkeit gegründet, dessen Vorsitzende sie wurde. Ihre umfangreichen und zielstrebig verfolgten Aktivitäten überzeugten schließlich auch den Senat, so daß Bürgermeister Kirchenpauer, die Senatoren Versmann und Petersen sowie einige Herren der Finanzabteilung ihr für den Bau eines größeren Schulgebäudes der Gewerbeschule für Mädchen einen Bauplatz an der Brennerstraße Nr. 77 zuwiesen.

Jetzt gab es für Emilie Wüstenfeld nur noch eins: den Bau ihrer Schule. Selbst die Diagnose drohender Herzverfettung hielt sie nicht ab. Verzögert wurde ihr Bauvorhaben durch den deutsch-französischen Krieg (1870–1871), durch familiäre Schicksalsschläge – ihre Enkelkinder starben – und durch die höheren Baukosten nach Kriegsende, so daß die Schule erst Ende 1873 in Betrieb genommen werden konnte. Die Eröffnung der ersten deutschen Gewerbeschule für Mädchen in Hamburg, in der junge Frauen ausschließlich in Berufen ausgebildet wurden, die dem sogenannten weiblichen Charakter der Frau entsprachen, war der Höhepunkt von Emilie Wüstelfelds gesellschaftlichem Wirken.

Das 25jährige Jubiläum des Frauenvereins war das letzte offizielle Ereignis, das Emilie Wüstenfeld miterlebte. Als sie mit ihrem Mann zur Kur in Marienbad weilte, erkrankte sie so ernsthaft, daß ihr die Ärzte jegliche Vereinstätigkeit untersagten. Sie aber konnte nicht innehalten. Ihr Freund Dr. Rée erkannte klar: „Frau Wüstenfeld wird keine Ruhe finden, sie müßte denn den Umgang mit sich selbst aufgeben." Am 2. Oktober 1874, im Alter von 57 Jahren, starb Emilie Wüstenfeld auf ihrem Landsitz in Hamm nach einem Schlaganfall.

1875, ein Jahr nach ihrem Tod, wurde die bis heute existierende Emilie Wüstenfeld Stiftung gegründet, deren Zweck es ist, Stipendien für bedürftige und strebsame Schülerinnen zu vergeben.   R.B.

Bertha Traun (Bertha Ronge geb. Meyer geschiedene Traun)

Mitbegründerin des Frauenvereins zur Unterstützung der Deutschkatholiken, des Sozialen Vereins zur Ausgleichung konfessioneller Unterschiede und der Hochschule für das weibliche Geschlecht

Grab Nr. AC 18, 1–28
geb. 25.4.1818
gest. 18.4.1863

Bertha Traun gehörte zum Freundinnenkreis um Emilie Wüstenfeld. Sie lernten sich über die geschäftlichen Beziehungen ihrer Ehemänner, deren Kontore nebeneinanderlagen, kennen. Bertha Traun war die Tochter des Stockfabrikanten H.C. Meyer, der damals die größte Fabrik Hamburgs besaß. Berthas Mann wurde sein Kompagnon. Das Ehepaar wohnte mit seinen sechs Kindern – ein Kind starb im Alter von elf Jahren – in der Neuenburg Nr. 13.

Am 10.12.1846 versammelten sich im Hause der 28jährigen Bertha Traun Emilie Wüstenfeld, Amalie Westendarp, Bertha Trauns Schwester Margarethe und weitere 30 interessierte Frauen zur Gründung eines Hilfsvereins – des Vereins zur Unterstützung und Förderung der Deutschkatholiken. Damit wollten die Frauen der freikirchlichen Gemeinde der Deutschkatholiken helfen, die Miete für ein Lokal, in dem die Predigten und Versammlungen abgehalten werden konnten, und die Besoldung eines Predigers zu finanzieren. Die Deutschkatholiken propagierten ein nicht an eine Konfession gebundenes, demokratisches Gemeindeleben. Die Prediger wurden von der Gemeinde gewählt. Auch Frauen erhielten Wahl- und Mitspracherecht, woran in den Amtskirchen überhaupt nicht zu denken war. An exponierter Stelle stand der exkommunizierte Priester Johannes Ronge, der von Bertha Trauns fortschrittlich gesinntem Vater protegiert wurde. Ronge trat auch für die Emanzipation der Frau ein. Er wollte, daß sich die Frauen aus ihren oft unwürdigen Verhältnissen, in denen sie lebten, befreiten. „Die Geschichte dieses Vereins ist

zugleich die Geschichte der praktischen Ein-
übung von Hamburger Frauen in Demokratie. Ihre Hilfestellung für die deutsch-katholi-
sche Gemeinde verstanden sie als bescheidene aber nicht minder wichtige Parallele zu
den reformerischen politischen Aktionen
der Männer." [1]

Der Frauenverein zur Unterstützung der
Deutschkatholiken sammelte aber nicht nur
Geld: „Außer der finanziellen Unterstützung
der Gemeinde bemühte sich der Frauenverein um deren Anerkennung durch den
Hamburger Senat, denn ohne Legalisierung
blieben die in der deutschkatholischen Gemeinde vorgenommenen Taufen und Ehe-
schließungen ohne bindende Rechtskraft.
Verbieten wollte der Senat die Gemeinde
nicht, weil sie die Sympathie angesehener
Bürger besaß. Aber seine zermürbende Hin-
haltetaktik stellte die Gemeinde und den
ständig für sie intervenierenden Frauenverein auf eine harte Geduldprobe, bis endlich
unter dem Druck des Revolutionsgesche-
hens im März 1848 die Anerkennung erfolgte. Die Frauen sahen damit den ursprüngli-
chen Zweck ihres Vereins weitgehend erfüllt.
Sie konnten ihren Aufgabenbereich erweitern und nannten sich nun ‚Frauenverein
zur Unterstützung der Deutschkatholiken
und anderer humaner Zwecke'." [1] Der Frauenverein setzte sich auch massiv für die Über-
windung der Standesschranken ein. Durch
die Einführung von Dienstmädchenkursen,
in denen die Mädchen in den Elementarfä-
chern wie Deutsche Sprache, Schreiben und
Rechnen unterrichtet wurden, versuchte der
Frauenverein, eine bessere Bildung für Frau-
en aus der Unterschicht zu erwirken. Ebenfalls wurde als Hilfe zur Selbsthilfe eine Arbeitsvermittlung eingerichtet.

Bertha Traun war auch Gründungsmitglied des Sozialen Vereins zur Ausgleichung
konfessioneller Unterschiede. Durch die
48er Revolution erhofften sich liberale Kreise
des Bürgertums, „den trennenden Einfluß
confessioneller Verschiedenheit auf das politische und soziale Leben zu beseitigen". [1]
Gerade zwischen den christlichen und jüdischen Frauen gab es eine große gesellschaftli-

che Kluft, während die christlichen und jüdischen Männer, bedingt durch das Geschäftsleben, schon eher Kontakt zueinander hatten. Doch wie sollte die Angleichung geschehen? Die Frauen sahen in einer freiheitlichen
Kindererziehung die Chance, die konfessionellen Schranken zu beseitigen. Deshalb entwickelte der Verein zur Ausgleichung der
konfessionellen Unterschiede ein Kindergar-
tenprojekt, welches nach den Vorstellungen
von Friedrich Fröbel arbeiten sollte.

Auch an dem Zustandekommen der
Hochschule für das weibliche Geschlecht war
Bertha Traun maßgeblich beteiligt (siehe
Portrait Emilie Wüstenfeld). Eine Privatange-
legenheit sollte allerdings die Hochschule in
erheblichen Mißkredit bringen: Emilie Wüstenfeld trug sich mit Scheidungsabsichten
(siehe Portrait Emilie Wüstenfeld), und
Bertha Traun ließ sich von ihrem Mann scheiden, um den Prediger der Deutschkatholiken, Johannes Ronge, zu heiraten. Bertha
Traun wie auch ihre Freundin Emilie Wüstenfeld vertraten die Auffassung, daß eine Ehe
nur dann auch sittlich zu Recht bestehen könne, wenn das Ehepaar sich in seiner Gesinnung ergänzt und übereinstimmt. Die mit
Dr. Isler, einem Bibliothekar an der Hamburger Stadtbibliothek, verheiratete Jüdin Emma Isler geb. Meyer, die auch zu dem Kreis
um Emilie Wüstenfeld und Bertha Traun gehörte – sie war Mitglied des Verwaltungsaus-
schusses der Hochschule für das weibliche
Geschlecht – gibt in ihren Lebenserinnerungen einen Einblick in Bertha Trauns Ehe und
erklärt, warum es zur Scheidung kommen
mußte. Seelische Verletzung durch den Ehemann, der die ihm entgegengebrachte Liebe
nicht erwidern konnte, Unausgefülltsein als
Ehefrau und Mutter. Und dann kam einer,
der Bertha Traun wirklich liebte, der nicht
einer verflossenen Liebe nachweinte und der
die gleichen Ansichten von der Emanzipation
der Frau vertrat wie Bertha Traun: „Frau
Traun hatte für ihren Vater die höchste Liebe
und Verehrung; er war ihr der Inbegriff alles
Guten und so empfing sie, als sie 16 Jahre alt
war, vertrauensvoll aus seiner Hand den Gatten. Nach menschlicher Berechnung hätten

diese beiden Menschen, bei denen zu innerem Werth sich auch Alles, was das Leben schmückt, gesellte, glücklich werden müssen, aber die Berechnung trog. Gleich in der ersten Zeit der Verlobung hatte der junge Mann seiner Braut von einer früheren Liebe erzählt. Die Erinnerung riß ihn hin, er wurde in der Schilderung seiner Gefühle feuriger, als sie ihn je gesehen und wie ein Gifttropfen fiel die Ueberzeugung in ihre Seele: der hat ein Mal geliebt und liebt nie wieder. Weder das angeregte Leben, das sie führte, noch die Liebe zu ihren Kindern vermochte je das Herz der leidenschaftlichen Frau ganz auszufüllen, und als Ronge kam und sie in ihm den Apostel der Lehre sah, daß Mann und Frau in vereinigtem Streben das Höchste für das Menschenwohl leisten müßten, da glaubte sie das Ziel ihrer Sehnsucht gefunden, und sie löste ihre Ehe, um sich mit Ronge zu verheirathen." [2] Am 5. August 1851 heirateten Bertha Traun und Johannes Ronge in London, wohin sie gezogen waren, weil sich in Deutschland durch den Druck der Reaktion die freien Gemeinden kaum noch halten konnten und die Begeisterung für Ronge nachließ. Zwei Monate nach ihrer Hochzeit wurde ihre Tochter geboren.

In London richtete Bertha Ronge einen Kindergarten ein. Theodor Fontane, der damals mit seiner Familie in London lebte, schickte seinen ältesten Sohn in die „Schule von Johannes Ronge" und schrieb darüber: „Ein sogenannter Kindergarten spielt die Hauptrolle, in dem, glaube ich, viel Rad geschlagen und wenig gelernt wird. Kopf stehn ist die einzige Kopfarbeit. Ich bin nicht traurig darüber. George lernt bei uns vollkommen genug, und der Kindergarten wird das Gute haben, daß der Junge seine Schüchternheit verliert."

Nach ihrer Rückkehr aus England zogen die Ronges nach Frankfurt. Bertha Ronge besuchte noch einmal ihre Heimatstadt Hamburg. Allerdings wurde sie dort immer noch abschätzig betrachtet.

1861 initiierte Bertha Ronge in Breslau eine Versammlung von Frauen, auf der sie die pädagogischen Vorstellungen Fröbels darlegte und auf die Wichtigkeit von Kindergärten hinwies. Resultat dieser Versammlung war die Gründung eines Vereins, der die finanziellen Mittel für die Einrichtung von Kindergärten beschaffen wollte. Aber, wie die Lehrerin Frau Manz in ihren, vom Staatsarchiv Hamburg aufbewahrten maschinenschriftlichen Aufzeichnungen über Fröbels Schülerin Amalie Krüger schreibt, es „stellten sich bald Kämpfe ein, welche zwischen dem Vorstand und der Behörde währten. Eine harte Korrespondenz fand namentlich vom 12. Juni 1861 bis dahin 1862 statt und drehte sich dieselbe namentlich um die zu erlangende Konzession, welche, wie der damalige Oberkirchenrat bemerkte, ‚in Hinsicht auf den in den Kindergärten vielfach vorgekommenen Unfug mit besonderer Sorgfalt zu geben sei.' Die aus Hamburg berufene Schülerin Fröbels wird als Ausländerin abgelehnt. Da entschloß sich Frau Ronge, die Zeit ihres Aufenthaltes zu verlängern und eine Bildungsanstalt für Kindergärtnerinnen zu errichten. Die Kindergärten fanden nun in Breslau Anerkennung, nach Frau Ronge übernahm Frau Prediger Hoffrichter die theoretische Leitung." [3]

Zwei Jahre später starb Bertha Ronge in Frankfurt nach schwerer Krankheit – in ihren letzten Lebenswochen gepflegt von ihrer Freundin Emilie Wüstenfeld.

Bertha Traun wurde auf dem Hamburger Friedhof zu St. Petri neben ihrem ehemaligen Schwiegervater beerdigt. Auch ihr erster Ehemann, der 18 Jahre nach Bertha Ronges Tod ebenfalls in Frankfurt am Main starb, erhielt seine letzte Ruhestätte neben seinem Vater und Bertha Ronge.

Als Bertha Ronges Sohn aus erster Ehe, der Senator Dr. Heinrich Traun, 1907 eine Grabstelle auf dem Ohlsdorfer Friedhof kaufte, ließ er 1908 seinen Großvater, seine Mutter und seinen Vater dorthin umbetten. Im Sargregister wird Bertha Traun als Bertha Ronge geführt, auf dem Grabstein als Bertha Traun – als ob es niemals eine Scheidung gegeben hätte.	R.B.

Erbinnen der 48er Revolution – zwischen radikaler, proletarischer und bürgerlich-radikaler und gemäßigter Frauenbewegung

Manche Protagonistin der bürgerlichen Frauenbewegung in Hamburg war durch ihre Mutter oder Tante, die die 48er Revolution miterlebt und sich für die Gleichstellung der Frau eingesetzt hatte, von frauenemanzipatorischen Vorstellungen geprägt worden.

Viele Frauen der bürgerlichen Frauenbewegung arbeiteten als Lehrerinnen, einer der wenigen Berufe, die bürgerlichen Frauen offenstanden. Sie setzten sich sowohl an ihrem Arbeitsplatz als auch außerhalb der Dienstzeit, für bessere Bildungs- und Ausbildungschancen für Frauen ein.

Andere Mitstreiterinnen der bürgerlichen Frauenbewegung engagierten sich auf dem Gebiet der Wohlfahrtspflege und Jugendfürsorge. Auf diesem Gebiet führend war der Stadtbund Hamburgischer Frauenvereine, der auch die meisten Frauen der bürgerlichen Frauenbewegung vereinte. Ziel des am 25. November 1915 gegründeten Verbundes, war: „sammelnd und einigend Frauenkräfte zusammenzufassen. Es stellten sich dem aber jahrelang Hindernisse entgegen. Die scharf ausgeprägte Weltanschauung sowohl der links gerichteten als auch der konfessionellen Frauenvereine, die Abneigung der Berufsorganisationen, über ihre Fachangelegenheiten hinauszugehen, erschwerten diese Bestrebungen. Es gelang aber 1912 durch die Bemühungen des Vorstandsmitgliedes Frau Emma Ender, eine Vortragsvereinigung von 12 Vereinen unter dem Vorsitz von Frau S. Flemming zu schaffen. Hieraus erwuchs im folgenden Jahr ein Vortragskartell und bei Ausbruch des Krieges eine neue bedeutungsvolle Verbindung von 30 Frauenvereinen, die sich unter der Führung der Ortsgruppe des Allg. D. Frauenvereins als Frauenausschuß der Hamburgischen Kriegshilfe der am 2. August 1914 geschaffenen Zentralorganisation angliederte. Im Laufe der Zeit schlossen sich 62 Frauenorganisationen aller Art an.

Die unerwartete Ausdehnung des Krieges über das dritte Jahr ließ es den Frauenvereinen ratsam erscheinen, ihre der Natur der Sache nach lose Verbindung in eine straffe Zusammenfassung aller Hamburgischen Frauenvereine umzuwandeln; im Vorstand der Ortsgruppe war schon längere Zeit der Gedanke an eine solche lebendig. Die durch die Kriegsnot geschaffene innere Gemeinschaft der verschiedenen Berufsstände und der drei kirchlichen Bekenntnisse, sowie die bisher für Hamburg ganz ungewöhnliche Bereitschaft aller sozial empfindenden Menschen zur Einfügung in vereinsmäßige Arbeit gaben den Boden für eine großzügige Verbindung aller Frauenvereine. Zu gunsten dieser neuen Schöpfung lösten sich sowohl das Kartell für Vortragswesen unter dem Vorsitz von Frau Emma Ender als auch der Frauenausschuß der Hamburgischen Kriegshilfe unter dem

Vorsitz von Fräulein Helene Bonfort auf und setzten beide ihren Einfluß ein für die Gründung des Stadtbundes hamburgischer Frauenvereine, der im Jahre 1916 ins Leben trat. Somit hat der Krieg zu rascher Reife gebracht, was in langen Jahren ruhiger Friedensentwicklung vorbereitet war: die Verbindung gleichstrebender Kräfte zur Erfüllung der großen volkspflegerischen Aufgaben der Frauen Hamburgs." [1]

Wie in diesem Zitat bereits erwähnt, verfolgte die bürgerliche Frauenbewegung nicht auf allen Gebieten eine einheitliche Zielrichtung. Aus ideologischen Unstimmigkeiten entwickelten sich ein gemäßigter und ein radikaler Flügel. Letzterer wurde durch die Internationale Frauenliga für Frieden und Freiheit (IFFF) repräsentiert. Die Liga beschränkte sich nicht nur – wie es die gemäßigte bürgerliche Frauenbewegung tat – auf das Ziel der politischen Gleichberechtigung (Wahlrecht für Frauen), sondern sah stets einen engen Zusammenhang zwischen politischer Gleichberechtigung für Frauen und der Friedensfrage. Die Mitstreiterinnen der gemäßigten bürgerlichen Frauenbewegung hatten sich dagegen während des Ersten Weltkrieges noch sehr „national" verhalten und die Kriegshilfe organisiert. Als aber 1915 in Den Haag der Internationale Friedenskongress bürgerlicher Frauen stattfand, begann langsam ein Umdenken und Nachdenken – jedoch zu einer Angleichung an die Zielsetzungen des radikalen Flügels der Frauenbewegung kam es nicht. Zu verschieden waren ihre Positionen. Dies zeigte sich besonders deutlich, nachdem ab 1918 auch die Frauen endlich das Wahlrecht erlangt hatten. Für die IFFF war mit der verfassungsrechtlichen Gleichstellung der Frau die Gleichberechtigung noch lange nicht erreicht. Sie vertrat die Auffassung: Solange Frauen ihr Hauptaugenmerk auf das Gebiet der Wohltätigkeit lenken und nicht die Forderungen nach Frieden, Freiheit und sozialer Gerechtigkeit stellen, begeben sie sich ins Abseits, und ihre gesellschaftliche Benachteiligung werde nur verstärkt. Ähnlich argumentierten auch die Frauen der kommunistischen Frauenbewegung. Neben dieser zur KPD hin ausgerichteten parteipolitischen Frauenbewegung gab es noch die sozialdemokratische Frauenbewegung. Hamburg war eine ihrer Hochburgen. 1914 besaß dort die SPD 11.680 weibliche Mitglieder, das waren 17% aller Mitglieder. Ähnlich wie ihre bürgerlichen Schwestern der gemäßigten Frauenbewegung betätigten sich auch die SPD-Frauen auf dem Gebiet der Wohlfahrtspflege – dies allerdings in ihren Kreisen. So arbeiteten die sozialdemokratischen Frauen hauptsächlich in der Arbeiterwohlfahrt, die sich 1920 als Hamburger Ausschuß für soziale Fürsorge e.V. gegründet hatte. Wichtig für die sozialdemokratische Frauenbewegung und deren Agitation nichtparteigebundener Frauen war auch der Frauenaktionsausschuß.

Trotz der vielen Gemeinsamkeiten unterschied sich die sozialdemokratische Frauenbewegung doch in zwei wesentlichen Punkt von der bürgerlichen Frauenbewegung. Für die Sozialdemokratinnen stand nicht der Kampf um bessere Bildungs- und Erwerbschancen im Vordergrund, sondern der Kampf um bessere Arbeits- und Lebensbedingungen, gegen gesundheitsgefährdende Arbeitsplätze und um den Schutz vor zuviel Arbeit. Denn das waren die Probleme, mit denen ihr Klientel zu kämpfen hatte.

Auch sahen die sozialdemokratischen Frauen, im Gegensatz zu ihren bürgerlichen Mitstreiterinnen, mit der Erlangung des Wahlrechts für Frauen die Forderung nach der Gleichberechtigung der Frau noch lange nicht erfüllt. Ihr Endziel war die sozialistische Gesellschaft. Diese Einstellung wurde bis zur Spaltung der SPD im Jahre 1917 beibehalten. Danach wurde alles anders. Die Mehrheit der sozialdemokratischen Frauen tendierte nun mehr zu den Vorstellungen der gemäßigten bürgerlichen Frauenbewegung. Diese Annäherung hatte sich bereits während des Ersten Weltkrieges bei der Kriegshilfe gezeigt. Eine enge Zusammenarbeit herrschte auch auf den Gebieten der Sozialpolitik und Wohlfahrtspflege. Die Historikerin Karen Hagemann schreibt dazu in ihrer Analyse über die Hamburger Frauenbewegung: „Diesen Bereich betrachteten der gemäßigte Flügel der bürgerlichen und der sozialdemokratische Flügel der proletarischen Frauenbewegung in der Weimarer Republik allgemein als zentrales ‚weibliches' Politikfeld. Denn hier konnten sie, entsprechend dem nun gemeinsam verfolgten Emanzipationskonzept der ‚organisierten Mütterlichkeit', im Interesse der Frauen wirksam aktiv werden ... . In anderen frauenrelevanten Bereichen der Politik, zum Beispiel der Bevölkerungspolitik sowie dem Ehe- und Familienrecht, bestanden nach wie vor erhebliche Differenzen." [2]

Überhaupt keine Gemeinsamkeiten mit der bürgerlichen Frauenbewegung – jedoch einige Berührungspunkte mit der sozialdemokratischen Frauenbewegung – hatte die kommunistische Frauenbewegung, deren Ziel es war, „Mitstreiterinnen im Klassenkampf" zu gewinnen.

Die Gemeinsamkeiten zwischen den Kommunistinnen und den Sozialdemokratinnen zeigten sich gegen Ende der Weimarer Republik. Damals setzten sie sich kritisch mit dem bürgerlichen Frauenbild auseinander. Karen Hagemann schreibt: „Sie verwiesen auf den Zusammenhang von konventionellen Vorstellungen über die Geschlechterrollen, Frauendiskriminierung und wachsendem Einfluß der frauenfeindlichen NSDAP." [2] Unterstützung in ihrem Kampf gegen die NSDAP erhielten sie durch die IFFF, die zu den wenigen überparteilichen Organisationen gehörte, die sich gegen Militarismus und Nationalsozialismus einsetzte.

Die gemäßigte bürgerliche Frauenbewegung, vertreten durch den Bund Deutscher Frauen (BDF), verhielt sich gegenüber der NSDAP verhaltener. Auf regionaler Ebene gab es jedoch konsequentere Haltungen. So initiierte 1932 der Stadtbund Hamburgischer Frauenvereine gemeinsam mit der Hamburger SPD-Frauenorganisation eine „Massenfront der Frauen" zur „Notwehr gegen die Kräfte der gesellschaftlichen Reaktion".

Als die Nazis die Macht ergriffen, gingen viele Frauen der proletarischen Frauenbewegung in den illegalen Widerstand. Die Frauen aus der gemäßigten bürgerlichen Frauenbewegung begaben sich zum Teil in die „innere Emigration".

Nach dem Zweiten Weltkrieg organisierten sich viele der frauenbewegten Frauen, egal welcher politischen Richtung sie vor dem Krieg angehört hatten, im Hamburger Frauenring, einer überparteilichen Frauenorganisation, die sich im April 1946 gründete. Als der Frauenring durch die Militärregierung bestätigt werden sollte, gab es allerdings einige Schwierigkeiten. Einer Aussage von Dr. Olga Essig zufolge wurden bei den Vorstandswahlen einige Frauen wegen ihrer aktiven Rolle im Nationalsozialismus von der Militärregierung nicht als Vertreterinnen des Frauenringes zugelassen – er mußte „bereinigt" werden. In dieser Form wurde er als Vorläufer des späteren Landesfrauenringes ein viele Frauenvereine und -

verbände umfassendes Instrument der Kontinuität der bürgerlichen Frauenbewegung.

Neben diesem Zusammenschluß gab es noch weitere Organisationen der Frauenbewegung, die unmittelbar nach dem Zweiten Weltkrieg gegründet wurden und aus deren Zielvorstellungen deutlich wird, daß es trotz vieler Gemeinsamkeiten unterschiedliche Schwerpunktsetzungen, Herangehensweisen und politische Vorstellungen unter den frauenbewegten Frauen gab.

Viele Mitglieder des Hamburger Frauenringes organisierten sich gleichzeitig in der Arbeitsgemeinschaft Hamburger Frauenorganisationen (ahf), die 1949 gegründet wurde, weil sich diverse parteipolitisch und gewerkschaftlich organisierte frauenbewegte Frauen von dem Prinzip der Überparteilichkeit verabschiedet hatten. Karen Hagemann schreibt dazu: „Ein Teil der Initiatorinnen vermißte eindeutige politische Stellungnahmen des Hamburger Frauenrings, dessen Arbeit ihnen aufgrund der erstrebten parteipolitischen Neutralität ohne weitreichende Wirkung zu bleiben schien. ... Andere Mitbegründerinnen der ahf wiederum zogen die parteipolitische Neutralität des Hamburger Frauenrings in Zweifel. Ihnen schien er eine Frauenorganisation von britischen Gnaden zu sein, die sich zu weit nach links öffne."[2]

Eine weitere Organisationsform der Frauenbewegung war der 1946 gegründete Frauen-Ausschuß-Hamburg, der als Dachverband fungierte für die vielen Frauen-Ortsausschüsse, die nach dem Krieg gebildet worden waren und deren Ziel es war, nicht nur die schlimmsten Alltagsnöte abwenden zu helfen, sondern auch ein Umdenken im demokratischen Sinne einzuleiten. Der Frauenauschuß Hamburg wollte diese Arbeit nun neben der sich konsolidierenden Verwaltung und Regierung unabhängig weiterführen. Zu ihm gehörten Vertreterinnen der vier Parteien CDU, FDP, SPD und KPD, der IFFF, des Komitees ehemaliger politischer Verfolgter und der Inneren Mission. Es wurden Mitglieder mit beratender Funktion in Bürgerschaftsausschüsse und der Hamburger Verwaltung geschickt. Karen Hagemann dazu: „Die Vorschläge des Frauen-Ausschusses zur Verbesserung der Versorgungslage bargen politischen Zündstoff: Er forderte u.a. die Entfernung aller noch in öffentlichen Ämtern tätigen Nationalsozialisten und den Einsatz eines Kontrollapparates unter Mitwirkung von Hausfrauen und anderen Konsumenten, der die Bewirtschaftung der Güter des täglichen Bedarfs überwachen sollte."[2] Der „Kalte Krieg" hatte jedoch schon seine Schatten geworfen. 1952 wurde der Ausschuß aufgelöst.

Ebenfalls vom „Kalten Krieg" betroffen war die Hamburger Ortsgruppe der Internationalen Frauenliga für Frieden und Freiheit (IFFF). Weil die Liga vehement gegen eine Remilitarisierung eintrat, geriet sie in den Verdacht, mit den Kommunisten zu paktieren. Das führte zu politischer Überwachung und juristischer Verfolgung der Mitglieder.   R.B.

Helene Bonfort (Fanny Helene Bonfort)
Anna Meinertz (Anna Franziska Josephine
Meinertz)

*Lebensgefährtinnen. Gründerinnen der
Ortsgruppe des Allgemeinen Deutschen
Frauenvereins*

gemeinsames Grab Nr. Z 12, 205
(Grabstelle aufgegeben)
Helene Bonfort:
geb. 10.3.1854 in Hamburg
gest. 5.6.1940 in München
Anna Franziska Josephine Meinertz:
geb. 29.12.1840 in Düsseldorf
gest. 10.9.1922 in Hamburg

Helene Bonfort

Helene Bonfort, die schon früh Kontakt zu den Führerinnen des Allgemeinen Deutschen Frauenvereins (ADF) besaß, gründete 1896 zusammen mit ihrer Freundin Anna Meinertz die Hamburger Ortsgruppe des Allgemeinen Deutschen Frauenvereins und war von 1896 bis 1900 und von 1904 bis 1916 deren Leiterin. In dieser Funktion mußte sie starke Nerven und Durchsetzungsvermögen beweisen, denn sie stieß überall auf heftige Widerstände von seiten der Behörden und Männern in sogenannten Machtpositionen. So sagte ein Herr von Stumm 1901 von der Frauenbewegung: „Ich habe Macht, sie an die Wand zu drücken, und werde alles tun, daß es geschieht."

Nicht nur die Forderungen der Frauenbewegung nach Mädchenbildung und Zulassung zum Studium wurden abgewehrt, allein schon die Bemühungen, in der Armenpflege mithelfen zu dürfen, provozierte Gegenwehr der in ehrenamtlichen Organen arbeitenden Männer. Sie wollten von einer Mitarbeit der Frauen nichts wissen und drohten ihr Amt niederzulegen, wenn weibliche Armenpflegerinnen in der staatlichen Armenpflege angestellt würden. Die Hamburger Behörde konnte deshalb nur die Zulassung von Helferinnen im Wohlfahrtsbereich erreichen.

Noch schwieriger war das Bemühen der bürgerlichen Hamburger Frauenbewegung, als es um die Einrichtung eines Mädchengymnasiums ging. Als Helene Bonfort diesbezüglich bei Bürgermeister Schröder vorstellig wurde, vergaß er ganz seine gute Kinderstube, bot ihr noch nicht einmal einen Stuhl an und versuchte sie mit den Worten abzufertigen: „Wenn es nach Ihnen ginge, würden alle Mädchen Latein lernen und meine Söhne müßten die Ascheimer auf die Straße tragen."

Helene Bonfort ließ sich jedoch nicht abschrecken. Doch woher nahm sie diese Energie? Helene Bonfort kam aus einem liberalen jüdischen Elternhaus. Schon ihre Mutter gehörte zum Kreis um Emilie Wüstenfeld (siehe Portrait) und war Mitbegründerin der Hochschule für das weibliche Geschlecht. So scheint die Tochter von der Mutter geprägt worden zu sein, obwohl Helene Bonfort ihre Eltern früh verlor und bei einem Onkel aufwuchs.

Helene Bonfort schlug die übliche Laufbahn einer bürgerlichen Frau, die ledig bleiben und erwerbstätig werden wollte, ein. Nach dem Besuch der höheren Mädchenschule absolvierte sie eine Lehrerinnenausbildung und wurde mit 18 Jahren Lehrerin in der Paulsenstiftschule, deren Direktorin damals Anna Wohlwill (siehe Portrait) war.

Während des Ersten Weltkrieges war Helene Bonfort Vorsitzende der 62 Vereine umfassenden Organisation des Frauenausschusses, der Hamburgischen Kriegshilfe und Leiterin der Frauenhinterbliebenenfürsorge.

1917 wurde die Soziale Frauenschule (siehe Portrait Margaretha Treuge) gegründet, für deren Zustandekommen sich Helene Bonfort jahrelang stark gemacht hatte. Zur Gründung spendeten Helene Bonforts Freundinnen das Kapital für Schulfreistellen, das in die zu diesem Zweck gegründete Helene-Bonfort-Stipendien-Stiftung einfloß.

Helene Bonfort wohnte mit ihrer Lebensgefährtin und Berufskollegin Anna Meinertz in der Beselerstraße 8 in Hamburg Othmarschen, wo sie auch nach dem Tod ihrer Freundin allein weiterlebte. Die Freundinnen hatten sich in Anna Meinertz Heimatstadt Düsseldorf kennengelernt, wo beide als Lehrerinnen angestellt waren. Anna Meinertz war die Tochter eines höheren Beamten. Bereits mit 16 Jahren arbeitete sie als Lehrerin und unterstützte die früh verwitwete Mutter. Schon bald wurde sie als erste Kraft im Schubert-Schmidt-Lyzeum in Düsseldorf eingestellt.

1881 zogen Helene Bonfort und Anna Meinertz nach Hamburg. Gemeinsam übernahmen sie die Leitung einer höheren Töchterschule. Zwölf Jahre später zogen sie sich aus der pädagogischen Arbeit zurück und unternahmen eine zweijährige Studienreise nach Amerika, um sich über neue Organisationsmethoden der Volksbildung, Wohlfahrtspflege und Frauenbewegung zu informieren.

Zurückgekehrt gründeten sie in Hamburg die erste Volkslesehalle und am 27. Juni 1896 mit 25 Gleichgesinnten die Hamburger Ortsgruppe des Allgemeinen Deutschen Frauenvereins. Die treibenden Kräfte des Vereins waren hauptsächlich Lehrerinnen – wie z.B. Marie Kortmann (siehe Portrait). Die finanziellen Trägerinnen in den ersten Jahren waren dagegen mehr Damen der Gesellschaft, die entweder in ihrer Jugend durch die 48er Revolution geprägt worden waren, oder aber, beeinflußt womöglich durch ihre in der Bürgerschaft sitzenden Ehemänner, soziales Pflichtgefühl zeigten und Verbesserungen auf dem sozialen und frauenpolitischen Bereich durchsetzen wollten.

Das Gros der Hamburger Gesellschaft verhielt sich allerdings lange sehr ablehnend gegenüber den Frauen der gemäßigten Frauenbewegung. Aber mit ansprechenden Zeitungsartikeln und Broschüren weckte Helene Bonfort, die in der Zwischenzeit durch ihren Onkel, den Redakteur des „Hamburgischen Correspondenten", als erste Frau im journalistischen Bereich zur Hamburger Tagespresse gekommen war, das Interesse der Bevölkerung an ihrem Verein. Gleichzeitig unterstützte der „Hamburgische Correspondent", unter Leitung von Prof. E. Francke, als erste Zeitung in Deutschland die Frauenbewegung durch fortgesetzte Aufnahme ihrer Mitteilungen sowie vom 15.9.1896 an durch Einrichtung einer ständigen Abteilung für Frauenvereinsinteressen.

Wenige Jahre nach der Gründung der Ortsgruppe des ADF hatte der Verein schon Beträchtliches geleistet: „Die acht Abteilungen und Ausschüsse kamen offenbar einem vorhandenen Bedürfnis entgegen. Im ‚Rechtsschutz' füllten sich die Wartezimmer von Jahr zu Jahr mehr. Der ‚Jugendschutz' fand wachsende Beachtung bei den Behörden. In der ‚Auskunftsstelle' wurde neben Nachweis von Wohlfahrtsanstalten auch Rat für weibliche Erwerbsmöglichkeiten in der Heimat und in den Kolonien erteilt. Aus der Mädchen-Bildungs-Abteilung ging der ‚Verein für Haushaltungsschulen von 1899' hervor und der ‚Verein zur Förderung von Frauenbildung und Frauenstudium in Hamburg' mit dem ersten Mädchengymnasium hier, das vorbildlich für ähnliche Lehrstätten wurde. Die Abteilung für Arbeiterinneninteressen leitete zu der selbständigen Organisation des ‚Vereins für Heimarbeiterinnen' über. Immer neue Gebiete der sozialen Tätigkeit wurden von den verdienstvollen ‚Sozialen Hilfsgruppen' erfaßt, und die Herbeiführung der Fortbildungsschulen und der gewerbeordnungsmäßigen Lehre für Mädchen ist von dem betreffenden Ausschuß emsig gefördert worden. Der ‚Hamburger Hausfrauenverein' verdankt der Ortsgruppe sein Entstehen", so die damaligen Berichte aus der Presse.

Auf Initiative von Anna Meinertz entstand in der Ortsgruppe des ADF die Abteilung Jugendschutz, die 1897 Sonntagsunterhaltungen für jugendliche Dienstmädchen organisierte. Als die Frauen des ADF wahrnahmen, daß die Dienstmädchen mit sehr geringen Kenntnissen ihren Dienst antraten, gründeten Anna Meinertz und Bertha Wentzel 1898 den Ausschuss für die Vorbereitung der Dienstmädchenlehranstalt Annaheim in Alsterdorf. 1899 wurde die Anstalt unter der Leitung der beiden Damen eröffnet. Anna Meinertz gehörte dem Vorstand bis 1913 an. Außerdem gründete sie diverse Kinderhorte, von denen sie zwölf persönlich anleitete.

Anna Meinertz starb im Alter von 81 Jahren. Helene Bonfort überlebte ihre 14 Jahre ältere Lebensgefährtin um 18 Jahre.

Über die letzten Lebensjahre von Helene Bonfort ist nichts weiter bekannt. Als sie 1934 ihren 80. Geburtstag feierte, gratulierte ihr noch das „Hamburger Fremdenblatt" mit einem kleinen Artikel. Danach verläuft sich ihre Spur im Sande. Helene Bonfort zog nach Müchen und wohnte in der Dürerstraße 17. 1940 wurde ihre Urne aus München zum Ohlsdorfer Friedhof überführt und am 26.6.1940 neben Anna Meinertz beigesetzt.

R.B.

Anna Wohlwill (Anna Cunigunde Wohlwill)

Gründerin der Schule des Paulsenstiftes

Grab Nr. R 26, 55-64
geb. 20.6.1841 in Seesen im Harz
gest. 30.12.1919 in Hamburg

„Der Schöpferin der Schule des Paulsenstiftes" steht auf ihrem Grabstein. Länger als ein halbes Jahrhundert war Anna Wohlwill Lehrerin, und viereinhalb Jahrzehnte leitete sie die Schule des Paulsenstiftes.

Anna Wohlwill wurde am 20. Juni 1841 als viertes von fünf Kindern geboren. Ihre Mutter war eine geborene Warburg, ihr Vater Dr. Emanuel Wohlwill. Er war in Hamburg als Lehrer an der Stiftungsschule einer jüdischen Stiftung, die für Jungen aller Konfessionen gegründet worden war, tätig gewesen.

Später wurde er Direktor der Jacobsen-Schule in Seesen im Harz. Er starb, als Anna Wohlwill sechs Jahre alt war. Die Mutter zog mit ihren Kindern nach Hamburg zurück und wohnte mit ihnen an der Alsterchaussee.

Anna Wohlwill besuchte zunächst die Privatschule von Herrn Kröger. Dann erhielt sie zusammen mit einigen anderen Altersgenossinnen zwei Jahre Unterricht in Geschichte, Deutsch und Literatur bei Dr. Anton Rée, dem Leiter der Stiftungsschule von 1815, und in Mathematik und Naturwissenschaften bei Otto Jessen, dem Gründer des Gewerbeschulwesens. Außerdem wurde sie auch von ihren Brüdern Emil und Adolf Wohlwill unterrichtet. Anna Wohlwill wollte viel lernen. Einer ihrer Leitsprüche lautete: „Wer nicht mehr selbst lernt, der lehrt nicht gut und hört auf, zu erziehen."

Da es zu ihrer Zeit in Hamburg noch keine Bildungsanstalten für Lehrerinnen gab, hospitierte sie regelmäßig in der Stiftungsschule von 1815 und unterrichtete gleichzeitig, ohne jemals eine Prüfung abgelegt zu haben, seit ihrem 15. Lebensjahr die Kinder in der Schule des Paulsensstifts. Es waren die Kinder der Armen, für die es damals noch keine staatlichen Schulen gab.

Anna Wohlwill war erst 25 Jahre alt, als ihr am 3. November 1866 die Leitung der Schule des Paulsenstiftes anvertraut wurde, die zu diesem Zeitpunkt schon keine reine Armenschule mehr war – das macht auch die breite Palette an Unterrichtsfächern deutlich. Naturwissenschaftlicher Anschauungsunterricht und Englisch kamen hinzu, 1867 Gymnastikunterricht, 1868 Pflichtenlehre, 1869 Maschinennähen und 1870 Französisch. 1866 und 1867 waren die Lehrerinnenbücherei, die Zeitschriftensammlung und die Schülerinnenbücherei angelegt worden. Mit diesem reichen Angebot überbot die Schule des Paulsenstiftes bei weitem das der siebenstufigen Mädchenvolksschulen, die der Staat 1871 errichtete.

Die Resonanz auf die Schule des Paulsenstiftes war groß. 1880 hatte die Schule bereits acht Klassen mit 369 Kindern und erfüllte die Anforderungen der damaligen neunjährigen höheren Mädchenschule. 1881 trug die Oberschulbehörde dem Rechnung und nahm die Schule in die Sektion für höhere Schulen auf. Die endgültige Anerkennung als höhere Mädchenschule erhielt die Schule 1893, als sie aus Platzmangel in die Bülowstraße 20 auf ein staatliches Grundstück gezogen war. Mit der Anerkennung als höhere Mädchenschule wurde die Schule des Paulsenstiftes „halböffentlich" – und diente als Ersatz für eine fehlende staatliche höhere Mädchenschule.

Ostern 1894 war die Schule bereits eine neunstufige Anstalt mit 562 Schülerinnen in vierzehn Klassen; zwei Jahre später, 1896, hatte sie in siebzehn Klassen 760 Schülerinnen, und 1908 konnte das zehnte Schuljahr „eingeweiht werden".

Damit auch begabte Kinder aus ärmeren Familien diese Schule besuchen konnten, wurde eine Freistellenstiftung gegründet, die 1906 anläßlich des 40. Dienstjubiläums von Anna Wohlwill den Namen Anna-Wohlwill-Stiftung erhielt. Sie vergab 20 ganze und 50 halbe Freistellen, die aus Geschenken und Legaten von Freunden und Freundinnen der Schule finanziert wurden.

Auf gutes Benehmen ihrer Schülerinnen legte Anna Wohlwill sehr großen Wert. Die Klassenlehrerin wurde mit Handschlag und Knicks begrüßt. War der Unterricht beendet, führte die Lehrerin die Klasse geordnet zum Ausgang und gab jeder zum Abschied die Hand, wobei darauf geachtet wurde, daß die jungen Mädchen „ordentlich" aussahen. Strafarbeiten gab es nicht. Jede Arbeit wurde nachgesehen und verbessert, trotz der 50 Kinder in jeder Klasse. Die Schülerinnen lernten für Bedürftige zu sorgen und an andere zu denken. Großer Wert wurde darauf gelegt, den Eltern der Schülerinnen die Erziehungsmethoden der Schule nahezubringen. Dies geschah zum Schluß jedes Halbjahres während einer Schulfeier.

Auch der Gesundheitszustand der Schülerinnen lag der Schule sehr am Herzen. Zwischen 1866 und 1899 gab es den Fußzeugverein, der Kinder, die nur ungenügendes Schuhzeug besaßen, mit Schuhen aushalf. Schülerinnen, die zu Hause nicht genügend zu essen bekamen, versorgte die 1868 gegründete Suppenanstalt. Und Schülerinnen, die arm und in schlechter gesundheitlicher Verfassung waren, wurden zur Ferienerholung aufs Land geschickt.

1882 wurde für diese Zwecke die Ferienstiftung der Schule des Paulsenstiftes gegründet, und 47 Schülerinnen fuhren nach vorheriger ärztlicher Untersuchung zur Erholung aufs Land. Da jedoch nicht jede Unterkunft bei einem Bauern vorbildlich war, wollte die Schule ein eigenes Heim gründen. Am 7. Juni 1896 konnte dieser Plan realisiert werden, denn Frau Laura Beit hatte dem Paulsenstift ein Ferienerholungsheim am Timmendorfer Strand gestiftet. Es wurde Olgaheim genannt, nach der verstorbenen Tochter der Stifterin.

1906, anläßlich ihres 50jährigen Lehrerinnenjubiläums verlieh der Senat Anna Wohlwill eine goldene Denkmünze, die damit zum erstenmal einer Frau zuteil wurde.

Am 1.4.1911 wurde Anna Wohlwill pensioniert und übergab die Leitung der Schule an Hanna Glinzer (siehe Portrait). In einer Laudatio zu ihrer Pensionierung hieß es: „Das Beste aber mußte sie tun; und sie hat mit Treue und Freudigkeit 45 Jahre hindurch täglich ihre Pflicht erfüllt; mit Strenge gegen sich und, wo es nötig war, auch gegen andere, mit gütiger, in der Stille wirkender Liebe, mit klugem, klarem Verstande, der das Durchführbare sicher erfaßte und es mit festem Willen auch durchführte. Keine Arbeit erschien ihr zu gering, wenn sie nur dem Zwecke des Ganzen diente, keine zu schwer und zu weit ausgreifend, wenn sie die Anstalt zu fördern berufen war. Hervorzutreten liebte sie nicht, sie hat die Öffentlichkeit so wenig wie irgend möglich beschäftigt; außerhalb ihrer Schule vermied sie auch, das Wort zu ergreifen, es sei denn, daß dies zum Besten des Ganzen nötig schien. Die große Einfachheit ihres Auftretens läßt es fast als eine Indiskretion erscheinen, an dieser Stelle über sie zu sprechen."

Obwohl Anna Wohlwill erblindete, blieb sie im Schulvorstand und erteilte weiterhin Unterricht in sozialer Hilfstätigkeit. Außerdem förderte sie die Waldschulidee und richtete mit ihrer Freundin Agnes Wolffson (siehe Portrait) in der ersten Woche nach Ausbruch des Ersten Weltkrieges eine Kriegsküche im Keller des Schulhauses ein.

Anna Wohlwill, die in der Binderstraße 18 wohnte, mußte sich im Alter zwei Staroperationen unterziehen und erlitt außerdem noch einen Oberschenkelhalsbruch.

Nach ihrem Tode wurde die an der Lehrerrinnenbildungsanstalt entlangführende Straße nach ihr benannt. Die nationalsozialistische Regierung benannte die Straße um. Nach der Nazizeit, im Jahre 1948, wurde im Hamburger Stadtteil St. Pauli erneut eine Straße nach Anna Wohlwill benannt: die Wohlwillstraße.   R.B.

Agnes Wolffson (Selly Agnes Wolffson)

Mäzenin, Wohltäterin, Stifterin.
Gründerin von Haushaltungsschulen

Grab Nr. S 11, 592-597; S 11, 602-607; S 11, 615-620
geb. 30.11.1849 in Hamburg
gest. 18.3.1936 in Hamburg

„In ihr paaren sich aufs glücklichste männlich scharfer Geist mit reinster Weiblichkeit", schrieben am 30.11.1919 die Hamburger Nachrichten zum 70. Geburtstag von Agnes Wolffson.

Agnes Wolffsons Lebensweg war geprägt durch die von den Eltern an ihre vier Kinder vermittelten Lebensideale. Da war zum einen der Vater, der Rechtsanwalt und Reichstagsabgeordnete Dr. Isaak Wolffson, der seiner Tochter Einblick in seine Arbeit erlaubte, sie gleichzeitig aber auch als Hausfrauersatz benötigte.

So begleitete Agnes Wolffson ihren Vater nach Berlin, um dort für ihn zu sorgen. Gleichzeitig erhielt sie aber auch Einblick in seine Arbeit an den Reichsjustizgesetzen und am Bürgerlichen Gesetzbuch. Auch in Hamburg blieb sie bis zu seinem Tode eng mit ihm zusammmen. Dr. Isaak Wolffson war Witwer geworden, und Vater und Tochter lebten in dem 1877, noch zu Lebzeiten der Mutter, bezogenen Haus in der Heimhuder Straße 27.

Durch ihre Mutter, Johanna geb. Hirsch und die im Wolffsonschen Hause als Hausdame tätige Minna Leppoc (sie starb 1889 in der Heimhuder Straße) erhielt Agnes Wolffson Zugang zum Frauenverein zur Unterstützung der Armenpflege (siehe Portrait Charlotte Paulsen), in dem die beiden Frauen Vorstandstätigkeiten ausübten. Dadurch wurde Agnes Wolffson mit Not und Elend der „unteren Klassen" vertraut.

Ihre Eltern lehrten sie, indem sie ihrer Tochter ein verantwortungsbewußtes Leben vorlebten, selbständiges Handeln. Gleichzeitig wurde Agnes Wolffson auch zum Dienen, Kümmern und Pflegen erzogen – ganz im Sinne der damals vherrschenden Vorstellung von der „Bestimmung des Weibes".

251

Agnes Wolffsons anfangs zitierte „reinste Weiblichkeit" drückte sich in der Sorge um andere aus. Schon als junges Mädchen von 17 Jahren unterrichtete sie unentgeldlich deutschen Aufsatz und Gedichte im Vereinshaus von Charlotte Paulsen Bei den Pumpen – und zu Hause pflegte sie ihre beiden Schwestern und ihre Mutter bis zu deren Tod. Auch von ihrem Bruder, einem angesehenen Rechtsanwalt, wurde sie als verfügbare sorgende Tante seiner vier Kinder benötigt –, und, wie schon erwähnt, bedurfte auch ihr Vater bis zu seinem Tode ihrer Pflege.

So konnte Agnes Wolffson erst nach seinem Tod, als nun 46jährige, ihr eigenes Leben beginnen, was durch ihren bisherigen Lebensweg bereits in ganz bestimmten Bahnen verlief. Da sie nun nicht mehr ausschließlich für ihre Angehörigen zu sorgen hatte, verlagerte sie ihre sorgenden Aktivitäten nach außen, beschränkte sich aber nicht nur auf das Tun und Machen für andere, sondern entwickelte auch eigene Ideen von sozialer Gerechtigkeit und setzte diese sogar in die Tat um. Dieses Durchsetzungsvermögen und die Fähigkeit der intellektuellen Auseinandersetzung waren ebenfalls ein geistiges Erbe ihrer Eltern. Allerdings paßten diese Fähigkeiten nicht zu dem gesellschaftlichen Rollenbild der Frau. Sie entsprachen mehr dem sogenannten „männlich scharfen Geist", von dem im Anfangszitat die Rede ist.

Agnes Wolffsons soziales Engagement im privaten Bereich zeigte sich 1896 in der Adoption eines „neunjährigen Mädchens, die Tochter eines Ewerführers, das 1892 bei der Cholera ihre Eltern verloren hatte". [1]

Ihr soziales Engagement für die Allgemeinheit äußerte sich in ihrem Einsatz für die Errichtung von Hauswirtschaftsschulen für Volksschülerinnen. Denn sie war der Überzeugung, daß eine Arbeiterfamilie wesentlich besser materiell versorgt sein würde, wenn die Hausfrau gut wirtschaften könne. Agnes Wolffson trug ihr Anliegen der Schulbehörde vor. Die Behörde stellte ihr ein Lokal am Kraienkamp 5 zur Verfügung und gab den in der Gegend befindlichen Volksschulen die Erlaubnis, einmal wöchentlich Schülerinnen

der achten Klasse zum Haushaltungsunterricht zu schicken. Damit war der Grundstock für die drei Haushaltungsschulen, sprich Schulküchen, gelegt, die Agnes Wolffson in den nächsten Jahren errichtete. Am 15.9. 1896 begann Agnes Wolffson mit sechs Kursen zu je 20 Kindern. Ostern 1897 wurde eine zweite Schule an der Kieler Straße 7 und um 1900 die dritte Schule an der Humboldtstraße eröffnet. Für letztere hatte die Schulbehörde keine Räumlichkeiten mehr zur Verfügung gestellt, so daß Agnes Wolffson alles selbst finanzieren mußte: Gebäude, Ausstattung, die Gehälter der Lehrerinnen etc. – Schulgeld wurde nicht genommen. Ihre Schulleiterinnen holte sich Agnes Wolffson aus Kassel, weil dort bereits Erfahrungen mit Schulküchen gemacht worden waren. Den Lehrplan erstellte Agnes Wolffson aber weiterhin selbst. Die Schülerinnen lernten kochen und bakken, waschen und plätten, einmachen und reinmachen, Kinder- und Krankenpflege und wirtschaften mit Hilfe eines zu führenden Wirtschaftsbuches.

Der Zulauf war groß. 1899/1900 gab es 18 Kurse mit 465 Schülerinnen. Hatte ein junges Mädchen eine Haushaltungsschule von Agnes Wolffson besucht und ging in den Dienst, was das Gros der Arbeiterinnenmädchen tat, galt dies als gute Empfehlung.

In allen ihren sozialen Tätigkeiten wurde Agnes Wolffson von ihrem Bruder, der im Senat saß, unterstützt.

Marie Kortmann (siehe Portrait), die wie Agnes Wolffson im Verein von Charlotte Paulsen unterrichtet hatte, verfolgte ähnliche Ideen. Auch sie gründete, allerdings mit Hilfe eines Vereins, zwei Jahre später als Agnes Wolffson eine Haushaltungsschule. Beide Frauen waren davon überzeugt, daß für Volksschülerinnen eine obligatorische Fortbildungsschule nach Abschluß der achten Volksschulklasse sinnvoll sei. Denn solange der Besuch der Haushaltungsschulen auf freiwilliger Basis erfolgte, blieb die Schule, so Agnes Wolffson „immer nur Klassenschule, nutzbringend für den besser gestellten Handwerker, den kleinen Beamten, den Gewerbetreibenden, der die Tochter im Hause beschäftigen und behalten kann". [1] Ein Mädchen aus einer Arbeiterfamilie hingegen mußte, „sobald sie aus der Schule entlassen und einigermaßen erwerbsfähig ist, auch erwerben, in den günstigsten Fällen sich für den Erwerb vorbereiten. Sie muß es nicht nur in Rücksicht auf die in diesen Kreisen herrschende Lebensauffassung; sie muß es auch häufig, weil die Eltern das heranwachsende Kind, das oft schon während der Schulzeit zum Erwerb beitragen muß, nicht mehr ernähren können, weil es den jüngeren Geschwistern Platz machen muß." [1] Es sollten jedoch noch einige Jahre vergehen bis zur Errichtung einer obligatorischen Fortbildungsschule. Erst ab 1906 gab es grünes Licht für zwei Mädchenvolksschulen, an denen versuchsweise der obligatorische Haushaltungsunterricht eingeführt werden sollte.

Agnes Wolffson schenkte daraufhin dem Hamburger Staat ihre drei Schulküchen und sah damit ihre Arbeit auf diesem Gebiet als beendet an. Dennoch blieb sie in diesem Ressort weiterhin tätig, nur sollten nicht mehr Volksschülerinnen, sondern Töchter der Oberschicht unterrichtet werden. Um solch eine Schulküche für höhere Töchter auf den Weg zu bringen, wurde eine eingetragene Genossenschaft mit beschränkter Haftung gegründet, die 1902 eine „Lehranstalt für alle Zweige der Haushaltungskunde" in der Tesdorpfstraße errichtete. Agnes Wolffson war im Vorstand dieser Genossenschaft, stellte die Lehrerinnen ein, entwickelte den Lehrplan, der sich natürlich von dem, was Volksschülerinnen lernten, unterschied. Hier ging es um die Kunst der feinen Küche. Auch mußten die Eltern für ihre Töchter ein hohes Schulgeld zahlen.

Obwohl die Schule von der gesellschaftlichen Oberschicht gut angenommen wurde und Agnes Wolffson für den Fortbestand der Schule eine beträchtliche Geldsumme beigesteuert hatte, machte die Schule Defizit. Dies lag u.a. am zu geringen Startkapital und an der allgemeinen Teuerungswelle. Agnes Wolffson mußte schließlich den Hamburger Staat um einen Zuschuß bitten – was sie nur ungern tat.

Ein weiteres soziales Betätigungsfeld für Agnes Wolffson war die Errichtung der Ferienkolonie Waltershof, die Volksschulkindern, die in schlechten Wohnverhältnissen lebten, einen zweiwöchigen Tagesaufenthalt ermöglichte. 1901 wurde der Verein für Ferien-Wohlfahrtsbestrebungen gegründet. Agnes Wolffson gehörte dem Vorstand an, beaufsichtigte die Küche der Ferienkolonie und stellte den Küchenzettel zusammen.

Ein weiteres Projekt Agnes Wolffsons war 1910 die Gründung eines Arbeiterinnenheimes in der Norderstraße. Dieses Martha-Helenen-Heim, benannt nach Agnes Wolffsons verstorbenen beiden Schwestern, bot 60 erwerbstätigen Frauen Unterkunft in Einzelzimmern und Kurse in Allgemeinbildung und praktischen Tätigkeiten. Am 3.8.1914 richtete Agnes Wolffson dort die erste Hamburger Kriegsküche ein. Auch hierfür erstellte sie den Küchenzettel und beaufsichtigte die Küchenleiterinnen.

Durch die Inflation verlor Agnes Wolffson einen beträchtlichen Teil ihres Vermögens. Das Geld für den Unterhalt des Arbeiterinnenheimes konnte nicht mehr bereitgestellt werden. Agnes Wolffson mußte das Haus schließen und auch ihr Privathaus in der Badestraße verkaufen. Sie zog in eine Mietwohnung am Mittelweg. 1923 fiel das Martha-Helenen-Heim „laut Vertrag ohnehin an den Staat; die Einrichtung schenkte sie dazu – ... ohne einen Pfennig Entschädigung zu verlangen". [1] Nur weniges nahm sie mit, so z.B. die Zimmereinrichtung aus Zimmer 4, ein Klavier, ein Bild von sich. „Das übrige ging an die Behörde für öffentliche Jugendfürsorge, über die schon im Laufe des letzten Jahres etwa die Hälfte der Heimplätze mit weiblichen schulentlassenen Zöglingen, die in Hamburg in Lehrstellen untergebracht waren, belegt wurde." [1]

Da Agnes Wolffson kaum noch finanzielle Mittel besaß, entschloß sich der Senat 1925, ihr eine Rente von jährlich 5.000 Reichsmark auszuzahlen.

Agnes Wolffson war weiterhin in vielen Gremien und Vorständen tätig, so im Kuratorium des Vereins Soziale Frauenschule und

Sozialpädagogisches Institut (siehe Portrait Margaretha Treuge) und im Kuratorium des Paulsenstifts. Wegen ihrer Verdienste um die Schule hatte sie 1922 die Anna-Wohlwill-Denkmünze verliehen bekommen. Sie war ehrenamtliches Mitglied im Armenkollegium der Allgemeinen Armenanstalt und im Vorstand der Hamburger Rentnerhilfe. Noch im Alter von 80 Jahren führte sie als Bezirksausschußdame für den Stadtteil St. Georg die Rentnerfürsorge fort. So verteilte sie einmal in der Woche die Essensmarken.

Wegen ihrer vielen Verdienste ließ der Senat zu ihrem 80. Lebensjahr die Haushaltungsschule in der Humboldtstraße 99 in Agnes-Wolffson-Schule benennen. Da sie Jüdin war, wurde ihr nach der Machtergreifung durch die Nazis die Ehrenrente gekürzt.

1961, nach „mehr als zweijährigen Bemühungen der Nachkommen Ernst Wolffsons, entschloß sich die Oberschulbehörde, an der Schulküche der Schule Eschenweg eine Tafel mit der Aufschrift Agnes-Wolffson-Küche anbringen zu lassen". [1] Und seit 1985 gibt es nun eine Agnes-Wolffson-Straße im Hamburger Stadtteil Bergedorf.   R.B.

Marie Kortmann

Lehrerin, Nichte Emilie Wüstenfelds, Leiterin des Vereins zur Förderung von Frauenbildung und Frauenstudium

Grab Nr. AG 13, 361-365 bei Hanna Glinzer
geb. 20.5.1851
gest. 16.10.1937 in Hamburg

Eine verwandtschaftliche Nachfahrin der Frauen der 48er Revolution ist Marie Kortmann, die Tochter Pauline Kortmanns, der Schwester Emilie Wüstenfelds.

Marie Kortmanns starke Prägung durch Mutter und Tante wird an ihrem beruflichen und frauenpolitischen Werdegang deutlich. Dennoch hatte sie auch etwas „Eigenes" – sie war nicht nur die „Nichte von..."

Kaum 17jährig, unterrichtete sie bereits an der 1867 gegründeten Mädchen-Gewerbeschule (siehe Portraits Emilie Wüstenfeld,

Anna Wohlwill, Charlotte Paulsen). Dort wirkte sie ganz in der Tradition ihrer Tante – brachte aber auch ihre persönliche Komponente ein. So nutzte sie ihr Zeichentalent und ihre musikalische Begabung, um an der Gewerbeschule und später auch an privaten Mädchenschulen Kunstunterricht zu geben, und ging mit ihren Schülerinnen zu den von Alfred Lichtwark und Anna Wohlwill (siehe Portrait) angeregten Führungen in die Kunsthalle. Sie war aber nicht nur als Lehrende tätig, sondern beteiligte sich mit Zeichnungen an den „Jahrbüchern der Gesellschaft Hamburgischer Kunstfreunde".

Ganz im Sinne ihrer Mutter, die lange Zeit für den Frauenverein zur Unterstützung der Armenpflege gearbeitet hatte, widmete sich auch Marie Kortmann diesem Verein und wurde 1914 dessen Vorsitzende.

Der Tradition ihrer Tante verpflichtet waren folgende Aktivitäten Marie Kortmanns: Im Herbst 1895 hatte die Ortsgruppe Hamburg des Allgemeinen Deutschen Frauenvereins eine Abteilung für Frauenbildung geschaffen, deren Leiterin Marie Kortmann von 1898 bis zu ihrer Auflösung im Jahre 1907 war. Ziel dieser Abteilung war es, das

Mädchenbildungswesens zu erweitern. So gelang ihr an Hamburgischen Privatschulen die Einführung des Unterrichts in Hygiene, Pädagogik und in Grundzügen der Volkswirtschaftslehre. Keinen Erfolg bei der Schulbehörde hatte die Abteilung für Frauenbildung mit ihrer Forderung nach Einrichtung von Latein- und Mathematikkursen zur ersten Vorbereitung auf die Oberlehrerinnenprüfung. Deshalb richtete die Abteilung für Frauenbildung selbst solche Kurse ein. Besonders engagierte sich die „Abteilung" für die Einführung der staatlichen Mädchenfortbildungsschule. Auch versuchte sie, den Staat dazu zu bewegen, Haushaltsschulen mit Tages- und Abendkursen für Volksschulmädchen einzurichten. Da dieser Plan aussichtslos erschien, eröffnete 1898 die Abteilung für Frauenbildung selbst die erste Haushaltungsschule in der Sachsenstraße, der bald darauf eine weitere in Eimsbüttel folgte.

Von der Abteilung für Frauenbildung wurde auch die Gründung von Gymnasialklassen für Mädchen angeregt. Da die „Abteilung" jedoch nicht selbst solche Klassen einrichten konnte, rief die Ortsgruppe des Allgemeinen Deutschen Frauenvereins einen Zweigverein – den Hamburgischen Verein zur Förderung von Frauenbildung und Frauenstudium – ins Leben, der sich ganz diesem Anliegen widmete. Er wurde im Dezember 1900 unter dem Vorsitz von Marie Kortmann mit 50 Mitgliedern gegründet.

Marie Kortmann als Vorsitzende dieses Vereins wirkte ganz entscheidend bei der Gründung eines Realgymnasiums für Mädchen mit. Ostern 1901 wurde die erste Obertertia mit 22 Schülerinnen eröffnet und im folgenden Jahr die Weiterführung der Klassen nach dem Lehrplan des Realgymnasiums beschlossen. Die ehrenamtliche Leitung übernahm Professor Dr. Gustav Wendt (siehe Portrait Bertha Wendt). Unter seiner Leitung wuchs die Schule zu einer zunächst fünf-, später sechsstufigen Schule an. 1917 wurde sie in ein humanistisches Gymnasium umgewandelt. Marie Kortmann war maßgeblich bei der Beschaffung der Gelder für dieses Unternehmen beteiligt. 1904 bewilligten der Senat und die Bürgerschaft für drei Jahre 5.000 Mark. Da das Geld aber nicht ausreichte, „steckte" um Ostern 1906 der damals amtierende Schulrat Schober den wenigen nicht in die Ferien verreisten Vorstandsdamen des Vereins, daß nun die Zeit günstig sei, weiteren Staatszuschuß zu beantragen. Die Kassenführerin des Vereins entschloß sich, auf eigene Verantwortung 15.000 Mark zu fordern. Als der Vorstand davon erfuhr, erschrak er zutiefst. Aber die Mutige hatte Glück – die Behörde stimmte dem Anliegen zu.

Als Marie Kortmann ihren siebzigsten Geburtstag feierte, schrieb eine Hamburger Zeitung über die Jubilarin: „Sie wirkte an der Gründung des Hamburger Mädchen-Gymnasiums mit und wurde die treusorgende Hausmutter desselben. All den verschiedenen Jahrgängen Hamburger Studentinnen, die in dem trefflichen Lehrinstitut zum Abitur geführt wurden, wird die Liebe und Hingebung von Marie Kortmann unvergeßlich bleiben, mit der es ihr gelungen war, die Anstalt unter anfangs recht schwierigen Verhältnissen mit den notwendigen Lehrmitteln auszurüsten und ihr stets ein angenehmes, heimisches Gepräge zu verleihen."

Noch im Alter von 76 Jahren schrieb Marie Kortmann eine umfassende Biographie über ihre Tante Emilie Wüstenfeld: „Emilie Wüstenfeld. Eine Hamburger Bürgerin".

R.B.

Bertha Wendt (geb. Bahnson)

Mitglied der Hamburgischen Bürgerschaft (DDP), organisiert in der bürgerlichen Frauenbewegung

Grab Nr. W 8, 184-191
geb. 6.10.1859
gest. 14.3.1937 in Hamburg

Kinderschutz, hauswirtschaftliche Ausbildung für Mädchen und die Abstinenzbewegung, das waren Bertha Wendts Themen, denen sie ihre Kraft widmete. „Nebenher" erzog sie drei Söhne und fünf Töchter und war außerdem noch die Ehefrau von Professor Dr. Gustav Wendt, dem Leiter der vom Verein Frauenbildung und Frauenstudium gegründeten Real- und später Gymnasial-Kurse für Mädchen.

Bertha Wendt war führend in der bürgerlichen Frauenbewegung, und schon Jahre bevor die Frauen das Wahlrecht erlangten, begann sie, sich politisch zu betätigen. So wurde sie 1911 in den Vorstand der Vereinigten Liberalen gewählt.

Im Ersten Weltkrieg wandte sich Bertha Wendt anderen Aufgaben zu. Sie organisierte Kriegsküchen und leistete Aufklärung über praktische Ernährung. Außerdem stellte sie Unterkünfte für heimkehrende Soldaten und alleinstehende Frauen bereit.

Nach dem Krieg und nachdem 1918 die Frauen das Wahlrecht erlangt hatten, begann Bertha Wendt mit der politischen Frauenbildungsarbeit. Als Führerin der demokratischen Frauen richtete sie für Frauen Notkurse in politischer Bildung ein und leitete solche Kurse selbst noch im Alter von 70 Jahren.

1919 wurde Bertha Wendt von der neudemokratischen Partei für die Konstituante aufgestellt, gewählt (siehe auch Portraits Elisabeth Seifahrt, Dr. Emmy Beckmann, Sidonie Werner, Klara Fricke) und zusammen mit Helene Lange Mitglied der Hamburgischen Bürgerschaft. In ihrer vierjährigen Amtszeit als Bürgerschaftsmitglied engagierte sich Bertha Wendt besonders für Frauen- und Kinderfragen. Sie wurde Hauptvertrauensfrau für den Hamburger Wahlkreis und Vorsitzende der demokratischen Frauengruppe Hamburg.

Außerhalb der Parteipolitik engagierte sie sich im Allgemeinen Deutschen Frauenverein auf dem Gebiet des Jugendschutzes. Hier kümmerte sie sich insbesondere um die Unterbringung und weitere Betreuung schulentlassener Mädchen und um die Überwachung des Koststellennachweises für uneheliche Kinder. Außerdem richtete Bertha Wendt Heimstuben für weibliches Hauspersonal ein, übernahm Vormundschaften, arbeitete im Verein gegen Ausnutzung und Mißhandlung von Kindern und in der Bewegung für Mütterabende, war als Waisenpflegerin und in der Ferienkolonie Waltershof tätig (siehe Portrait Agnes Wolfsson).

Zu ihrem 70. Geburtstag organisierte für sie der Stadtbund Hamburgischer Frauenvereine eine Teestunde, an der rund 100 Frauen teilnahmen. Emma Ender (siehe Portrait), die diesen Nachmittag vorbereitet hatte, Klara Fricke (siehe Portrait) als Vorsitzende des Allgemeinen Deutschen Frauenvereins und Helene Bonfort (siehe Portrait) hielten kleine Reden, wobei Helene Bonfort in ihrer Laudatio Bertha Wendt als „Lehrmeisterin" bezeichnete.

Für ihre caritativen Arbeiten erhielt Bertha Wendt das Verdienstkreuz.

1933, nach dem Tod ihres Mannes, mit dem sie 1928 noch Goldene Hochzeit gefeiert hatte, zog sich Bertha Wendt aus der Öffentlichkeit zurück und starb am 14.3.1937 in ihrer Wohnung in der Oderfelderstraße 11.

R.B.

Sidonie Werner

Volksschullehrerin, Vorsitzende des Israelitischen Humanitäts-Frauen-Vereins und des Jüdischen Frauenbundes

Grab Nr. Jüdischer Friedhof L 1, 2
geb. 16.3.1860 in der Nähe von Posen
gest. 27.12.1932 in Hamburg

Geboren in einer angesehenen jüdischen Gelehrtenfamilie, war Sidonie Werners Bildungsweg fast schon vorprogrammiert: Besuch der höheren Mädchenschule, dann Lehrerinnenseminar. Nach Abschluß der Lehrerinnenausbildung Arbeit als Volksschullehrerin zuerst in Altona, später in Hamburg.

Sidonie Werner blieb unverheiratet. Ihr Leitspruch hieß: „Gesegnet wer seine Arbeit gefunden." Danach lebte sie, und als sie an ihrem 70. Geburtstag, zu dem neben dem Senat auch Emma Ender und Klara Fricke (siehe Portaits) gratulierten, auf ihr Leben zurückblickte, kam sie zu dem Schluß, daß „der Segen der Arbeit aus einem einsamen Leben ein reiches, beschwingtes, weitblickendes Leben" machen kann.

Neben ihrer Tätigkeit als Lehrerin arbeitete Sidonie Werner aktiv in der bürgerlichen Frauenbewegung. Dort vertrat sie den keineswegs von allen Frauen getragenen Standpunkt, daß sich Frauen nicht nur auf caritative Aufgaben beschränken sollten. Sie sollten statt dessen verstärkt versuchen, in die hauptsächlich von Männern besetzten Verwaltungsausschüsse zu gelangen, um mehr politischen Einfluß zu bekommen. Zudem hielt Sidonie Werner eine qualifizierte Berufsausbildung für Frauen für unerläßlich. Deshalb gehörte sie 1893 auch zu den Mitbegründerinnen des Israelitischen-Humanitäts-Frauen-Vereins (IHF), der einen Schwerpunkt seiner Arbeit in der Förderung von Frauenbildung, Frauenberuf und sozialer Frauenarbeit sah. Von 1908 bis 1932 wurde sie dessen Vorsitzende.

Der Verein gründete eine Ausbildungs- und Arbeitsstätte für Frauen und Mädchen plus Mittagstisch, einen Arbeitsnachweis für weibliche kaufmännische Angestellte und ein Kindererholungsheim in Bad Segeberg, dem eine Haushaltungsschule mit Gartenbetrieb angeschlossen war. In dieser Zeit gehörte Sidonie Werner auch zu den ersten Mitgliedern des 1904 auf Reichsebene gegründeten „Jüdischen Frauenbundes", dessen Vorsitzende sie von 1915 bis 1925 war. Sidonie Werner schrieb für diesen Verein die erste Flugschrift über das Frauenwahlrecht.

Als der Erste Weltkrieg begann, schloß sich der IHF dem Frauenausschuß der Hamburgischen Kriegshilfe an. 1915 war Sidonie Werner Gründungsmitglied des Stadtbundes Hamburgischer Frauenvereine, dessen stellvertretende Vorsitzende sie wurde. Emma Ender (siehe Portrait) wurde ihre Vorstandskollegin. Außerdem erhielt Sidonie Werner den Vorsitz im Vereinsheim für jüdische Mädchen.

1919 wurde Sidonie Werner auf die Kandidatenliste der DDP (Deutsche Demokratische Partei) zur Bürgerschaftswahl aufgestellt, erhielt allerdings nur den aussichtslosen Listenplatz 76 (siehe auch Portrait Emmy Beckmann).

Als Sidonie Werner starb, lobte der „Hamburger Anzeiger" nicht nur Sidonie Werners soziales Engagement, sondern auch ihre Verdienste für ihr Vaterland Deutschland: „Sie wollte nicht nur den Armen und Bedürftigen helfen, sie wollte auch die Wohlhabenden befreien von dem seelischen Individualismus, wollte sie hinführen zum Wirken für die Gemeinschaft. Das war das Ziel, das sie verfolgte mit zähem Eifer und unermüdlicher Tatkraft. Es würde aber ein wichtiger Zug ihres Wirkens fehlen, wollten wir nicht auch ihrer starken seelischen Verbundenheit mit deutscher Kultur und deutschem Vaterland gedenken. Diese Verbundenheit hat sich gezeigt in der Cholerazeit, als sie in vorderster Linie ihre Pflicht erfüllte; sie hat sich gezeigt während der Kriegszeit, als sie eine mustergültige Hilfsorganisation schuf, sie hat sich zuletzt gezeigt in der Winterhilfe für die deutsche Not." Sidonie Werner lebte zuletzt in der Husumerstraße 1.   R.B.

Klara Fricke (geb. Magers)

Ehrenamtliche Arbeit in der Jugendfürsorge, Vorsitzende der Ortsgruppe Hamburg des Allgemeinen Deutschen Frauenvereins

Grab Nr. Z 22, 180–181
(Grabstelle aufgegeben)
geb. 4.2.1871 in Hamburg
gest. 16.10.1951 in Hamburg

Klara Fricke geb. Magers war von 1916 bis 1934 Vorsitzende der Hamburger Ortsgruppe des Allgemeinen Deutschen Frauenvereins (ADF) und leitete von 1924 bis 1934 den Ausschuß zur Förderung der Jugendwohlfahrt, die Spitzenorganisation der privaten und öffentlichen Jugendpflege in Hamburg.

1871 in Hamburg geboren, war Klara Fricke das zweite Kind aus einer wohlhabenden bürgerlichen Familie – der Vater Prokurist in einer großen Hamburger Firma, ihre Mutter eine Fabrikantentochter. Die Eltern engagierten sich stark auf dem Gebiet der Wohltätigkeit.

Klara Fricke besuchte die Volksschule einschließlich der Selecta und ging, um Sprachen zu lernen, in eine Pension in der französischen Schweiz. Als sie nach Hamburg zurückkehrte, hatte sie soviel Wissen erworben, daß sie Privatunterricht geben konnte. Mit 30 Jahren heiratete sie 1901 den Hamburger Traugott Fricke. Die beiden hatten keine Kinder. Durch ihren Mann, der ehrenamtlich als Armen- und Waisenpfleger arbeitete, wurde sie mit der sozialen Arbeit vertraut – und nach einiger Zeit zur selbständigen Armen- und Waisenpflegerin ernannt. Um sich in dieser Arbeit zu vervollkommnen, belegte sie beim ADF (Allgemeinen Deutschen Frauenverein) einen Kursus für Armen- und Waisenpflegerinnen. So lernte sie die Arbeit des ADF kennen und arbeitete bald aktiv in seinen Reihen mit. Sie wurde Leiterin eines Mädchenhortes auf St. Pauli, 1912 war sie Mitbegründerin des Verbandes für Waisenpflege, Armenpflege und Vormundschaft und wurde 1915 dessen Vorsitzende. Ihre Karriere ging rasch weiter. 1916 wurde Klara Fricke Nachfolgerin von Helene

Bonfort (siehe Portrait), die bis zu diesem Zeitpunkt als erste Vorsitzende der ADF-Ortsgruppe fungiert hatte. 18 Jahre, bis zur Auflösung der Gruppe im Jahre 1934, übte Klara Fricke dieses Amt aus.

Außerdem kam sie 1919 auf die Kandidatenliste der Deutschen Demokratischen Partei (DDP) zur Bürgerschaftswahl – allerdings nur auf den aussichtslosen Listenplatz 72.

Ähnlich wie Emma Ender (siehe Portrait) sah auch die kinderlose Klara Fricke ihre Hauptaufgabe in der Jugendpflege. Im Alter von 48 Jahren wurde sie 1919 als erste Frau in die Vormundschaftsbehörde aufgenommen und in die Jugendbehörde gewählt.

1923 starb ihr Mann nach langer schwerer Krankheit. Klara Fricke, die in der Moorweidenstraße 4 im Stadtteil Rotherbaum wohnte, erfuhr nun große Unterstützung durch ihre Freundin Olga Lichtenberger, mit der sie einen gemeinsamen Haushalt führte.

Auf dem sozialen Gebiet engagierte sich Klara Fricke weiterhin in der Jugendwohlfahrt. So erhielt sie 1924 den Vorsitz im Ausschuss zur Förderung der Jugendwohlfahrt, den sie 1933 aufgeben mußte. 1928 erhielt sie als Anerkennung für ihre ehrenamtliche soziale Arbeit vom Hamburger Senat die Plakette für treue Arbeit im Dienst des Volkes.

Nachdem die Nationalsozialisten die Macht ergriffen hatten, zog Klara Fricke sich aus der ehrenamtlichen Sozialarbeit zurück. Aber gleich nach Kriegsende war sie wieder aktiv beim Aufbau der Frauenbewegung dabei und wurde eine der Mitbegründerinnen des Hamburger Frauenrings e.V.   R.B.

Hanna Glinzer (Hanna Emilie Glinzer)

Direktorin der Schule des Paulsenstiftes

Grab Nr. AG 13, 363 bei Kapelle 7
geb. 23.2.1874 in Hamburg
gest. 1.4.1961 in Hamburg

Am 23.2.1874 wurde Hanna Glinzer in der von ihrer Pflegegroßmutter Emilie Wüstenfeld (siehe Portrait) gegründeten Gewerbeschule für Mädchen geboren, deren Leiterin von 1868 bis 1878 Hannas Mutter, Marie Glinzer geb. Hartner – die Pflegetochter Emilie Wüstenfelds – war. Hannas Vater, Dr. phil. Ernst Glinzer, war ebenfalls Lehrer und arbeitete von 1867 bis 1919 als Lehrer für Naturwissenschaften an der Gewerbe- und Bauwerkschule.

Hanna Glinzers Bildungsweg steuerte auch auf die pädagogische Laufbahn hin: Acht Jahre besuchte sie die private höhere Mädchenschule von Dr. Theodor Zimmermann. Zwischen ihrem 17. und 19. Lebensjahr belegte sie Abendkurse bei Herrn Pracht, um sich auf das Lehrerinnenexamen vorzubereiten. 1893 legte sie diese Prüfung am Seminar der Klosterschule ab. Im selben Jahr begann sie als Lehrerin an der höheren Mädchenschule von Antonie Casali im Hamburger Stadtteil St. Pauli zu arbeiten. Drei Jahre später erhielt sie eine Vertretungsstelle an der Schule des Paulsenstiftes. Stets betonte sie, daß dies nicht durch Beziehungen erfolgt sei. Mit 23 Jahren ging sie für ein Jahr nach Frankreich, hörte Vorlesungen an der Sorbonne und am Collège de France und arbeitete zwei Monate als Erzieherin in einer normannischen Adelsfamilie. Ein Jahr später kam sie an die Schule des Paulsenstiftes zurück. Gleichzeitig bereitete sie sich auf ihr Studium in Deutsch und Geschichte vor, das sie ab 1901 in Berlin begann. 1904, im Alter von 30 Jahren, legte sie das Oberlehrerinnenexamen ab und ging wieder zurück an die Schule des Paulsenstiftes. Zwei Jahre später (1906) schaffte sie die Vorsteherinnenprüfung am Seminar der Klosterschule. Im Alter von 37 Jahren, im Jahre 1911, übernahm sie von ihrer Vorgängerin Anna Wohlwill (siehe Portrait) die Leitung der Schule des Paulsenstiftes. Ab dieser Zeit mußten Schulleiterinnen die gleichen Qualifikationen – nämlich den Nachweis der Vorsteherprüfung und eines Studiums – erbringen wie ihre männlichen Kollegen. Hanna Glinzer erfüllte diese Voraussetzungen – gehörte sie doch schon der Generation von Frauen an, denen das Studium an einer Universität und der Besuch eines höheren Lehrerinnenseminars erlaubt war.

Bis 1937 war Hanna Glinzer Direktorin der Schule des Paulsenstiftes. Diese Position konnte sie deshalb einnehmen, weil es sich bei der Schule um eine private Lehranstalt handelte. An staatlichen Schulen waren ausschließlich Männer als Schulleiter vorgesehen. Die Erziehungswissenschaftlerin Elke Kleinau schreibt dazu: „In Preußen werden 88% aller privaten höheren Mädchenschulen von Frauen geleitet. Die öffentlichen Schulen haben dagegen zu 91% einen männlichen Leiter. In dieser Hinsicht ist die Paulsenstiftschule mit ihrer Entscheidung für eine Schulleiterin ganz der Privatschultradition verhaftet. Nun handelt es sich aber bei der Paulsenstiftsschule um eine staatlich anerkannte, halböffentliche höhere Mädchenschule. Von daher ist es ungewöhnlich, daß an ihr fast ausschließlich Frauen beschäftigt sind.“ [1] Solch eine – nach damaliger Auffassung – Kuriosität hatte Programm. Schließlich war die Schule des Paulsenstiftes von dem Hamburger Frauenverein zur Unterstützung der Armenpflege gegründet worden, der sich nicht nur um einen höheren

Frauenanteil in den Lehrkörpern bemühte, sondern in seiner Schule ausschließlich Frauen beschäftigen wollte. Und Hanna Glinzer setzte sich als Schulleiterin für die Durchsetzung dieser Forderung ein.

Als 1908 im Zusammenhang mit der preußischen Mädchenschulreform ein Gesetz erlassen wurde, daß die Stellen für die pädagogischen Kräfte geschlechtsparitätisch zu besetzen seien, löste dies im Schulvorstand der Schule des Paulsenstiftes heftige Debatten aus, war man doch gerade im Begriff, um eine staatliche Anerkennung zu ersuchen – damit wäre die Schule aber unter dieses Gesetz gefallen. Dennoch beschloß der Schulvorstand 1910, die staatliche Anerkennung zu beantragen, um damit seinen Schülerinnen bessere Berufschancen zu ermöglichen. 1912 erhielt die Schule die Lyzealberechtigung und damit gleichzeitig die Vorgabe, in Zukunft ein Drittel männlicher Lehrkräfte einzustellen. Der Schulvorstand wußte sich aber zu helfen: Er stellte zwar entsprechend viele männliche Lehrkräfte ein – diese aber nur nebenamtlich. Elke Kleinau erklärt dazu: „Dieses Verfahren, männliche Lehrkräfte ausschließlich nebenamtlich zu beschäftigen, wird möglich durch die Verknüpfung zweier Vorschriften über die Zusammensetzung des LehrerInnenkollegiums in privaten Mädchenschulen. Neben der Quotenregelung für männliche Lehrkräfte legen die Bestimmungen fest, daß nebenamtliche Kräfte engagiert werden können, die von ihnen erteilten Unterrichtsstunden aber nicht mehr als ein Drittel der Gesamtstunden betragen dürfen. Diese Regelung wird von der Schule bis Ostern 1932 praktiziert, d.h. bis zu dem Zeitpunkt, an dem der Staat den LehrerInnen generell die Ausübung nebenamtlicher Tätigkeiten untersagt." [1]

Unter Hanna Glinzers Leitung konnte die Schule in den 20er Jahren zur Oberrealschule ausgebaut und außerdem als zweiter Oberbau eine dreijährige Frauenschule angegliedert werden.

Neben ihrem Lehrerinnenberuf betätigte sich Hanna Glinzer auch stände- und frauenpolitisch. Sie wurde eines der führenden Mitglieder in den Hamburger Ortsgruppen des Allgemeinen Deutschen Lehrerinnenvereins und des Allgemeinen Deutschen Frauenvereins. Helene Lange wollte sie sogar für eine Kandidatur zur Hamburgischen Bürgerschaft gewinnen, was darauf schließen läßt, daß Hanna Glinzer zur Deutschen Demokratischen Partei tendierte. Aber Hanna Glinzer lehnte wegen ihrer Arbeitsbelastung als Schulleiterin ab.

Hanna Glinzer gehörte zu denjenigen, die den Machtantritt der Nationalsozialisten und eine restriktive Politik vorausgesehen hatten. Als sich ihre Befürchtungen verwirklichten, sah sie die einzige Möglichkeit, ihre Schule zu retten, in der völligen Verstaatlichung. Dies geschah 1937 und bedeutete gleichzeitig das Ausscheiden Hanna Glinzers aus dem Schuldienst. Denn sie weigerte sich, den Treueeid auf Hitler zu schwören – ließ sich lieber zwei Jahre zu früh pensionieren.

Im Zweiten Weltkrieg wurde die Schule und auch Hanna Glinzers Wohnung ausgebombt. Hanna Glinzer mußte Hamburg verlassen. Lange hatte sie nicht die Kraft, eine zielgerichtete Arbeit aufzunehmen, erteilte dann aber doch wieder Unterricht – und zwar Flüchtlingskindern. Erst 1949 konnte sie nach Hamburg zurückkehren und erhielt eine Wohnung in einem Blankeneser Gartenhaus.   R.B.

Emma Ender (geb. Behle)

Frauenrechtlerin des gemäßigten Flügels der bürgerlichen Frauenbewegung, Mitglied der Hamburgischen Bürgerschaft (DVP)

Grab Nr. F 6, 214 bei Kapelle 4
(Grabstelle aufgegeben)
geb. 2.8.1875 in Frankfurt a. Main
gest. 25.2.1954 in Hamburg

1925, zum 50. Geburtstag Emma Enders schrieb der „Hamburgische Correspondent": „Ihr Leben galt einzig und allein der Emanzipation der Frau. Um dieses gleiche Recht der Frau im öffentlichen Leben hat Emma Ender Zeit ihres Lebens gekämpft, aber sie tat es nie mit dem Fanatismus der sog. Frauenrechtlerin, immer mit dem klugen und gesunden Gefühl für die echte Neben- und Unterordnung, die das Leben verlangt. Und weil sie neben allem Kampfe und Streit niemals das Wesen der Frau vergaß, darum hat sie die Erfolge gehabt, die den Werdegang ihres Lebens bezeichnen."

In solch einem abgesteckten Rahmen, der es nicht zuließ, daß die Frau jemals eine gleichberechtigte Stellung dem Mann gegenüber einnehmen konnte, durfte eine Frau für die Rechte der Frauen eintreten, und nur so galt das Wort „Emanzipation" nicht als Schimpfwort. Emma Ender wurde 1875 als fünftes Kind einer wohlhabenden Kaufmannsfamilie in Frankfurt am Main geboren. Das Elternhaus stand in Darmstadt. Als Emma 15 Jahre alt war, zog ihr Vater nach Frankfurt, wohin sie ihm zunächst allein folgte. Drei Jahre später, 1893, starb Emmas Mutter, und zwei weitere Kinder zogen nun nach zum Vater.

Emma Ender hatte in Darmstadt und Frankfurt die Staatliche Schule für höhere Töchter besucht. Aber der Vater erlaubte ihr nicht, einen Beruf zu erlernen, da er sie im Hause behalten wollte.

Mit 25 Jahren heiratete Emma Ender den Hamburger Exportkaufmann Max Ender und zog 1900 mit ihm nach Hamburg. Die Ehe blieb kinderlos. Emma Ender schloß sich der ADF-Ortsgruppe (Allgemeiner Deutscher Frauenverein) an. Ziel des ADF war es unter anderem, der bürgerlichen Frauenbewegung zu einem positiven Image in der Öffentlichkeit zu verhelfen und ihre Mitglieder in gesellschaftspolitischen Fragen fortzubilden. Außerdem war dem ADF die ehrenamtliche Wohlfahrtspflege ein wichtiges Anliegen. Durch die Betätigung auf diesem Gebiet sollten seine Mitglieder eine verantwortungsvolle Aufgabe erhalten und gleichzeitig die Not sozial schwacher Frauen gelindert werden.

Im Januar 1900 gründete der ADF den Verein Soziale Hilfsgruppen. Dieser betätigte sich u.a. in der Kinderfürsorge, Blinden- und Hauspflege und bot Arbeitsvermittlung für Heimarbeiterinnen an. Besonders die Kinder- und Jugendarbeit lag Emma Ender sehr am Herzen, was bei kinderlos verheirateten Frauen öfter zu beobachten war. Emma Ender besaß praktisches und organisatorisches Talent, und so wurde ihr 1906, als sie 31 Jahre alt war, die Leitung eines Mädchenhortes übertragen. Von 1910 bis 1919 war sie Vorsitzende des Verbandes Hamburger Mädchenhorte, von 1907 bis 1916 stellvertretende Vorsitzende des ADF. 1911 gehörte sie zu den Initiatorinnen der Jugendgruppe Hamburg des Allgemeinen Deutschen Frauenvereins, die als Zweigverein der Ortsgruppe arbeitete, und wurde deren Beiratsmitglied. Die Gruppe gab Volksschülerinnen Nachhilfeunterricht, bot Anleitung zum Gartenbau, besaß Schneiderstuben für weibliche arbeitslose Jugendliche, eine Büchersammelstelle und eine Abteilung für Blumenspenden, die zu besonderen Anlässen Arbeiterinnenvereine, Altersheime und alleinstehende alte Frauen beschenkte. Emma Ender wollte mit der Gründung solcher Jugendgruppen, denen Frauen bis zu ihrem 30. Lebensjahr angehören sollten, Jugendliche für die Ziele und Aufgaben der bürgerlichen Frauenbewegung interessieren, sie für soziale Hilfsarbeiten gewinnen und sie, wie sie sagte, im

„Vereinswesen schulen". Gleichzeitig sollten durch diese Jugendgruppen dem Mutterverein potentielle Mitglieder zugeführt werden.

Aber damit nicht genug: Von 1912 bis 1915 war Emma Ender auch noch Vorsitzende des Vortragskartells Hamburgischer Frauenvereine, und außerdem trat sie 1912 als eine der ersten Frauen dem Hamburger Nationalliberalen Verein bei. Dieser hatte sich bisher sehr patriarchalisch benommen und sich noch 1910 geweigert, Frauen aufzunehmen.

Im Ersten Weltkrieg gehörte Emma Ender zu den Gründerinnen des Frauenausschusses der Hamburgischen Kriegshilfe – ein „Ableger" der auf Initiative des ADF gegründeten Hamburgischen Gesellschaft für Wohltätigkeit e.V. Das Anliegen dieses Ausschusses war es, durch soziale Arbeit an der „Heimatfront", seinen Beitrag für den Krieg zu leisten. So wurden Freitische, Kleidung und Arbeitsmöglichkeiten für Lehrerinnen und Bühnenkünstlerinnen organisiert. Es gab für Frauen Kurse im pflegerischen Bereich und Haushaltstips zum sparsamen und effektiven Lebensmittelverbrauch.

Emma Ender leitete die weibliche Jugend in der Kriegsjugendpflege und die Abteilung für Kinderkrippen, Warteschulen und Horte. Ziel der Kriegsjugendpflege war es, arbeitslosen jungen Mädchen Beschäftigung zu geben, damit auch sie ihren patriotischen Beitrag für den Krieg leisten konnten. Denn Emma Ender empfand es als eine starke Benachteiligung der weiblichen Jugend, daß diese nicht für den Krieg tätig sein konnte: „Ich habe viel daran gedacht, wie hart es besonders für Töchter der unteren Schichten sein mußte, bei dem Aufflammen des patriotischen Empfindens in allen Volksschichten untätig in dem Maße zu sein, wie es die Arbeitslosigkeit der ersten Monate des Krieges für sie mit sich brachte und wie stark gerade sie in dieser Zeit dadurch benachteiligt sind, daß das Mädchen der gleichen Schichten viel weniger daran gewöhnt ist, sich von dem vaterländischen Erleben erfassen zu lassen wie der junge Mann." [1]

Nach dem Krieg wurde aus dem Frauenausschuß der Hamburgischen Kriegshilfe und dem Vortragskartell der Frauenorganisationen der Stadtbund Hamburgischer Frauenvereine. Ziel des Stadtbundes war es, alle Frauenvereine Hamburgs zusammenzuschließen, „denen die Förderung der Frauen in geistiger und körperlicher, in wirtschaftlicher und rechtlicher, sozialer und politischer Hinsicht obliegt". 1 1916 forderten die Mitglieder des Stadtbundes einstimmig, „daß in der bevorstehenden Zivildienstpflicht die Frau in gleicher Weise wie der Mann zur Arbeit für den Staat zu verpflichten" sei. [1] Emma Ender war im Stadtbund tonangebend, ihre geistige Einstellung war – wie Helmut Stubbeda Luz formulierte – geprägt von einem „nationalen Liberalismus zwischen Hurrapatriotismus und verbandsegozentrischer, ungeduldig fordernder Frauenpolitik". [1]

Als der Kaiser in seiner Osterbotschaft vom 7. April 1917 eine gewisse Liberalisierung des politischen Systems ankündigte und der Hamburger Senat im Begriff war, das Wahlrecht zu demokratisieren, sah der Stadtbund die Gelegenheit gekommen, für die Frauen das Bürgerrecht zu fordern, so Stubbe-da Luz. Emma Ender überreichte am 2. November 1918 Bürgermeister von Melle eine diesbezügliche Petition mit rund 18.600 Unterschriften. Eine Antwort erhielten die Frauen nicht – aber, kurze Zeit später, am 12.11.1918 verkündete der revolutionäre Rat der Volksbeauftragten in Berlin das allgemeine und gleiche Wahlrecht.

Ein Schritt zur Gleichberechtigung war getan, aber es war nicht selbstverständlich, daß nun alle Frauen ihr Recht wahrnahmen und zum Wählen gingen. Emma Ender erkannte, daß viele Frauen zuerst einmal motiviert werden mußten, ihr neues Recht auch in Anspruch zu nehmen. Aus diesen Überlegungen heraus gründete sie den Wahlwerbeausschuß des Stadtbundes. Gleichzeitig war es ihr ein Anliegen, die Frauen politisch zu schulen, denen sofort, nachdem die Frauen das Wahlrecht erhalten hatten, Parteiämter übertragen worden waren. Denn nach Meinung Emma Enders waren viele dieser Frauen zu oberflächlich politisiert worden und entbehrten der „Vorschule der Frauenbewegung" .

Emma Ender betätigte sich jetzt auch partei-politisch. Von März 1919 bis 1924 war sie für die DVP Mitglied der Hamburgischen Bürgerschaft und stand oft am Redepult.

Nach dem Krieg protestierte Emma Ender scharf gegen die Verdrängung von Frauen aus dem Arbeitsbereich Wohlfahrtspflege, in den Frauen während des Krieges wegen des Männermangels verstärkten Zugang gefunden hatten. Auch wehrte sie sich vehement gegen die Entlassung sogenannter Doppelverdienerinnen. Angesichts der großen Not weiter Bevölkerungskreise infolge der Inflation setzte sich Emma Ender als Vorsitzende des Stadtbundes für den Zusammenschluß der Frauenverbände in dem sozialen Hilfswerk Hamburgische Frauenhilfe 1923 ein.

Nachdem Emma Ender 1924 aus der Bürgerschaft ausgeschieden war, wurde sie Vorsitzende des BDF (Bund Deutscher Frauen). Helmut Stubbe-da Luz schreibt dazu: „Emma Enders Wahl entsprach einem Trend nach rechts im BDF, der 1920 mit dem Beitritt des mitgliederstarken Reichsverbandes landwirtschaftlicher Hausfrauenvereine begonnen hatte; freilich besaßen im neunköpfigen Vorstand weiterhin die linksliberalen ‚Demokratinnen' die Mehrheit und Gertrud Bäumer, die als stellvertretende Vorsitzende fungierte, übte nach wie vor eine Art inoffizieller Richtlinienkompetenz aus." [1] 1931 wurde Agnes Zahn-Harnack im BDF die Nachfolgerin der 56jährigen Emma Ender.

Von 1920 bis 1927 war Emma Ender außerdem noch Vorsitzende des Verbandes Norddeutscher Frauenvereine. Dieser Verein gab die wöchentlich erscheinende Zeitschrift „Frau und Gegenwart" heraus, die später mit der Illustrierten „Neue Frauenkleidung und Frauenkultur" zusammengelegt wurde.

Im Mai 1933 bekam Emma Ender als Stadtbundvorsitzende eine Staatskommissarin vorgesetzt. Am 15. Mai löste sich der BDF und am 20. Juli der Stadtbund auf – teils, wie Stubba-da Luz schreibt, „aus Resignation, teils auch aus Gutgläubigkeit". [1] Als Gegnerin des Nationalsozialismus zog Emma Ender sich 1933 aus dem öffentlichen Leben zurück. Sie half jedoch, soweit es ihr möglich war, ihren jüdischen FreundInnen. 1940 starb ihr Mann.

Nach dem Krieg – nun schon siebzigjährig – fühlte sie sich nicht mehr stark genug, um beim Aufbau einer neuen Frauenbewegung mitzuarbeiten.

1920 hatte Emma Ender in einem Zeitungsartikel geschrieben: „Meine Einstellung zum Leben wurde wesentlich beeinflußt, so scheint es mir wenigstens heute, durch den Glauben, ich sei ein Sonntagskind. Irgend jemand, der in meiner Kindheit Autorität hatte, hat es mir gesagt, vielleicht war es nur sinnbildlich gemeint, ich glaubte es jedenfalls als Tatsache. Als ich dann nach mehr als drei Jahrzehnten meines Lebens durch einen Zufall erfuhr, daß ich an einem Montag geboren bin, war es mir eine richtige Enttäuschung, aber ich ließ mich nun nicht mehr beirren und registrierte weiter in dem Geist des wirklichen Sonntagskindes. Wie unendlich oft habe ich in naivem Kinderglauben kleine gute Erlebnisse auf mein Sonntagskindglück bezogen und mich auf seinen Schutz verlassen. Und alle Güte, die mir im Leben von Menschen widerfahren ist, habe ich als etwas Besonderes, Unverdientes, dem Sonntagskind Zufallendes genossen." [1]

Emma Ender wurde fast vergessen. Über ihre Beerdigung schrieb das „Hamburger Echo" vom 2.3.1954: „Ein kleiner Kreis von Freunden und früheren Mitarbeitern nahm am Montag in der Halle B des Ohlsdorfer Friedhofes Abschied von Emma Ender. ... Ihr Lebensabend in Rahlstedt war einsam." R.B.

Margaretha Treuge (Amalie Margaretha Treuge)

Direktorin der Sozialen Frauenschule in Hamburg

Grab Nr. AF 19, 72 (Grabstätte aufgegeben)
geb. 4.8.1876 in Elbing
gest. 2.4.1962 in Hamburg

„Ich bin gebürtige Westpreußin. Meine Eltern habe ich früh verloren. Aber wir drei Kinder erhielten bei Verwandten eine liebevolle und sorgfältige Erziehung", [1] erzählte Margaretha Treuge an ihrem 80. Geburtstag.

Als 13jährige kam sie mit ihren Geschwistern zu ihrem Großvater nach Marienburg, ging auf die Höhere Handelsschule, besuchte das Lehrerinnenseminar, erwarb die Lehrbefähigung an Mädchenschulen und absolvierte eine dreijährige Berufsausbildung, um die Befähigung zum Studium zu erhalten. Mittlerweile 23 Jahre alt, ging sie mit ihrem 20jährigen Bruder nach Berlin zum Studieren. Dort belegte sie – formal getrennt von der Universität – in Oberlehrerinnenkursen die Fächer Geschichte, Deutsch und Philosophie. Nach dem Staatsexamen wurde sie 1904 Lehrerin an einem Berliner Lyzeum und unterrichtete nebenamtlich an der Frauenschule von Alice Salomon.

Margaretha Treuge schloß sich dem ADLV (Allgemeiner Deutscher Lehrerinnenverein) an und war von 1910 bis 1921 Schriftleiterin der Verbandszeitschrift „Die Lehrerin".

Für die vom ADF 1909 herausgegebene Publikation: „Politisches Handbuch für Frauen" schrieb Margaretha Treuge umfangreiche Abhandlungen zu den Themen: „Verfassung in Gemeinde, Staat und Reich" und „Die deutschen politischen Parteien". Außerdem veröffentlichte Margaretha Treuge im selben Jahr eine „Einführung in die Bürgerkunde – ein Lehrbuch für Frauenschulen", welches zu einem Standardwerk wurde.

Margaretha Treuge wollte in ihren Publikationen weder sozialdemokratischen noch konservativen Parteien das Wort reden. Das Schwergewicht legte sie auf die Darstellung der kommunalen Selbstverwaltung. Denn sie war der Überzeugung, die Betätigung auf dieser untersten politischen Ebene sei für Frauen, die sich gerade erst politisierten, angemessen – zumal auf dieser Ebene die Arbeit im sozialen Bereich im Vordergrund stand, wofür nach damaliger Geschlechtsrollenzuweisung Frauen besonders geeignet erschienen.

Gerade in Zeiten des Krieges erhielt die soziale Arbeit eine neue Wichtigkeit. Und so begrüßten es auch die Vertreter der Stadt Hamburg, daß im Kriegsjahr 1917 die Dop-

pellehranstalt Soziale Frauenschule und Sozialpädagogisches Institut gegründet wurde. An dieser Doppellehranstalt wurde Margaretha Treuge Oberlehrerin für Geschichte und Bürgerkunde.

Als 1919/1920 die Schulleiterinnen Gertrud Bäumer und Dr. Marie Baum Hamburg verließen – Gertrud Bäumer wurde als erste Frau Deutschlands Ministerialrätin in Berlin, und Dr. Marie Baum ging als Referentin für Wohlfahrtspflege in das badische Arbeitsministerium –, übernahm die 44jährige Margaretha Treuge die Leitung der Sozialen Frauenschule. Im selben Jahr wurde die Schule als Wohlfahrtsschule staatlich anerkannt, was bedeutete, daß die Schülerinnen nun die Qualifikation einer staatlich geprüften Wohlfahrtspflegerin erwerben konnten. Margaretha Treuge betrachtete die Entwicklung zur Verstaatlichung mit gemischten Gefühlen, denn sie befürchtete eine allzu starke Schematisierung und Routine in der Ausbildung. Am 1.4.1923 wurde die Schule verstaatlicht und war damit die erste deutsche Wohlfahrtsschule unter staatlicher Leitung.

Als der Hamburger Senat 1926 Nachschulungslehrgänge für männliche Angestellte der Wohlfahrtsbehörde beschloß, weil die meisten der männlichen Angestellten noch nach den Lehrsätzen der alten Armenpflege arbeiteten, bedeutete dies für das Sozialpädagogische Institut, Lehrgänge auch für Männer einzurichten. Das fiel Margaretha Treuge und ihren Mitarbeiterinnen schwer. Für sie galt das Berufsfeld Sozialpädagogik als ein typisch weibliches, das die den Frauen angeborene Mütterlichkeit, die sich in Pflege und Hege ausdrückte, professionalisierte. Margaretha Treuges Vorbehalte, die „berufsethische Vertiefung" könne durch die Koedukation beeinträchtigt werden und der gesamte Unterricht verflachen, fand in den verantwortlichen Kreisen kein Gehör. Und so mußte Margaretha Treuge Ostern 1930, nachdem Preußen 1927 bereits die staatliche Anerkennung männlicher Wohlfahrtspfleger geregelt hatte, fünf bis zehn männliche Schüler in die Unterklasse des Sozialpädagogischen Instituts aufnehmen.

Im Herbst 1933 wurde Margaretha Treuge, die 1918 der Deutschen Demokratischen Partei beigetreten war und ihre Vorstellungen von einem demokratischen Staat weiterhin öffentlich vertrat, von den Nationalsozialisten ihres Amtes enthoben. Die „Hamburger Lehrerzeitung" schrieb dazu 1961 in einer Grußadresse zum 85. Geburtstag Margaretha Treuges: „Es half nichts, daß die jungen Frauen und Männer, die damals im Sozialpädagogischen Institut ausgebildet wurden, sie beschworen, ‚vorsichtig' zu sein. Sie konnte nicht schweigen, wenn ihrer Meinung nach Unrecht geschieht." Margaretha Treuge wurde an eine Volksschule strafversetzt und ein Jahr darauf vorzeitig in den Ruhestand entlassen. Während der Zeit des Nationalsozialismus hielt sie in Privathäusern Kurse zu Literatur, Geschichte, Frauenbewegung und Nationalökonomie ab. Während des Krieges wurde ihre Wohnung ausgebombt, und sie verlor ihre Schwester – ihre engste Lebenskameradin.

Nach 1945 arbeitete die nun über 70jährige noch kurze Zeit erneut als Dozentin am Sozialpädagogischen Institut. 1946 gehörte Margaretha Treuge zu den Mitbegründerinnen des Hamburger Frauenringes e.V., dessen Presseausschuß sie leitete. 1949 initiierte sie mit anderen die Bildung der Arbeitsgemeinschaft Hamburger Frauenorganisationen. Außerdem war Margaretha Treuge aktive Mitarbeiterin der WOMAN.   R.B.

Grete Zabe (Grete Marie Zabe geb. Tischkowski)

Vorsitzende des Frauenaktionsausschusses der SPD, Mitglied der Hamburgischen Bürgerschaft (SPD)

Grab Nr. Q 17, 750 bei Kapelle 3
geb. 18.3.1877 in Danzig
gest. 1.12.1963 in Hamburg

Grete war fünf Jahre alt, als ihre Eltern, der Vater ein Schiffszimmergeselle, die Mutter ein Dienstmädchen, verstarben. Sie kam in ein Waisenhaus, später zu Pflegeeltern.

Grete Zabe besuchte die Volksschule, wurde Dienstmädchen, später Arbeiterin in einer Zigarrenfabrik. Mit 20 Jahren heiratete sie einen Malergehilfen. Ein Jahr später wurde das erste Kind, drei Jahre darauf das zweite und nach weiteren vier Jahren das dritte Kind geboren. Da das Gehalt ihres Mannes nicht für den Lebensunterhalt der Familie ausreichte, übernahm Grete Zabe zwischenzeitlich immer mal wieder Aushilfsarbeiten. 1906 zog das Ehepaar nach Hamburg.

Dort wurde Grete Zabe auf Anregung ihres Mannes, einem aktiven Sozialdemokraten und Gewerkschafter, im Jahr 1907 Mitglied der SPD. Grete Zabe, die großes Redetalent besaß, machte Parteikarriere: 1913 wurde sie in den SPD-Distriktvorstand Hamburg-Uhlenhorst gewählt und leitete während des Ersten Weltkrieges die Kriegsküche dieses Stadtteils. Von 1919 bis 1933 war sie Mitglied der Hamburgischen Bürgerschaft und im Ausschuß für Wohnungsfragen sowie als einzige Frau in der Deputation für das Gefängniswesen tätig, wo sie sich für eine Reform des Strafvollzuges stark machte. Zwischen 1922 und 1933 agierte sie als Mitglied des Landesvorstandes und des Frauenakti-

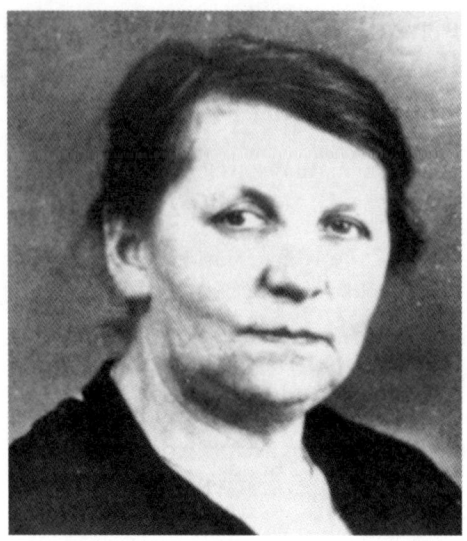

Johanne Reitze (geb. Leopolt)

Führende Funktionärin der
sozialdemokratischen Frauenbewegung

Grab Nr. J 20, 90-91
geb. 16.1.1878 in Hamburg
gest. 22.2.1949 in Hamburg

Wie ihre Genossinnen Marta Damkowski, Grete Wöhrmann und Grete Zabe (siehe Portraits) kam auch Johanne Reitze aus einer Arbeiterfamilie. So war ihr Bildungsweg ebenfalls vorprogrammiert: Volksschule, Arbeit als Dienstmädchen, später als Arbeiterin. Johanne Reitze war in einer Druckerei tätig. Dort lernte sie Kollegen und Kolleginnen kennen, die sie mit der Arbeiterbewegung vertraut machten, so daß Johanne Reitze 1902 den Entschluß faßte, in die SPD einzutreten.

Zwei Jahre zuvor hatte Johanne Reitze den sozialdemokratischen Journalisten Johannes Carl Kilian-Reitze geheiratet. Auch er wird ihren politischen Weg beeinflußt haben. Zusammen mit ihm ging sie 1904 für ein halbes Jahr auf die Parteischule nach Berlin.

Von 1916 bis 1919 war Johanne Reitze Vorstandsmitglied im Landesvorstand der Hamburger SPD und bis 1931 regelmäßig Delegierte bei den SPD-Frauenkonferenzen und SPD-Parteitagen auf Reichsebene. So war sie sicherlich daran beteiligt, als im April 1918 erstmals eine gemeinsame Kundgebung der bürgerlichen und sozialdemokratischen Frauen für das Frauenstimmrecht im Hamburger Gewerkschaftshaus stattfand. Die Zusammenarbeit zwischen bürgerlichen und sozialdemokratischen Frauen war durch die schon während des Ersten Weltkrieges zustandegekommene Kooperation auf dem Gebiet der Kriegshilfe entstanden. Der Anstoß für die Zusammenarbeit in der Kriegshilfe war vom SPD-Parteivorstand und der Generalkommission der freien Gewerkschaften ausgegangen. Sie riefen, nachdem „die sozialdemokratische Reichstagsfraktion für die Bewilligung der Kriegskredite gestimmt hatte, die Genossinnen ... zu einer ‚allgemei-

onsausschusses der SPD. Von 1922 bis 1927 war sie Vorsitzende des Frauenaktionsausschusses. Dieser hatte sich das Ziel gesetzt, möglichst viele Wählerinnen zu gewinnen. Allerdings erreichten die Genossinnen mit ihren Frauenversammlungen, Plakaten und Flugblättern nicht die breite Masse. Die bürgerlichen Parteien hingegen hatten schon länger erkannt, wie die „Frau von der Straße" am besten anzusprechen sei – nämlich mit Angeboten im Freizeitbereich. So wurde ab 1924 auch die SPD in dieser Richtung aktiv, bot „Frauenfeierstunden" und Film- und Lichtbildabende mit kurzen politischen Referaten an.

Die zentralen Forderungen der SPD und des Frauenaktionsausschusses waren u.a.: gleicher Lohn für gleiche Arbeit, Verbesserung des Arbeits- und Mutterschutzes für erwerbstätige Frauen, gleiches Recht auf Erwerbstätigkeit für Mann und Frau, Reform des Paragraphen 218.

1933 und 1944 wurde Grete Zabe von der Gestapo mehrere Tage inhaftiert – und auch Hausdurchsuchungen mußte ihre Familie über sich ergehen lassen.

Nach 1945 war Grete Zabe wieder für die SPD und die Arbeiterwohlfahrt aktiv.   R.B.

nen Hilfsaktion' auf. Um eine Zersplitterung der Kräfte in der Kriegsfürsorge zu vermeiden, sollten sie gemeinsam mit den bürgerlichen Frauen im Nationalen Frauen Dienst tätig werden. Diese Aufforderung entsprach der Burgfriedenspolitik, die die Mehrheit in der SPD-FÜhrung [so auch Johanne Reitze] seit Kriegsbeginn in dem Glauben betrieb, daß Deutschland einen ‚Verteidigungskrieg gegen den russischen Despotismus' führe". [1]

Neben dieser Tätigkeit in der Kriegshilfe war Johanne Reitze auch Beiratsmitglied des Hamburger Kriegsversorgungsamtes und des Speiseausschusses der Kriegsküchen und arbeitete für die Kriegsfolgehilfe und die Kriegshinterbliebenenfürsorge.

Von 1919 bis 1921 wurde Johanne Reitze Mitglied der Hamburgischen Bürgerschaft und von 1919 bis 1933 Mitglied des reichsweiten SPD-Parteiausschusses.

Ein Höhepunkt ihrer Parteikarriere war die 1919 erfolgte Wahl in die Nationalversammlung. 310 Frauen waren für die Wahl aufgestellt worden. Das war sehr viel und hatte seine Ursache darin, daß nach der Novemberrevolution auch die bürgerlichen Parteien, die sich bis dahin gegen die staatsbürgerliche Gleichstellung der Frauen gewehrt hatten, die Frauen entdeckt hatten – schließlich waren sie potentielle Wählerinnen. Allerdings wurden nur 36 Frauen in die Nationalversammlung gewählt, drei rückten nach. Damit machten die Frauen 9,6% aller Parlamentarier in der Nationalversammlung aus. Unter ihnen war Johanne Reitze, die lange Zeit die einzige weibliche Abgeordnete aus dem Wahlkreis Hamburg war.

Das Hauptbetätigungsfeld der Politikerinnen waren die „angestammten" sogenannten Frauenbereiche wie Sozialpolitik, Wohlfahrtspflege, Jugend-, Gesundheits- und Schulpolitik. Dadurch war es den Politikerinnen nicht möglich, auf allen Politikfeldern die Interessen der Frauen einzubringen. Die „Große Politik" richtete sich weiter nach den Interessen der männlich dominierten Gesellschaft.

Über das Wirken Johanne Reitzes während der Nazizeit ist kaum etwas bekannt. 1944 wurde sie von der Gestapo verhaftet und kam in Schutzhaft.

Nach dem Zweiten Weltkrieg war sie am Wiederaufbau der Arbeiterwohlfahrt beteiligt. R.B.

Emmy Beckmann (Emmy Dora Caroline Beckmann)

Lehrerin, Hamburgs erste Oberschulrätin, Bürgerschaftsmitglied vor und nach dem Zweiten Weltkrieg (DDP und FDP), maßgeblich in der bürgerlichen Frauenbewegung tätig

Grab Nr. O 24, 151-152
geb. 12.4.1880 in Wandsbek
gest. 24.12.1967 in Hamburg

Auf dem Ohlsdorfer Friedhof, gleich hinter dem Wasserturm, befindet sich das Grab von Emmy Beckmann. Vor einem großen unbeschrifteten Holzkreuz liegt die stark mit Moos bewachsene Grabplatte. Die eingemeißelte Inschrift ist kaum noch zu lesen:

„Hanna Beckmann Oberstudiendirektorin 12.4.1880 – 18.1.1956 und Professor Emmy Beckmann 12.4.1880 – 24.12.1967 Oberschulrätin".

Daneben befindet sich eine weitere Grabplatte, unter der ihr Bruder, ein Pastor, seine
letzte Ruhe fand.

Emmy Beckmanns Mutter starb nach der
Geburt der Zwillinge Emmy und Hanna an
Kindbettfieber. Der Vater ging eine neue
Ehe ein. Zu den drei Kindern kamen im Lau-
fe der Zeit vier weitere Geschwister hinzu.

Die Kindheit der drei Geschwister verlief
recht lieblos, die neue Mutter kümmerte
sich mehr um ihre eigenen Kinder, der Vater,
ein Gymnasialprofessor, kam stets erschöpft
von der Arbeit nach Hause, war nervös und
reizbar. Emmy und Hanna Beckmann fürchteten sich vor ihm, wagten in seiner Gegenwart kaum zu sprechen. Obwohl zwei Dienstmädchen angestellt waren, mußten sie im
Haushalt stark mithelfen und die jüngeren
Geschwister hüten.

In die Berufslaufbahn der drei Geschwister aus erster Ehe griff der Vater allerdings
nicht ein. Die leibliche Mutter hatte für den
Zweck der Ausbildung und Bildung der beiden Mädchen eine Erbschaft hinterlassen.

Emmy Beckmann beschrieb 1914 ihren
Ausbildungsgang anläßlich ihrer Bewerbung
an die private Hamburger Gewerbeschule
für Mädchen: „Von 1886 bis 1895 besuchte
ich die Höhere Mädchenschule von Fräulein
Hübener in Wandsbek, ging dann in die Vor-
bereitungsklasse des Seminars der Klosterschule zu Hamburg und trat nach einjähriger Unterbrechung Ostern 1897 in das Seminar dort ein. Nach dem vorgeschriebenen
dreijährigen Besuch des Seminars bestand
ich Ostern 1900 das Examen für die Lehrbefähigung an mittleren und höheren Schulen. Ich war danach fast drei Jahre Erzieherin in England, wo ich drei Mädchen in den
gewöhnlichen Unterrichtsfächern unterrichtete. Nach einem dreimonatigen Studienaufenthalt in Paris wurde ich Ostern 1903
Lehrerin an der Töchterschule in Husum,
damals einer Kuratoriumsschule von fünf
Klassen und neun Stufen. 1906 verließ ich
Husum, um mich in Göttingen und Heidelberg auf das wissenschaftliche Examen vorzubereiten in Geschichte, Englisch und Philosophie. Ich habe sieben Semester studiert

und bestand im Nov. 1909 das Examen in
den genannten Fächern. – Von Ostern 1910
bis Ostern 1912 war ich als Oberlehrerin an
der Privatschule von Fräulein Schneider angestellt, von 1912 bis Ostern 1914 an der
Schule des Paulenstifts zur Vertretung einer
studierenden Lehrerin. Ostern 1914 kehrte
diese Dame als Oberlehrerin an das Paulen-
stift zurück – damit ist die Vertretung abge-
laufen." [1]

Emmy Beckmann erhielt die Anstellung
an der Gewerbeschule für Mädchen und
war dort bis 1924 tätig – in den Jahren zwischen 1922, als die Schule verstaatlicht wurde und den Namen Schule für Frauenberufe erhielt, und 1924 sogar als stellvertretende Direktorin.

1924 ging sie als Studienrätin an eine der
neu eingerichteten „Aufbauschulen" für begabte Volksschüler und -schülerinnen. 1926
wurde sie von dem Kollegium der staatlichen
Oberrealschule Hansastraße, der späteren
Helene-Lange-Schule, als Schulleiterin berufen. Emmy Beckmann führte dort die Schü-
lerselbstverwaltung ein und sorgte dafür,
daß 1927 die Oberrealschule Hansastraße in
Helene-Lange-Oberrealschule umbenannt
wurde.

1927 wurde Emmy Beckmann Hamburgs erste Oberschulrätin. Ihre Nachfolgerin an der Schule wurde ihre Schwester Hanna, mit der sie zusammen in der Oberstraße 68 lebte. Über ihre Tätigkeit als Oberschulrätin und ihre Schwierigkeiten, in ihrer Leitungsfunktion akzeptiert zu werden, schrieb Emmy Beckmann in ihren unveröffentlichten Lebenserinnerungen: „Im August 1927 trat ich – zur Oberschulrätin ernannt – dies Amt als erste Frau an. Chef der Behörde war der SPD-Senator Krause. Die Kollegen kamen mir freundlich entgegen. Ich übernahm das Dezernat für die höheren Mädchenschulen, die fast alle noch Privatschulen waren und zugleich die Lichtwarkschule. Ich besuchte die mir unterstellten Schulen alle im Unterricht und in den Prüfungen, lernte auch die Kollegien gut kennen. Eine Reihe von privaten höheren Mädchenschulen entwickelten sich in diesen Jahren zu Vollanstalten. Sie bekamen nach einem von der Behörde unter Mitarbeit staatlicher Lehrkräfte veranstalteten Abiturientenexamen die Genehmigung als Vollanstalten. Die Kuratoriums- ebenso wie die Privatschulen sind in den 30er Jahren von dem Nazi-Regime aufgehoben oder verstaatlicht worden. Das hatte sicher – abgesehen von der politischen Tendenz – auch seine sachliche Berechtigung. Im ganzen glaube ich, daß die Übernahme der Verantwortung durch den Staat eine Notwendigkeit war und ist, wobei er den Weg zu pädagogischen Versuchen und Abweichungen von der Norm frei lassen und auch fördern sollte.

Auch in persönlicher Beziehung war die Arbeit erfreulich, sowohl im Kollegium der Schulbehörde wie auch im Verkehr mit den Direktorinnen und Direktoren, letztere kamen mir nicht alle freudig entgegen. Die Frau als Vorgesetzte erregte zunächst wohl Mißtrauen und Ablehnung bei verschiedenen Leitern." [1]

1933 wurden Emmy Beckmann und ihre Schwester wegen „nationaler Unzuverlässigkeit" von den Nazis vorzeitig pensioniert. Dennoch beantragte Emmy Beckmann Anfang Januar 1934 ihre Aufnahme in den NS-Lehrerbund. Warum sie dies tat, als, wie Helmut Stubbe-da Luz schreibt, „... über die ‚neue gemeinsame Erzieher-Gemeinschaft' Illusionen nicht mehr möglich waren, darüber kann nur gemutmaßt werden: Wahrscheinlich wollte sie eine Vorsichtsmaßnahme im Hinblick auf ihre Vortrags- und vor allem publizistische Tätigkeit treffen. Sie mußte sich sagen lassen (was sie freilich schon gewußt haben dürfte), daß die sogenannten ‚Paragraph-Vierer' (entfernt aus dem Staatsdienst wegen politischer Unzuverlässigkeit) von der NSLB-Mitgliedschaft ausgeschlossen seien". [1]

Die Schwestern zogen sich in die innere Emigration zurück. Emmy Beckmann hielt diverse Literaturabende bei Freunden ab. Dadurch konnte sie während der Nazizeit zu einem gewissen Teil ihren Lebensunterhalt finanzieren.

Nach 1945 setzte die Schulbehörde Emmy Beckmann wieder in ihr Amt als Oberschulrätin mit dem Ressort Mädchenschulwesen ein. Dort blieb sie, die eigentlich nur bis 1948 hatte arbeiten wollen, bis 1949 tätig.

Für ihre Verdienste in der Frauen- und Mädchenbildung erhielt sie 1953 als erste Hamburgerin das Große Bundesverdienstkreuz, 1955 verlieh ihr der Senat den Professorentitel, 1961 als erster Frau die Bürgermeister-Stolten-Medaille.

Bürgermeister Paul Nevermann thematisierte in seiner Laudatio die Schwierigkeiten, mit denen eine Frau in einer Führungsposition zu kämpfen hatte: „Das war gewiß keine leichte Aufgabe, sondern ein unermüdliches, fortwährendes Ringen mit Vorurteilen, deren letzte Reste sich bis in unsere Zeit erhalten haben, trotz ungezählter Beispiele dafür, daß auch eine Frau an verantwortlicher Stelle durchaus ‚ihren Mann zu stehen vermag', wobei Sie aus dieser bewußt gewählten Formulierung heraushören mögen, wie zäh solche Vorurteile sind und wie tief die Auffassung von der angeblichen Unterlegenheit des Weiblichen in die Redewendungen der Alltagssprache eingegangen ist." [1]

Einen Teil ihrer Zeit widmete Emmy Beckmann auch der Literatur. Von ca. 1914 bis in die 50er Jahre war sie Mitglied literarisch-philosophischer Kreise, in denen sie auch Vorträge hielt. Zudem trat sie vor allem in den 20er Jahren mit Veröffentlichungen von Aufsätzen und Literaturkritiken hervor. Meistens schrieb sie über Dichter, die die Themen Krieg, Niederlage und Revolution behandelten. Helmut Stubbe-da Luz schreibt dazu: „Ausschlaggebendes Bewertungskriterium war für Emmy Beckmann, ob in den Stücken ein ‚Strindbergscher Haß gegen die bestehende Welt' sowie die vielfach diesem schwedischen Dichter entlehnte Neigung, Typen anstelle von Charakteren auf die Bühne zu bringen, die Oberhand behielten, oder ob nicht doch wenigstens ganz am Schluß ‚der Wille zum Leben trotz allem' in den Protagonisten – welche als ‚gestaltete Persönlichkeiten' individuelles Handeln erkennen lassen sollten – einen wenn auch nur knappen Sieg davontrug." [1] Emmy Beckmann liebte also keine einfachen, vorgefertigten Figuren, bei denen man schon im voraus wußte, wie sie sich verhalten würden. Außerdem macht ihre Vorliebe für positive Dramenschlüsse deutlich, daß ihr eine zukunftsweisende Lebensweise nahelag – ein Zug, den sie als Politikerin wohl brauchen konnte.

Ihre ersten Berührungspunkte mit der bürgerlichen Frauenbewegung erhielt sie 1906 in Göttingen in den von ihr besuchten Oberlehrerinnenseminaren. 1914 gründete sie in Hamburg den Verband der akademisch gebildeten Lehrerinnen mit und wurde bald dessen Vorsitzende. Auch war sie 1915 Gründungsmitglied des Stadtbundes Hamburgischer Frauenvereine, dessen stellvertretende Vorsitzende sie bis 1918 und in dessen Vorstand sie bis 1933 war. Ihre pädagogischen Fähigkeiten stellte sie der Frauenbewegung durch stundenweisen Unterricht an der Sozialen Frauenschule zur Verfügung. Außerdem war sie in der 1912 gegründeten Vereinigung für Frauenstimmrecht aktiv, der es in erster Linie um die Gleichstellung von Frau und Mann im damals geltenden Wahlrecht ging. Die Forderung nach Einführung des allgemeinen und gleichen Wahlrechts stand erst an nächster Stelle. Emmy Beckmann wurde Helene Lan-

ges Nachfolgerin als Bundesvorsitzende des Allgemeinen Deutschen Lehrerinnen Verbandes. Dieser Verband forderte neben dem gleichberechtigten Zugang von Mädchen zu allen Bildungseinrichtungen auch die gesonderte Mädchenschule. Er war der Überzeugung, daß nur in einer gesonderten Mädchenschule dem „spezifischen Wesen der Frau" Rechnung getragen werden könne. 1933 löste sich der ADLV auf.

Emmy Beckmann schrieb weit über 100 Zeitungs- und Zeitschriftenartikel, u.a. für die Zeitschrift der bürgerlichen Frauenbewegung „Die Frau". Zudem verfaßte sie Broschüren, und zwischen 1926 und 1936 gab sie zusammen mit Irma Stoß die Reihe „Quellenhefte zum Frauenleben in der Geschichte" (26 Bände) heraus. 1955 setzte sie die Arbeit auf diesem Gebiet fort und gab, zusammen mit der Vorsitzenden der Arbeitsgemeinschaft für Mädchen- und Frauenbildung, Dr. Elisabeth Kardel, die „Quellen zur Geschichte der Frauenbewegung" heraus, die vornehmlich für Schulen gedacht waren. 1956 und 1957 veröffentlichte sie die Briefsammlungen von Gertrud Bäumer und Helene Lange.

1945, gleich nach dem Krieg, bildete Emmy Beckmann u.a. mit Olga Essig den Frauenausschuß. 1946 gehörte sie zu den Mitbegründerinnen des Hamburger Frauenringes, in dem sie bis 1952 im Vorstand tätig war. 1948 gründete sie den Hamburger Akademikerinnenbund mit, den sie auch von 1949 bis 1952 leitete. 1947 war sie an der Bildung der Arbeitsgemeinschaft für Mädchenbildung beteiligt.

Ihren politischen Weg schlug Emmy Beckmann wohl erst ein, nachdem sie in der bürgerlichen Frauenbewegung führende Positionen errungen hatte. Durch ihren Bruder lernte sie die Schriften des Liberalen Friedrich Naumann kennen. 1914 besuchte sie eine Veranstaltung der Hamburger Vereinigten Liberalen, und 1918 nahm sie an einer außerordentlichen Mitgliederversammlung der Fortschrittlichen Volkspartei (FVP) teil. Als Mitglied der Deutschen Demokratischen Partei (DDP) wurde sie 1921 in die

Hamburgische Bürgerschaft gewählt. Dort war sie hauptsächlich für Schul- und Bildungsfragen zuständig. Sie wehrte sich auch gegen die Kampagne gegen das Doppelverdienertum, wonach verheiratete Beamtinnen kündigen sollten. Sie erreichte es sogar, daß in Hamburg eine Widerspruchskommission zur Prüfung von Härtefällen eingerichtet wurde. Außerdem sprach sie sich für Frauen in leitenden Positionen aus und forderte, daß analog zu Männern auch Frauen im gleichen Maße verbeamtet werden sollten. Bis 1932 erreichte sie innerhalb ihrer Bürgerschaftsfraktion den zweiten Platz. Nach 1933 saß Emmy Beckmann nicht mehr in der Bürgerschaft. 1949 nahm sie ihre Tätigkeit aber wieder auf, diesmal für die FDP.

Als 1952 über die einzelnen Abschnitte der neuen Hamburger Verfassung abgestimmt wurde, beantragte Emmy Beckmann den Artikel 33 („Der Erste Bürgermeister und die Senatoren bilden den Senat.") um den Satz „Dem Senat müssen Frauen angehören" zu erweitern. Damit forderte sie schon damals das, was später mit der Frauenquote erreicht werden sollte. Diese Forderung löste jedoch damals nur „allgemeine Heiterkeit" im Parlament aus.

1957 schied Emmy Beckmann aus Altersgründen aus der Bürgerschaft aus. Ihre Bitte, ihre Nachfolgerin bestimmen zu dürfen, wurde von der FDP-Bürgerschaftsfraktion ignoriert.

Seit 1980 gibt es im Hamburger Stadtteil Niendorf eine Straße, die nach ihr benannt ist: Emmy-Beckmann-Weg.   R.B.

Magda Hoppstock-Huth (Magdalene Hoppstock-Huth geb. Huth)

Gründerin der Internationalen Frauenliga für Frieden und Freiheit (IFFF), Widerstandskämpferin gegen das Hitlerregime, Mitglied (SPD) der Hamburgischen Bürgerschaft

Grab Nr. L 32, 419-421 bei Kapelle 10
geb. 9.3.1881 in Hamburg
gest. 24.4.1959 in Hamburg

Wie Emma Ender, Klara Fricke und viele andere Frauen der bürgerlichen Frauenbewegung kam Magda Hoppstock-Huth aus einer gutsituierten bürgerlichen Familie (Kaufmannsfamilie). Im Gegensatz zu den Eltern der oben genannten Frauen, von denen wir nicht wissen, in welchem Sinne sie ihre Töchter geprägt haben, wissen wir von Magda Hoppstock-Huths Eltern, daß sie ihre Kinder im Geiste der Völkerfreundschaft erzogen. Besonders der Vater, ein überzeugter Pazifist, prägte in diesem Sinne seine Kinder. Damit waren die ersten Weichen für Magda Hoppstock-Huths spätere Tätigkeit als Gründerin der IFFF, deren langjährige erste Vorsitzende der Hamburger Ortsgruppe , Leitungsmitglied der Deutschen Sektion der IFFF von 1925 bis 1933 und von 1945 bis 1959 als deren Präsidentin gelegt. (In der IFFF war auch Emmy Ruben organisiert, siehe Portrait).

Als sie ihre zwei Brüder durch den Ersten Weltkrieg verlor, entschied sie, sich aktiv als Pazifistin einzusetzen. Sie schloß sich dem deutschen Frauenausschuß für dauernden Frieden an. Zu diesem Zeitpunkt war Magda Hoppstock-Huth bereits mit dem Amtsrichter Hoppstock verheiratet (seit 1908) und lebte mit ihm und ihren zwei Kindern in Mitteldeutschland, wo sie auch als Abgeordnete der Unabhängigen Arbeiterpartei aufgestellt wurde.

Als Ehefrau und Mutter stellte Magda Hoppstock-Huth, die in ihrer Jugend fünf Jahre in England und Frankreich verbracht, in Bordeaux studiert hatte und anschließend als Lehrerin tätig gewesen war, einen Großteil ihrer Kraft der IFFF, die im Juni 1919 aus dem Frauenausschuß für dauernden Frieden entstanden war, zur Verfügung. Das Ziel der IFFF, die ca. 80 Arbeitsgemeinschaften hatte und zu deren Hauptvertreterinnen Dr. Anita Augspurg und Lida Gustava Heymann gehörten, war „die vollständige und allgemeine Abrüstung zu Lande, zu See und in der Luft, die Abschaffung der Hungerblockade und des Mißbrauchs der Wissenschaft zu zerstörenden Zwecken, ... die soziale, politische und wirtschaftliche Gleichberechtigung für alle ohne Unterschied von Geschlecht, Rasse, Stand und Glaubensbekenntnis. Moralische Abrüstung durch Erziehung im Geiste menschlicher Einigkeit und Durchführung sozialer Gerechtigkeit". [1]

Mit dieser Zielsetzung gehörten die Mitglieder der IFFF zu den radikalen Frauen der bürgerlichen Frauenbewegung. Magda Hoppstock-Huth, die sich als „Internationalistin aus innerstem Wesen" bezeichnete, wurde die Vorsitzende der IFFF und kam 1920 in dieser Funktion zurück nach Hamburg.

„1931 war die IFFF in 99 deutschen Städten durch Gruppen vertreten. Im Vergleich zum ‚Bund Deutscher Frauen' war ihr Masseneinfluß zwar gering, aber ihre Mitstreiterinnen – überwiegend Frauen aus den bürgerlichen Mittelschichten, von denen viele eine akademische Ausbildung hatten – versuchten, die fehlende Quantität durch ein effektives Engagement auszugleichen. Die IFFF gehörte in den letzten Jahren der Weimarer Republik zu den Organisationen, die vor der Gefahr des Nationalsozialismus mit der Parole: ‚Hitler bedeutet Krieg' warnten." [1]

1928 ließ sich das Ehepaar im gegenseitigen Einvernehmen scheiden. 1933 wurde von den Nationalsozialisten ein Hochverratsverfahren gegen Magda Hoppstock-Huth eingeleitet. Die inzwischen 43jährige emigrierte nach England, wo auch ihre Tochter lebte. Hier nahm sie Kontakt zu gleichgesinnten Frauen auf, veröffentlichte mit ihnen Aufrufe und Manifeste, nahm an internationalen Konferenzen teil. 1938 folgte Magda Hoppstock-Huth ihrer Tochter, die 1935 nach Südafrika ausgewandert war.

Kurz vor Ausbruch des Zweiten Weltkrieges kehrte sie nach Hamburg zurück, weil sie in der Nähe ihres Sohnes sein wollte.

Während des Nationalsozialismus stellten sich die IFFF-Frauen die Frage, ob es in dieser Zeit noch gerechtfertigt sei, an ihren Prinzipien festzuhalten und sich konsequent für den Frieden einzusetzen. Magda Hoppstock-Huth kam 1944 zu folgender Auffassung: „Als bedingungslose Pazifistin würden wir den vom Faschismus überfallenen und um ihre nationale Unabhängigkeit kämpfenden Völkern in den Rücken fallen. Die Kriegsbrandstifter müssen bis zur völligen Vernichtung geschlagen werden." [2]

Magda Hoppstock-Huth ging in den deutschen Widerstand. Obwohl sie von der Gestapo überwacht wurde, traf sie sich weiterhin mit einem kleinen Kreis ihrer Mitstreiterinnen aus der Frauenliga, die versuchten, jüdische Mitbürger und Mitbürgerinnen zu verstecken oder sonstige Hilfe zu leisten.

Am 31. Mai 1944 wurde Magda Hoppstock-Huth erneut verhaftet und des Hochverrates angeklagt. Ein Spitzel hatte sie verraten. Gertrud Meyer, die 1944 einige Monate mit Magda Hoppstock-Huth in einer Zelle der Gestapohaftanstalt Hamburg Fuhlsbüttel gesessen hatte, berichtete über die Zeit der Haft: „Bei aller Brutalität, mit der man versuchte, ihr Namen von Mitgliedern des Freundeskreises herauszupressen, blieb sie, ohne zu schwanken und in gewohnter Souveränität, Herr der Situation. ... Magda Hoppstock-Huth gelang es, trotz einiger ‚handgreiflicher Verhöre‘, alle Freundinnen abzudecken und weitere Verhaftungen zu verhindern. Bei aller Düsternis, die sie durch das schwere Schicksal mancher ihrer Mitgefangenen miterlebte, half ihr ihr großes Einfühlungsvermögen, ihr Optimismus und ihr Humor über manche schwere Situation hinweg. Manchmal kritzelte sie mit ihrer Haarnadel auch Gedichte an die Wand. Später erklärte sie einmal, daß diese Haft eines ihrer schwersten aber auch größten Erlebnisse gewesen sei, ohne die sie niemals die Stärke der Solidarität wie sie sich hier besonders unter den Frauen der Arbeiterschaft bewährte, kennengelernt hätte." [2] Der Todesstrafe entkam Magda Hoppstock-Huth nur dadurch, daß die einmarschierenden britischen Aliierten sie im Mai 1945 aus der Gestapohaft in Fuhlsbüttel befreiten.

Nach Kriegsende nahm sie ihre Tätigkeit in der IFFF wieder auf und wurde als deren Vertreterin im Februar 1946 Mitglied der von der britischen Militärregierung ernannten Bürgerschaft. Im Juli 1946 trat sie der SPD bei, für die sie von Oktober 1946 bis Oktober 1949 in der Hamburgischen Bürgerschaft tätig war. 1946 gehörte sie zu den Mitbegründerinnen des Hamburger Frauenringes e.V. und war Mitglied im Vorstand des Frauenausschusses e.V.

Am 24. April 1959 starb Magda Hoppstock-Huth nach langer schwerer Krankheit. Sie lebte zuletzt in der Armgartstraße 4. im Stadtteil Hohenfelde. R.B.

Alice Wosikowski (geb. Ludwig)

Mitglied der Hamburgischen Bürgerschaft (KPD), Mutter der Widerstandskämpferin Irene Wosikowski

Grab Nr. Bq 59, 2337 bei Kapelle 12
geb. 18.10.1886 in Danzig
gest. 7.4.1949 in Moringen

Alice Wosikowski wurde 1886 als Jüngste von vier Geschwistern in Danzig geboren. Nach dem Abschluß der Volksschule absolvierte sie eine zweijährige Ausbildung als Kindergärtnerin, die ihr der Vater, ein Schneidermeister, finanziell ermöglichen konnte, und arbeitete in diesem Beruf bis zu ihrer Heirat im Alter von 21 Jahren (1907). Ihr Mann, Dreher auf einer Werft, war aktiver Gewerkschafter und Sozialdemokrat, und auch sie wurde Mitglied der SPD.

Ein Jahr nach der Hochzeit kam Eberhard und zwei Jahre später Irene (siehe Portrait) auf die Welt. 1911 zog die Familie nach Kiel, weil Alices Mann in Danzig wegen seiner Zugehörigkeit zu einem Streikkomitee auf einer Danziger Werft keine Arbeit mehr fand. In Kiel konnte er auf der Germania Werft arbeiten.

Gleich zu Beginn des Ersten Weltkrieges fiel ihr Mann im Oktober 1914. Die Kriegerwitwenrente war so knapp bemessen, daß Alice Wosikowski hinzuverdienen mußte – ein Jahr lang verrichtete sie Heimarbeit, später arbeitete sie in der Kriegshinterbliebenen Fürsorge. Dennoch reichte das Geld für das Schulgeld nicht, und der Sohn mußte vorübergehend die Mittelschule verlassen.

1921 zog Alice Wosikowski mit ihren Kindern nach Hamburg in die Seumestraße und heiratete einen Cousin ihres verstorbenen Mannes. Nun brauchte sie nicht mehr erwerbstätig zu sein, ihr Mann, ein Ewerführer und Mitglied der KPD, sorgte für das finanzielle Auskommen der Familie. Alice Wosikowski, die mittlerweile auch Mitglied der KPD geworden war, engagierte sich nun verstärkt im Frauenbereich.

Als Alice Wosikowskis zweiter Ehemann starb, mußte sie wieder erwerbstätig werden und arbeitete von 1930 bis 1933 sowie von 1946 bis 1949 in der Buchhaltung der kommunistischen „Hamburger Volkszeitung".

Alice Wosikowski war von Januar 1927 bis zur Auflösung des Roten Frauen- und Mädchenbundes (RFMB) im Dezember 1930 Leiterin von dessen Hamburger Ortsgruppe. Ziel dieser von der kommunistischen Frauenbewegung initiierten Vereinigung war es, hauptsächlich unorganisierte Arbeiterfrauen und Arbeiterinnen politisch zu aktivieren. Der RFMB war 1925 von der KPD als „Schwesternorganisation" des Roten Frontkämpfer-Bundes (RFB) gegründet worden. Vorsitzende wurde Clara Zetkin. Als Gegengewicht zu den bürgerlichen Frauenvereinen bot der RFMB „proletarische" Kultur und Unterhaltung an. In Hamburg gehörten allerdings nur knapp 3% aller weiblichen KPD-Mitglieder dem RFMB an. Die erste Vorsitzende war Maria Grünert, die 1927 von Alice Wosikowski abgelöst wurde. Der Schwerpunkt des RFMB, dessen Mitglieder zu ca. 75% Arbeiterinnen waren, lag in der politischen Betriebsarbeit. Der RFMB forderte u.a. gleiches Recht auf Erwerbsarbeit für Männer und Frauen, Verhinderung von Massenarbeitslosigkeit und Abschaffung des Paragraphen 218. Außerdem wandte er sich gegen den wachsenden Antifeminismus und das Frauenbild der NSDAP.

1929 wurde der RFB verboten, der RFMB daraufhin massiv behindert, seine Veranstaltungen verboten. Der RFMB arbeitete von nun an nur noch halblegal. Angesichts der drohenden Kriegsgefahr und des Einflusses der NSDAP beschloß der RFMB gegen Ende des Jahres 1933, seine Arbeit in „Frauen- und Mädchenstaffeln" des neugegründeten „Kampfbundes gegen den Faschismus" fortzusetzen.

In dieser Zeit – von 1927 bis 1933 – war Alice Wosikowski Abgeordnete der KDP in der Hamburgischen Bürgerschaft.

Nach 1933 beteiligte sie sich am Widerstand gegen das Hitlerregime. Sie wurde dreimal verhaftet und in Konzentrationslagern inhaftiert: 1933/34 in Fuhlsbüttel, 1936/37 in Moringen und von 1939 bis 1941

im KZ Ravensbrück. Auch ihre beiden Kinder wurden verfolgt, ihre Tochter Irene 1944 von den Nazis hingerichtet.

Die Mutter erfuhr im Frühjahr 1944 von der Inhaftierung ihrer Tochter. In einer Erklärung vom 13.1.1948, die sie anläßlich des Prozesses gegen den Gestapomann Teege abgab, schrieb sie: „Im März 1944 erhielt ich von meiner Tochter Irene Wosikowski geb. am 9.2.10. die Nachricht, daß sie bei der Gestapo in Haft sei, und ich könnte sie dort besuchen. Ich war sehr überrascht, denn Irene war seit langer Zeit in der Emigration und im ganzen äußerst vorsichtig. Ich besuchte sie im Ziviljustizgebäude und konnte sie auch sprechen. Dort war der Gestapobeamte Teege, der die Vernehmung meiner Tochter durchgeführt hatte. ...

Nachdem ich meine Tochter gesprochen hatte, bot Teege mir an, für die Gestapo zu arbeiten. Er meinte, ich könnte dadurch den Kopf meiner Tochter retten. Ich lehnte jedoch dieses Ansinnen ab, und nachdem Teege nach 14 Tagen mir das Angebot wiederholte, gab ich auch dieses Mal nicht meine Zustimmung. Teege stellte dann seine Bemühungen ein und schloß das Verfahren für die Staatsanwaltschaft ab. ..."

In der „Hamburger Volkszeitung" vom 26.10.1946 ist zu lesen, daß Alice Wosikowski dem Gestapomann Teege mitgeteilt haben soll: „Meine Tochter würde mich verachten, wenn ich um solchen Preis ihren Kopf retten wollte." Ob oder wieweit sie diese Entscheidung verkraftet hat, ist nicht bekannt.

Infolge einer schweren Krankheit starb Alice Wosikowski im April 1949 im Alter von 63 Jahren. Sie wohnte zuletzt in der Simrockstraße 40 im Stadtteil Iserbrook.   R.B.

Dora Hansen-Blancke (geb. Blancke)

Schülerin des ersten Jahrgangs der Sozialen Frauenschule in Hamburg, ehrenamtliche Tätigkeit in den Organisationen der bürgerlichen Frauenbewegung

Grab Nr. K 19, 398-400 a bei Kapelle 3
geb. 5.12.1895 in Mönchen-Gladbach
gest. 5.12.1984 in Hamburg

Dora Hansen-Blancke war das jüngste von vier Geschwistern und Kind aus gutbürgerlichem Hause, der Vater Besitzer einer kleinen Textilfabrik.

Als Teenager wurde sie für zwei Jahre in ein Mädchen-Pensionat in die französische Schweiz geschickt. Das Abitur zu machen, erlaubten ihr die Eltern allerdings nicht. Dora Hansen-Blancke, die die übliche Erziehung und Prägung eines bürgerlichen Mädchens erfahren hatte, schlug die pflegerische Laufbahn ein. Bevor sie jedoch 1916/17 ein Praktikum als Säuglingsschwester machte und ab 1917 zu den Schülerinnen des ersten Jahrgangs der Sozialen Frauenschule in Hamburg gehörte, hatte sie sich, patriotisch wie so viele Frauen, in den Dienst des Vaterlandes gestellt und war gleich zu Beginn des Ersten Weltkrieges dem Nationalen Frauendienst beigetreten. An der belgischen Grenze betreute sie durchziehende Truppen.

Nachdem Dora Hansen-Blancke zwei Jahre das Sozialpädagogische Institut besucht hatte, heiratete sie 1920 einen Jugendfreund, der sein Geld mit einer Exportfirma verdiente. Dora Hansen-Blancke bekam vier Kinder (1920, 1923, 1929 und 1935). Neben ihrer Arbeit als Hausfrau und Mutter wurde sie ehrenamtlich in der Hamburgischen Frauenhilfe 1923 tätig. Diese eröffnete am 14. Dezember 1923 die erste Wärmehalle für obdachlose Frauen in der Jugendherberge, Böhmkenstraße 15. Dies war notwendig geworden, nachdem das Frauenasyl in der Bundesstraße „aus technischen Gründen tagsüber geschlossen bleiben [mußte], so daß die Frauen, die aus irgendwelchen Gründen keine Arbeit haben, einfach auf die Straße angewiesen waren". [1]

In der Wärmehalle schwankte „die tägliche Zahl der Besucher… zwischen 8 und 25. Sonntags sind es immer einige 40, da dann auch alle die kommen, die wochentags Arbeit haben und die ganzen Besucher der Wärmehalle in der Rentzelstraße, da diese am Sonntag geschlossen ist. Die Gründe für die Obdachlosigkeit sind die verschiedensten; teils ist es Krankheit oder Arbeitslosigkeit gewesen, die die Frauen gezwungen hat, ihre Wohnung oder ihr Zimmer aufzugeben, teils sind sie auf gut Glück nach Hamburg gekommen, in der Hoffnung hier schnell guten Verdienst zu finden. Bei dem großen Wohnungsmangel jetzt ist es aber schwierig, auch für die Frauen, die gut verdienen, ein Zimmer zu finden. Bei manchen sind es aber auch schwierige Familienverhältnisse, die sie gezwungen haben, von zu Hause fortzugehen ... . In der Wärmehalle stehen den Frauen Koch-, Wasch-, Näh- und Plätteinrichtungen zur Verfügung, und alles wird auch fleißig benutzt. Die Reinigung des Raumes und der Geräte wird immer gerne freiwillig von den Frauen übernommen, wie denn überhaupt große Hilfsbereitschaft unter den Frauen herrscht ... . Die Aufsicht in der Wärmehalle wird durch zwei erwerbslose Frauen des Mittelstandes geführt ... .

Die Hamburgische Frauenhilfe von 1923 hat durch die Einrichtung der Tagesräume unbedingt einem dringenden Bedürfnis abgeholfen, was der rege Besuch und die große Anerkennung, die sie überall finden, beweisen." [2]

Dora Hansen-Blancke leitete den Tagesraum. Täglich kam sie für zwei Stunden und regelte die Arbeit mit den aufsichtsführenden Frauen.

1928 zog die Familie nach Berlin, 1934 kehrte sie nach Hamburg zurück, und Dora Hansen-Blancke verbrachte die Zeit der NS-Herrschaft zurückgezogen im privaten Bereich. Ihre beiden Söhne fielen im Zweiten Weltkrieg.

Nach 1945 war Dora Hansen-Blancke sofort wieder dabei, um in der Frauenbewegung und in der Sozialfürsorge tätig zu werden: „Sie baute 1946 den ‚Hamburger Frauenring e.V.' mit auf und arbeitete seit der Gründung im Jahre 1949 aktiv in der ‚Arbeitsgemeinschaft Hamburger Frauenorganisationen' mit. Lange Jahre war sie zudem als ehrenamtliche Pflegerin für das Wohlfahrtsamt tätig. Anfang der fünfziger Jahre gehörte sie zu den Gründerinnen der ‚Aktion Kinderparadies. Arbeitsgemeinschaft für Hamburger Kinderspielplätze', deren langjähriges Vorstandsmitglied sie war." [2]   R.B.

Grete Wöhrmann (Margarethe Wöhrmann geb. Brosterhues)

Politikerin, Mitglied des Hauptvorstandes der Arbeiterwohlfahrt, Bürgerschaftsabgeordnete (SPD)

Grab Nr. AA 8, 61
geb. 19.7.1900 in Hamburg
gest. 7.1.1989 in Hamburg

Grete Wöhrmann war das dreizehnte Kind eines Schusters und einer gelernten Weißnäherin, die als Putzfrau arbeitete. Ebenso wie Grete Wöhrmann machten auch ihre Schwestern Hedwig Günther und Paula Zebuhr in der SPD Karriere: Hedwig Günther war von 1946 bis 1957 Mitglied der Hamburgischen Bürgerschaft, und Paula Zebuhr war in der Arbeiterwohlfahrt führend.

Grete Wöhrmann wuchs mit ihren Geschwistern in der Hamburger Neustadt auf. 1914 bezog die Familie eine größere Wohnung im Stadtteil Rotherbaum. Die Eltern waren regelmäßige Leser des „Hamburger Echos", der SPD-Zeitung für den Großraum Hamburg. Schon früh nahmen die älteren Geschwister Grete Wöhrmann mit zu Veranstaltungen der Arbeiterjugend. Sie liebte die Geselligkeit auf den Wanderungen und die politischen Diskussionsrunden mit Gleichgesinnten. Deshalb trat sie 1914 dem Arbeiter-Jugend-Bund bei, wo sie zunächst Obmännin, später Leiterin einer Jüngerengruppe wurde.

Nach der Volksschule, die sie mit der Selecta abschloß, machte Grete Wöhrmann eine zweijährige kaufmännische Lehre und arbeitete von 1917 bis 1919 als Kontoristin und von 1919 bis 1923 als Sekretärin im Büro der Filiale des Transportarbeiterverbandes.

Neben ihrer beruflichen Tätigkeit war sie parteipolitisch aktiv. 1918 trat sie der SPD bei, lernte dort ihren späteren Mann, den kaufmännischen Angestellten Bernhard Wöhrmann, kennen, war mit ihm in der Arbeiterjugend tätig und leitete mit ihm eine Jugendgruppe in der Neustadt.

Im April 1923 heirateten die beiden – und der Transportarbeiterverband entließ Grete Wöhrmann. Nun arbeitslos, war sie

Nähstuben wurden eingerichtet, und alte Menschen erhielten Mittagsfreitische. Einen großen Teil dieser Arbeit leisteten ehrenamtlich tätige Frauen. Über 1.000 SPD-Genossinnen halfen dort mit. Sie empfanden diese Arbeit als wichtig und notwendig, konnten sie doch nicht nur helfen, sondern auch einen Beitrag zur Selbsthilfe leisten – so wie sie es schon vorher in ihrer Nachbarschaft und unter ihren Freundinnen betrieben hatten. Die SPD-Genossen allerdings traf man kaum bei solcher Arbeit an. Sie kümmerten sich mehr um das „große Ganze" und befanden über die politische Richtung der AWO.

Grete Wöhrmann war eine der wenigen Frauen, die im Hauptvorstand der Hamburger AWO vertreten war. Außerdem arbeitete sie seit 1927 als Frauendistriktsleiterin der Altonaer SPD und war von 1929 bis 1933 Mitglied des Vorstandes der SPD Hamburg-Altona. 1930/31 wurde sie in der SPD zur Leiterin der Frauenarbeit gewählt und setzte sich gezielt für die Teilnahme von Frauen an der Parteipolitik ein. Zum gleichen Zeitpunkt wurde sie Kandidatin der Stadtverordnetenversammlung und 1931 Delegierte auf dem Reichsparteitag.

Als 1933 die Nazis die Macht ergriffen, wurde Bernhard Wöhrmann aus dem Dienst entlassen, da er Mitglied im Arbeiter-Jugend-Bund, der SPD, der AWO und der freien Gewerkschaften gewesen war. Die Zeit des Nationalsozialismus empfanden Grete Wöhrmann und ihr Mann „als traurige, schwarze und fürchterliche Lebensphase".

Nach dem Zweiten Weltkrieg beteiligten sich Grete und Bernhard Wöhrmann, an der Neuorganisation der SPD und wurden in der AWO aktiv. 1946 war Grete Wöhrmann eine der siebzehn weiblichen Abgeordneten in der ersten gewählten Hamburgischen Bürgerschaft und gehörte ihr bis 1949 an.

Als Grete Wöhrmann im Alter von 88 Jahren starb, war sie Witwe und hatte zuletzt in der Grimmstraße 26 im Stadtteil Iserbrook gelebt.   R.B.

froh, daß ihr eine Freundin die ehrenamtliche Beschäftigung in einem Hamburger Mädchenheim vermittelte. Diese Arbeit übte Grete Wöhrmann bis zur Geburt ihres ersten Kindes, einer Tochter, im Jahre 1924 aus. Vier Jahre später wurde ihre zweite Tochter geboren. Ihr Mann war seit Anfang der zwanziger Jahre Geschäftsführer der städtischen Blindenfürsorge in Altona, wo das Paar, nachdem es von 1923 bis 1926 in der Wohnung der Eltern Brosterhues in Rotherbaum gelebt hatte, seit 1926 wohnte.

Grete Wöhrmann übte weiterhin Funktionen im Arbeiter-Jugendbund aus. Außerdem gehörte sie seit 1927 der Arbeiterwohlfahrt (AWO) an, wo laut Satzung alle Mitglieder der SPD, die im sozialen Bereich arbeiteten, auch wenn sie dies ehrenamtlich taten, organisiert sein sollten. Die Schwerpunkte der AWO lagen in der Kinder- und Jugendfürsorge. So besaß die AWO zwei Kurheime und eine Tageskolonie zur Kindererholung, außerdem Kindergärten und Kindertagesheime für Kinder erwerbstätiger Mütter. Die AWO unterstützte Familien und Erwerbslose durch Essensgaben, Kleidung und Geld.

Gewerkschafterinnen – Anfänge des Arbeitskampfes

Bis auch Frauen sich in größerer Anzahl in Gewerkschaften organisierten, dauerte es seine Zeit. So waren in der zweiten Hälfte des 19. Jahrhunderts nur ca. 2% der Arbeiterinnen in Vereinen und Fachverbänden organisiert. Die Gründe hierfür sind in dem Portrait über Helma Steinbach aufgeführt.

Mit dem Ersten Weltkrieg nahm der Anteil der Frauen unter den Gewerkschaftern zu. Dies lag zum einen daran, daß durch den Krieg grundsätzlich mehr Frauen zur Berufstätigkeit gezwungen wurden – bzw. ihnen diese möglich wurde. Vor allem aber legten die Erfahrungen von Ausbeutung, Hunger und Not die Organisation der Frauen in Gewerkschaften nahe. Der Anteil der Frauen, der in den freien Gewerkschaften organisiert war, stieg von 1914 bis 1919 von 9% auf 24%. Damit gehörten 59.400 Frauen dem Allgemeinen Deutschen Gewerkschaftsbund an. Allerdings nutzten die Gewerkschaften dieses Potential nicht, sie kümmerten sich zu wenig um die Belange ihrer weiblichen Mitglieder. Der Allgemeine Deutsche Gewerkschaftsbund unterstützte z.B. in den zwanziger Jahren nicht die Forderungen seiner weiblichen Mitglieder nach gleichem Recht auf Arbeit und gleichem Lohn für gleichwertige Arbeit. Kein Wunder, daß die Mitgliederzahl bei den Gewerkschafterinnen sank, und so hatte der Allgemeine Deutsche Gewerkschaftsbund 1929 nur noch 29.400 Frauen als Mitglieder (14% der Gewerkschaftsmitglieder waren Frauen).   R.B.

Helma Steinbach (Franziska Wilhelmine Steinbach geb. Steiner)

Gründungsmitglied der „Produktion",
Gewerkschaftsfunktionärin

Altes Krematorium Alsterdorfer Straße
geb. 1.12.1847 in Hamburg
gest. 7.7.1918 in Glünsing/Lauenburg

Im Hamburger Stadtteil Horn befindet sich seit 1929 der Helma-Steinbach-Weg, eine kleine Straße in einer unscheinbaren Arbeitersiedlung. Am Haus Nr. 1, versteckt hinter Sträuchern, ist ein Schild angebracht, das auf Helma Steinbach, die Mitbegründerin der Hamburger „Produktion" hinweist. Die Schneiderin Helma Steinbach war die einzige Frau unter den Gründungsmitgliedern.

Wilhelmine Franziska, genannt Helma, wurde am 1. Dezember 1847 als Tochter der verarmten Hamburger Kaufmannsfamilie Steiner geboren. Da die Familie, um nicht aus den bürgerlichen Kreisen ausgeschlossen zu werden, ihren wirtschaftlichen Bankrott vor der Gesellschaft möglichst verbergen wollte, wuchs Helma unter großen Opfern und Entbehrungen auf. Eine vermutlich aus finanziellen Gründen geschlossene Ehe verlief unglücklich, und schon nach kurzer Zeit ließ sich Helma Steinbach scheiden. Ihren Lebensunterhalt verdiente sie nun als Wirtschafterin, Näherin, Schneiderin, Plätterin und Vorleserin.

Um sich politisch und auch allgemein zu bilden, ließen sich in vielen Werkstätten Arbeiter und Arbeiterinnen von einer Kollegin oder einem Kollegen, deren/dessen Arbeit sie in der Zwischenzeit mitübernahmen, aus Büchern und Zeitungen vorlesen. Bei dieser Tätigkeit lernte Helma Steinbach den aus dem Exil in den USA zurückgekehrten Zigarrensortierer Adolf von Elm kennen, der später als Gewerkschaftsführer, sozialdemokratischer Reichstagsabgeordneter (1894–1907) und Mitbegründer der Genossenschaft „Produktion" und der Versicherungsgesellschaft „Volksfürsorge" bekannt werden sollte. Mehr als 30 Jahre einte diese beiden ungewöhnlichen Menschen eine seltene Freundschaft,

konnten sie sich gegenseitig in ihrer Arbeit unterstützen und in ihrem Denken beflügeln.

Helma Steinbach engagierte sich im Verein der Hand-, Weiß- und Maschinennäherinnen Hamburgs, einem 1887 gegründeten Fachverein, der aus dem 1885 gegründeten Verein für Vertretung der gewerblichen Interessen der Frauen und Mädchen Hamburgs (mit 150 Mitgliedern) hervorgegangen war. Dort wurden die Arbeiterinnen nicht nur in ihren gewerblichen Interessen unterstützt, es fand auch Aufklärungs- und Erziehungsarbeit im Sinne der Sozialdemokratie statt.

Zwischen den beiden Vereinen und unter den Frauen kam es jedoch schon bald zu Streitigkeiten. Helma Steinbach bekam Schwierigkeiten mit den Genossinnen wegen ihres „unweiblichen" Auftretens und wurde bereits 1888 wegen „Eigenmächtigkeit" aus dem Verein ausgeschlossen. Sie ließ sich jedoch nicht entmutigen und gründete im Februar 1890 den Zentralverein der Plätterinnen. Der Plätterinnenverein besaß einschließlich der Zweigstellen in Winterhude und Eimsbüttel an die 1.000 Mitglieder. Die Polizei versuchte zu verhindern, daß Helma Steinbach, die als gelernte Näherin kein Mitglied des Vereins sein konnte, dort eine Ansprache hielt. Aber der Polizeischreiber Rosalowsky mußte feststellen, daß sie „am 15. April ihren Platz in der Versammlung wieder einnahm und als einzige Rednerin auftrat".

Helma Steinbach agitierte die Arbeiterinnen, sich in Berufsfachvereinen zusammenzuschließen, wenn sie bessere Arbeitsbedingungen erreichen wollten. Besonders in der Textilbranche, speziell der Heimarbeit, waren die Arbeitsbedingungen durch besonders lange Arbeitszeiten und extrem niedrige Löhne gekennzeichnet. Frauenlöhne lagen oft unterhalb des Existenzminimums.

Jedoch, obwohl damals ein Drittel der Erwerbsarbeit von Frauen geleistet wurde, organisierten sich nur wenige Arbeiterinnen in Fachverbänden. Dies hatte mehrere Gründe: Zum einen konnten sich sehr viele Frauen selbst die geringen Beitragszahlungen nicht leisten, zum anderen definierten sich damals nur wenige Arbeiterinnen über ihren Beruf und hatten daher wenig Interesse, einem Fachverein beizutreten. Darüber hinaus ließ die Doppel- und Dreifachbelastung durch Haushaltsführung und Kindererziehung vielen keine Zeit für Vereinstätigkeiten.

Auch auf parteipolitischem Sektor gab es nur wenige aktive Frauen. Das lag u.a. auch daran, daß, mit Ausnahme von Hamburg und Bremen, Frauen wegen des bis 1908 geltenden Vereinsgesetzes keiner politischen Vereinigung beitreten durften. Um die Frauen aber trotzdem politisch zu motivieren, wurde auf dem ersten Sozialdemokratischen Parteitag, der 1890, nachdem das Sozialistengesetz aufgehoben worden war, in Halle abgehalten wurde, für die sozialdemokratischen Frauen die Gründung einer Zeitschrift mit Namen „Die Gleichheit" beschlossen. Sie wurde lange Zeit von Clara Zetkin herausgegeben und erschien über 30 Jahre lang. Auch Helma Steinbach schrieb darin Artikel.

1892 nahm Helma Steinbach als eine von vier Frauen unter 208 Delegierten am ersten Gewerkschaftskongreß in Halberstatt teil. Sie vertrat dort die Interessen der Arbeiterinnen und trat dafür ein, daß, solange sich eine eigene durchsetzungsfähige Frauengewerkschaft

nicht organisieren ließe, Frauen gemeinsam mit Männern in einer Organisation arbeiten sollten – auch auf die Gefahr hin, daß bei solchen Zusammenschlüssen Frauen häufig von Männern überstimmt würden. Mit sachbezogenem Elan forderte sie auf dem Gewerkschaftskongreß die Gewerkschaften auf, weibliche Mitglieder aufzunehmen und auch explizit um diese zu werben. Ihre Resolution wurde gegen eine Stimme angenommen, und bis 1923 wuchs der Frauenanteil in der Gewerkschaft von 2% auf 20%.

Zur Gründung der „Produktion" kam es in Folge des im Jahre 1896 durchgeführten Hamburger Hafenarbeiterstreiks, bei dem Helma Steinbach engagierte Reden hielt und für die Frauen der streikenden Hafenarbeiter und Seeleute Versammlungen organisierte, um die vom Streik genauso hart getroffenen Frauen zu unterstützen und für den Streik zu gewinnen.
Die Arbeitgeber blieben jedoch hart. Vermittlungsversuche des Senats scheiterten. Helma Steinbach bemühte sich weiterhin in ihren Reden um eine gewerkschaftliche Organisation der Hafenarbeiter: „Ihr waret eine führerlose Schar, jetzt aber haben Euch die zehn Wochen zusammengebracht, da seid Ihr erst etwas. Vorher waret Ihr Sklaven, die Hunde, für die Euch Eure Arbeitgeber noch heute ansehen. Da Ihr nun heute aber durch die Abstimmung gelobt, daß Ihr in Zukunft keine Hunde mehr sein wollt, so habt Ihr dadurch den Anfang zu einer Organisation gemacht."

Da wegen schlechten Wetters weniger Arbeiter im Hafen benötigt wurden und Streikbrecher eingestellt werden konnten, erzielte der Streik nicht den erhofften Druck auf die Arbeitgeber. Als schließlich das Geld in der Unterstützungskasse knapp wurde, entstand die Idee, ob es nicht sinnvoller wäre, die Streikenden in Form von Lebensmitteln zu unterstützen. Im Großen eingekaufte Waren hätten dann vorteilhaft an die Arbeiterfamilien abgegeben werden können.

Der Streik mußte mangels finanzieller Mittel erfolglos aufgegeben werden, die Idee von einer Großeinkaufsmöglichkeit blieb jedoch bestehen, und es entwickelte sich daraus eine Initiative für einen Konsum- und Sparverein. Im August 1897 wurde ein Ausschuß von neun Personen gewählt, der den Satzungsentwurf für eine Kosumgenossenschaft ausarbeiten sollte. Neben Adolf von Elm und anderen Arbeitern, die sich in der Gewerkschaftsbewegung einen Namen gemacht hatten, war Helma Steinbach die einzige Frau im Ausschuß, der auch von dem Hamburger Kaufmann Raphael Ernst May und von dem Rechtsanwalt Bleicken unterstützt wurde. Nachdem ein Entwurf von 134 Paragraphen ausgearbeitet worden war, konnte am 3. Februar 1899 die „Produktion" ins Handelsregister eingetragen werden.

Das besondere an der Genossenschaft „Produktion" war, daß nur ein Teil der Gewinne an die Mitglieder zurückgezahlt wurde, mit dem anderen Teil sollte das Eigenkapital erhöht und für die Mitglieder ein Notfonds eingerichtet werden. Im Laufe der Zeit eröffneten viele Verkaufsstellen. Eine Kaffeerösterei, eine Schlachterei und eine Groß-Bäckerei (Wendenstraße) wurden in Betrieb genommen. 1905 konnte die Genossenschaft der „Pro" den ersten Wohnblock (Schleydenstraße) mit 254 Wohnungen, sieben Läden und einer Gaststätte bauen lassen. 1909 verwaltete die Genossenschaft bereits vier Millionen Mark Spargelder und hatte 35.000 Mitglieder.

Für Helma Steinbach, die dem Aufsichtsrat der „Produktion" mit kurzen Unterbrechungen bis zu ihrem Tode angehörte, bedeutete die Genossenschaftsbewegung nicht nur eine materielle Unterstützung der Arbeiterfamilien, sondern darüber hinaus ein Stück Arbeiterkultur. Ihr besonderes Anliegen war es, die Arbeiterfrauen von der Notwendigkeit des konsumgenossenschaftlichen Zusammenschlusses zu überzeugen.

Auch nach der Gründung der „Produktion" setzte sich Helma Steinbach für die Interessen der Arbeiterinnen ein und versuchte, diese für die Gewerkschaft zu gewinnen. Von seiner ersten Begegnung mit Helma Steinbach, die ihn nachhaltig beeindruckte, erzählte Wilhelm Kaiser, der langjährige Bürgermeister von Bremen, in einem Interview

mit Anke Martiny. 1905 hatte der damals 15jährige einen Auftritt Helma Steinbachs in ihrer Funktion als Vertreterin des Fabrikarbeiterverbandes und einer Schuhcremefabrik erlebt. Die Fabrikarbeiterinnen besaßen keine Umkleideräume und kaum Waschgelegenheiten, trauten sich jedoch aus Angst vor Kündigungen nicht zu protestieren. Helma Steinbach wurde gebeten, nach dem Rechten zu sehen: „Und Helma kam. Ich sehe sie noch vor mir, so 'ne große Gestaltung. Damals trug man solche Hüte wie Wagenräder, und sie hatte einen Sonnenschirm in der Hand. ... Und dann kam er an, der Fabrikbesitzer: ‚Was wollen Sie hier?' – ‚Wieso, wer sind Sie denn?' – ‚Ich bin der Inhaber!' – ‚Ja, und ich bin die Vertreterin der Arbeiterinnen hier. Sie haben hier Zustände, die gegen jede Fabrikordnung und Gewerbeordnung verstoßen. Das ist erstmal zu bemängeln, und zum anderen, wie kommen Sie eigentlich dazu, diese Menschen wie das liebe Vieh zu behandeln?' Und sie hat ihn erstmal runtergeputzt, so daß die Frauen Nasen und Ohren aufsperrten und hörten, daß es noch etwas anderes gibt. ‚Ich bin Herr in meinem Hause, und Sie haben sofort das Haus zu verlassen.' Da nahm Helma ihren ollen Sonnenschirm her und haute auf den Tisch, und da ließ sie denn eine Rede los, die sich gewaschen hatte, nach meinem Begriff. Na, kurzum, das war meine erste Begegnung mit einer Frau, die für die Organisation der Fabrikarbeiterinnen eintrat und es sich zur Aufgabe gemacht hatte, diese zu organisieren."

Nachdem 1908 das Vereinsgesetz abgeschafft worden war, stellte sich erneut die Frage nach der Art der Integration der Sozialistischen Frauenbewegung in der SPD. Frauen konnten jetzt problemlos der SPD beitreten. Sollten da die von den Frauen geschaffenen Strukturen (Frauenagitation, Frauenversammlungen, Vertrauenspersonen, Frauentage usw.) erhalten bleiben? Hinderten Sonderrechte die Gleichstellung mit den Männern, oder waren sie eine notwendige Voraussetzung, um Gleichheit zu erlangen?

Auch Helma Steinbach mischte sich in die Debatte ein. Sie war der Ansicht, daß

Frauen keine eigenen Arbeiterinnenvereine, Frauenbildungsvereine – „Klatsch- und Zankvereine" wie sie sie nannte – und Frauengewerkschaften gründen, sondern Seite an Seite mit den Männern marschieren sollten. Ebenso forderte sie die Aufgabe des Sonderrechtes für Frauen, eigene Vertreterinnen zu den Parteitagen entsenden zu können. Ob sie in diesem Punkt wohl von ihrem Lebensgefährten Adolf von Elm beeinflußt worden war? Er vertrat jedenfalls die Ansicht, Frauen sollten endlich aufhören, Sonderrechte zu verlangen, wenn sie Gleichberechtigung forderten. Er hatte Angst, die Partei könne „unter den Pantoffel der Frau" gebracht werden.

1912 erkrankte Adolf von Elm schwer und wurde von Helma Steinbach gepflegt. Als er im September 1916 starb, richtete sich die Ansprache der Trauerfeier im Gewerkschaftshaus auch namentlich an Helma Steinbach: „Sie teilte seine verantwortungsreiche Arbeit und alle damit verknüpften Sorgen und Kümmernisse. Sie war ihm eine Stütze und Helferin in Drangsalen aller Art. ... Wo er kämpfend stand, da stand auch Frau Steinbach neben ihm und mit ihm für die große Sache, die uns alle verbindet."

Helma Steinbach starb 70jährig während eines Erholungsaufenthaltes in Glünsing/Lauenburg an einem Herzschlag. Sie lebte zuletzt in der Schäferstraße 19 in Hamburg. Zu ihrer Einäscherung im alten Krematorium in Hamburg am 10. Juli 1918 versammelten sich neben vielen Frauen auch die Vertreter der politischen, gewerkschaftlichen und genossenschaftlichen Organisationen der Arbeiterinnen und Arbeiter. Die Urne der Verstorbenen wurde im Landschaftsgarten des Krematoriumsgeländes aufgestellt.

Helene Götschel

Annie Kienast

Betriebsrätin, Mitbegründerin der DAG, Mitglied der Hamburgischen Bürgerschaft (SPD)

Grab Nr. Y 32, 434, bei Kapelle 6
geb. 15.9.1897 in Hamburg
gest. 3.9.1984 in Hamburg

Annie Kienast wuchs mit fünf Geschwistern im Arbeitermilieu auf – der Vater war Kesselschmied, die Mutter ein ehemaliges Dienstmädchen, beide SPD-Mitglieder. Annie Kienasts Bildungslaufbahn entsprach dem eines Mädchens aus der Arbeiterschicht: Volksschule, danach Lehre als Textil-Verkäuferin.

Geprägt durch ihre Eltern wurde auch Annie Kienast Mitglied der SPD und der Gewerkschaft. Da war sie 21 Jahre alt. Ihr Hauptinteresse galt der Gewerkschaftsarbeit. Ihr widmete sie ihre ganze Aufmerksamkeit und Kraft – und blieb unverheiratet. Aktiv war sie im Zentralverband der Handlungsgehilfen (ZdH) bzw. dessen Nachfolgeorganisation, dem Zentralverband der Angestellten (ZdA).

1918 war Annie Kienast eine der Organisatorinnen des ersten Streiks der Hamburger Warenhausangestellten. Darüber erzählte sie: „Es war einige Tage nach dem 9. November 1918. In Schlagzeilen zeigte das Flugblatt eine öffentliche Versammlung für die Waren- und Kaufhausangestellten an:

Wir fordern bessere Gehälter und Arbeitsbedingungen!
Wir fordern gleiche Bezahlung für Frauen und Männer!
Wir fordern 7-Uhr-Ladenschluß am Sonnabend!
Referent: Kollege John Ehrenteit

Die Versammlung fand im großen Saal des Gewerkschafthauses in Hamburg statt. Tausende von Einzelhandelsangestellten sind damals diesem Ruf gefolgt. Natürlich, ich war auch dabei ... Eine Tarifkommission wurde gewählt. Die Versammlung zog sich bis nach Mitternacht hin, vor Begeisterung hatte ich es nicht gemerkt ... .

Es ging ans Werk. Der Tarifvertragsentwurf wurde ausgearbeitet und beraten. Wir zogen in die Verhandlung mit den Arbeitgebern; aber kein Baum fällt auf den ersten Hieb. Darum wurde verhandelt, vertagt und berichtet. Kurzfristig wurde die Kollegenschaft abermals zur Versammlung eingeladen; einmütig wie in der ersten stand sie zur Sache! Die Arbeitgeber erklärten, wenn unsere Forderungen Wirklichkeit würden, müßten sie ihre Geschäfte schließen. Im Februar 1919 wurden die Verhandlungen abgebrochen. Als letztes gewerkschaftliches Kampfmittel wurde der Streik beschlossen und angewandt, er dauerte sechs Tage.

Die Einmütigkeit und Entschlossenheit führten zum Erfolg: bessere Gehälter und Arbeitsbedingungen, gleiche Bezahlung für Frauen und Männer, 7-Uhr-Ladenschluß am Sonnabend. Das war mein erstes gewerkschaftliches Erlebnis..." [1]

Die Quittung für ihr Engagement war: Annie Kienast wurde entlassen, konnte aber gleich darauf bei der ZdA-Hamburg anfangen zu arbeiten, wo sie von 1919 bis 1921 tätig war. Zwischen 1921 und 1933 arbeitete sie dann als Warenhausverkäuferin im Konsum-, Bau- und Sparverein „Produktion" (siehe Portrait Helma Steinbach) und war gleichzeitig Mitglied des Gesamtbetriebsrates der „Produktion" und damit eine der wenigen Frauen, die in einem Hamburger Betriebsrat saßen. Als Gewerkschafterin kümmerte sie sich sehr um die Probleme der erwerbstätigen Frauen.

Als die Nazis die Macht ergriffen: „ verlor [ich] 1933 meine Stellung und war dann bis 1935 arbeitslos. Dann bekam ich eine Anstellung bei der Defaka. 1943 mußte ich zum Chef kommen. Der Chef hat gesagt: ‚Frau Kienast, zum zweiten Mal wird mir mitgeteilt, sie halten in der Kantine kommunistische Reden!' Ich sag: ‚Nein' und daß das eine Verleumdung ist. Aber das war außerordentlich gefährlich! Ein Jahr später mußte ich wieder zum Chef. Da war die Vertreterin von der NS-

Frauenschaft gestorben, und da sagt der Chef zu mir: ‚Wir möchten gerne, daß Sie die Stellung von Valeska übernehmen'. Das müßt Ihr Euch mal vorstellen, wie schwer das ist, sich da rauszuwinden! Da hab ich gesagt: ‚Das tut mir furchtbar leid, das kann ich nicht. Ich muß meine armen, alten Eltern betreuen. Ich muß abends immer sofort nach Hause.' ‚Nein, das brauchen Sie nicht, wir stellen Ihnen 'ne Frau, die immer bei ihren Eltern ist'. Und da sage ich: ‚Nein, das tut mir furchtbar leid, aber das würden meine Eltern nicht durchhalten.' Und da bin ich so davon gekommen." [2]

Gleich nach dem Zweiten Weltkrieg wurde Annie Kienast im Oktober 1946 in die Hamburgische Bürgerschaft gewählt, der sie bis Oktober 1949 angehörte. In der Nachkriegszeit war sie Mitbegründerin der DAG und gehörte bis 1957 dem Hauptvorstand an.

R.B.

Mitglieder der Hamburgischen Bürgerschaft – die ersten Mitregentinnen

Nachdem die Frauen das Wahlrecht erlangt hatten, wurden einige auch in die Hamburgische Bürgerschaft gewählt. 1919 gab es 10,8% weibliche Bürgerschaftsabgeordnete. Im Laufe der nächsten Jahre sank ihre Zahl jedoch kontinuierlich. Dieses Phänomen war auch in anderen Länderparlamenten zu beobachten. 1932 waren nur noch 7% der Abgeordneten Frauen, wobei der stärkste Rückgang in den Fraktionen der bürgerlichen Parteien zu verzeichnen war. Ein Grund waren enttäuschte Hoffnungen auf politische Partizipation. Die Parteifrauen mußten erkennen, daß ihr Einfluß im Parlament und in den Parteien nicht sehr groß war. Sie stießen häufig auf Konkurrenzgebaren und unsolidarisches Verhalten von seiten der männlichen Kollegen. Politikerinnen hatten kaum eine Chance, in höhere Funktionen gewählt zu werden. Das bedeutete auch, daß sie kaum in die finanziell einträglichen Positionen gelangten. Lida Gustave Heymann, die zur radikalen bürgerlichen Frauenbewegung zählte, sagte dazu 1924: „Brotneid, nackter Egoismus der Männer innerhalb der Parteien. Abgeordneter zu sein, ist heute ein Geschäft, man wird bezahlt und verhältnismäßig gut bezahlt. An solche einträgliche Futterkrippe läßt man die Frauen nicht heran und die Männer brauchen hier wie überall, wo es sich um Einkommen handelt, ihre Ellbogen."

Nach dem Zweiten Weltkrieg schickte die Britische Militärregierung sieben Frauen und 74 Männer in die Ernannte Bürgerschaft (Februar 1946 – Oktober 1946). Unter den Frauen waren auch Magda Langhans (KPD) und Magda Hoppstock-Huth als Vertreterin der IFFF (Internationale Frauenliga für Frieden und Freiheit) (siehe Portraits).

Als die erste Bürgerschaft nach dem Krieg frei gewählt wurde, lag der Anteil der weiblichen Mitglieder bei 16% – also höher als der durchschnittliche weibliche Mandatsanteil im Hamburg der Weimarer Republik. In den 50er Jahren pendelte sich der Anteil der Frauen in der Bürgerschaft zwischen 12,5 und 14% ein.

Kurz nach dem Krieg beschäftigten sich die Parlamentarierinnen mit der materiellen Not der Bevölkerung. Sie machten deutlich, daß die Erhaltung der Lebens- und Arbeitskraft der Menschen die Basis jeder Volkswirtschaft ist und daß sich Hamburg nicht aus dem Trümmerelend erholen könne, solange die Bevölkerung Not leide. Dies sahen auch die männlichen Abgeordneten ein, schon weil sie die Not am eigenen Leibe spürten. Sie würdigten deshalb die auf elementare menschliche Bedürfnisse ausgerichteten parlamentarischen Beiträge ihrer Kolleginnen und griffen deren Anregungen auf, so daß die sonst eher randständigen traditionellen „Frauenthemen" ins Zentrum des parlamentarischen Interesses rückten. In den 50er Jahren sollte sich dies aber ändern. Es ging wirtschaftlich aufwärts, man hungerte nicht mehr. Die Männer verdrängten die Frauen aus vielen Arbeitsplätzen, die sie im Krieg hatten einnehmen müssen, und verwiesen sie wieder an Heim und Herd. Die meisten Frauen gaben sich mit dieser Rolle zufrieden. Diese gesellschaftliche Zuordnung der Frau wirkte sich auch auf die Stellung der Parlamentarierinnen aus. Ihre politische Partizipation nahm ab. In der parlamentarischen Arbeit beschränkten sie sich weitgehend auf die sogenannten weiblichen Ressorts.

Viele in diesem Buch portraitierten Bürgerschaftsabgeordneten, von denen einige auch in den Kapiteln „Die Erbinnen der Frauen von 1848" und „Schauspielerinnen/Tänzerinnen" vorgestellt werden, waren bereits durch ihr Elternhaus politisch motiviert worden. Viele kamen aus einer sozialdemokratischen Arbeiter-Innenfamilie und schlossen sich ebenfalls der SPD an, wobei einige später zur KPD überwechselten. Andere waren von ihren Eltern im Geiste der Völkerverständigung erzogen worden und traten dann im Erwachsenenalter der SPD bei.

Einige Bürgerschaftsabgeordnete waren auch gewerkschaftlich aktiv (siehe das Kapitel über die Gewerkschafterinnen). Andere engagierten sich in der bürgerlichen, sozialdemokratischen oder kommunistischen Frauenbewegung.

Von vielen der parteipolitisch tätigen Frauen wissen wir, daß sie während der NS-Zeit aktiv im Widerstand tätig gewesen waren und mehrmals verhaftet wurden. Andere mußten mit ihrem jüdischen Ehepartner emigrieren, und wieder andere gingen in die innere Emigration. Doch trotz der vielen erlittenen Qualen waren die meisten dieser Frauen gleich nach dem Zweiten Weltkrieg am politischen Aufbau der Bundesrepublik Deutschland beteiligt.   R.B.

Elisabeth Seifahrt (Elisabeth Eleonore Christiane Auguste Ida Mathilde Seifahrt)

Volksschullehrerin, Bürgerschafts-abgeordnete (DDP) und stellvertretende Bundesvorsitzende des Allgemeinen Deutschen Lehrerinnenvereins

Grab Nr. AE 17, 184-193
(Grabstelle aufgegeben)
geb. 2.9.1860 in Homberghausen bei Homberg
gest. 17.1.1933 in Hamburg

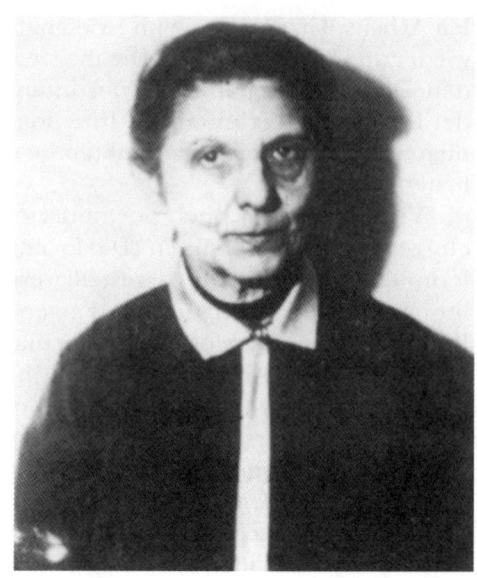

Elisabeth Seifahrt wurde auf Gut Homberghausen bei Homberg geboren. Ihr Vater war Landwirt. Als sie fünf Jahre alt war, kam sie mit ihren Eltern und ihrer jüngeren Schwester Bertha (geb. 1863) nach Hamburg und besuchte eine Privatschule, dann von 1877 bis 1879 die Präparandinnen-Anstalt und 1879/80 das staatliche Lehrerinnenseminar in Hamburg. Im Alter von 20 Jahren begann Elisabeth Seifahrt am 1. April 1880 ihre Tätigkeit als Volksschullehrerin. Fünf Jahre später wurde sie von der Oberschulbehörde als Volksschullehrerin fest angestellt und arbeitete in dieser Position bis zu ihrer Pensionierung im Jahre 1924.

Elisabeth Seifahrt heiratete nicht, eine Heirat hätte auch die Entlassung aus dem Staatsdienst bedeutet. Sie lebte mit ihrer Schwester, auch eine Lehrerin, die sich ebenfalls 1924 hatte pensionieren lassen, in der Schröderstiftstraße 20 im Stadtteil Rotherbaum.

Neben ihrer Tätigkeit als Lehrerin war Elisabeth Seifahrt ständepolitisch tätig. So war sie 1894 eine der Gründerinnen des Vereins Hamburger Volksschullehrerinnen, dessen Vorsitzende sie bis 1924 war. Gleichzeitig war sie von 1921 bis 1927 stellvertretende Bundesvorsitzende des Allgemeinen Deutschen Lehrerinnenvereins (ADLV) und von 1921 bis 1926 erste Vorsitzende im Landesverband Hamburger Lehrerinnenvereine. Sie arbeitete in der staatlichen Kommission für Leibesübungen mit, war Mitglied fast aller Schulausschüsse, engagierte sich für die Gestaltung des modernen Hamburger Schulwesens und half bei der Verstaatlichung einer Reihe höherer Mädchenschulen (in Bergedorf und Cuxhaven sowie der Emilie-Wüstenfeld-Schule) mit.

Auf sozialem und frauenpolitischem Gebiet engagierte sie sich im Vorstand der Sozialen Hilfsgruppen, eines 1900 gegründeten Zweigvereins der Hamburger Ortsgruppe des Allgemeinen Deutschen Frauenvereins (ADF), dem sie von 1906 bis 1919 angehörte.

Darüber hinaus arbeitete sie auch parteipolitisch. Von 1919 bis 1927 war sie für die DDP-Fraktion Mitglied der Hamburgischen Bürgerschaft und damit die erste Frau, die diese Partei in die Bürgerschaft geschickt hatte. Elisabeth Seifahrt kam auf den aussichtsreichen Listenplatz 18, denn letztendlich konnte die DDP nach der Wahl 33 Mitglieder in die Bürgerschaft schicken (siehe auch Portrait Emmy Beckmann). In der Bürgerschaft beschäftigte sich Elisabeth Seifahrt hauptsächlich mit Erziehungs- und Bildungsfragen. 1927 ließ sie sich nicht wieder für die Bürgerschaftswahl aufstellen.

Als Elisabeth Seifahrt sechs Jahre später starb, sprach auch die Oberschulrätin Emmy Beckmann (siehe Portrait) auf der Trauerfeier.   R.B.

Elisabeth Pape

Bürgerschaftsabgeordnete (DVP),
engagiert in Frauen- und Wohlfahrtsfragen

Grab Nr. R 22, 327 (Grabstelle aufgegeben)
geb. 5.9.1870 in Hamburg
gest. 25.2.1964 in Hamburg

Über Elisabeth Papes frauenpolitisches Engagement gibt es unterschiedliche Informationen. Die Zeitungen behaupten, sie sei weder aus der „Bewegung" noch aus den Kreisen der Frauen gekommen, die schon vor dem Krieg das Wahlrecht der Frauen gefordert hatten. Dagegen spricht die Historikerin Karen Hagemann von einer Mitgliedschaft Elisabeth Papes in der Abteilung Jugendschutz der Hamburger Ortsgruppe des Allgemeinen Deutschen Frauenvereins (ADF), einem Verein, der Teil der bürgerlichen Frauenbewegung war. Außerdem gehörte Elisabeth Pape 1919 neben Dr. Emmy Beckmann (siehe Portrait) und Margaretha Treuge (siehe Portrait) zu den Initiatorinnen einer aus dem Stadtbund Hamburgischer Frauenvereine hervorgegangenen neuen Vereinsgründung, der Politischen Frauengemeinschaft Hamburg, deren Ziel die „staatsbürgerliche Erziehung" breiterer Frauenkreise war. Dies wollte die „Frauengemeinschaft" dadurch erreichen, daß sich Vertreterinnen aller Parteien und verschiedener Weltanschauungen zusammenschlossen, um den Frauen ihre überparteilichen gemeinsamen Interessen zu verdeutlichen. Wegen des nur geringen Zulaufs löste sich diese Vereinigung allerdings 1921 wieder auf. Die Zeitungen erwähnen dies in keinem der im Hamburger Staatsarchiv zugänglichen Artikel.

Elisabeth Pape setzte sich als Lehrerin für die Gleichberechtigung der weiblichen Lehrkräfte ein. Sie unternahm als erste weibliche Lehrkraft auf eigene Kosten mit ihren Schülerinnen eine Klassenreise, die in den Harz führte, und konnte in den 20er Jahren das vom Allgemeinen Deutschen Lehrerinnenverein schon lange geforderte Klassenlehreramt (Ordinariat) für Frauen in den höheren Klassen des Mädchenschulwesens durchsetzen, was bis dato eine Domäne der männlichen Kollegen gewesen war. Als Elisabeth Pape die erste Ordinarin einer Selecta wurde, gab es einen Aufschrei unter den männlichen Kollegen. Sie diffamierten ihre Kolleginnen, die aufgrund des Beamtengesetzes unverheiratet bleiben mußten, als alte Jungfern, die ein unerfülltes Triebleben hätten, was sich in einer vermeintlich „säuerlichen Schärfe" der Lehrerinnen ausdrücke und ein Grund sei, Frauen ein Ordinariat abzusprechen. Auch die Elternvertretungen und der Schulbeirat waren mit dieser Neuerung der Schulbehörde nicht einverstanden. Sie machten den Vorschlag, daß allein die persönliche Eignung, unabhängig vom Geschlecht, für die Besetzung der Ordinariate ausschlaggebend sein solle. Schön gesagt: doch daß mit solch einer Regelung angesichts der massiven Vorurteile, die es gegen erwerbstätige Frauen gab, Lehrerinnen kaum ein Ordinariat erhalten würden, wurde nicht berücksichtigt.

Elisabeth Papes Werdegang nahm zunächst den üblichen Weg einer bürgerlichen Tochter. Nach Abschluß des Lehrerinnenseminars wurde sie Volksschullehrerin und 1889, als 19jährige, in den Hamburger Schuldienst übernommen, was nach den damaligen Gesetzen den Verzicht auf Ehe und Familie bedeutete. Bis 1929 war sie als Lehrerin tätig, dann arbeitete sie im Verwaltungsdienst der Oberschulbehörde. In der Weimarer Zeit war sie zudem Mitglied der Lehrerkammer und des Beamtenrates.

Elisabeth Pape hatte nicht nur pädagogische und frauenpolitische Amibitionen, sie zeigte auch starke altruistische Züge. Schon als junges Mädchen engagierte sie sich für notleidende Menschen. So kümmerte sie sich während der Choleraepidemie im Jahre 1892 um die Kinder, deren Eltern Opfer dieser Krankheit geworden waren. Im Ersten Weltkrieg war sie Mitbegründerin der Hamburgischen Kriegshilfe und arbeitete als Lazaretthelferin bei Prof. Dr. Nonne. Dafür wurde sie später mit dem Eisernen Kreuz am schwarzweißen Band geehrt. Nach dem Ersten Weltkrieg, während des Rübenwinters, setzte sie sich für eine Unterbringung von ca. 800 Kindern bei Bauernfamilien ein. Lange Jahre war sie ehrenamtliche Waisenpflegerin.

1920 gründete Elisabeth Pape den Landesverein Hamburg des Deutschen Rentnerverbundes (Verband für Altersschutz), den sie auch noch im hohen Alter von 90 Jahren leitete. In dieser Funktion gelang es ihr mit Hilfe der Hamburger Sparcasse von 1827, das Rentnerheim Fiefstücken mit 1- und 2-Zimmer-Wohnungen errichten zu lassen.

Außerdem war Elisabeth Pape 40 Jahre lang Vorstandsmitglied des Hamburgischen Seehospitals Nordheim Stiftung in Sahlenburg bei Cuxhaven, bis ins hohe Alter Ehrenmitglied des Verbandes deutscher Landschulheime und nach ihrem, nach dem Zweiten Weltkrieg erfolgten, Eintritt in die SPD Mitglied der Arbeiterwohlfahrt. Für ihre ehrenamtlich geleistete Arbeit im Dienste der Wohltätigkeit erhielt Elisabeth Pape 1952 das Bundesverdienstkreuz.

Neben ihrer Arbeit als Pädagogin und all diesen ehrenamtlichen Aktivitäten war Elisabeth Pape von 1921 bis 1932 Bürgerschaftsabgeordnete der DVP und von 1928 bis 1932 Schriftführerin ihrer Bürgerschaftsfraktion. Während ihrer Bürgerschaftätigkeit arbeitete sie u.a. in der Jugendbehörde, im Aus-

schuß zur Festsetzung der Mieten und im Beschwerdeausschuß für das Wohnungsamt. Elisabeth Pape wohnte am Efeuweg 64 und zuletzt am Lämmersieht 75.   R.B.

Elsa Teuffert (Elsa Friederika Wilhelmine Teuffert geb. Jansen)

Bürgerschaftsabgeordnete (FDP)

Grab Nr. V 5, 51
geb. 12.6.1888 in Hamburg
gest. 10.3.1974 in Hamburg

Elsa Teuffert ging auf die Schule des Paulsenstifts in Hamburg. Von 1923 bis 1933 war sie ehrenamtlich für die Wiedergutmachung des „Inflationsunrechtes" und die Betreuung der Geschädigten tätig. Nach der Ausbombung während des Zweiten Weltkrieges wurde Elsa Teuffert nach Ost-Priegnitz und Ostpommern evakuiert. 1945 kehrte sie nach Hamburg zurück.

1946, im Alter von 58 Jahren, trat sie der FDP bei, und damit begann ihre politische Karriere. Von 1951 bis 1954 war Elsa Teuffert Bezirksabgeordnete in Hamburg-Altona, von 1953 bis 1954 Deputierte in der Baubehörde, von 1953 bis 1959 Vorsitzende der FDP-Landesfrauengruppe. Von 1954 bis 1957 war Elsa Teuffert für den Hamburg Block (CDU, FDP, Deutsche Partei, Block der Heimatvertriebenen und Entrechteten) und von Januar 1958 bis 1966 für die FDP Mitglied der Hamburgischen Bürgerschaft.

Elsa Teufert war Hausfrau und übte in den 50er Jahren die Funktion eines Vorstandsmitglieds des Hamburger Frauenringes aus.   R.B.

Paula Westendorf (geb. Gühlk)

SPD-Bürgerschaftsabgeordnete

Grab Nr. J 14, 39
geb. 26.10.1893 in Hamburg
gest. 3.10.1980 in Hamburg

1917, im Alter von 25 Jahren, heiratete Paula Gühlk und bekam vier Söhne (geb. 1918, 1922, 1923, 1925). Später ließ sie sich scheiden und wurde 1949 wieder berufstätig.

Paula Westendorfs politische Karriere begann kurz nach dem Zweiten Weltkrieg. Bereits in der ersten Wahlperiode (ab 30.11.1946) saß sie bis 1953 als SPD-Abgeordnete im Hamburger Parlament. Als Mitglied der Bürgerschaft setzte sich Paula Westendorf besonders für die Straffreiheit bei Abtreibung ein. So brachte sie 1947 einen ergänzenden SPD-Antrag zum KPD-Antrag von Magda Langhans (siehe Portrait) ein. Es handelte sich dabei um die Einstellung der Strafverfahren bei Verstoß gegen den Paragraphen 218. Paula Westendorf forderte in diesem Zusammenhang die Einrichtung öffentlicher Ehe- und Sexualberatungsstellen und setzte sich für die soziale Indikation ein. In den von ihr geforderten Beratungsstellen wollte sie das Thema des Schwangerschaftsabbruchs nicht biologisch behandelt wissen, sondern im Zusammenhang mit der „Menschheitsfrage", aus Ehrfurcht vor dem Leben im Sinne Albert Schweitzers und im Gegensatz zu den „menschheitszerstörenden Praktiken der Nazis". Als einseitigen Machtausdruck des Staates lehnte sie Strafverfolgung wegen Abtreibung ab und gab grundsätzlich zu bedenken, daß Verbote die Menschheit nicht erzögen, weil Moral nicht befohlen werden könne.

Paula Westendorf versicherte dem Parlament, daß die Beratungsstellen nicht leichtfertig Schwangerschaftsabbrüche anempfehlen, sondern das Verantwortungsbewußtsein dem Leben gegenüber stärken würden. Trotz lebhaften Beifalls war die Reaktion der Männer im Parlament hinhaltend. Der Gesundheitsausschuß verwarf aus juristischen Gründen den Antrag der KPD. Erfolg hatte

nur Paula Westendorfs ergänzender Antrag. Und so wurde in den Räumen des Gesundheitsamtes eine öffentliche Ehe- und Sexualberatungsstelle eingerichtet, die als erste ihrer Art in den Westzonen im August 1948 ihre Arbeit aufnahm.

Auch Paula Westendorfs Einsatz zur Freigabe des Vertriebes von Verhütungsmitteln hatte Erfolg. Am 1. Juni 1948 gab der Senat bekannt, daß die Polizeiverordnung des früheren Reichsinnenministers vom Juni 1941 über „Verfahren, Mittel und Gegenstände zum Schwangerschaftsabbruch" (worunter auch die Verhütungsmittel fielen) aufgehoben sei.

Neben ihrer Tätigkeit in der Bürgerschaft wurde Paula Westendorf 1947 Beisitzerin des Verwaltungsgerichtes, 1947 und 1953 Deputierte der Kulturbehörde, 1948 der Baubehörde und 1949 stellvertretendes Mitglied des beratenden Ausschusses für das Pressewesen.

Zuletzt wohnte Paula Westendorf im Niedernstegen 11 im Stadtteil Fuhlsbüttel. R.B.

Gertrud Lockmann (geb. Buschow)

aktiv im Widerstand gegen das Hitler-Regime, Bürgerschaftsabgeordnete (SPD), die zweite Hamburger Sozialdemokratin im ersten Bundestag

Grab Nr. L 31, 279 (Grabstelle aufgegeben)
geb. 29.4.1895 in Hamburg
gest. 10.9.1962 in Hamburg

Ihre Mutter, die Hebamme gewesen war, starb, als Gertrud Lockmann 14 Jahre alt war. Nach dem Besuch der Volksschule, die Gertrud Lockmann mit der Selecta abschloß, bekam sie einen Ausbildungsplatz als Buchhalterin.

Politisch aktiv wurde Gertrud Lockmann im Alter von 17 Jahren. 1912 schloß sie sich der SPD an und bildete sich im Arbeiterbildungswesen und an der Volkshochschule weiter.

In der SPD lernte sie ihren späteren Mann – einen Behördenangestellten – kennen. Sie heirateten, bekamen eine Tochter, ließen sich aber später scheiden. Während ihrer Ehe zogen sie 1929 nach Goslar und leiteten dort gemeinsam das Genesungsheim der Betriebskrankenkasse für staatliche Angestellte.

1930, im Alter von 35 Jahren, wurde Gertrud Lockmann zweite Vorsitzende der Goslarer SPD und Referentin für den Kreis Hildesheim. „Da sie den offiziellen Kurs der SPD im Kampf gegen den Nationalsozialismus ablehnte, schloß sie sich im Oktober 1931 der ‚Sozialistischen Arbeiterpartei Deutschlands‘ (SAP) an, die sich von der SPD abgespalten hatte.“[1] Aus politischen Gründen verlor sie 1933 ihre Arbeitsstelle. Sie mußte vor der Gestapo fliehen und tauchte ein Jahr lang unter: „In dieser Zeit knüpfte sie die Kontakte zu Widerstandsgruppen, so z.B. zur Bästlein-Jacob-Abshagen-Widerstandsgruppe [siehe Portrait Margarethe Hoefer]. Erst 1936 gelang es ihr, eine Beschäftigung als Buchhalterin zu finden. 1941 machte sie sich als Helferin in Steuersachen selbständig.

Gleich nach Ende des Zweiten Weltkrieges nahm sie ihre parteipolitische Tätigkeit wieder auf, wurde 1946 Mitglied im Vorstand der SPD-Landesorganisation Hamburg und gehörte von Oktober 1946 bis Dezember 1950 der Hamburgischen Bürgerschaft an.

Dort sprach sie u.a. die Interessen der Hausfrauen an und forderte z.B. eine vernünftige Konsumgüterwirtschaft statt des Trends zu Luxuswaren.

Als der Bundestagsabgeordnete der SPD Erich Klabunde [siehe Portrait Clara Klabunde] starb, übernahm im Januar 1951 Gertrud Lockmann sein Mandat. Damit war sie als Nachrückerin die zweite Hamburger Sozialdemokratin im ersten Bundestag geworden. Außerdem wurde sie Mitglied der Bundesversammlung.“[1]

Von November 1957 bis November 1961 war Gertrud Lockmann, die zuletzt in der Sengelmannstraße 107 im Stadtteil Alsterdorf wohnte, ein zweites Mal als Abgeordnete in der Hamburgischen Bürgerschaft tätig.

R.B.

Dr. Elsbeth Weichmann

(geb. Greisinger)

First Lady der Stadt Hamburg,
Bürgerschaftsabgeordnete (SPD)

Grab Nr. AA 15, 66
geb. 20.6.1902 in Brünn
gest. 10.7.1988 in Bonn

Der 26.6.1902 ist Dr. Elsbeth Weichmanns offizielles Geburtsdatum. In Wirklichkeit wurde sie jedoch bereits zwei Jahre zuvor geboren. Das falsche Geburtsjahr wurde versehentlich 1940, als sie sich auf der Flucht vor der Gestapo in Frankreich befand, bei der Ausstellung neuer Papiere eingetragen. Eine sofortige Korrektur hätte die tödliche Gefahr einer Verzögerung der Abreise gebracht und eine Richtigstellung in den USA die dortige Aufenthaltsgenehmigung gefährdet.

Die Tochter eines Sparkassendirektors wurde hauptsächlich von ihrer Mutter geprägt. In einem Interview für die „Welt am Sonntag" sagte Dr. Elsbeth Weichmann: „Ich habe nie eine unselbständige Frau erlebt. Meine Mutter hatte immer ihren eigenen Schreibtisch."

Im Alter von 25 Jahren (1927) promovierte Elsbeth Weichmann in Graz zur Volkswirtin. 1928 heiratete sie Herbert Weichmann, den ehemaligen Chefredakteur der „Kattowitzer Zeitung" und frischgebackenen Staatssekretär des preußischen Ministerpräsidenten Otto Braun. Nachdem er diesen Posten erhalten hatte, konnten sie schließlich nicht mehr „in wilder Ehe leben", so Elsbeth Weichmann in dem Interview.

1933 floh Dr. Elsbeth Weichmann mit ihrem jüdischen Mann nach Paris und wurde Wirtschaftsjournalistin. Nach eigener Aussage lernte sie von Herbert Weichmann den Journalismus und soll sogar Berichte in seinem Namen geschrieben haben: „Ich schrieb sogar seine Meinung, auch wenn ich gar nicht damit übereinstimmte. Aber ich wußte ja, wie er dachte." 1940 ging die Flucht weiter über Spanien und Portugal in die USA, denn Präsident Franklin Roosevelt hatte an besonders gefährdete Politiker Sonder-

visen erteilen lassen. Dr. Elsbeth Weichmann studierte Statistik an der New Yorker Universität. Ihren Lebensunterhalt bestritt sie mit dem Anfertigen von Stoffpuppen, die sie in Kaufhäusern verkaufte. Herbert Weichmann arbeitete als Wirtschaftsprüfer.

Über ihre Jahre im Exil schrieb Dr. Elsbeth Weichmann später ein Buch, welches unter dem Titel „Zuflucht" 1983 erschien. 1983 war auch das Todesjahr ihres Mannes.

1949 kehrte das Ehepaar nach Deutschland zurück und zog nach Hamburg. Max Brauer, der sich in New York mit dem Ehepaar befreundet hatte, hatte sie nach Hamburg geholt.

Dr. Elsbeth Weichmann engagierte sich hauptsächlich im Verbraucherschutz. Unter ihrem Vorsitz entwickelte sich die Verbraucher-Zentrale Hamburg zu einer viele Bereiche umfassenden Institution. Elsbeth Weichmann wurde Vorstandsmitglied der Arbeitsgemeinschaft der Verbraucherverbände in Bonn und 1964 Präsidentin des Brüsseler Büros der Verbraucherverbände der EWG-Länder. Außerdem war sie zweite Vorsitzende des Bureau European des Consommateurs und Mitglied des mit den europäischen

Behörden in Verbindung stehenden Kontaktkomitees der Verbraucherorganisation. Besonders die Frauen als Verbraucherinnen stellte sie heraus, machte ihnen Mut, sich für ihre Rechte einzusetzen.

Elsbeth Weichmann hatte bei all ihren Aktivitäten stets die gesellschaftliche Situation der Frau im Auge. So war sie Gründungmitglied der Ausstellung „Du und Deine Welt – Ausstellung für die Frau", die 1955 erstmals stattfand. Unter dem Leitgedanken „Die Frau in Wirtschaft und Welt" stellte Elsbeth Weichmann eine Statistik der Frauenberufe in aller Welt vor und gab einen Überblick über die Frauenarbeit in UNO und UNESCO. Elsbeth Weichmann war sehr frauenengagiert. Sie setzte sich stark für die Berufstätigkeit der Frau ein und war z.B. auch in der Arbeitsgemeinschaft Hamburger Frauenverbände aktiv.

Darüber hinaus beschäftigte sie sich mit kulturpolitischen Fragen: „Sie setzte sich mit Nachdruck dafür ein, neue breitere Kreise für die Kultur zu gewinnen. Die Tatsache, daß im Mai 1969 die ‚Arbeitsgemeinschaft zur Kulturförderung' ins Leben gerufen werden konnte, ist zu einem beträchtlichen Teil den Anregungen und der Mitwirkung von Frau Dr. Weichmann zu verdanken. Nachdem es für die Arbeitsgemeinschaft zunächst darum ging, wichtige praktische Aufgaben zu erfüllen, erkannte Frau Dr. Weichmann bald die Notwendigkeit, in einem Kulturbericht die Situation, Entwicklung und Problematik der Kulturarbeit und -politik in Hamburg aufzuzeichnen. Auf ihre Initiative hin wurde in Zusammenarbeit mit der Behörde für Wissenschaft und Kunst ein Studienkreis der ‚Arbeitsgemeinschaft zur Kulturförderung' gebildet, der 1975 eine Broschüre unter dem Titel ‚Zur Kulturpolitik in Hamburg – Anregung und Empfehlungen eines unabhängigen Studienkreises' der Öffentlichkeit vorlegte. Diese Bestandsaufnahme stellte für alle am kulturellen Leben Hamburgs beteiligten Personen und Institutionen eine wichtige Diskussions- und Arbeitsgrundlage dar."
[1] Dr. Elsbeth Weichmann hatte den Kuratoriumsvorsitz im Pressezentrum, den Vorsitz des neuen literarischen Vereins und war im Aufsichtsrat des Deutschen Schauspielhauses tätig. Für ihre Verdienste auf dem Gebiet der Kultur erhielt sie 1978 die Senator-Biermann-Rathjen-Medaille und 1974 für ihre herausragenden Verdienste um Hamburg die Bürgermeister-Stolten-Medaille.

Sie agierte außerdem als Mitglied der Verwaltungsausschüsse des Amtes für Wirtschaft, des Amtes für Ernährungswirtschaft und des Amtes für Marktwesen. Darüber hinaus war sie Mitglied der Deputation der Behörde für Ernährung und Landwirtschaft, Vorsitzende des Fachausschusses der Gesamtleitung „Programmausschuß" der IGA (Internationale Gartenbauausstellung) 1973 und Aufsichtsratsmitglied der Hamburg-Altonaer-Fischmarkt GmbH, und von 1957 bis 1974 übte sie das Amt einer Abgeordneten (SPD) der Hamburgischen Bürgerschaft aus. Dort beschäftigte sie sich hauptsächlich mit Kulturpolitik.

Während der Amtszeit ihres Mannes als Erster Bürgermeister von Hamburg fungierte sie sechs Jahre lang als First Lady. Sie begnügte sich nicht mit der Funktion der „Frau an seiner Seite", sondern sah sich und ihren Mann als Team an: „Wir sind beide in einem Geschäft tätig gewesen. Mein Mann als Bürgermeister. Ich bin in der Bürgerschaft und in den Ausschüssen."

Zum Thema „Geschlechterkampf" gibt es von ihr ein fast schon geflügeltes Wort, das vor ihr bereits die Schriftstellerin Marie von Ebner-Eschenbach im 19. Jahrhundert ähnlich formuliert hatte: „Jede kluge Frau hat Millionen natürlicher Feinde ... nämlich alle Männer, die nicht so klug sind wie sie selbst."

Das Ehepaar Weichmann nahm den Neffen Herbert Weichmanns als Adoptivsohn an. Seine Eltern waren im Konzentrationslager umgebracht worden, während er sich in Holland versteckt gehalten hatte. Er wurde später Professor für Physik in Kanada.

Dr. Elsbeth Weichmann starb am 10. Juli 1988 in Bonn an den Folgen eines am 20. Juni erlittenen Gehirnschlages. Im März 1988 war ihr noch die Ehrensenatorwürde der Hamburger Universität verliehen worden.   R.B.

Magda Langhans (geb. Kelm)

*Politikerin, Widerstandskämpferin gegen
das NS-Regime, Mitglied der Hamburgischen Bürgerschaft (KPD)*

Grab Nr. BN 73, 388 (Geschwister-Scholl-
Stiftung)
geb. 16.7.1903 in Hamburg
gest. 17.1.1987 in Hamburg

1934 äußerte sich ein Staatsanwalt über Magda Langhans: „Vor uns steht eine große Frau.
Sie ist zwar sehr klein, aber dennoch groß."
Magda Langhans Stärke und Größe lag in
ihrem politischen Engagement.

Magda Langhans wuchs mit sechs Geschwistern im Hamburger Arbeiterviertel
Hammerbrook auf. Ihr Vater war Kutscher,
ihre Mutter Putzfrau. Der Vater starb an
TBC, als die Kinder noch klein waren. Schon
bald nach seinem Tod heiratete die Mutter
einen Hafenarbeiter.

Magda Langhans besuchte die Volksschule bis zur Selecta und arbeitete danach drei
Jahre als Hausangestellte. Später lernte sie in
einer Druckerei den Beruf der Anlegerin.
Diese Arbeit übte sie mit längeren Unterbrechungen bis zu ihrer Pensionierung aus.

Magda Langhans politische Laufbahn begann als 18jährige bei den freien Gewerkschaften. Durch einen Freund motiviert, trat
sie 1927, im Alter von 24 Jahren, der KPD
bei. Dort lernte sie ihren späteren Ehemann,
den Dekorationsmaler Hein Langhans, kennen. Die Ehe blieb kinderlos.

1929/30 besuchte Magda Langhans die
Parteischule der KPD in Moskau. 1931 wurde
sie in die Bezirksleitung der KPD Wasserkan-
te gewählt. Dort arbeitete sie im Bereich
„Agitation und Propaganda". Von 1931 bis
1933 war Magda Langhans für die KPD Mitglied der Hamburgischen Bürgerschaft.

Nachdem die NSDAP die Macht übernommen hatte, half Magda Langhans den illegalen Betriebs- und Stadtteilgruppen bei
der Herausgabe von Kleinzeitungen und
Flugblättern. Außerdem führte sie mit KPD-
Funktionären Schulungen in Hamburg und
Kopenhagen durch, um anderen Menschen

das argumentative Rüstzeug für den politischen Kampf gegen das Hitler-Regime zu
vermitteln. Im Mai 1934 wurde sie verhaftet
und zu sechs Jahren Zuchthaus verurteilt.
Sie war die erste Frau in Deutschland, gegen
die die Nazis einen politischen Prozeß an-
strengten. „Vorbereitung zum Hochverrat"
lautete die Anklage. Magda Langhans wurde
im Gefängnis Lübeck-Lauerhof, wie andere
politische Gefangene auch, auf der Station II
eingesperrt.

Nach dem Zweiten Weltkrieg, als im Februar 1946 die Ernannte Bürgerschaft ihre
Tätigkeit aufnahm, wurde Magda Langhans
Bürgerschaftsabgeordnete der KPD. Als erste Frau übte sie das Amt der Zweiten Vize-
präsidentin der Hamburgischen Bürgerschaft aus. Die „Welt" vom 15.1. 1949 schrieb
über Magda Langhans: „Wegen ihrer ge-
schliffenen Formulierungen und der über-
zeugenden Art, sie vorzubringen, fiel sie
schon vor 1933 im Hamburger Parlament
auf. Sie hat heute das Schriftführeramt inne,
nachdem sie 1946 auf dem Sessel des Vize-
präsidenten gesessen hat."

Während ihrer Amtszeit als Abgeordnete
setzte sich Magda Langhans z.B. 1946 dafür

ein, daß auch junge Frauen von der Sonderzuteilung für Bohnenkaffee und Süßigkeiten profitieren durften. Magda Langhans verlangte eine gleiche Behandlung der 18- bis 25jährigen Frauen, weil diese in Betrieben und Haushalt nicht weniger Arbeit leisteten als Männer. Wie die Atmosphäre gegenüber Frauen im Parlament war, zeigt die Erwiderung auf Magda Langhans Forderung. „Besonders gern", stimmte der männliche Redner der SPD dem Antrag von Magda Langhans zu. Es handele sich schließlich um einen Teil der Bevölkerung, der sich gerade bei den Männern einer besonderen Beliebtheit erfreue.

Als 1946 eine Debatte um die hohe Säuglingssterblichkeit und die gestiegene Anzahl von Fehlgeburten geführt wurde, warf Magda Langhans in diesem Zusammenhang die Frage auf, wie viele dieser „totgeborenen Kinder" wohl in Wirklichkeit abgetrieben waren, und das oft mit „Hilfe" von Kurpfuschern. Sie forderte eine Lockerung der Paragraphen 218 und 219 – letzterer bestrafte das öffentliche Anpreisen von Verhütungsmitteln – und verlangte, daß die Verwaltungen empfängnisverhütende Mittel zur Verfügung stellten.

Ein weiteres heikles Thema, welches mancher lieber verschwiegen hätte, brachte Magda Langhans im Parlament zur Sprache: Viele junge Mädchen waren in der Nazizeit als „schwererziehbar" in das Heim Farmsen eingeliefert, dort als „unterwertig" eingestuft und zwangssterilisiert worden. Anlaß ihrer Einweisung war bei vielen von ihnen die Weigerung gewesen, in der Rüstungsindustrie zu arbeiten. Magda Langhans forderte eine Überprüfung dieser Fälle und gegebenenfalls Entschädigung. Der KPD-Antrag wurde ohne Diskussion abgelehnt.

Magda Langhans war bis 1953 Abgeordnete in der Hamburgischen Bürgerschaft. Die einzige Kommunistin der Hamburgischen Bürgerschaft setzte sich intensiv für die Frauen ein. Ihre im Parteistil vorgetragenen Äußerungen für Frieden, Freiheit und Demokratie und ihre antifaschistischen Kampfansagen wurden, trotz aller Anerkennung ihrer persönlichen Leistungen, mit Eskalation des Kalten Krieges im Parlament zunehmend reserviert zur Kenntnis genommen.

Magda Langhans beschäftigte sich aber nicht nur im Parlament mit sogenannten Frauenfragen, sie arbeitete nach dem Krieg auch in überparteilichen antifaschistischen Frauenausschüssen mit. So war sie von 1946 bis 1952 erste Vorsitzende des Frauen-Ausschusses Hamburg e.V und wurde 1948 Beisitzerin im Vorstand des Hamburger Frauenrings.

Außerdem war sie von 1946 bis zum Verbot der Partei im Jahre 1956 Frauensekretärin der KPD. Auch ihr Mann arbeitete im Parteibüro der KPD. Als Magda Langhans im Alter von 83 Jahren starb, war sie bereits verwitwet. Sie wohnte zuletzt am Lämmersieth 75 im Stadtteil Barmbek-Nord.   R.B.

Charlotte Walner-von Deuten

Rechtsanwältin und Mitglied der
Hamburgischen Bürgerschaft

Grab Nr. BM 63, 56
geb. 19.3.1906 in Hamburg
gest. 7.11.1984 in Hamburg

„Ihr Abitur war bereits eine Besonderheit", schreibt uns ihr Neffe Gerd Hagedorn. „Es war der erste Hamburger Arbeiter-Abiturienten-Kursus, den sie zusammen mit Paul Nevermann von 1923 – 1926 absolvierte." Nach dem Abitur studierte Charlotte von Deuten Rechts- und Staatswissenschaften an den Universitäten Hamburg, Genf und Grenoble. 1929 absolvierte sie ihr erstes juristisches Staatsexamen, danach ging sie in Hamburg in den Vorbereitungsdienst, legte 1932 ihre zweite juristische Staatsprüfung ab und begann 1933 als Rechtsanwältin zu arbeiten.

1936 heiratete sie den Maler und Grafiker Felix Walner und hieß von nun an Charlotte Walner-von Deuten.

Sie zeigte starkes gesellschaftspolitisches Engagement, das sich in vielfältigen Aktivitäten niederschlug. So war sie von 1932 bis 1933 im Paritätischen Wohlfahrtsverband tätig, engagierte sich für Künstler und Künstlerinnen, so daß vor 1933 auf ihre Anregung hin die Nothilfe für die bildenden Künstler Hamburgs gegründet wurde.

Auch den Ideen und Zielen der bürgerlichen Frauenbewegung war sie zugetan. Von 1948 bis 1950 übte sie den Vorsitz im Frauenring Hamburg aus und war Mitglied im Vorstand des Deutschen Frauenrings. Daneben nahm sie in wissenschafts- und rechtspolitischen Bereichen diverse Ämter an. So wurde sie Mitglied des Hochschulbeirates der Universität Hamburg, stellvertretendes Mitglied im Richterwahlausschuß Hamburg und Mitglied im rechtspolitischen Ausschuß beim Parteivorstand der SPD in Bonn. Als SPD-Mitglied übte sie von 1953 bis 1966 ein Abgeordnetenmandat in der Hamburgischen Bürgerschaft aus. Die dort kühl und sachlich auftretende Akademikerin konnte den Rechtsstandpunkt der Frauen sachkundig vertreten. So z.B. in den 50er Jahren, als der Artikel 3 Absatz 3, der die Gleichberechtigung von Mann und Frau verankert, diskutiert wurde. Diesem Recht standen familienrechtliche Paragraphen des BGB entgegen – so in Fragen des Güterrechts und der Vermögensverwaltung, bei denen der Mann die Entscheidungsbefugnis hatte. Außerdem beinhaltete der Paragraph 1354 BGB das alleinige Entscheidungsrecht des Mannes in allen das eheliche Leben betreffenden Angelegenheiten (sogenannter Stichentscheid), und die Paragraphen 1628 und 1629 des BGB sprachen die elterliche Gewalt in Entscheidungen über gemeinsame Kinder vorrangig dem Vater zu. Der Parlamentarische Rat hatte dem Gesetzgeber eine Frist bis zum 31. März 1953 gesetzt, um dem Gleichheitsgrundsatz entgegenstehendes Recht anzupassen. Bei Ablauf dieser Frist befand sich das Familienanpassungsgesetz noch in Vorbereitung. Aber eine Gesetzesvorlage, die am Stichentscheid des Mannes festhielt, hatte bereits im ersten Durchgang den Bundesrat passiert. Zu diesem Zeitpunkt kam in der Hamburgischen Bürgerschaft eine Große Anfrage der SPD zum Familienanpassungsgesetz zur Besprechung. Hamburger sozial-

demokratische Juristinnen, so auch Charlotte Walner-von Deuten, hatten sich mit diesen Fragen eingehend befaßt und waren zu dem Ergebnis gekommen, daß die betreffenden Passagen des BGB eindeutig verfassungswidrig seien. Aber die Entscheidung einer Änderung lag nicht beim Hamburger Parlament, sondern beim Bund. Die Ländervertreter konnten nur über den Bundesrat ihre Meinung geltend machen, und der Hamburger Vertreter hatte in Bonn der Gesetzesvorlage bereits widerspruchslos zugestimmt. Gegen dieses Verhalten richtete sich die Kritik der Sprecherin Charlotte Walner-von Deuten, denn ihrer Meinung nach hätte durchaus die Möglichkeit bestanden, durch Einspruch eine den Frauen gerecht werdende Textformulierung zu finden.

Auch zum Thema Paragraph 218 sprach Charlotte Walner-von Deuten in der Bürgerschaft. Er wurde 1962 im Zusammenhang mit der in Vorbereitung befindlichen Großen Strafrechtsreform in der Bürgerschaft wieder neu diskutiert. Die Arbeitsgemeinschaft Hamburger Frauenorganisationen hatte die weiblichen Abgeordneten der Bürgerschaft dazu veranlaßt, einen interfraktionellen Antrag zu stellen, der Senat möge über den Bundesrat darauf hinwirken, daß bei der Ausarbeitung des Gesetzwerkes die Frage des Schwangerschaftsabbruchs bevorzugt behandelt werde. Es ging dabei jedoch lediglich um den Abbruch der Schwangerschaft nach Vergewaltigung, bei ethischer Indikation. Charlotte Walner-von Deuten unterstützte den Antrag nicht ohne Skrupel, hatte sie doch Bedenken, „keimendes Leben nicht zum Menschwerden kommen zu lassen". Wenn aber der Staat nicht in der Lage sei, die Frauen vor dem Verbrechen einer Vergewaltigung zu schützen, dann dürfe er ihrer Meinung nach nicht mit Strafe reagieren, wenn die Folgen dieser kriminellen Tat beseitigt wurden.

Neben all ihren politischen und juristischen Aktivitäten schrieb Charlotte Walner-von Deuten 1966 ein Buch mit dem Titel: „Handbuch der privaten und öffentlichen Sozial-, Jugend- und Gesundheitseinrichtungen Hamburgs".

„Ihr letzter großer Plan, das Lebenswerk ihres Mannes (ca. 2.000 Bilder, Gemälde, Grafiken und Holzschnitte) in geeigneter Weise der Nachwelt erhalten und präsentieren zu können, blieb ihr leider verwehrt", so Gerd Hagedorn. Charlotte Walner-von Deuten, die zuletzt am Osterkamp 3 im Stadtteil Marienthal wohnte, übertrug diesen Wunsch in ihrem Testament ihren Neffen. Sie gründeten 1990 die Charlotte Walner-von Deuten Stiftung. Der Zweck der Stiftung ist laut Satzung „die Pflege und Dokumentation der Werke Wandsbeker Maler, insbesondere solcher, die zu Lebzeiten nicht selbst dafür sorgen konnten, sowie der Werke von Felix Walner. Dabei werden Maßnahmen wie Information, Kommunikation, Austausch und Präsentation von Werken Wandsbeker Maler angestrebt". R.B.

Marta Damkowski (geb. Bröcker)

Politikerin, Widerstandskämpferin, Bürgerschaftsabgeordnete (SPD)

Grab Nr. Bn 73, 342 (Geschwister-Scholl-Stiftung)
geb. 16.3.1911 in Stade
gest. 11.8.1982 in Hamburg

Marta Damkoswki, die nach der Obersekundarreife eine kaufmännische und landwirtschaftliche Lehre mit dem Ziel einer LandwirtschaftlichenRechnungsführerin absolviert hatte, kam aus einer sozialdemokratischen Arbeiterfamilie: „Es war vor allem meine Mutter, bei der ich Verantwortlichkeit für andere Menschen gelernt habe. Menschenwürde, Meinungsfreiheit, Wahrhaftigkeit waren mir früh als Werte bewußt und unverzichtbar." [1] So begann dann auch Marta Damkowskis politische Laufbahn schon im Alter von zwölf Jahren. 1923 trat sie den Kinderfreunden bei, später wurde sie Mitglied der Sozialistischen Arbeiter Jugend (SAJ). Mit etwa 17 Jahren (1928) trat sie dort wieder aus, „weil ich mich an der Belegung der Kredite für den Panzerkreuzer Potemkin nicht beteiligen wollte". [1]

Bereits 1925 war sie, nach einer Begegnung mit dem sozialistischen Philosophen Leonhard Nelson, dem Internationalen Sozialistischen Kampfbund (ISK) beigetreten, der die Anpassungspolitik der SPD ablehnte und sich für ein gemeinsames Vorgehen von SPD und KPD gegen den wachsenden Rechtsradikalismus einsetzte. Von 1929 bis 1932 war Marta Damkowski Hörerin an der Philosophisch-Politischen Akademie des ISK in Melsungen.

Ab 1933 arbeitete Marta Damkowski in Deutschland für den ISK, der seine illegale Arbeit zunächst vom Ausland aus steuerte. Um in Deutschland die illegale Arbeit durchzuführen, wurden sogenannte Fünfergruppen gebildet. Dazu wurden Frauen und Männer angesprochen, die vor der Machtergreifung der NSDAP aktiv in Gewerkschaften, SPD und KPD gewesen waren.

Marta Damkowski mußte in diesen Jahren des illegalen Kampfes viel reisen und innerhalb Deutschlands oft umziehen – von einer illegalen Anlaufstelle zur nächsten. Damit ihre Arbeit nicht „aufflog", mußte sie jeden politischen Freund der Gestapo als ihren neuesten Liebhaber ausgeben. Deshalb galt sie bei der Gestapo als Hure und wurde später während ihrer Haftzeit oft unflätig beschimpft.

1937/38 initiierten die Nazis eine große Verhaftungswelle. Trotz einer verschlüsselten Warnung konnte Marta Damkowski, die sich damals in Bremen aufhielt, nicht mehr rechtzeitig fliehen. Sie, ihr Bruder und auch ihr späterer Mann, die beide der SAJ angehörten, wurden verhaftet. Der Volksgerichtshof verurteilte die 27jährige 1938 zu einer einjährigen Gefängnisstrafe wegen „Vorbereitung zum Hochverrat". Da Marta Damkowski keine Aussagen machte, wurde sie wochenlang in Dunkelhaft gehalten. Dazu äußerte sie sich in einem Interview: „Ich hätte wohl nicht überlebt, wenn nicht Gefängnisarzt und Aufsichtsbeamte die Zellentür manchmal heimlich offen gelassen und mich mit Milch und Frühstücksbroten gefüttert hätten."

1940, gleich nachdem Marta Damkowski und ihr Freund aus der Haft entlassen worden waren, heirateten sie. 1941 kam ihr Sohn zur Welt. Ihr Mann fiel 1944.

Nach Kriegsende trat Marta Damkowski der SPD bei. Von 1946 bis 1949 war sie Frauensekretärin in der Hamburger Landesorganisation der SPD. Später arbeitete sie als Verwaltungsangestellte der Gefängnisbehörde und leitete bis 1958 die Frauenstrafanstalt Hamburg.

Marta Damkowski war auch wesentlich am Aufbau des Referats Familienförderung in der Sozialbehörde und von pro familia beteiligt und arbeitete in der Arbeitsgemeinschaft Hamburger Frauenorganisationen. Von November 1946 bis Oktober 1953 gehörte sie der Hamburgischen Bürgerschaft an und setzte sich immer wieder für eine grundlegende Reform des Paragraphen 218 ein. Auch stritt sie im Nachkriegsparlament für eine bessere Nahrungszuteilung für Säuglinge.

Marta Damkowski setzte sich im Parlament massiv gegen die Passage des Beamtengesetzes zum „Doppelverdienertum" ein. Nach diesem Passus durfte eine verheiratete Beamtin nicht weiterbeschäftigt werden, wenn ihre wirtschaftliche Versorgung gesichert war. In Zeiten des Arbeitskräftemangels war dieser Passus nicht zum Tragen gekommen. Nach der Währungsreform, als der Run auf Arbeitsplätze begann, erinnerte man sich jedoch wieder an diesen Passus. In der Bürgerschaft stellte Marta Damkowski den Antrag, die betreffenden Passagen des Beamtengesetzes zu streichen: „Und, meine Herren, es ist auch noch niemand darauf gekommen, einen männlichen Beamten zu entlassen, wenn seine Frau eine gesicherte Position einnimmt." Zur Wiederherstellung der persönlichen Freiheit und Würde der Frau müßten die fraglichen Ausnahmebestimmungen entfallen. Auch Magda Langhans (KPD) setzte sich für die Streichung dieses Passus ein. Sie sah darin die Ehe als eine Versorgungsmaßnahme festgeschrieben – und eben dieses Versorgtsein verhindere die berufliche Karriere der Frauen.

Neben ihrer parlamentarischen Arbeit war Marta Damkowski in der Zeit von 1947 bis 1953 Mitglied im Bundesfrauenausschuß,

Mitglied des Parteirates der SPD und arbeitete mit am Godesberger Programm (Frau und Familie).

Noch im Alter war sie im AsF-Vorstand Altona, im Distriktsvorstand Sülldorf-Rissen und im Landesverband der Arbeiterwohlfahrt Hamburg tätig und wohnte zuletzt Achter de Höf 16 im Stadtteil Rissen.

Zu ihrem Tod schrieb Eva Rühmkorf in der „Hamburger Rundschau" vom 19.8.1982 einen Nachruf: „Die große alte Dame der Hamburger Sozialdemokraten ist tot. Marta Damkowski verkörperte den Widerstand der SPD-Frauen gegen die Nazis und kämpfte nach dem Krieg entschlossen für die Gleichstellung der Frau in unserer Gesellschaft."

Zu Lebzeiten wurde Marta Damkowski nicht öffentlich geehrt. Als dann in den 80er Jahren das Neubaugebiet Hamburg Allermöhe erbaut wurde, erhielt eine Sackgasse (!) ihren Namen: Marta-Damkowski-Kehre.

R.B.

Widerstandskämpferinnen –
Frauen im Kampf gegen das Naziregime

Viele politisch tätige Frauen schlossen sich während der Nazidiktatur Widerstandsgruppen ihrer Partei an oder waren an deren Gründung mitbeteiligt.

Neben den parteipolitisch ausgerichteten Widerstandsgruppen gab es Gruppierungen, die sich in erster Linie aus Menschen mit den unterschiedlichsten politischen Grundhaltungen zusammensetzten, deren gemeinsamer Nenner Toleranz und Humanität war. Solch ein Kreis war der nach dem Zweiten Weltkrieg als Hamburger Zweig der Widerstandsgruppe „Weiße Rose" benannte Zusammenschluß. Seine Mitglieder lasen und diskutierten die von den Nazis verbotene Literatur und verteilten auch Flugblätter der Münchner „Weißen Rose".

Daneben gab es auch Menschen, die weder in einer politischen Widerstandsorganisation waren, noch sich anderen oppositionellen Kreisen angeschlossen hatten, sondern einen isolierten, völlig individuellen Kampf gegen das Nazi-Regime fochten. Die meisten Widerstandskämpferinnen wurden von den Nazis inhaftiert. Sehr viele wurden in „Schutzhaft" genommen, was eine Haft ohne zeitliche Begrenzung bedeutete. Diese Möglichkeit der Inhaftierung hatte das NS-Regime durch die am 28.2.1933 erteilte Notverordnung des Reichspräsidenten, mit der diverse Verfassungsgarantien gegen Übergriffe des Staates aufgehoben wurden, um leichter gegen Andersdenkende vorgehen zu können. In Hamburg kamen ab Ende März 1933 politische Gefangene in ein leerstehendes Gebäude der Strafanstalt Hamburg-Fuhlsbüttel, welches der Gefängnisbehörde unterstand. Ab Herbst 1933 übernahm dort die SS die Führung. Dies war „die eigentliche Geburtsstunde des Konzentrationslagers Fuhlsbüttel, des Kolafu. ... Mit diesem Tag begann auch dort für die Häftlinge die Zeit der täglichen körperlichen und seelischen Mißhandlungen ... . Als sich in den folgenden Jahren die Verfolgung nicht mehr nur gegen politische Gegner richtete, sondern auch immer stärker die Angehörigen anderer Gruppen, wie Homosexuelle, Bibelforscher oder Land- und Stadtstreicher die Lager füllten, änderten sich auch die Lagerverhältnisse. Die SS, immer stärker an der Nutzung der Arbeitskraft ihrer Gefangenen interessiert, wollte Bewachung, Lagerbetrieb und Lagerverwaltung vereinheitlichen und in ihrer Hand vereinigen. An die Stelle zahlreicher kleiner Lager traten daher wenige große. Das bedeutete auch das Ende des Kolafu. Seit Mitte 1936 lautete die offizielle Bezeichnung Polizeigefängnis Fuhlsbüttel; diese Einrichtung bestand bis zum Ende des Dritten Reiches. Dort brachten Geheime Staatspolizei und Kriminalpolizei die Festgenommenen unter, bis entschieden war, ob sie der ordentlichen Gerichtsbarkeit übergeben oder in ein Konzentrationslager eingewiesen werden sollten. Für die Hamburger Festgenommenen bedeutete das letztere die Verbringung in das Lager Sachsenhausen oder in das Frauenlager Ravensbrück." [1]

Sehr viele der politischen Gefangenen wurden von den Nazis umgebracht – manche starben kurz nach der Befreiung an den Folgen der Haft.   R.B.

Anna Seegers (Helena Margaretha Seegers)

Niederländische Widerstandskämpferin

Grab Nr. BO 74: Niederländischer Friedhof.
Eine Anlage für die Opfer des NS-Regimes –
errichtet in den 50er Jahren.
geb. 28.12.1892
gest. 16.10.1940

Helena Margaretha Seegers, die in der Amsterdamer Kostverlarenkade 17 wohnte, und ihr Sohn Leen wurden wegen Zugehörigkeit zur niederländischen Widerstandsgruppe der Internationale der Seeleute und Hafenarbeiter (ISH) von der Gestapo verhaftet und in ein deutsches Konzentrationslager gebracht. Beide starben im KZ.   R.B.

Margarethe Hoefer

*Lehrerin an der Schule Schottmüllerstraße.
Mitglied der Bästlein-Jacob-Abshagen-
Widerstandsgruppe*

Grab Nr. Bo 73, 8 (Geschwister-Scholl-Stiftung)
geb. 17.4.1896 in Hamburg
gest. 28.2.1983 in Hamburg

Gretel – wie sie genannt wurde – lebte mit ihren Eltern und ihren vier Geschwistern im 4. Stock der Eppendorfer Landstraße 74.

Ihr Vater Hermann Hoefer (geb. 1868), ein Volksschullehrer, war 1892 vom Hamburger Senat für seine Verdienste im Kampf gegen die Choleraepidemie geehrt worden. Von 1928 bis 1931 war er Mitglied (KPD) der Hamburgischen Bürgerschaft gewesen und vertrat dort in der Schulpolitik die Ideen der pädagogischen Reformbewegung.

Kurz nachdem die Nazis die Macht ergriffen hatten, wurde Hermann Hoefer ohne Pension entlassen. Seine Frau Nina schrieb daraufhin in einem Brief an die Landesunterrichtsbehörde: „Ich habe wirklich geglaubt, als mein Mann vor ungefähr 2 Jahren ein Dokument vom Hamburger Staat erhielt, eine Anerkennung für 41jährige treue Pflichterfüllung, daß wir jetzt ganz geborgen seien. Die Entziehung des Ruhegehalts bedeutet für uns beiden Alten eine Zeit der Not und des Elends." [1]

Die Tochter, Margarethe Hoefer, konnte ihre Eltern finanziell nicht unterstützen. Sie, deren Vorbild stets der Vater gewesen und die deshalb Lehrerin und Mitglied der KPD geworden war, erlitt ein ähnliches Schicksal wie ihr Vater. Sie wurde am 19.4.1933 von den Nazis ohne Pensionsansprüche aus dem Schuldienst entlassen. Bis dahin hatte sie zwölf Jahre als Lehrerin an der Schule Schottmüllerstraße gearbeitet.

Der ebenfalls seines Amtes enthobene Direktor der Volkshochschule, Dr. Kurt Adam, bot Margarethe Hoefer eine Tätigkeit in seinem Kaffeehandel an. Nun vertrieb Margarethe Hoefer Kaffee und nutzte diese Arbeit, um Flugblätter und anderes illegales politisches Material an Freunde weiterzuleiten.

Im Dezember 1933 wurde Margarethe Hoefer wegen Hochverrats verhaftet und in „Schutzhaft" genommen, aus der sie erst im Februar 1934 wieder entlassen wurde. Margarethe Hoefer leistete trotz alledem weiterhin illegale politische Arbeit, traf sich z.B. 1934 mit der englischen Lehrerin Eleonore Midgley, die sie 1931 in Berlin während eines Kongresses der IOL, einer Interessensgruppe oppositioneller Lehrerinnen und Lehrer, kennengelernt hatte. Am 21.9.1935 wurde Margarethe Hoefer zum zweitenmal in „Schutzhaft" genommen und kam, nachdem sie einen Monat im KZ Fuhlsbüttel gesessen hatte, ins Zuchthaus Lübeck-Lauerhof. Auch ihr Bruder Hermann, ein Jugendfürsorger, war in der Zwischenzeit aus politischen Gründen verhaftet worden.

In einem Brief vom 30.12.1935 aus dem Zuchthaus schrieb sie über ihr politisches Handeln: „Wenn ich in diesen Monaten nachdachte über mich und mein Leben, so habe ich nichts getan, als mich eingesetzt für Menschen, die arm sind, die es nötig hatten, daß ihnen jemand half, das sollte heute bestraft werden? Nein, das ist unmöglich, darum hab ich ein ganz ruhiges Gewissen und dann geht es mir gut." [1] Am 27.9.1937 wurde sie aus dem Zuchthaus entlassen – und ihr illegaler Kampf ging weiter.

Nach dem Ausbruch des Krieges schloß sie sich mit ihrem Vater der Widerstandsgruppe Bästlein-Jacob-Abshagen an, der größten und wichtigsten kommunistischen Widerstandsvereinigung. Bernhard Bästlein und Franz Jacob waren ehemalige Bürgerschaftsabgeordnete, zu ihnen kam noch Robert Abshagen. Die Organisation, die aus kleineren Zusammenschlüssen von Kommunistinnen und Kommunisten (75% der Mitglieder) und Nazigegnerinnen und -gegnern bestand, umfaßte ca. 300 Personen, die vor 1933 fast alle gewerkschaftlich organisiert gewesen waren und hauptsächlich aus der Arbeiterschicht kamen. Die Mitglieder der Bästlein-Jacob-Abshagen-Gruppe verteilten unter ihren Arbeitskollegen und -kolleginnen Flugblätter, in denen über die wahren Kriegsereignisse aufklärt wurde. Auch versuchten die Widerständler durch Sabotageaktionen, die Rüstungsindustrie zu schwächen und nahmen Kontakt zu ausländischen Zwangsarbeiterinnen und -arbeitern und Kriegsgefangenen auf, um ihnen ihre Solidarität zu bekunden und eine Verbesserung ihrer Lebens- und Arbeitssituation zu erreichen, aber auch um mit ihnen gemeinsame Sabotageaktionen in Rüstungs- und Großbetrieben durchzuführen. 1942 wurden 110 Mitglieder der damals ca. 210 Personen umfassenden Widerstandsgruppe von der Gestapo festgenommen. Die Widerstandsgruppe arbeitete dennoch weiter. Zwischen 1943 und 1945 stießen weitere Gegner und Gegnerinnen des Nazi-Regimes zu der Gruppe, so daß sich ca. 300 Menschen in dieser Widerstandsgruppe zusammengeschlossen hatten.

1943 versteckte die Familie Hoefer zwei NS-Verfolgte in ihrem Holzhäuschen am Rande des Sachsenwaldes in Dassendorf. Am 7.6.1944 wurden Vater und Tochter Hoefer durch einen V-Mann verraten und verhaftet, die versteckgehaltenen Personen wurden jedoch nicht entdeckt. Margarethe Hoefer kam nach Cottbus und dann zur Verhandlung vor den Volksgerichtshof nach Potsdam. Sie wurde gefoltert, um den Aufenthaltsort der von ihr Versteckten preiszugeben. Margarethe Hoefer hielt durch. Welche seelischen Qualen, neben den physischen sie ertragen mußte, machen die Zeilen vom 11.1.1945 an ihren Bruder Hermann deutlich: „ ... nach allem, was man hier hört, besteht die Möglichkeit, daß gegen mich die höchste Strafe beantragt wird. Furchtbar und unausdenkbar". [1] Margarethe Hoefer wurde zu sieben Jahren, ihr Vater zu einem Jahr Zuchthaus verurteilt. Beide kamen in verschiedene Lager. Am 23.4.1945 wurden sie befreit. Margarethe Hoefer machte sich sofort auf die Suche nach ihrem Vater – und fand ihn todkrank. Unter mühseligen Bedingungen transportierte sie ihn nach Hamburg. Margarethe Hoefer Vaters starb wenige Monate später, am 13.12.1945.

Am 30.4.1949 wurde Margarethe Hoefer vom Hamburger Senat erneut verbeamtet und kehrte als Haushaltslehrerin an die Schule Schottmüllerstraße zurück. Politisch engagierte sie sich gegen die Wiederaufrüstung und beteiligte sich an den Ostermärschen. Sie wohnte zuletzt an der Borsteler Chaussee 301 im Stadtteil Groß Borstel.

R.B.

Gertrud Meyer

Stadtverordnete, Mitglied der Bästlein-Jacob-Abshagen-Widerstandsgruppe, Gründerin eines Archivs für antifaschistischen Widerstand, Mitbegründerin des Komitees ehemaliger politischer Gefangener

Grab Nr. Bn 73, 225 (Geschwister-Scholl-Stiftung)
geb. 21.1.1898 in Köln
gest. 21.12.1975 in Hamburg

Gertrud Meyer, die den größten Teil ihres Lebens in Hamburg verbrachte, war eine überzeugte Kommunistin und wurde von den Nationalsozialisten verfolgt und inhaftiert – doch trotz oder gerade wegen der erlittenen Qualen gründete sie gleich nach Kriegsende ein Archiv für antifaschistischen Widerstand.

Am 21. Januar 1898 wurde Gertrud Meyer in Köln als Tochter eines engagierten sozialdemokratischen Handwerkerehepaares geboren. Als Gertrud Meyer zwölf Jahre alt war, starb ihr Vater an Schwindsucht. Die Familie zog nach Hamburg. „Schon dieser erste Schicksalsschlag (der Tod des Vaters und die daraus resultierende Verarmung der Familie) hatte sie tief verwundet, zugleich aber ihr Bedürfnis nach Selbstbehauptung, ihren Widerstand und ihre Energie ungemein gesteigert. So fand sie den Weg zur aktiven Teilnahme an der sozialistischen Jugendbewegung", [1] schreibt die Biografin von Gertrud Meyer.

Gertrud Meyer war begabt, sie besuchte die Selecta, was nur den besten Schülerinnen aus den letzten Volksschulklassen Hamburgs erlaubt wurde. Ihr Wunsch, Lehrerin zu werden, wurde jedoch von der Gemeinde mit einer unglaublichen Begründung abgelehnt: „Ich war damals vierzehn Jahre alt ... . Aus der Selekta konnten zu jener Zeit Volksschülerinnen ein Stipendium bekommen und konnten eine höhere Lehranstalt besuchen, entweder ein Lehrerseminar oder ein Lyzeum und hatten damit die Möglichkeit eines qualifizierten Berufes. Bei mir gab es zwei Möglichkeiten. Ich zeichnete sehr gut, meine Zeichnungen wurden ausgestellt in der Kunstgewerbeschule am Lerchenfeld ... . Ich konnte Zeichenlehrerin oder Lehrerin werden. Auf alle Fälle mußte ich dazu das Lehrerseminar besuchen und nebenbei die Kunstgewerbeschule im Lerchenfeld. ... Nun ging die Verhandlung, ob ich aufs Lehrerseminar soll. Da schaltete sich die Armenverwaltung bzw. die Gemeinde ein und bestimmte: wenn die Gertrud nicht Dienstmädchen wird, wörtlich: ‚Dann ziehen wir die milde Hand zurück und Frau Meyer bekommt ihre fünf Mark nicht mehr.' So mußte ich Dienstmädchen werden und mich auch konfirmieren lassen." [1]

Nach einiger Zeit kündigte Gertrud Meyer ihre Dienstmädchenstelle und begann eine Tätigkeit in einer Schraubenfabrik im Hamburger Stadtteil Hammerbrook, wo sie sehr anstrengende Arbeiten verrichten mußte. Sie berichtet darüber: „Im September 1914, nach Kriegsbeginn, fiel mit Hilfe der Gewerkschaften das Frauen- und Jugendschutzgesetz, und wir hatten eine zehnstündige Arbeitszeit ... . Nachher wurde der Arbeitstag weiter verlängert, von morgens um sechs bis abends um acht Uhr, das heißt, wir waren vierzehn Stunden im Betrieb mit einer Stunde Mittagspause, einer Viertelstunde Frühstückszeit und einer Viertelstunde Nachmittagsruhe. Das war wahnsinnig anstrengend, und da habe ich den ersten gesundheitlichen Zusammenbruch erlebt." [1]

Gertrud Meyer kündigte und arbeitete eine Zeitlang auf dem Gut des Barons von Olendorf. Nachdem sie auch diese Stellung verlassen hatte, versuchte sie eine neue Anstellung zu finden und sprach deshalb in Hamburg beim Vaterländischen Frauenverein vor, der als Arbeitsvermittlungsstelle fungierte. Diesem Verein „gehörten u.a. die Damen Sieveking, Heydorn und Mönckeberg, also die Hautevolée von Hamburg [an]. Die machten auf diese Weise Vaterlandsverteidigung, indem sie uns Mädchen vershanghaiten. Ich wurde von ihnen nach Quickborn in Holstein, fünfzig Kilometer von Hamburg entfernt, vermittelt. Da war ein Komplex von Munitionsfabriken, der der Dynamit-Nobel-AG und der Norddeutschen Sprengstoff-AG gehörte. Dort habe ich an der Presse gearbeitet – Schwarzpulver –, wir haben Leuchtkörper hergestellt. Es gab keine Verbindung mit den Jugendorganisationen. In Quickborn, wo ich arbeitete war nicht eine Stelle, war kein Gewerkschafter, der sich darum kümmerte, daß wir Milch haben mußten, da wir doch dieses Gift schlucken mußten." [1]

Die Arbeit in der Munitionsfabrik machte Gertrud Meyer krank. Sie brach zusammen. Daraufhin kehrte sie nach Hamburg zurück und mußte sich einige Zeit auskurieren und: „nachher wiederum zum ‚Vaterländischen Frauenverein'. Die feinen Damen mit den reingewaschenen Hälsen haben uns dann im Mai 1917 nach Leverkusen geschickt. In Leverkusen habe ich in einem Geschoßfüllwerk gearbeitet." [1] Dort lernte sie Mitglieder der sozialdemokratischen Arbeiterbewegung kennen. 1917 trat sie der USPD bei, ab 1920 dann der KPD.

In der Munitionsfabrik in Leverkusen erkrankte sie durch ihre Arbeit mit Pikrinsäure, die Gertrud Meyers Haare grün und ihre Haut gelb werden ließ. „Es kam die Revolution vom November 1918 – die Munitionsarbeit war vorbei, und allmählich verschwand nicht nur Gertruds widerliche Färbung, sondern auch der damit verbundene Minderwertigkeitskomplex. Gertrud spielte eine wesentliche Rolle im Arbeiter- und Soldatenrat und später auch in der Kommunistischen Partei in Köln", [1] so Gertrud Meyers Biographin Mathijs C. Wiessing.

Nachdem Gertrud Meyer die Munitionsfabrik in Leverkusen verlassen hatte, zog sie zu Verwandten nach Köln. Dort lernte sie in ihrem politischen Umfeld Kurt Meyer kennen, einen Mann aus bürgerlichen Kreisen, Architekt von Beruf und Mitbegründer der Zeitung „Sozialistische Republik". Am 14. April 1920 heirateten die beiden. Zusammen mit ihrem Mann setzte Gertrud Meyer ihre politische Arbeit fort, so als Angestellte in der Expedition der „Sozialistischen Republik". Mit dieser Arbeit verdiente sie ihr Geld, nebenher war sie als Referentin der USPD, ab 1920 dann der KPD tätig. Außerdem wurde Gertrud Meyer in Köln Stadtverordnete, arbeitete in verschiedenen Ausschüssen, auch in der Bezirksleitung der KPD für die Frauenarbeit. Gleichzeitig hatte

sie noch ihren kleinen Sohn zu versorgen. Da Gertrud Meyers Gesundheit bereits sehr angeschlagen war, stand sie diese Tätigkeiten nicht durch – neue Erkrankungen stellten sich ein: „Ich hatte eine ganze Zeit das Stadtverordnetenmandat, aber dann wurde meine Stirnhöhlenentzündung immer schlimmer. Das wurde dann so furchtbar, daß es passierte, daß ich während der Stadtverordnetenversammlung einfach zusammenbrach und diese entsetzlichen Kopfschmerzen hatte, an denen ich tagelang litt und mich wie ein totgeschlagener Hund fühlte. Es wurde so schlimm, daß ich gar keine Funktion mehr richtig ausüben konnte, weil ich einfach keine Termine einhalten konnte, so daß ich damals dann alle Funktionen niederlegen mußte, mit Ausnahme der Stadtteilleitung." [1] Ihr Mann war in dieser Zeit Stadtarchitekt. 1929 zogen sie von Deutz nach Köln. Nachdem es Gertrud Meyer gesundheitlich wieder ein wenig besser ging, übernahm sie die „Rote Hilfe" und die Frauenarbeit der KPD. Als ihr Mann 1930 zum Städtebaudirektor befördert werden sollte, ließ Adenauer ihn zu sich kommen und forderte ihn und seine Frau auf, aus der KPD auszutreten – ansonsten könne er die Beförderung nicht unterschreiben. Kurt Meyer bat um Bedenkzeit, um sich mit seinen Genossen zu beraten. Bei diesen handelte es sich um Vertreter von der Sowjetischen Handelsgesellschaft und um Vertreter vom Obersten Volkswirtschaftsrat. Sie rieten ihm, sich für mindestens zwei Jahre beurlauben zu lassen und nach Moskau zu gehen – um sich somit Adenauers Forderung elegant zu entziehen.

1930 ging das Ehepaar mit seinem neunjährigen Sohn nach Moskau. Dort arbeitete Gertrud Meyer in einem Dynamowerk, wollte aber eigentlich Biologie studieren. Man schlug ihr jedoch vor, ein Politikstudium aufzunehmen, und zwar an der Westuniversität, einer Hochschule für ausländische Studentinnen und Studenten, die auch einen deutschen Sektor unterhielt. Kurt Meyer wurde zum Leiter eines der Moskauer Bezirksämter ernannt und erhielt die Einbürgerung.

Doch auch in der Sowjetunion waren der Familie nur knapp neun Jahre gegönnt, denn in die politischen Auseinandersetzungen innerhalb der KPDSU, die sich ab 1934 zuspitzten, wurden auch die Emigranten einbezogen. Gertrud Meyers Biographin schreibt zu den politischen Ereignissen: „Kirow, Parteisekretär von Leningrad, seit dem XI. Parteitag 1922 Kandidat des ZK der KPdSU, seit 1927 Miglied des Politbüros, wird am 1. Dezember 1934 ermordet. Noch am Abend des Mordtages gibt Stalin, ohne Konsultation des Politbüros, eine Verordnung zur beschleunigten Aburteilung sogenannter Terroristen und zur unverzüglichen Hinrichtung aller bislang zum Tode verurteilter Oppositioneller heraus. Die Ermordung Kirows wird so zum Auftakt einer immensen Repressionswelle, in deren Verlauf tausende Kommunisten verhaftet und verschleppt werden." [1] Von diesen politischen Spannungen war auch das Ehepaar Meyer betroffen. Gertrud und Kurt Meyer wurden 1936 aus der Partei ausgeschlossen, Kurt Meyer am 26.11.1936 verhaftet. Er starb 1942 und wurde später posthum in der Sowjetunion rehabilitiert. Weil Gertrud Meyer deutsche Staatsbürgerin war und zu den Kadern der Komintern gehörte, erfolgte 1938 ihre Ausweisung aus der SU. Ihr Sohn blieb zurück und wuchs in einem Kinderheim auf. Die beiden sollten sich erst nach dem Krieg wiedersehen.

So kehrte Gertrud Meyer 1938 in ein Deutschland zurück, in dem die Nazis regierten. Als sie über Polen kommend Berlin erreichte, wurde sie in Gestapo-Haft genommen und mehrere Tage verhört. Im Oktober 1938 kam sie ins Gefängnis Moabit in „Schutzhaft". Im März 1939 wurde sie zu zwei Jahren Zuchthaus wegen „Vorbereitung zum Hochverrat" verurteilt. Die Strafe saß sie in Cottbus ab und kam, da die Untersuchungshaft angerechnet worden war, endlich Ende September 1940 nach Hamburg zu ihrer Mutter und Schwester.

Kurz nach ihrer Ankunft in Hamburg nahm Gertrud Meyer Kontakt zur illegalen Organisation der KPD auf, deren Angehöri-

ge sie zum Teil von früher kannte. Sie wurde Mitglied der Bästlein-Jacob-Abshagen-Gruppe (siehe Portrait Margaretha Hoefer) der illegalen Bezirksleitung der KPD Hamburg und begann als Laborantin in der Rüstungsfabrik des Valvo-Werkes in Hamburg-Lokstedt tätig zu werden. Hier arbeiteten auch viele „Ost"-Arbeiterinnen aus besetzten Gebieten. Sie waren unterernährt, unter primitivsten Umständen untergebracht, und ihr Lohn war meist geringer als ein Taschengeld. Da sich Gertrud Meyer wegen ihrer Labortätigkeit relativ frei in den Valvo-Werken bewegen konnte, wurde sie von ihrer Partei zur Kontaktperson für die Zwangsarbeiterinnen und –arbeiter gewählt. Gertrud Meyer setzte sich für diese ein und überzeugte die restliche Belegschaft der Valvo-Werke, sich solidarisch mit den „Ost"-Arbeitern und -Arbeiterinnen zu zeigen. So wurde ihnen mehr oder weniger offen geholfen. Gleichzeitig versuchte Gertrud Meyer ihre Kolleginnen und Kollegen zum Widerstand gegen das Nazi-Regime aufzurufen.

Als Hamburg im Sommer schwer bombardiert wurde, entwarf Gertrud Meyer ein Flugblatt, das in den Betrieben Hamburgs verteilt werden sollte. Es lautete:

„An die Bevölkerung der Stadt Hamburg!
Das vierte Kriegsjahr nimmt seinen Lauf.
Es begann mit der Niederlage von Stalingrad.
Mehr als hunderttausend deutsche Männer
und Söhne mußten dort elend für eine
verlorene Sache zugrunde gehen.
Unaufhaltsam folgen die Rückschläge
an allen Fronten.
Jeder kann jetzt erkennen:
Dieser Krieg ist nicht mehr zu gewinnen!
Verbreitet die Wahrheit über diesen Krieg!
Arbeitet langsamer! Macht keine Überstunden!
Blockiert die Lieferungstermine!
Alles, was Ihr tut, um den Krieg zu beenden,
dient der Rettung der Heimat und unzähliger
     Menschenleben!"

Für die Verteilung des Flugblattes blieb jedoch keine Zeit mehr. Die Gestapo war der Widerstandsgruppe auf den Fersen. Im Jahre 1944 begannen die Verhaftungswellen. Gertrud Meyer wurde am 25. Februar 1944 in ihrem Betrieb verhaftet, nachdem sie noch einige Freunde hatte warnen können. Weil sie keine Freunde und Genossen verriet, wurde sie gefoltert. Ihr Prozeß sollte im März 1945 vor dem Volksgerichtshof stattfinden. Da sich ihr Prozeß jedoch immer wieder durch Bombenangriffe und andere Umstände, z.B. durch den Tod des Vorsitzenden des Volksgerichtshofes, verzögerte, wurde Gertrud Meyer der Prozeß nicht mehr gemacht. Am 1. Mai 1945 wurde Hamburg den Engländern übergeben, Gertrud Meyer aber erst am 26. Mai aus dem Gefängnis entlassen.

Trotz dieser schweren Erlebnisse baute Gertrud Meyer gleich einen Monat nach ihrer Entlassung aus der Haft zusammen mit anderen früheren Widerstandskämpferinnen und -kämpfern das Komitee ehemaliger politischer Gefangener auf, das der britischen Militärregierung bei der Entnazifizierung half. Außerdem hatte das Komitee die Aufgaben, sich um ehemals Verfolgte und ihre Familienangehörigen zu kümmern, bei der Arbeitssuche zu helfen, Trümmeraufräumarbeiten zu organisieren und andere soziale Hilfe zu leisten. Außerdem sammelte Gertrud Meyer Berichte und Dokumente über die Verfolgung in der Nazizeit und war maßgeblich an den Kriegsverbrecherprozessen in Hamburg beteiligt.

In der Zeit des Kalten Krieges wurde das Komitee verboten. Aber nicht nur das war ein harter Schlag für Gertrud Meyer. Ihr und ihrem neuen Lebensgefährten, dem österreichischen Sozialdemokraten und ersten Sekretär des Komitees, Hans Schwarz, wurde von den eigenen Genossen vorgeworfen, daß sie mit den Engländern, den ehemaligen Verbündeten, die nun zu Feinden geworden waren, zusammengearbeitet hatten. Gertrud Meyer wurde aus der KPD ausgeschlossen. Kurze Zeit später wurde die KPD verboten und Gertrud Meyer vom ZK der nun illegalen KPD wieder aufgenommen. Sie organisierte nun die Parteiarbeit in der Illegalität, erstellte ein neues Archiv des Widerstandes und half beim Aufbau des KZ Neuengamme als Gedenkstätte. Außerdem schrieb sie mehrere Bücher über die NS-Zeit, z.B. „Nacht über Hamburg", „Frauen gegen Hitler" und „Streiflichter aus dem Hamburger Widerstand".

Gesundheitlich war Gertrud Meyer sehr angeschlagen. Als Folge der erlittenen Qualen unter der Folter und während der Haft bekam sie ein schweres Herzleiden. Gertrud Meyer starb am 21. Dezember 1975 in ihrer Hamburger Wohnung in der Maria-Louisen Straße 65 im Stadtteil Winterhude.

Anja Bögner

Magda Thürey (geb. Bär)

Lehrerin, Politikerin (KPD), Mitglied der Bästlein-Jacob-Abshagen-Widerstandsgruppe

Grab Nr. Bn 73, 93 (Geschwister-Scholl- Stiftung)
geb. 4.3.1899 in Hamburg
gest. 17.7.1945 in Hamburg

Magda Thürey verbrachte ihre Kindheit zusammen mit ihrem Bruder Curt (geb. 1901) im Hamburger Stadtteil Harvestehude und ging auf das Emilie-Wüstenfeld-Lyzeum. Die Mutter kam aus einer Großkaufmannsfamilie, der Vater, aus einer Arbeiterfamilie stammend, arbeitete als Kapitän und verstarb kurz vor Ausbruch des Ersten Weltkrieges.

Von 1914 bis 1919 besuchte Magda Thürey das Lehrerseminar Hohe Weide im Stadtteil Eimsbüttel. Sie war auch künstlerisch interessiert und schloß sich in der Studienzeit bohemeartigen Kreisen junger Menschen mit kommunistischen Ideen an. Außerdem arbeitete sie in der Wandervogelbewegung und der Freideutschen Jugend mit. Anfang der 20er Jahre trat Magda Thürey in die KPD ein und war kurz vor 1933 zeitweilig für ihre Partei in der Hamburgischen Bürgerschaft als Spezialistin für Schulfragen tätig.

In den Jahren 1919 bis 1933 unterrichtete sie Volksschulklassen an den Schulen Lutterothstraße Nr. 80 und Methfesselstraße Nr. 28 (ab 1930) im Arbeiterstadtteil Eimsbüttel. Sie nahm ihre Arbeit sehr ernst, orientierte sich an den Erziehungsidealen Pestalozzis und kümmerte sich gerade um die ärmsten Kinder. Außerdem trat sie der Gesellschaft der Freunde des vaterländischen Schul- und Erziehungswesens bei, aus der später die Gewerkschaft Erziehung und Wissenschaft (GEW) hervorging.

1933 wurde sie von den Nazis sofort ohne jeglichen finanziellen Ausgleich aus dem Schuldienst entlassen. Als Begründung diente den Machthabern das Gesetz zur Wiederherstellung des Berufsbeamtentums", dessen Paragraph 2 eine Mitgliedschaft in der KPD verbot.

Magda Bär heiratete ihren langjährigen Freund Paul Thürey, der zu dieser Zeit bereits arbeitslos war, so daß die Eheleute nun, um sich eine Existenz aufzubauen, von ihren Ersparnissen ein Seifengeschäft in der Osterstraße im Stadtteil Eimsbüttel kauften, welches sie später in die Eimsbüttler Emilienstraße Nr. 30 verlegten.

1939 fand Paul Thürey Arbeit in den Conz-Elektromotoren-Werken, einem Rüstungsbetrieb. Magda führte den Laden allein weiter.

Der Seifenladen war von vornherein nicht nur als Erwerbsquelle gedacht gewesen, sondern diente gleichzeitig als Treffpunkt für die illegale KPD. Nach dem Beginn des Zweiten Weltkrieges fungierte der Laden insbesondere als wichtige Verbindungsstelle für die kommunistische Bästlein-Jacob-Abshagen Widerstandsgruppe (siehe Portrait Margaretha Hoefer) – in Seifenkartons wurden Flugblätter und illegale Druckschriften versteckt; es fanden Treffs statt, Informationen wurden ausgetauscht und neue Aktionen geplant.

1942 nahm die Hamburger Gestapo Paul Thürey fest. 1944 wurde er bei den Hamburger Kommunistenprozessen zum Tode verurteilt und am 26. Juni 1944, im Alter von 41 Jahren, im Hamburger Untersuchungsgefängnis enthauptet. Die 44jährige Magda Thürey war von der Gestapo am 30.10.1943 in „Schutzhaft" genommen und ins Gefängnis Fuhlsbüttel gebracht, der Seifenladen von der Gestapo zu einer Falle umfunktioniert worden, so daß es zu weiteren Verhaftungen kommunistischer Widerstandskämpfer und -kämpferinnen kam.

Durch die Haftbedingungen verschlechterte sich Magda Thüreys Gesundheitszustand rapide – sie litt seit ihrem 31sten Lebensjahr an multipler Sklerose. Aber erst als sie fast völlig bewegungslos war, wurde sie 1944 in das Krankenhaus Langenhorn auf die Station für Nervenkranke verlegt. Auch dort erhielt sie nicht die notwendige medizinische Versorgung. Magda Thüreys Bruder, ein Lehrer, der ebenfalls 1933 durch die Nazis aus dem Schuldienst entlassen worden war, konnte sie erst 1945 nach der Kapitulation Nazideutschlands aus der Gefangenschaft nach Hause holen.

Am 17. Juli 1945 starb Magda im Alter von 46 Jahren an den Folgen der Gestapo-Haft. Ihr Begräbnis wurde die erste und einzige große Einheitskundgebung der linken Arbeiterparteien in Hamburg. Über ihrem Grab reichten sich die Vertreter von SPD (Karl Meitmann) und KPD (Fiete Dettmann) symbolisch die Hände und versprachen „den Bruderkampf niemals wieder aufleben zu lassen". Ingo Böhle

Yvonne Mewes

Lehrerin, leistete individuellen Widerstand

Grab Nr. BP 73-74/BO 74: Gräber der Opfer
von Krieg und Gewaltherrschaft
geb. 22.2.1900 in Karlsruhe
gest. 6.1.1945 im Frauenkonzentrationslager
Ravensbrück

Yvonne Mewes kam 1920 als 20jährige mit
ihren Eltern (Zahnarztfamilie) nach Hamburg, studierte hier Germanistik, Romanistik
und Anglistik und wurde 1927, im Alter von
27 Jahren, Studienassessorin an der damals
noch privaten evangelischen Heilwigschule
an der Isestraße. 1938 wurde sie auf eigenen
Wunsch in den öffentlichen Schuldienst
übernommen und wechselte an die Schule
Curschmannstraße. Hier erlebte sie die
Zwänge des NS-Schulalltags.

Yvonne Mewes war nie der NSDAP beigetreten: „Solch eine Weigerung war eine Möglichkeit, die jedem Lehrer im Dritten Reich
normalerweise offenstand. Aber anders als
die meisten ihrer Kollegen, war sie bereit,
die zu erwartenden bekannten Folgen zu tragen, den Preis zu zahlen: Verzicht auf Verbe-
amtung und Beförderung, eventuelle Verset-
zung in eine unbeliebte Gegend. Oberschul-
rat Behne jedenfalls lehnte es ab, die wider-
spenstige Lehrerin zur Studienrätin zu er-
nennen", [1] schreibt Gerhard Hoch in seinem
Aufsatz über Yvonne Mewes.

1942 kam die nun 42jährige der Aufforderung von seiten der Schulbehörde, in der
Kinderlandverschickung als Lehrerin zu arbeiten, nicht nach. Sie befürchtete, daß die
Kinder dort durch die NSDAP und die Hit-
lerjugend stark beeinflußt würden und sie als
Lehrerin über ihre Unterrichtsgestaltung
nicht frei entscheiden könnte. Daraufhin
folgten mehrere Versetzungen, so an die
Schule Caspar-Voght-Straße und Rückkehr
an die Heilwigschule. 1943 wurde Yvonne
Mewes ausgebombt, zog deshalb zu ihrer
Schwester nach Passau und unterrichtete
dort. Die Hamburger Schulbehörde forderte
sie mehrere Male vergeblich auf, zurückzu-
kommen. Als sie schließlich doch nach Ham-

burg zurückkehrte, kam sie an die Walddör-
fer-Oberschule für Mädchen, wurde wenig
später aber wieder an die Heilwigschule zurückversetzt. Einer erneuten Aufforderung
1943 zum Einsatz in der Kinderlandverschik-
kung folgte sie.

Seit sie in Passau gewesen war, hatte sie
vergeblich um ihre Entlassung aus dem
Schuldienst gebeten. Am 15.7.1944 reichte
sie schließlich die Kündigung ein. Die Kündigung wurde mit der Begründung des Leh-
rerbedarfs abgewiesen. Gleichzeitig wandte
sich die Schulbehörde an den Reichsstatthalter Karl Kaufmann mit der Bitte, ein Exem-
pel zu statuieren – da es sich hier um eine Art
von Arbeitsverweigerung handele. Eine Kündigung war keine strafbare Handlung, um
aber Yvonne Mewes trotzdem bestrafen zu
können, dachte sich die Schulbehörde einen
teuflischen Plan aus: Yvonne Mewes sollte
der Parteikreisleitung zur Fliegerschadens-
beseitigung zugewiesen werden – in der
Hoffnung, sie würde die Arbeit verweigern
und deshalb gerichtlich belangt werden können. Yvonne Mewes tappte nicht in die ihr
gestellte Falle – sie nahm den Dienst in der
Flickstube der NS-Frauenschaft an. Daraufhin übergab die Schulbehörde den Fall Mewes der Gestapo. Dabei stützte sie sich aus-

drücklich auf eine Beurteilung durch Dr. Hans Lüthje, den Schulleiter von Yvonne Mewes. Er hatte sie 1943 in einem Brief an die Schulbehörde folgendermaßen charakterisiert: „Ein bis zum Fanatismus wahrheitsliebender Mensch, der keine Bindung anerkennt und anerkennen will, sich rücksichtslos gegen alles stemmt, was nach Zwang aussieht, sich nach allen Kräften gegen die notwendigen Anforderungen der Gemeinschaft sträubt. Sie ist alles in allem der Prototyp eines Individualisten, in ihre Ideen verrannt, schwer, wenn überhaupt, belehrbar und anderen Gedanken kaum zugänglich." [1]

Die Gestapo brachte Yvonne Mewes in die Gestapo-Haftanstalt Fuhlsbüttel. Dort war sie starken Schikanen ausgesetzt. Längere Zeit mußte sie in Dunkelhaft sitzen, bekam keine Nahrung.

Weder die Haftrichter noch die Staatsanwaltschaft stellten jedoch ein strafbares Verhalten fest. Die Schulbehörde gab sich damit aber nicht zufrieden. Sie bestand auf eine strenge Verwarnung und Belehrung. Wenn dies nicht geschähe, müsse Yvonne Mewes in den Händen der Gestapo bleiben. Als die verantwortlichen Beamten der Schulbehörde endlich Skrupel bekamen, war es schon zu spät. Die Gestapo brachte Yvonne Mewes einen Tag vor Weihnachten 1944 ins KZ-Ravensbrück. Dort starb sie am 6.1.1945 an Hungertyphus.

„Am 7.8.1950 wurde vor dem Hamburger Schwurgericht gegen den 50jährigen Professor Dr. Ernst Schrewe von der Hamburger Schulverwaltung und den 40jährigen Landgerichtsdirektor Hasso von Wedel ein Prozeß wegen Denunziation Hamburger Lehrer eröffnet. Sie waren u.a. beschuldigt worden, die Studienassessorin Yvonne Mewes und den Gewerbeoberlehrer Gustav Holler der Gestapo denunziert zu haben. Karl Kaufmann, früherer Reichsstatthalter der NSDAP von Hamburg, trat als Entlastungszeuge für die Angeklagten auf. Wie sich ergab, war Kaufmann es, welcher im März 1945 die Anweisung gegeben hatte, alle Disziplinarakten der Hamburger Landesunterrichtsbehörde zu vernichten. Infolge der fehlenden Beweis-

unterlagen konnten die Angeklagten das Gericht überzeugen, die Tote habe sich ‚nicht aus politischer Überzeugung, sondern aus Trotz‘ aufgelehnt – Grund für den Freispruch der Angeklagten, welcher nach längerem Prozeß am 29.8.1950 erfolgte." [2]

R.B.

Irene Wosikowski

Organisationsleiterin des Kommunistischen Jugendverbandes Deutschlands, leistete in der Emigration illegale Widerstandsarbeit

Grab Nr. L5, 256-310 (Ehrenhain der Widerstandskämpfer)
geb. 3.2.1910 in Hamburg
hingerichtet: 27.10.1944 in Berlin-Plötzensee

Irene, die Tochter von Alice Wosikowski (siehe Portrait), war politisch durch ihre Eltern geprägt. Im Alter von 14 Jahren wurde sie Mitglied des Kommunistischen Jugendverbandes Deutschland (KJVD) und war zwischen 1926 und 1930 politische Leiterin in der KJVD Gruppe Hamburg.

Irene Wosikowski besuchte die zweijährige Handelsschule und war anschließend als Stenotypistin, zunächst in einer Exportagentur in der Mönckebergstraße, danach in der Sowjetischen Handelsvertretung in der Steinstraße, tätig. 1930 wurde sie in die Filiale der Handelsvertretung nach Berlin versetzt. Dort blieb sie bis 1934 und arbeitete auch hier in der KPD – ab 1933 in der Illegalität. 1934 sollte Irene Wosikowski verhaftet werden, sie wurde jedoch gewarnt und konnte noch rechtzeitig in die Tschechoslowakei emigrieren. 1935 kam sie in die Sowjetunion und studierte dort zwei Jahre an der Internationalen Leninschule der Kommunistischen Internationale in Moskau. 1937 ging Irene Wosikowski, die sich jetzt in der Illegalität Helga nannte, nach Paris. Dort arbeitete sie als Stenotypistin und politische Mitarbeiterin in der Zeitungsredaktion der „Deutschen Volkszeitung". Die französische Regierung gewährte ihr zwar Asylrecht, aber keine Arbeitserlaubnis. So mußte Irene Wosikowski

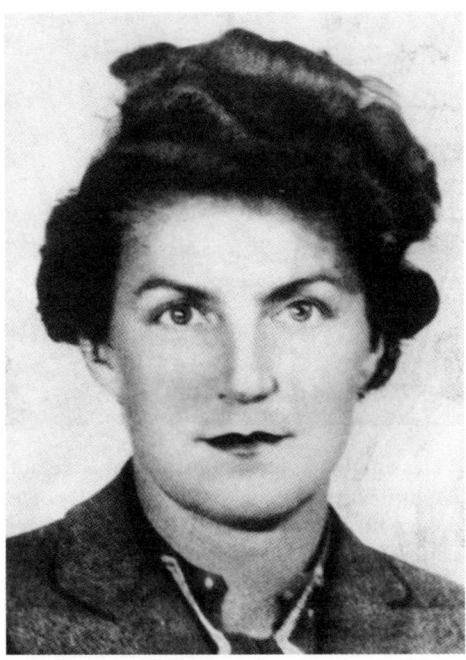

setzte, änderten die deutschen Widerstandskämpfer und -kämpferinnen ihre politische Arbeit. Sie gaben nun die Zeitung „Soldat am Mittelmeer" heraus, verteilten sie an deutsche Soldaten und versuchten, mit ihnen ins Gespräch zu kommen, um sie von der Sinnlosigkeit dieses Krieges zu überzeugen. Bei solch einem Gespräch kam Irene Wosikowski in Konkakt mit einem Spitzel, der sie an die Gestapo verriet. In einem Vermerk der Sicherheitspolizei in Marseille vom 27.7.1943 heißt es: „Aufgrund der Denunziation des Matrosen Hermann Frischalowski erfolgte am 26.7.1943 die Verhaftung der deutschen Emigrantin Irene Wosikowski in Marseille." [1]

Irene Wosikowski wurde nach Deutschland zurückgebracht und am 13. September 1944 vom Volksgerichtshof in Berlin wegen „Vorbereitung zum Hochverrat" zum Tode verurteilt und am 27. Oktober 1944 im Alter von 34 Jahren in Berlin-Plötzensee hingerichtet.   R.B.

starke Entbehrungen hinnehmen. Sie wurde zeitweilig durch die Liga für Menschenrechte und durch das Rothschild-Komitee unterstützt. Die finanziellen Zuwendungen waren jedoch sehr gering. Irene Wosikowski lebte deshalb in billigen Emigrantenhotels.

Nach Ausbruch des Zweiten Weltkrieges mußten sich am 13. Mai 1940 alle deutschen Frauen den französischen Behörden stellen. Irene Wosikowski wurde in der Nacht davor verhaftet und in ein Internierungslager bei Bordeaux gebracht. Dort gelang es ihr und einigen ihrer Genossinnen nach einiger Zeit, auszubrechen. Sie fuhren mit dem Zug nach Marseille, weil sie hofften, sich dort der Widerstandsbewegung anschließen zu können. Aber – gerade aus dem Zug ausgestiegen – wurde Irene von der französischen Polizei verhaftet und wieder für einige Monate inhaftiert.

Nach ihrer Freilassung schloß sich Irene Wosikowski der deutschen Widerstandsgruppe in Marseille an, die z.B. Eßpakete für die Gefangenen in den französischen Internierungslagern organisierten. Als 1942 die Hitlerarmee auch den Süden Frankreichs be

Erika Etter geb. Schulz

*Hausfrau. Mitglied der
Etter-Rose-Hampel-Gruppe*

Grab Nr. L5, 256-310 (Ehrenhain
der Widerstandskämpfer)
geb. 22.9.1922
gehenkt in der Nacht vom 21.4. auf den
22.4.1945 im KZ Neuengamme

Erika Etter kam aus einer antifaschistischen Familie. Während des Krieges gehörte sie mit ihrem Mann Werner Etter einer Hamburger Widerstandsorganisation an, die nach Kriegsende als Gruppe „Etter-Rose-Hampel" bezeichnet wurde. (Werner Etter, Elisabeth Rose, Ernst Hampel) Erika Schulz hatte Werner Etter im Guttempler Verbund, der eine starke Jugendgruppe hatte, kennengelernt. Als Hausfrau und später auch Mutter lebte sie mit ihm in der Alsterdorfer Straße 40. Als die Nazis die Macht ergriffen, schlossen sich befreundete Jugendliche, die aus sozialistischen Elternhäusern kamen, lose um Werner Etter und Ernst Hampel zusammen. Werner Etter gehörte außerdem dem illegalen Kommunistischen Jugendverband Deutschlands. Er wurde am 16. Juni 1934 verhaftet, der Prozeß fand am 17. Januar 1935 statt. Nach seiner Haftentlassung stand Werner Etter unter Gestapoaufsicht und hielt deshalb nur noch zu seinem engsten Freundeskreis Verbindung, sah und kontaktierte seine jugendlichen Freunde aber weiterhin bei gemeinsamen Wanderungen und Sportfesten. Bis in den Krieg hinein war der Gestapo die Gruppe unbekannt geblieben. Sie flog auf, als ein V-Mann eingeschleust wurde. Es kam im Mai 1943 zu Verhaftungen. Um jedoch alle Mitglieder der Widerstandsgruppe verhaften zu können, erpreßte die Gestapo einen Häftling der Wehrmacht namens Lübbers, der früher ebenfalls zum Kreis dieser jungen Leute gehört hatte. Ihm wurde Anfang 1944 befohlen zu desertieren und „auf seinem ,Fluchtweg' alle ehemaligen Freunde aufzusuchen und ihre Hilfe in Anspruch zu nehmen. Auf diese Weise wurden sie nichtsahnend in ,aktive Beihilfe zur Desertion' verstrickt". [1] Während dieser Aktion stieß die Gestapo auch auf den bei Erikas Eltern untergetauchten Erwin Ebhardt aus der Bästleingruppe (siehe Portrait Margaretha Hoefer). Damit hatte die Gestapo einen Grund, um Erikas Familie zu verhaften: am 8. März 1944 Erika Etters Vater Adolf Schulz, am 21. März ihren Mann Werner Etter und ihre Mutter Charlotte Schulz, am 28. März ihren Bruder Erich Schulz. Ein Freund der Familie beschrieb in seinem Nachruf auf Erika Etter die Zeit nach der Verhaftung ihres Mannes und ihrer Eltern: „... Und nun folgten grausame Tage für das junge Menschenkind [Erika Etter]. Eben noch ganz eingesponnen in ihr Mutterglück, sieht sie sich plötzlich von einer entsetzlichen Wirklichkeit gepackt, steht sie ganz allein einer Welt von Bosheit und Gemeinheit gegenüber, als Angehörige eines aus politischen Gründen Verhafteten, völlig rechtlos und vogelfrei.

Auf unserm Gartenweg kam sie mir eines

Tages entgegen, bleich und still, aber gefaßt. Unendlich dankbar war sie für das Wenige, das wir für sie tun konnten, für ein paar Tage Unterkunft und Ruhe für den völlig erschöpften Körper. Alle ihre Versuche, auf den völlig kalten Menschen einzuwirken, der in der Behandlung des Falles Schulz und Etter nur eine Möglichkeit sah, in seiner Laufbahn vorwärts zu kommen, schlugen fehl."

Erika selbst konnte die Gestapo nichts vorwerfen, da sie wegen der Geburt ihres Kindes längere Zeit nicht in Hamburg gewesen war. Ihr Kind starb kurze Zeit nach der Geburt im Kinderkrankenhaus Wintermoor. Man verhaftete sie dennoch am 17. Mai, „als sie nach einem Besuch bei ihrem Mann, im Zimmer des Gestaposekretärs Helms, den Lübbers als V-Mann entlarvte". [1]

Erika Etter kam ins KZ Fuhlsbüttel. Da gegen sie kein ausreichendes Beweismaterial konstruiert werden konnte, welches einem Prozeß vor dem Volksgerichtshof standgehalten hätte, wurde sie mit anderen zwölf Frauen auf die „Liquidationsliste" gesetzt. So gehörte sie zu den 13 Frauen und 58 Männern, die, nichtsahnend am Abend des 18. Aprils 1945 aus Fuhlsbüttel ins KZ Neuengamme transportiert und dort in der Nacht vom 21. auf den 22. April 1945, aufgrund eines SS-Befehls, ohne Urteil eines Gerichtes auf bestialische Weise umgebracht wurden.

Einzige Überlebende der Familie war Erikas Mutter Charlotte Schulz.   R.B.

Jüdische und andere Opfer des Naziregimes

Das im Jahre 1995 herausgegebene „Gedenkbuch Hamburger jüdischer Opfer des Nationalsozialismus" [1] verzeichnet namentlich 8.877 Opfer. Dem, so heißt es, „steht eine unbekannte nur ansatzweise zu schätzende Gesamtzahl gegenüber". [1]

Begonnen hatte die Verfolgung jüdischer Bürgerinnen und Bürger 1933 mit der Machtergreifung durch die Nazis. Bereits am 1. April 1933 wurden jüdische Geschäfte boykottiert und Kontakte zwischen der nichtjüdischen und jüdischen Bevölkerung immer mehr untersagt. Die im September 1935 erlassenen Nürnberger Gesetze schufen dann den rechtlichen Rahmen für die Verfolgung und Isolation von Jüdinnen und Juden.

Mit den Reichsbürgergesetzen verloren Jüdinnen und Juden die staatsbürgerlichen Rechte. Durch das Gesetz zum Schutz des deutschen Blutes und der deutschen Ehre wurde eine Eheschließung zwischen Nichtjuden und Juden verboten.

Am 28.10.1938 ließ die Gestapo einen großen Teil der in Deutschland lebenden polnischen Jüdinnen und Juden in die Konzentrationslager abtransportieren – aus Hamburg mußten über 1.000 Jüdinnen und Juden diesen Weg gehen.

Dann kam es Schlag auf Schlag: In den Tagen um den 10.11.1938 gingen in Deutschland die Synagogen in Flammen auf, wurden jüdische Geschäfte geplündert. Knapp einen Monat später, ab dem 3.12.1938 durften Jüdinnen und Juden nicht mehr frei über ihr Vermögen verfügen. Wieder einen knappen Monat später, ab dem 1.1.1939, wurde Jüdinnen und Juden die Führung eines Betriebes untersagt. In Folge dieser Repressalien emigrierten 1938 über 4.000 Jüdinnen und Juden aus Hamburg und damit aus Deutschland. Dennoch waren im Mai 1939 noch 10.131 Jüdinnen und Juden in Hamburg. Ab dem 15.9.1941 mußten Jüdinnen und Juden den gelben Judenstern tragen. Ausgangssperren wurden verhängt, Haustierhaltung, der Besitz von Schreibmaschine, Radio und Plattenspieler, das Benutzen von öffentlichen Verkehrsmitteln und Luftschutzbunkern, der Besuch von Buchhandlungen etc. verboten. Die erste von 17 Deportationen fand am 25.10.1941 statt, die letzte in Hamburg kurz vor Kriegsende am 14.2.1945. Die Fahrt in den Tod ging von Hamburg aus nach Riga, Lodz, Minsk, Theresienstadt oder Auschwitz. Manche entzogen sich der Deportation und setzten ihrem Leben selbst ein Ende.

Weitere Opfer des Nationalsozialismus, die nicht von den Rassengesetzen des Naziregimes betroffen waren oder wegen ihrer Widerstandstätigkeit verfolgt wurden, waren Menschen, die an der Inhumanität und Amoralität dieses Staates seelisch zerbrachen und oftmals keinen anderen Ausweg mehr sahen, als ihr Leben zu beenden.

Zu den Opfern des Naziregimes sind auch die vielen Zwangsarbeiterinnen zu zählen, die ab 1941 von der SS aus den osteuropäischen Staaten als „menschliche

Beute" verschleppt wurden, damit sie in den Rüstungsbetrieben arbeiteten. Die Häftlinge wurden meist in kleine Lager gesteckt, die in der Nähe der Firmen oder auch direkt auf dem Firmengelände errichtet worden waren. In Hamburg gab es über zwanzig solcher Lager – so z.B. in Wandsbek, Langenhorn, Neugraben, Eidelstedt, Sasel, Fuhlsbüttel, Rothenburgsort, im Hafen. Die Widerstandskämpferin Gertrud Meyer (siehe Portrait) berichtet beispielsweise über Kontakte zu Zwangsarbeiterinnen, die bei der Firma Valvo arbeiten mußten.

Über 100.000 Menschen aus den verschiedensten europäischen Ländern mußten in Deutschland Gasmasken produzieren, Panzergräben ausheben, auf Werften arbeiten, Trümmer beseitigen etc. An die 50.000 von ihnen starben an Krankheiten, Seuchen, Unterernährung, wurden zu Tode gequält, erschossen oder erhängt.   R.B.

Olga Kaufmann (geb. Blumenfeld)
Anna Blumenfeld

Jüdische Opfer des NS Regimes

Grab Nr. Bi 68, 340-387
Olga geb. 26.1.1877
gest. 24.10.1941
Anna geb. 24.10.1875
gest. 24.10.1941

Ein flacher Gedenkstein erinnert an jüdische Opfer des NS-Regimes, die in verschiedenen Konzentrations- und Vernichtungslagern ermordet wurden. Herbert Diercks hat in seinem Buch „Friedhof Ohlsdorf. Auf den Spuren von Naziherrschaft und Widerstand" „stellvertretend für die hier bestatteten Hamburger Jüdinnen und Juden" zweier Hamburgerinnen gedacht: der Geschwister Olga Kaufmann, geb. Blumenfeld und Anna Blumenfeld. [1] Sie wohnten am Isekai Nr. 15 und sollten am 24. Oktober, dem Tag, an dem Anna Blumenfeld 66 Jahre alt wurde, mit dem ersten großen Judentransport von Hamburg nach Lodz deportiert werden. Olga Kaufmann und Anna Blumenfeld verübten an diesem Tage Suizid.   R.B.

Prof. Dr. Agathe Lasch

Erste Lehrstuhlinhaberin an der Universität Hamburg, als Jüdin von den Nazis deportiert und in den Tod getrieben

Symbolische Grabstätte: V 4-5, Mahnmal für die Opfer nationalsozialistischer Verfolgung (KZ-Opfer-Ehrenmal)
geb. 4.7.1879 in Berlin
gest. 1942 an unbekanntem Ort

Weithin sichtbar auf dem Ohlsdorfer Friedhof gegenüber dem Krematorium steht das Ehrenmal für die Opfer der nationalsozialistischen Verfolgung. Die Urnen des Denkmals enthalten menschliche Aschereste aus Gefängnissen, Konzentrations- und Vernichtungslagern der NS-Diktatur. Hier ist die symbolische Grabstätte für Agathe Lasch, die erste Frau auf einem Lehrstuhl der Hamburger Universität.

Am 12. August 1942 wurde die 63jährige Agathe Lasch in Berlin zusammen mit ihren beiden Schwestern von der Polizei abgeholt. Der Transport jüdischer Bürger und Bürgerinnen aus Berlin ging am 15. August ab, kam aber nie am Bestimmungsort, dem Konzentrationslager Theresienstadt, an. Ob sie in einem anderen Vernichtungslager ums Leben kam, ob sie den Transport nicht überstand oder ob sie ihrem alten Lungenleiden erlag, ist unbekannt.

„Ich wurde am 4. Juli 1879 in Berlin geboren und erhielt meine Ausbildung auf dem damals für Mädchen allein üblichen Weg der höheren Mädchenschule und des Lehrerinnenseminars." [1] So nüchtern beschrieb Agathe Lasch in ihrem Lebenslauf für die Personalakten der Hamburger Universität den Ausschluß der Frauen von Abitur und akademischer Bildung. Sie war das dritte von fünf Kindern einer jüdischen Berliner Kaufmannsfamilie. Die Familie lebte in wirtschaftlich beschränkten Verhältnissen. Agathe Lasch galt als zartes, nervöses Kind; sie liebte die schönen Gebäude Berlins und die brandenburgischen Kiefernwälder und Seen.

Im Herbst 1898 bestand die 19jährige die Lehrerinnenprüfung, konnte als Jüdin jedoch an keiner staatlichen Schule eine Anstellung finden und mußte an Privatschulen unterrichten. Ihre Nachmittage waren mit der Erteilung von Privatunterricht ausgefüllt, da das Gehalt für den Lebensunterhalt nicht ausreichte.

1906 machte sie, nun 27 Jahre alt, ihr Abitur an einem Charlottenburger Gymnasium. Als 1908 in Preußen endlich Frauen zum Studium zugelassen wurden, weigerte sich der Berliner Germanist Roethe weiterhin, Frauen in seine Seminare aufzunehmen. Er lehnte die Zulassung von Agathe Lasch ab und kam damit durch. Sie konnte erst ab ihrem 30. Lebensjahr in Halle und Heidelberg Germanistik studieren. Nach all den Jahren der Entbehrungen und Demütigungen bekam sie durch Vermittlung Prof. Wilhelm Braunes an der Heidelberger Universität ein einjähriges Stipendium: „Ich war so voller Dankbarkeit, daß ich immer das Bedürfnis hatte, etwas zu opfern; da habe ich wenigstens den Winter über ohne Heizung in meinem Zimmer gearbeitet. Nur wenn ich einmal Besuch erwartete, heizte ich ein." [2]

1909 schrieb die 30jährige bei Prof. Braune ihre Doktorarbeit über die „Berliner Schriftsprache". Aussichten auf eine wissenschaftliche Karriere bestanden im deutschen Kaiserreich für Agathe Lasch als Frau und Jüdin jedoch nicht. So ging sie 1910 an das führende amerikanische Frauencollege Bryn Mawn in Pennsylvania und unterrichtete dort deutsche Philologie. Trotz der in ihrem Geburtsland erlebten Benachteiligung litt Agathe Lasch unter der antideutschen Stimmung, die in den USA nach Ausbruch des Ersten Weltkrieges herrschte, und war deshalb nicht gewillt, ihren Lehrvertrag zu verlängern: „Die Stellung, die Amerika im Weltkrieg einnahm, unter der die dort lebende Deutsche seit dem August 1914 litt, und deren schließlich eingetretene Folgen er stets erwartete, veranlaßten mich, meinen Vertrag, als er 1916 ablief, nicht zu erneuern", [2] schrieb sie in ihrem Lebenslauf. Sie kehrte nach Deutschland zurück und erhielt 1917 in Hamburg eine Stelle als Wissenschaftliche Hilfsarbeiterin am Deutschen Seminar. Als

sie diese Stelle antrat, hatte sie bereits einen überragenden Ruf in der Germanistik, den sie sich 1914 mit ihrem Buch über die Mittelniederdeutsche Grammatik erworben hatte. Das Buch ist bis heute ein Standardwerk. Am Deutschen Seminar erhielt sie Arbeit am Hamburgischen (niederdeutschen) Wörterbuch und überarbeitete das Mittelniederdeutsche Wörterbuch. Sie untersuchte die Entwicklung der Sprache in Abhängigkeit von sozialen Faktoren; Sprachgeschichte sah sie eng verknüpft mit der politischen Geschichte. Für das Hamburger Wörterbuch untersuchte sie die Gegenwartssprache und führte zahllose direkte Befragungen durch: „Ich habe mir früher bei meinen Besuchen immer je nach Notwendigkeit einen Plan gemacht und abgefragt, so z.B. in der Gegend von Allermöhe, wo besonders Gemüseanbau betrieben wird, über die Bereitung des Landes (dort wurde der Boden erst mit Sand gemischt, der von bestimmten Stellen geholt wurde usw.), die Geräte, den Anbau, oder ich sah an zwei aufeinanderfolgenden Tagen ein vierländisches und ein Finkenwerder Bauernhaus vom Keller bis zum Boden, oder ich kam etwa in Neuen-gamme zu einer Frau, die ich beim Plätten traf in Gegenwart ihrer alten Mutter, und fragte diese Frauen nun die neueren und älteren häuslichen Verrichtungen ab usw." [3]

Nach Eröffnung der Universität Hamburg im Jahre 1919 habilitierte Agathe Lasch und erwarb damit die Lehrberechtigung für die Hochschule. Am 29. Juni 1923 wurde die nun 44jährige durch Senatsbeschluß „zum Professor" ernannt. Als 1926 ein Extra-Lehrstuhl für Niederdeutsche Philologie eingerichtet wurde, stand sie als einzige Kandidatin auf der Berufungsliste: „Die Philosophische Fakultät hat Frl. Professor Dr. Lasch deshalb an einziger Stelle geglaubt, vorschlagen zu müssen, weil die beiden anderen Vertreter der niederdeutschen Philologie, die überhaupt noch für das Extraordinariat in Frage kamen, erst in weitem Abstand hinter Frl. Lasch genannt werden können." [4]

Nach der Ernennungsfeierlichkeit zur außerordentlichen Professur, bei der die Erwartung ausgesprochen wurde, daß sie sich weiterhin um die Wörterbücher kümmern werde, klagte Agathe Lasch, die sich durch die zeitintensive Tätigkeit eingeengt fühlte, niedergeschlagen einer Freundin: „Und ich habe geglaubt, daß ich jetzt für meine eigenen Arbeiten leben könnte!" [2]

Wie kompliziert es für Frauen war, sich in der Männerdomäne Universität adäquat zu verhalten, und wie sie es bei allen Versuchen der Anpassung offensichtlich doch nie recht machen konnten, zeigt der aus Wahrheit und männlicher Dichtung bestehende Nachruf des Direktors des Germanischen Seminars, Conrad Borchling: „Fernerstehenden mochte Agathe Lasch wohl als das Urbild einer gelehrten Dame erscheinen, die sich mit fast mönchischer Strenge auf ihre wissenschaftliche Arbeit eingestellt hatte, allen Freuden dieser Welt abhold war und sich scheu vor der allzu engen Berührung mit anderen auf sich selbst und ihre Bücher zurückzog. Es war gewiß nicht leicht, ihr näher zu kommen; aber wenn der Bann erst einmal gebrochen war, merkte man bald, daß bei dieser strengen Wissenschaftlerin doch auch die weicheren, mehr weiblichen Charakterzüge nicht zu kurz gekommen waren. ... Ich will aber auch die Schattenseiten dieses Charakters nicht verschweigen: eine leichte Reizbarkeit und eine starke Empfindlichkeit, die wohl aus ihrer zarten körperlichen Konstitution zu erklären sind. So empfand sie auch in der wissenschaftlichen Kontroverse den Widerspruch viel stärker, als er in Wirklichkeit gemeint war. Dann konnte sie sich wohl hinsetzen und im ersten Zorn einen ihrer fulminanten Briefe schreiben, der ihr vielleicht schon am nächsten Tag leid getan haben mag, denn sie pflegte solche Dinge nie länger nachzutragen." [5] Das Portrait wirft wenig Licht auf die Person Agathe Lasch, zeigt dafür aber recht deutlich die Geisteshaltung des Verfassers und seine patriarchal geprägte Erwartungshaltung an die Wissenschaftlerin.

Bei Machtantritt der Nationalsozialisten drohte der jüdischen Professorin aufgrund des „Gesetzes zur Wiederherstellung des Berufsbeamtentums" die sofortige Entlassung.

Eingaben ihrer Schülerinnen, mit der Beteuerung, daß „niemand jemals auch nur den geringsten Grad zersetzenden Geistes verspürt habe, sondern nur wohltuende, unser deutsches Volkstum bereichernde Arbeit", [3] und die Stellungnahme skandinavischer Germanisten verhinderten dies zunächst, aber zum 30. Juni 1934 wurde sie, nun 55 Jahre alt, endgültig in den „Ruhestand" versetzt. Über die Atmosphäre am Germanischen Seminar im ersten Jahr der NS-Diktatur gibt ein Brief Agathe Laschs an ihren Nachfolger Auskunft: „Im übrigen war sie (die Bibliothekarin Marie Luise Winter) viele Monate hindurch der einzige Mensch, der die Tätigkeit im Seminar für mich überhaupt möglich machte. Es wäre ihr leicht genug gewesen, in den Ton der anderen einzustimmen, sie hat es damals nicht getan." [4] Agathe Lasch erhielt zwar ihre volle Pension, durfte aber in Deutschland nicht mehr publizieren. 1937 siedelte sie zu ihren Schwestern nach Berlin über. Als ihr 1938 der Zutritt zur Bibliothek verboten wurde, beschaffte ihr ihre letzte Schülerin Martta Jaatinen einige Bücher aus der Bibliothek. Agathe Lasch, die, wie sie selbst einmal sagte, „niemals einen Menschen leidenschaftlich geliebt" hat, sondern „die zwei Abstrakta ... Germanistik und Deutschland"[2], empfand diese Beschränkung ihrer wissenschaftlichen Tätigkeit als großen Verlust: Denn die Wissenschaft war ihr Lebensinhalt. Bemühungen um Lektorenstellen in Lund und Oslo sowie um einen Lehrstuhl an der estnischen Universität in Dorpat scheiterten trotz positiver Beurteilungen von seiten Conrad Borchlings an Interventionen des Deutschen Auswärtigen Amtes.

1941 bat Agathe Laschs ehemalige Schülerin Claudine de l'Aigle den Leiter der Landesunterrichtsbehörde, Witt, zugunsten der Professorin eine Eingabe bei der Geheimen Staatspolizei Berlin zu machen. Aus den Unterlagen der Staatsverwaltung läßt sich ersehen, wie Schulbehörde, Rektorat der Universität und Germanisches Seminar die Eingabe mit dem Verweis auf die jeweilige Nichtzuständigkeit hin und hergeschoben. Borchling beendete den Vorgang: „Wie die Dinge ein-mal liegen, bin ich außerstande, von mir per-sönlich aus Schritte in der Angelegenheit von Frl. Prof. Lasch zu unternehmen, so sehr ich auch ihre wissenschaftliche Arbeit hoch-schätze und ihr charakterliches Verhalten anerkennen muß." [4]

Die Pensionszahlungen wurden einge-stellt. Als Claudine de l'Aigle ihre ehemalige Lehrerin im Juli 1942 ein letztes Mal besuch-te, hatten die Nazis deren persönliche Biblio-thek beschlagnahmt. Sie ließ sich aber nicht entmutigen. In ihrem letzten Brief freute sie sich noch, daß ihre handschriftlichen Zettel nicht fortgenommen worden waren: „Es ist wie eine kleine handschriftliche Bibliothek, und ich bin nun dabei, sie zu ordnen." [2]

Die Hansestadt Hamburg ehrt heute das Andenken ihrer ersten Universitätsprofesso-rin. Im Dezember 1992 wurde der vom Ham-burger Senat mit 5.000 DM ausgestattete Agathe-Lasch-Preis zur Förderung des wis-senschaftlichen Nachwuchses auf dem Ge-biet der norddeutschen Sprachforschung zum ersten Mal vergeben. Und 1970 wurde ein Weg nach ihr benannt.

Aber der erste Eindruck, daß das Nach-kriegsdeutschland vernünftig mit seiner Ver-gangenheit umgehe, täuscht. Schon 1948 hatte die Bibliothekarin des Germanischen Seminars, Marie Luise Winter, vorgeschla-gen, eine Straße in Hamburg nach Agathe Lasch zu benennen. Auf die entsprechende Anfrage der Behörde teilte Agathe Laschs angeblich nur zu seinem Schutz in die NSDAP eingetretener Schüler, inzwischen und nun auf ihrer Stelle amtierender Semi-nardirektor Niekerken mit: „Bei einer Erfra-gung im Kollegenkreise ... war man geteilter Meinung. Die Gegner des Gedankens vertra-ten die Ansicht, daß man Straßennamen nicht zum Gegenstand politischer Zwistigkei-ten machen sollte und daß es nicht im Sinne dieser bescheidenen, stillen Frau sei, wenn sie auf diese Weise an die Öffentlichkeit ge-zerrt würde." Weiter wurde gesagt, „die Zahl der um Hamburgs Kulturleben ebenso ver-dienten Männer und Frauen sei so groß, daß es nicht genug [Straßen] gäbe, sie alle zu eh-

ren". Die Straßenbenennung nach Agathe Lasch wurde abgelehnt.

Solche Bedenken hatte der Kollegenkreis offensichtlich nicht, als es darum ging, den 1946 verstorbenen Direktor des Germani-schen Seminars, Conrad Borchling, zu eh-ren. Borchling, der schon im Ersten Welt-krieg den flämischen Teil Belgiens als deut-sche Provinz reklamiert hatte, hielt es auch 1933 mit den neuen Machthabern. Er wurde bereits im Mai 1933 NSDAP-Mitglied und richtete seine in einer großgermanischen Ideologie wurzelnde Wissenschaft ganz auf das NS-Regime aus. Nach dem Krieg wurde er von der britischen Militärverwaltung sei-nes Amtes enthoben und zu Lebzeiten nicht rehabilitiert.

All dies hinderte die Stadt Hamburg nicht, des Verstorbenen öffentlich zu geden-ken. Seit dem 26.7.1950 gibt es in Hamburg einen „Borchlingweg", der sich in der Nähe des „Agathe-Lasch-Weges", einer an der Au-tobahn endenden Sackgasse, befindet.

Ingo Böhle

Martha Muchow (Dr. Martha Marie Muchow)

Psychologin, wissenschaftlicher Rat am Psychologischen Institut der Universität Hamburg

Grab Nr. AE 32, 140 (Grabstelle aufgegeben)
geb. 25.9.1892 in Hamburg
gest. 29.9.1933 in Hamburg

Martha Muchow war bereits im Schuldienst, als sie 1919 ihr Studium der Psychologie, Phi-losophie, der deutschen Philologie und Lite-raturgeschichte an der Hamburger Universi-tät begann.

Das Interesse für Psychologie erwachte, als sie sich ab 1917 an der Ausarbeitung von Beobachtungsbögen für Intelligenzprüfun-gen an Schulen beteiligte.

William Stern, Professor für Psychologie, wurde schnell auf die Studentin aufmerksam und erwirkte schon ein Jahr, nachdem Mar-tha Muchow mit dem Studium begonnen hatte, bei der Schulbehörde ihre Beurlaubung aus dem Schuldienst, um sie als wissenschaftliche Hilfsarbeiterin am psychologischen Laboratorium der Universität einzustellen. 1923 promovierte Martha Muchow mit einer Arbeit über „Studien zur Psychologie des Erziehers".

Die Forschung auf dem Gebiet der Psychologie hatte in dieser Zeit eine große Wandlung genommen – weg von der zergliederten, von der von naturwissenschaftlich-experimentellen Methoden beeinflußten Forschung in Einzeldisziplinen und hin zu einer Betrachtung des Menschen in seiner Gesamtheit. Zudem erhielt William Sterns kinder- und jugendpsychologischer Forschungsschwerpunkt immer größere Bedeutung.

Beeinflußt von all diesen Forschungsansätzen arbeitete Dr. Martha Muchow u.a. darauf hin, daß in der Lehrerinnen- und Lehrerbildung ein sozialpädagogisches Praktikum eingeführt wurde.

Während ihrer Tätigkeit am Psychologischen Institut erhielt Dr. Martha Muchow die Gelegenheit, in den USA die amerikanischen Methoden der psychologischen Forschung kennenzulernen und dort in verschiedenen Großstädten über ihre eigene Arbeit zu berichten. Sie erhielt mehrere Angebote, in den USA zu bleiben und dort zu forschen. So schrieb sie im November 1930 aus Washington: „Wenn ich nicht so tief in meiner Arbeit verwurzelt wäre, könnten mich vielleicht einige Angebote verlocken, hierzubleiben, wenigstens für ein paar Jahre. Aber gerade hier merke ich doch, wie sehr kultur- und schicksalsverwachsen ich im Grunde bin, so daß selbst ungeahnte Mittel für ungeahnte Forschungsarbeiten mir nichts sagen können; meine ganzen Arbeitspläne für die kommenden Jahre sind unverpflanzbar... ." [1]

Als Dr. Martha Muchow nach Hamburg zurückkehrte, mußte sie mit Schrecken die Machtergreifung durch die Nazis miterleben: Die Freiheit der Lehre und Forschung gab es nicht mehr, und die politische Entwicklung wirkte sich zunehmend bedrohlich negativ auf die Arbeit am psychologischen Institut aus. Es kam zu diversen Zusammenstößen mit der Landesunterrichtsbehörde, da Dr. Martha Muchow die von den Nazis geforderten Erziehungsmethoden aus humanistischen Gründen nicht mittragen wollte. Ihr physischer und psychischer Zustand wurde immer schlechter; sie war überarbeitet, gönnte sich jedoch keine Erholungspause. Und als dann am 9.4.1933 auch noch ihre Mutter starb, fühlte sie starke Verzweiflung und war am Ende ihrer Kräfte. Doch zur Trauer und zum Rückzug hatte sie keine Zeit, keine Möglichkeit. Täglich kamen verzweifelte Menschen zu ihr: Verfolgte und Geächtete.

Zu Dr. Martha Muchos 41. Geburtstag, am 25.9.1933 – nachdem bereits ihr Chef, William Stern seines Amtes enthoben worden war – erhielt sie den Bescheid, das Institut zu verlassen und in den Schuldienst zurückzukehren. Zutiefst erschüttert äußerte sie zwar noch den Wunsch, eine Anfängerklasse zu übernehmen – aber in Wahrheit sah sie wohl keine Perspektiven mehr für sich. Zwei Tage nach ihrer Suspendierung wurde sie bewußtlos in ihrer Wohnung in der Bundesstraße 78 aufgefunden und starb zwei Tage später im Jerusalem-Krankenhaus an den Folgen ihres Versuches, sich das Leben zu nehmen.

R.B.

Lina Friedmann geb. Blecher

Als Jüdin von den Nazis umgebracht

Grab Nr. P 1, 104 Jüdischer Friedhof
geb. 14.8.1894 in Silachi, Litauen
ermordet am: 5.1.1941 im Polizeigefängnis
Hamburg Fuhlsbüttel

Nur die Eintragung ins Friedhofsregister erinnert an Lina Friedmann, geb. Blecher. Sie „starb" 1941 im Polizeigefängnis Hamburg Fuhlsbüttel. Die offizielle Todesursache: Strangulation, Selbstmord.   R.B.

Der Übersichtlichkeit halber wird innerhalb eines Artikels auf ein- und dasselbe Werk immer mit demselben Fußnotenzeichen verwiesen.

Vorwort

1 Hauptfriedhof Ohlsdorf im Wandel der Zeit. Hrsg. von der Freien und Hansestadt Hamburg Umweltbehörde in Zusammenarbeit mit der Staatlichen Pressestelle Hamburg 1989.
2 Barbara Leisner, Heiko K.L. Schulze, Ellen Thormann: Der Hamburger Hauptfriedhof Ohlsdorf. Geschichte und Grabmäler. Bd.2: Katalog. Bearbeitet von Andreas v. Rauch. Hamburg 1990.
3 Herbert Diercks: Friedhof Ohlsdorf. Auf den Spuren von Naziherrschaft und Widerstand. Hrsg. von der Willi-Bredel-Gesellschaft Geschichtswerkstatt e.V. Hamburg 1992.

Ein Frauenleben im 17. Jahrhundert

1 Luise Schorn-Schütte: Pfarrfrauen in der hansestädtischen Gesellschaft der Frühen Neuzeit. In: Barbara Vogel, Ulrike Weckel (Hrsg.): Frauen in der Ständegesellschaft. Hamburg 1991.

Juliane Louise Prinzessin von Ostfriesland

Vgl.: Helmut Schoenfeld: „....solange der Wind wehet und der Hahn krähet". Juliane Louise von Ostfriesland. In: Ostfriesland Magazin 3, 1994.

Salon- und Briefkultur als Domäne der Frau

1 Johann Wolfgang v. Goethe: Winkelmann und sein Jahrhundert. In: Schriften zur Kunst. Erster Teil. dtv Gesamtausgabe. München 1962.

Sophie Reimarus

1 Zitiert nach: Georg Heinrich Sieveking: Lebensbild eines Hamburgischen Kaufmanns aus dem Zeitalter der französischen Revolution. Kapitel VII. Berlin 1913.
2 Karl August Böttiger: Literarische Zustände und Zeitgenossen. In: Schilderungen aus Karl Böttigers handschriftlichem Nachlasse. Hrsg. von Karl Wilhelm Böttiger. Bd. 2. Leipzig 1838.
3 Gustav Poel: Bilder aus vergangener Zeit nach Mitteilungen aus größenteils ungedruckten Familienpapieren. Teil II. Kapitel I. Hamburg 1887.
4 Zitiert nach: Franz Schultz: Ein Urteil über die „Braut von Messina". Aus ungedruckten Briefen von Sophie Reimarus an Sulpiz Boisserée. In: Euphorion.
5 Siehe auch: Sophie Reimarus' Briefe an Adolph von Knigge. In: Aus einer alten Kiste, Originalbriefe, Handschriften und Dokumente aus dem Nachlaß eines bekannten Mannes. – Nachdruck der Ausgabe Leipzig 1853 – Bern 1979.
6 Zitiert nach: Inge Stephan: Aufklärer als Radikale? Literarische und politische Opposition in Hamburg und Altona am Ende des 18. Jahrhunderts. In: Inge Stephan/Hans-Gerd Winter (Hrsg.): Hamburg im Zeitalter der Aufklärung. Berlin, Hamburg 1989.
7 Zitiert nach: Franklin Kopitzsch: Grundzüge einer Sozialgeschichte der Aufklärung in Hamburg und Altona. 2. Aufl. Hamburg 1990.
8 Johann Georg Rist: Lebenserinnerungen. Hrsg. von Gustav Poel. Bd. 2. Kapitel 8. 2. Aufl. Gotha 1884–1886.

Hannchen Sieveking

1 Zitiert nach: Georg Heinrich Sieveking: Lebensbild eines Hamburgischen Kaufmanns aus dem Zeitalter der französischen Revolution. Kapitel VII. Berlin 1913.
2 Gustav Poel: Bilder aus vergangener Zeit nach Mitteilungen aus größenteils ungedruckten Familienpapieren. Teil II. Kapitel I. Hamburg 1887.
3 Johann Georg Rist: Lebenserinnerungen. Hrsg. von Gustav Poel. Bd. 2. Kapitel 8. 2. Aufl. Gotha 1884-1886.
4 Zitiert nach: Alfred Aust: „Mir ward ein schönes Loos". Liebe und Freundschaft im Leben des Reichsfreiherrn Caspar von Voght. Hamburg 1972.
Siehe auch: Caspar Voght und sein Hamburger Freundeskreis. Briefe aus einem tätigen Leben. Teil II, Briefe aus den Jahren 1785–1812 an Johanna Margaretha Sieveking, geb. Reimarus. Bearbeitet von Anneliese Tecke. Hamburg 1964.

Caroline Perthes

1 Clemens Theodor Perthes: Friedrich Perthes' Leben nach dessen schriftlichen und mündlichen Mittheilungen. Bd. 1. 6. Aufl. Gotha 1872. Wie schon Rudolf Kayser, der Herausgeber der Briefauswahl von Caroline Perthes feststellte, hat Clemens Perthes die von ihm zitierten Briefe z.T. recht frei zusammengestellt und umgestaltet. Ihr Sinn wird, wie meine Stichproben im Hamburger Staatsarchiv ergeben haben, aber nicht entstellt.

2 Rudolf Kayser (Hrsg.): Karoline Perthes im Briefwechsel mit ihrer Familie und ihren Freunden. Hamburg 1926.

Musen und Mütter

1 Hesiod: Theogonie. In: Sämtliche Werke. Leipzig 1938.
2 Adolf Beck (Hrsg.): Hölderlins Diotima Susette Gontard. Gedichte – Briefe – Zeugnisse. Mit Bildnissen. Frankfurt am Main 1980.
3 Zitiert nach: Inge Stephan: Das Schicksal der begabten Frau im Schatten berühmter Männer. Stuttgart 1989.
4 Renate Köbler: Schattenarbeit. Charlotte von Kirschbaum – Die Theologin an der Seite Karl Barths. Köln 1987.

Betty Heine

1 Alfred Strodtmann: Die Mutter H. Heine's, nach ihren Jugendbriefen geschildert. In: Deutsche Rundschau 12, 1877.
2 Heinrich Heine: Werke und Briefe in zehn Bänden. Hrsg. von Hans Kaufmann. Bd. 7. Berlin, Weimar 1980.

Pauline Runge

1 Philipp Otto Runge. Briefe und Schriften. Hrsg. v. Peter Betthausen, München 1982.
2 Vgl.: Jörg Traeger: Philipp Otto Runge und sein Werk. Monographie und kritischer Katalog. München 1975.
3 Karl Privat: Philipp Otto Runge. Ein Leben in Selbstzeugnissen, Briefen und Berichten. Berlin 1942.
4 Vgl. Wilhelm Feldmann: Philipp Otto Runge und die Seinen mit ungedruckten Briefen. Leipzig, o. J. Der Band enthält ein Photo von der alten Pauline Runge.
5 Johann Georg Rist: Lebenserinnerungen. Hrsg. von Gustav Poel. Bd. 2. Kapitel 8. 2. Aufl. Gotha 1884–1886.

Elise Lensing

1 Friedrich Hebbel: Werke. Hrsg. von Gerhard Fricke, Werner Keller und Karl Pörnbacher. Bd. 3 und 4. Darmstadt 1966 und 1967.
2 Elise Lensing: Briefe an Friedrich und Christine Hebbel. Hrsg. von Rudolf Kardel. Berlin, Leipzig 1928.
3 Sibylle Knauss: Ach Elise oder Lieben ist ein einsames Geschäft. Hamburg 1981.

Stifterin, Wohltäterin, Mäzenin

1 Zitiert nach: Susanne Jensen: „Wo sind die weiblichen Mäzene … ?" In: Profession ohne Tradition. 125 Jahre Verein der Berliner Künstlerinnen. Hrsg. von der Berlinischen Galerie Museum für Moderne Kunst, Photographie und Architektur. o. O. 1992.

Anna Jencquel

1 Percy Ernst Schramm: Gewinn und Verlust. Die Geschichte der Hamburger Senatorenfamilien Jencquel und Luis (16. bis 19. Jahrhundert). Hamburg 1969.

Marie Lippert

1 Marie Lipperts Reisebriefe und Skizzen aus dem Matabeleland, geschrieben in der Zeit vom 21.9.–23.12.1891. Privatbesitz.
2 Elise Lippert. Unveröffentlichtes Tagebuch. Privatbesitz.

Hedwig von Tavel-Haartman

1 Minnie Carpenter: Hedwig von Tavel-von Haartman. In: Frauen folgen der Fahne. Hrsg. v. d. Heilsarmee in der Schweiz. Bern o. J.

Bertha Keyser

1 Bertha Keyser: Mutter der Heimatlosen. Nach der Lebensbeschreibung von Schwester Bertha Keyser, bearb. von Barbara Lüders. Hamburg o.J.

Emmy Ruben

1 Mappe „Nachlaß Ruben". Staats- und Universitätsbibliothek Hamburg Carl von Ossietzky. Handschriftenabteilung.
2 Unveröffentlichter Brief vom 24. Mai 1948. Hamburger Kunsthalle.
3 Brief vom 7.3.1963. Zitiert nach: Gerhard Kretschmann: Briefe an Familie Ruben. Prüfungsarbeit der Hamburger Bibliotheksschule. Hamburg 1963. Staats- und Universitätsbibliothek Carl von Ossietzky.

Schauspielerinnen, Sängerinnen, Tänzerinnen

Anna Christina Schröder

1 Friedrich Ludwig Wilhelm Meyer: Friedrich Ludwig Schröder. Beitrag zur Kunde des Menschen und des Künstlers. 2 Bde. Hamburg 1819.
2 Johann Friedrich Schütze: Hamburgische Theater-Geschichte. Hamburg 1794.
3 Berthold Litzmann: Friedrich Ludwig Schröder. Ein Beitrag zur deutschen Litteratur- und Theatergeschichte. 2 Teile. Hamburg und Leipzig 1890–1894.

4 Zitiert nach: Hermann Uhde (Hrsg.): Denkwür-
digkeiten des Schauspielers, Schauspieldichters
und Schauspieldirectors Friedrich Ludwig Schmidt
1772–1841. Hamburg 1875.

Caroline Herzfeld

1 Zitiert nach: Johannes Hoffmann: Schillers ‚Maria Stuart' und ‚Jungfrau von Orleans' auf der
Hamburger Bühne in den Jahren 1801–1848.
Greifswald 1906.
2 Carl August Lebrun: Jahrbuch für Theater und
Theaterfreunde. Jg. 1. o. O. 1841.
3 Orient oder Hamburgisches Morgenblatt. Nr.
191.
4 Zitiert nach: Hermann Uhde (Hrsg.): Denkwür-
digkeiten des Schauspielers, Schauspieldichters
und Schauspieldirectors Friedrich Ludwig Schmidt
1772–1841. Hamburg 1875.

Wilhelmine Schäfer

1 Carl August Lebrun: Jahrbuch für Theater und
Theaterfreunde. Jg. 1. o. O. 1841.

Caroline Lebrun

1 In der Literatur werden auch der 11.1. und
22.1.1886 als Sterbedaten angegeben.
2 Allgemeine Deutsche Biographie. Bd. 18. Berlin 1969.
3 Ludwig Wollrabe's Chronologie sämmtlicher
Hamburger Bühnen nebst Angabe der meisten
Schauspieler, Sänger, Tänzer und Musiker, welche seit 1230 bis 1846 an denselben engagiert
gewesen und gastiert haben. Hamburg. o.J.

Julie Herrmann

1 Erich August Greeven: 110 Jahre Thalia Theater. Hamburg 1843–1953. Eine kleine Chronik.
Hrsg. von Willy Maertens. Hamburg 1953.

Lotte Mende

1 Adolph Kohut: Die größten und berühmtesten
deutschen Soubretten. Düsseldorf o.J.
2 Paul Möhring: Im Hamburger Rampenlicht.
Hamburg 1972.

Charlotte Frohn

1 In der Literatur werden auch folgende Lebensdaten genannt: 14.12.1844–23.3.1888.

Clara Horn

1 Harbert Harberts: Clara Horn. Ein Charakter-
bild ihres Lebens und Wirkens. Mit einer Sammlung Porträts nach Original-Photographien. In:
Hamburger Familiengeschichten. Bd. 10.

Katharina Klafsky

1 Ludwig Ordemann: Aus dem Leben und Wirken von Katharina Klafsky. Hameln, Leipzig
1903.

Martha Hachmann-Zipser

1 Martha Hachmann-Zipser: Glücklicher Beginn.
In: Der Almanach des Staatlichen Schauspielhauses Hamburg. Hrsg. v. Henry Flebbe. Hamburg 1940.
2 11.12.1939. Zeitungsausschnittsammlung, Staatsarchiv, Hamburg.

Karli Bozenhard

1 Zitiert nach: Richard Ohnsorg: Fünfundsiebzig
Jahre Hamburger Thalia-Theater. Vergangenheit und Gegenwart. Festschrift zum 9. November 1918. Hamburg 1918.

Annie Kalmar

1 Karl Kraus (Hrsg.): Die Fackel. Wien 1899–
1936.
2 Ernst Schönwiese (Hrsg.): Das Silberboot. Zeitschrift für Literatur. Heft 1. 5. Jg. 1951.
3 Karl Kraus: Traumtheater. Wien, Leipzig 1924.

Mirjam Horwitz

1 Mirjam Horwitz: Plaudereien. Unvollständiges
und unveröffentlichtes Rundfunkmanuskript
von 1953. Hamburger Theatersammlung, Universität Hamburg.
2 Zitiert nach: Paul Möhring: Von Ackermann bis
Ziegel. Theater in Hamburg. Hamburg 1970.
3 Brief an Paul Theodor Hoffmann vom 29. Januar 1951. Unveröffentlicht. Hamburger Theatersammlung, Universität Hamburg.

Olga Brandt-Knack

1 Rudolf Maack: Tanz in Hamburg. Hamburg
1975.
2 Olga Brandt-Knack: Die Umgestaltung des
Opernballetts. In: Bühnenalmanach. Hamburg
und Altona 1926.
3 Hans Wölffer: Tanzgruppe Olga Brandt-Knack.
In: Bühnenalmanach. Hamburg und Altona
1926.
4 Ansprache von Prof. Dr. med. A.V. Knack beim
Amtsantritt als Präsident der Hamburgischen
Gesundheitsbehörde am 20. April 1949. Unveröffentlichtes Manuskript.

Magda Bäumken

1 Bruno Peyn: Richard-Ohnsorg-Theater. Beiträge zur Geschichte der Niederdeutschen Bühne
in Hamburg. Hamburg o.J.

Anna Simon

Vgl.: Marilen Andrist: Das St. Pauli Theater.
Hamburg 1991
1 Denkschrift an unsere Freunde! St. Pauli-Theater. Direktion Geschwister Kurt und Edith Simon. Herbst 1965.

Philine Leudesdorff-Tormin

1 Julie Tormin und Emily Albert: Philine Tormin.
Ein Gedenkbuch. Hamburg 1924.

Charlotte Kramm

1 Erich Lüth: Hamburger Theater 1933–1945. Ein Theatergeschichtlicher Versuch. Herausgegeben von der Theatersammlung der Hamburgischen Universität. Hamburg 1962.

Ida Ehre

1 Ida Ehre: Gott hat einen größeren Kopf, mein Kind … . 5. Aufl. München, Hamburg 1989.

2 Zitiert nach der Rede der Präsidentin der Bürgerschaft, Frau Helga Elstner, gehalten anläßlich der Trauerfeier für Ida Ehre.

Charlotte Rougemont

1 Charlotte Rougemont: …dann leben sie noch heute. Erlebnisse und Erfahrungen beim Märchenerzählen. 6. Aufl. Münster 1977.

2 Das Märchen ist im Goethe-Jahrbuch, Bd. 19, und, in etwas modernisierter Form, wie Charlotte Rougemont es erzählt hat, im Anhang ihrer Erinnerungen abgedruckt.

Lola Rogge

1 Zitiert nach: Nils Jockel, Patricia Stöckemann: „Flugkraft in goldene Ferne … “. Bühnentanz in Hamburg seit 1900. Hamburg 1989.

2 Patricia Stöckemann: Lola Rogge. Pädagogin und Choreographin des Freien Tanzes. Wilhelmshaven 1991.

Gisela von Collande

1 Laut Sterbe-Register verstarb Gisela von Collande am 23.10.1960.

2 René Drommert. Zitiert nach: Merian. Extra Thalia-Theater. Hamburg 1993.

3 Johannes Jacobi: Gisela von Collande zum Gedächtnis. In: Theater heute. Heft 13. 1960.

Christa Siems-Raider

Vgl.: Marilen Andrist: Das St. Pauli Theater. Hamburg 1991

Bildende Künstlerinnen

1 Zitiert nach: Magdalena Bushart: Der Formsinn des Weibes. In: Profession ohne Tradition. 125 Jahre Verein der Berliner Künstlerinnen. Hrsg. von der Berlinischen Galerie Museum für Moderne Kunst, Photographie und Architektur. o. O. 1992.

2 Siehe auch: Inge Stephan: Das Schicksal der begabten Frau im Schatten berühmter Männer. Stuttgart 1989.

Elisabeth Hudtwalcker

1 Staatsarchiv Hamburg: Fa. Beneke. Zitiert nach: Anne-Charlott Trepp: „Denn das ist gerade meine Wonne …, daß Du mich wie ein kluges, denkendes Wesen behandelst": Frauen und Männer im Hamburger Bürgertum zwischen 1770 und 1840 – Fragestellungen und Ergebnisse. In: Hamburger Arbeitskreis für Regionalgeschichte. Mitteilungen 29. November 1996.

Marie Zacharias

1 Unveröffentlichte Briefe. Privatbesitz.

2 Marie Zacharias: Familien-, Stadt- und Kindergeschichten. Hamburg 1954.

3 Unveröffentlichte Aufzeichnungen von Elise Zacharias. Privatbesitz.

4 Unveröffentlichte Notizen von Marie Zacharias. Privatbesitz.

5 Gustav Schiefler: Eine Hamburgische Kulturgeschichte. 1890–1920. Hrsg. von Gerhard Ahrens u.a. Hamburg 1985.

6 Alfred Lichtwark. In: Jahrbuch der Gesellschaft Hamburgischer Kunstfreunde. Hamburg 1895.

7 Marie Zacharias: Von alten Landhäusern. In: Jahrbuch der Gesellschaft Hamburgischer Kunstfreunde. Hamburg 1900.

8 Marie Zacharias: Das Herrenhaus in Gross Borstel. In: Jahrbuch der Gesellschaft Hamburgischer Kunstfreunde. Hamburg 1905.

9 Unveröffentlichte Rede von Pastor Cordes am Sarg von Marie Zacharias. Privatbesitz.

Julie de Boor

1 Heinrich Merck: Julie de Boor. In: Ders.: Begegnungen und Begebnisse. Hamburg 1958.

Ebba Tesdorpf

1 Die Kunsthistorikerin Renata Klée-Gobert über ihre Großtante Ebba Tesdorpf im Hamburger Abendblatt vom 21.1.1951.

2 Jahrbuch der Gesellschaft Hamburgischer Kunstfreunde. Bd 1–2. Hamburg 1895.
Siehe auch.: Gisela Jaacks: Diese Frau sah mehr. Mit Ebba Tesdorpf durch Alt-Hamburg. Von der Herrlichkeit bis zur Kehrwiederspitze. Hamburg 1978.

Alma del Banco

1 Maike Bruhns: Drei Malerinnen der Hamburgischen Sezession Alma del Banco, Anita Rée, Gretchen Wohlwill. Hamburg 1995.

2 Maike Bruhns: Jüdische Künstler der Hamburgischen Sezession. Hamburg 1989.

3 Alma del Banco entwarf auch einen Grabstein für den Kaufmann Ernst Grünert (Jüdischer Friedhof Ohlsdorf, C 8, 33–34).

Mary Warburg

1 Zitiert nach: Sabina Ghandchi: Die Hamburger Künstlerin Mary Warburg geb. Hertz. Hamburg 1986. Unveröffentlichte Magisterarbeit. Kunsthistorisches Seminar der Universität Hamburg.

2 Zitiert nach: Ernst H. Gombrich: Aby Warburg. Eine intellektuelle Biographie. Hamburg 1992.

3 Mary Hertz entwarf auch das Grabmal für Johann Nicolaus Hertz und Maria Maddalena Hertz geb. Benemann sowie das Grabmal für Adolph Jacob Hertz auf dem Ohsdorfer Friedhof.

4 Vgl.: Georg Syamken: Zur Sache 11. Mary Warburg. Hamburger Kunsthalle. Hamburg 1985.

Amelie Ruths

1 Mappe Amelie Ruths im Archiv der Hamburger Kunsthalle. Zusammengestellt von Henny Wiepking. 1964.

Elena Luksch-Makowsky

1 Elena Luksch-Makowsky: Kindheits- und Jugenderinnerungen 1878–1900. Hamburg 1989.

2 Helmut R. Leppien: Elena Luksch-Makowsky. Zwischen Bilderbogen und Stilkunst. In: Joachim Heusinger von Waldegg/Helmut R. Leppien: Richard Luksch. Elena Luksch-Makowsky. Hamburg 1979.

Gretchen Wohlwill

1 Gretchen Wohlwill: Lebenserinnerungen einer Hamburger Malerin. Bearbeitet von Hans-Dieter Loose. Hamburg 1984.

2 Mappe „Nachlaß Ruben". Staats- und Universitätsbibliothek Hamburg Carl von Ossietzky. Handschriftenabteilung.

3 Zitiert nach: Maike Bruhns (Hrsg.): Gretchen Wohlwill eine jüdische Malerin der Hamburgischen Sezession. Hamburg 1989.

4 Die Wandbilder wurden 1993 freigelegt und restauriert.

5 Geschriebene Selbstportraits. In: Der Kreis. Zeitschrift für künstlerische Kultur. Hrsg. v. d. Hamburger Bühnen. Nr. 10. 1933.

Frieda Matthaei-Mitscherlich

1 Zitiert nach: Magdalena Bushart: Der Formsinn des Weibes. In: Profession ohne Tradition. 125 Jahre Verein der Berliner Künstlerinnen. Hrsg. von der Berlinischen Galerie Museum für Moderne Kunst, Photographie und Architektur. o. O. 1992.

Anita Rée

1 Mappe „Nachlaß Ruben". Staats- und Universitätsbibliothek Hamburg Carl von Ossietzky. Handschriftenabteilung.

2 Hildegard und Carl Georg Heise (Hrsg.): Anita Rée 1885 Hamburg 1933. Ein Gedenkbuch von ihren Freunden, mit Beiträgen von Carl Georg Heise, Friedrich Ahlers-Hestermann, Fritz Schumacher und Gustav Pauli. Hamburg 1969.
Vgl.: Maike Bruhns: Leben und Werk einer Hamburger Malerin 1885–1933. Hamburg 1986.

Dorothea Maetzel-Johannsen

1 Der Kreis. Zeitschrift für künstlerische Kultur. Hrsg. v. d. Hamburger Bühnen. Nr. 8. 1931.

2 Zitiert nach: Mathias F. Hans (Hrsg.): Dorothea Maetzel-Johannsen 1886–1930. Monographie und kritischer Werkkatalog. Hamburg 1986.

Anne-Marie Vogler

1 Unveröffentlichter Nachlaß. Privatbesitz.

2 Inzwischen ist ein Katalog erschienen: Emma Vogler (Hrsg.): Anne-Marie Vogler. Leben und Werk. Mit einem Beitrag von Brita Reimers. Hamburg 1996.

Rosemarie Clausen

1 Theatermenschen: Leben und Meinungen der Fotografin Rosemarie Clausen. In: Theater heute. Heft 8. 1975.

2 Undatiertes Zitat aus einem Typoskript von Fritz Kempe. Zitiert nach: Rosemarie Clausen. Ingeborg Sello. Zwei Hamburger Photographinnen. Mit Beiträgen von Rüdiger Joppien und Manfred Sack. Hamburg 1988.

3 Joachim Kaiser: Triumph für Schiller und Gründgens. Die Aufführung des Monats: Don Carlos im Hamburger Deutschen Schauspielhaus. In: Theater heute. Januar 1963.

4 Zeitungsausschnittsammlung. Staatsarchiv Hamburg.

Musikerinnen

1 Zitiert nach: Rolf Italiaander, Besinnung auf Werke. Persönlichkeiten in Hamburg nach dem Krieg. Hamburg 1984.

Wilhelmine Marstrand

1 Tages-Neuigkeiten. Zeitungsausschnittsammlung. Staatsarchiv, Hamburg.

Edith Weiss-Mann

1 Diesen Hinweis verdanke ich einer Schülerin von Edith Weiss-Mann, der Komponistin Felicita Kukuck.

2 Irmgard Schumann-Reye: Edith Weiss-Mann (1885–1951). In: Hamb. Geschichts- und Heimatblätter. Bd. XI. 8. Dezember 1985.

3 Erich Lüth: Hamburger Theater 1933–1945. Ein Theatergeschichtlicher Versuch. Hrsg. von der Theatersammlung der Hamburgischen Universität. Hamburg 1962.

Ilse Fromm-Michaels

1 Karl Grebe: Lebenswerk einer Komponistin. In: Zwanzig. Jahrbuch. Freie Akademie der Künste in Hamburg. Hamburg 1968.

2 Frank Wohlfahrt: Eigenständige Phantasie. Ilse Fromm-Michaels zur Vollendung ihres 75. Lebensjahres. In: Antworten. Jahrbuch. Freie Aka-

demie der Künste in Hamburg. Hamburg 1963.
3 Brief an mich [B.R.] vom 3.6.1996.

Schriftstellerinnen

Elisabeth Campe
1 C. Mönckeberg: Frau Elisabeth Campe, geb. Hoffmann. Hamburg 1874.
2 Elise Campe: Franz August Gottlob Campe. In: Neuer Nekrolog der Deutschen. Teil 2. Jg. 14. 1836. Weimar 1838
3 Zur Erinnerung an F. L. W. Meyer, den Biographen Schröder's, 2 Theile. Braunschweig 1847.

Sophie Dethleffs
1 Die Schreibweise des Namens ist unterschiedlich. In einem in der Handschriftenabteilung der Staats- und Universitätsbibliothek aufbewahrten Brief unterschreibt sie selbst mit ff.
2 Klaus Groth: Sophie Dethlefs un ik. In: Sämtliche Werke. Hrsg. von Ivo Braak und Richard Mehlem. Bd. 4. Heide/Holstein 1981.
3 Zitiert nach: Sophie Dethleffs: Gedichte. Hrsg. von Michael Töteberg. Heide/Holstein 1989. (Der Band enthält ein Werkverzeichnis).

Marie Hirsch
1 Unveröffentlicher Nachlaß. Staats- und Universitätsbibliothek. Handschriftenabteilung.
2 Adalbert Meinhardt: Das Leben ist golden. Drei Novellen. Berlin 1897.
3 Adalbert Meinhardt (Marie Hirsch). In: Mitteilungen der Literarhistorischen Gesellschaft. Heft 7. 2. Jg. 1907.
4 Zitiert nach: Richard Dohse (Hrsg.): Meerumschlungen. Frankfurt a.M. 1907. Reprint 1985.
5 Adalbert Meinhardt: Catarina. Das Leben einer Färberstochter. Berlin 1902.

Werke:
Reisenovellen. Berlin 1885.
Vier Novellen. Braunschweig 1887.
Weshalb? Neue Novellen. Braunschweig 1889.
Reise- und Heimats-Novellen. Berlin 1891.
Das blaue Buch. Märchen und Skizzen. Berlin 1892.
Heinz Kirchner. Aus den Briefen einer Mutter an ihre Mutter. 1893 (41906).
Mimen. Moderne Zwiegespräche. Leipzig 1895.
Norddeutsche Leute. Novellen. Berlin 1896. (21898)
Das Leben ist golden. Drei Novellen. Berlin 1897.
Stillleben. Berlin 1898.
Allerleirauch. 1900.
Catarina. Das Leben einer Färberstochter. Berlin 1902.
Mädchen und Frauen. Berlin 1903.

Frau Hellfrieds Winterpost. Berlin 1904.
Glücksuchende Menschen. Berlin 1907.
Favara. Trauerspiel in drei Akten. Leipzig 1909.
Ein Regentag. Geschichte eines Mahagonistammes. 2 Novellen. Leipzig 1910.
Aus vieler Herren Länder. Ausgewählte Aufsätze. Leipzig 1912.

Übersetzungen:
Ausgewählte Legenden und Gedichte aus dem Spanischen. Leipzig 1880.
Miranda. Von Antonio Fogazzaro. Aus dem Italienischen. Leipzig 1881.

Hertha Borchert
1 Hertha Borchert: Noch ins weller Platt. In: Quickborn. Nr. 1. 46. Jg. Hamburg 1969.
2 Hertha Borchert: Vergangenes Leben. Wolfgang-Borchert-Archiv. Unveröffentlichtes Manuskript.
3 Ein vollständiges Werkverzeichnis, von Jürgen Meier und Irmgard Schindler erstellt, findet sich im Jahresheft der Internationalen Wolfgang-Borchert-Gesellschaft e.V. Heft 6. (1994).
4 Hertha Borchert: Ruf der Mütter. In: Barbara Nordhaus-Lüdecke (Hrsg.): Der Ruf der Mütter. München 1948.
5 Vgl.: Claus B. Schröder: Draußen vor der Tür. Eine Wolfgang-Borchert-Biographie. Berlin 1988.

Hamburger Originale

Zitronenjette
1 Paul Möhring: Die Hamburger Originale. Hamburg o. J.
2 Emilie Weber: Meine Jugenderinnerungen von 1836 bis 1851. Leipzig 1901.
Vgl.: Johannes Sass: Hamburger Originale und originelle Hamburger. Hamburg 1962.

Vogeljette
1 Hans Ross: Die Vogel-Jette. In: Blätter aus St. Georg, Nr. 1. 1978.

Zuwanderinnen

Emily Ruete
1 Annegret Nippa (Hrsg.): Emily Ruete geb. Prinzessin Salme von Oman und Sansibar, Leben im Sultanpalast. Memoiren aus dem 19. Jahrhundert. Frankfurt a. M. 1989.
Vgl.: Am Familientische – Eine afrikanisch-europäische Liebesgeschichte. In: Daheim – Ein deutsches Familienblatt mit Illustrationen. Jg. VII. No. 47. Leipzig 19. August 1871.

Renata Scholz-Forni

1 Paul Theodor Hoffmann: Die Scholz-Forni und ihre Anverwandten. Hamburg 1941.

Frauenerwerbsarbeit

Marianne Prell

1 Marie Zacharias: Familien-, Stadt- und Kindergeschichten. Hamburg 1954.
2 Paul Hertz: Unser Elternhaus. Hamburg 1913.

Johanna Mestorf

1 Nicolaus Detlefsen: Johanna Mestorfs Grab auf dem Ohlsdorfer Friedhof in Hamburg. In: Die Heimat, Nr. 9/10. Jg. 82. 1975.

Hedwig von Schlichting

1 Theodor Rumpf: Lebenserinnerungen von Prof. Dr. Th. Rumpf. Bonn 1925.
Vgl.: Hedwig von Schlichting: Der Schwestern-Verein der Hamburgischen Staatskrankenanstalten. In: Das Rothe Kreuz. Central Organ. Jg. XIX, Nr. 3. Berlin 1. Februar 1901.
Vgl.: Ursula Weisser (Hrsg.): 100 Jahre Universitätskrankenhaus Eppendorf. Tübingen 1989.

Schwestern-Verein der Hamburgischen Staatskrankenanstalten

1 Jahrbücher der Hamburger Staatskrankenkassen. Bd. IV. Jg. 1983/94. 2. Teil.
2 Ursula Weisser (Hrsg.): 100 Jahre Universitätskrankenhaus Eppendorf. Tübingen 1989.

Dorothea Christiansen

1 Henny Wiepking: Frau Dorothea Christiansen. (Staatsarchiv Hamburg, Zeitungsausschnittssammlung.)

Erna Mohr

1 Zeitschrift für Säugetiere, Bd. 33. 1968.

Hedwig Brandt

Vgl: Ernst Günther: Sarrasani wie er wirklich war. Berlin 1984.

Erna Stahl

1 Zwei Ansprachen bei der Trauerfeier für Erna Stahl am 27. Juni 1980. (Unveröffentlichte Manuskripte.)
Vgl.: Albert Schweitzer Schule Hamburg 1950–1975. Festschrift zum fünfundzwanzigjährigen Bestehen.
Vgl.: Angela Bottin: Katalog zur Ausstellung „Enge Zeit" im Auditorium Maximum der Universität Hamburg vom 23. Februar bis 4. April 1991.
Vgl.: Heinrich Christian Meier (Hrsg.): Die Lichtwarkschule. Selbstverlag 1975.
Vgl.: Erna Stahl (Hrsg.): Jugend im Schatten von gestern. Aufsätze Jugendlicher zur Zeit. Hamburg 1948.

Vgl.: Erna Stahl: Ansprache anläßlich des Besuches von Albert Schweitzer in Hamburg. Unveröffentlichtes Manuskript 1959.

48er Rebellinnen

1 Inge Grolle: Demokratie ohne Frauen in Hamburg um 1848? Hamburg 1988.
2 Inge Grolle: „Auch Frauen seien zulässig". Die Frauensäule im Hamburger Rathaus. Erscheint 1997 als Aufsatz in der von der Landeszentrale für politische Bildung herausgegebenen Publikation: „Auf den zweiten Blick" zum 100. Geburtstag des Hamburger Rathauses.

Charlotte Paulsen

1 Inge Grolle: „Auch Frauen seien zulässig". Die Frauensäule im Hamburger Rathaus. Erscheint 1997 als Aufsatz in der von der Landeszentrale für politische Bildung herausgegebenen Publikation: „Auf den zweiten Blick" zum 100. Geburtstag des Hamburger Rathauses.
2 Marie Kortmann: Emilie Wüstenfeld. Eine Hamburger Bürgerin. Hamburg 1927.
Vgl.: Inge Grolle: Die Schule des Paulsen-Stifts – ein Denkmal für Charlotte Paulsen – ein Erbe der Frauenbewegung. In: Charlotte Paulsen Gymnasium, Hamburg Wandsbek, 125 Jahre Schule des Paulsen-Stifts, 75 Jahre Lyzeum Wandsbek. Hamburg 1991.

Emilie Wüstenfeld

1 Marie Kortmann: Emilie Wüstenfeld. Eine Hamburger Bürgerin. Hamburg 1927.
2 Ingeborg Grolle: Demokratie ohne Frauen? Fraueninitiativen in Hamburg um 1848. In: Inge Stephan, Hans-Gerd Winter (Hrsg.): Heil über Dir, Hammonia, Hamburg 1992, S. 319–344.
3 Ursula Randt: Die Erinnerungen der Emma Isler. o. O. 1986.
4 Marie Kortmann: Aus den Anfängen sozialer Frauenarbeit. Hamburg 1920.
Vgl.: Elke Kleinau: Die „Hochschule für das weibliche Geschlecht" und ihre Auswirkungen auf die Entwicklung des höheren Mädchenschulwesens in Hamburg. In: Zeitschrift für Pädagogik 36, 1990, Nr. 1.

Bertha Traun

1 Ingeborg Grolle: Demokratie ohne Frauen in Hamburg um 1848?. Hamburg 1988. Und: Ingeborg Grolle: Demokratie ohne Frauen? Fraueninitiativen in Hamburg um 1848. In: Inge Stephan, Hans-Gerd Winter (Hrsg.): „Heil über dir, Hammonia" Hamburg im 19. Jhd. Hamburg 1992.

2 Ursula Randt: Die Erinnerungen der Emma Isler. o. O. 1986.
3 StA: Ulla Manz: Fröbels Schülerin Amalie Krüger und ihr Wirken in Hamburg. (Maschinen-
schrift.)

Erbinnen der 48er Revolution

1 Allgemeiner Deutscher Frauenverein, Ortsgruppe Hamburg: „Leben ist Streben". 1896–1921.
2 Karen Hagemann, Jan Kolossa: Gleiche Rechte
– Gleiche Pflichten? Hamburg 1990.

Anna Wohlwill
Vgl.: Inge Grolle: Die Schule des Paulsen-Stifts –
ein Denkmal für Charlotte Paulsen – ein Erbe
der Frauenbewegung. In: Charlotte Paulsen
Gymnasium, Hamburg Wandsbek, 125 Jahre
Schule des Paulsen-Stifts, 75 Jahre Lyzeum
Wandsbek. Hamburg 1991.

Agnes Wolffson
1 Renate Hauschild-Thiessen: Agnes Wolffson.
In: Hamburgische Geschichts- und Heimatblätter, Bd. 10. 1981, H. 9. Hamburg 1980.

Klara Fricke
Vgl.: Karen Hagemann, Jan Kolossa: Gleiche
Rechte – Gleiche Pflichten? Hamburg 1990.
Vgl.: Klara Fricke zum 4. Februar 1941. Fest-
schrift anläßlich ihres siebzigsten Geburtstags,
Hamburg 1941.

Hanna Glinzer
1 Elke Kleinau: Die „Hochschule für das weibliche Geschlecht" und ihre Auswirkungen auf die
Entwicklung des höheren Mädchenschulwesens in Hamburg. In: Zeitschrift für Pädagogik
36, 1990, Nr. 1.

Emma Ender
1 Helmut Stubbe-da Luz: Die Stadtmütter Ida
Dehmel, Emma Ender, Margaretha Treuge.
Hamburgische Lebensbilder in Darstellungen
und Selbstzeugnissen. Hrsg. v. Verein für Ham-
burgische Geschichte Bd. 7. Hamburg 1994.
Vgl.: „Kämpferin für das Recht der Frauen". In:
Die Welt vom 2.8.1948.

Margaretha Treuge
Vgl.: Helmut Stubbe-da Luz: Die Stadtmütter:
Ida Dehmel, Emma Ender, Margaretha Treuge.
Hamburgische Lebensbilder in Darstellungen
und Selbstzeugnissen. Hrsg. vom Verein f. Ham-
burgische Geschichte. Bd. 7. Hamburg 1994.

Grete Zabe
Vgl.: Karen Hagemann, Jan Kolossa: Gleiche
Rechte – Gleiche Pflichten? Hamburg 1990.

Johanne Reitze
1 Karen Hagemann, Jan Kolossa: Gleiche Rechte
– Gleiche Pflichten, Hamburg 1990.

Emmy Beckmann
1 Vgl.: Helmut Stubbe-da Luz: Emmy Beckmann,
Hamburgs einflußreichste Frauenrechtlerin.
In: Zeitschrift des Vereins für Hamburgische
Geschichte 73, 1987.

Magda Hoppstock-Huth
1 Karen Hagemann, Jan Kolossa: Gleiche Rechte
– Gleiche Pflichten? Hamburg 1990.
2 Ursel Hochmuth, Gertrud Meyer: Streiflichter
aus dem Hamburger Widerstand 1933–1945.
Frankfurt a.M. 1969.
Vgl.: Ansprache von Anna Rieper anläßlich des
Todes von Magda Hoppstock-Huth auf der Jah-
resmitgliederversammlung der IFFF Hamburg
im September 1959. In: IFFF, Nachlaß Magda
Hoppstock-Huth.

Alice Wosikowski
Vgl.: Ein tapferes Leben ist erfüllt. Trauerfeier-
lichkeiten für Alice Wosikowsky. In: Hamburger
Volkszeitung, April 1949.

Dora Hansen-Blancke
1 Erster Tätigkeitsbericht der Hamburgischen
Frauenhilfe 1923, Hamburg 1925.
2 Karen Hagemann, Jan Kolossa: Gleiche Rechte
– Gleiche Pflichten? Hamburg 1990.

Gewerkschafterinnen

Vgl.: Die „Produktion in Hamburg" 1899–1920.
Hamburg o. J.

Annie Kienast
1 Anni Kienast: Wie ich Gewerkschafterin wurde.
In: Frauenstimme der DAG, Nr. 9. September
1955.
2 Frauen im Faschismus. Frauen im Widerstand,
Hamburger Sozialdemokratinnen berichten.
Hrsg. von der AsF Hamburg o. J.
Vgl.: Anni Kienast: Die Frau und die Gewerkschaft. In: Gewerkschaftliche Frauenzeitung
vom 19.7.1921.

Mitglieder der Hamburgischen Bürgerschaft

Elisabeth Seifahrt
Vgl.: Karen Hagemann, Jan Kolossa: Gleiche
Rechte – Gleiche Pflichten? Hamburg 1990.

Gertrud Lockmann

1 Karen Hagemann, Jan Kolossa: Gleiche Rechte – Gleiche Pflichten? Hamburg 1990.

Dr. Elsbeth Weichmann

1 Mitteilung des Staatsarchives Hamburg anläßlich der Verleihung der Bürgermeister-Stolten-Medaille für Dr. Elsbeth Weichmann, 1984.

Magda Langhans

Vgl. auch: Die erste vor dem Tribunal. In: Die Welt vom 15.1.1949.

Marta Damkowski

1 Frauen im Faschismus. Frauen im Widerstand, Hamburger Sozialdemokratinnen berichten. Hrsg. von der AsF Hamburg o. J.

Widerstandskämpferinnen – Frauen im Kampf gegen das Naziregime

1 Werner Johe: Die unFreie Stadt Hamburg 1933-1945". Hamburg. o. J.

Margarethe Hoefer

1 Dietrich Rothenberg: Margarethe Hoefer. „Du stehst nicht allein." In: Ursel Hochmuth, Hans-Peter De Lorent: Schule unterm Hakenkreuz. Hamburg 1985.

Gertrud Meyer

1 Mathijs C. Wiessing (Hrsg.): Gertrud Meyer – Die Frau mit grünen Haaren. Erinnerungen von und an G. Meyer. Hamburg 1978.

Magda Thürey

Vgl.: Gedenken heißt nicht schweigen. 11 neue Straßen in Niendorf zu Ehren von Frauen und Männern des Widerstandes. Schüler des Gymnasiums Ohmoor informieren. Gymnasium Ohmoor 1984.

Vgl.: Edith Burgard: Magda Thürey. „.... und lehren, den Krieg zu verabscheuen". In: Ursel Hochmuth, Hans-Peter de Lorent (Hrsg.): Hamburg. Schule unterm Hakenkreuz. Hamburg 1985.

Vgl.: Ursel Hochmuth, Gertrud Meyer: Streiflichter aus dem Hamburger Widerstand 1933–1945. Frankfurt a. M. 1969.

Yvonne Mewes

1 Gerhard Hoch: Yvonne Mewes. „Warten, daß ich mich ins Unrecht setze..." In: Ursel Hochmuth, Hans-Peter De Lorent (Hrsg.): Schule unterm Hakenkreuz. Hamburg 1985.

2 Ursel Hochmuth, Gertrud Meyer: Streiflichter aus dem Hamburger Widerstand 1933–1934. Frankfurt a. M. 1969.

Irene Wosikowski

1 „Mutter, ich bleibe unserer Sache treu". Irene Wosikowski. Eine Dokumentation der DKP-Kreisorganisation Hamburg-Wandsbek, Mai 1985.

Erika Etter

1 Ursel Hochmuth, Gertrud Meyer: Streiflichter aus dem Hamburger Widerstand 1933–1934. Frankfurt a. M. 1969.

Jüdische und andere Opfer des Naziregimes

1 Hamburger jüdische Opfer des Nationalsozialismus. Gedenkbuch. Bearbeitet von Jürgen Sielemann unter Mitarbeit von Paul Flamme. Hamburg 1995. (Veröffentlichungen aus dem Staatsarchiv der Freien und Hansestadt Hamburg Bd. XV.)

Olga Kaufmann und Anna Blumenfeld

1 Herbert Diercks: Friedhof Ohlsdorf. Auf den Spuren von Naziherrschaft und Widerstand. Hrsg. von der Willi-Bredel-Gesellschaft Geschichtswerkstatt e. V. Hamburg. Hamburg 1992.

Prof. Dr. Agathe Lasch

1 Akte Agathe Lasch in der Hamburger Bibliothek für Universitätsgeschichte.

2 Claudine de l'Aigle: Agathe Lasch. Aus ihrem Leben. In: Jahrbuch des Vereins für niederdeutsche Sprachforschung, Jg. 82. 1959.

3 Jürgen Meier: Gedenken an Agathe Lasch. In: Uni-hh, Nr. 5, 1979.

4 Wolfgang Bachofer, Wolfgang Beck: Deutsche und niederdeutsche Philologie. Das Germanische Seminar zwischen 1933 bis 1945. In: Eckart Krause u.a. (Hrsg.): Hochschulalltag im 'Dritten Reich'. Die Hamburger Universität 1933–1945. Teil II: Philosophische Fakultät. Rechts- und Staatswissenschaftliche Fakultät. Berlin, Hamburg 1991.

5 Conrad Borchling: Agathe Lasch zum Gedächtnis. Ansprache auf der Jahresversammlung des Vereins für niederdeutsche Sprachforschung zu Goslar am 28. September 1946. In: Niederdeutsche Mitteilungen, Jg. 2, 1946.

Dr. Martha Muchow

1 Angela Bottin: Enge Zeit, Spuren Vertriebener und Verfolgter der Hamburger Universität. Berlin 1992.

Bildnachweis

Privatbesitz
Julie de Boor, Hedwig Brandt, Rosemarie
Clausen, Magda Hoppstock-Huth, Clara
Klabunde, Charlotte Kramm (mit Sohn
Peter), Dorothea Maetzel-Johannsen, Frieda
Matthaei-Mitscherlich, Erna Mohr, Erna
Stahl, Anne-Marie Vogler, Charlotte Walner-
von Deuten.

Institutionen und Archive
Archiv Dr. Maike Bruhns im Warburg-Haus,
  Hamburg: Alma del Banco
Archiv Eduard-Bargheer-Haus, Hamburg:
  Gretchen Wohlwill.
Archiv der sozialen Demokratie der
  Friedrich-Ebert-Stiftung, Bonn:
  Johanne Reitze, Grete Wöhrmann.
Axel Springer Archiv, Hamburg: Anni
  Ahlers, Ilona Bodden (Foto: du Vinage),
  Charlotte Rougemont (Hamburger
  Abendblatt), Henny Wolff (Foto:
  Rosemarie Clausen).
Gedenkstätte Ernst Thälmann, Hamburg:
  Irene Wosikowski.
Hamburger Kunsthalle: Elisabeth Hudt-
  walcker (Gemälde: Jean Laurent
  Mosnier, Foto: Elke Walford), Emmy
  Ruben (Gemälde: Karl Kluth, 1942/43),
  Pauline Runge (Gemälde: Philipp Otto
  Runge, 1810), Amelie Ruths (Foto:
  Elke Walford), Marie Zacharias
  (Gemälde: Karl Walter Leopold Graf
  von Kalckreuth, 1904).
Hamburger Theatersammlung, Universität
  Hamburg: Mita von Ahlefeldt (als
  Berte in Ibsens „Hedda Gabler", Thalia
  Theater, 1944, Foto: Erika Brauer),
  Karli Bozenhard, Gisela von Collande
  (Foto: Rosemarie Clausen), Ida Ehre
  (als Hekuba in Werfels „Die Troerin-
  nen", Hamburger Kammerspiele 1947.
  Foto: Rosemarie Clausen). Charlotte
  Frohn, Martha Hachmann-Zipser,
  Caroline Herzfeld, Clara Horn, Mirjam
  Horwitz (Foto: E. Bieber), Katharina
  Klafsky (als Brünnhilde in Wagners
  „Ring der Nibelungen", Hamburger
  Stadttheater, um 1890), Lotte Klein-
  Fischer, Hilde Knoth (als Recha in
  Lessings: „Nathan der Weise", Foto:
  Mocsigay), Caroline Lebrun.
Hamburgische Staatsoper:
  Olga Brandt-Knack.
Musikwissenschaftliches Institut, Universität
  Hamburg: Ilse Fromm-Michaels,
  Edith Weiss-Mann.
Ohnsorg-Theater, Hamburg:
  Magda Bäumken.
Staatsarchiv, Hamburg: Helene Bonfort,
  Magda Langhans, Caroline Lebrun,
  Gertrud Lockmann, Marie Kortmann,
  Elisabeth Pape, Elisabeth Seifahrt,
  Bertha Wendt, Dr. Elsbeth Weichmann
  (Conti-Press), Paula Westendorf, Alice
  Wosikowski.
Warburg Institute, London: Mary Hertz.
Wolfgang-Borchert-Archiv in der Staats- und
  Universitätsbibliothek Carl von Ossietzky,
  Hamburg: Hertha Borchert.

Publikationen
Andrist, Marilen: Das St. Pauli-Theater.
  Hamburg 1991. (Lotte Mende, Christa
  Siems-Raider, Anna Simon).
Bauche, Ulrich u.a. (Hrsg.): Wir sind die
  Kraft. Arbeiterbewegung in Hamburg
  von den Anfängen bis 1945. Hamburg
  1988 (Erika Etter, Magda Thürey)
Berglar, Peter: Matthias Claudius in Selbst-
  zeugnissen und Bilddokumenten.
  Reinbek bei Hamburg. 5. Aufl. 1992
  (Caroline Perthes, anonymes Gemälde).
Bottin, Angela: Enge Zeit. Berlin, Hamburg
  1992. (Agathe Lasch).
Bruhns, Maike: Anita Rée. Leben und Werk
  einer Hamburger Malerin. 1885–1933.
  Hamburg 1986. (Anita Rée).
Detlefsen, Nicolaus: Johanna Mestorfs
  Grab auf dem Ohlsdorfer Friedhof in
  Hamburg. In: Die Heimat, Nr.9/10.
  Jg.82. 1975. (Johanna Mestorf).
Deutsches Geschlechterbuch 23. Hbg.
  4. 1913. (Hannchen Sieveking).

Dirksen, Victor: Ein Jahrhundert Hamburg. 1800–1900. München 1926. (Sophie Reimarus).

Festschrift zur Hundertjahrfeier der Charlotte-Paulsen-Schule. Hamburg-Wandsbek, im November 1966. (Hanna Glinzer, Charlotte Paulsen, Anna Wohlwill).

Frauen folgen der Fahne. Pionierinnen der Heilsarmee. Kurzbiographien. Bern o.J. (Hedwig von Tavel-Haartmann)

Grolle, Inge, Bake, Rita: „Ich habe Jonglieren mit drei Bällen geübt." Frauen in der Hamburgischen Bürgerschaft. 1946 bis 1993. Hamburg 1995. (Emmy Beckmann, Elsa Teuffert)

Hagemann, Karen, Kolossa, Jan: Gleiche Rechte – Gleiche Pflichten. Hamburg 1990. (Marta Damkowski, Dora Hansen-Blancke, Anni Kienast, Grete Zabe).

Hochmuth, Ursel, de Lorent, Hans-Peter: Hamburg unterm Hakenkreuz. Hamburg 1985. (Yvonne Mewes).

Hoffmann, Paul Th.: Die Scholz-Forni und ihre Anverwandten. Hamburg 1941. (Renata Scholz-Forni).

Jaacks, Gisela. Gesichter und Persönlichkeiten. Bestandskatalog der Porträtsammlung im Museum für Hamburgische Geschichte. I: Ölgemälde, Pastelle, Miniaturen, Aquarelle und Zeichnungen. Hamburg 1992. [Minna Froböse (Gemälde: O. Herrfurth, 1916), Toni Petersen (Gemälde: Julie de Boor, 1911), Ebba Testorpf (Gemälde: Julie de Boor, 1909)].

Kortmann, Marie: Emilie Wüstenfeld. Hamburg 1927. (Emilie Wüstenfeld).

Kraus, Karl (Hrsg.): Die Fackel. Bd. 85. Wien 1932. (Annie Kalmar).

Kruse, Joseph A.: „Sehr viel von meiner mütterlichen Familie" (H. Heine). Geschichte und Bedeutung der van Gelderns. Mit 5 Abbildungen und 5 Stammtafeln. In: Düsseldorfer Jahrbuch 61. 1988. S. 79–118. (Betty Heine).

Litzmann, Berthold: Friedrich Ludwig Schröder. Ein Beitrag zur deutschen Litteratur- und Theatergeschichte. 1. Teil. Hamburg, Leipzig. 1890–1894. (Anna Christina Schröder).

Lüders, Barbara: Mutter der Heimatlosen. Hamburg 0.J. (Bertha Keyser).

Meinhardt, Adalbert: Aus vieler Herren Länder. Ausgewählte Aufsätze. Leipzig 1912. (Marie Hirsch).

Möhring, Paul: Drei Hamburger Originale. Hamburg o.J. (Zitronenjette).

Nippa, Annegret (Hrsg.): Emily Ruete geb. Prinzessin Salme von Oman und Sansibar, Leben im Sultanpalast. Memoiren aus dem 19. Jahrhundert. Frankfurt a. M. 1989. (Emily Ruete).

Die „Produktion in Hamburg" 1899–1920. Hamburg o.J. (Helma Steinbach).

Schönwald, Alfred: Das Thalia-Theater in Hamburg von 1843 bis 1893. Festschrift zur Feier des 50jährigen Bestehens dieses Kunstinstitutes. Hamburg 1893. (Julie Herrmann).

Schramm, Percy Ernst: Gewinn und Verlust. Hamburg o.J. (Anna Jencquel).

Sello, Thomas (Hrsg.): „Auch eine Art Hotel". Ingeborg Sello: Fotos für das Feuilleton. Hamburg 1996. (Elena Luksch-Makowski, Foto: Ingeborg Sello).

Stöckemann, Patricia: Lola Rogge. Pädagogin und Choreographin des Freien Tanzes. Wilhelmshafen 1991. (Lola Rogge).

Stubbe-da Luz, Helmut: Die Stadtmütter. Hamburg 1994. (Emma Ender, Margaretha Treuge).

Tormin, Julie und Albert, Emily (Hrsg.): Philine Tormin. Ein Gedenkbuch. Hamburg 1924. (Philine Leudesdorff-Tormin).

Weisser, Ursula (Hrsg.): 100 Jahre 1889–1989 Universitätskrankenhaus Eppendorf. Tübingen 1989. (Hedwig von Schlichting).

Wessing, Mathiys C.: Gertrud Meyer – Die Frau mit den grünen Haaren. Hamburg 1978. (Getrud Meyer).

Namensverzeichnis

An diesem Buch wirkten mit:

Rita Bake (geb. 1952 in Bremerhaven). Diplom-Bibliothekarin, Dr. phil., Studium an der Fachhochschule Hamburg, Fachbereich Bibliothekswesen. Studium der Sozial- und Wirtschaftsgeschichte, der deutschen Altertums- und Volkskunde, der Vor- und Frühgeschichte. Mitarbeit an Ausstellungen. Vorträge und Veröffentlichungen auf dem Gebiet der Frauengeschichte. Referentin in der Landeszentrale für politische Bildung in Hamburg.

Kay Lichtenber (geb. 1948 in Göttingen). Seit 1971 in Hamburg. Gärtnermeister und Diplom-Volkswirt. Seit 1986 Mitglied des Vereins für Hamburgische Geschichte. Umfangreiche Recherchen über die Ruhestätten und den Verbleib verstorbener Hamburger Persönlichkeiten zum Zwecke des Aufbaus eines Privatarchivs. In diesem Zusammenhang freie Mitarbeit bei der Erstellung der Prominentenliste des Friedhofs Ohlsdorf, 1991, und darüber hinaus gelegentliche Unterstützung bei schriftlichen Anfragen an die Friedhofsverwaltung.

Brita Reimers (geb. 1949 in Rieseby/Schleswig-Holstein). Studium der Literaturwissenschaften, Philosophie und Sprachwissenschaften. Freie Lektorin. Mitarbeit an Ausstellungen und Veröffentlichungen zu Themen der Kultur- und Kunstgeschichte.

»Die Mannsleute nehmen sich auch da [auf einem Ball] Freyheiten, die sich mit der reinen, zarten Knospe jungfräulicher Keuschheit nicht vertragen.«   Margarethe Milow

Margarethe E. Milow
Ich will aber nicht murren
Lebenserinnerungen
Mit einem Universalregister
der Sach- und Gefühlswelt
Herausgegeben von Rita
Bake und Birgit Kiupel
480 Seiten
50 Abbildungen
gebunden
ISBN 3-926174-62-5
DM 48 / öS 350 / sFr 46

Das Buch erzählt die spannende Lebensgeschichte Margarethe E. Milows (1748–1794), einer der wenigen Nichtadligen aus dem 18. Jahrhundert, die ihr Leben aufgeschrieben haben. Die Tochter des reichen Hamburger Kaufmannes Hudtwalcker verliebt sich in den Kontorsbediensteten Octav, wird aber – zunächst gegen ihren Willen – vom Vater mit einem Prediger verheiratet. Sie erlebt elf Geburten, erkrankt im Alter von 43 Jahren an Brustkrebs und muß eine Operation über sich ergehen lassen.

»Was ist das für ein Buch? Ein Dokument? Ein Bund Kulturgeschichte, Alltags- Sozialgeschichte? Margarethe Elisabeth Milows 'Vermächtnis' ist alles das, aber eben doch noch ein bißchen mehr, ja, ein bißchen mehr. Nämlich, ein naives Meisterwerk, ein endlich, glücklich gehobener Schatz der deutschen Literatur. Eine gerettete Stimme.«

DIE ZEIT

»Zum Clou wird die schöne Ausgabe durch das Lexikon.«
Hamburger Abendblatt

»Aber ich kann mich erinnern, daß ich während der Revolution, da war ich 13, die Portraits des Kaisers und der Königin Luise im Salon ansah und zu Mutter sagte: ‚Was machen die hier? Sie sind lächerlich. Sie müssen verschwinden.‘ Mutter sagte nur: ‚Wie schade, sie sind so hübsch gerahmt‘.« Gertrud Catts

Marion Kaplan
Jüdisches Bürgertum
Frau, Familie und Identität
im Kaiserreich
Übersetzt von Ingrid Strobl
408 Seiten
15 s/w-Abbildungen,
broschiert
ISBN 3-930802-08-2
DM 34/öS 252/sFr 33

Dieses Standardwerk der Historikern Marion Kaplan, 1991 erschienen unter dem Titel »The Making of the Jewish Middle Class«, zeigt eine bisher vernachlässigte, überraschende Sicht auf die Geschichte der deutschen Juden. Es ist den jüdischen Frauen der Jahre zwischen 1871 und 1918 gewidmet. Aus einer Vielzahl von historischen Quellen, Lebenserinnerungen, Briefen, Interviews und statistischem Material gelingt es der Autorin, ein historisches Panorama zu destillieren, mit dem Ziel, die Frauen in das Zentrum der Darstellung der jüdischen Geschichte und der Entstehung des jüdischen Bürgertums zu rücken.

Dieses Buch ist erschienen als Band 3 der Studien zur jüdischen Geschichte, herausgegeben vom Institut für die Geschichte der deutschen Juden

»*Quitten und Hausfrauenehrgeiz –*
grüne Stachelbeeren und goldgelber Auflauf –
lilium auratum – *Goethe und Gartenlaube.*«

Alma de l'Aigle

Alma de l'Aigle
Ein Garten
184 Seiten
22 Farbabbildungen
leinengebunden
ISBN 3-930802-39-2
DM 39,80/öS 291/sFr 38,80

Angesichts der sich stark verändernden Großstadtland
schaft, vor dem Hintergrund der Zerstörungen des
2. Weltkrieges schrieb Alma de l'Aigle ein Buch über den
Garten ihrer Kindheit, das 1948 erstmals bei Classen &
Goverts erschien, heute aber in Antiquariaten vergeblich
gesucht wird. Alma de l'Aigle erzählt mit einer Leichtigkeit
und Natürlichkeit, daß man glaubt, die Düfte zu riechen und
die Gemüse und Früchte zu schmecken. Die Lektüre dieses
Buches ermöglicht die emotionale und praktische Wiederan-
eignung einer schon aufgegebenen Alltagswelt und das Ein-
tauchen in die Welt der Natur.
Das Vorwort erzählt die Vorgänge um die drohende Zerstörung und teilweise Rettung dieses Gartens, die im Jahr 1988
öffentliches Aufsehen erregte. So schafft dieses Buch auch
Einblicke in den öffentlichen Umgang mit Natur und Landschaft. Das Nachwort informiert über das Leben einer ungewöhnlichen Frau.

*»Im Zuge der Auseinandersetzung tauchte auch das vergrif-
fene Buch wieder auf, dessen Neuauflage als ein biblio-
grafischer Glücksfall zu betrachten ist.«*
Hamburger Abendblatt

»Meine Auftritte beim Derby in Horn auf dem Sattelplatz waren jedenfalls ganz groß.«

Martha Hückstaedt

**Martha H. –
ein Frauenleben zwischen
Hamburg und Holstein**
Band 4 der Reihe
»Eimsbüttler Lebensläufe«
Hrsg. von Jens Michelsen
168 Seiten
56 s/w-Abbildungen
broschiert
ISBN 3-930802-31-7
DM 16,80/öS 123/sFr 16,80

»Nur zwei Menschen haben mich geliebt mit meinen Fehlern: Mutti und mein Sohn Werner«, schreibt Martha H. in ihren autobiographischen Notizen. In Martha Hückstaedts Leben spiegelt sich Hamburger Frauengeschichte dieses Jahrhunderts: Vom flachen Land nach Hamburg, der Metropole der »Goldenen Zwanziger«, Angestelltenalltag, Gleichschaltung, Krieg und Evakuierung nach Holstein, Neubeginn in den Grindelhochhäusern. Ihre Notizen, bearbeitet von Rita Bake und Jens Michelsen, sind ein Versuch, die Macht der Geschichte zu begreifen. Und das Eingeständnis, daß für die romantische Liebe nicht viel Platz war.

»Sehr lesenswert ist das ›Lexikon zu norddeutschen Lebenswelten‹, das etwa ein Drittel des Buches einnimmt und Begriffe (von Abtreibung bis Währungsreform) genauer erläutert. Hier fühlt sich der Rezensent an seine eigene Jugend in Hamburg-Eimsbüttel erinnert!« Blickpunkt Bildung